Versicherungs-Statistik

für 1909

über die

unter Reichsaufsicht stehenden Unternehmungen

Herausgegeben vom

Kaiserlichen Aufsichtsamte für Privatversicherung

Mit einer Tafel

Berlin 1911

J. Guttentag, Verlagsbuchhandlung, G. m. b. H.

Inhaltsverzeichnis

Versicherungs-Statistik für 1909

Einleitung

Durch die vorliegende Statistik soll der Vorschrift des § 83 Versicherungsaufsichtsgesetzes (V.A.G.), wonach das Kaiserliche Aufsichtsamt alljährlich Mitteilungen über den Stand der seiner Aufsicht unterliegenden Versicherungsunternehmungen zu veröffentlichen hat, für das Jahr 1909, das achte der Aufsichtsführung des Amtes, genügt werden.

Dieser Jahrgang hat gegenüber den früheren eine beachtenswerte Erweiterung erfahren. Nachdem nämlich der Bundesrat auf Grund von § 116 V.A.G. angeordnet hat, daß gewisse Vorschriften dieses Gesetzes auch auf die deutschen Rückversicherungsgesellschaften Anwendung finden sollen, ist es möglich geworden, auch das Geschäft dieser Unternehmungen hier in großen Zügen darzustellen.

Im übrigen schließt sich dieser Band seinen Vorgängern nach Form und Inhalt der Darstellung durchaus an, namentlich auch in der Beschränkung auf die unter der Aufsicht des Kaiserlichen Aufsichtsamts stehenden Unternehmungen.

Umgrenzung der Reichsaufsicht

Das sind nunmehr 1. diejenigen inländischen privaten Versicherungsunternehmungen, deren Geschäftsbetrieb nicht durch die Satzung oder die sonstigen Geschäftsunterlagen auf das Gebiet eines Bundesstaats beschränkt ist (§ 2 des Versicherungsaufsichtsgesetzes), soweit sie nicht bei sachlich, örtlich oder hinsichtlich des Personenkreises eng begrenzter Ausdehnung vom Reichskanzler im Einvernehmen mit den beteiligten Landesbehörden der Aufsicht einer Landesbehörde überwiesen worden sind (§ 3 Abs. 2 a. a. O.), 2. diejenigen inländischen privaten Unternehmungen, deren Geschäftsbetrieb auf das Gebiet eines Bundesstaats beschränkt ist, deren Beaufsichtigung aber auf Antrag dieses Bundesstaats mit Zustimmung des Bundesrats durch Kaiserliche Verordnung dem Aufsichtsamt übertragen ist (§ 3 Abs. 1 a. a. O.), 3. die ausländischen Versicherungsunternehmungen, die im Inlande durch Vertreter, Bevollmächtigte, Agenten oder sonstige Vermittler das Versicherungsgeschäft betreiben (§ 91 a. a. O.), 4. diejenigen inländischen privaten Versicherungsunternehmungen, welche die Rückversicherung in gesetzlich aufsichtspflichtigen Versicherungszweigen zum Gegenstande haben (Bekanntmachung des Reichskanzlers vom 18. Juni 1908, R.G.Bl. S. 409).

Ausgenommen von der Aufsicht waren im Berichtsjahre 1. Unternehmungen, welche die Versicherung gegen Kursverluste oder die Transportversicherung betreiben (§ 116 a. a. O.), 2. die eingeschriebenen Hilfskassen, die auf Grund landesrechtlicher Vorschriften errichteten Hilfskassen, die auf Grund der Gewerbeordnung von Innungen oder Innungsverbänden errichteten Unterstützungskassen sowie die auf Grund berggesetzlicher Vorschriften errichteten Knappschaftskassen (§ 122 a. a. O.).

Der Beobachtungsstoff

Grundsätzlich ausgeschlossen von unserer Statistik sind von den der Reichsaufsicht unterstehenden nur diejenigen Unternehmungen, deren Beaufsichtigung auf Grund des erwähnten § 3 Abs. 1 dem Aufsichtsamt überwiesen ist; es waren das im Jahre 1909 455 Hessische, 1 Mecklenburg-Strelitzscher, 79 Schaumburg-Lippische und 87 Lippische Versicherungsvereine, die ihren Geschäftsbetrieb über ihren Heimatsstaat nicht hinauserstrecken und die sich zumeist auf dem Gebiete der Viehversicherung betätigen. Wenn ihre Zahl auch groß ist, so fallen sie ihrer Bedeutung nach doch wenig ins Gewicht; das zeigen z. B. die Zusammenstellungen, die in den Geschäftsberichten des Aufsichtsamts für das Jahr 1905 und folgende gegeben sind.

Das in den Tabellen zusammengestellte Zahlenmaterial beruht auf den Jahresabschlüssen, die dem Amte gemäß seinen »Vorschriften über die Rechnungslegung der vom Kaiserlichen Aufsichtsamte für Privatversicherung beaufsichtigten größeren Versicherungsunternehmungen« (Veröffentlichungen des Amtes 1902 S. 23 ff.) und »Vorschriften über die Rechnungslegung der vom Kaiserlichen Aufsichtsamte für Privatversicherung beaufsichtigten Rückversicherungsunternehmungen« (Veröffentlichungen des Amtes 1909 S. 2 ff.) eingereicht werden. Als Geschäftsjahr gilt bei der überwiegenden Mehrzahl der Unternehmungen das Kalenderjahr; wo das nicht der Fall ist, bezieht sich diese Statistik auf dasjenige Geschäftsjahr, dessen Beginn in das Jahr 1909 fällt.

Die Nachprüfung der Abschlüsse für das Geschäftsjahr 1909 hat einige Zahlen der vorjährigen Abschlüsse als unzutreffend erwiesen, die bei der Bearbeitung der Statistik für 1908 nach den Berichten der Unternehmungen für richtig gehalten werden mußten. Diese Zahlen sind in den Anmerkungen zu den Tabellen für 1909 gekennzeichnet und außerdem unter den Berichtigungen am Schlusse dieses Bandes aufgeführt.

Anordnung des Stoffes

Die Anordnung des Stoffes ist dieselbe wie in den früheren Statistiken.

Die sämtlichen Unternehmungen sind nach der Art ihres Betriebs in dieselben fünf Gruppen eingeteilt, auf welche gemäß § 8 der Kaiserlichen Verordnung, betreffend das Verfahren und den Geschäftsgang des Kaiserlichen Aufsichtsamts für Privatversicherung, vom 23. Dezember 1901 die Mitglieder des Versicherungsbeirats verteilt sind, nämlich:

1. Lebensversicherung und Krankenversicherung,
2. Unfall- und Haftpflichtversicherung,
3. Viehversicherung, Hagelversicherung und sonstige landwirtschaftliche Versicherung,
4. Feuerversicherung, Versicherung gegen Sturmschäden, Wasserschäden und Diebstahl,
5. Sonstige Versicherungszweige (darunter Glasversicherung und Rückversicherung).

Innerhalb dieser Gruppen sind die Unternehmungen nach den von ihnen betriebenen Versicherungszweigen getrennt; sie folgen einander aber in allen Tabellen in derselben Reihe und stets unter derselben Nummer.

Zur Veranschaulichung der Entwickelung der einzelnen Versicherungszweige in den letzten fünf Jahren ist der Statistik eine Tafel beigegeben.

Allgemeiner Überblick

Diese Statistik berichtet eingehend über 233 deutsche und 55 ausländische Unternehmungen. Von den deutschen Unternehmungen sind 102 Aktiengesellschaften; die übrigen beruhen, abgesehen von wenigen Einzelunternehmern und Genossenschaften mit beschränkter Haftpflicht, auf dem Grundsatze der Gegenseitigkeit. Die Unternehmungen

Die Gegenseitigkeitsvereine beschränkten ihren Betrieb fast alle auf einen einzelnen Geschäftszweig; nur 9 (9)*) von ihnen betätigten sich gleichzeitig in verschiedenen Versicherungszweigen; alle arbeiteten vornehmlich direkt, kein Verein betrieb lediglich indirekte Geschäfte. Von den 102 Aktiengesellschaften waren 25 ausschließliche Rückversicherungsunternehmungen, sämtlich mit mehreren Zweigen; von den übrigen, auch direkt arbeitenden 77 (75) Aktiengesellschaften pflegten 43 (43) mehrere Zweige. Die kleineren Geschäftszweige: die Sturmschäden-, die Wasserleitungsschäden-, die Glas-, die Kautions-, Garantie-, Kredit- sowie die Maschinenversicherung, aber auch die Unfall- und Haftpflichtversicherung, werden fast ausschließlich von Aktiengesellschaften gepflegt.

Von den in dieser Statistik ausführlich behandelten direkt versichernden deutschen Unternehmungen haben im Berichtsjahre gearbeitet in der Lebensversicherung 28 (27) Aktiengesellschaften und 35 (33) Gegenseitigkeitsvereine, in der Unfallversicherung 27 (28) Aktiengesellschaften und 1 (1) Gegenseitigkeitsverein, in der Haftpflichtversicherung 26 (26) Aktiengesellschaften und 1 (1) Verein, in der Viehversicherung nur Gegenseitigkeitsvereine, und zwar 28 (28), in der Hagelversicherung 5 (5) Aktiengesellschaften (sämtlich mit Ausschluß anderer Versicherungsgeschäfte) und 12 (12) Gegenseitigkeitsvereine (von denen drei auch die Feuerversicherung und einer auch die Baulastversicherung betrieben), in der Feuerversicherung 32 (31) Aktiengesellschaften und 20 (20) Gegenseitigkeitsvereine, in der Versicherung gegen Einbruchdiebstahl 33 (33) Aktiengesellschaften und 4 (4) Gegenseitigkeitsvereine, und endlich in der Glasversicherung 19 (19) Aktiengesellschaften und 3 (4) Gegenseitigkeitsvereine. Bei 36 (34) Kaskoversicherungsunternehmungen waren am Schlusse des Berichtsjahrs reichlich 8 800 (8 500) Fahrzeuge im Werte von 90,96 (84,36) Millionen Mark versichert.

Auch die 25 Rückversicherungsgesellschaften haben sich mit fast allen aufsichtspflichtigen Versicherungszweigen befaßt, und zwar (abgesehen von den weniger wichtigen Zweigen): 15 mit der Lebensversicherung, 14 mit der Unfallversicherung, 12 mit der Haftpflichtversicherung, 3 mit der Vieh- und 2 mit der Hagelversicherung, 24 mit der Feuerversicherung, 16 mit der Einbruchdiebstahlversicherung und 4 mit der Glasversicherung.

---

*) Die eingeklammerten Zahlen in diesem allgemeinen Überblicke beziehen sich auf das vorige Jahr.

Von den 55 (56) ausländischen in dieser Statistik behandelten Unternehmungen hatten ihren Hauptsitz: 4 (4) in den Vereinigten Staaten von Amerika, 3 (3) in Belgien, 2 (2) in Dänemark, 16 (16) in England, 3 (3) in Frankreich, 4 (5) in den Niederlanden, 12 (12) in Österreich, 2 (2) in Schweden und 9 (9) in der Schweiz. Gearbeitet haben 21 (22) in der Lebensversicherung, 8 (8) in der Unfall- und Haftpflichtversicherung, 27 (26) in der Feuerversicherung, 13 (11) in der Einbruchdiebstahl- und 6 (6) in der Glasversicherung. Die geringfügigen Kautions- und Veruntreuungsversicherungsgeschäfte, die von 2 (2) dieser Gesellschaften abgeschlossen sind, und die Geschäfte zweier Gesellschaften in der Wasserleitungsschädenversicherung sowie einer Gesellschaft in der Automobilversicherung haben keine weitere Behandlung gefunden.

Umfang des Geschäfts

Der Umfang des Versicherungsgeschäfts der auch direkt arbeitenden deutschen Unternehmungen im Jahre 1909 wird durch die folgenden Übersichten veranschaulicht, welche wegen der tiefgehenden Verschiedenheit der Grundlagen die Lebensversicherung einerseits und die übrigen Versicherungszweige anderseits getrennt behandeln.

Umfang des Geschäfts der deutschen Versicherungsunternehmungen

a) Lebensversicherung

Versicherungsart	Zahl der Policen	Versicherungssummen 1 000 ℳ	Zunahme (Abnahme —) gegen das Vorjahr: Policen	%	Summen 1 000 ℳ	%	Durchschnittlicher Betrag einer Police: Ende 1909 ℳ	Ende 1908 ℳ
Versicherung auf den Todesfall ...	2 150 060	10 312 527	114 260	5,61	630 885	6,52	4 796	4 756
Versicherung auf den Lebensfall ..	510 767	836 119	— 9 958	— 1,91	— 10 772	— 1,27	1 637	1 620
Rentenversicherung (Jahresrenten) .	76 574	29 387	1 525	2,03	1 624	5,85	384	370
Volksversicherung	6 838 819	1 271 362	312 762	4,79	94 789	8,06	186	180
Zeitungsabonnentenversicherung ...	*1 053 265	85 035	*441 123	72,06	23 821	38,91	81	100
Sonstige kleine Versicherung	696 941	315 443	26 889	4,01	20 644	7,00	453	440

* Personen statt Policen.

Vergleicht man diese Zahlen mit denen des Vorjahrs, so findet man bei der Versicherung auf den Lebensfall, daß die Abnahme bei der Zahl der Policen und bei den Versicherungssummen etwas nachgelassen hat; der durchschnittlich auf eine Police entfallende Betrag ist fortdauernd, obwohl langsam, gewachsen: von 1 570 ℳ im Jahre 1902 auf 1 637 ℳ im Berichtsjahre. Die Ursache des Rückganges dieser Versicherungsart ist darin zu suchen, daß die Aussteuerversicherung jetzt vielfach durch die gemischte Versicherung und die Versicherung mit festem Auszahlungstermin, Versicherungsarten, die zu der Todesfallversicherung gerechnet werden, ersetzt wird. Wenn man also findet, daß alle anderen Versicherungsarten an Umfang zugenommen haben, so hängt das zum Teil auch mit dem Rückgange der Versicherung auf den Lebensfall zusammen. — Verhältnismäßig groß ist noch immer der Zuwachs bei der Volksversicherung, wenn er auch in den letzten Jahren weniger als in früheren Jahren betragen hat. Bis einschließlich 1904 belief sich der Zuwachs bei den Policen und bei den Summen auf ungefähr 11 Prozent des Bestandes zu Anfang des Jahres; seitdem ist er auf 4 bis 5 Prozent gesunken. Die durchschnittliche Versicherungssumme hat zwischen 175 und 186 ℳ geschwankt. — Bei der großen Todesfallversicherung ist die Zunahme der Versicherungssummen von Jahr zu Jahr ein wenig gewachsen, von 4,89 Prozent im Jahre 1903 auf 6,52 Prozent im Berichtsjahre. Die Zahl der Policen ist weniger gleichmäßig gewachsen, nämlich im Jahre 1903 um 4,54 Prozent, dann um 4,60, danach um 3,70, um 4,77, um 5,77, um 5,16 und im Berichtsjahr um 5,61 Prozent. Der durchschnittlich auf eine Police kommende Betrag hat folgende Entwicklung genommen: Ende 1903 stellte er sich auf 4533 ℳ, Ende des folgenden Jahres auf 4568 ℳ, danach auf 4654, 4702, 4731, 4748 und jetzt auf 4796 ℳ. — Das Rentengeschäft scheint eine weniger gleichmäßige Entwickelung zu nehmen; vielleicht wird aber auch der Zuwachs bei keinem Teile der Lebensversicherung so sehr von dem Kurse der Wertpapiere beeinflußt wie bei der Rentenversicherung. Der Zuwachs hat betragen in Hundertsteln des Bestandes

zu Anfang des Jahres	1905	1906	1907	1908	1909
bei der Policenzahl	7,56	3,80	—0,02	—0,76	2,03
bei dem Jahresbetrage der versicherten Renten	9,01	6,16	2,76	4,06	5,85

Im Berichtsjahre sind von den Versicherten an Prämien und Policegebühren an die Unternehmungen gezahlt worden: in der Volksversicherung einschließlich der Zeitungsabonnentenversicherung 97,94 (90,90) Millionen und in der großen Versicherung einschließlich der »sonstigen kleinen Versicherung« 476,95 (442,72) Millionen Mark; in demselben Jahre sind für eingetretene Versicherungsfälle und für vorzeitig aufgelöste Versicherungen in der Volksversicherung ohne die mit den Summen ausgezahlten Gewinnanteile 36,74 (37,10) Millionen Mark und in der großen Versicherung 264,90 (252,82) Millionen Mark bar an die Versicherten zurückgeflossen und außerdem 30,39 (24,42) Millionen Mark und 194,28 (174,88) Millionen Mark, überwiegend aus den Beitragseinnahmen, den Prämienreserven zugeführt worden.

Eine Vergleichung der Änderungen des Bestandes in den letzten fünf Jahren zeigt bei einigen Versicherungszweigen recht beträchtliche Schwankungen. So ist bei der Unfallversicherung die Zahl der Policen im Jahre 1905 um 1,8 Prozent des Bestandes am Jahresanfange zurückgegangen; seitdem hat sie unregelmäßig zugenommen, nämlich 1906 um 7,6, 1907 um 7,5, 1908 um 6,1 und 1909 um 7,6 Prozent. Die Haftpflichtversicherung weist seit 1905 folgende verhältnismäßige Zunahmen auf: 10,1, 8,7, 6,4, 7,6 und 7,2 Prozent.

Die Viehversicherung, deren Änderungen im Bestande hier nur an den Versicherungssummen gemessen werden können, hatte 1905 eine Vermehrung um 2,1 Prozent des vorjährigen Bestandes und im folgenden Jahre um 4,7 Prozent zu verzeichnen; 1907 brachte eine Abnahme um 1,2 Prozent, 1908 eine Abnahme um 0,92 Prozent und das Berichtsjahr wieder eine Zunahme um 7,6 Prozent. In der Hagelversicherung nahm im Jahre 1905 die Policenzahl um 0,3 Prozent ab, die Versicherungssumme um 2,1 Prozent zu. Die Jahre 1906 bis 1908 brachten bei den Policen Vermehrungen um 6,2, 5,9 und 8,9 Prozent und bei den Summen um 4,7, 3,9 und 4,1 Prozent, wogegen 1909 wieder Abnahmen aufweist, und zwar bei den Policen um 8,6 und bei den Summen um 1,9 Prozent.

b) Schadenversicherung in den auch direkt betriebenen Zweigen

Versicherungszweig	Zahl der Policen (direktes Geschäft)	Versicherungssummen		Zunahme gegen das Vorjahr				Prämien	Schäden
		direktes Geschäft	indirektes Geschäft	Policen		Versicherungssummen			
		1 000 M	1 000 M	Zahl	%	1 000 M	%	1 000 M	1 000 M
Unfallversicherung	1 067 438	.	.	75 597	7,6	.	.	41 871	46 576 (Unfall- und Haftpflichtversicherung zusammen)
Haftpflichtversicherung	2 121 993	.	.	143 136	7,2	.	.	43 640	
Viehversicherung	?	584 639	1 767	?	?	41 667	7,6	11 359	11 877
Hagelversicherung	513 717	2 886 705	42 187	− 48 547	− 8,6	− 55 755	− 1,9	*25 113*	*12 967*
Feuerversicherung	10 804 387	114 907 641	13 109 631	280 826	2,7	5 209 678	4,2	251 273	133 726
Einbruchdiebstahlversicherung	810 790	11 018 105	2 854 331	95 419	13,3	1 651 708	13,5	12 032	4 418
Wasserleitungsschädenversicherung	101 564	4 075 634	82 146	11 778	13,1	600 205	16,9	2 465	994
Sturmschädenversicherung	1 499	203 853	—	140	10,3	− 49	− 0,02	155	21
Glasversicherung	566 439	308 667	80	25 664	4,7	16 943	5,8	8 193	4 950
Kautions- und Garantieversicherung	1 427	74 786	31 527	− 27	− 1,9	31 285	41,6	558	459
Kreditversicherung	51	1 739	643	− 210	− 80,5	− 32 844	− 93,2	192	437
Maschinenversicherung	1 888	188 398	—	123	7,0	19 305	11,4	414	251
Baulastversicherung	202	4 383	—	13	6,9	489	12,6	28	44
Wertgegenständeversicherung	72	1 230	—	25	53,2	431	53,9	7	1
Veruntreuungsversicherung	10	128	289	10	100.0	417	100,0	8	22

Die Prämien und Schäden verstehen sich einschließlich der Anteile der Rückversicherer: nur bei der Hagelversicherung sind diese Anteile ausgeschlossen.

c) Versicherung in ausschließlich indirekt betriebenen Zweigen

Versicherungszweig	Prämien für eigene Rechnung	Schäden für eigene Rechnung
	1 000 M	1 000 M
Lebensversicherung	28 820	11 068
Unfall- und Haftpflichtversicherung	21 397	9 649
Hagelversicherung	4 649	2 960
Feuerversicherung	123 679	76 211
Sonstige aufsichtspflichtige Zweige	8 257	3 363
Zusammen	**186 802**	**103 251**

Auch die Feuerversicherung, die sich früher besonders regelmäßig entwickelte, hat neuerdings etwas mehr geschwankt. Es hat nämlich in den letzten 5 Jahren die Zunahme der Policenzahl 3,9, 3,9, 3,7, 4,5 und 2,7 Prozent und die Zunahme der Versicherungssummen 4,4, 4,7, 3,2, 5,9 und 4,2 Prozent des Bestandes am Jahresanfange betragen.

Von dem gesamten bei den deutschen Lebensversicherungsgesellschaften Ende 1909 versicherten Kapitale, 12 820,49 (12 061,12) Millionen Mark, kommen 11 811,49 (11 165,39) Millionen Mark auf das deutsche und 1 009,00 (895,73) Millionen Mark auf das ausländische Geschäft; dagegen hatten die ausländischen Lebensversicherungsgesellschaften zu derselben Zeit im Deutschen Reiche 1 007,16 (989,88) Millionen Mark versichert; ihr Anteil an dem gesamten deutschen Kapitalversicherungsgeschäfte, 12818,65 (12155,27) Millionen Mark, stellt sich danach auf 7,9 (8,1) Prozent.

Beurteilt man in der Unfall- und Haftpflichtversicherung den Umfang des Geschäfts nach der Jahresprämieneinnahme, so kommen von dem mit 85,51 (80,47) Millionen Mark zu bewertenden gesamten Geschäfte der deutschen Gesellschaften 77,83 (73,42) Millionen Mark auf das deutsche und 7,68 (7,05) Millionen Mark auf das ausländische Geschäft; die ausländischen Gesellschaften haben aus ihrem deutschen Geschäfte 16,02 (15,07) Millionen Mark eingenommen; sie sind also an dem gesamten deutschen Geschäfte, 93,85 (88,49) Millionen Mark, mit 17,1 (17,0) Prozent beteiligt gewesen.

In dem direkten Feuerversicherungsgeschäfte hatten die großen deutschen Versicherungsgesellschaften insgesamt 114 908 (110 656) Millionen Mark versichert; davon kamen 108 033 (104 242) Millionen auf das deutsche und 6 875 (6 414) Millionen Mark auf das ausländische Geschäft. Die ausländischen Unternehmungen hatten im unmittelbaren deutschen Geschäft um dieselbe Zeit 12 762 (12 346) Millionen Mark übernommen. Rechnet man zu dem deutschen Geschäfte noch die Summen, welche nach den »Mitteilungen für die öffentlichen Feuerversicherungs-Anstalten« die im Deutschen Reiche bestehenden 52 öffentlichen Anstalten versichert hatten, nämlich 72 377 (69 478) Millionen Mark, so hat man in 193 172 (186 066) Millionen Mark sehr nahe den ganzen Wert der gegen Feuersgefahr versicherten deutschen Objekte; es fehlen nur die bei den kleinen Vereinen und den unter Landesaufsicht stehenden privaten Gegenseitigkeitsvereinen versicherten Werte, die insgesamt jedoch nur wenige Prozente der soeben angegebenen Summe ausmachen werden. — Von dieser Summe kamen auf die deutschen privaten Unternehmungen unter Reichsaufsicht 55,9 (56,0) Prozent, auf die ausländischen Gesellschaften 6,6 (6,7) Prozent und auf die deutschen öffentlichen Anstalten 37,5 (37,3) Prozent; die Verteilung ist also in beiden Jahren fast genau dieselbe gewesen; sie war auch in den früheren Jahren nur wenig verschieden, vgl. »Entwickelung« S. 21 *).

Aus dem direkten deutschen Geschäfte sind von den sämtlichen in dieser Statistik berücksichtigten, direkt versichernden Unternehmungen und von den öffentlichen Feuerversicherungsanstalten im Jahre 1909 für Lebensversicherung 572,18 (534,64), für Unfall- und Haftpflichtversicherung 91,34 (85,97) und für Feuerversicherung 289,67 (288,32), insgesamt 953,19 (908,93) Millionen Mark an Prämien vereinnahmt worden, das sind rund 2,6 (2,5) Millionen Mark auf den Tag. Die Ausgabe des deutschen Volks für Versicherungen bei privaten Unternehmungen unter Reichsaufsicht hat von 1908 auf 1909 zugenommen bei der Lebensversicherung um 7,0 Prozent, bei der Unfall- und Haftpflichtversicherung um 6,2 Prozent, bei der Feuerversicherung um 0,7 Prozent, bei diesen drei Versicherungszweigen zusammen um 4,9 Prozent; das wird man als einen sehr befriedigenden Fortschritt anerkennen, wenn man bedenkt, daß die durchschnittliche Zunahme der deutschen Bevölkerung in den Jahren 1900 bis 1905 1,5 Prozent im Jahr betragen hat.

---

*) Die Entwicklung des privaten Versicherungswesens unter Reichsaufsicht in dem Jahrfünft 1902 bis 1906. Herausgegeben vom Kaiserlichen Aufsichtsamte für Privatversicherung, Berlin 1909, J. Guttentag, Verlagsbuchhandlung, G. m. b. H. — Diese Schrift ist in dem vorliegenden Buche kurz als »Entwickelung« angeführt.

Die Betriebsrechnung und die Bilanz

Die folgenden Übersichten sollen einen Einblick in die Betriebsergebnisse des Berichtsjahrs und in den Vermögensstand am Schlusse des Geschäftsjahrs für die Gesamtheit der deutschen Unternehmungen mit Ausnahme der Kaskoversicherungsvereine gewähren.

Hierzu ist folgendes zu bemerken: Es ist schon erwähnt, daß die meisten Aktiengesellschaften mehrere Versicherungszweige betreiben. Die Gesellschaften dieser Art geben dann hinsichtlich ihres Lebensversicherungsgeschäfts für die Volksversicherung einerseits und für die gewöhnliche Versicherung einschließlich der »sonstigen kleinen Versicherung« anderseits besondere Gewinn- und Verlustrechnungen, aus denen die folgenden Zahlen abgeleitet worden sind.

Hauptsächlichste Einnahme- und Ausgabeposten der Lebensversicherung

1 000 ℳ

Betriebsart	Prämien und Policegebühren	Vergütungen der Rückversicherer	Kapitalerträge (netto)	Zahlungen für Versicherungsfälle	Rückversicherungsprämien	Zuführungen zu den Reserven (netto)	Verwaltungskosten und Steuern	Jahresüberschuß
Volksversicherung	97 983	1 917	17 771	36 816	1 835	33 477	26 036	19 340
Große Versicherung und »sonstige kleine Versicherung«	473 998	18 452	162 809	269 395	18 301	196 552	60 026	110 400
Berufsvereinigungen	9 642	209	2 948	3 098	186	7 011	881	1 638
Zusammen	**581 623**	**20 578**	**183 528**	**309 309**	**20 322**	**237 040**	**86 943**	**131 378**

Hinsichtlich der übrigen Versicherungszweige verfahren die Gesellschaften in ihren Rechnungsabschlüssen verschieden; sie trennen entweder alle Einnahme- und Ausgabeposten nach Geschäftszweigen oder nur einen Teil dieser Posten, während sie die übrigen, besonders die Kapitalerträge und die allgemeinen Verwaltungskosten, nur in einer Summe angeben. In den für das Aufsichtsamt bestimmten Aufstellungen werden indessen auch die allgemeinen Posten auf die einzelnen Zweige verteilt; daher kann in dieser Statistik für jeden Zweig der Gewinn aus dem eigentlichen Versicherungsbetrieb angegeben werden. Nur die Unfall- und Haftpflichtversicherung macht eine Ausnahme, weil hier von den Kapitalerträgen ein Teil dem Versicherungsbetriebe zugerechnet werden muß und dieser Teil nicht ausgeschieden werden kann. Aus den bezüglichen Tabellen ist die folgende Übersicht zusammengestellt worden. Darin sind als Sonstige Betriebs-Einnahmen die Ersparnisse aus der Schadenreserve sowie die Abnahme der Prämienreserven und Überträge und bei der Viehversicherung der Erlös aus verwertetem Vieh, als Sonstige Betriebs-Ausgaben etwaige Zuschüsse zur Schadenreserve und die Zunahme der Prämienreserven und Überträge, bei der Feuerversicherung auch die Leistungen zu gemeinnützigen Zwecken aufgeführt. Bei der Unfall- und Haftpflichtversicherung sind die Anteile der Rückversicherer in den Sonstigen Einnahmen und Ausgaben enthalten, bei den anderen Zweigen sind diese Anteile ausgeschlossen. Die Schadenzahlungen enthalten auch die Schadenermittelungskosten.

Die Rückversicherungsgesellschaften haben dem Aufsichtsamt über ihre Geschäftsführung in einer Form zu berichten, die eine Ermittelung des Gewinns aus dem reinen Versicherungsbetriebe weder für einzelne Zweige noch für das gesamte Geschäft gestattet; in die nachstehende Tabelle sind daher als Sonstige Einnahmen und Ausgaben die Summen der Jahreseinnahmen (ohne Gewinnvortrag) und Jahresausgaben nach Abzug der Prämien einerseits und der Schäden nebst Verwaltungskosten und Steuern anderseits aus der Gewinn- und Verlustrechnung eingestellt.

Aus der Betriebsrechnung der deutschen Schaden- und Rückversicherungsunternehmungen für 1909

1 000 ℳ

Versicherungszweig	Betriebs-Einnahmen		Betriebs-Ausgaben		Verwaltungskosten und Steuern	Überschuß (Verlust —) des Versicherungsbetriebs
	Prämien und Nebenleistungen der Versicherten	Sonstige	Schadenzahlungen	Sonstige		
Unfall- und Haftpflichtversicherung	83 181	17 845	41 122	23 655	29 979	
Viehversicherung	11 437	3 460	12 009	—	2 541	347
Hagelversicherung	26 981	—	13 904	—	5 296	7 781
Feuerversicherung	153 714	4 549	74 258	6 571	43 623	33 811
Einbruchdiebstahlversicherung	8 647	1 215	3 392	988	3 276	2 206
Wasserleitungsschädenversicherung	2 181	107	926	173	888	301
Sturmschädenversicherung	35	1	5	1	3	27
Glasversicherung	8 240	275	4 842	515	2 580	578
Kautions- und Garantieversicherung	285	160	325	43	55	22
Kreditversicherung	64	30	103	—	24	— 33
Maschinenversicherung	121	5	55	17	30	24
Baulastversicherung	29	—	45	1	1	— 18
Wertgegenständeversicherung	4	1	1	—	2	2
Veruntreuungsversicherung	8	—	12	4	3	— 11
Rückversicherung	*214 053*	*16 097*	*122 870*	*32 656*	*61 092*	*13 532*

Eine Bilanz wird immer nur für das Gesamtgeschäft aufgestellt und bei derjenigen Gruppe nachgewiesen, zu der die Gesellschaft ihrem aufsichtspflichtigen Hauptbetriebe nach zu rechnen ist. Die Bilanz umfaßt also gegebenenfalls auch das Transportversicherungsgeschäft, über das die Statistik im übrigen nur bei den Rückversicherungsgesellschaften einige Angaben bringt, weil die Transportversicherung der Beaufsichtigung nicht unterliegt. In den Gewinn der Bilanz ist auch der Gewinnvortrag aus dem Vorjahr eingeschlossen.

In folgender Tabelle sind berücksichtigt 102 Aktiengesellschaften mit 540,15 Millionen Mark Aktienkapital, wovon 138,34 Millionen Mark eingezahlt sind, und 95 Gegenseitigkeitsvereine mit einem Garantiekapitale von 3,91 Millionen mit 1,46 (1,46) Millionen Einzahlung. Die für die Aktiengesellschaften in § 262 des Handelsgesetzbuchs und für die Gegenseitigkeitsvereine in § 37 des Versicherungsaufsichtsgesetzes vorgeschriebenen Kapitalreservefonds beliefen sich Ende 1909 für alle Unternehmungen zusammen auf 142,30 Millionen; dazu kamen 218,44 Millionen Mark Spezialreserven, die freilich zum Teil nicht als freie Reserven betrachtet werden können. Die Prämienreserven und die Prämienüberträge, 4 203,21 Millionen, meist auch die Gewinnreserven, 368,18 Millionen, sowie die Schadenreserven, 134,91 Millionen, sind als gebunden zu betrachten, da sie

Aus der Bilanz der deutschen Unternehmungen für Ende 1909. — Gesamtgeschäft

1 000 ℳ

Aktiv- und Passivposten	Hauptzweig: Lebensversicherung	Unfall- und Haftpflichtversicherung	Viehversicherung	Hagelversicherung	Feuerversicherung	Glasversicherung	Rückversicherung
Aktiva insgesamt	**4 773 318**	**226 516**	**6 467**	**39 739**	**569 510**	**15 565**	**335 430**
Verpflichtungen der Aktionäre oder Garanten	122 036	35 729	66	18 023	143 407	3 441	81 557
Kapitalanlagen	4 415 797	159 143	3 469	14 981	349 349	9 516	149 542
Forderungen	215 805	30 504	2 673	6 479	71 754	2 467	103 530
Kassenbestand	8 062	395	140	241	1 953	115	198
Übrige Aktiva	11 618	745	119	15	3 047	26	603
Verlust	—	—	—	—	—	—	—
Passiva insgesamt	**4 773 318**	**226 516**	**6 467**	**39 739**	**569 510**	**15 565**	**335 430**
Aktien- oder Garantiekapital	163 647	47 750	66	28 529	193 423	4 462	106 186
Kapitalreservefonds	36 589	18 579	2 900	5 200	54 184	1 076	23 771
Spezialreserven	120 701	21 886	113	3 757	51 178	1 388	19 419
Gewinnreserven	363 892	4 285	—	—	—	—	—
Guthaben von Versicherungsunternehmungen	5 144	10 753	105	4	18 033	122	16 278
Prämienreserven u. Prämienüberträge	3 862 052	74 801	1 472	1	158 856	5 352	100 676
Schadenreserven	24 245	31 706	481	89	25 412	1 532	51 441
Übrige Passiva	62 955	3 768	1 208	1 962	20 534	760	2 531
Gewinn	134 093	12 988	122	197	47 890	873	15 128

als rechnungsmäßige Deckung für die teils bereits entstandenen, teils voraussichtlich in Zukunft noch entstehenden Ansprüche der Versicherten aus geleisteten Prämienzahlungen dienen.

Die Art der Kapitalanlagen

Die Kapitalanlagen aller dieser 197 Unternehmungen haben Ende 1909 insgesamt 5 101,80 Millionen Mark betragen; davon entfallen 135,09 Millionen auf Grundbesitz, 4 066,29 Millionen auf Hypotheken und Grundschulden, 155,17 Millionen auf Darlehen an öffentliche Körperschaften, 4,11 Millionen auf Darlehen auf Wertpapiere, 399,83 Millionen auf Wertpapiere, 324,08 Millionen auf Policedarlehen, 15,58 Millionen auf Wechsel und 1,65 Millionen auf sonstige Anlagen.

Die Verteilung auf diese Wertarten ist aber bei den verschiedenen Versicherungszweigen und zum Teil auch bei den beiden Geschäftsformen eine recht verschiedene, auch wird sie durch heimische Übung und Gesetzgebung mannigfach beeinflußt. Darauf ist bereits in den Statistiken für 1903 und 1904 und in der »Entwicklung« S. 45 hingewiesen worden.

Kapitalanlagen Ende 1909 (Bilanzwert).

	Insgesamt 1 000 ℳ	Von 1 000 ℳ der Kapitalanlagen kommen auf							
		Grundbesitz	Hypotheken	Darlehen an öffentliche Körperschaften	Wertpapiere	Darlehen auf Wertpapiere	Darlehen auf Policen	Wechsel	Sonstige Anlagen
a) bei den deutschen Unternehmungen									
Lebensversicherung: Aktiengesellschaften	2 478 037	28	855	15	27	0.26	74	1	—
Lebensversicherung: Gegenseitigkeitsvereine	1 865 012	9	828	58	29	1	72	3	—
Lebensversicherung: Berufsvereinigungen	72 748	11	830	29	114	—	16	—	—
Unfall- und Haftpflichtversicherungsgesellschaften	159 143	73	692	—	212	—	9	14	—
Viehversicherungsvereine	3 469	80	155	3	762	—	—	—	—
Hagelversicherung: Aktiengesellschaften	10 297	30	184	—	710	19	—	57	—
Hagelversicherung: Gegenseitigkeitsvereine	4 684	24	224	3	641	—	—	92	16
Feuerversicherung: Aktiengesellschaften	281 045	102	536	—	328	2	17	13	2
Feuerversicherung: Gegenseitigkeitsvereine	68 303	49	465	99	369	2	—	1	15
Glasversicherung: Aktiengesellschaften	7 742	140	761	—	97	2	—	0.21	—
Glasversicherung: Gegenseitigkeitsvereine	1 774	22	714	—	264	—	—	—	—
Rückversicherung Aktiengesellschaften	149 542	18	268	—	703	4	—	7	—
Insgesamt	**5 101 796**	**27**	**797**	**30**	**78**	**1**	**64**	**3**	**0.32**
b) bei den ausländischen Unternehmungen									
bei 4 amerikanischen Gesellschaften	6 884 850	42	197	—	622	1	138	—	—
„ 2 belgischen Gesellschaften	9 666	37	—	—	932	31	—	0.04	—
„ 2 dänischen Gesellschaften	42 620	13	443	—	455	—	89	—	—
„ 15 englischen Gesellschaften	1 760 161	127	132	—	666	20	33	3	19
„ 3 französischen Gesellschaften	429 292	158	57	—	760	0.37	25	0.02	—
„ 4 niederländischen Gesellschaften	143 604	129	294	—	474	28	75	0.02	0.03
„ 12 österreichischen Gesellschaften	692 764	96	315	—	500	8	77	4	—
„ 2 schwedischen Gesellschaften	68 346	57	541	—	142	47	82	—	131
„ 8 schweizerischen Gesellschaften	282 102	63	535	—	364	1	35	2	—

Die Kapitalanlagen der Versicherungsunternehmungen haben in letzterer Zeit wiederholt den Gegenstand öffentlicher Verhandlungen gebildet; dabei ist neben dem Verhältnisse des Wertpapierbestandes zu den gesamten Anlagen auch die Art der von den Unternehmungen gekauften Papiere in die Erörterung gezogen worden. Es wird daher die folgende Zusammenstellung, die hierüber näheren Aufschluß gibt, nicht unwillkommen sein. Zu bemerken ist nur, daß der Verteilung der Nennwert zugrunde gelegt worden ist und daß der bei den einzelnen Zweigen eingestellte Nennwert des Gesamtbestandes wegen besonderer Umstände, die aus den Fußnoten zu den betreffenden Tabellen ersichtlich sind und hier nicht angeführt zu werden brauchen, nicht überall genau dem bei den Kapitalanlagen in der Bilanz verrechneten Werte entspricht; die Abweichungen sind übrigens so gering, daß sie hier nicht ins Gewicht fallen.

Verteilung der Wertpapiere (Nennwert)

	Wertpapiere insgesamt 1 000 ℳ	Von 1 000 ℳ der Wertpapiere kommen auf							
		Inländische Wertpapiere					Ausländische Wertpapiere		
		Staatsanleihen und staatlich garantierte Anleihen	Kommunalanleihen	Pfandbriefe und Kommunalobligationen	Sonstige Schuldverschreibungen	Aktien	Staatliche und kommunale Anleihen	Sonstige Schuldverschreibungen	Aktien
Lebensversicherung: Aktiengesellschaften	69 782	471	51	153	3	—	313	4	5
Lebensversicherung: Gegenseitigkeitsvereine	58 077	529	177	159	—	—	131	4	—
Lebensversicherung: Berufsvereinigungen	8 671	478	315	202	2	0.2	3	—	—
Unfall- und Haftpflichtversicherungsgesellschaften	36 614	518	128	61	2	34	163	89	5
Viehversicherungsvereine	2 786	477	241	278	—	—	4	—	—
Hagelversicherung: Aktiengesellschaften	6 791	574	—	4	9	407	6	—	—
Hagelversicherung: Gegenseitigkeitsvereine	3 254	470	67	463	—	—	—	—	—
Feuerversicherung: Aktiengesellschaften	99 235	550	60	108	3	5	162	108	4
Feuerversicherung: Gegenseitigkeitsvereine	28 025	430	303	226	2	0.1	21	18	—
Glasversicherung: Aktiengesellschaften	803	559	40	49	—	23	328	1	—
Glasversicherung: Gegenseitigkeitsvereine	494	470	90	203	60	—	177	—	—
Rückversicherung Aktiengesellschaften	131 317	309	40	56	12	119	112	206	146
Insgesamt	**445 849**	**451**	**94**	**114**	**5**	**45**	**151**	**95**	**45**

Die Verteilung des Gewinns

In der obigen Bilanz-Tabelle sind bei jedem Versicherungszweige die Verluste, die einige Unternehmungen zu verzeichnen hatten, gegen die Gewinne der anderen Gesellschaften verrechnet. Es ergibt sich so für die Gesamtheit der deutschen Versicherungsunternehmungen ein Netto-Gewinn von 211,291 Millionen Mark. Handelt es sich aber um die Verteilung des Gewinns, so kommt der durch die Bilanz ausgewiesene Gewinn aller derjenigen Gesellschaften in Betracht, die mit finanziell günstigem Erfolge gearbeitet haben, das sind 214,039 Millionen Mark. Wie dieser Betrag verteilt worden ist, zeigt folgende Übersicht:

Von dem Gewinne sind in 1 000 ℳ abgeführt worden	an den Kapitalreservefonds	an sonstige Reserven	an den Beamtenfonds	an die Aktionäre oder Garanten	an Tantiemeberechtigte	an die Versicherten	anderweit	Vortrag auf neue Rechnung
Lebensversicherung	1 529	7 633	633	6 998	3 009	113 800	1 331	475
Unfall- und Haftpflichtversicherung	172	751	230	3 827	1 138	3 442	458	1 789
Viehversicherung	55	4	5	—	3	47	1	8
Hagelversicherung	525	993	130	797	103	58	25	108
Feuerversicherung usw.	1 970	4 984	976	13 203	2 071	20 642	2 314	1 770
Glasversicherung	48	113	29	344	172	28	81	58
Rückversicherung	335	4 554	110	5 917	811	—	195	3 237
Zusammen	**4 634**	**19 032**	**2 113**	**31 086**	**7 307**	**138 017**	**4 405**	**7 415**

Außerdem sind den Versicherten der Lebensversicherungsabteilungen verschiedener Aktiengesellschaften zusammen noch 2,970 Millionen vor dem Abschluß der Jahresrechnung als Dividende überwiesen worden, die in vorstehender Tabelle nicht berücksichtigt sind.

Schließlich mag hier noch eine Gegenüberstellung der Prämien und Schäden der direkt arbeitenden Unternehmungen, beide einschließlich der Anteile der Rückversicherer und des indirekten Geschäfts, bei den verschiedenen Versicherungszweigen Platz finden, die einerseits das ausländische Geschäft der deutschen Gesellschaften und andererseits das deutsche Geschäft der ausländischen Gesellschaften betreffen. Es sei aber besonders hervorgehoben, daß aus den Endzahlen keineswegs Schlüsse auf die Verhältnisse des Versicherungsgeschäfts überhaupt gezogen werden dürfen; dazu fehlen die Zahlen für die ganz vornehmlich internationalen Betriebe der Transportversicherung und der Rückversicherung.

Das ausländische Geschäft der deutschen und das deutsche Geschäft der ausländischen Gesellschaften

Versicherungszweig	Ausländisches Geschäft der deutschen Gesellschaften		Deutsches Geschäft der ausländischen Gesellschaften	
	Prämien 1000 ℳ	Schäden 1000 ℳ	Prämien 1000 ℳ	Schäden 1000 ℳ
Lebensversicherung	44 752	19 720	42 992	35 373
Unfall- und Haftpflichtversicherung	7 682	4 073	16 016	7 331
Viehversicherung	154	102	—	—
Hagelversicherung	290	134	—	—
Feuerversicherung	65 862	42 646	27 196	15 397
Einbruchdiebstahlversicherung	1 716	1 435	761	226
Glasversicherung	631	342	193	133
Sonstige Versicherung (ohne Rückversicherung)	110	230	299	312
Zusammen	**121 197**	**68 682**	**87 457**	**58 772**
Im Jahre 1908	112 975	65 840	84 790	55 180
1907	109 753	60 002	81 942	55 344
1906	108 184	125 814	78 271	48 463
1905	99 917	54 731	75 837	45 586
1904	97 037	55 273	72 879	44 555
1903	94 726	51 971	68 393	37 103
1902	90 930	54 163	61 383	33 219

Gruppe I, Lebens- und Krankenversicherung

Die Unternehmungen

Im Jahre 1909 standen auf dem Gebiete der Lebensversicherung und der Krankenversicherung 28 deutsche Aktiengesellschaften und eine große Zahl deutscher Gegenseitigkeitsvereine unter Reichsaufsicht.

Während 28 Aktiengesellschaften und 16 große Gegenseitigkeitsvereine ihren Geschäftsbetrieb für alle Kreise der Bevölkerung offen halten, versichert die Mehrzahl der Gegenseitigkeitsvereine nur die Angehörigen mehr oder weniger eng begrenzter Kreise. Von diesen Vereinen hat nur einer (der Preußische Beamtenverein in Hannover) einen so großen Versicherungsbestand gewonnen, daß man ihn den anderen Gegenseitigkeitsvereinen, die eine Beschränkung auf bestimmte Kreise nicht kennen, an die Seite stellen kann; deshalb ist er auch hier wie in früheren Statistiken jenen allgemeinen Vereinen zugesellt worden. Von den anderen Gegenseitigkeitsvereinen für beschränkte Personengruppen sind in die Tabellen dieser Statistik nur einige der größeren Versicherungseinrichtungen von Berufsvereinigungen aufgenommen. Die große Mehrzahl von Pensions- und Sterbekassen, die vielfach nur die Versicherung der Angestellten bestimmter gewerblicher Firmen bezwecken, sind wie im vorigen Jahre aus den Tabellen ganz fortgelassen; sie werden auch weiter unten im Texte nur ganz zusammenfassend behandelt werden.

Auch die größeren Pensions- und Sterbekassen gehören ihrem ganzen Betriebe nach eher zu der kleinen als zu der großen Versicherung; sie sind hier aber gesondert behandelt und, wie in den früheren Statistiken, als Versicherungseinrichtungen von Berufsvereinigungen zusammengefaßt. Die Bezeichnung »kleine Versicherung« ist im folgenden lediglich für die kleine Versicherung der im allgemeinen allen Bevölkerungsklassen zugänglichen großen Unternehmungen verwendet.

Von allen dem Aufsichtsamt unterstehenden deutschen Lebensversicherungsvereinen auf Gegenseitigkeit sind in den Tabellen dieser Statistik 17 größere Gegenseitigkeitsvereine allgemeinen Charakters und 18 Versicherungseinrichtungen von Berufsvereinigungen behandelt.

Eine Aktiengesellschaft — Nordstern, Unfall- und Alters-Versicherungs-Aktien-Gesellschaft in Berlin — hat sich, soweit Versicherungen der Gruppe I in Frage kommen, nur an der kleinen Versicherung beteiligt.

Die Vereins-Versicherungs-Bank für Deutschland, A.-G. zu Düsseldorf, wurde im April 1909 eröffnet und erscheint demnach in der diesjährigen Statistik zum ersten Male.

Zu den Berufsvereinigungen sind zwei im Juli 1909 eröffnete Unternehmungen hinzugekommen, nämlich der Beamtenversicherungsverein des Deutschen Bank- und Bankiergewerbes (a. G.) zu Berlin und Ecclesia, Pfarrerversicherung, Lebensversicherungs-Verein a. G. in Cöln a. Rh.

Von den ausländischen Lebensversicherungsgesellschaften haben im Jahre 1909 21 der Reichsaufsicht unterstanden, eine weniger als im Vorjahre; die Lebensversicherungsgesellschaft Dordrecht in Dordrecht hat nämlich ihr deutsches Geschäft an die Deutschland, Lebensversicherungs-Aktien-Gesellschaft zu Berlin, abgegeben.

Von den 28 deutschen Aktiengesellschaften betrieben im Jahre 1909 neben der Lebensversicherung 14 auch die Unfallversicherung, 13 die Haftpflichtversicherung, 3 die Feuerversicherung, 3 die Kautionsversicherung (in ganz bescheidenem Umfang), 2 die Transportversicherung und 3 die Versicherung gegen Einbruchdiebstahl. Von den Gegenseitigkeitsvereinen hat nur einer (der Allgemeine Deutsche Versicherungs-Verein in Stuttgart) außer in der Lebensversicherung noch in der Unfall- und Haftpflichtversicherung und in einigen kleinen Nebenzweigen Geschäfte gemacht.

Von den allen Kreisen der Bevölkerung zugänglichen deutschen Unternehmungen unter Reichsaufsicht sind im Jahre 1909 tätig gewesen

in der großen Versicherung

in der Versicherung auf den Todesfall	27	Aktiengesellschaften und	15	Gegenseitigkeitsvereine, zus.	42	Unternehmungen
" " " " " Lebensfall	25	" "	14	" "	39	"
" " Rentenversicherung	22	" "	11	" "	33	"
" " Invaliditätsversicherung . . .	23	" "	7	" "	30	"
" " Krankenversicherung	4	" "	1	" "	5	"

in der kleinen Versicherung

in der Volksversicherung . . .	11	Aktiengesellschaften und	2	Gegenseitigkeitsvereine, zusammen	13	Unternehmungen
in der sonstigen kleinen Vers. .	14	" "	8	" "	22	"

Von den 21 ausländischen Gesellschaften, über welche diese Statistik berichtet, haben im Deutschen Reiche gearbeitet 21 in der Versicherung auf den Todesfall, 21 in der Versicherung auf den Lebensfall, 18 in der Rentenversicherung, 3 in der Invaliditätsversicherung und 4 in der Volksversicherung.

Trennung der großen von der kleinen Versicherung. Volksversicherung

Vom Standpunkte der Statistik ist eine möglichst vollständige Trennung des großen Geschäfts von dem kleinen Geschäfte wünschenswert; denn der Betrieb ist verschieden, und die Versicherungen dienen zum Teil verschiedenen Zwecken.

Nun haben nach den Rechnungsvorschriften diejenigen Versicherungsunternehmungen, deren Geschäftsbetrieb die sogenannte kleine Lebensversicherung (Volksversicherung, Arbeiter-, Sterbekassen- usw. Versicherung) ohne ärztliche Untersuchung oder mit unvollständiger ärztlicher Untersuchung in der Art umfaßt, daß für diesen Versicherungsbetrieb besondere geschäftliche Einrichtungen und besondere von den sonstigen Geschäftsgrundsätzen der Unternehmung wesentlich abweichende allgemeine Versicherungsbedingungen, Tarife und Provisionssätze eingeführt sind, für diesen Versicherungsbetrieb besondere Nachweisungen, namentlich auch über den Versicherungsbestand und seine Bewegung sowie hinsichtlich der Gewinn- und Verlustrechnung, aufzustellen. Sofern aber die Unternehmungen für diesen Versicherungsbetrieb keine besonderen Einrichtungen haben, sind sie berechtigt, die kleine Versicherung mit der großen zusammen nachzuweisen.

Unter diesen Umständen ist es nicht möglich gewesen, die kleine Versicherung vollständig aus dem gesamten Geschäfte herauszuschälen. Bei einigen Unternehmungen konnte auch jetzt die Trennung nur bei dem Versicherungsbestande, nicht aber auch bei der Bewegung des Bestandes vollständig durchgeführt werden. Wo die Scheidung mit Hilfe der dem Aufsichtsamt eingereichten Übersichten oder der gedruckten Geschäftsberichte möglich war, ist sie vorgenommen worden, obwohl dadurch eine gewisse Ungleichmäßigkeit zwischen den einzelnen Abschnitten dieser Statistik entstehen mußte; es erschien besser, diese Ungleichmäßigkeit in den Kauf zu nehmen, als auf eine strenge Scheidung der beiden Betriebsarten vollständig zu verzichten. Da, wo die Unternehmungen für die kleine Versicherung besondere geschäftliche Einrichtungen obengenannter Art geschaffen haben und wo mithin das kleine Geschäft von dem großen vollständig getrennt gehalten werden kann, wird in dieser Statistik die kleine Versicherung als »Volksversicherung«, wo das nicht der Fall ist, als »sonstige kleine Versicherung« bezeichnet.

Die Rothenburger Versicherungs-Anstalt hat bisher nur kleine Versicherungen abgeschlossen, doch kann das Geschäft nach seiner ganzen Natur nicht wohl zur Volksversicherung gerechnet werden; es sind daher der Versicherungsbestand und seine Bewegung bei der »sonstigen kleinen Versicherung« und die Betriebsergebnisse bei der großen Versicherung nachgewiesen.

Die Vereins-Versicherungs-Bank hat für das Berichtsjahr nur den Versicherungsbestand, aber nicht auch die Betriebsrechnung getrennt für große und kleine Versicherungen aufgestellt. Da sie das Hauptgewicht auf die kleine Versicherung legen wird, ist ihre Betriebsrechnung für das ganze Geschäft hier bei der Volksversicherung nachgewiesen.

Anordnung des Stoffes

Der Beobachtungsstoff ist wie im vorigen Jahre folgendermaßen angeordnet.

Es ist zunächst der Versicherungsbestand am Ende des Jahres 1909 behandelt (Tabellen I 1 bis I 18); es folgt die Bewegung des Versicherungsbestandes im Berichtsjahre (Tabellen I 19 bis I 28), dann die Gewinn- und Verlustrechnung (Tabellen I 29 bis I 37) und endlich die Bilanz für Ende 1909 (Tabellen I 38 bis I 48).

In den einzelnen Abschnitten werden nacheinander berücksichtigt: die großen deutschen Unternehmungen (Aktiengesellschaften und Gegenseitigkeitsvereine), zuerst mit ihrer großen, dann mit ihrer kleinen Versicherung, danach die Versicherungseinrichtungen einiger größerer deutscher Berufsvereinigungen (Pensionskassen und Sterbekassen) und endlich die ausländischen Unternehmungen. Dabei wird von den deutschen Unternehmungen in den ersten drei Abschnitten immer das Lebensversicherungsgeschäft (inländisches und ausländisches) gesondert betrachtet, während die Bilanz nur für das Gesamtgeschäft (Lebensversicherung nebst allen Nebenzweigen) gegeben wird. Von den ausländischen Unternehmungen wird der Bestand und die Bewegung nur für das deutsche Geschäft gegeben; dagegen bezieht sich die Betriebsrechnung auf das ganze Lebensversicherungsgeschäft und die Bilanz auf das Gesamtgeschäft.

Hieran schließt sich eine Vergleichung des ausländischen Geschäfts der deutschen Unternehmungen mit dem deutschen Geschäfte der ausländischen Gesellschaften in den wichtigsten Punkten; endlich folgen einige Angaben über die dem Aufsichtsamt unterstehenden kleinen Pensions- und Sterbekassen.

Der Versicherungsbestand am Ende des Jahres 1909

Deutsche allgemeine Anstalten

Über den gesamten Bestand der unter Reichsaufsicht stehenden deutschen Lebensversicherungsunternehmungen, die dem großen Publikum dienen, geben die Tabellen I 1 bis I 10 ausführlichen Aufschluß; hier sollen nur die hauptsächlichsten für die Gesamtheit der Anstalten geltenden Ergebnisse mitgeteilt werden.

a) der gesamte Bestand und der für eigene Rechnung behaltene Teil

In der folgenden Zusammenstellung sind zunächst die Summen der von den einzelnen Unternehmungen Ende 1909 überhaupt übernommenen Versicherungen wiedergegeben; diese Summen enthalten also alle Beträge doppelt, die von einer Gesellschaft, welche in unserer Statistik behandelt wird, versichert und bei einer ebensolchen Gesellschaft in Rückdeckung gegeben sind. Daneben ist angegeben, wieviel von je 1 000 ℳ überhaupt übernommener Versicherung durchschnittlich für eigene Rechnung behalten worden ist.

Versicherungsart	Überhaupt übernommene Versicherungen in 1 000 ℳ			Von 1 000 ℳ überhaupt übernommener Vers. wurden für eigene Rechnung behalten		
	Aktien-gesell-schaften	Gegen-seitigkeits-vereine	zusammen	Aktien-gesell-schaften	Gegen-seitigkeits-vereine	zusammen
Große Versicherung						
Versicherung auf den Todesfall.	5 625 925	4 686 602	10 312 527	926	991	956
» » » Lebensfall	432 827	403 292	836 119	985	1 000	992
Rentenversicherung	19 057	5 475	24 532	946	999	958
Kleine Versicherung						
Volksversicherung auf den Todesfall . .	1 212 582	57 600	1 270 182	980	1 000	981
» » » Lebensfall . .	1 179	---	1 179	828	—	828
Sonstige kleine Versicherung	42 608	117 485	160 093	989	1 000	997

Die Rückversicherung spielt hiernach in der Lebensversicherung im ganzen nur eine bescheidene Rolle, zumal bei den Gegenseitigkeitsvereinen, bei denen sie überhaupt nur in der großen Kapitalversicherung auf den Todesfall in Betracht kommt. Bei der Lebensfall- und der Rentenversicherung sowie bei der kleinen Versicherung tritt sie eigentlich nur da auf, wo Gesellschaften vertragsmäßig verpflichtet sind, von jeder von ihnen abgeschlossenen Versicherung einen bestimmten Prozentsatz in Rückdeckung zu geben (sogenannte Quotenrückversicherung).

b) das unmittelbare und das mittelbare Geschäft

Fragt man dann weiter, wie sich der Versicherungsbestand der deutschen Gesellschaften aus selbst abgeschlossenen und aus in Rückdeckung übernommenen Versicherungen zusammensetzt, so ersieht man aus den Tabellen I 3 bis I 7 und I 9 und 10, daß die Gegenseitigkeitsvereine Ende 1909 nur vereinzelt einige Versicherungen auf den Todesfall und geringfügige Jahresrenten in Rückdeckung genommen und daß auch die Aktiengesellschaften im großen und ganzen nur wenig mittelbare Geschäfte abgeschlossen haben.

Rund gerechnet haben die Unternehmungen in der großen Todesfallversicherung ungefähr halb so viel Versicherungen in Rückdeckung übernommen, wie sie in Rückdeckung gegeben haben; bei den anderen großen Versicherungen treten die in Rückdeckung übernommenen Beträge noch mehr zurück.

Das indirekte Geschäft in der Volksversicherung ist, nachdem bei Friedrich Wilhelm im Berichtsjahre 162 692 Versicherungen über 8 046 655 ℳ in Wegfall gekommen sind, kaum noch nennenswert.

c) das unmittelbare Geschäft

Besondere Beachtung verdienen die Zahlen, die sich auf die direkten, selbst abgeschlossenen Versicherungen beziehen, weil darin ein Maßstab für den Versicherungsbedarf der Bevölkerung gefunden werden kann. Wir geben davon sowohl die Zahl der Policen als auch die Summen und die durchschnittlich auf eine Police entfallenden Beträge, und setzen zum Vergleiche die Zahlen für 1904 daneben, um die Änderungen innerhalb der fünfjährigen Periode zu zeigen; die Zahlen für die zwischenliegenden Jahre sind in der »Entwickelung«, S. 11 bis 14, zusammengestellt.

Direktes Geschäft der deutschen allgemeinen Unternehmungen

Versicherungssummen in 1 000 ℳ, Jahresrenten und Durchschnittsbeträge in ℳ

Gesellschaftsform	Große Versicherung						Kleine Versicherung			
	auf den Todesfall		auf den Lebensfall		Rentenversicherung		Volksversicherung		Sonstige kleine Versicherung	
	1904	1909	1904	1909	1904	1909	1904	1909	1904*)	1909
	Zahl der Policen									
Aktiengesellschaften ..	948 412	1 257 293	248 622	253 492	28 828	35 811	4 592 517	6 494 407	58 362	96 601
Gegenseitigkeitsvereine	711 417	858 835	304 078	257 255	22 335	21 833	159 035	343 558	27 049	307 635
Zusammen	**1 659 829**	**2 116 128**	**552 700**	**510 747**	**51 163**	**57 644**	**4 751 552**	**6 837 965**	**85 411**	**404 236**
	Versicherungssummen				Jahresrenten		Versicherungssummen			
Aktiengesellschaften ..	3 863 370	5 422 181	425 678	432 683	13 874 516	18 593 009	806 749	1 213 217	26 686	40 948
Gegenseitigkeitsvereine	3 719 578	4 670 378	450 503	403 292	4 452 414	5 460 286	26 788	57 600	8 830	117 485
Zusammen	**7 582 948**	**10 092 559**	**876 181**	**835 975**	**18 326 930**	**24 053 295**	**833 537**	**1 270 817**	**35 516**	**158 433**
	Durchschnittsbeträge									
Aktiengesellschaften ..	4 074	4 313	1 712	1 707	479	519	176	187	458	424
Gegenseitigkeitsvereine	5 228	5 438	1 481	1 568	199	250	168	168	326	382
Zusammen	**4 569**	**4 769**	**1 585**	**1 637**	**358**	**417**	**175**	**186**	**416**	**392**

*) Ohne die Rothenburger Versicherungsanstalt, die 1904 noch nicht unter Reichsaufsicht stand.

Die durchschnittlich auf eine Police entfallende Versicherungssumme ist in der großen Todesfallversicherung sowohl bei den Aktiengesellschaften wie auch bei den Gegenseitigkeitsvereinen gewachsen; sie ist bei den Gegenseitigkeitsvereinen fortdauernd höher als bei den Aktiengesellschaften. Der auf eine Versicherung auf den Lebensfall kommende durchschnittliche Betrag ist umgekehrt bei den Aktiengesellschaften größer als bei den Gegenseitigkeitsvereinen; während der Durchschnittsbetrag bei den Aktiengesellschaften in den letzten fünf Jahren von 1 712 auf 1 727 ℳ gestiegen, dann auf 1 707 ℳ gesunken ist, nahm er bei den Gegenseitigkeitsvereinen ohne Unterbrechung zu, hat aber trotzdem Ende 1909 erst den Betrag von 1 568 ℳ erreicht.

d) die Versicherungen mit und ohne Gewinnbeteiligung

In den Tabellen I 3 bis 7 und I 9 und 10 ist auch die Gewinnbeteiligung bei dem direkten Geschäfte behandelt. Daß Versicherungen mit Gewinnbeteiligung bei den Aktiengesellschaften verhältnismäßig weniger vorkommen als bei den Gegenseitigkeitsvereinen, liegt in der Natur der Gesellschaften. Genaueres hierüber ergibt für die letzten fünf Jahre die folgende Zusammenstellung auf S. 25.

Diese Zahlen zeigen durchweg einen sehr regelmäßigen Verlauf. In der Lebensfallversicherung und in der Rentenversicherung der Gegenseitigkeitsvereine sind die Versicherungen mit Gewinnbeteiligung während des betrachteten Zeitraums verhältnismäßig zurückgegangen, sowohl was die Zahl der Versicherungen als auch was die Höhe der Versicherungssummen betrifft. Bei den Aktiengesellschaften zeigen sich neuerdings einige Schwankungen. In der großen Versicherung auf den Todesfall ist der Anteil der gewinnberechtigten Versicherungen bei den Gegenseitigkeitsvereinen ziemlich ungeändert geblieben, bei den Aktiengesellschaften hat dieser Anteil ununterbrochen zugenommen. Ebenso ist dieser Anteil auch bei der Volksversicherung der Aktiengesellschaften im Wachsen; auch bei den Gegenseitigkeitsvereinen zeigt sich seit 1907 dieses günstige Bild.

Am Gewinne waren im direkten Geschäfte beteiligt										
Versicherungsart	bei den Aktiengesellschaften					bei den Gegenseitigkeitsvereinen				
	1905	1906	1907	1908	1909	1905	1906	1907	1908	1909
Große Versicherung	von je 1 000 Policen									
Versicherung auf den Todesfall	855	864	872	881	888	989	994	995	995	995
" " " Lebensfall	319	319	317	351	342	918	917	916	910	909
Rentenversicherung	?	?	?	?	?	824	810	794	780	759
Kleine Versicherung										
Volksversicherung	678	688	693	701	708	930	926	932	941	945
Sonstige kleine Versicherung	151	169	172	166	163	244	223	911	923	925
Große Versicherung	von je 1 000 *M* Versicherungssumme (Jahresrente)									
Versicherung auf den Todesfall	913	918	923	929	932	998	998	998	999	999
" " " Lebensfall	275	275	273	306	296	885	885	886	881	881
Rentenversicherung	9	11	12	13	14	680	664	650	639	626
Kleine Versicherung										
Volksversicherung	750	760	770	779	789	973	968	969	971	972
Sonstige kleine Versicherung	223	226	234	232	233	153	180	895	911	917

Die Versicherungen mit Gewinnbeteiligung sind, wenn man von der kleinen Versicherung absieht, am häufigsten bei der Versicherung auf den Todesfall; hier nähern sich die Verhältniszahlen der Aktiengesellschaften denen der Gegenseitigkeitsvereine in bemerkenswerter Weise. Bei den Versicherungen auf den Lebensfall findet sich die Gewinnbeteiligung schon seltener, wenn auch der Unterschied bei den Gegenseitigkeitsvereinen sehr viel kleiner ist als bei den Aktiengesellschaften. Beachtenswert ist vielleicht, daß bei beiden Arten von Unternehmungen in der Todesfallversicherung die Policen der Zahl nach mit einem etwas geringeren Prozentsatz am Gewinn Anteil haben als die Versicherungssummen, während bei der Versicherung auf den Lebensfall das Entgegengesetzte der Fall ist. Die Versicherungen mit Anteil am Gewinne liegen also hinsichtlich der Höhe der Versicherung beim Todesfall über, beim Lebensfall unter dem Durchschnitte. Rentenversicherungen werden von den Aktiengesellschaften nur ausnahmsweise mit Gewinnbeteiligung der Versicherten abgeschlossen; von den Gegenseitigkeitsvereinen geschieht das naturgemäß viel häufiger; aber auch bei diesen Vereinen geht — soweit unsere Zahlen, bei denen Angaben über die zahlreichen Versicherungen steigender Renten fehlen, ein Urteil zulassen — die Gewinnbeteiligung bei der Rentenversicherung immer mehr zurück.

e) Invaliditätsversicherung

Die Versicherung auf den Invaliditätsfall wird nur von wenigen Gesellschaften als selbständige Versicherung betrieben; zumeist tritt sie als Zusatzversicherung zu der gemischten Kapitalversicherung auf, indem für den Fall der Invalidität Prämienfreiheit oder Prämienfreiheit in Verbindung mit Gewährung einer Rente (meist 5 oder 10 Prozent des versicherten Kapitals) bis zum Ablaufe der Versicherung ausbedungen wird. Hinsichtlich der hiermit verbundenen Unsicherheit in den Angaben über den Versicherungsbestand wird auf die Anmerkungen zu Tabelle I 6 S. 20 Bezug genommen.

f) Krankenversicherung

Die Krankenversicherung eignet sich weniger als jede andere Versicherungsart zum Betriebe von einer Zentrale aus; sie erfordert, wenn sie ohne übergroße Gefährdung des Versicherers durchgeführt werden soll, eine weitgehende Kontrolle der Ansprüche erhebenden Versicherten, die ohne großen Verwaltungsapparat nicht zu ermöglichen ist. Tatsächlich befaßten sich im Jahre 1909 denn auch nur wenige Gesellschaften mit der Krankenversicherung; von diesen Gesellschaften wickeln 2 nur das von andern Gesellschaften übernommene Geschäft ab, ohne selbst neue Versicherungen abzuschließen, vgl. Tabelle I 7.

Versicherungseinrichtungen von Berufsvereinigungen

Von den für begrenzte Kreise bestimmten Versicherungsunternehmungen sind, wie schon oben erwähnt, in die Tabellen dieser Statistik nur die Versicherungseinrichtungen einiger größerer Berufsvereinigungen aufgenommen, obwohl diese Einrichtungen sehr erhebliche Unterschiede zeigen und sich deshalb nicht ohne Zwang gemeinsam behandeln lassen.

Von den fraglichen 18 Unternehmungen betrieben elf die Versicherung auf den Todesfall (meist Sterbekassen), davon zwei auch die Versicherung auf den Lebensfall und drei auch die Rentenversicherung (meist Pensionsversicherung); die übrigen sieben befaßten sich lediglich mit der Pensionsversicherung.

Im ganzen waren bei diesen Versicherungseinrichtungen Ende 1909 in Kraft 290 195 Policen über 154 197 593 ℳ auf den Todesfall (durchschnittlich 531 ℳ für eine Versicherung), 267 Policen über 1 152 518 ℳ auf den Lebensfall (durchschnittlich 4 317 ℳ für eine Versicherung). In der Rentenversicherung liefen zu Ende des Berichtsjahrs 18 572 Policen über 4 855 386 ℳ Jahresrente (durchschnittlich 261 ℳ Jahresrente für eine Versicherung). Außerdem bestanden noch 3 409 Versicherungen auf den Todesfall mit veränderlicher Versicherungssumme und 29 289 Pensionsversicherungen mit fast ausschließlich steigender Rente.

Bei der einfachen Verwaltung der meisten derartigen Versicherungsvereine ist es erklärlich, daß sie keine Versicherungen in Rückdeckung übernommen und auch nur geringfügige Beträge in Rückdeckung gegeben haben.

Ausländische Unternehmungen, deutscher Bestand

Von den ausländischen Versicherungsunternehmungen, die im Jahre 1909 im Deutschen Reiche Versicherungsgeschäfte betrieben haben, soll hier nur der Bestand des deutschen Geschäfts erörtert werden, wie er in den Tabellen I 12 bis I 18 erscheint. Dabei ist von einer Trennung zwischen Aktiengesellschaften und Gegenseitigkeitsvereinen abgesehen worden.

Wie vorhin bei den deutschen allgemeinen Unternehmungen, betrachten wir zunächst den gesamten übernommenen Bestand und den davon für eigene Rechnung behaltenen Teil.

Es waren		überhaupt übernommen	von 1 000 ℳ überhaupt übernommener Versicherung für eigene Rechnung behalten
Große Versicherung	in der Todesfallversicherung	856 973 973 ℳ	958
	in der Lebensfallversicherung	143 556 723 „	993
	in der Rentenversicherung (Jahresrenten)	1 357 454 „	971
Kleine Versicherung	in der Todesfallversicherung	6 492 515 „	1 000
	in der Lebensfallversicherung	140 820 „	1 000.

Danach haben die ausländischen Gesellschaften nur in der großen Todesfallversicherung und in der Rentenversicherung einen nennenswerten Betrag in Rückdeckung gegeben. Aus der kleinen Versicherung haben sie im Gegensatze zu den deutschen Gesellschaften überhaupt nichts rückversichert, weil bei ihnen Quotenrückversicherungsverträge nicht vorkommen.

Über das deutsche direkte Geschäft der ausländischen Unternehmungen gibt sodann folgende Zusammenstellung Auskunft. Darin sind zwar die Zahlen für 1904 bei der großen Versicherung einiger Gesellschaften geschätzt, doch darf man annehmen, daß diese Zahlen sehr nahe das Richtige treffen.

Deutsches direktes Geschäft der ausländischen Unternehmungen

Versicherungssumme in 1000 *M*, Jahresrenten und Durchschnittsbeträge in *M*

	Große Versicherung						Volksversicherung	
	auf den Todesfall		auf den Lebensfall		Rentenversicherung			
	1904	1909	1904	1909	1904	1909	1904	1909
Zahl der Policen	119 986	134 798	44 448	73 003	1 768	2 068	11 551	23 585
Versicherungssummen (Jahresrenten)	767 118	837 457	123 702	143 487	1 225 104	1 344 185	3 847	6 633
Durchschnittsbeträge	6 393	6 213	2 783	1 965	693	650	333	281

Die Durchschnittsbeträge sind bei den ausländischen Gesellschaften merklich höher als bei den deutschen Anstalten, doch rührt das, soweit es sich um die große Kapitalversicherung handelt, daher, daß einige wenige Gesellschaften besonders hohe Beträge übernommen haben; es handelt sich nicht um eine Eigentümlichkeit aller ausländischen Unternehmungen.

Über das Verhältnis der mit Gewinnbeteiligung der Versicherten abgeschlossenen Verträge zu den überhaupt abgeschlossenen Verträgen und über die Entwickelung dieses Verhältnisses in den letzten fünf Jahren ergeben sich bei Beschränkung auf das direkte Geschäft folgende Zahlen:

Im deutschen direkten Geschäfte der ausländischen Unternehmungen waren am Gewinne beteiligt:

Versicherungsart	1905	1906	1907	1908	1909
	von je 1 000 Policen				
Große Todesfallversicherung	813	816	824	834	841
" Lebensfallversicherung	663	702	747	779	800
Rentenversicherung	40	49	49	51	53
Volksversicherung	319	280	320	321	174
	von je 1 000 *M* Versicherungssumme				
Große Todesfallversicherung	889	888	891	895	897
" Lebensfallversicherung	693	702	729	748	763
Rentenversicherung	27	30	28	25	32
Volksversicherung	653	629	667	672	479

Wie bei den deutschen Gesellschaften, ist auch bei den ausländischen Unternehmungen die Gewinnbeteiligung der Versicherten bei der Todesfallversicherung am häufigsten. Bezüglich der Versicherungssumme ist die Gewinnbeteiligung der Versicherten bei den ausländischen Anstalten geringer als bei den deutschen Aktiengesellschaften.

In der Volksversicherung schließen die ausländischen Gesellschaften bei uns verhältnismäßig sehr viel weniger Verträge mit Gewinnbeteiligung ab als die deutschen Unternehmungen.

Die Bewegung in dem Versicherungsbestand im Jahre 1909

Deutsche allgemeine Unternehmungen

Die Bewegung in dem Versicherungsbestande der deutschen Unternehmungen, die allen Kreisen der Bevölkerung offenstehen, ist in den Tabellen I 19 bis I 23 ausführlich behandelt. Dabei hat aber, wie schon oben bemerkt ist, die Trennung zwischen großer und kleiner Versicherung nicht so vollständig durchgeführt werden können wie bei der Beschreibung des Bestandes am Ende des Berichtsjahrs; die Bewegung der Sterbegeldversicherung war bei einigen Unternehmungen nicht aus der Bewegung der großen Versicherung auszuscheiden.

Die folgende Zusammenstellung gibt einen Überblick über die Bewegung der wichtigsten Versicherungsarten in dem gesamten Geschäfte der großen deutschen Unternehmungen; dabei ist bei der Volksversicherung und bei der sonstigen kleinen Versicherung die Todesfallversicherung mit der Lebensfallversicherung zusammengefaßt. In Betracht gezogen sind nur die selbst abgeschlossenen Versicherungen.

Überall zeigt sich ein erfreulicher Fortschritt; nur die Versicherungen auf den Lebensfall gehen zurück sowohl bei den Aktiengesellschaften wie bei den Gegenseitigkeitsvereinen.

Bewegung im Versicherungsbestande der deutschen Unternehmungen

	Versicherung auf den Todesfall		Versicherung auf den Lebensfall		Rentenversicherung		Volksversicherung		Sonstige kleine Versicherung	
	Policen	1000 M	Policen	1000 M	Policen	1000 M	Policen	1000 M	Policen	1000 M
Aktiengesellschaften										
	27 Gesellschaften		25 Gesellschaften		22 Gesellschaften		11 Gesellschaften		9 Gesellschaften	
Bestand Ende 1908	1 215 206	5 070 863	256 709	438 981	34 417	17 584	6 055 376	1 117 206	58 762	24 413
Zugang	153 234	679 176	17 828	33 006	3 195	2 002	1 203 048	256 406	10 132	4 397
Abgang	77 258	313 169	21 045	39 304	1 801	993	764 017	160 395	6 182	2 551
Reiner Zugang	75 976	366 007	— 3 217	— 6 298	1 394	1 009	439 031	96 011	3 950	1 846
Bestand Ende 1909	1 291 182	5 436 870	253 492	432 683	35 811	18 593	6 494 407	1 213 217	62 712	26 259
Gegenseitigkeitsvereine										
	15 Vereine		14 Vereine		10 Vereine		2 Vereine		7 Vereine	
Bestand Ende 1908	822 781	4 434 399	264 229	408 185	21 778	5 124	307 086	50 659	294 902	107 053
Zugang	72 710	410 497	16 517	29 407	1 249	535	147 063	24 702	19 500	13 369
Abgang	33 014	172 417	23 491	34 300	1 194	199	110 591	17 761	10 409	5 038
Reiner Zugang	39 696	238 080	— 6 974	— 4 893	55	336	36 472	6 941	9 091	8 331
Bestand Ende 1909	862 477	4 672 479	257 255	403 292	21 833	5 460	343 558	57 600	303 993	115 384
Sämtliche Unternehmungen										
	42 Unternehmungen		39 Unternehmungen		32 Unternehmungen		13 Unternehmungen		16 Unternehmungen	
Bestand Ende 1908	2 037 987	9 505 262	520 938	847 166	56 195	22 708	6 362 462	1 167 865	353 664	121 466
Zugang	225 944	1 089 673	34 345	62 413	4 444	2 537	1 350 111	281 108	29 632	17 766
Abgang	110 272	485 586	44 536	73 604	2 995	1 192	874 608	178 156	16 591	7 589
Reiner Zugang	115 672	604 087	—10 191	—11 191	1 449	1 345	475 503	102 952	13 041	10 177
Bestand Ende 1909	2 153 659	10 109 349	510 747	835 975	57 644	24 053	6 837 965	1 270 817	366 705	131 643

Wegen der großen Bedeutung, die den verschiedenen Ursachen des Abgangs von Versicherungen zukommt, sind in unseren Tabellen für die Hauptversicherungsarten nicht nur die absoluten Zahlen für die Häufigkeit der einzelnen Ursachen angegeben, sondern es ist auch berechnet, wieviel bei den selbst abgeschlossenen Versicherungen von 1 000 Policen oder von 1 000 ℳ Versicherungssumme des durchschnittlichen Bestandes durch Tod, wieviel durch Ablauf usw. in Wegfall gekommen sind. An dieser Stelle wird es genügen, die Ursachen des Wegfalls in drei Gruppen zusammenzufassen: ordentlicher Abgang (Abgang durch Tod oder Ablauf), Storno mit Vergütung (Abgang durch Rückkauf, Reduktion, Umwandlung oder Übertragung) und Storno ohne Vergütung (Abgang durch Verfall, Verzicht, Nichteinlösung der Police).

Abgang in Tausendsteln des durchschnittlichen Bestandes

	ordentlicher Abgang		Storno mit Vergütung		Storno ohne Vergütung	
	Policen	Summen	Policen	Summen	Policen	Summen
Versicherung auf den Todesfall						
Aktiengesellschaften	19	18	13	15	30	27
Gegenseitigkeitsvereine	19	20	8	9	12	9
Versicherung auf den Lebensfall						
Aktiengesellschaften	46	45	16	24	19	20
Gegenseitigkeitsvereine	64	57	10	13	15	14
Rentenversicherung						
Aktiengesellschaften	41	42	7	10	3	3
Gegenseitigkeitsvereine	47	32	7	3	1	1
Volksversicherung						
Aktiengesellschaften	39	33	2	13	81	92
Gegenseitigkeitsvereine	42	28	15	19	283	281

An diesen Zahlen ist u. a. beachtenswert, daß bei der Volksversicherung der Aktiengesellschaften ein höherer Satz der Versicherungssummen als der Policenzahl durch Storno ohne Entschädigung ausscheidet und daß bei der großen Todesfallversicherung das Entgegengesetzte stattfindet. Bei der Volksversicherung der Aktiengesellschaften verfallen danach mehr verhältnismäßig hohe, bei der großen Versicherung mehr verhältnismäßig niedrige Versicherungen.

Die außerordentlich kleinen Zahlen für den vorzeitigen Abgang bei der Rentenversicherung finden ihre einfache Erklärung darin, daß es sich hier in der überwiegenden Zahl der Fälle um sofort beginnende Renten gegen einmalige Prämien handelt; ein vorzeitiger Abgang kann aber nur bei den verhältnismäßig seltenen Versicherungen von aufgeschobenen Renten gegen Jahresprämien vorkommen.

Versicherungseinrichtungen von Berufsvereinigungen

Wenn man bei den Versicherungseinrichtungen der größeren Berufsvereinigungen (Pensionskassen und Sterbekassen) diejenigen Kassen außer Betracht läßt, bei welchen die Versicherungssummen und Jahresrenten als veränderlich nicht angegeben werden können, erhält man folgendes Bild von der Bestandsänderung im Berichtsjahre:

	Kapitalversicherung 10 Vereine		Rentenversicherung 5 Vereine	
	Policen	1 000 ℳ	Policen	1 000 ℳ Rente
Bestand Ende 1908	275 009	144 680	18 497	4 734
Zugang	27 380	15 549	506	226
Abgang	11 927	4 879	431	105
Reiner Zugang	15 453	10 670	75	121
Bestand Ende 1909	290 462	155 350	18 572	4 855

Auch bei diesen Anstalten zeigt sich also eine Zunahme der Policenzahl wie auch der Versicherungssummen und Jahresrenten.

Ausländische Gesellschaften, deutsches Geschäft

Die Bewegung in dem deutschen Versicherungsbestande der ausländischen Lebensversicherungsunternehmungen ist in den Tabellen I 25 bis I 28 ausführlich dargestellt. Aus diesen Tabellen ist folgende Übersicht hergeleitet:

Bewegung im deutschen Versicherungsbestand ausländischer Gesellschaften

	Versicherung auf den Todesfall 21 Gesellschaften		Versicherung auf den Lebensfall 21 Gesellschaften		Rentenversicherung 18 Gesellschaften		Volksversicherung 3 Gesellschaften	
	Policen	1000 M	Policen	1000 M	Policen	1000 M	Policen	1000 M
Bestand Ende 1908	132 686	824 819	68 191	140 376	1 997	1 298	12 785	4 546
Zugang	12 219	77 142	10 737	15 153	159	97	18 783	3 731
Abgang	9 852	64 466	5 925	12 042	88	51	8 238	1 682
Reiner Zugang	2 367	12 676	4 812	3 111	71	46	10 545	2 049
Bestand Ende 1909	135 053	837 495	73 003	143 487	2 068	1 344	23 330	6 595

Danach hat das deutsche Geschäft der ausländischen Gesellschaften im Jahre 1909 überall Fortschritte gemacht.

Über die Häufigkeit der verschiedenen Arten des Abganges seien hier die folgenden Zahlen aufgeführt, die den oben für die deutschen Unternehmungen angegebenen Zahlen entsprechen.

Abgang in Tausendsteln des durchschnittlichen Bestandes

	ordentlicher Abgang Policen	ordentlicher Abgang Summen	Storno mit Vergütung Policen	Storno mit Vergütung Summen	Storno ohne Vergütung Policen	Storno ohne Vergütung Summen
Versicherung auf den Todesfall	26	31	19	24	30	23
» » » Lebensfall	27	40	14	14	43	30
Volksversicherung (Todesfallvers.)	16	10	13	19	453	278

Ein Vergleich der Zahlen für den ordentlichen Abgang mit den für die früheren Jahre geltenden Zahlen (»Entwickelung« S. 16) läßt bei der großen Todesfallversicherung eine langsame, aber fast ununterbrochene Zunahme erkennen; 1902 betrug der Abgang bei den Policen nur 21 und bei der Versicherungssumme nur 20 Tausendstel des mittleren Jahresbestandes.

Die Betriebsrechnung für 1909

Die Gewinn- und Verlustrechnung, wie sie in den Tabellen I 29, 32, 34 und 36 gegeben ist, unterscheidet sich von den Aufstellungen, welche die Unternehmungen nach dem Formular L 1 der Rechnungsvorschriften dem Aufsichtsamt einzureichen haben, dadurch, daß die veränderlichen Fonds (Prämienreserve, Prämienüberträge, Reserven für schwebende Versicherungsfälle, Gewinnreserven und sonstige Reserven) nicht mit ihren Beständen zu Anfang des Jahres in Einnahme und mit ihren Werten am Ende des Jahres in Ausgabe gestellt sind, sondern daß nur die durch den Jahresbetrieb hervorgerufenen Änderungen nachgewiesen sind; denn nur diese Änderungen beeinflussen das Ergebnis der Jahresrechnung; außerdem wird die Rechnung durchsichtiger. Der Stand der Fonds am Ende des Jahres findet sich in der Bilanz. Sodann ist der Vortrag aus dem Überschusse des Vorjahrs hier fortgelassen worden, um das Ergebnis des Geschäftsbetriebs lediglich aus dem Berichtsjahre zu erhalten.

Die Betriebsrechnung bezieht sich auf das ganze (deutsche und ausländische) Lebensversicherungsgeschäft der Unternehmungen. Für die Volksversicherung ist bei den deutschen Gesellschaften eine besondere Betriebsrechnung (Tabelle I 32) aufgestellt; die sonstige kleine Versicherung und bei den ausländischen Gesellschaften auch die Volksversicherung ist mit dem Geschäft in der großen Versicherung zusammen verrechnet (Tabelle I 29 und 36). Auch sind beim »Atlas«, bei der »Wilhelma« und bei der »Bayer. V. B.« die geringen Einnahmen und Ausgaben der Kautionsversicherung in der allgemeinen Betriebsrechnung für das gesamte Lebensversicherungsgeschäft enthalten (vgl. die Anmerkungen 5, 6 und 7 zu Tabelle I 30 S. 93).

Die in den Übersichten über die Gewinn- und Verlustrechnung nur summarisch eingestellten Prämien und Vergütungen der Rückversicherer einerseits und die Zahlungen für selbst abgeschlossene und für in Rückdeckung übernommene Versicherungen sowie die Rückversicherungsprämien anderseits sind in den Tabellen I 30, 33 und 35 erläutert.

In der Lebensversicherung ohne Volksversicherung haben betragen: Deutsche allgemeine Unternehmungen

	bei der Gesamtheit der Unternehmungen	bei 26 Aktiengesellschaften	bei 17 Gegenseitigkeitsvereinen
die Summe der Einnahmen	669 444 411 *M*	372 661 023 *M*	296 783 388 *M*
die Summe der Ausgaben	559 044 210 »	317 092 973 »	241 951 237 »
der Jahresüberschuß ...	110 400 201 *M*	55 568 050 *M*	54 832 151 *M*

Das Geschäftsjahr 1909 hat allen 26 Aktiengesellschaften in der großen Lebensversicherung einen Überschuß von zusammen 55 568 050 *M* gebracht; bei den 17 Gegenseitigkeitsvereinen ist ein Gewinn von zusammen 54 832 151 *M* erzielt worden. Von dem durch die Bilanz ausgewiesenen Gewinn und dessen Verteilung wird unten gesprochen werden.

Für die Volksversicherung ergeben sich folgende Zahlen:

Volksversicherung	Gesamtheit	11 Aktiengesellschaften	2 Gegenseitigkeitsvereine
Summe der Einnahmen	118 189 018 *M*	112 781 057 *M*	5 407 961 *M*
Summe der Ausgaben	98 848 838 »	94 286 759 »	4 562 079 »
Jahresüberschuß ...	19 340 180 *M*	18 494 298 *M*	845 882 *M*

Von den 11 Aktiengesellschaften, deren Betriebsrechnung für das Volksversicherungsgeschäft in Tabelle I 32 aufgestellt ist, hat im Jahre 1909 eine Gesellschaft mit einem Verluste von 12 359 *M* gearbeitet; an dem Gewinne von 18 506 657 *M* sind 10 Anstalten beteiligt. Die beiden Gegenseitigkeitsvereine haben einen Überschuß von zusammen 845 882 *M* erzielt.

Für eingetretene Versicherungsfälle des Geschäftsjahrs aus selbst abgeschlossenen Versicherungen wurden im Berichtsjahr in der großen Versicherung von der Gesamtheit der Unternehmungen 94,6 Prozent des Wertes entschädigt und 5,4 Prozent zurückgestellt; hiervon entfallen auf die Aktiengesellschaften 95,7 und 4,3 Prozent, auf die Gegenseitigkeitsvereine 93,4 und 6,6 Prozent. In der Volksversicherung wurden von der Gesamtheit der Unternehmungen 97,16 Prozent aller fällig gewordenen Versicherungssummen gezahlt und 2,51 Prozent zurückgestellt; im besonderen bei den Aktiengesellschaften 97,50 und 2,50 Prozent, und bei den Gegenseitigkeitsvereinen 96,58 und 3,42 Prozent. Bei Vergleichen mit den früheren Jahren ist zu beachten, daß die Zahlungen aus Versicherungsfällen bei der »Viktoria« jetzt die mit den Versicherungssummen ausgezahlten Gewinnanteile nicht mehr enthalten; diese Gewinnanteile sind vielmehr bei den an die Versicherten ausgezahlten Gewinnanteilen verrechnet.

Versicherungseinrichtungen von Berufsvereinigungen

Über die Gewinn- und Verlustrechnung der in diese Statistik aufgenommenen Versicherungseinrichtungen der größeren Berufsvereinigungen geben die Tabellen I 34 und I 35 Aufschluß.

Daraus sind folgende Zahlen zu entnehmen:

	18 Versicherungseinrichtungen
Summe der Einnahmen	13 022 106 *M*
Summe der Ausgaben	11 384 427 »
Jahresüberschuß	1 637 679 *M*

Einen Fehlbetrag haben im Berichtsjahre nur zwei dieser Anstalten mit zusammen 133 193 *M* ausgewiesen; die übrigen 16 Anstalten erzielten einen Überschuß von zusammen 1 770 872 *M*.

Ausländische Gesellschaften

Zur Beurteilung des Geschäftsbetriebs derjenigen ausländischen Lebensversicherungsgesellschaften, über welche diese Statistik berichtet, ist in Tabelle I 36 die Gewinn- und Verlustrechnung für das ganze inländische und ausländische Geschäft möglichst nach denselben Grundsätzen dargestellt, die bei den deutschen Gesellschaften zur Anwendung gekommen sind. Daneben sind aber in Tabelle I 37 die Einnahmen und Ausgaben der ausländischen Gesellschaften allein aus dem deutschen Geschäfte zusammengestellt. Es haben betragen die Einnahmen an Prämien im deutschen Geschäft insgesamt 42 992 231 *M*. Davon kommen 42 176 978 *M* oder 98,1 Prozent auf selbst abgeschlossene Versicherungen und 815 253 *M* oder 1,9 Prozent auf die in Rückdeckung übernommenen Versicherungen. Für Versicherungsleistungen einschließlich der Zahlungen für vorzeitig aufgelöste Versicherungen waren bereitzustellen insgesamt 35 373 254 *M*, davon 35 082 573 *M* oder 99,2 Prozent für selbst abgeschlossene Versicherungen und 290 681 *M* oder 0,8 Prozent für in Rückdeckung übernommene Versicherungen.

Die Bilanz für den Schluß des Jahres 1909

Deutsche allgemeine Unternehmungen

Eine Bilanz ist in dieser Statistik grundsätzlich für das Gesamtgeschäft einer jeden Gesellschaft aufgestellt und bei derjenigen Gruppe nachgewiesen, zu der das Unternehmen seinem Hauptbetriebe nach gehört.

Dementsprechend sind in Tabelle I 38 die Bilanzen für 26 Aktiengesellschaften und 16 Gegenseitigkeitsvereine aufgeführt; die Gesamtbilanz schließt für Ende 1909 bei den Aktiengesellschaften mit 2 748 254 185 *M* und bei den Gegenseitigkeitsvereinen mit 1 948 315 748 *M* ab; als Hauptposten sind folgende Beträge zu verzeichnen:

Aktiva	26 Aktiengesellschaften	16 Gegenseitigkeitsvereine
Verpflichtungen der Aktionäre oder Garanten	121 337 151 *M*	474 075 *M*
Forderungen	137 662 035 "	75 242 752 "
Kautionsdarlehen an Beamte	447 982 "	1 482 634 "
Kapitalanlagen	2 478 037 077 "	1 865 011 870 "
Kassenbestand	5 800 579 "	2 216 559 "
Passiva		
Aktien- oder Garantiekapital	162 815 697 *M*	495 769 *M*
Kapitalreservefonds	14 857 565 "	19 294 891 "
Spezialreservefonds	64 561 969 "	53 377 804 "
Gewinnreserve der Versicherten	197 860 073 "	163 128 037 "
Guthaben anderer Versicherungsunternehmungen	4 428 196 "	603 426 "
Barkautionen	680 942 "	2 526 093 "
Prämienreserven und Prämienüberträge	2 185 482 074 "	1 610 769 243 "
Schadenreserve	16 067 947 "	8 093 885 "

Die hier aufgeführten Kapitalanlagen verteilen sich auf folgende Wertarten (Tabelle I 39):

	26 Aktiengesellschaften			16 Gegenseitigkeitsvereine		
Grundbesitz	68 913 464 *M*	oder	2,8 %	17 131 887 *M*	oder	1,0 %
Hypotheken	2 118 517 195 "	"	85,5 "	1 544 220 688 "	"	82,8 "
Darlehen an öffentliche Körperschaften	38 219 347 "	"	1,5 "	108 086 459 "	"	5,8 "
Policedarlehen	183 026 361 "	"	7,4 "	133 780 225 "	"	7,2 "
Darlehen auf Wertpapiere	641 200 "	"	0,0 "	1 995 179 "	"	0,1 "
Wertpapiere	67 162 987 "	"	2,7 "	53 880 289 "	"	2,9 "
Wechsel	1 556 523 "	"	0,1 "	5 917 143 "	"	0,2 "
Sonstige Anlagen	—		—	—		—
Zusammen	2 478 037 077 *M*	oder	100,0 %	1 865 011 870 *M*	oder	100,0 %

Vergleicht man diese Zahlen mit denen des Vorjahrs, so erhält man folgendes Bild: Bei den Aktiengesellschaften haben zugenommen der Wert des Grundbesitzes um 1 807 487 *M*, der Hypothekenbestand um 139 050 145 *M*, die Darlehen an öffentliche Körperschaften um 7 244 883 *M*, die Policedarlehen um 12 809 452 *M*, die Darlehen auf Wertpapiere um 2 818 *M*, die Wertpapiere um 8 429 140 *M* und der Bestand an Wechseln um 449 523 *M*. Bei den Gegenseitigkeitsvereinen haben zugenommen der Grundbesitz um 407 408 *M*, der Hypothekenbestand um 59 589 625 *M*, die Darlehen an öffentliche Körperschaften um 15 141 263 *M*, die Policedarlehen um 4 002 360 *M*, die Darlehen auf Wertpapiere um 543 473 *M*, der Bilanzwert der Wertpapiere um 7 828 968 *M* und die Wechsel um 1 947 970 *M*. Dem Kapitalmarkte haben die allgemeinen deutschen Lebensversicherungsunternehmungen zugeführt: 2,21 Millionen Mark für Grundbesitz, 198,64 Millionen für Hypotheken, 22,39 Millionen für Darlehen an öffentliche Körperschaften, 0,55 Millionen für Darlehen auf Wertpapiere, 16,26 Millionen für Wertpapiere und 2,40 Millionen für Wechsel.

Die Prämienreserven und die Prämienüberträge sind in Tabelle I 40 nach Versicherungsarten getrennt angegeben. Hierzu bedarf es indessen noch folgender Erläuterungen. Nach § 58 des Versicherungsaufsichtsgesetzes soll bei Rückversicherungen die Prämienreserve von dem rückversicherten Unternehmen berechnet, aufbewahrt und verwaltet werden. Die Rechnungsvorschriften bestimmen, daß als Prämienreserve in der Gewinn- und Verlustrechnung und in der Bilanz nur die in eigener Verwaltung befindlichen Beträge geführt werden sollen. Für alle bis zum Inkrafttreten des Gesetzes abgeschlossenen Versicherungen sollen die Prämienreserven unter Berücksichtigung der geltenden Rückversicherungsverträge eingestellt werden. Bei den nach dem Inkrafttreten des Gesetzes abgeschlossenen Versicherungen sollen die Prämienreserven für alle selbst abgeschlossenen Versicherungen einschließlich der in Rückdeckung gegebenen Summen unter der Position Prämienreserve nachgewiesen werden; für die in Rückdeckung übernommenen Versicherungen aber, soweit die Prämienreserven abzugeben sind, sollen diese Prämienreserven in der Gewinn- und Verlustrechnung bei den Vergütungen für in Rückdeckung übernommene Versicherungen verrechnet werden, also auch in der Bilanz nicht bei den Prämienreserven erscheinen. Die Gesellschaften verfahren bei der Behandlung der Prämienreserven nicht gleichmäßig. Ein Teil der Anstalten läßt die Prämienreserven in fremder Verwaltung ganz aus der Rechnung fort, während die übrigen Gesellschaften diese Posten bei anderen Positionen behandeln. Da das Formular L 3 der Rechnungsvorschriften die Mittel bietet, den Betrag der bei Rückversicherungen abgegebenen Reserven festzustellen, so sind diese Beträge wie in den vorjährigen Statistiken überall ausgeschieden. Dieses Verfahren entspricht nicht nur den Rechnungsvorschriften, sondern verhindert auch, daß die Reserven für solche Versicherungen, die von einer unter Reichsaufsicht stehenden Gesellschaft bei einer ebensolchen Gesellschaft in Rückdeckung gegeben sind, mehrfach aufgeführt werden.

Die Trennung der Prämienreserven und der Prämienüberträge erfolgt bei den verschiedenen Anstalten und bei verschiedenen Versicherungsarten nicht nach denselben Grundsätzen, so daß die als Prämienreserven oder Prämienüberträge angegebenen Summen weder die reinen Prämienreserven noch die reinen Überträge darstellen. Prämienreserven und Prämienüberträge sind deshalb zusammengefaßt worden.

In Tabelle I 40 sind für alle deutschen Aktiengesellschaften Prämienreserven und Prämienüberträge in eigener Verwaltung in Höhe von 2 246,898 Millionen Mark nachgewiesen. Davon kommen 2163,514 Millionen Mark auf die Lebensversicherung und 83,384 Millionen Mark auf andere Versicherungszweige. Bei den Gegenseitigkeitsvereinen gehören die in der Tabelle aufgeführten Beträge von zusammen 1637,616 Millionen Mark vollständig der Lebensversicherung an. Die gesamte Prämienreserve für Lebens- und Krankenversicherung stellt sich danach für alle deutschen allgemeinen Unternehmungen auf 3 801,130 Millionen Mark, wovon 56,9 Prozent auf die Aktiengesellschaften und 43,1 Prozent auf die großen Gegenseitigkeitsvereine entfallen. In welchem Maße die einzelnen Versicherungsarten beteiligt sind, ist aus nachstehender Übersicht zu entnehmen:

Versicherungsart	Prämienreserven und Prämienüberträge					
	bei der Gesamtheit der Unternehmungen		bei den Aktiengesellschaften		bei den Gegenseitigkeitsvereinen	
	1 000 M	%	1 000 M	%	1 000 M	%
Versicherung auf den Todesfall	3 169 293	83,4	1 810 183	83,7	1 359 110	83,0
" " " Lebensfall	386 297	10,2	199 087	9,2	187 210	11,4
Rentenversicherung	237 827	6,2	147 448	6,8	90 379	5.5
Sonstige Versicherungen	7 713	0.2	6 796	0,3	917	0.1
Zusammen	3 801 130	100,0	2 163 514	100,0	1 637 616	100,0

Die Verteilung des Gewinns ist in Tabelle I 41 dargestellt. Wenn dabei die Summe des Gesamtgewinns der Gegenseitigkeitsvereine nicht mit der Summe der Jahresüberschüsse und der Vorträge aus dem Vorjahre, wie sie in der Bilanz (Tabelle I 38) enthalten sind, übereinstimmt, so erklärt sich das daraus, daß auch die Verteilung des vom Allgemeinen Deutschen Versicherungsverein in Stuttgart aus dem Lebensversicherungsgeschäft erzielten Gewinns nachgewiesen ist, während die Bilanz dieser Gesellschaft bei Gruppe II gegeben ist.

Sonach standen für die Gewinnverteilung zur Verfügung bei den Aktiengesellschaften 77 866 628 *M* und bei den Gegenseitigkeitsvereinen 55 693 033 *M*; diese Beträge sind folgendermaßen verteilt worden:

	Aktiengesellschaften		Gegenseitigkeitsvereine	
An den Kapitalreservefonds	214 135 *M* oder	0,3 %	1 158 329 *M* oder	2,1 %
» sonstige Reserven	3 955 541 » »	5,1 »	3 566 518 » »	6,4 »
» den Beamtenfonds	577 925 » »	0,7 »	42 579 » »	0,1 »
» die Aktionäre oder Garanten	6 972 039 » »	9,0 »	25 464 » »	0,04 »
» Tantiemen	2 665 050 » »	3,4 »	326 942 » »	0,6 »
» die Versicherten	62 020 280 » »	79,6 »	50 264 671 » »	90,3 »
» anderweit	1 016 200 » »	1,3 »	308 530 » »	0,5 »
» den Vortrag auf neue Rechnung	445 458 » »	0,6 »	—	—
Zusammen	77 866 628 *M* oder	100,0 %	55 693 033 *M* oder	100,0 %

Versicherungseinrichtungen von Berufsvereinigungen

Die Bilanzen der Versicherungseinrichtungen von Berufsvereinigungen mit den zugehörigen Erläuterungen sind in den Tabellen I 43 bis I 46 gegeben. Die Gesamtbilanz schließt ab mit 76 881 388 *M*; die Hauptposten weisen folgende Beträge auf:

Forderungen	2 900 062 *M*	Garantiekapital	335 500 *M*
Kapitalanlagen	72 748 103 »	Kapitalreservefonds	2 436 186 »
Kassenbestand	45 120 »	Spezialreservefonds	2 761 096 »
		Gewinnreservefonds	2 903 794 »
		Guthaben anderer Versicherungsunternehmungen	112 405 »
		Prämienreserve und Prämienüberträge	65 801 177 »
		Schadenreserve	83 311 »

Von den insgesamt 72 748 103 *M* betragenden Kapitalanlagen kamen 780 659 *M* oder 1,1 Prozent auf Grundbesitz, 60 378 504 *M* oder 83,0 Prozent auf Hypotheken, 2 115 296 *M* oder 2,9 Prozent auf Darlehen an öffentliche Körperschaften, 8 266 998 *M* oder 11,4 Prozent auf Wertpapiere und der Rest von 1 206 646 *M* oder 1,6 Prozent auf Policedarlehen. Die Vergleichung des Bestandes am Ende des Vorjahrs mit dem Bestand am Ende des Berichtsjahrs ergibt eine Zunahme des Grundbesitzes um 14 814 *M*, des Hypothekenbesitzes um 4 376 707 *M*, der Darlehen an öffentliche Körperschaften um 1 065 296 *M*, des Buchwertes der Wertpapiere um 1 166 602 *M* und der Policedarlehen um 178 826 *M*.

Die Bilanzen von 16 Anstalten von Berufsvereinigungen weisen einen Gewinn von zusammen 1 847 616 *M* auf, der wie folgt verteilt worden ist: 156 981 *M* oder 8,4 Prozent an den Kapitalreservefonds, 111 476 *M* oder 6,3 Prozent an die Spezialreserven, 11 646 *M* oder 0,6 Prozent an den Beamtenfonds, 17 349 *M* oder 0,9 Prozent Tantiemen, 1 515 385 *M* oder 82,0 Prozent an die Versicherten und 28 699 *M* oder 1,6 Prozent Vortrag auf neue Rechnung.

Die ausländischen Unternehmungen

Die Bilanzen von 20 ausländischen Gesellschaften, deren Lebensversicherungsgeschäfte in dieser Statistik behandelt sind, finden sich in Tabelle I 47; von der Northern Assurance Company ist die Bilanz bei der Feuerversicherung in Tabelle IV 23 mitgeteilt. Die Bilanzen sind nach Möglichkeit den für die Bilanzen der deutschen Unternehmungen geltenden Grundsätzen angepaßt worden.

Von besonderem Interesse ist die Art der Kapitalanlagen (Tabelle I 48), die von den Gesellschaften der verschiedenen Länder, sei es aus eigenem Antriebe, sei es auf Veranlassung der Aufsichtsbehörden, bevorzugt wird; deshalb sind in der folgenden Übersicht die in der Tabelle I 48 aufgeführten ausländischen Gesellschaften nach Heimatländern zusammengefaßt und zum Vergleiche die Verhältniszahlen für die deutschen Unternehmungen wiederholt:

Von je 1 000 *M* Kapitalanlagen entfielen auf

	Grund-besitz	Hypo-theken	Darlehen an öffentliche Körper-schaften	Darlehen auf Wert-papiere	Wert-papiere	Police-darlehen	Wechsel	Gesamtbetrag der Kapital-anlagen 1000 *M*
bei								
4 amerikanischen Gesellschaften	42	197	—	1	622	138	—	6 884 850
1 dänischen Gesellschaft	4	435	—	—	467	94	—	40 323
1 englischen "	90	204	—	2	636	68	—	33 368
2 französischen Gesellschaften ..	159	61	—	0,4	753	27	0,01	402 712
2 niederländischen " ..	127	308	—	16	468	81	—	132 952
7 österreichischen " ..	98	345	—	9	465	80	3	624 336
3 schweizerischen " ..	52	662	—	2	231	53	0,3	185 494
dagegen bei								
26 deutschen Aktiengesellschaften	28	855	15	0,3	27	74	1	2 478 037
16 " Gegenseitigkeitsvereinen	9	828	58	1	29	72	3	1 865 012
18 " Berufsvereinigungen	11	830	29	—	114	16	—	72 748

Das ausländische Geschäft der deutschen Unternehmungen

Von den allgemeinen deutschen Unternehmungen haben die Kapitalversicherung im Auslande mittelbar oder unmittelbar betrieben: 25 in der Schweiz, 23 in Dänemark, 21 in Österreich, 19 in den Niederlanden, 18 in Belgien, 9 in Rußland, je 8 in Frankreich und Italien, je 7 in Schweden und Norwegen, 6 in der Türkei, je 5 in Ägypten, Spanien und Ungarn, je 4 in England, Finnland, Rumänien und in den Vereinigten Staaten von Amerika, 3 in Luxemburg, je 2 in Argentinien, Brasilien und Portugal, je 1 in Bolivien, Griechenland, Liechtenstein und Montenegro. In der Rentenversicherung ist das Geschäft natürlich auch im Auslande weniger verbreitet; es haben gearbeitet: 11 Unternehmungen in der Schweiz, je 10 in den Niederlanden und in Belgien, 8 in Dänemark, 7 in Österreich, je 5 in Frankreich und Rußland, je 4 in Italien, Luxemburg, Schweden und in der Türkei, je 3 in England, Norwegen und in den Vereinigten Staaten von Amerika, je 2 in Ägypten, Argentinien, China, Brasilien, Finnland und Rumänien, je 1 in Zentralamerika, Chile, Portugal, Spanien und Ungarn.

In der Kapitalversicherung hatten diese Unternehmungen Ende 1909 im Auslande 215 956 laufende Verträge über 1 009,003 Millionen Mark, das sind 1,9 Prozent aller Versicherungen und 7,9 Prozent der gesamten Versicherungssummen; die vereinnahmten Prämien, einschließlich der für Rückversicherungen wieder abgegebenen Prämien, betrugen 43,541 Millionen Mark, wovon 41,834 Millionen oder 96,1 Prozent für selbst abgeschlossene und 1,707 Millionen oder 3,9 Prozent für in Rückdeckung übernommene Versicherungen zu rechnen sind. An Versicherungsleistungen wurden 18,772 Millionen Mark gewährt, nämlich 17,593 Millionen für selbst abgeschlossene Versicherungen und 1,179 Millionen für Rückversicherungen; von den in der ausländischen Kapitalversicherung überhaupt fällig gewordenen Beträgen kommen demnach 6,3 Prozent auf die in Rückdeckung übernommenen Versicherungen.

In der Rentenversicherung liefen Ende 1909 im Auslande 2 669 Policen über 1,511 Millionen Mark Jahresrente, das sind 3,5 Prozent aller Policen und 5,1 Prozent der gesamten Jahresrente. An Prämien wurden vereinnahmt 1,211 Millionen Mark, wovon 1,210 Millionen auf selbst abgeschlossene Versicherungen kommen. Für Versicherungsleistungen waren 0,948 Millionen Mark bereitzustellen, nämlich 0,943 Millionen für selbst abgeschlossene Versicherungen und 0,005 Millionen für in Rückdeckung übernommene Versicherungen.

Das ausländische Geschäft der deutschen und das deutsche Geschäft der ausländischen Gesellschaften

Zu einer eingehenden Vergleichung des ausländischen Geschäfts aller deutschen Lebensversicherungs-Unternehmungen mit dem deutschen Geschäfte der ausländischen Gesellschaften fehlt das Material, doch bieten folgende Zahlen wenigstens einige Anhaltspunkte:

Im Jahre 1909 hat die Prämieneinnahme betragen:

	insgesamt 1 000 ℳ	für selbst abgeschlossene Versicherungen 1 000 ℳ	für in Rückdeckung übernommene Versicherungen 1 000 ℳ
bei den deutschen Gesellschaften aus dem ausländischen Geschäfte	44 752	43 045	1 707
bei den ausländischen Gesellschaften aus dem deutschen Geschäfte	42 992	42 177	815

Hiernach haben insgesamt die deutschen Gesellschaften für Lebensversicherungen 1,760 Millionen Mark mehr an Prämien aus dem Auslande bezogen als die ausländischen Gesellschaften aus dem Deutschen Reiche eingenommen haben. Beträchtlich größer sind im Berichtsjahre die Unterschiede hinsichtlich der Zahlungen an Versicherungsleistungen; diese haben betragen:

	insgesamt 1 000 ℳ	für selbst abgeschlossene Versicherungen 1 000 ℳ	für in Rückdeckung übernommene Versicherungen 1 000 ℳ
bei den deutschen Gesellschaften für ausländische Versicherungen	19 720	18 536	1 184
bei den ausländischen Gesellschaften für deutsche Versicherungen	35 373	35 082	291

Die kleinen Pensions- und Sterbekassen

Außer den besprochenen und in den Tabellen behandelten deutschen Versicherungsunternehmungen steht, wie bereits erwähnt, gemäß § 2 V.A.G. noch eine Anzahl kleiner Sterbe- und Pensionskassen unter Reichsaufsicht, die für eng begrenzte Kreise bestimmt und vielfach von gewerblichen Firmen nur für die eigenen Angestellten oder Arbeiter eingerichtet sind. Die Zahl dieser Gegenseitigkeitsvereine ist schwankend; einerseits sind diese Unternehmungen wohl kaum sämtlich bekannt, auch entstehen stets neue derartige Vereine; anderseits geht die Beaufsichtigung nicht selten gemäß § 3 Abs. 2 nachträglich an die Landesbehörde über. Andere Vereine dieser Art verfallen der Auflösung. Wie dem auch sei, die Zahl der unter Reichsaufsicht stehenden Sterbekassen und Pensionskassen wird immer nur sehr klein sein im Vergleiche zu der Zahl der unter Landesaufsicht befindlichen Kassen; wenn hier einige Mitteilungen über die unter unserer Aufsicht stehenden Kassen gemacht werden, so können daraus keineswegs Schlüsse über die Bedeutung des Sterbekassen- und Pensionskassenwesens im Reiche gezogen werden.

Für das Jahr 1909 haben insgesamt 111 solcher Sterbekassen dem Aufsichtsamte befriedigende Jahresberichte eingereicht. Danach ist die Zahl der Mitglieder Ende 1909 auf rund 470 193 anzusetzen; die Einnahmen haben im Berichtsjahre 6 362 071 ℳ betragen, während die Ausgaben 3 761 273 ℳ ausmachten.

Von den Einnahmen kommen 5 114 217 ℳ oder 80,4 Prozent auf Beiträge für die Mitglieder, 50 513 ℳ oder 0,8 Prozent auf Eintrittsgelder, 1 089 531 ℳ oder 17,1 Prozent auf Vermögenserträge und 107 810 ℳ oder 1,7 Prozent auf andere Einnahmen. Von den Ausgaben kommen 1 997 043 ℳ oder 53,1 Prozent auf Sterbegelder, 265 627 ℳ oder 7,1 Prozent auf Krankengelder, 125 860 ℳ oder 3,3 Prozent auf Zahlungen für vorzeitig aufgelöste Versicherungen, 284 264 ℳ oder 7,6 Prozent auf Gewinnanteile, 388 444 ℳ oder 10,3 Prozent auf Verwaltungskosten und Steuern und 700 035 ℳ oder 18,6 Prozent auf die übrigen Ausgaben. Das Vermögen dieser Kassen belief sich am Schlusse des Jahres 1909 auf 29 260 437 ℳ.

Die Zahl der Pensionskassen der genannten Art, die in befriedigender Weise über ihren Geschäftsbetrieb im Jahre 1909 an das Amt berichtet haben, betrug 84; diese Kassen hatten Ende 1908 82 437 aktive Mitglieder und an Bezugsberechtigten 4 299 Pensionierte, 2 319 Witwen und 944 Waisen und Ende 1909 87 424 Aktive, 4 464 Pensionierte, 2 476 Witwen und 1 015 Waisen. Die Einnahmen betrugen im Berichtsjahre 15 281 936 ℳ, während 4 705 662 ℳ verausgabt wurden. Von den Einnahmen entfallen 10 196 438 ℳ oder 66,7 Prozent auf Beiträge für die Mitglieder, 273 756 ℳ oder 1,8 Prozent auf Eintrittsgelder, 3 714 736 ℳ oder 24,3 Prozent auf Vermögenserträge und 1 097 006 ℳ oder 7,2 Prozent auf anderweitige Einnahmen. Von den Ausgaben entfallen 3 537 171 ℳ oder 75,2 Prozent auf Pensionen, 78 438 ℳ oder 1,7 Prozent auf Krankengeld, 110 696 ℳ oder 2,4 Prozent auf Sterbegeld und sonstige Leistungen an Versicherte, 308 214 ℳ oder 6,5 Prozent auf Abfindungen beim Austritt aus der Kasse (meist infolge Wechsels der Dienststelle), 241 398 ℳ oder 5,1 Prozent auf Verwaltungskosten und Steuern, und 429 745 ℳ oder 9,1 Prozent auf die übrigen Ausgaben. Der niedrige Satz für Verwaltungskosten hat seinen Grund in erster Linie darin, daß bei den von gewerblichen Firmen eingerichteten Versicherungskassen die Verwaltungskosten meistens vollständig von den Firmen übernommen werden und somit die Kassen nicht belasten. Das Vermögen dieser Pensionskassen belief sich am Ende des Berichtsjahrs auf 98 592 504 ℳ.

Gruppe II, Unfall- und Haftpflichtversicherung

Die Unternehmungen

Von den großen deutschen Versicherungsunternehmungen, welche der Reichsaufsicht unterstehen, waren im Jahre 1909 28 auf dem Gebiete der Unfall- und Haftpflichtversicherung tätig, 27 Aktiengesellschaften und 1 Versicherungsverein auf Gegenseitigkeit. Die Anzahl der im Berichtsjahre zu behandelnden Gesellschaften hat sich um eine vermindert, da der Friedrich Wilhelm, Preußische Lebens- und Garantie-Versicherungs-Aktien-Gesellschaft zu Berlin, das Unfall- und Haftpflichtversicherungsgeschäft nunmehr vollständig aufgelöst hat.

Außerdem berichtet die vorliegende Statistik über acht ausländische Gesellschaften, dieselben, die in der vorjährigen Statistik behandelt sind.

Versicherungsbestand der deutschen Unternehmungen

Zur Beurteilung des Umfanges des Geschäfts der einzelnen Gesellschaften soll die Tabelle II 1 dienen. Daraus ist zu entnehmen, daß bei den deutschen Unternehmungen am Ende des Jahres 1909 ohne die vom Allgemeinen Deutschen Versicherungs-Verein in Stuttgart in Rückdeckung genommenen Versicherungen in der Unfallversicherung 1 067 438 und in der Haftpflichtversicherung 2 121 993 Policen über selbst abgeschlossene oder in Rückdeckung übernommene Versicherungen in Kraft waren.

In der Haftpflichtversicherung wurden Versicherungen mit Gewinnbeteiligung außer von dem Allgemeinen Deutschen Versicherungs-Verein in Stuttgart auf Gegenseitigkeit nur von der Oberrheinischen Versicherungs-Gesellschaft in Mannheim, und zwar nur in ganz geringem Umfang abgeschlossen. Auch in der Unfallversicherung kommen Versicherungen mit Gewinnbeteiligung nur bei wenigen Unternehmungen in Betracht. Von den Aktiengesellschaften haben nur vier solche Versicherungen abgeschlossen, darunter zwei auch nur in geringem Umfange. Von der Prämieneinnahme des Geschäftsjahres in Höhe von 39 933 066 *M* für selbst abgeschlossene Unfallversicherungen sämtlicher Unternehmungen kamen auf Versicherungen mit Gewinnbeteiligung nur 11 101 890 *M* oder 27,8 Prozent, oder wenn man den Allgemeinen Deutschen Versicherungs-Verein in Stuttgart, weil er eine Gewinnbeteiligung nur auf Grund seines Charakters als Gegenseitigkeitsverein kennt, ausscheidet, 17,4 Prozent.

Für das Rückversicherungsgeschäft lassen sich folgende Zahlen angeben. In der Unfallversicherung waren in Rückdeckung übernommen für 1 937 542 *M* Prämie oder 4,6 vom Hundert der ganzen Prämieneinnahme von 41 870 608 *M* und in Rückdeckung gegeben für 6 699 133 *M* oder für 16,0 vom Hundert der ganzen Prämieneinnahme. In der Haftpflichtversicherung waren in Rückdeckung übernommen für 1 601 209 *M* Prämie oder 3,7 vom Hundert und in Rückdeckung gegeben für 11 500 926 *M* oder 26,4 vom Hundert der gesamten Prämieneinnahme von 43 639 717 *M*.

In diesen wie in allen folgenden Zahlen sind bei dem Allgemeinen Deutschen Versicherungs-Verein in Stuttgart in der Haftpflichtversicherung auch die auf die Versicherung gegen Wasserleitungsschäden und einige andere kleine Sachversicherungszweige bezüglichen Zahlen enthalten.

Vergleich mit dem Vorjahre

Vergleicht man den Versicherungsbestand am Ende des Berichtsjahrs mit dem entsprechenden Bestand am Ende des Vorjahrs (Tabelle II 2), so findet man, daß die Zahl der Policen bei der Unfallversicherung um 75 597 oder 7,6 Prozent und bei der Haftpflichtversicherung um 143 136 oder 7,2 Prozent des Bestandes am Ende des Vorjahrs zugenommen hat. Die gesamte Prämieneinnahme hat im Geschäftsjahre bei der Unfallversicherung 1 938 506 *M* oder 4,9 Prozent und bei der Haftpflichtversicherung 3 104 308 *M* oder 7,7 Prozent mehr als im Vorjahre betragen.

Die Betriebs-Einnahmen und Ausgaben des Berichtsjahrs

In unseren Statistiken sind von vornherein die den einzelnen Versicherungszweigen eigentümlichen und in den Büchern getrennt behandelten Posten — anfänglich unter der Bezeichnung Sonder-Einnahmen und Sonder-Ausgaben, seit dem Jahre 1906 unter der Bezeichnung Betriebs-Einnahmen und Betriebs-Ausgaben — einzeln aufgeführt worden; seit 1905 konnten auch die allgemeinen Verwaltungskosten und die Steuern mit befriedigender Genauigkeit nach Geschäftszweigen getrennt werden. Seitdem ist der Gewinn oder Verlust aus dem eigentlichen Versicherungsbetriebe des Geschäftsjahrs bei jedem Zweige ermittelt worden; Einnahmen und Ausgaben, die nicht unmittelbar mit dem Versicherungsbetriebe des Berichtsjahrs zusammenhängen, wie z. B. bei der

Schadenversicherung die Erträge der Vermögensverwaltung, bleiben dabei außer Betracht (vgl. »Entwickelung« S. 21). Dabei ist allerdings — wie von anderer Seite richtig bemerkt worden ist — bei der Unfall- und Haftpflichtversicherung der Betriebsgewinn oder Verlust nicht vollständig ermittelt worden, weil bei den Betriebseinnahmen der Ertrag der die Prämienreserve deckenden Kapitalanlagen nicht eingestellt ist. Der früher für diesen Zweig hier berechnete Gewinn oder Verlust zeigte im wesentlichen nur, wieweit die Prämieneinnahmen die Ausgaben für den Betrieb und die Verwaltung deckten. Die Erträge der genannten Anlagen können aus den Nachweisen der Gesellschaften nicht entnommen werden. Da nun Schätzungen des Amts in dieser Statistik vermieden werden sollen, so ist, um zugleich alle Mißverständnisse auszuschließen, auch in Tabelle II 3 kein Gewinn oder Verlust eingestellt. Das Erträgnis der Vermögensverwaltung der Gesellschaften im ganzen, aber unter möglichster Beschränkung auf die der Unfall- und Haftpflichtversicherung zugerechneten Vermögensteile, findet sich in Tabelle II 5. Der Gewinn oder Verlust des alle Zweige umfassenden Gesamtgeschäfts wird in der Bilanz ausgewiesen.

Als Betriebs-Einnahmen sind bei Gruppe II verrechnet die Prämien für das Geschäftsjahr, d. h. die Prämien unter Berücksichtigung der Überträge aus dem Vorjahr und der Überträge auf das folgende Jahr, einschließlich der an die Rückversicherungsgesellschaften gezahlten Rückversicherungsprämien, ferner die Policegebühren, die Vergütungen der Rückversicherer, der Unterschied zwischen der Schadenreserve aus dem Vorjahr und den Zahlungen und Rückstellungen für Versicherungsfälle der Vorjahre aus selbst abgeschlossenen Versicherungen, sofern die Schadenreserve größer ist, und der etwaige Mehrbetrag der aus dem Vorjahr übernommenen Prämienreserve gegenüber der am Schlusse des Jahres zu stellenden Prämienreserve. Die Betriebsausgaben setzen sich bei Gruppe II zusammen aus den Zahlungen für selbst abgeschlossene und für die in Rückdeckung übernommenen Versicherungen einschließlich des Anteils der Rückversicherer, aus den Rückversicherungsprämien, dem Unterschiede zwischen der Schadenreserve aus dem Vorjahr und den Zahlungen und Rückstellungen für Versicherungsfälle der Vorjahre aus selbst abgeschlossenen Versicherungen, sofern die Schadenreserve kleiner ist, und endlich aus der Zunahme der Prämienreserve. Es soll hier aber besonders betont werden, daß der Unterschied zwischen der Schadenreserve aus dem Vorjahr und den Zahlungen und Rückstellungen für Versicherungsfälle aus selbst abgeschlossenen Versicherungen der Vorjahre allein keinen Schluß darüber zuläßt, ob die Schadenreserve zulänglich bemessen war. Denn einerseits sind aus der Schadenreserve auch andere Leistungen als Zahlungen für Versicherungsfälle der Vorjahre zu bewirken, z. B. Zahlungen für die in Rückdeckung übernommenen Versicherungen und Zuführungen zur Prämienreserve. Anderseits wird die Schadenreserve meist ohne den Anteil der Rückversicherer eingestellt, wogegen die Zahlungen einschließlich dieses Anteils erscheinen. Auch enthalten die Zahlungen für Versicherungsfälle der Vorjahre Beträge, die nicht aus der Schadenreserve, sondern aus der Prämienreserve zu decken sind.

Die Betriebs-Einnahmen des Berichtsjahrs haben ohne die Erträge der Prämienreserven insgesamt bei den 28 deutschen Gesellschaften 101 025 469 ℳ betragen; davon kamen auf Prämien für Unfallversicherung 41 051 957 ℳ oder 40,6 vom Hundert, auf Prämien für Haftpflichtversicherung 41 674 000 ℳ oder 41,3 vom Hundert und auf Vergütungen der Rückversicherer 14 398 256 ℳ oder 14,3 vom Hundert aller dieser Betriebs-Einnahmen.

Die Summe der Betriebs-Ausgaben ohne Verwaltungskosten beziffert sich auf 64 776 402 *M*; davon entfallen 36 984 400 *M* auf Zahlungen für Versicherungsfälle im Geschäftsjahr aus selbst abgeschlossenen Versicherungen, und zwar (Tabelle II 4) 18 681 281 *M* oder 28,8 Prozent aller Betriebs-Ausgaben auf Unfallversicherungsfälle, ferner 14 795 848 *M* oder 22,8 Prozent auf Haftpflichtversicherungsfälle, 1 768 825 *M* oder 2,7 Prozent auf laufende Renten und endlich 1 738 446 *M* oder 2,7 Prozent auf Prämienrückgewährbeträge. Von der Summe der Betriebs-Ausgaben entfallen ferner 3 758 910 *M* oder 5,8 Prozent auf Vergütungen für die in Rückdeckung übernommenen Versicherungen (darunter 1 550 836 *M* oder 2,4 Prozent für eingetretene Unfallversicherungsfälle und 990 016 *M* oder 1,5 Prozent für eingetretene Haftpflichtversicherungsfälle), 6 699 133 *M* oder 10,3 Prozent auf Rückversicherungsprämien für Unfallversicherungen und 11 500 926 *M* oder 17,8 Prozent auf Rückversicherungsprämien für Haftpflichtversicherungen.

Die 28 Gesellschaften haben an Verwaltungskosten und Steuern insgesamt 29 979 237 *M* für das Unfall- und Haftpflichtversicherungsgeschäft aufgewandt.

Schadenzahlungen und Prämieneinnahme

Wenn man annimmt, daß die Vergütungen für die in Rückdeckung übernommenen Versicherungen sich nur auf Versicherungsfälle des Geschäftsjahrs beziehen, und davon absieht, daß ein Teil der laufenden Renten, die ja in ihrer Gesamtheit nur geringe Beträge erfordern, aus früheren Jahren herrührt, so kann man den Gesamtbetrag der Schadenzahlungen (41 122 046 *M*) in Beziehung setzen zur Prämieneinnahme für das Geschäftsjahr (82 725 957 *M*). Man findet dann, daß von je 1 000 *M* Prämieneinnahme 497 *M* für Schadenzahlungen verausgabt wurden; weitere 49 *M* wurden zur Erhöhung der Prämienreserve verwandt. Tatsächlich ist allerdings für eigentliche Schäden noch etwas weniger aufgewandt worden; denn einzelne Gesellschaften verrechnen bei den Schadenzahlen auch noch mancherlei andere Beträge, z. B. Regulierungskosten. — In den letzten fünf Jahren haben diese Zahlen betragen:

	1905	1906	1907	1908	1909
bei den Schadenzahlungen	493	493	498	481	497
bei den Zuführungen zur Prämienreserve	91	65	66	59	49

Das Ergebnis der Vermögensverwaltung

Das Ergebnis der Vermögensverwaltung wird von den Unternehmungen in der Regel nicht nach den einzelnen Geschäftszweigen getrennt; nur der Lebensversicherung werden immer bestimmte Erträge überwiesen, weil das der Betrieb dieses Geschäfts erfordert. Es besteht keine Veranlassung, in dieser Statistik von dem Verfahren der Gesellschaften abzugehen. Soweit also nicht der gesamte Ertrag oder ein Teil davon bei der Lebensversicherung (Tabelle I 29) nachgewiesen ist, wird das Ergebnis nur insgesamt aufgeführt und nicht nach Geschäftszweigen zerlegt; es wird stets bei derjenigen Gruppe mitgeteilt, zu der das Hauptgeschäft der Unternehmung gehört.

In Tabelle II 5 findet sich bei 8 Gesellschaften der Ertrag der gesamten Vermögensverwaltung und bei 11 Gesellschaften nur der nicht der Lebensversicherung zukommende Teil; für die übrigen 9 Unternehmungen ist der Ertrag entweder in Tabelle I 29 oder in Tabelle IV 16 nachgewiesen.

Unter den Erträgen stehen wie überall so auch hier die Zinsen im Vordergrund, nämlich mit 7 789 798 *M*; im übrigen wird der Kursverlust von dem Kursgewinn um 141 558 *M* und der sonstige Verlust von dem sonstigen Gewinn um 117 059 *M* übertroffen, so daß ein reiner Ertrag von 8 365 457 *M* verzeichnet werden kann.

Die Bilanz

Eine Bilanz ist in dieser Statistik grundsätzlich nur für das Gesamtgeschäft einer jeden Gesellschaft gegeben und bei derjenigen Gruppe aufgeführt, zu der das Unternehmen seinem Hauptbetriebe nach — Transportversicherung immer ausgeschlossen — gehört. So bleiben bei Gruppe II von den 28 deutschen Gesellschaften, welche Unfall- oder Haftpflichtversicherungen direkt abschließen, nur 9 Anstalten übrig. Im übrigen finden sich die Bilanzen von Deutschland, Victoria, Urania, Providentia, Janus, Teutonia, Atlas, Magdeburger Lebens-Versicherungs-Gesellschaft, Wilhelma, Bayerische Versicherungs-Bank, Nürnberger Lebens-Versicherungs-Bank und Germania bei Gruppe I (Tabelle I 38) und die Bilanzen von Thuringia, Neptun, Albingia, Nord-Deutsche Versicherungs-Gesellschaft, Rheinland, Preußische National-Versicherungs-Gesellschaft und Stuttgarter Mit- und Rückversicherungs-Aktien-Gesellschaft bei Gruppe IV (Tabelle IV 19).

Aus den in Tabelle II 6 für die 9 Gesellschaften gegebenen Bilanzen mögen hier die folgenden Schlußzahlen Platz finden:

Verpflichtungen der Aktionäre	35 728 *M*	Aktienkapital	47 750 000 *M*
Kapitalanlagen	159 142 731 „	Kapitalreservefonds	18 578 347 „
Forderungen	30 503 609 „	Spezialreserven	21 886 069 „
Kassenbestand	395 232 „	Guthaben anderer Versicherungsunternehmungen	10 753 109 „
		Prämienreserven	39 871 445 „
		Prämienüberträge	34 929 681 „
		Schadenreserve	31 706 209 „

Dabei ist zu erwähnen, daß aus den Nebenbetrieben der Gesellschaften von den Prämienreserven 28 509 743 *M* auf Lebensversicherungen und von den Prämienüberträgen 16 451 087 *M* auf nicht zur Gruppe II gehörige Versicherungszweige entfallen; für die Unfall- und Haftpflichtversicherung bleiben danach an Prämienreserven nur 11 361 702 *M* und an Überträgen 18 478 594 *M*.

Die Kapitalanlagen (159 142 731 *M*) verteilen sich auf folgende Wertarten: 11 694 720 *M* oder 7,3 Prozent Grundbesitz, 110 092 919 *M* oder 69,2 Prozent Hypotheken, 33 802 191 *M* oder 21,2 Prozent Wertpapiere, 1 373 735 *M* oder 0,9 Prozent Policedarlehen und 2 179 166 *M* oder 1,4 Prozent Wechsel. Stellt man diese Zahlen denen des Vorjahrs gegenüber, so haben der Grundbesitz um 2 416 023 *M*, der Besitz an Hypotheken um 12 045 790 *M*, die Wertpapiere um 1 528 544 *M*, die Policedarlehen um 185 709 *M* und der Bestand an Wechseln um 1 234 784 *M* zugenommen. Sieht man von den Policedarlehen, die den öffentlichen Geldverkehr nicht direkt berühren, ab, so haben jene 9 Gesellschaften dem Kapitalmarkte 17 225 141 *M* zugeführt. Dem Nennwerte nach haben die Wertpapiere um 2 449 784 *M* zugenommen.

Jede der 9 Gesellschaften hat mit einem Gewinn abgeschlossen, der sich für alle Gesellschaften zusammen nach der Bilanz auf 11 616 932 *M* und mit Einschluß des Gewinnvortrags aus dem Vorjahr auf 12 988 384 *M* stellt gegen 9 916 083 *M* und 10 977 362 *M* im Vorjahre. Von dem Gewinne des Berichtsjahrs entfallen auf die Lebensversicherungsabteilung des Allgemeinen Deutschen Versicherungs-Vereins in Stuttgart 1 181 487 *M*, dessen Verteilung aus Tabelle I 41 zu ersehen ist. Von dem Reste, 11 806 897 *M*, sind nach Tabelle II 8 überwiesen 171 492 *M* (1,5 Prozent) an den Kapitalreservefonds, 751 100 *M* (6,4 Prozent) an sonstige Reserven, 230 000 *M* (1,9 Prozent) an die Beamtenfonds, 3 826 848 *M* (32,4 Prozent) an die Aktionäre. Ferner sind ausgegeben 1 137 954 *M* (9,6 Prozent) an Tantiemen, 3 442 437 *M* (29,1 Prozent) Gewinnanteile an die Versicherten sowie 458 000 *M* (3,9 Prozent) anderweit; endlich sind 1 789 066 *M* (15,1 Prozent) auf neue Rechnung vorgetragen.

In der diesjährigen Bilanz stehen die Kapitalreserven um 870 249 ℳ und die Spezialreserven um 3 416 234 ℳ höher als in der Bilanz für Ende 1908.

Das ausländische Geschäft der deutschen Unternehmungen

Von den hier behandelten 28 deutschen Unternehmungen haben 16 Anstalten auch mehr oder weniger umfangreiche Unfall- und Haftpflichtversicherungsgeschäfte im Auslande abgeschlossen, nämlich in Bulgarien, Finnland, Griechenland, Japan, Rumänien und in den Vereinigten Staaten von Amerika je 1, in Italien, Portugal, Spanien und in der Türkei je 2, in England und Ungarn je 3, in Luxemburg und Schweden je 4, in Rußland 5, in Norwegen 6, in Frankreich 7, in der Schweiz 11, in Belgien, Dänemark und Österreich je 12 und endlich in den Niederlanden 15.

Diese Unternehmungen hatten im Auslande 269 822 Versicherungen in Kraft, das sind 8,5 Prozent aller Versicherungen. Die vereinnahmte Prämie, einschließlich der für Rückversicherungen wieder abgegebenen Teile, betrug für das ausländische Geschäft insgesamt 7,682 Millionen Mark, wovon 6,482 Millionen Mark für selbst abgeschlossene und 1,200 Millionen Mark für die in Rückdeckung übernommenen Versicherungen zu rechnen sind; im Verhältnisse zum Gesamtgeschäfte sind das 9,0 Prozent, 7,9 Prozent und 33,9 Prozent. Beim ausländischen Geschäfte machten die Prämien für das in Rückdeckung übernommene Geschäft 15,6 Prozent von den Prämien für das ganze ausländische Geschäft aus. Für Versicherungsleistungen wurden 4,073 Millionen Mark gewährt, nämlich 3,613 Millionen Mark für selbst abgeschlossene Versicherungen und 0,460 Millionen Mark für Rückversicherungen; von der Gesamtausgabe für ausländische Schäden kommen demnach 11,3 Prozent auf in Rückdeckung übernommene Versicherungen. Auf 1000 ℳ Prämieneinnahme kommen 530 ℳ Schadenzahlungen.

Kleine Versicherungsvereine

Außer den erwähnten großen Unternehmungen unterlagen der Reichsaufsicht noch einige Gegenseitigkeitsvereine und einige Eingetragene Genossenschaften m. b. H. von geringerer Bedeutung, die ihre Mitglieder gegen Haftpflicht oder auch gegen Unfall und Haftpflicht versichern. Von den bereits im Vorjahre behandelten 11 Vereinigungen befindet sich die Unfallgenossenschaft der Tiefbauunternehmer in Berlin in Liquidation und ist daher im Berichtsjahr fortgefallen, so daß hier die Hauptergebnisse von 10 solchen Vereinen mitgeteilt werden können.

Die Zahl der Policen dieser 10 Unternehmungen belief sich Ende 1909 auf 45 364. Die Prämien für das Geschäfsjahr betrugen für alle Unternehmungen zusammen 515 412 ℳ. Davon wurden für Rückversicherungen 112 165 ℳ wieder abgeführt. Verausgabt wurden für Schäden 256 300 ℳ und für Verwaltungskosten 93 182 ℳ. Das Geschäftsjahr ist für alle Vereine günstig verlaufen, es hat einen Gewinn von insgesamt 178 881 ℳ (einschließlich 964 ℳ Gewinnvortrag aus dem Vorjahre) gebracht. Davon sind 152 665 ℳ den Kapitalreservefonds, 4 000 ℳ den sonstigen Reserven und 730 ℳ den Garanten überwiesen worden; ferner sind 6 100 ℳ an Tantiemen ausgegeben, 5 008 ℳ den Versicherten gut gebracht und 5 128 ℳ auf neue Rechnung vorgetragen.

Die Bilanz dieser Unternehmungen schließt mit 2 389 467 ℳ ab. Als Hauptposten der Aktiva sind zu vermerken 1 336 309 ℳ Kapitalanlagen, 521 101 ℳ Forderungen und 19 405 ℳ Kassenbestand; als Hauptposten der Passiva kommen in Betracht 837 630 ℳ Garantiekapital, 826 537 ℳ Kapitalreservefonds, 142 635 ℳ Prämienüberträge und 365 930 ℳ Schadenreserve.

Das deutsche Geschäft ausländischer Gesellschaften

Zur Erläuterung des Umfanges des deutschen Geschäfts der ausländischen Unternehmungen in der Unfall- und Haftpflichtversicherung sollen die Tabellen II 10 bis 12 dienen.

Die Basler Lebensversicherungsgesellschaft hat im Deutschen Reiche nur in der Unfallversicherung und in der Lebensversicherung Geschäfte betrieben, während die Foncière nur in der Unfallversicherung und in der Transportversicherung Versicherungen abgeschlossen hat. Von den anderen Gesellschaften betrieben in Deutschland neben der Unfall- und Haftpflichtversicherung die Zürich auch die Einbruchdiebstahl- und die Kautionsversicherung, die Schweizerische National-Versicherungs-Gesellschaft auch die Einbruchdiebstahl-, die Glasversicherung und die Transportversicherung, die Schweizerische Unfallversicherungs-Aktiengesellschaft in Winterthur die Einbruchdiebstahlversicherung und die Kautions- und Garantieversicherung.

Acht ausländische Gesellschaften haben aus ihrem Unfallversicherungsgeschäft im Deutschen Reiche 1909 7849118 *M* Prämien für selbst abgeschlossene Versicherungen und 11761 *M* Prämien für die in Rückdeckung übernommenen Versicherungen eingenommen, wovon 1037243 *M* für Rückversicherung wieder ausgegeben wurden.

An dem gesamten Geschäfte der Gesellschaften in der Unfallversicherung war das deutsche Geschäft mit 16,1 Prozent der Prämieneinnahme und mit 24,3 Prozent der Ausgabe für Rückversicherungsprämien beteiligt.

In der Haftpflichtversicherung haben sechs ausländische Gesellschaften aus dem deutschen Geschäft 8155277 *M* eingenommen, davon 153428 *M* oder 1,9 Prozent für die in Rückdeckung übernommenen Versicherungen; diese Prämieneinnahme betrug 45,0 Prozent des gesamten Haftpflichtversicherungsgeschäfts. Es wurden in dem deutschen Geschäft 2159020 *M* oder 26,5 Prozent der Prämien, in dem Gesamtgeschäft 11,9 Prozent der Prämien für Rückversicherungen wieder ausgegeben.

Für selbst abgeschlossene Versicherungen hatten die Gesellschaften folgende Beträge bereitzustellen: 4080818 *M* für Unfallversicherungsfälle, 2631692 *M* für Haftpflichtversicherungsfälle, 251943 *M* für laufende Renten und 38628 *M* für Prämienrückgewährbeträge, zusammen 7003081 *M*, für Versicherungsfälle aus den in Rückdeckung übernommenen Versicherungen 33516 *M* für eingetretene Unfallversicherungsfälle, 266675 *M* für Haftpflichtversicherungsfälle und 27595 *M* für sonstige Leistungen, zusammen 327786 *M*. Im Geschäftsjahr 1909 haben diese Gesellschaften insgesamt 7330867 *M* für Schadenfälle und für Renten verausgabt; in welchem Umfange hieran die Rückversicherer beteiligt sind, kann nicht angegeben werden. Diesen Schäden steht eine Bruttoprämieneinnahme — allerdings ohne Berücksichtigung der Überträge — von 16016156 *M* gegenüber; von 1000 *M* Prämien sind demnach durchschnittlich 458 *M* für Schäden ausgegeben.

Im Vergleiche des Berichtsjahrs mit dem Vorjahr ist in der Unfallversicherung die Zahl der Policen von 143171 auf 144452 oder um 0,9 Prozent, die Prämieneinnahme von 7521874 *M* auf 7860879 *M* oder um 4,5 Prozent gestiegen; bei der Haftpflichtversicherung ist die Zahl der Policen von 357943 auf 369835 oder um 3,3 Prozent, die Prämieneinnahme von 7551668 *M* auf 8155277 *M* oder um 8,0 Prozent gestiegen.

Die Bilanzen der ausländischen Gesellschaften

Zur Beurteilung des Vermögensstandes der ausländischen Gesellschaften sind in diese Statistik die Bilanzen der Gesellschaften aufgenommen, wie sie für das ganze Geschäft der Gesellschaften (nicht nur für das deutsche Geschäft) gelten. Dabei ist möglichst nach denselben Grundsätzen und in denselben Formen vorgegangen wie bei den deutschen Unternehmungen; es bedarf daher hier keiner besonderen Erklärungen.

Die Bilanz ist hier nur für sechs Gesellschaften zu geben (Tabelle II 14), da die Bilanz des Österreichischen Phönix nach Gruppe IV und diejenige der Basler Lebens-Versicherungs-Gesellschaft nach Gruppe I genommen ist.

Hinsichtlich der Kapitalanlagen dieser sechs Gesellschaften ist zu bemerken, daß die drei österreichischen Unternehmungen von ihrem ganzen Bestande von 52 037 180 ℳ in Grundbesitz 4 344 746 ℳ oder 8,3 Prozent, in Hypotheken 2 380 925 ℳ oder 4,6 Prozent, in Wertpapieren 41 744 183 ℳ oder 80,2 Prozent, in Policedarlehen 3 349 366 ℳ oder 6,4 Prozent und in Wechseln 217 960 ℳ oder 0,4 Prozent angelegt hatten und daß von dem gesamten Bestande (78 194 591 ℳ) der drei schweizerischen Gesellschaften 6 392 000 ℳ oder 8,2 Prozent in Grundbesitz, 21 420 844 ℳ oder 27,4 Prozent in Hypotheken, 50 363 816 ℳ oder 64,4 Prozent in Wertpapieren und 17 931 ℳ oder 0,02 Prozent in Policedarlehen angelegt waren.

Das ausländische Geschäft der deutschen und das deutsche Geschäft der ausländischen Gesellschaften

Ein eingehender Vergleich des ausländischen Geschäfts der deutschen Unternehmungen mit dem deutschen Geschäfte der ausländischen Unternehmungen auf dem Gebiete der Unfall- und Haftpflichtversicherung kann zwar nicht gegeben werden; indessen verdienen doch folgende Zahlen angeführt zu werden:

Im Jahre 1909 betrugen die Bruttoprämieneinnahmen

	insgesamt 1 000 ℳ	für selbst abgeschlossene Versicherungen 1 000 ℳ	für in Rückdeckung übernommene Versicherungen 1 000 ℳ
der deutschen Gesellschaften aus dem ausländischen Geschäfte	7 682	6 482	1 200
der ausländischen Gesellschaften aus dem deutschen Geschäfte	16 016	15 851	165

Während also die Einnahmen an Rückversicherungsprämien bei den deutschen Gesellschaften größer gewesen sind als bei den ausländischen Unternehmungen, bleiben die Prämieneinnahmen für das unmittelbare Geschäft bei den deutschen Gesellschaften hinter den entsprechenden Einnahmen der ausländischen Anstalten beträchtlich zurück; insgesamt haben die deutschen Gesellschaften für Unfall- und Haftpflichtversicherungen rund 8 334 000 ℳ weniger an Prämien aus dem Auslande bezogen, als die ausländischen Gesellschaften aus dem Deutschen Reiche eingenommen haben. In den vorhergehenden Jahren belief sich der entsprechende Betrag auf 8 026 000, 7 502 000, 6 706 000, 6 056 000, 5 573 000, 4 430 000, 3 681 000 ℳ. Hiernach entwickelt sich das deutsche Geschäft der ausländischen Gesellschaften rascher als das ausländische Geschäft der deutschen Unternehmungen.

Für Versicherungsleistungen sind im Jahre 1909 gezahlt worden:

	insgesamt 1 000 ℳ	für selbst abgeschlossene Versicherungen 1 000 ℳ	für in Rückdeckung übernommene Versicherungen 1 000 ℳ
von den deutschen Gesellschaften für ausländische Versicherungen	4 073	3 613	460
von den ausländischen Gesellschaften für deutsche Versicherungen	7 331	7 003	328

Gruppe III, Landwirtschaftliche Versicherung

Für diese Gruppe kommen zur Zeit nur die Viehversicherung und die Hagelversicherung in Frage; sonstige landwirtschaftliche Versicherungen unterstanden im Jahre 1909 der Reichsaufsicht nicht.

Viehversicherung

Die Unternehmungen

Die Viehversicherung wird im Deutschen Reiche außer von einigen größeren Unternehmungen von mehreren tausend kleinen Vereinen von lokaler Bedeutung betrieben. Davon unterliegt der Reichsaufsicht nur ein kleiner Bruchteil; dieser Bruchteil enthält wieder eine Anzahl Vereine von so untergeordneter Bedeutung, daß sich ihre eingehendere statistische Betrachtung nur in Verbindung mit der Gesamtheit aller kleinen Unternehmungen lohnen würde, vgl. Veröffentlichungen des Kaiserlichen Aufsichtsamts 1910, S. 58 und 59.

Die vorliegende Statistik beschränkt sich daher auf die wichtigsten größeren Gegenseitigkeitsvereine, nämlich auf die in der vorjährigen Statistik behandelten 28 Vereine, sowie auf 7 sonstige Unternehmungen.

Die Gegenseitigkeitsvereine betreiben sämtlich die Viehlebensversicherung, mit Ausnahme des Vieh-Versicherungs-Vereins der Viehhändler in Hannover, der sich auf die Schlachtviehversicherung beschränkt. Von den anderen Vereinen betreiben neun neben der Viehlebensversicherung auch die Schlachtviehversicherung, vierzehn noch andere Nebenarten der Viehversicherung, während einer, die Altenburger Vieh-Versicherungs-Gesellschaft, außer der Viehversicherung noch die Sachschäden-Haftpflicht-Versicherung, ein anderer, der Central-Viehversicherungs-Verein in Berlin, noch Fuhrunfallversicherung betreibt. Die übrigen Unternehmungen schließen Viehlebensversicherungen überhaupt nicht ab; sie wirken sämtlich und ausschließlich auf dem Gebiete der Schlachtviehversicherung; nur die Hamburg-Altonaer Vieh-Versicherung (Gesellschaft mit beschränkter Haftung) und die Hamburger Schlachtvieh-Versicherung, Gebr. Skriver, betreiben auch die Quarantäneversicherung. Die Schlesische Schlachtvieh-Versicherung von Julius Priesemuth in Breslau betreibt auch die kurzfristige Nutzvieh- und Kuhkalbenversicherung.

Aktiengesellschaften, welche auf dem Gebiete der Viehversicherung arbeiten, waren nicht vorhanden.

Ausländische Unternehmungen waren in der Viehversicherung zum Geschäftsbetrieb im Deutschen Reiche nicht befugt.

Umfang der Versicherung, Prämien, Schäden

Nach Tabelle III 1 hatten die sämtlichen in Betracht kommenden 35 Unternehmungen im Berichtsjahre bestehende Versicherungen im Betrage von 704,098 Millionen Mark; davon kommen 586,406 Millionen auf die 28 Gegenseitigkeitsvereine (mit 370,894 Millionen Mark gegen feste Prämien) und 117,692 Millionen auf die 7 anderen Unternehmer. Rückversicherungen finden sich nur bei den Gegenseitigkeitsvereinen. Von dem Gesamtbetrage der Versicherungen dieser Vereine waren 1,767 Millionen Mark in Rückdeckung übernommen und 5,242 Millionen Mark in Rückdeckung gegeben, so daß die Vereine für eigene Gefahr 581,164 Millionen Mark versichert hatten. Die Rückversicherung spielt hiernach bei der Viehversicherung nur eine untergeordnete Rolle.

Das Anwachsen der Versicherungssummen in den letzten Jahren ist in der beigegebenen Tafel dargestellt.

Die Nettoprämieneinnahme aller Unternehmungen, d. h. die im Laufe des Jahres von den Versicherten eingenommenen Beträge nach Abzug der Rückversicherungsprämien, hat 12 105 094 *M* (6 555 239 *M* Vorprämien, 1 217 507 *M* Nachschußprämien, 4 476 689 *M* feste Prämien und 144 341 *M* Rückversicherungsprämien, Tabelle III 5) betragen.

Gegen feste Prämien werden in der Regel abgeschlossen: die Schlachtviehversicherung und die in Tabelle III 2 unter sonstiger Viehversicherung zusammengefaßten Arten, nämlich die Rückversicherung, die Viehtransport-, die Manöver-, Weide-, Stuten-, Operations-, Ausstellungs-, Quarantäneversicherung usw.

Als Schäden für eigene Rechnung ohne Regulierungskosten, aber unter Berücksichtigung des Zuwachses oder der Abnahme der Schadenreserve und unter Einschluß des Erlöses für verwertetes Vieh sind 12 963 099 *M* zu verrechnen gewesen.

Eine Statistik über die Ursachen der Entschädigungspflicht im Jahre 1909 ist dem Geschäftsberichte des Aufsichtsamts für 1909 veröffentlicht, vgl. Veröffentlichungen 1910 S. 112 ff.

Die Übersicht S. 48* und 49* zeigt, wie sich die Versicherungsprämien und die Schäden auf die verschiedenen Versicherungsmodalitäten, die Vieharten und deren Stückzahl und Wert verteilen. Sie beruht auf denselben Grundlagen wie Tabelle III 2; es sind daher auch in dieser Übersicht die Anteile der Rückversicherer überall eingeschlossen. Die Prämien, von denen die Rabatte nicht abgesetzt sind, sind die Einnahmen im Geschäftsjahr; die Schäden sind die im Laufe des Geschäftsjahrs entstandenen Schäden. In dieser Zusammenstellung kommt beispielsweise besonders deutlich zum Ausdruck, wie sehr verschieden die Verhältnisse bei den verschiedenen Versicherungsarten liegen.

Seit dem Jahre 1905 hat der gesamte Versicherungsbestand nach Vieharten verteilt werden können; es mag deshalb hier eine kleine Übersicht über die Stückzahl der versicherten Tiere der hauptsächlich in Betracht kommenden Arten und der zugehörigen Versicherungssummen Platz finden. Danach hat die Viehversicherung, soweit sie bei den unter Reichsaufsicht stehenden größern Unternehmungen ruht, eine besonders erfreuliche Entwickelung nicht genommen.

Geschäftsjahr	Viehlebensversicherung			Schlachtviehversicherung	
	Pferde	Rindvieh	Schweine	Rindvieh	Schweine
			Zahl der versicherten Tiere		
1905	234 112	141 766	164 672	520 258	1 397 999
1906	230 526	125 771	151 648	557 533	1 376 184
1907	219 332	108 938	178 079	557 935	1 564 674
1908	217 140	101 818	149 353	[1]) 730 456	[1]) 1 862 845
1909	214 183	92 524	153 335	817 252	1 862 784
			Versicherungssummen in 1 000 *M*		
1905	166 072	43 859	10 316	154 868	157 374
1906	167 942	40 593	10 108	175 714	163 398
1907	166 369	36 491	9 849	172 369	170 178
1908	166 283	34 417	7 677	[1]) 199 761	[1]) 202 261
1909	167 813	31 381	7 292	221 466	216 337

[1]) Der Zugang beruht hauptsächlich auf den Beträgen der neu hinzugekommenen Schlesischen Schlachtviehversicherung von Julius Priesemuth.

Viehart	Stückzahl	Versicherungssummen	Prämien	Zahl der Schäden	Betrag der Schäden einschl. Erlös	Erlös
		ℳ	ℳ		ℳ	ℳ
1	2	3	4	5	6	7
Viehversicherung						
Pferde (Maultiere, Esel)	228 629	180 489 394	6 950 772	12 010	5 792 069	796 346
Rindvieh	1 006 479	283 173 492	3 875 586	68 163	5 413 099	2 443 545
Schafe und Ziegen	45 460	1 725 973	22 580	1 326	13 384	2 252
Schweine	2 175 156	238 679 091	1 492 613	57 734	1 875 168	770 637
Sonstiges Kleinvieh	304	29 867	2 092	11	740	27
Zusammen	**3 456 028**	**704 097 817**	**12 343 643**	**139 244**	**13 094 460**	**4 012 807**
Viehlebensversicherung						
Pferde (Maultiere, Esel)	214 183	167 812 849	6 686 698	11 636	5 669 833	791 441
Rindvieh	92 524	31 380 960	846 632	3 471	975 727	279 770
Schafe und Ziegen	4 531	148 252	8 648	267	7 255	519
Schweine	153 335	7 292 155	223 391	4 368	214 796	40 277
Sonstiges Kleinvieh	285	27 660	1 927	11	740	27
Zusammen	**464 858**	**206 661 876**	**7 767 296**	**19 753**	**6 868 351**	**1 112 034**
Schlachtviehversicherung						
Pferde (Maultiere, Esel)	—	—	—	—	—	—
Rindvieh	817 252	221 466 115	2 804 936	63 271	4 196 091	2 066 242
Schafe und Ziegen	38 915	1 407 932	12 189	1 035	5 809	1 712
Schweine	1 862 784	216 336 581	1 208 454	51 407	1 545 453	670 889
Sonstiges Kleinvieh	—	—	—	—	—	—
Zusammen	**2 718 951**	**439 210 628**	**4 025 579**	**115 713**	**5 747 353**	**2 738 843**
Sonstige Viehversicherung						
Pferde (Maultiere, Esel)	14 446	12 676 545	264 074	374	122 236	4 905
Rindvieh	96 703	30 326 417	224 018	1 421	241 281	97 533
Schafe und Ziegen	2 014	169 789	1 743	24	320	21
Schweine	159 037	15 050 355	60 768	1 959	114 919	59 471
Sonstiges Kleinvieh	19	2 207	165	—	—	—
Zusammen	**272 219**	**58 225 313**	**550 768**	**3 778**	**478 756**	**161 930**

Anmerkung: Ein . bedeutet, daß die beobachteten Fälle weniger als ½ ‰ ausmachen.

Durchschnittlicher Betrag		Verhältniszahlen								
einer Versicherung	eines Schadens nach Abzug des Erlöses	Stückzahl	Versicherungssummen	Prämien	Zahl der Schäden	Betrag der Schäden nach Abzug des Erlöses	Auf 1 000 versicherte Stück kommen Schadenfälle	Auf 1 000 ℳ Versicherungssumme kommen Prämien	Auf 1 000 ℳ Versicherungssumme kommen Schäden nach Abzug des Erlöses	Auf 1 000 ℳ Schäden Erlös
ℳ	ℳ		ℳ	ℳ		ℳ		ℳ	ℳ	ℳ
8	9	10	11	12	13	14	15	16	17	18

insgesamt

789	416	66	256	563	86	550	53	39	28	137
281	44	291	402	314	489	327	68	14	10	451
38	8	13	3	2	10	1	29	13	6	168
110	19	630	339	121	415	122	27	6	5	411
98	65	.	.	.	.	.	36	70	23	36
204	**65**	**1 000**	**1 000**	**1 000**	**1 000**	**1 000**	**40**	**18**	**13**	**306**

(27 Gegenseitigkeitsvereine)

784	419	461	812	861	589	847	54	40	29	140
339	201	199	152	109	176	121	38	27	22	287
33	25	10	.	1	14	1	59	58	45	72
48	40	330	36	29	221	31	28	31	24	188
97	65	.	.	.	.	.	39	70	26	36
445	**291**	**1 000**	**1 000**	**1 000**	**1 000**	**1 000**	**42**	**38**	**28**	**162**

(16 Unternehmungen)

—	—	—	—	—	—	—	—	—	—	—
271	34	301	504	697	547	708	77	13	10	492
36	4	14	3	3	9	1	27	9	3	295
116	17	685	493	300	444	291	28	6	4	434
—	—	—	—	—	—	—	—	—	—	—
162	**26**	**1 000**	**1 000**	**1 000**	**1 000**	**1 000**	**43**	**9**	**7**	**477**

(17 Unternehmungen)

878	314	53	218	479	99	370	26	21	9	40
314	101	355	521	407	376	454	15	7	5	404
84	12	8	3	3	6	1	12	10	2	66
95	28	584	258	111	519	175	12	4	4	518
116	—	.	.	.	—	—	—	75	—	—
214	**84**	**1 000**	**1 000**	**1 000**	**1 000**	**1 000**	**14**	**9**	**5**	**338**

Vergleich mit dem Vorjahre

Die in Tabelle III 3 zum Vergleiche des Berichtsjahrs mit dem Vorjahr aufgeführten Zahlen sind bei den Versicherungssummen nicht streng vergleichbar, weil an einigen Stellen nicht der Betrag der überhaupt in Kraft gewesenen Versicherungen, sondern der Betrag der am Ende des Jahres laufenden Versicherungen eingestellt werden mußte. Bei den Gegenseitigkeitsvereinen haben die Versicherungssummen um 41,667 Millionen Mark oder 7,6 Prozent, die Prämien um 0,433 Millionen oder 4,0 Prozent und die Schadenbeträge (ohne Abzug des Erlöses) um 0,707 Millionen oder 6,4 Prozent zugenommen. Der Vergleich von 1908 mit 1907 hatte nach der vorjährigen Statistik bei den Versicherungssummen eine Abnahme um 5,070 Millionen Mark oder 0,9 Prozent, bei den Prämien dagegen eine Zunahme um 0,153 Millionen oder 1,5 Prozent und bei den Schäden um 0,265 Millionen oder 2,5 Prozent ergeben.

Bei den sonstigen Unternehmungen haben die Versicherungssummen, Prämien und Schäden zugenommen, und zwar die Versicherungssummen um 0,433 Millionen oder 0,4 Prozent, die Prämien um 0,027 Millionen oder 2,8 Prozent und die Schadenzahlungen um 0,037 Millionen oder 3,1 Prozent.

Die Betriebsrechnung

Die Gewinn- und Verlustrechnung (Tabelle III 4) stellt nur das Ergebnis des Berichtsjahrs dar; der Gewinnvortrag aus dem Vorjahr ist fortgelassen, auch sind die Prämien- und Schadenreserven nicht mit ihrem ganzen Betrag am Anfange des Jahres in Einnahme und am Schlusse des Jahres in Ausgabe nachgewiesen, sondern es sind nur die Änderungen, welche der Betrieb des Jahres zur Folge hatte, verrechnet (vgl. Tabelle III 5).

Die gesamte Prämieneinnahme hat im Jahre 1909 12 249 435 ℳ betragen. Wie sich dieser Betrag auf Vorprämien, Nachschußprämien und feste Prämien verteilt, ist bereits oben angegeben; es braucht hier nur noch hinzugefügt zu werden, daß die Nachschüsse 18,6 Prozent der Vorprämien aller Vereine und 54,8 Prozent der Vorprämien derjenigen Vereine ausgemacht haben, welche im Berichtsjahr überhaupt Nachschüsse erhoben haben. Verrechnet man hierauf die Prämienüberträge und die Rückversicherungsprämien, so erhält man die in die Betriebsrechnung eingestellte Prämieneinnahme. Die von einigen Vereinen durch die Gewinn- und Verlustrechnung geführten »Nachschußversicherungsprämien« oder »Nachschußrückversicherungsprämien« sind hier fortgelassen; es handelt sich nämlich um Prämien für eine Nebenversicherung gegen etwaigen Nachschuß, die der Verein von seinen Mitgliedern einzieht, um sie zumeist vollständig an andere Versicherungsgesellschaften abzuführen, also um durchlaufende Posten, die den Geschäftsbetrieb nicht weiter berühren. Die Leistungen der Versicherer aus diesen Versicherungen sind bei den Nachschüssen eingestellt.

Nebenleistungen der Versicherten kommen, außer bei der Schlesischen Schlachtvieh-Versicherung von Julius Priesemuth, nur bei den Gegenseitigkeitsvereinen vor; sie haben bei letzteren im Jahre 1909 345 489 ℳ, das sind 2,8 Prozent der ganzen Prämieneinnahme oder 5,3 Prozent der Vorprämien betragen; dabei ist zu bemerken, daß bei den meisten Versicherungsgesellschaften als satzungsmäßige Leistung der Mitglieder zum Reservefonds bestimmte Prozente der Vorprämie verrechnet und als Teile der Vorprämie nachgewiesen werden, also nicht bei den Nebenleistungen erscheinen.

Der Erlös aus verwertetem Vieh belief sich auf 4 015 704 ℳ, d. h. 31,0 ℳ von je 100 ℳ Schäden für eigene Rechnung. Hierbei ist zu beachten, daß zum Teil nicht nur der wirklich erzielte Erlös oder der bedingungsgemäß gestattete Mindesterlös in

Rechnung gestellt ist, sondern auch vielfach, insbesondere bei Versicherungen gegen Minderwert, der Unterschied zwischen Versicherungssumme und gezahltem Schadenbetrage angerechnet ist.

An Regulierungskosten wurden 264 404 ℳ oder 2,0 ℳ auf je 100 ℳ Schäden einschließlich Erlös gezahlt; an eigenen Verwaltungskosten und Steuern wurden 2 755 694 ℳ oder 22,8 Prozent der Prämien für eigene Rechnung (Tabelle III 5 Sp. 8) verausgabt.

Die Bilanz

Aus der Bilanz für Ende 1909, die nur für die Gegenseitigkeitsvereine gegeben wird, mögen folgende Posten angeführt werden:

Verpflichtungen der Garanten	66 000 ℳ	Garantiekapital	66 000 ℳ
Kapitalanlagen	3 468 685 »	Kapitalreservefonds	2 899 448 »
Forderungen	2 672 401 »	Spezialreserven	112 409 »
Kassenbestand	140 276 »	Prämienüberträge	1 472 391 »
		Schadenreserve	481 412 »

Die Kapitalanlagen bestehen zu 76,2 Prozent in Wertpapieren, zu 8,0 Prozent in Grundbesitz, zu 15,5 Prozent in Hypotheken und zu 0,3 Prozent in Darlehen an öffentliche Körperschaften. Im Vergleiche mit dem Bestand am Ende des Vorjahrs waren im Besitze der Gegenseitigkeitsvereine Ende 1909 vorhanden an Hypotheken 22 879 ℳ, an Wertpapieren 259 392 ℳ (dem Nennwert nach rund 266 400 ℳ) mehr, dagegen an Grundbesitz 6 898 ℳ weniger. Die Forderungen bestehen bei der Gesamtheit zu 72,0 Prozent in Rückständen der Versicherten (einschl. der noch nicht gezahlten Nachschüsse); ins Gewicht fallen bei einigen Gesellschaften auch die Ausstände bei Agenten.

Die Kapitalreservefonds haben gegen die Bilanz für Ende 1908 um 238 809 ℳ oder um 9,0 Prozent zugenommen; die Spezialreserven vermehrten sich um 36 037 ℳ oder 47,4 Prozent.

Das ausländische Geschäft

Die vorstehenden Angaben beziehen sich sämtlich auf den gesamten Geschäftsbetrieb der genannten deutschen Viehversicherungsunternehmungen. Zur Beurteilung der Ausdehnung und des Umfanges des darin enthaltenen ausländischen Geschäfts mögen folgende Nachrichten dienen.

Im Jahre 1909 haben wie in den Vorjahren nur 5 Versicherungsvereine auch im Auslande Geschäfte abgeschlossen, davon je einer in Luxemburg, Norwegen, Schweden und in der Schweiz und je zwei in Belgien, Dänemark und Österreich. Diese Vereine hatten am Ende des Jahres im Ausland eine Summe von 3 266 833 ℳ versichert. An Prämien haben sie im Berichtsjahr 154 449 ℳ eingenommen, an Schäden sind 101 866 ℳ gezahlt. Das ausländische Geschäft war also in der Viehversicherung nur unbedeutend; es betrug 4,6 vom Tausend der gesamten Versicherungssumme, 12,6 vom Tausend der Prämieneinnahme und 7,9 vom Tausend der Schäden der Vereine.

Hagelversicherung

Die Unternehmungen

Von den im Deutschen Reiche im Jahre 1909 vorhanden gewesenen Hagelversicherungsunternehmungen unterstanden dem Aufsichtsamte 5 Aktiengesellschaften und 15 Gegenseitigkeitsvereine. Davon sind in diese Statistik außer den Aktiengesellschaften 12 Vereine aufgenommen; die übrigen drei Vereine sind von ganz lokalem Charakter und geringer Bedeutung, so daß von ihnen nicht wohl alle Angaben, welche diese Statistik bringt, gefordert werden können.

Drei von den hier behandelten 12 Gegenseitigkeitsvereinen betreiben auch die Feuerversicherung, nämlich die Greifswalder, die Mecklenburgische und die Schwedter Hagel- und Feuer-Versicherungs-Gesellschaft; eine, die Greifswalder, betreibt auch die Baulastversicherung. Alle drei halten aber die Versicherungszweige in ihren Büchern getrennt und geben eine vollständige Gewinn- und Verlustrechnung und Bilanz für jeden Zweig. Diese vollständige Trennung ist auch hier beibehalten worden, so daß sich die hier für diese Gesellschaften gegebenen Zahlen lediglich auf die Hagelversicherung beziehen, wie die für dieselben Gesellschaften bei Gruppe IV gegebenen Zahlen lediglich das Feuerversicherungsgeschäft betreffen.

Ausländische Hagelversicherungsgesellschaften haben, soweit bekannt, im Jahre 1909 im Deutschen Reiche nicht gearbeitet.

Umfang der Versicherung

Der Umfang des Geschäfts im Berichtsjahre wird durch folgende Zahlen bezeichnet. Es waren insgesamt 2 886,705 Millionen Mark auf 513 717 selbst abgeschlossene Versicherungen versichert oder im Durchschnitt 5 619 ℳ auf eine Police.

Hierin sind 158,953 Millionen Mark enthalten, die zu 22 069 Kollektiv- oder Gemeindeversicherungen gehören, welche in der vorstehenden Zahl der Versicherungen je nur als eine Versicherung gezählt sind, aber rund 178 251 Teilnehmer hatten. Die durchschnittlich von einem Versicherten versicherte Summe stellt sich demnach bei der Gesamtheit auf 4 309 ℳ und bei den Gemeinde- und Kollektivversicherungen allein auf 892 ℳ.

Von den Versicherungen kommen auf die Aktiengesellschaften 1 093,332 Millionen Mark und 208 700 Policen oder 5 239 ℳ im Durchschnitt für die Police und auf die Gegenseitigkeitsvereine 1 793,373 Millionen Mark und 305 017 Versicherungen oder 5 880 ℳ im Durchschnitt für die Police.

Die Rückversicherung hatte keine große Bedeutung. Es hatten in Rückdeckung übernommen drei Aktiengesellschaften zusammen 23,689 Millionen Mark und in Rückdeckung gegeben vier Gesellschaften 16,270 Millionen Mark, so daß die Aktiengesellschaften zusammen von 1 117,021 Millionen Mark überhaupt übernommener Versicherungen 1 100,751 Millionen für eigene Rechnung behalten haben. Von den Gegenseitigkeitsvereinen haben vier 18,498 Millionen Mark in Rückdeckung übernommen und 18,502 Millionen Mark in Rückdeckung gegeben, so daß bei diesen Anstalten von 1 811,871 Millionen Mark überhaupt übernommener Versicherungen 1 793,369 Millionen für eigene Rechnung blieben.

Die Prämien und die Schäden

Die Nettoprämieneinnahmen, d. h. die im Laufe des Jahres von den Versicherten eingenommenen Prämien, vermindert um die ausgegebenen Rückversicherungsprämien, haben insgesamt betragen 25 112 804 ℳ, wovon 10 642 900 ℳ auf die Aktiengesellschaften und 14 469 904 ℳ auf die Gegenseitigkeitsvereine entfielen (Tabelle III 11).

Als Schäden für eigene Rechnung, ohne die Ermittlungskosten, aber unter Berücksichtigung der Änderung der Schadenreserve am Anfange des Jahres gegen die Schadenreserve am Schlusse des Jahres (vgl. Tabellen III 11 und 13), sind insgesamt 12 967 333 ℳ zu verrechnen gewesen: 2 315 541 ℳ bei den Aktiengesellschaften und 10 651 792 ℳ bei den Gegenseitigkeitsvereinen. Als jedenfalls nicht zu kleine Zahl der Schäden (weil bei drei Gesellschaften nicht die Zahl der Schäden, sondern die Zahl der Anmeldungen angegeben ist) darf für die Gesamtheit 37 446 angenommen werden, nämlich 11 620 für die Aktiengesellschaften und 25 826 für die Gegenseitigkeitsvereine. Es kommen also auf den Schadenfall im Durchschnitte mindestens: bei der Gesamtheit 346 ℳ, bei den Aktiengesellschaften 199 ℳ und bei den Gegenseitigkeitsvereinen 412 ℳ.

Als Entschädigungsabzüge sind insgesamt 1 102 154 ℳ einbehalten worden, 123 365 ℳ von den Aktiengesellschaften und 978 789 ℳ von den Gegenseitigkeitsvereinen. Die Abzüge bestanden bei den Aktiengesellschaften ausschließlich in Anteilen der Geschädigten an den Ermittlungskosten; von den Abzügen der Gegenseitigkeitsvereine waren 436 945 ℳ für Ermittlungskosten, 509 612 ℳ für die Reservefonds und 32 232 ℳ für andere Zwecke bestimmt.

Die Prämienüberträge und die Schadenreserve spielen nur eine ganz untergeordnete Rolle (vgl. Tabelle III 13); man kann daher von diesen Rückstellungen absehen und folgende Zahlen als zutreffend annehmen:

Von 1 000 ℳ Prämien wurden für Schadenzahlungen nach Verrechnung der Entschädigungsabzüge verwendet:

im Jahre	1905	1906	1907	1908	1909
von allen Unternehmungen	1 036 ℳ	901 ℳ	868 ℳ	928 ℳ	516 ℳ
» den Aktiengesellschaften	1 381 »	781 »	866 »	1 097 »	218 »
» » Gegenseitigkeitsvereinen	890 »	917 »	868 »	875 »	736 »

Auf 1 000 ℳ Versicherungssumme kamen:

	1905	1906	1907	1908	1909
Prämien bei der Gesamtheit der Unternehmungen	13,55 ℳ	13,20 ℳ	13,45 ℳ	16,01 ℳ	8,68 ℳ
» » den Aktiengesellschaften	9,35 »	9,75 »	9,83 »	9,70 »	9,67 »
» » » Gegenseitigkeitsvereinen............	16,73 »	15,78 »	15,93 »	20,18 »	8,07 »
Schäden bei der Gesamtheit der Unternehmungen	14,04 »	11,89 »	11,67 »	14,89 »	4,48 »
» » den Aktiengesellschaften	12,90 »	8,46 »	8,52 »	10,64 »	2,10 »
» » » Gegenseitigkeitsvereinen............	14,90 »	14,47 »	13,83 »	17,66 »	5,94 »

Vergleich des Berichtsjahrs mit dem Vorjahre

Eine Vergleichung des Berichtsjahrs mit dem Vorjahre führt zu folgenden Ergebnissen (Tabelle III 11).

Die Zahl der Versicherungen hat bei der Gesamtheit der Unternehmungen um 41 015 oder 7,1 Prozent abgenommen. Sie hat bei den Aktiengesellschaften um 42 977 oder 15,8 Prozent abgenommen und bei den Gegenseitigkeitsvereinen um 1 962 oder 0,6 Prozent zugenommen. Die Versicherungssummen sind um 55 755 Millionen Mark oder 1,9 Prozent gefallen. Sie sind bei den Aktiengesellschaften um 66,460 Millionen Mark oder 5,6 Prozent gefallen und bei den Gegenseitigkeitsvereinen um 10,705 Millionen Mark oder 0,6 Prozent gestiegen. Die Nettoprämieneinnahme (einschl. Nachschüsse) ist im Berichtsjahre gegenüber dem Vorjahre bei den Aktiengesellschaften um 630 713 ℳ oder 5,6 Prozent, bei den Gegenseitigkeitsvereinen um 21 593 078 ℳ oder 59,9 Prozent gefallen. Die Schäden für eigene Rechnung sind bei den Aktiengesellschaften um 10 054 530 ℳ oder 81,3 Prozent, bei den Gegenseitigkeitsvereinen um 20 907 185 ℳ oder 66,2 Prozent niedriger gewesen als im Vorjahre.

Die Betriebsrechnung

Die in Tabelle III 12 gegebene Gewinn- und Verlustrechnung stellt nur das Ergebnis des Berichtsjahrs dar; der Gewinnvortrag aus dem Vorjahr ist fortgelassen; auch sind die sonstigen Überträge nicht mit ihrem vollen Betrage zu Anfang des Jahres in Einnahme und am Schlusse des Jahres in Ausgabe nachgewiesen, sondern es waren nur die Änderungen, welche der Betrieb des Geschäftsjahrs zur Folge hatte, verrechnet (vgl. Tabelle III 13).

Die Prämien haben bei den Aktiengesellschaften 10 820 146 ℳ betragen, wovon für Rückversicherung 176 383 ℳ wieder ausgegeben wurden. Die Gegenseitigkeitsvereine haben 12 212 596 ℳ Vorprämie und 2 379 897 ℳ Nachschußprämie erhoben; für Rückversicherung haben sie 122 589 ℳ wieder ausgegeben; die Nachschußprämie machte 19,5 Prozent von der Vorprämie aus, oder wenn man die Greifswalder, Schleswig-Holsteiner in Kiel, Neubrandenburger, den Holsteinischen H.V.V. in Neustadt und die Oldenburger ausschließt, weil sie die Beiträge durch Umlage nach Bedarf aufbringen, 21,7 Prozent. Die von mehreren Gegenseitigkeitsvereinen durch die Gewinn- und Verlustrechnung geführten »Rückversicherungsprämien« sind hier fortgelassen; es handelt sich nämlich um Prämien für eine Nebenversicherung gegen etwaigen Nachschuß, die der Verein von seinen Mitgliedern einzieht, um sie meist vollständig an andere Versicherungsgesellschaften abzuführen, also um durchlaufende Posten, die den Geschäftsbetrieb nicht weiter berühren. Die Leistungen der Versicherer aus diesen Versicherungen sind bei den Nachschüssen eingestellt.

An Nebenleistungen hatten die Versicherten zu zahlen bei den Aktiengesellschaften 90 735 ℳ, das sind 0,8 Prozent der Prämien, und bei den Gegenseitigkeitsvereinen 1 777 050 ℳ, das sind 12,2 Prozent der gesamten Prämien oder 14,6 Prozent der Vorprämien. Die Nebenleistungen bestehen bei den Gegenseitigkeitsvereinen zum größten Teile (1 513 156 ℳ) in satzungsmäßigen Beiträgen zum Reservefonds, die entweder nach der Höhe der Vorprämie oder der Entschädigung bemessen werden; setzt man diese ab, so bleiben 263 894 ℳ, das sind 1,8 Prozent der gesamten Prämien oder 2,2 Prozent der Vorprämien. Die von einigen Gegenseitigkeitsvereinen erhobenen Legegelder (Sicherheitsleistungen) sind hier außer acht gelassen.

An Schadenermittelungskosten sind ohne die oben erwähnten Abzüge bei allen Unternehmungen 936 428 ℳ oder 7,2 ℳ auf je 100 ℳ Schadenzahlung, bei den Aktiengesellschaften 358 433 ℳ oder 15,5 ℳ und bei den Gegenseitigkeitsvereinen 577 995 ℳ oder 5,4 ℳ auf je 100 ℳ Schäden entstanden.

Das Geschäft des Jahres 1909 hat allen 5 Aktiengesellschaften einen Gewinn, und zwar von insgesamt 6 294 942 ℳ gebracht. Die Gegenseitigkeitsvereine decken ihren Verlust meist schon vor Abschluß der Rechnung aus dem Reservefonds oder durch Nachschüsse (vgl. »Entwickelung« S. 39); darüber hinaus haben vier Vereine für das Berichtsjahr einen Gewinn von zusammen 306 481 ℳ nachgewiesen.

Aus der Bilanz für 1909, die für die Aktiengesellschaften zusammen mit 34 732 906 ℳ und für die Gegenseitigkeitsvereine zusammen mit 7 548 818 ℳ abschließt, mögen folgende Posten angeführt werden: Die Bilanz

Aktiva	5 Aktiengesellschaften	12 Gegenseitigkeitsvereine
Verpflichtungen der Aktionäre oder Garanten	18 022 800 ℳ	— ℳ
Kapitalanlagen	10 296 863 „	4 684 018 „
Forderungen	3 731 323 „	2 747 792 „
Kassenbestand	139 565 „	101 893 „
Passiva		
Aktien- oder Garantiekapital	28 528 500 ℳ	— ℳ
Kapitalreservefonds	— „	5 200 367 „
Spezialreserven	3 591 124 „	166 649 „
Schadenreserven	5 490 „	83 973 „

Über die Kapitalanlagen gibt Tabelle III 15 folgende Aufschlüsse. Von 1 000 ℳ Kapitalanlagen kamen Ende 1909 auf:

	Grund-besitz	Hypo-theken	Darlehen an öffentliche Körperschaften	Darlehen auf Wertpapiere	Wert-papiere	Wechsel	Sonstige Anlagen
bei den Aktiengesellschaften	30 ℳ	184 ℳ	— ℳ	19 ℳ	710 ℳ	57 ℳ	— ℳ
bei den Gegenseitigkeitsvereinen	24 „	224 „	3 „	— „	641 „	92 „	16 „

Im Vergleiche mit der Bilanz des Vorjahrs haben zugenommen der Grundbesitz um 6 943 ℳ, der Hypothekenbestand um 225 630 ℳ, der Buchwert der Wertpapiere um 3 724 543 ℳ und die Darlehen auf Wertpapiere um 49 525 ℳ.

Über die Bedeutung des ausländischen Geschäfts der deutschen Hagelversicherungsunternehmungen, das in den vorstehenden Zahlen überall eingeschlossen ist, sind hier folgende Angaben zu machen: Das ausländische Geschäft

Im ganzen haben vier Aktiengesellschaften und vier Gegenseitigkeitsvereine auch im Auslande Geschäfte betrieben. In Ungarn und der Schweiz war je eine Gesellschaft tätig, in Rußland und in Luxemburg arbeiteten je zwei, in den Niederlanden vier und in Österreich fünf Anstalten. Die Versicherungssumme belief sich auf 15,421 Millionen Mark oder 5,1 vom Tausend der von allen Unternehmungen überhaupt versicherten Summe; die durchschnittliche Höhe einer selbst abgeschlossenen ausländischen Versicherung stellte sich auf 5 070 ℳ. Die Bruttoprämieneinnahme aus dem ausländischen Geschäfte betrug 290 136 ℳ oder 11,4 vom Tausend der gesamten Bruttoprämien; die Schäden betrugen 133 666 ℳ oder 9,6 vom Tausend der gesamten Schäden.

Gruppe IV, Feuerversicherung sowie die Versicherungen gegen Sturmschäden, Wasserleitungsschäden und Einbruchdiebstahl

Von den deutschen Unternehmungen, die auf diesen Gebieten arbeiteten, unterstanden im Jahre 1909 der Reichsaufsicht 41 Aktiengesellschaften und 32 Gegenseitigkeitsvereine. Diese Unternehmungen stellen aber das private Feuerversicherungsgeschäft in deutscher Hand nicht vollständig dar; es gibt vielmehr noch zahlreiche Vereine, welche wegen ihrer Beschränkung auf das Gebiet eines Bundesstaats der Aufsicht der Die Unternehmungen

Landesbehörden unterstehen oder welche gemäß § 3 Abs. 2 des Versicherungsaufsichtsgesetzes der Landesaufsicht überwiesen worden sind.

Von den 32 unter Reichsaufsicht stehenden Feuerversicherungs-Gegenseitigkeitsvereinen sind 20 in den Tabellen ausführlich behandelt. Die Mehrzahl dieser Vereine (13) beschränkt sich auf die Feuerversicherung, weitere 4, der Versicherungsverein Deutscher Eisenbahnbediensteten a. G. in Berlin, die Feuer- und Einbruchdiebstahl-Versicherungsanstalt des Verbandes Deutscher Beamtenvereine a. G. in Berlin, die Landwirtschaftliche Feuerversicherungs-Genossenschaft im Königreich Sachsen zu Dresden und die Concordia, Hannoversche Feuer-Versicherungs-Gesellschaft auf Gegenseitigkeit in Hannover, betreiben daneben die Versicherung gegen Einbruchdiebstahl; die übrigen 3, die Hagel- und Feuer-Versicherungsgesellschaft auf Gegenseitigkeit zu Greifswald, die Mecklenburgische Hagel- und Feuer-Versicherungs-Gesellschaft auf Gegenseitigkeit in Neubrandenburg und die Schwedter Hagel- und Feuer-Versicherungs-Gesellschaft auf Gegenseitigkeit, haben sich auch in der Hagelversicherung betätigt; die Greifswalder Gesellschaft betreibt außerdem noch die Baulastversicherung. Diese 3 Gesellschaften führen aber — wie bereits bei Gruppe III erwähnt — die verschiedenen Versicherungszweige vollständig voneinander getrennt, so daß hier nur auf das Feuerversicherungsgeschäft eingegangen zu werden braucht.

Zu den in der vorjährigen Statistik bei Gruppe IV bearbeiteten 40 Aktiengesellschaften ist die Mitteldeutsche Versicherungs-Aktiengesellschaft in Halle a. S. hinzugekommen, die im Berichtsjahre den Betrieb der Feuerversicherung und der Wasserleitungsschädenversicherung aufgenommen hat. — Von diesen 41 Gesellschaften betrieben 28 die Feuerversicherung neben anderen Zweigen, 4 die Feuerversicherung als alleiniges Geschäft; die übrigen 7 befaßten sich nicht mit der Feuerversicherung, sondern — soweit die Versicherungszweige der Gruppe IV in Betracht kommen — nur mit der Sturmschädenversicherung und der Wasserleitungsschädenversicherung und besonders mit der Einbruchdiebstahlversicherung.

Von ausländischen Versicherungsunternehmungen, die sich mit den zu Gruppe IV gehörigen Versicherungszweigen beschäftigten, unterstanden der Reichsaufsicht im Jahre 1909 insgesamt 45. Ein beträchtlicher Teil davon hat nur ein ganz unbedeutendes Geschäft meist mit starker örtlicher Begrenzung, so daß es nicht angezeigt erschien, die Verhältnisse dieser Gesellschaften hier näher darzustellen; es wurden jedoch einige Anstalten ausgeschieden, deren deutsches Geschäft nur ganz geringfügig ist. Daher enthält diese Statistik nur Angaben über 32 ausländische Versicherungsgesellschaften. Von diesen Gesellschaften arbeiteten, soweit Versicherungszweige der Gruppe IV in Frage kommen, im Deutschen Reiche 19 nur in der Feuerversicherung, 8 (Nye danske Brandforsikrings-Selskab, Phoenix Assurance Company Limited, London, Yorkshire Insurance Company Limited, York, Die Niederlande, Niederländischer Lloyd, Assicurazioni Generali, Österreichischer Phönix und die Basler Versicherungs-Gesellschaft) in der Feuer- und Einbruchdiebstahlversicherung und 5 (Erste Österreichische Allgemeine Unfall-Versicherungs-Gesellschaft, Schweizerische National-Versicherungs-Gesellschaft, Schweizerische Unfallversicherungs-Aktiengesellschaft, Union Suisse und die Zürich) allein in der Einbruchdiebstahlversicherung.

Bei den folgenden Ausführungen sowie bei der Betrachtung der Tabellen ist, soweit es sich um Feuerversicherung handelt, im Auge zu behalten, daß es sich stets um die Gesamtheit der Versicherungen handelt; eine Trennung nach Risiken konnte nirgends vorgenommen werden; ebensowenig hat die Mobiliarfeuerversicherung von der Immobiliarfeuerversicherung geschieden werden können.

Der Umfang des Geschäfts der deutschen Unternehmungen

Über den Umfang des Geschäfts der deutschen Unternehmungen in der Feuerversicherung Ende 1908 und Ende 1909 gibt Tabelle IV 1 Auskunft. Danach liefen an selbst abgeschlossenen Versicherungen einschließlich der in Rückdeckung gegebenen Teile:

	Ende 1908				Ende 1909			
bei den Aktiengesellschaften	9 031 416	Vers. über	96 157	Mill. ℳ	9 263 877	Vers. über	99 903	Mill. ℳ
bei den Gegenseitigkeitsvereinen	1 492 145	" "	14 463	" "	1 540 510	" "	15 005	" "
Zusammen	10 523 561	Vers. über	110 620	Mill. ℳ	10 804 387	Vers. über	114 908	Mill. ℳ

Der im direkten Geschäfte durchschnittlich auf eine Versicherung entfallende Betrag ist, wie die folgende Zusammenstellung zeigt, in den letzten fünf Jahren durchweg gestiegen, nur bei dem ausländischen Geschäfte der Aktiengesellschaften hat er unregelmäßiger geschwankt. In den vorhergehenden Jahren (vgl. Statistik für 1908 S. 52*) hatte der Betrag bei den Gegenseitigkeitsvereinen etwas abgenommen.

Durchschnittlich auf eine selbst abgeschlossene Versicherung entfallender Betrag in Mark

	Ende des Jahres				
	1905	1906	1907	1908	1909
Aktiengesellschaften, Gesamtgeschäft	10 498	10 571	10 590	10 647	10 784
Aktiengesellschaften, inländisches Geschäft	10 586	10 633	10 658	10 778	10 862
Aktiengesellschaften, ausländisches Geschäft	9 402	9 783	9 707	9 085	9 818
Gegenseitigkeitsvereine	9 456	9 558	9 662	9 693	9 740
Insgesamt	10 352	10 430	10 458	10 512	10 635

Die Aktiengesellschaften hatten außerdem noch Versicherungen in Höhe von 12 061 Millionen Mark am Ende 1908 und in Höhe von 12 975 Millionen Mark am Ende 1909 in Rückdeckung genommen, so daß die gesamte Bruttoversicherungssumme Ende 1908 108 218 und Ende 1909 112 878 Millionen Mark betrug. In dieser Summe sind alle diejenigen Beträge doppelt enthalten, welche von einer Gesellschaft, die in dieser Statistik behandelt wird, versichert und bei einer ebensolchen Gesellschaft in Rückdeckung gegeben sind. Dasselbe gilt von den unten angeführten Zahlen über die Gesamtversicherungssumme bei den anderen Versicherungszweigen. Der Anteil des mittelbaren Geschäfts am Gesamtgeschäfte beträgt 11,5 Prozent. Von den Gegenseitigkeitsvereinen haben zwei den geringen Betrag von zusammen 134 Millionen Mark in Rückdeckung übernommen.

Der für eigene Rechnung behaltene Teil stellte sich:

	Ende 1908	Ende 1909
bei den Aktiengesellschaften auf	67 786 Mill. ℳ	70 601 Mill. ℳ
bei den Gegenseitigkeitsvereinen auf	12 711 " "	13 129 " "
Zusammen auf	80 497 Mill. ℳ	83 730 Mill. ℳ

und betrug in Tausendsteln der überhaupt versicherten Summen:

bei den Aktiengesellschaften	626	625
bei den Gegenseitigkeitsvereinen	871	866

Die Tabelle IV 2 behandelt lediglich das deutsche Geschäft der deutschen Aktiengesellschaften; aus dieser Tabelle in Verbindung mit Tabelle IV 1 ergibt sich folgende Teilung des Geschäfts:

Selbst abgeschlossene Versicherungen	Ende 1908	Ende 1909
inländisches Geschäft	8 334 700 Vers. über 89 828 Mill. M	8 568 878 Vers. über 93 079 Mill. M
ausländisches Geschäft	696 716 „ „ 6 330 „ „	694 999 „ „ 6 823 „ „

Von dem mittelbaren Geschäfte der Aktiengesellschaften kamen Ende 1908 auf das inländische Geschäft 1 429 Millionen Mark und auf das ausländische Geschäft 10 632 Millionen Mark, Ende 1909 auf das inländische Geschäft 1 603 und auf das ausländische Geschäft 11 372 Millionen Mark.

Das gesamte inländische Geschäft der Aktiengesellschaften erstreckte sich Ende 1908 über 91 257 Millionen Mark und Ende 1909 über 94 682 Millionen Mark; das gesamte ausländische Geschäft bezifferte sich Ende 1908 auf 16 962 und Ende 1909 auf 18 195 Millionen Mark. Der Anteil der mittelbaren Versicherungen an der Gesamtheit betrug danach beim inländischen Geschäfte 1908 1,6 Prozent und 1909 1,7 Prozent, beim ausländischen dagegen 1908 62,7 Prozent und 1909 62,5 Prozent.

Von den Gegenseitigkeitsvereinen haben nur drei (der Versicherungsverein Deutscher Eisenbahnbediensteten, die Feuer- und Einbruchdiebstahl-Versicherungsanstalt des Verbandes Deutscher Beamtenvereine und die Gothaer Feuerversicherungsbank) ausländische Geschäfte, und zwar in geringem Maße, abgeschlossen. Alle zusammen hatten Ende 1908 im Ausland 1 626 Versicherungen über 50 Millionen Mark und Ende 1909 1 682 Versicherungen über 51 Millionen Mark.

In der Sturmschädenversicherung haben im Jahre 1909 dieselben beiden Aktiengesellschaften gearbeitet wie in den Vorjahren; der Erfolg ist auch in diesem Jahre kein großer gewesen. Nach Tabelle IV 3 liefen nämlich Ende 1908 insgesamt 1 359 Policen über 204 Millionen Mark und Ende 1909 1 499 Policen mit 204 Millionen Mark. Von den Summen kamen Ende 1908 und Ende 1909 99,9 Prozent auf das deutsche Geschäft. Für eigene Rechnung wurde nur der geringe Betrag von 30 Millionen behalten. Rückversicherungen wurden von diesen beiden Gesellschaften nicht übernommen.

In der Wasserleitungsschädenversicherung haben Ende 1909 fünfzehn deutsche Aktiengesellschaften gearbeitet, eine mehr als im Vorjahre, nämlich die Mitteldeutsche Versicherungs-Aktiengesellschaft in Halle a. S.

Nach Tabelle IV 3 liefen an selbst abgeschlossenen Versicherungen Ende 1908 89 786 Policen über 3 475 Millionen Mark und Ende 1909 101 564 Policen über 4 075 Millionen Mark, was einen Zugang von 11 778 Policen und 600 Millionen Mark Versicherungssumme bedeutet.

Die Gesellschaften hatten außerdem noch Versicherungen in Höhe von 82,0 Millionen Mark zu Ende 1908 und in Höhe von 82,1 Millionen Mark zu Ende 1909 in Rückdeckung genommen, so daß die gesamte Bruttoversicherungssumme Ende 1909 4 158 Millionen Mark betrug. Von den Versicherungssummen kamen Ende 1908 97,3 und Ende 1909 96,6 Prozent auf das deutsche Geschäft. Der weitaus größte Teil der Versicherungen, nämlich 3 545 Millionen, wurde für eigene Rechnung behalten.

Sehr viel bedeutender ist das Geschäft in der Einbruchdiebstahlversicherung.

Von den selbst abgeschlossenen Versicherungen der deutschen Aktiengesellschaften kamen:

	Ende 1908	Ende 1909
auf das inländische Geschäft	664 827 Vers. über 8 983 Mill. ℳ	751 507 Vers. über 10 024 Mill. ℳ
auf das ausländische Geschäft	43 113 » » 811 » »	47 698 » » 908 » »
Zusammen	707 940 Vers. über 9 794 Mill. ℳ	799 205 Vers. über 10 932 Mill. ℳ

Das unmittelbare inländische Geschäft hat demnach um 86 680 Versicherungen und 1 041 Millionen Mark zugenommen, während das ausländische um 4 585 Versicherungen und 97 Millionen Mark zugenommen hat. In Rückdeckung übernommen hatten diese Gesellschaften außerdem im inländischen Betrieb am Ende des Vorjahrs 1 485 und am Ende des Berichtsjahrs 1 587 Millionen Mark, so daß die gesamte Bruttoversicherungssumme des deutschen Geschäfts Ende 1908 10 468 Millionen Mark und Ende 1909 11 611 Millionen Mark betrug. Im ausländischen Geschäfte waren in Rückdeckung genommen Ende 1908 887 und Ende 1909 1 267 Millionen Mark; demnach ist die gesamte Bruttoversicherungssumme des ausländischen Geschäfts von 1 698 auf 2 175 Millionen Mark gestiegen. Der Anteil des indirekten Geschäfts am Gesamtgeschäft in der Einbruchdiebstahlversicherung belief sich danach beim inländischen Geschäft Ende 1908 auf 14,2 und Ende 1909 auf 13,7 Prozent, beim ausländischen Geschäft auf 52,2 bezw. 58,3 Prozent.

Das Geschäft der vier anderen Unternehmungen war im Jahre 1909 noch ganz gering, es stellte sich Ende des Jahres auf insgesamt 11 585 Policen über 86 Millionen Mark. Es handelt sich lediglich um unmittelbare deutsche Versicherungen.

Alle 37 Unternehmungen zusammen hatten Ende 1909 Versicherungen in Höhe von 13 872 Millionen Mark in Kraft, davon liefen 9 943 Millionen für eigene Rechnung.

Der Umfang des deutschen Geschäfts der ausländischen Gesellschaften

Es ist bereits oben bemerkt, daß von den ausländischen Versicherungsunternehmungen, welche im Deutschen Reiche die Feuerversicherung betreiben, in die vorliegende Statistik nur 27 aufgenommen sind. Hier soll nur ihr deutsches Geschäft kurz umschrieben werden.

Die 27 ausländischen Gesellschaften hatten im Deutschen Reiche selbst abgeschlossene Feuerversicherungen Ende 1908 in Höhe von 12 346 Millionen Mark und Ende 1909 in Höhe von 12 762 Millionen Mark; in Rückdeckung waren zu denselben Zeitpunkten Versicherungen im Betrage von 1 855 und von 1 821 Millionen Mark übernommen; der gesamte Versicherungsbestand betrug also in der Feuerversicherung am Schlusse des Vorjahrs 14 201 und am Schlusse des Geschäftsjahrs 14 583 Millionen Mark. Im Jahre 1909 haben die selbst abgeschlossenen Versicherungen um 416 Millionen zugenommen und die in Rückdeckung übernommenen Versicherungen um 34 Millionen Mark abgenommen.

Der Anteil des indirekten Geschäfts am Gesamtgeschäft ist von 13,1 Prozent auf 12,5 Prozent zurückgegangen.

Von den ausländischen Gesellschaften, die im Deutschen Reiche in der Einbruchdiebstahlversicherung gearbeitet haben, kommen hier dreizehn in Betracht; von diesen haben acht lediglich unmittelbare, fünf auch mittelbare Geschäfte betrieben. Die selbst abgeschlossenen Versicherungen beliefen sich Ende 1908 auf 553 Millionen Mark und Ende 1909 auf 611 Millionen Mark. Rechnet man die in Rückdeckung übernommenen

Versicherungen hinzu, so erhält man für den Bestand des deutschen Geschäfts am Schlusse des Vorjahrs 627 und für den Bestand am Schlusse des Berichtsjahrs 690 Millionen Mark.

Der Umfang des gesamten direkten deutschen Feuerversicherungsgeschäfts

Der Wert aller im Deutschen Reiche gegen Feuerschaden versicherten Gegenstände, wie er sich aus der Summe aller im Reiche unmittelbar versicherten Beträge ergibt, kann aus den vorstehenden Angaben allein nicht entnommen werden. Abgesehen von den verhältnismäßig kleinen Summen, die bei kleinen Gegenseitigkeitsvereinen und bei den unter Landesaufsicht stehenden privaten Unternehmungen versichert sind, fehlen noch die Versicherungen von 52 öffentlichen Feuerversicherungs-Sozietäten. Über den Umfang dieser Versicherungen veröffentlicht der Verband der öffentlichen Feuerversicherungs-Anstalten jährlich in den »Mitteilungen für die öffentlichen Feuerversicherungs-Anstalten« Zusammenstellungen, deren Zuverlässigkeit nicht zu bezweifeln ist. Mit Hilfe dieser Angaben kann man den gesamten Feuerversicherungsbestand im Deutschen Reiche annähernd folgendermaßen feststellen:

Es waren an deutschen Werten versichert in Millionen Mark:

	Ende 1908	%	Ende 1909	%
bei den deutschen Aktiengesellschaften	89 828	48,3	93 079	48,2
" " " Gegenseitigkeitsvereinen	14 413	7,8	14 954	7,7
" " ausländischen Gesellschaften	12 346	6,6	12 762	6,6
" " öffentlichen Feuerversicherungs-Anstalten	69 478	37,3	72 377	37,5
Zusammen	186 065	100,0	193 172	100,0

Die Bruttoprämien und Schäden a) der deutschen Gesellschaften

Die Bruttoprämieneinnahme im Berichtsjahr und die im Berichtsjahr entstandenen Bruttoschäden aller Arten von Risiken, jedoch ohne Schadenermittlungskosten, sind für die deutschen privaten Unternehmungen in den Tabellen IV 8 bis 10 und für das deutsche Geschäft der ausländischen Gesellschaften in den Tabellen IV 11 und 12 zusammengestellt.

In der Feuerversicherung haben danach im Jahre 1909 32 deutsche Aktiengesellschaften 212 112 550 ℳ und 20 Gegenseitigkeitsvereine 39 160 449 ℳ, alle diese Unternehmungen zusammen also 251 272 999 ℳ an Prämien eingenommen; in diesem Jahre sind Schäden (einschließlich des Anteils der Rückversicherer, aber ohne Schadenermittlungskosten) bei den Aktiengesellschaften im Betrage von 120 788 699 ℳ, bei den Gegenseitigkeitsvereinen im Betrage von 12 937 307 ℳ, bei allen Anstalten zusammen im Betrage von 133 726 006 ℳ entstanden. Dabei ist zu beachten, daß einige Gegenseitigkeitsvereine, um Nachschüsse zu vermeiden, Vorprämien erheben, die den regelmäßigen Bedarf weit übersteigen und den daraus entstehenden Überschuß den Versicherten wieder zuführen (vgl. Tabelle IV 21).

Der durchschnittliche Betrag eines Schadens aus selbst abgeschlossenen Feuerversicherungen (ohne Ermittlungskosten) stellte sich bei den Aktiengesellschaften im inländischen Geschäft auf 334 ℳ, im ausländischen Geschäft auf 1 123 ℳ gegen 395 ℳ bezw. 1 096 ℳ im Vorjahre.

Bei den Gegenseitigkeitsvereinen hat der Schadenfall aus selbst abgeschlossenen Versicherungen im inländischen Geschäfte durchschnittlich 405 ℳ, im ausländischen (31 Fälle) Geschäfte durchschnittlich 116 ℳ erfordert.

Die beiden Gesellschaften, die in der Versicherung gegen Sturmschäden gearbeitet haben, erzielten (Tabelle IV 9) aus diesem Geschäft eine Prämieneinnahme von 154 954 *M*, welche nur aus dem deutschen Betriebe herrührte. An Schäden sind aus selbst abgeschlossenen Versicherungen 96 mit 20 797 *M* (ohne Ermittlungskosten) zu verzeichnen gewesen; der durchschnittliche Betrag eines Schadens stellte sich demnach auf 217 *M*.

Die fünfzehn Gesellschaften, die in der Versicherung gegen Wasserleitungsschäden gearbeitet haben, erzielten aus diesem Geschäfte (Tabelle IV 9) eine Prämieneinnahme von 2 465 412 *M*. An Schäden sind 993 499 *M* (ohne Ermittlungskosten) zu verzeichnen gewesen. Der durchschnittliche Betrag eines Schadens aus selbst abgeschlossenen Versicherungen stellte sich beim inländischen Geschäft auf 40 *M*, beim ausländischen Geschäft auf 65 *M*.

In der Einbruchdiebstahlversicherung (Tabelle IV 10) haben die deutschen Aktiengesellschaften 11 972 483 *M* an Prämien eingenommen und 4 398 327 *M* für Schäden zu verausgaben gehabt; die vier andern Unternehmungen haben 59 134 *M* Prämien eingezogen und 20 081 *M* für Schäden gezahlt.

Der durchschnittliche Betrag eines Schadens aus selbst abgeschlossenen Versicherungen stellte sich bei den Aktiengesellschaften (ohne Ermittlungskosten) im inländischen Geschäft auf 169 *M* und im ausländischen Geschäft auf 2 146 *M*, bei den Gegenseitigkeitsvereinen auf 152 *M*.

b) der ausländischen Gesellschaften

Für das deutsche Feuerversicherungsgeschäft der 27 ausländischen Gesellschaften gelten folgende Zahlen (Tabelle IV 11). Die Prämieneinnahme belief sich auf 27 195 958 *M*; für Schäden waren 15 397 137 *M* aufzuwenden. Von den Prämien stammten 84,9 Prozent aus selbst abgeschlossenen Versicherungen und 15,1 Prozent aus Rückversicherungen, von den Schäden betrafen 83,7 Prozent selbst abgeschlossene Versicherungen und 16,3 Prozent in Rückdeckung übernommene Versicherungen.

Das deutsche Einbruchdiebstahlversicherungsgeschäft der hier in Betracht kommenden 13 ausländischen Gesellschaften, das im wesentlichen unmittelbar betrieben wird, zeigt sich auch hinsichtlich der Prämieneinnahme und der Schadenleistungen (Tabelle IV 12) als wenig bedeutend. Die Prämieneinnahme hat nur 761 178 *M* betragen, für Schäden sind 225 870 *M* zu zahlen gewesen.

Die Schäden aus dem gesamten deutschen Feuerversicherungsgeschäfte

Wie oben die Versicherungssummen annähernd für das gesamte direkte deutsche Feuerversicherungsgeschäft ermittelt wurden, so können mit Hilfe der vorstehenden Zahlen und der Angaben in den »Mitteilungen für die öffentlichen Feuerversicherungs-Anstalten« auch die Schadenbeträge, die den deutschen Geschädigten zugeflossen sind, angenähert festgestellt werden.

	Schadenzahlungen			
	im Jahre 1908		im Jahre 1909	
	1 000 *M*	%	1 000 *M*	%
deutsche Aktiengesellschaften	80 838	46,7	73 686	45,7
» Gegenseitigkeitsvereine	12 342	7,1	12 653	7,8
ausländische Gesellschaften	13 016	7,5	12 889	8,0
deutsche öffentliche Feuerversicherungs-Anstalten	67 009	38,7	62 105	38,5
Zusammen	173 205	100,0	161 333	100,0

Das ausländische Geschäft der deutschen und das deutsche Geschäft der ausländischen Gesellschaften

Eine Vergleichung der Bruttoprämien und Schäden aus dem ausländischen Geschäfte der deutschen Gesellschaften mit den entsprechenden Beträgen aus dem deutschen Geschäfte der ausländischen Gesellschaften führt zu folgender Zusammenstellung:

	Ausländisches Geschäft der deutschen Gesellschaften		Deutsches Geschäft der ausländischen Gesellschaften	
	Prämien	Schäden	Prämien	Schäden
	ℳ	ℳ	ℳ	ℳ
Feuerversicherung	65 861 578	42 645 966	27 195 958	15 397 137
Versicherung gegen Sturmschäden	—	—	—	—
" " Wasserleitungsschäden	66 195	22 477	—	—
" " Einbruchdiebstahl	1 716 136	1 434 935	761 178	225 870
Zusammen	67 643 909	44 103 378	27 957 136	15 623 007

Es übertrifft also das ausländische Geschäft der deutschen Unternehmungen das deutsche Geschäft aller im Inland auf diesem Gebiet arbeitenden ausländischen Gesellschaften ganz bedeutend. Das kann aber auch nicht überraschen, da sich die deutsche Versicherung in fast allen wichtigeren Staaten der Welt zu betätigen weiß. Es arbeiteten, um nur diejenigen Länder zu nennen, in denen deutsche Gesellschaften besonders zahlreich vertreten sind, in der Feuerversicherung im Jahre 1909 in den Niederlanden 16, in Belgien und der Schweiz je 13, in Dänemark 12, in Österreich 11, in England, Frankreich und Schweden je 9, in Luxemburg 8, in Rußland 7, in Italien und Norwegen je 6 Gesellschaften usw. Die Nebenzweige der Feuerversicherung haben naturgemäß erst eine weniger weite Verbreitung gefunden; doch arbeiteten in der Einbruchdiebstahlversicherung im Jahre 1909 in den Niederlanden bereits 14, in der Schweiz 12, in Belgien 11, in Dänemark 10, in Frankreich und Österreich je 7, in Luxemburg und Schweden je 6 Gesellschaften usw.; die Versicherung gegen Wasserleitungsschäden haben in Dänemark 6, in der Schweiz 4, in den Niederlanden, Österreich und Schweden je 3 deutsche Gesellschaften, in Belgien und Ungarn je eine deutsche Gesellschaft betrieben.

Die Betriebs-Einnahmen und Ausgaben und der Betriebsgewinn des Berichtsjahrs

Die Feuerversicherungs-Aktiengesellschaften arbeiten außer auf dem Gebiete der Feuerversicherung meistens auch noch in anderen Versicherungszweigen, ohne daß sie in ihren Büchern die sämtlichen Einnahme- und Ausgabeposten streng nach Geschäftszweigen trennten. Es ist jedoch seit einer Reihe von Jahren angängig, die Verwaltungskosten vollständig auf die einzelnen Zweige aufzuteilen, so daß die Betriebs-Einnahmen den Betriebs-Ausgaben nebst Verwaltungskosten und Steuern gegenübergestellt und somit der aus dem Versicherungsgeschäft allein herrührende Betriebsgewinn des Berichtsjahrs hergeleitet werden kann (Tabelle IV 13 bis 15). Der Gewinn aus dem Gesamtgeschäft wird in der Bilanz (Tabelle IV 19) nachgewiesen.

Der Gleichförmigkeit wegen sind die Aktiengesellschaften und die Gegenseitigkeitsvereine, die nur einen Geschäftszweig pflegen, ebenso behandelt worden.

Bei Gruppe IV sind als Betriebs-Einnahmen die Prämien des Geschäftsjahrs für eigene Rechnung (Jahreseinnahme nach Abzug der Ristorni und der verausgabten Rückversicherungsprämien), die Nebenleistungen der Versicherten, die Ersparnis aus der Schadenreserve des Vorjahrs und die Abnahme der Prämienüberträge zusammengefaßt; als Betriebs-Ausgaben kommen die Zahlungen und Rückstellungen für Schäden (einschließlich Schadenermittelungskosten), die im Geschäftsjahr entstanden sind (nach Abzug der Leistungen der Rückversicherer, aber einschließlich der Schadenermittelungskosten), die Leistungen für gemeinnützige Zwecke, der Zuschuß zur Schadenreserve des Vorjahrs und die Zunahme der Prämienüberträge in Betracht.

Bei den deutschen Unternehmungen betrugen in der Feuerversicherung:

	bei der Gesamtheit der Unternehmungen	bei 32 Aktiengesellschaften	bei 20 Gegenseitigkeitsvereinen
die Summe der Betriebs-Einnahmen	158 262 678 *M*	121 880 740 *M*	36 381 938 *M*
„ „ „ Betriebs-Ausgaben	80 828 770 „	69 280 429 „	11 548 341 „

Von je 1000 *M* der Betriebs-Einnahmen der Feuerversicherung kamen:

	bei der Gesamtheit der Unternehmungen	bei den 32 Aktiengesellschaften	bei den 20 Gegenseitigkeitsvereinen
auf Nettoprämien	960 *M*	953 *M*	984 *M*
„ Nebenleistungen der Versicherten ...	11 „	12 „	9 „
„ Ersparnis aus der Schadenreserve ...	23 „	28 „	4 „
„ Abnahme der Prämienüberträge	6 „	7 „	3 „
	1 000 *M*	1 000 *M*	1 000 *M*

Von je 1000 *M* der Betriebs-Ausgaben kamen:

	bei der Gesamtheit der Unternehmungen	bei den 32 Aktiengesellschaften	bei den 20 Gegenseitigkeitsvereinen
auf gezahlte Schäden	728 *M*	711 *M*	829 *M*
„ zurückgestellte Schäden	191 „	203 „	115 „
„ Leistungen für gem. Zwecke	27 „	28 „	20 „
„ Zuschuß zur Schadenreserve	.	1 „	.
„ Zunahme der Prämienüberträge	54 „	57 „	36 „
	1 000 *M*	1 000 *M*	1 000 *M*

Von den im Geschäftsjahr entstandenen Schadensummen wurden durchschnittlich bei den Aktiengesellschaften 77,8 Prozent, bei den Gegenseitigkeitsvereinen 87,8 Prozent und bei allen Anstalten zusammen 79,3 Prozent gezahlt. Der Rest wurde der Schadenreserve überwiesen. — Von den Leistungen für gemeinnützige Zwecke beruhten bei den Aktiengesellschaften 62,6 Prozent und bei den Gegenseitigkeitsvereinen 80,1 Prozent auf gesetzlicher Vorschrift.

An Verwaltungskosten und Steuern hatten für die Feuerversicherung die 32 Aktiengesellschaften 38 054 598 *M* und die 20 Gegenseitigkeitsvereine 5 568 345 *M* aufgewandt.

Einen Verlust aus dem Betriebe der Feuerversicherung des Betriebsjahrs von zusammen 81 348 *M* haben zwei Aktiengesellschaften nachgewiesen; den übrigen Gesellschaften hat das Berichtsjahr einen Gewinn von insgesamt 14 627 061 *M* gebracht.

Von den Gegenseitigkeitsvereinen hatten zwei einen Verlust von zusammen 315 407 *M*; die übrigen hatten einen Gewinn von insgesamt 19 580 659 *M*. Zu dieser letzten Zahl ist jedoch zu bemerken, daß allein 15 757 849 *M* auf die Gothaer Feuerversicherungsbank und 2 462 456 *M* auf die Württembergische Privatfeuerversicherung kommen. Diese Überschüsse sind kein Gewinn im gewöhnlichen Sinne; sie haben vielmehr in der Art der Prämienbemessung ihren Grund, da die genannten Unternehmungen Prämien erheben, die den voraussichtlichen Bedarf weit übersteigen; der Überschuß wird den Versicherten dann im folgenden Jahre zurückerstattet (vgl. »Entwickelung« S. 39).

Zu der Sturmschäden-, der Wasserleitungsschäden- und der Einbruchdiebstahlversicherung ist hier folgendes zu bemerken:

Es betrug	bei der Sturmschädenversicherung (2 Aktiengesellschaften)	bei der Wasserleitungsschädenversicherung (15 Aktiengesellschaften)	bei der Einbruchdiebstahlversicherung (33 Aktiengesellschaften)	(4 Gegenseitigkeitsvereine)
die Summe der Betriebs-Einnahmen	35 833 M	2 287 995 M	9 816 004 M	46 171 M
" " " Betriebs-Ausgaben	5 342 "	1 099 117 "	4 358 725 "	21 358 "

Von je 1 000 M der Betriebs-Einnahmen kamen:

auf Nettoprämien	976 M	943 M	856 M	859 M
" Nebenleistungen der Versicherten	3 "	10 "	20 "	133 "
" Ersparnis aus der Schadenreserve	1 "	45 "	124 "	8 "
" Abnahme der Prämienüberträge	20 "	2 "	. "	— "
	1 000 M	1 000 M	1 000 M	1 000 M

Von je 1 000 M der Betriebs-Ausgaben kamen:

auf gezahlte Schäden	770 M	674 M	369 M	436 M
" zurückgestellte Schäden	176 "	168 "	407 "	158 "
" Zuschuß zur Schadenreserve	— "	1 "	. "	— "
" Zunahme der Prämienüberträge	54 "	157 "	224 "	406 "
	1 000 M	1 000 M	1 000 M	1 000 M

Von den im Geschäftsjahr entstandenen Nettoschäden wurden bei der Sturmschädenversicherung 81,4 Prozent, bei der Wasserleitungsschädenversicherung 80,1 Prozent und bei der Einbruchdiebstahlversicherung 47,7 Prozent noch im Geschäftsjahre beglichen, der Rest wurde in Schadenreserve gestellt.

An Verwaltungskosten und Steuern hat die Sturmschädenversicherung 3 049 M, die Wasserleitungsschädenversicherung 887 393 M und die Versicherung gegen Einbruchdiebstahl bei den Aktiengesellschaften 3 263 274 M und bei den Gegenseitigkeitsvereinen 12 553 M erfordert. Die Sturmschädenversicherung hat einen Gewinn von 27 442 M gebracht. In der Wasserleitungsschädenversicherung haben 2 Gesellschaften einen Verlust von zusammen 4 584 M und 13 einen Gewinn von zusammen 306 069 M gehabt. In der Einbruchdiebstahlversicherung ist bei 3 Aktiengesellschaften ein Verlust von zusammen 7 046 M, bei den übrigen 30 ein Gewinn von zusammen 2 201 051 M zu verzeichnen. Das kleine Geschäft der vier Gegenseitigkeitsvereine hat einen Verlust von 4 383 M und einen Gewinn von 16 643 M gebracht.

Das Ergebnis der Vermögensverwaltung

Das Ergebnis der Vermögensverwaltung wird von den Unternehmungen in der Regel nicht nach den einzelnen Geschäftszweigen getrennt; nur der Lebensversicherung werden immer bestimmte Erträge überwiesen, weil das der Betrieb dieses Geschäfts erfordert. Es besteht keine Veranlassung, in dieser Statistik von dem Verfahren der Gesellschaften abzugehen. Soweit also nicht der gesamte Ertrag oder ein Teil davon bei der Lebensversicherung (Tabelle I 29) nachgewiesen ist, wird das Ergebnis nur in einer Summe aufgeführt und nicht nach Geschäftszweigen zerlegt; es wird im allgemeinen bei derjenigen Gruppe mitgeteilt, zu der das Hauptgeschäft der Unternehmung gehört.

In Tabelle IV 16 findet sich bei 30 Aktiengesellschaften der Ertrag der gesamten Vermögensverwaltung und bei 2 Gesellschaften nur der nicht der Lebensversicherung zukommende Teil; der gesamte Ertrag ist für eine Gesellschaft bei Gruppe I, für eine andere Anstalt bei Gruppe II nachgewiesen. Bei den Feuerversicherungs-Gegenseitigkeitsvereinen ist der Ertrag der gesamten Vermögensverwaltung in Tabelle IV 16 aufgeführt.

Unter den Erträgen stehen überall die Zinsen im Vordergrund mit 8 384 951 *M* bei den Aktiengesellschaften und 2 698 149 *M* bei den Gegenseitigkeitsvereinen. Der reine Ertrag der gesamten Vermögensverwaltung beläuft sich auf 9 215 630 *M* und 2 847 276 *M*.

Eine Bilanz ist in dieser Statistik grundsätzlich nur für das Gesamtgeschäft einer jeden Gesellschaft gegeben und bei der Gruppe aufgeführt worden, zu der das Unternehmen seinem Hauptberufe nach — die Transportversicherung ausgeschlossen — gehört. Dementsprechend sind die Bilanzen der Providentia und der Bayerischen Versicherungs-Bank bei Gruppe I und der Allianz bei Gruppe II behandelt, so daß hier nur die Bilanzen für 31 deutsche Aktiengesellschaften und 20 Gegenseitigkeitsvereine darzustellen sind. Faßt man diese zusammen, so schließt die Bilanz für die Aktiengesellschaften mit 490 992 857 *M* und für die Gegenseitigkeitsvereine mit 75 556 244 *M* ab. Im übrigen mögen folgende Zahlen hier zusammengestellt werden: Die Bilanz

Aktiva	31 Aktiengesellschaften	20 Gegenseitigkeitsvereine
Verpflichtungen der Aktionäre oder Garanten.....	141 722 350 *M*	1 684 750 *M*
Forderungen....................................	64 872 317 „	6 881 902 „
Kapitalanlagen.................................	281 045 381 „	68 303 132 „
Kassenbestand..................................	1 421 235 „	532 146 „
Passiva		
Aktien- oder Garantiekapital	190 409 080 *M*	3 013 561 *M*
Kapitalreservefonds............................	27 846 334 „	26 337 587 „
Spezialreservefonds............................	48 184 074 „	2 993 841 „
Guthaben anderer Versicherungsunternehmungen...	17 698 795 „	334 265 „
Prämienüberträge	141 122 216 „	17 733 582 „
Schadenreserve	24 057 546 „	1 354 927 „

Die Kapitalanlagen (Tabelle IV 20) verteilen sich auf folgende Wertarten:

	bei 31 Aktiengesellschaften			bei 20 Gegenseitigkeitsvereinen		
Grundbesitz	28 738 642 *M*	oder	10,2 %	3 366 964 *M*	oder	4,9 %
Hypotheken und Grundschulden..................	150 627 436 „	„	53,6 „	31 755 403 „	„	46,5 „
Darlehen an öffentliche Körperschaften.........	— „	„	— „	6 721 783 „	„	9,9 „
Darlehen auf Wertpapiere.......................	619 750 „	„	0,2 „	100 000 „	„	0,2 „
Wertpapiere....................................	92 123 336 „	„	32,8 „	25 230 683 „	„	36,9 „
Wechsel	3 723 622 „	„	1,3 „	78 386 „	„	0,1 „
Sonstige Anlagen	5 212 595 „	„	1,9 „	1 049 913 „	„	1,5 „
Zusammen	281 045 381 *M*	oder	100,0 %	68 303 132 *M*	oder	100,0 %

Vergleicht man die Kapitalanlagen der jetzt in der Bilanz aufgeführten Unternehmungen am Ende des Berichtsjahrs mit den entsprechenden Anlagen am Ende des Vorjahrs, so findet man eine Zunahme um 1 484 741 *M* bei dem Grundbesitz, um 7 728 771 *M* bei den Hypotheken und Grundschulden, um 1 660 356 *M* bei den Darlehen an öffentliche Körperschaften, um 294 900 *M* bei den Darlehen auf Wertpapiere, um 3 590 832 *M* bei dem Buchwerte der Wertpapiere (um rund 3 Millionen bei dem Nennwert), um 507 675 *M* bei dem Bestand an Wechseln und um 463 621 *M* bei den sonstigen Anlagen.

Die Bilanz weist bei drei Gegenseitigkeitsvereinen einen Verlust von zusammen 38 979 *M* nach. Alle anderen Unternehmungen haben günstig abgeschlossen. Der bilanzmäßige Gewinn beträgt für die Aktiengesellschaften 25 346 786 ℳ und für die Gegenseitigkeitsvereine 22 582 559 ℳ; er ist nach Tabelle IV 21 wie folgt verteilt worden:

	31 Aktiengesellschaften			20 Gegenseitigkeitsvereine		
an den Kapitalreservefonds	1 231 528 ℳ	oder	4,9 %	737 563 ℳ	oder	3,3 %
an sonstige Reserven	4 414 488 „	„	17,4 „	570 129 „	„	2,5 „
an den Beamtenfonds	691 480 „	„	2,7 „	285 204 „	„	1,3 „
an die Aktionäre (Garanten)	13 203 031 „	„	52,1 „	— „	„	— „
für Tantiemen	2 064 784 „	„	8,1 „	5 748 „	„	. „
an die Versicherten	— „	„	— „	20 642 191 „	„	91,4 „
anderweit	2 273 759 „	„	9,0 „	40 000 „	„	0,2 „
Vortrag auf neue Rechnung	1 467 716 „	„	5,8 „	301 724 „	„	1,3 „
Zusammen	25 346 786 ℳ	oder	100,0 %	22 582 559 ℳ	oder	100,0 %

Für die ausländischen Gesellschaften sind die Bilanz der Assicurazioni Generali bereits bei der Lebensversicherung in Tabelle I 47 und die Bilanzen der Ersten Österreichischen Allgemeinen Unfall-Versicherungs-Gesellschaft, der Schweizerischen National-Versicherungs-Gesellschaft, der Schweizerischen Unfallversicherungs-Gesellschaft und der Zürich bei der Unfall- und Haftpflichtversicherung in Tabelle II 14 gegeben; die Bilanzen der übrigen 26 Unternehmungen finden sich in Tabelle IV 23. Im Anschlusse daran sind in Tabelle IV 24 die Kapitalanlagen und die Aktivforderungen erläutert. Wegen des großen Interesses, das der Art der Kapitalanlagen zukommt, sind in der folgenden Übersicht die Gesellschaften nach Heimatländern zusammengefaßt; zum Vergleiche sind die Verhältniszahlen für die deutschen Unternehmungen wiederholt.

Von je 1 000 ℳ Kapitalanlagen entfielen auf:

bei	Grundbesitz	Hypotheken und Grundschulden	Darlehen an öffentliche Körperschaften	Darlehen auf Wertpapiere	Wertpapiere	Wechsel	Sonstige Anlagen	Gesamtbetrag der Kapitalanlagen
2 belgischen Gesellschaften	37	—	—	31	932	.	—	9 666 350 ℳ
1 dänischen Gesellschaft	171	582	—	—	247	—	—	2 296 872 „
14 englischen Gesellschaften	128	131	—	21	666	3	51	1 726 793 258 „
1 französischen Gesellschaft	132	—	—	—	868	.	—	26 579 384 „
2 niederländischen Gesellschaften	158	114	—	176	550	.	2	10 652 016 „
2 österreichischen Gesellschaften	88	—	—	3	876	33	—	16 390 447 „
2 schwedischen Gesellschaften	57	541	—	47	224	—	131	68 345 436 „
2 schweizerischen Gesellschaften	101	362	—	—	505	32	—	18 414 002 „
dagegen bei								
31 deutschen Aktiengesellschaften	102	536	—	2	328	13	19	281 045 381 „
20 deutschen Gegenseitigkeitsvereinen	49	465	99	2	369	1	15	68 303 132 „

Die kleinen Unternehmungen

Für die im Eingange dieses Abschnitts erwähnten 11 kleinen Feuerversicherungsunternehmungen sollen hier zur Ergänzung einige Zahlen angeführt werden, wobei aber ausdrücklich betont werden muß, daß diese Zahlen kein Urteil über die Bedeutung der kleinen Vereine im Deutschen Reiche zulassen. Die Zahl der überhaupt vorhandenen kleinen Vereine ist viel größer; auch werden sich unter der Aufsicht der Landesbehörden gewiß mehrere finden, welche die unter Reichsaufsicht stehenden kleinen Vereine an Bedeutung übertreffen. Für jene 11 Vereine kommen insgesamt 48 413 Versicherungen mit rund 425,22 Millionen Mark in Frage; der durchschnittliche Betrag einer Versicherung stellt sich danach auf 8 783 ℳ. Die gesamten Einnahmen haben im Jahre 1909 382 385 ℳ betragen; davon kommen 278 891 ℳ oder 72,9 Prozent auf Prämien, 10 011 ℳ oder 2,6 Prozent auf Nebenleistungen der Versicherten und 22 853 ℳ oder 6,0 Prozent auf Kapitalerträge; von den gesamten Ausgaben in Höhe von 363 992 ℳ kommen 290 147 ℳ oder 79,7 Prozent auf Entschädigungen und 46 373 ℳ oder 12,7 Prozent auf Verwaltungskosten. Als Vermögen am Schlusse des Berichtsjahrs haben die elf Vereine zusammen 794 153 ℳ nachgewiesen.

Gruppe V, Sonstige Versicherungszweige
Glasversicherung

Die Unternehmungen

Auf dem Gebiete der Glasversicherung haben im Jahre 1909 unter Reichsaufsicht 19 deutsche Aktiengesellschaften, 3 deutsche Gegenseitigkeitsvereine und 6 ausländische Gesellschaften gearbeitet. 5 Aktiengesellschaften, 3 Gegenseitigkeitsvereine und 2 ausländische Gesellschaften beschäftigten sich ausschließlich mit diesem Versicherungszweige; für die übrigen Unternehmungen bildet die Glasversicherung nur einen Nebenbetrieb.

Umfang des Geschäfts der deutschen Unternehmungen

Über den Umfang des Geschäfts der deutschen Unternehmungen in der Glasversicherung soll Tabelle V 1 unterrichten. Da die Versicherungssumme bei einer Gesellschaft nicht vollständig angegeben werden kann, so empfiehlt sich hier die Beschränkung auf diejenigen Gesellschaften, welche für die Jahre 1908 und 1909 alle Angaben haben machen können. Bei der Besprechung der Prämien und der Schäden im Anschluß an Tabelle V 4 wird Gelegenheit sein, auf den Geschäftsumfang aller Gesellschaften im Jahre 1909 zurückzukommen.

An selbst abgeschlossenen Versicherungen bestanden einschließlich der in Rückdeckung gegebenen Beträge:

	Ende 1908	Ende 1909
bei 18 Aktiengesellschaften....	462 741 Vers. über 251 172 812 ℳ	486 696 Vers. über 267 216 105 ℳ
„ 3 Gegenseitigkeitsvereinen	75 421 „ „ 40 555 636 „	72 937 „ „ 39 034 083 „
Zusammen....	538 162 Vers. über 291 728 448 ℳ	559 633 Vers. über 306 250 188 ℳ

Wie die nachfolgende Zusammenstellung zeigt, ist der im direkten Geschäfte durchschnittlich auf eine Versicherung entfallende Betrag seit 1902 durchweg im Steigen begriffen, nur bei dem ausländischen Geschäfte zeigen sich einige Schwankungen.

Die durchschnittlich auf eine selbst abgeschlossene Versicherung entfallenden Beträge waren in Mark:

Ende des Jahres	1902	1903	1904	1905	1906	1907	1908	1909
Aktiengesellschaften, Gesamtgeschäft	489	492	504	513	525	537	543	549
inländisches Geschäft	491	494	504	514	532	537	546	548
ausländisches Geschäft	451	465	509	496	445	536	494	559
Gegenseitigkeitsvereine, Gesamtgeschäft	519	518	529	533	544	550	538	535
inländisches Geschäft	494	492	500	510	519	526	511	506
ausländisches Geschäft	682	692	724	693	722	729	735	740
Insgesamt....	494	496	507	516	528	539	542	547

Außerdem haben die Aktiengesellschaften noch Versicherungen in Höhe von 75 272 *M* am Schlusse des Jahres 1908 und in Höhe von 79 672 *M* am Schlusse von 1909 als in Rückdeckung übernommen nachgewiesen. Der Anteil des mittelbaren Geschäfts am Gesamtgeschäft ist danach ganz unbedeutend gewesen; er stellte sich bei den Aktiengesellschaften im Jahre 1908 auf 0,02 und im Jahre 1909 auf 0,03 Prozent.

Von den selbst abgeschlossenen Versicherungen derjenigen Unternehmungen, bei denen die Zahl der Versicherungen und die Versicherungssummen angegeben sind, kommen:

	Ende 1908			Ende 1909		
	bei 18 Aktiengesellschaften					
auf das inländische Geschäft..........	438 223 Versich.	über	239 051 688 *M*,	458 627 Versich.	über	251 537 694 *M*
" " ausländische Geschäft........	24 518 "	"	12 121 124 "	28 069 "	"	15 678 411 "
	bei 3 Gegenseitigkeitsvereinen					
auf das inländische Geschäft..........	66 392 Versich.	über	33 920 367 *M*,	63 767 Versich.	über	32 243 786 *M*
" " ausländische Geschäft........	9 029 "	"	6 635 269 "	9 170 "	"	6 790 297 "

Diese Aktiengesellschaften hatten Ende 1908 noch 6 955 *M* im inländischen und 68 317 *M* im ausländischen Geschäft, Ende 1909 16 396 *M* im inländischen und 63 276 *M* im ausländischen Geschäft in Rückdeckung übernommen.

Umfang des deutschen Geschäfts der ausländischen Unternehmungen

Der Umfang des deutschen Geschäfts der ausländischen Gesellschaften ist nur klein (Tabelle V 3); das Geschäft liegt ganz überwiegend in der Hand einer Gesellschaft, die Ende 1908 8 434 und Ende 1909 8 326 Versicherungen hatte. Bei den übrigen 5 Gesellschaften gibt La Garantie Belge die Versicherungssumme nicht an; sieht man von dieser Gesellschaft ab, so waren Ende 1908 bei den noch verbleibenden 5 Gesellschaften 10 295 Versicherungen über 6 781 889 *M* und Ende 1909 10 095 Versicherungen über 6 585 449 *M* in Kraft. Der durchschnittlich auf eine Versicherung kommende Betrag belief sich am Ende des Vorjahrs auf 659 *M*, am Ende des Berichtsjahrs auf 652 *M*. Das Geschäft ist von allen Gesellschaften nur unmittelbar betrieben worden.

Die Bruttoprämien und Schäden

Die Bruttoprämieneinnahme im Geschäftsjahr und die im Geschäftsjahr entstandenen Bruttoschäden sind für die deutschen Unternehmungen in Tabelle V 4 und für das deutsche Geschäft der ausländischen Gesellschaften in Tabelle V 5 zusammengestellt; dabei können alle Gesellschaften in Betracht gezogen werden.

In der Glasversicherung haben im Jahre 1909 die 19 deutschen Aktiengesellschaften 7 126 972 *M* und die 3 Gegenseitigkeitsvereine 1 066 209 *M*, alle Unternehmungen zusammen also 8 193 181 *M* an Prämien eingenommen; in diesem Jahre sind den Aktiengesellschaften Schäden im Betrage von 4 357 021 *M*, den Gegenseitigkeitsvereinen solche im Betrage von 593 446 *M*, zusammen im Betrage von 4 950 467 *M* entstanden.

Der durchschnittliche Betrag eines Schadens stellt sich für die Aktiengesellschaften im inländischen Betriebe beim unmittelbaren Geschäft auf 46 *M*, im ausländischen Betrieb auf 24 *M*, für die deutschen Gegenseitigkeitsvereine im Inland auf 42 *M*, im Ausland auf 18 *M*.

Die sechs ausländischen Gesellschaften haben im Jahre 1909 aus dem deutschen Glasversicherungsgeschäfte (Tabelle V 5) insgesamt 193 293 *M* Bruttoprämien eingenommen; für Schäden hatten sie 133 043 *M* oder durchschnittlich für einen Schadenfall 62 *M* bereitzustellen.

Die Ergebnisse des Geschäftsbetriebs sind bei der Glasversicherung, die von den Unternehmungen meist nur als Nebenbetrieb behandelt wird, in derselben Weise dargestellt wie bei der Feuerversicherung (S. 62*). Es ist in Tabelle V 6 der Gewinn des Berichtsjahrs allein aus dem Betriebe der Glasversicherung ermittelt, indem die Betriebs-Einnahmen den Betriebs-Ausgaben nebst Verwaltungskosten und Steuern gegenübergestellt sind. Der Gesamtgewinn der Unternehmungen ist in der Bilanz ausgewiesen (Tabelle V 8). Betriebs-Einnahmen und Ausgaben und der Betriebsgewinn des Berichtsjahrs

Die Betriebs-Einnahmen sind hier wie bei Gruppe IV die Prämien für eigene Rechnung, die Nebenleistungen der Versicherten, die Ersparnis aus der Schadenreserve des Vorjahrs, die Abnahme der Prämienüberträge und der Erlös aus Bruchglas; als Betriebs-Ausgaben wurden die Schäden des Geschäftsjahrs (nach Abzug des Anteils der Rückversicherer und der Schadenerstattungen), der Zuschuß zur Schadenreserve des Vorjahrs und die Zunahme der Prämienüberträge zusammengefaßt.

Bei den deutschen Unternehmungen betrug in der Glasversicherung:

	bei der Gesamtheit der Unternehmungen	bei 19 Aktiengesellschaften	bei 3 Gegenseitigkeitsvereinen
die Summe der Betriebs-Einnahmen	8 514 897 ℳ	7 399 452 ℳ	1 115 445 ℳ
„ „ „ Betriebs-Ausgaben	5 356 994 „	4 719 272 „	637 722 „

Von je 1 000 ℳ der Betriebs-Einnahmen kamen:

auf Nettoprämien	949 ℳ	948 ℳ	956 ℳ
„ Nebenleistungen der Versicherten	19 „	18 „	24 „
„ Ersparnis aus der Schadenreserve	20 „	20 „	20 „
„ Abnahme der Prämienüberträge	— „	— „	— „
„ Erlös aus Bruchglas	12 „	14 „	— „
	1 000 ℳ	1 000 ℳ	1 000 ℳ

Von je 1 000 ℳ der Betriebs-Ausgaben kamen:

auf gezahlte Schäden	771 ℳ	766 ℳ	805 ℳ
„ zurückgestellte Schäden	133 „	133 „	132 „
„ Zuschuß zur Schadenreserve	— „	— „	— „
„ Zunahme der Prämienüberträge	96 „	101 „	63 „
	1 000 ℳ	1 000 ℳ	1 000 ℳ

Von den im Geschäftsjahr entstandenen Schadensummen wurden durchschnittlich bei den Aktiengesellschaften 85,2 Prozent, bei den Gegenseitigkeitsvereinen 85,9 Prozent und bei allen Anstalten zusammen 85,3 Prozent noch im Geschäftsjahre gezahlt; der Rest wurde der Schadenreserve überwiesen.

An Verwaltungskosten und Steuern haben für die Glasversicherung die 19 Aktiengesellschaften 2 173 297 ℳ und die 3 Gegenseitigkeitsvereine 406 193 ℳ aufgewandt. Aus dem reinen Versicherungsgeschäfte haben 2 Aktiengesellschaften einen Verlust von zusammen 45 893 ℳ erlitten und die übrigen einen Gewinn von zusammen 552 776 ℳ erzielt; die Gegenseitigkeitsvereine haben einen Gewinn von 71 530 ℳ gehabt.

Das Ergebnis der Vermögensverwaltung ist in Tabelle V 7 nur für diejenigen deutschen Unternehmungen zusammengestellt, deren Hauptgeschäft die Glasversicherung ist; das sind 7 Aktiengesellschaften und 3 Gegenseitigkeitsvereine. Das Ergebnis der Vermögensverwaltung

Unter den Erträgen stehen auch hier die Zinsen im Vordergrunde mit 290 280 ℳ bei den Aktiengesellschaften und mit 69 847 ℳ bei den Gegenseitigkeitsvereinen. Der reine Ertrag beläuft sich bei den Aktiengesellschaften auf 330 981 ℳ und bei den Gegenseitigkeitsvereinen auf 73 934 ℳ.

Die Bilanz

Die Bilanz der deutschen Unternehmungen ist in Tabelle V 8 für dieselben 7 Aktiengesellschaften und 3 Gegenseitigkeitsvereine gegeben. Sie schließt für Ende 1909 ab mit 13 608 242 *M* bei den Aktiengesellschaften und mit 1 956 843 *M* bei den Gegenseitigkeitsvereinen. Im übrigen mögen hier folgende Zahlen zusammengestellt werden:

Aktiva	7 Aktiengesellschaften	3 Gegenseitigkeitsvereine
Verpflichtungen der Aktionäre oder Garanten	3 440 850 *M*	— *M*
Forderungen	2 314 208 »	152 468 »
Kapitalanlagen	7 742 008 »	1 774 100 »
Kassenbestand	85 856 »	29 426 »
Passiva		
Aktien- oder Garantiekapital	4 462 000 *M*	— *M*
Kapitalreservefonds	672 307 »	404 114 »
Spezialreservefonds	1 262 300 »	126 168 »
Guthaben anderer Versicherungsunternehmungen	121 490 »	— »
Prämienüberträge	4 378 365 »	973 447 »
Schadenreserve	1 400 385 »	131 381 »

Die Kapitalanlagen (Tabelle V 9) verteilen sich auf folgende Wertarten:

	bei 7 Aktiengesellschaften			bei 3 Gegenseitigkeitsvereinen		
Grundbesitz	1 085 203 *M*	oder	14,0 %	39 000 *M*	oder	2,2 %
Hypotheken und Grundschulden	5 890 114 »	»	76,1 »	1 267 300 »	»	71,4 »
Darlehen an öffentliche Körperschaften	— »	»	— »	— »	»	— »
Darlehen auf Wertpapiere	15 353 »	»	0,2 »	— »	»	— »
Wertpapiere	749 641 »	»	9,7 »	467 800 »	»	26,4 »
Wechsel	1 697 »	»	. »	— »	»	— »
Zusammen	7 742 008 *M*	oder	100,0 %	1 774 100 *M*	oder	100,0 %

Die Kapitalanlagen sämtlicher 10 Unternehmungen haben Ende 1909 insgesamt 236 839 *M* mehr betragen als am Schlusse des Vorjahrs. Zugenommen hat der Grundbesitz um 154 149 *M*, der Hypothekenbestand um 20 500 *M* und die Wertpapiere um 72 406 *M*; dagegen sind die Darlehen auf Wertpapiere um 6 890 *M* und der Bestand an Wechseln um 3 326 *M* zurückgegangen.

Der bilanzmäßige Gewinn ist nach Tabelle V 10 wie folgt verteilt worden:

	bei 7 Aktiengesellschaften			bei 3 Gegenseitigkeitsvereinen		
an den Kapitalreservefonds	26 279 *M*	oder	3,5 %	21 721 *M*	oder	16,4 %
an sonstige Reserven	92 688 »	»	12,5 »	19 780 »	»	15,0 »
an den Beamtenfonds	9 613 »	»	1,3 »	19 781 »	»	15,0 »
an die Aktionäre (Garanten)	343 620 »	»	46,4 »	— »	»	— »
für Tantiemen	131 693 »	»	17,8 »	39 977 »	»	30,2 »
an die Versicherten	— »	»	— »	28 552 »	»	21,6 »
anderweit	80 798 »	»	10,9 »	— »	»	— »
Vortrag auf neue Rechnung	56 252 »	»	7,6 »	2 457 »	»	1,8 »
Zusammen	740 943 *M*	oder	100,0 %	132 268 *M*	oder	100,0 %

Der Kapitalreservefonds steht in der diesjährigen Bilanz niedriger als in der vorjährigen Bilanz: bei den Aktiengesellschaften um 1 520 *M*, bei den Gegenseitigkeitsvereinen um 10 906 *M*. Die Spezialreserven sind bei den Aktiengesellschaften um 7 312 *M*, bei den Gegenseitigkeitsvereinen um 10 411 *M* gewachsen.

Kautions- und Garantieversicherung

Dieser Versicherungszweig wird nur nebenher betrieben. Den Betrieb dieses Geschäftszweiges hat im Berichtsjahr eine Aktiengesellschaft neu aufgenommen, nämlich die Stuttgarter Mit- und Rückversicherungs-Aktiengesellschaft in Stuttgart. Auf das kleine Geschäft, das der Atlas in Ludwigshafen, die Wilhelma in Magdeburg und die Bayerische Versicherungs-Bank in München auf dem Gebiete der Kautionsversicherung erledigt haben, braucht hier nicht eingegangen zu werden (vgl. die Anmerkungen 5, 6 und 7 zu Tabelle I 30 S. 93). Von ausländischen Gesellschaften waren zum Betriebe dieses Zweiges im Deutschen Reiche befugt die Schweizerische Unfall-Versicherungs-Aktien-Gesellschaft in Winterthur und die Zürich; das deutsche Geschäft dieser beiden Anstalten ist ebenfalls nur unbedeutend.

Über den Umfang des Geschäfts und seine Zusammensetzung aus unmittelbaren und mittelbaren Abschlüssen sowie über den Anteil des inländischen Geschäfts am Gesamtgeschäfte gibt Tabelle V 12 Aufschluß. Danach liefen bei den beiden deutschen Gesellschaften insgesamt an selbst abgeschlossenen Versicherungen einschließlich der in Rückdeckung gegebenen Beträge:

Ende 1908.........	1 454	Versicherungen	über	51 132 074 *M*
» 1909.........	1 427	»	»	74 786 413 »

so daß die Zahl der Versicherungen um 27 abgenommen hat, während die versicherten Summen um 23 654 339 *M* zugenommen haben. Außerdem hatte eine der drei Gesellschaften Ende 1909 noch 31 527 252 *M* gegen 23 896 420 *M* am Ende des Vorjahrs in Rückdeckung übernommen.

Von dem gesamten übernommenen Betrage von 106 313 665 *M* liefen 56 831 157 *M* für eigene Rechnung.

Von den selbst abgeschlossenen Versicherungen kamen:

	auf das inländische Geschäft				auf das ausländische Geschäft			
Ende 1908......	1 270	Versicherungen	über	28 001 468 *M*	184	Versicherungen	über	23 130 606 *M*
» 1909......	1 300	»	»	54 117 040 »	127	»	»	20 669 373 »

Die Bruttoprämieneinnahme hat nach Tabelle V 13 im Jahre 1909 558 149 *M* betragen; davon kommen 455 953 *M* auf das inländische und 102 196 *M* auf das ausländische Geschäft. Von den überhaupt entstandenen Schadensummen in Höhe von 459 291 *M* kommen 234 812 *M* auf das Inland und 224 479 *M* auf das Ausland.

Die Betriebs-Einnahmen betrugen 444 801 *M*, während die Betriebs-Ausgaben 368 385 *M* ausmachten; an Verwaltungskosten und Steuern sind 54 821 *M* aufgewandt worden. Eine Aktiengesellschaft hat aus dem Kautions- und Garantieversicherungsgeschäft einen Verlust von 354 *M* gehabt; 2 Gesellschaften hatten einen Gewinn von 21 949 *M*.

Die beiden ausländischen Gesellschaften hatten Ende 1909 zusammen 11 337 350 *M* versichert; sie haben im Berichtsjahre 229 430 *M* an Prämien eingenommen und 282 859 *M* für Schäden vergütet.

Kreditversicherung

Die Kreditversicherung wird ebenfalls nur nebenher betrieben, und zwar nur vom Globus, Versicherungs-Aktien-Gesellschaft in Hamburg, und von einer ausländischen Gesellschaft. Es genügt hier, nur den Geschäftsumfang der deutschen Gesellschaft kurz zu skizzieren.

Das Geschäft ist in der Hauptsache direkt betrieben worden. Nach Tabelle V 12 waren:

Ende 1908.........	261 Versicherungen	über	34 673 473 *M*
„ 1909.........	51 „	„	1 738 730 „

in Kraft. Es ist also die Zahl der Versicherungen um 210 und die versicherte Summe um 32 934 743 *M* zurückgegangen. In Rückdeckung übernommen waren am Ende 1909 642 640 *M*.

Der ganz überwiegende Teil der überhaupt übernommenen Summen wurde in Rückdeckung gegeben, von 2,38 Millionen Mark blieben nur 0,99 Millionen für eigene Rechnung.

Im direkten Geschäfte kamen:

	auf das inländische Geschäft	auf das ausländische Geschäft
Ende 1908......	259 Versicherungen über 34 653 473 *M*	2 Versicherungen über 20 000 *M*
„ 1909......	51 „ „ 1 738 730 „	— —

Die Bruttoprämieneinnahme hat nach Tabelle V 13 im Jahre 1909 191 556 *M* betragen; davon kommen 158 469 *M* auf das inländische und 33 087 *M* auf das ausländische Geschäft. Von den Schäden in einem Gesamtbetrage von 437 293 *M* entfallen 409 203 *M* auf den inländischen und 28 090 *M* auf den ausländischen Betrieb.

Die Betriebs-Einnahmen betrugen 94 216 *M*, während die Betriebs-Ausgaben 102 647 *M* ausmachten; für Verwaltungskosten und Steuern sind 24 230 *M* aufgewandt worden. Das Kreditversicherungsgeschäft für sich hat demnach einen Verlust von 32 661 *M* ergeben.

Maschinenversicherung

Die Maschinenversicherung ist im Jahre 1909 von denselben 3 Gesellschaften wie im Vorjahre betrieben worden. Das Geschäft war noch fast ganz auf das Deutsche Reich beschränkt.

Nach Tabelle V 12 waren an selbst abgeschlossenen Versicherungen in Kraft:

Ende 1908.........	1 765 Versicherungen	über	169 092 901 *M*
„ 1909.........	1 888 „	„	188 397 874 „

Im Berichtsjahre hat also die Zahl der Versicherungen um 123 und die Versicherungssumme um 19 304 973 *M* zugenommen.

Von diesen Versicherungen kamen:

	auf das inländische Geschäft	auf das ausländische Geschäft
Ende 1908......	1 701 Versicherungen über 165 945 487 *M*	64 Versicherungen über 3 147 414 *M*
„ 1909......	1 828 „ „ 185 338 611 „	60 „ „ 3 059 263 „

Auch in der Maschinenversicherung läuft nur ein verhältnismäßig kleiner Teil für eigene Rechnung: von 188,40 Millionen Mark nur 35,23 Millionen.

Die Bruttoprämieneinnahme hat nach Tabelle V 13 im Jahre 1909 413 929 ℳ betragen; davon entfallen auf das inländische Geschäft 406 576 ℳ, auf das ausländische Geschäft 7 353 ℳ. Für Schäden sind 251 357 ℳ gezahlt worden; davon betreffen 248 459 ℳ inländische und 2 898 ℳ ausländische Schadenfälle.

Die Betriebs-Einnahmen haben 126 087 ℳ betragen, während die Betriebs-Ausgaben 71 420 ℳ ausmachten; für Verwaltungskosten und Steuern sind 30 404 ℳ aufgewandt worden. Das Maschinenversicherungsgeschäft hat einen Gewinn von 24 263 ℳ gebracht.

Baulastversicherung

Die Baulastversicherung ist im Jahre 1909 von demselben Gegenseitigkeitsvereine wie im Vorjahr, und zwar nur unmittelbar und nur innerhalb des Deutschen Reichs betrieben worden.

Nach Tabelle V 12 waren an selbst abgeschlossenen Versicherungen in Kraft:

Ende 1908	189	Versicherungen über	3 893 500 ℳ
„ 1909	202	„ „	4 382 800 „

Es hat also im Berichtsjahre die Zahl der Versicherungen um 13 und die Versicherungssumme um 489 300 ℳ zugenommen.

Von den übernommenen Versicherungen ist nichts in Rückdeckung gegeben worden.

Die Bruttoprämieneinnahme hat nach Tabelle V 13 im Jahre 1909 28 306 ℳ betragen; für Schäden sind 44 119 ℳ gezahlt worden.

Die Betriebs-Einnahmen haben 28 306 ℳ betragen; demgegenüber stehen die Betriebs-Ausgaben mit 45 424 ℳ und die Verwaltungskosten und Steuern mit 779 ℳ, so daß ein Verlust von 17 897 ℳ zu verzeichnen ist.

Wertgegenständeversicherung

Diese Versicherungsart ist auch im Berichtsjahre nur von einer Aktiengesellschaft betrieben worden.

Es wurden nur unmittelbare Versicherungen (nur im Inlande) abgeschlossen. Das gesamte Geschäft umfaßte am Ende des Berichtsjahrs 72 Versicherungen über 1 229 821 ℳ gegenüber 47 Versicherungen über 799 246 ℳ am Ende des Vorjahrs. Die Prämieneinnahme belief sich auf 6 959 ℳ, für Schäden waren 798 ℳ zu vergüten.

Veruntreuungsversicherung

Die Veruntreuungsversicherung will für direkte Vermögensnachteile, die dem Versicherungsnehmer dadurch erwachsen, daß ein Angestellter in dienstlicher Eigenschaft eine Veruntreuung (Unterschlagung) von Geldern oder Wertpapieren zum Nachteile des Versicherungsnehmers begangen hat, Barersatz leisten. Dieser Versicherungszweig ist im Berichtsjahre von der Stuttgarter Mit- und Rückversicherungs-Aktiengesellschaft in Stuttgart eingeführt worden und wird nur nebenher betrieben. Über den Umfang des Geschäfts und seine Zusammensetzung aus unmittelbaren und mittelbaren Abschlüssen sowie über den Anteil des inländischen Geschäfts am Gesamtgeschäfte gibt Tabelle V 12 Aufschluß.

Insgesamt liefen bei dieser Gesellschaft an selbst abgeschlossenen Versicherungen einschließlich der in Rückdeckung gegebenen Beträge Ende 1909 10 Versicherungen über 128 000 *M*.

Außerdem waren noch 289 465 *M* in Rückdeckung übernommen. Von dem gesamten übernommenen Betrage von 417 465 *M* liefen 176 421 *M* für eigene Rechnung.

Die Bruttoprämieneinnahme hat nach Tabelle V 13 im Jahre 1909 7556 *M* betragen, davon kommen 7254 *M* auf das inländische und 302 *M* auf das ausländische Geschäft.

Von den überhaupt entstandenen Schadensummen in Höhe von 21 609 *M* kommen 19 359 *M* auf das Inland und 2 250 *M* auf das Ausland.

Die Betriebs-Einnahmen betrugen 8 158 *M*, während die Betriebs-Ausgaben 15 511 *M* ausmachten; an Verwaltungskosten und Steuern sind 3 256 *M* aufgewandt worden.

Das Veruntreuungsversicherungsgeschäft hat demnach einen Verlust von 10 609 *M* ergeben.

Kaskoversicherung

Die Kaskoversicherung wurde im Jahre 1909 unter Reichsaufsicht von 36 deutschen und einem ausländischen Unternehmen betrieben. Von den deutschen Unternehmungen waren 33 Gegenseitigkeitsvereine und 3 eingetragene Genossenschaften. Die Gesellschaften sind zum Teil sehr klein und führen ihre Geschäfte in sehr einfachen Formen, weshalb es nicht bei allen Anstalten gelungen ist, für das Berichtsjahr befriedigende oder vergleichbare Ausweise über ihren Geschäftsbetrieb zu erhalten. Die vorliegende Statistik gibt über 36 deutsche Unternehmungen Auskunft; von den im vorigen Jahre behandelten Unternehmungen ist der Oldenburger Schiffer-Kompact fortgelassen worden, weil er sich in Liquidation befindet, dagegen sind neu aufgenommen worden die Büsumer Versicherungskasse für Fischereifahrzeuge und die Schiffer-Gilde »Einigkeit« zu Elmshorn. Der Internationale Bodensee-Motorsegelschiff-Verband in Arbon (Schweiz) ist wegen seines geringen deutschen Geschäfts fortgelassen worden. Die Allgemeine Deutsche Flußfahrzeug-Versicherungs-Gesellschaft zu Berlin hat ihren Sitz nach Magdeburg verlegt.

Nach Tabelle V 15 waren versichert:

Ende 1908	8 546	Fahrzeuge mit	84 971 710	ℳ
„ 1909	8 898	„ „	90 959 112	„

Im Berichtsjahre hat also die Zahl der versicherten Fahrzeuge um 352 und die Versicherungssumme um 6 687 402 ℳ zugenommen.

Die Summe der Einnahmen aller 36 Vereine hat im Jahre 1909 1 579 336 ℳ betragen, während die Summe der Ausgaben 1 609 410 ℳ ausmachte. 16 Vereine haben einen Überschuß von 81 174 ℳ erzielt; 14 Vereine haben einen Verlust von 111 248 ℳ erlitten (Tabelle V 16).

Das Vermögen der Unternehmungen betrug Ende 1908 3 844 687 ℳ und Ende 1909 4 171 969 ℳ; es hat also um 327 282 ℳ zugenommen. Soweit Mitteilungen über die Vermögensanlagen vorhanden sind (Tabelle V 17), ergibt sich daraus, daß das Gesamtvermögen zu 17,8 Prozent in Sparkasseneinlagen, zu 52,6 Prozent in Wertpapieren, zu 6,7 Prozent in Hypotheken, zu 1,4 Prozent in Kassenbestand und zu 21,5 Prozent in anderen Werten angelegt war.

Rückversicherung

Von den deutschen privaten Versicherungsunternehmungen, welche die Rückversicherung in gesetzlich aufsichtspflichtigen Versicherungszweigen zum Gegenstande haben, sind für das Jahr 1909 bei dieser Gruppe 25 behandelt, die in solchen Zweigen lediglich indirekt arbeiten, und außerdem noch 3, die in einigen Zweigen direkte und indirekte, in andern nur indirekte Geschäfte abschließen. Bei diesen letzteren Unternehmungen werden hier aber nur diejenigen aufsichtspflichtigen Zweige dargestellt, die nur indirekt betrieben werden; die übrigen sind bereits in den vorhergehenden Gruppen behandelt. Die Unternehmungen

Sämtliche Unternehmungen sind Aktiengesellschaften.

Auf ausländische Versicherungsunternehmungen der in Rede stehenden Art bezieht sich die erwähnte Anordnung des Bundesrats nicht; sie unterstehen daher auch nicht der Aufsicht des Amts und kommen hier nicht in Betracht.

Die folgende Übersicht gibt für die einzelnen Gesellschaften das Gründungsjahr an sowie das Jahr der Aufnahme des Geschäftsbetriebs in den einzelnen Versicherungszweigen.

Versicherungsunternehmung		Gründungsjahr	Rück			
			Jahr der			
Sitz	Name		Lebensversicherung	Unfallversicherung	Haftpflichtversicherung	Transportversicherung
1		2	3	4	5	6
Aachen	Aachener Rück V.G.	1853	1896	1896	1896	—
Berlin	Deutsche Rück- u. Mit V.G.	1885	1904	1904	—	1885
"	Deutsche Transp.V.G.	1871	1904	1904	—	1871
Bremen	Deutsche V.G.	1869	—	—	—	1870
Cöln	Cölnische Rück V.G.	1846	1885	1873	1894	1852
"	Colonia	1879	—	—	—	—
"	Minerva	1886	1898	1898	1898	1886
Frankfurt	Europa	1898	1899	1899	1899	1899
"	Frankf. Rück V.G.	1857	1857	—	—	[1]) 1857
"	Frankf. Transp. U. u. Gl.V.A.G.	1865	—	1887	1893	1871
"	Frankona	1886	1898	1886	1886	1886
"	Preußische Rück V.A.G.	1905	1906	1906	1906	—
"	Providentia	1880	—	—	—	1880
Hamburg	Hamburg-Bremer Rück V.A.G.	1906	1906	1906	1906	—
"	Neue Fünfte Ass. Comp.	1843	—	—	—	1843
"	Nord-West-Deutsche V.G.	1895	—	—	—	1896
"	V.G. Hamburg	1897	1909	1902	1902	1897
"	V.G. von 1873	1873	—	—	—	1873
Leipzig	Leipziger Rück V.A.	1906	—	—	—	—
Magdeburg	Magdeb. Rück V.A.G.	1862	—	—	—	—
Mannheim	Oberrheinische V.G.	1886	—	1886	1886	—
München	Münchener Rück V.G.	1880	1885	1880	1890	1881
"	Süddeutsche Rück V.A.G.	1892	1893	1893	1893	1893
M.-Gladbach	Gladbacher Rück V.A.G.	1877	—	—	—	1906
"	Rheinisch-Westf. Lloyd	1867	1900	1900	1900	1867
"	Rheinisch-Westf. Rück V.A.G.	1870	1894	1890	1890	1870
Stettin	Stettiner Rück V.A.G.	1879	—	—	—	—
Stuttgart	Stuttg. Mit- u. Rück V.A.G.	1891	1909	1902	1904	—

[1]) Von 1864 bis 1902 wurden Transportversicherungen nicht abgeschlossen.

versicherung							
Eröffnung des Geschäftsbetriebs							
Feuer-versicherung	Einbruch-diebstahl-versicherung	Wasser-leitungs-schäden-versicherung	Glas-versicherung	Hagel-versicherung	Vieh-versicherung	Garantie-versicherung	Sonstige Sachversicherungszweige
7	8	9	10	11	12	13	14
1853	1899	1904	—	—	—	—	—
1904	1904	1904	—	—	—	—	—
1904	1904	1904	—	—	—	—	—
1908	—	—	—	—	—	—	—
1852	1898	1903	—	—	—	1899	1899
1880	—	—	—	—	—	—	—
1886	1898	1908	—	—	—	1899	1899
1899	1899	—	—	—	—	—	—
1857	1902	1903	—	—	—	—	—
1903	1897	—	1865	—	—	—	—
1886	1895	1898	—	—	—	—	—
1906	1906	—	—	—	—	—	—
1880	—	—	—	—	—	—	—
—	1906	1906	1906	—	1907	—	—
1908	—	—	—	—	—	—	—
1907	—	—	—	—	—	—	—
1897	1902	1907	—	—	—	—	—
1906	—	—	—	—	—	—	—
1907	1907	—	—	—	—	—	—
1862	1901	—	—	—	—	—	—
1899	1898	—	—	—	—	—	—
1880	1894	1895	1888	1881	1890	1891	1895
1893	1893	1893	—	1893	—	—	1893
1877	—	—	—	—	—	—	—
1900	1900	1900	1900	—	—	1900	—
1873	1890	1890	1890	—	1890	1890	1890
1879	—	—	—	—	—	—	—
—	1904	1907	1909	—	—	—	verschieden

Der Geschäftsumfang

Versicherungssummen, durch die sonst zumeist der Geschäftsumfang gemessen wird, sind die Gesellschaften nur bei der Lebensversicherung anzugeben in der Lage; bei den andern Zweigen können nur die Prämien und die Schäden herangezogen werden. Unter diesen Umständen scheint eine besondere Behandlung der Versicherungssummen nicht angezeigt; es wird genügen, hier die Prämien und Schäden nach Versicherungszweigen zusammenzustellen (Tabelle V 19):

Versicherungszweig	Zahl der Gesellschaften	Prämien im ganzen	Prämien für eigene Rechnung		Schäden für eigene Rechnung
		ℳ	ℳ	‰	ℳ
Lebensversicherung	16	35 881 386	28 820 133	803	11 067 916
Unfall- und Haftpflichtversicherung	14	24 631 967	21 396 709	869	9 649 104
Transportversicherung	18	68 572 536	27 250 704	397	19 618 745
Feuerversicherung	26	215 150 278	123 678 766	575	76 210 864
Hagelversicherung	2	4 649 349	4 649 349	1 000	2 960 247
Sonstige Zweige	17	9 128 006	8 257 375	905	3 363 102
Zusammen	**28**	**358 013 522**	**214 053 036**	**598**	**122 869 978**

Die Betriebsrechnung

Die Gewinn- und Verlustrechnung (Tabelle V 18) bezieht sich auf den gesamten Geschäftsbetrieb der Unternehmungen; nur bei den bereits obenerwähnten drei Gesellschaften, die außer der Rückversicherung auch das direkte Geschäft in aufsichtspflichtigen Zweigen betreiben, sind hier nur diejenigen Zweige eingestellt, in denen sie lediglich mittelbar tätig sind. Wie sich das gesamte Geschäft aus den einzelnen Zweigen aufbaut, ist aus den bereits aus Tabelle V 19 mitgeteilten Zahlen zu ersehen. Hier bleibt nur noch folgendes zu erwähnen.

Die Vermögenserträge beliefen sich nach Abzug von 360 244 ℳ Verlusten insgesamt auf 10 747 650 ℳ; einem Kursgewinne von 180 244 ℳ standen 359 644 ℳ an Kursverlusten gegenüber. Von den Reserven haben nach Abzug der geringfügigen Abnahmen die Prämienreserven und Überträge um 20 557 321 ℳ, die Schadenreserven um 6 001 768 ℳ und die sonstigen Reserven um 3 769 012 ℳ zugenommen. Die Verwaltungskosten und Steuern haben 61 091 962 ℳ betragen.

Von allen 28 Gesellschaften hat nur eine einen Verlust von 34 684 ℳ nachzuweisen gehabt; die übrigen haben einen Gewinn von zusammen 13 565 722 ℳ und mit Einbeziehung des Gewinnvortrags aus dem Vorjahre von 15 566 421 ℳ erzielt.

Die Bilanz

Die Bilanzen der mehrfach erwähnten drei Gesellschaften, welche aufsichtspflichtige Versicherungszweige auch direkt betreiben, sind bereits bei Gruppe II, in Tabelle II 6 (Frankfurter Transport-, Unfall- und Glas-Versicherungs-Aktien-Gesellschaft und Oberrheinische Versicherungs-Gesellschaft), oder bei Gruppe IV, Tabelle IV 19 (Stuttgarter Mit- und Rück-Versicherungs-Aktien-Gesellschaft) nachgewiesen; es bleiben hier also nur noch die Bilanzen für 25 Gesellschaften zusammenzustellen, was in Tabelle V 20 geschehen ist.

Aus dieser Tabelle sind folgende Zahlen zu entnehmen:

25 Aktiengesellschaften

Aktiva		Passiva	
Verpflichtungen der Aktionäre	81 557 287 ℳ	Aktienkapital	106 185 710 ℳ
Forderungen	103 529 790 »	Kapitalreservefonds	23 770 827 »
Kapitalanlagen	149 542 388 »	Spezialreserven	19 418 526 »
Kassenbestand	198 266 »	Guthaben anderer Versicherungsunternehmungen	16 278 300 »
		Prämienreserven und Überträge	100 676 447 »
		Schadenreserven	51 441 470 »

Die Kapitalanlagen (149 542 388 ℳ) verteilen sich auf folgende Wertarten (Tabelle V 21): 2 645 198 ℳ oder 1,8 Prozent Grundbesitz, 40 054 229 ℳ oder 26,8 Prozent Hypotheken, 105 195 588 ℳ oder 70,3 Prozent Wertpapiere, 1 107 373 ℳ oder 0,7 Prozent Wechsel und 540 000 ℳ oder 0,4 Prozent Darlehen auf Wertpapiere.

Über die Wertpapiere mag folgendes mitgeteilt werden: Dem Nennwerte nach handelt es sich bei den betrachteten 25 Gesellschaften um insgesamt 131 316 522 ℳ, wovon 70 441 575 ℳ oder 53,6 Prozent auf inländische und 60 874 947 ℳ oder 46,4 Prozent auf ausländische Werte kommen. Die deutschen Anlagen (53,6 Prozent der gesamten Anlagen) bestehen aus 40 594 950 ℳ oder 30,9 Prozent Reichs- oder Staatsanleihen, 5 297 000 ℳ oder 4,0 Prozent anderen öffentlichen Anleihen, 7 293 500 ℳ oder 5,6 Prozent Pfandbriefen, 1 535 900 ℳ oder 1,2 Prozent Obligationen und 690 600 ℳ oder 0,5 Prozent Aktien von Banken, Eisenbahn- und sonstigen industriellen Unternehmungen, 15 006 625 ℳ oder 11,4 Prozent Aktien von Versicherungsunternehmungen und einem geringfügigen Betrage (23 000 ℳ) sonstiger Wertpapiere. Die ausländischen Anlagen (46,4 Prozent der gesamten Anlagen) bestehen aus 14 685 775 ℳ oder 11,2 Prozent Staats-, staatlich garantierten und andern öffentlichen Anleihen, 27 075 156 ℳ oder 20,6 Prozent sonstigen Schuldverschreibungen und 19 114 016 ℳ oder 14,6 Prozent Aktien. Als Prämienreserven und Überträge sind, um die Übereinstimmung mit den Bilanzen der andern Gruppen zu wahren, auch hier nur die in eigener Verwahrung und Verwaltung der betrachteten Unternehmungen befindlichen Beträge in die Bilanz eingestellt worden. Tabelle V 22 zeigt, wie diese Beträge ermittelt wurden.

Die Bilanz weist nur bei einer Gesellschaft einen Verlust (von 31 109 ℳ) aus, der bilanzmäßige Gewinn der übrigen 24 Gesellschaften beträgt 15 158 881 ℳ; er ist nach Tabelle V 23 wie folgt verteilt worden: an den Kapitalreservefonds 335 001 ℳ oder 2,2 Prozent, an die sonstigen Reserven 4 553 831 ℳ oder 30,0 Prozent, an die Beamtenfonds 110 600 ℳ oder 0,7 Prozent, an die Aktionäre 5 916 637 ℳ oder 39,0 Prozent, als Tantiemen 811 080 ℳ oder 5,4 Prozent, als Vortrag auf neue Rechnung 3 236 809 ℳ oder 21,4 Prozent und endlich anderweit 194 923 ℳ oder 1,3 Prozent.

Tafel

zur

Versicherungs-Statistik des Aufsichtsamts für 1909

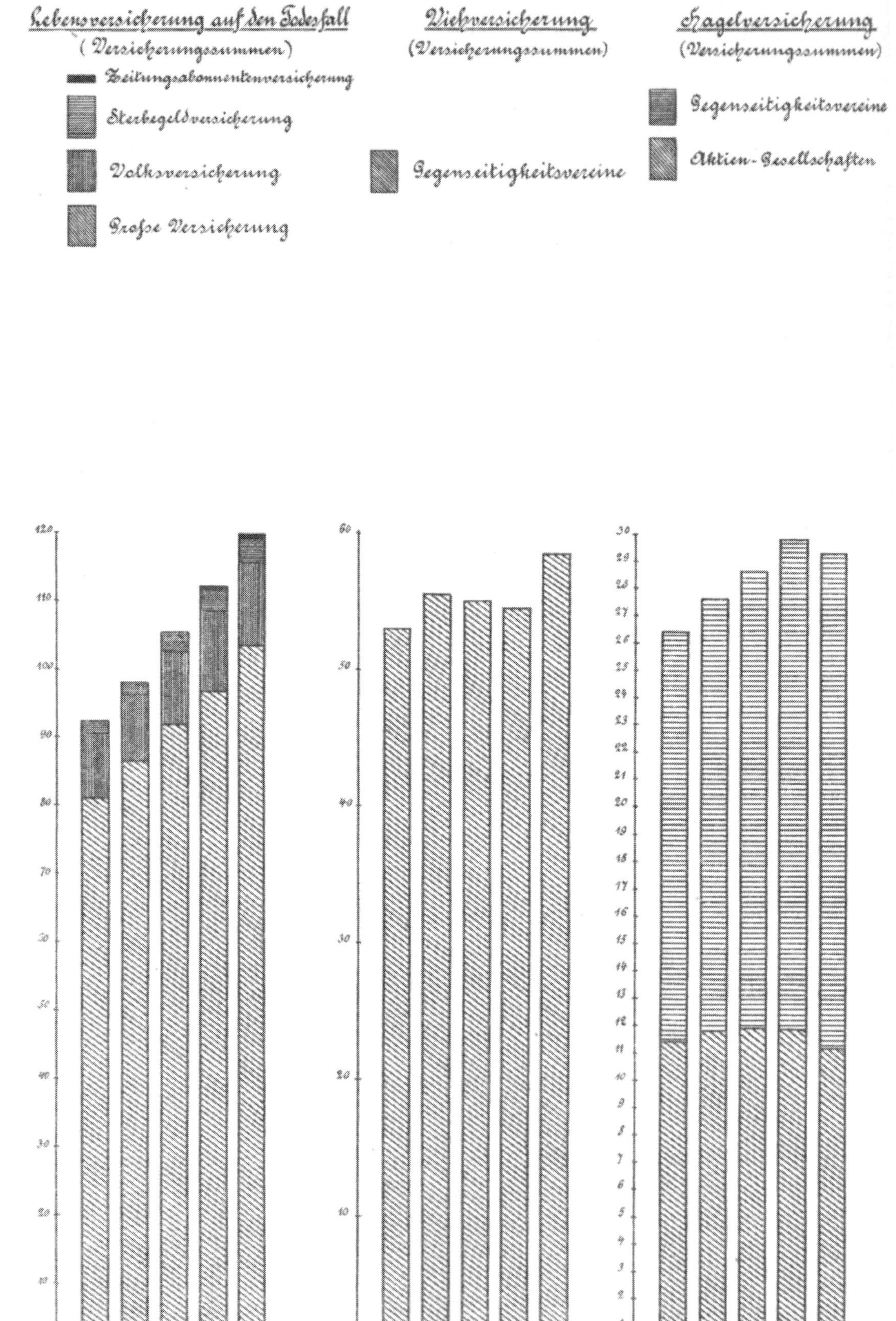
Lebensversicherung auf den Todesfall
(Versicherungssummen)
Zeitungsabonnentenversicherung
Sterbegeldversicherung
Volksversicherung
Große Versicherung
Viehversicherung
(Versicherungssummen)
Gegenseitigkeitsvereine
Hagelversicherung
(Versicherungssummen)
Gegenseitigkeitsvereine
Aktien-Gesellschaften
Einheit:
Millionen.
1905 1906 1907 1908 1909
Einheit:
Millionen.
1905 1906 1907 1908 1909
Einheit:
100 Millionen.
1905 1906 1907 1908 1909

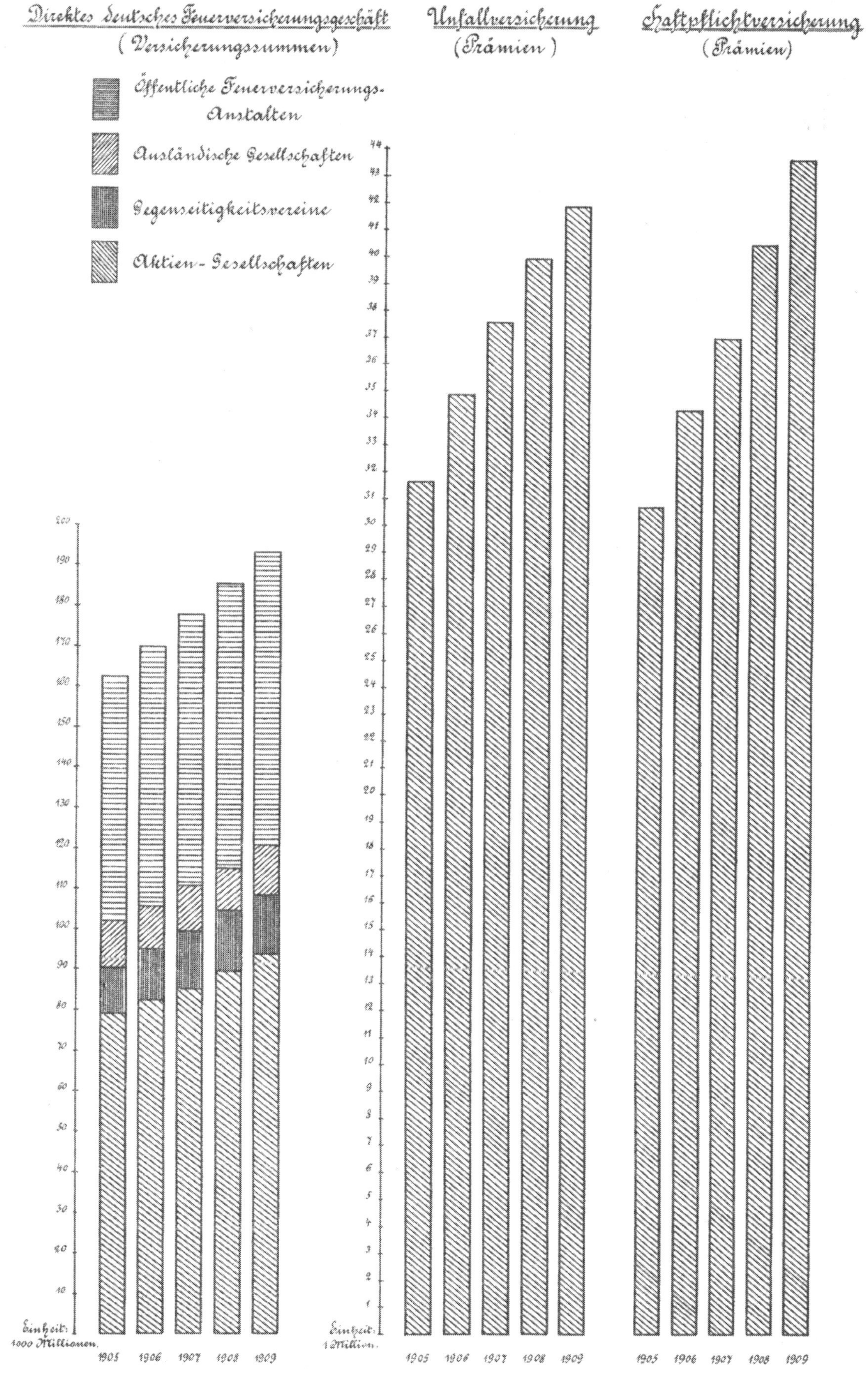

Direktes deutsches Feuerversicherungsgeschäft
(Versicherungssummen)
Öffentliche Feuerversicherungs-Anstalten
Ausländische Gesellschaften
Gegenseitigkeitsvereine
Aktien-Gesellschaften
Einheit: 1000 Millionen
1905 1906 1907 1908 1909
Unfallversicherung
(Prämien)
Einheit: 1 Million
1905 1906 1907 1908 1909
Haftpflichtversicherung
(Prämien)
1905 1906 1907 1908 1909

Tabellen

Gruppe I

Lebensversicherung und Krankenversicherung

In den Tabellen sind für die Namen der Unternehmungen folgende Abkürzungen verwendet:

Deutsche Aktiengesellschaften

Berlin, Berlinische L.V. G.	für:	Berlinische Lebens-Versicherungs-Gesellschaft.
» Deutsche L.V. B.	»	Deutsche Lebensversicherungs-Bank, Aktiengesellschaft in Berlin.
» Deutscher Anker	»	Deutscher Anker, Pensions- und Lebensversicherungs-Aktiengesellschaft in Berlin.
» Deutschland	»	Deutschland, Lebensversicherungs-Aktien-Gesellschaft zu Berlin.
» Friedrich Wilhelm	»	Friedrich Wilhelm, Preußische Lebens- und Garantie-Versicherungs-Aktien-Gesellschaft zu Berlin.
» Nordstern Leben	»	Nordstern, Lebensversicherungs-Aktien-Gesellschaft zu Berlin.
» Nordstern Unfall	»	Nordstern, Unfall- und Alters-Versicherungs-Aktien-Gesellschaft zu Berlin.
» Preußische L.V. A. G.	»	Preußische Lebens-Versicherungs-Aktien-Gesellschaft zu Berlin.
» Prudentia	»	Prudentia, Versicherungs-Aktien-Gesellschaft in Berlin.
» Victoria	»	Victoria zu Berlin, Allgemeine Versicherungs-Aktien-Gesellschaft.
Bremen, Bremer L.V. B.	»	Bremer Lebensversicherungs-Bank, Aktiengesellschaft.
Cöln, Concordia	»	Concordia, Cölnische Lebens-Versicherungs-Gesellschaft.
Dresden, Urania	»	Urania, Aktiengesellschaft für Kranken-, Unfall- und Lebens-Versicherung zu Dresden.
Düsseldorf, Vereins V. B.	»	Vereins-Versicherungs-Bank für Deutschland, A.-G. zu Düsseldorf.
Erfurt, Thuringia	»	Die Versicherungsgesellschaft Thuringia in Erfurt.
Frankfurt, Frankfurter L.V. G.	»	Frankfurter Lebens-Versicherungs-Gesellschaft zu Frankfurt am Main.
» Providentia	»	Providentia, Frankfurter Versicherungs-Gesellschaft in Frankfurt am Main.
Hamburg, Janus	»	Lebens- und Pensions-Versicherungs-Gesellschaft Janus in Hamburg.
Leipzig, Teutonia	»	Allgemeine Renten-, Kapital- und Lebensversicherungsbank Teutonia in Leipzig.
Ludwigshafen, Atlas	»	Atlas, Deutsche Lebensversicherungs - Gesellschaft Ludwigshafen a. Rhein.
Lübeck, Deutsche L.V. G.	»	Deutsche Lebensversicherungs-Gesellschaft in Lübeck.
Magdeburg, Magdeb. L.V. G.	»	Magdeburger Lebens-Versicherungs-Gesellschaft.
» Wilhelma	»	Wilhelma in Magdeburg, Allgemeine Versicherungs-Aktien-Gesellschaft.
Mannheim, Vita	»	Vita, Versicherungs-Aktien-Gesellschaft Mannheim.
München, Arminia	»	Deutsche Lebensversicherungsbank Arminia, Aktiengesellschaft in München.
» Bayer. V. B.	»	Bayerische Versicherungs-Bank, Aktien-Gesellschaft, vormals Versicherungs-Anstalten der Bayerischen Hypotheken- und Wechselbank in München.
Nürnberg, Nürnberger L.V. B.	»	Nürnberger Lebensversicherungs-Bank.
Stettin, Germania	»	Germania, Lebensversicherungs-Aktien-Gesellschaft zu Stettin.

Deutsche Gegenseitigkeitsvereine

Braunschweig, Braunschweig. L.V. A.	für:	Braunschweigische Lebens-Versicherungs-Anstalt auf Gegenseitigkeit zu Braunschweig.
Darmstadt, Renten- u. Lebens V. A.	»	Renten- und Lebensversicherungs-Anstalt zu Darmstadt.
Dresden, Sächsische Renten V. A.	»	Sächsische Rentenversicherungs-Anstalt zu Dresden.
Görlitz, Rothenburger V. A.	»	Rothenburger Versicherungs Anstalt auf Gegenseitigkeit in Görlitz.
Gotha, Gothaer Lebens V. B.	»	Gothaer Lebensversicherungsbank auf Gegenseitigkeit zu Gotha.
Halle, Iduna	»	Lebens-, Pensions- und Leibrenten-Versicherungs-Gesellschaft auf Gegenseitigkeit Iduna.
Hannover, Deutsche Militd. u. L.V. A.	»	Deutsche Militärdienst- und Lebens-Versicherungs-Anstalt auf Gegenseitigkeit in Hannover.
» Hannoversche L.V. A.	»	Hannoversche Lebensversicherungs-Anstalt auf Gegenseitigkeit in Hannover.
» Preuß. Beamtenverein	»	Preußischer Beamtenverein zu Hannover.
Karlsruhe, Karlsruher L.V.	»	Karlsruher Lebensversicherung auf Gegenseitigkeit, vormals Allgemeine Versorgungsanstalt.
Leipzig, Leb.V.G.	»	Lebensversicherungs-Gesellschaft zu Leipzig.
Posen, Vesta	»	Vesta, Lebensversicherungsbank auf Gegenseitigkeit zu Posen.
Potsdam, Deutsche L.V.	»	Deutsche Lebensversicherung Potsdam auf Gegenseitigkeit.
Schwerin, Mecklenb. L.V. B.	»	Mecklenburgische Lebensversicherungsbank auf Gegenseitigkeit in Schwerin.
Stuttgart, Allg. Deutscher V.V.	»	Allgemeiner Deutscher Versicherungs-Verein in Stuttgart auf Gegenseitigkeit.
» Allg. Renten A.	»	Allgemeine Rentenanstalt zu Stuttgart.
» Stuttgarter Lebens V. B.	»	Stuttgarter Lebensversicherungsbank auf Gegenseitigkeit (Alte Stuttgarter).

Deutsche größere Berufsvereinigungen

Berlin, A. D. Pens.A. f. Lehrerinnen	für:	Allgemeine Deutsche Pensionsanstalt für Lehrerinnen und Erzieherinnen in Berlin, Versicherungsverein auf Gegenseitigkeit, gegründet 1875.
» Beamten V.V. d. D. Bank- u. Bankiergew.	»	Beamtenversicherungsverein des Deutschen Bank- und Bankiergewerbes (a. G.) zu Berlin.
» Hinterbl.V. A. Beamten-Vereine	»	Hinterbliebenen- und Pensions-Versicherungsanstalt des Verbandes Deutscher Beamtenvereine auf Gegenseitigkeit.
» Sterbekasse u. V. A. d. D. Kriegerbundes	»	Sterbekasse und Versicherungsanstalt des Deutschen Kriegerbundes, Versicherungsverein auf Gegenseitigkeit in Berlin.
» Sterbekasse D. Lehrer	»	Sterbekasse Deutscher Lehrer, Versicherungsverein auf Gegenseitigkeit zu Berlin.
Cöln, Ecclesia	»	Ecclesia, Pfarrerversicherung, Lebensversicherungs-Verein a. G. in Cöln a. Rh.
Darmstadt, Sterbekasse D. Gastwirte	»	Sterbekasse des Bundes Deutscher Gastwirte, Versicherungsverein auf Gegenseitigkeit in Darmstadt.
Düsseldorf, Sterbekasse D. Werkmeister	»	Sterbekasse des Deutschen Werkmeisterverbandes zu Düsseldorf, Versicherungsverein auf Gegenseitigkeit.
Hamburg, Hinterbl.K. d. Handl.Commis 1858	»	Hinterbliebenen- und Altersversorgungs-Kasse des Vereins für Handlungs-Commis von 1858 (Kaufmännischer Verein) in Hamburg, Versicherungsverein auf Gegenseitigkeit.
» Pens.K. d. Handl.Commis 1858	»	Pensions-Kasse des Vereins für Handlungs-Commis von 1858 (Kaufmännischer Verein) in Hamburg, Versicherungsverein auf Gegenseitigkeit.
Leipzig, Alt. u. Inv.K. D. Handl.Geh.	»	Altersversorgungs- und Invaliditätskasse des Verbandes Deutscher Handlungsgehülfen zu Leipzig.
» Witw. u. Wais.K. D. Handl.Geh.	»	Witwen- und Waisenkasse des Verbandes Deutscher Handlungsgehülfen zu Leipzig.
Magdeburg, Begräbnis K. Privatbeamten V.	»	Begräbniskasse des Deutschen Privat-Beamten-Vereins.
» Pens.K. Privatbeamten V.	»	Pensionskasse des Deutschen Privat-Beamten-Vereins.
» Witw.K. Privatbeamten V.	»	Witwenkasse des Deutschen Privat-Beamten-Vereins.

München, Pens. A. D. Journalisten	für:	Pensionsanstalt Deutscher Journalisten und Schriftsteller (Versicherungsverein auf Gegenseitigkeit).
» Lebensvers. f. D. Forstbeamte ..	»	Lebensversicherung für Deutsche Forstbeamte, eingetragene Genossenschaft mit beschränkter Haftpflicht.
Viersen, Sterbekasse D. Militäranwärter	»	Sterbekasse Deutscher Militäranwärter und Invaliden, Versicherungsverein auf Gegenseitigkeit in Viersen.

Ausländische Unternehmungen

Amerika, Equitable	für:	Equitable Life Assurance Society of the United States in New York.
» Germania	»	The Germania Life Insurance Company in New York.
» Mutual.........................	»	The Mutual Life Insurance Company in New York.
» New York......................	»	New York Life Insurance Company in New York.
Dänemark, Hafnia	»	Dänische Lebensversicherungs-Aktiengesellschaft Hafnia in Kopenhagen.
England, General Life Ass. C.	»	General Life Assurance Company in London.
» Northern Ass. C.	»	Northern Assurance Company in Aberdeen und London.
Frankreich, Le Conservateur	»	Le Conservateur, compagnie pour la formation et la gestion d'associations d'assurances mutuelles sur la vie in Paris.
» Le Phénix	»	Le Phénix, compagnie française d'assurances sur la vie in Paris.
Niederlande, Kosmos	»	Versicherungs-Bank Kosmos in Zeist.
» Niederländische L.V. G........	»	Niederländische Lebensversicherungs-Gesellschaft in Amsterdam.
Österr.-Ungarn, Allianz	»	Allianz. Lebens- und Renten-Versicherungs-Aktien-Gesellschaft in Wien.
» » Anker	»	Der Anker, Gesellschaft für Lebens- und Rentenversicherungen in Wien.
» » Assic. Generali	»	Assicurazioni Generali (Allgemeine Assekuranz) in Triest.
» » Gisela-Verein	»	Gisela-Verein zur Ausstattung heiratsfähiger Mädchen in Wien.
» » Janus	»	Janus, Wechselseitige Lebensversicherungs-Anstalt in Wien.
» » Österr. Phönix	»	K. k. privilegierte Lebensversicherungsgesellschaft Österreichischer Phönix in Wien.
» » Wiener Leb. u. Rent.V. A..	»	Wiener Lebens- und Renten-Versicherungs-Anstalt in Wien.
Schweiz, Basler L.V. G..................	»	Basler Lebens-Versicherungs-Gesellschaft in Basel.
» La Genevoise	»	La Genevoise, Compagnie d'assurances sur la vie in Genf.
» Schweizerische L.V. u. R. A.	»	Schweizerische Lebensversicherungs- und Rentenanstalt in Zürich.

Tabelle I 1

Große Versicherung — Die überhaupt über

Versicherungsunternehmung			Bestand			
			Kapitalversicherung auf den Todesfall		Kapitalversicherung auf den Lebensfall	
Nr.	Sitz	Name	Policen	Summen ℳ	Policen	Summen ℳ
	1		2	3	4	5
						Aktien
1	Berlin	Berlinische L.V.G.	53 663	253 551 772	6 533	13 975 953
2	»	Deutsche L.V.B.	12 174	38 976 727	55 253	79 004 888
3	»	Deutscher Anker	16 411	56 277 869	—	—
4	»	Deutschland	40 546	92 672 964	10 592	10 014 984
5	»	Friedrich Wilhelm	66 964	228 009 862	9 613	13 911 000
6	»	Nordstern Leben	99 536	487 556 584	13 435	31 772 436
7	»	Preußische L.V.A.G.	48 941	233 361 707	5 858	11 947 416
8	»	Prudentia	4 133	11 488 295	880	328 474
9	»	Victoria	185 419	1 018 153 424	16 098	37 176 949
10	Bremen	Bremer L.V.B.	29 675	99 963 179	13 641	21 139 210
11	Cöln	Concordia	66 488	330 490 092	3 675	9 259 201
12	Dresden	Urania	3 963	10 126 318	726	1 088 992
13	Düsseldorf	Vereins V.B.	53	272 900	—	—
14	Erfurt	Thuringia	37 321	140 722 188	6 488	7 620 703
15	Frankfurt	Frankfurter L.V.G.	27 586	149 502 054	2 100	4 929 868
16	»	Providentia	22 119	103 074 603	4 142	8 240 120
17	Hamburg	Janus	39 092	196 095 280	5 523	9 744 169
18	Leipzig	Teutonia	72 609	274 201 573	[5]) 9 623	[5]) 17 158 082
19	Ludwigshafen	Atlas	7 536	[6]) 57 437 163	886	2 614 989
20	Lübeck	Deutsche L.V.G.	61 369	242 316 886	2 839	6 536 910
21	Magdeburg	Magdeb. L.V.G.	76 042	303 017 405	4 001	7 354 790
22	»	Wilhelma	40 938	185 888 642	9 157	18 192 543
23	Mannheim	Vita	4 129	15 475 163	854	1 154 895
24	München	Arminia	53 037	121 480 623	29 884	29 490 651
25	»	Bayer. V.B.	36 794	167 984 755	17 203	32 245 399
26	Nürnberg	Nürnberger L.V.B.	11 239	37 264 052	3 344	4 156 637
27	Stettin	Germania	171 015	770 562 894	21 164	53 767 352
		Zusammen	**1 288 792**	**5 625 924 974**	**253 512**	**432 826 611**

Anmerkungen zu Tab. I 1: Zu der Versicherung auf den Todesfall gehört auch die gemischte (alternative) Versicherung und die Versicherung mit festem Auszahlungstermine. — Zu der Versicherung auf den Lebensfall ist auch die Kapital-Sparversicherung (reine Sparkassenversicherung) gerechnet. — Bei der Invaliditätsversicherung handelt es sich zumeist um Zusatzversicherungen. — [1]) Einschl. 264 051 ℳ Jahresrente mit Gewinnbeteiligung und 510 ℳ Jahresrente ohne Gewinnbeteiligung, zu welchen die Policenzahl nicht bekannt ist. —

nommenen Versicherungen nach Versicherungsarten

Ende 1909							Versicherungsunternehmung		
Rentenversicherung		Invaliditäts-versicherung		Krankenversicherung					
Policen	Jahres-renten ℳ	Policen	Jahres-renten ℳ	Policen	Sterbe-geld ℳ	Kranken-geld für 1 Tag ℳ	Nr.	Sitz	Name
6	7	8	9	10	11	12		1	
gesellschaften									
948	391 229	65	11 868	—	—	—	1	Berlin	Berlinische L.V.G.
—	—	340	65 516	—	—	—	2	»	Deutsche L.V.B.
2 290	1 467 487	5 459	5 579 482	29 196	—	110 196	3	»	Deutscher Anker
76	43 158	940	175 449	—	—	—	4	»	Deutschland
2 015	624 925	885	476 128	—	—	—	5	»	Friedrich Wilhelm
2 441	¹) 1 949 860	11 074	6 331 074	—	—	—	6	»	Nordstern Leben
1 914	1 042 143	²) 3 981	²) 396 163	—	—	—	7	»	Preußische L.V.A.G.
—	—	—	—	—	—	—	8	»	Prudentia
2 149	³) 1 154 148	25 488	9 716 405	—	—	—	9	»	Victoria
6	1 356	—	—	—	—	—	10	Bremen	Bremer L.V.B.
1 270	652 900	586	199 550	—	—	—	11	Cöln	Concordia
—	—	153	⁴) 14 325	1 037	1 184	4 819	12	Dresden	Urania
—	—	50	25 699	—	—	—	13	Düsseldorf ...	Vereins V.B.
1 065	612 361	2 016	286 272	—	—	—	14	Erfurt........	Thuringia
1 079	662 209	—	—	—	—	—	15	Frankfurt	Frankfurter L.V.G.
438	300 138	194	117 279	—	—	—	16	»	Providentia
2 805	1 269 070	—	—	—	—	—	17	Hamburg	Janus
1 206	538 790	1 264	370 461	787	—	841	18	Leipzig	Teutonia
627	268 406	44	250	—	—	—	19	Ludwigshafen .	Atlas
690	255 230	1 093	218 217	—	—	—	20	Lübeck	Deutsche L.V.G.
566	288 705	597	268 731	—	—	—	21	Magdeburg ...	Magdeb. L.V.G.
2 412	1 379 322	7 046	214 525	—	—	—	22	» ...	Wilhelma
—	—	771	86 413	—	—	—	23	Mannheim	Vita
132	75 728	1 598	529 775	⁷) 1 056	—	1 485	24	München	Arminia
5 280	3 002 200	133	76 074	—	—	—	25	»	Bayer. V.B.
79	43 218	278	51 719	—	—	—	26	Nürnberg	Nürnberger L.V.B.
6 614	3 014 350	21 833	7 344 492	—	—	—	27	Stettin	Germania
36 102	**19 056 933**	**85 888**	**32 555 867**	**32 076**	**1 184**	**117 341**		**Zusammen**	

²) Einschl. 2 833 Zusatzversicherungen über 110 455 ℳ Jahresrente aus der kleinen Versicherung. — ³) Außerdem verwaltet die Gesellschaft eine Pensionskasse mit 321 480 ℳ Jahresrente. — ⁴) Außerdem 1 500 ℳ Kapital auf den Invaliditätsfall. — ⁵) Einschl. der Sparkassen-Einlagen, der sog. Kapitalversicherung auf bestimmten Tag gegen Kapital und der Kinder-Versorgungs- und Ausstattungs-Erbkasse. — ⁶) Einschl. 7 440 ℳ mit Pensionsversicherungen verbundenen Sterbegeldes. — ⁷) Außerdem noch 358 Gesundheitspflege-Versicherungen.

Noch: Tabelle I 1

Große Versicherung — Die überhaupt über

Versicherungsunternehmung			Bestand			
			Kapitalversicherung auf den Todesfall		Kapitalversicherung auf den Lebensfall	
Nr.	Sitz	Name	Policen	Summen ℳ	Policen	Summen ℳ
1			2	3	4	5
						Gegenseitigkeits
28	Braunschweig	Braunschweig. L.V.A.	2 308	6 260 145	241	424 100
29	Darmstadt	Renten- u. Lebens V.A.	4 682	13 469 791	80	118 470
30	Dresden	Sächsische Renten V.A.	—	—	—	—
31	Gotha	Gothaer Lebens V.B.	139 880	1 009 165 586	—	—
32	Halle	Iduna	49 558	198 254 746	33 087	50 358 515
33	Hannover	Deutsche Militd. u. L.V.A.	22 447	85 272 640	156 463	224 098 184
34	»	Hannoversche L.V.A.	26 211	81 914 381	1 438	2 381 492
35	»	Preuß. Beamtenverein	60 721	325 615 650	9 215	22 520 600
36	Karlsruhe	Karlsruher L.V.	144 381	668 617 368	1 458	4 031 700
37	Leipzig	Leb.V.G.	112 034	868 478 710	9 024	25 258 090
38	Posen	Vesta	5 916	14 217 569	700	1 082 681
39	Potsdam	Deutsche L.V.	43 343	114 745 340	8 742	14 783 163
40	Schwerin	Mecklenb. L.V.B	38 557	178 120 347	2 676	4 606 089
41	Stuttgart	Allg. Deutscher V.V.	41 732	104 136 085	25 460	34 221 037
42	»	Allg. Renten A.	34 584	129 120 299	2 759	4 805 564
43	»	Stuttgarter Lebens V.B.	134 914	889 213 446	5 912	14 602 594
		Zusammen	**861 268**	**4 686 602 103**	**257 255**	**403 292 279**

Anmerkungen zu Tab. I 1: Zu der Versicherung auf den Todesfall gehört auch die gemischte (alternative) Versicherung und die Versicherung mit festem Auszahlungstermine. — Zu der Versicherung auf den Lebensfall ist auch die Kapital-Sparversicherung (reine Sparkassenversicherung) gerechnet. —

nommenen Versicherungen nach Versicherungsarten

Ende 1909							Versicherungsunternehmung		
Rentenversicherung		Invaliditätsversicherung		Krankenversicherung					
Policen	Jahresrenten ℳ	Policen	Jahresrenten ℳ	Policen	Sterbegeld ℳ	Krankengeld für 1 Tag ℳ	Nr.	Sitz	Name
6	7	8	9	10	11	12		1	
vereine									
72	11 610	—	—	—	—	—	28	Braunschweig	Braunschweig. L.V.A.
[1]) 358	90 807	—	—	—	—	—	29	Darmstadt	Renten- u. Lebens V.A.
[2])	[2])	—	—	—	—	—	30	Dresden	Sächsische Renten V.A.
—	—	—	—	—	—	—	31	Gotha	Gothaer Lebens V.B.
1 400	599 385	2 264	756 077	—	—	—	32	Halle	Iduna
—	—	—	—	—	—	—	33	Hannover	Deutsche Militd.u.L.V.A.
—	—	359	54 883	—	—	—	34	»	Hannoversche L.V.A.
3 330	1 308 058	—	—	—	—	—	35	»	Preuß. Beamtenverein
337	68 515	6 834	1 423 428	—	—	—	36	Karlsruhe	Karlsruher L.V.
—	—	—	—	—	—	—	37	Leipzig	Leb.V.G.
—	—	—	—	—	—	—	38	Posen	Vesta
457	168 499	6	4 152	—	—	—	39	Potsdam	Deutsche L.V.
643	174 749	320	130 954	—	—	—	40	Schwerin	Mecklenb. L.V.B.
104	49 603	[3]) 530	648 554	[4]) 389	—	2 497	41	Stuttgart	Allg. Deutscher V.V.
15 163	2 998 216	—	—	—	—	—	42	»	Allg. Renten A.
36	5 720	5 013	1 319 370	—	—	—	43	»	Stuttgarter Lebens V.B.
21 900	**5 475 162**	**15 326**	**4 337 418**	**389**	—	**2 497**		**Zusammen**	

Bei der Invaliditätsversicherung handelt es sich zumeist um Zusatzversicherungen. — [1]) Ohne die steigenden Renten. — [2]) Die Anstalt versichert nur steigende Renten. — [3]) Von diesen Versicherungen erstrecken sich 382 gleichzeitig auf den Krankheitsfall. — [4]) Von diesen Versicherungen erstrecken sich 382 gleichzeitig auf den Invaliditätsfall.

Tabelle I 2

Große Versicherung — Die in Rückdeckung gegebenen Versicherungen

Versicherungsunternehmung			In Rückdeckung gegebene		
Nr.	Sitz	Name	Kapitalversicherung auf den Todesfall ℳ	Kapitalversicherung auf den Lebensfall ℳ	Rentenversicherung ℳ
	1		2	3	4
					Aktien
1	Berlin	Berlinische L.V.G.	8 446 399	—	—
2	»	Deutsche L.V.B.	2 370 152	—	—
3	»	Deutscher Anker	20 573 618	—	559 707
4	»	Deutschland	22 988 597	3 183 319	10 446
5	»	Friedrich Wilhelm	12 386 352	—	—
6	»	Nordstern Leben	40 132 651	7 600	260 099
7	»	Preußische L.V.A.G.	53 105 724	—	41 501
8	»	Prudentia	5 882 630	164 237	—
9	»	Victoria	35 007 529	—	—
10	Bremen	Bremer L.V.B.	7 658 013	10 000	—
11	Cöln	Concordia	5 853 137	—	—
12	Dresden	Urania	[3]) 3 507 098	362 997	—
13	Düsseldorf	Vereins V.B.	11 000	—	—
14	Erfurt	Thuringia	3 073 703	—	14 000
15	Frankfurt	Frankfurter L.V.G.	18 612 757	15 750	46 738
16	»	Providentia	8 808 464	—	25 700
17	Hamburg	Janus	17 709 766	—	19 830
18	Leipzig	Teutonia	9 050 944	—	—
19	Ludwigshafen	Atlas	19 095 570	—	4 000
20	Lübeck	Deutsche L.V.G.	6 565 843	—	—
21	Magdeburg	Magdeb. L.V.G.	19 436 842	—	—
22	»	Wilhelma	7 219 951	—	4 732
23	Mannheim	Vita	4 731 242	114 954	—
24	München	Arminia	33 556 741	2 560 269	17 003
25	»	Bayer. V.B.	12 481 108	84 900	16 120
26	Nürnberg	Nürnberger L.V.B.	1 317 768	—	—
27	Stettin	Germania	34 634 704	—	—
		Zusammen	**414 218 303**	**6 504 026**	**1 019 876**

Anmerkungen zu Tab. I 2: Siehe Anmerkungen zu Tab. I 1 S. 6. — [1]) Einschl. kleiner Versicherung. — [2]) Außerdem eine von der Gesellschaft verwaltete Pensionskasse mit 321 480 ℳ Jahresrente. — [3]) Darunter 681 ℳ zu Krankenversicherungen gehöriges Sterbegeld. — [4]) Darunter 503 ℳ zu Krankenversicherungen gehöriges Sterbegeld. —

und die Versicherungen für eigene Rechnung nach Versicherungsarten

Bestand Ende 1909							
Versicherungen		Versicherungen für eigene Rechnung					
Invaliditäts-jahresrenten	Krankengeld für 1 Tag	Kapital-versicherung auf den Todesfall	Kapital-versicherung auf den Lebensfall	Renten-versicherung	Invaliditäts-jahresrenten	Krankengeld für 1 Tag	Nr.
ℳ	ℳ	ℳ	ℳ	ℳ	ℳ	ℳ	
5	6	7	8	9	10	11	
gesellschaften							
—	—	245 105 373	13 975 953	391 229	11 868	—	1
3 665	—	36 606 575	79 004 888	—	61 851	—	2
2 106 335	37 761	35 704 251	—	907 780	3 473 147	72 435	3
43 523	—	69 684 367	6 831 665	32 712	131 926	—	4
26 598	—	215 623 510	13 911 000	624 925	449 530	—	5
254 955	—	447 423 933	31 764 836	1 689 761	6 076 119	—	6
[1]) 37 526	—	180 255 983	11 947 416	1 000 642	[1]) 358 637	—	7
—	—	5 605 665	164 237	—	—	—	8
198 257	—	983 145 895	37 176 949	[2]) 1 154 148	9 518 148	—	9
—	—	92 305 166	21 129 210	1 356	—	—	10
6 000	—	324 636 955	9 259 201	652 900	193 550	—	11
4 775	1 682	[4]) 6 620 404	725 995	—	[5]) 9 550	3 137	12
750	—	261 900	—	—	24 949	—	13
16 010	—	137 648 485	7 620 703	598 361	270 262	—	14
—	—	130 889 297	4 914 118	615 471	—	—	15
5 356	—	94 266 139	8 240 120	274 438	111 923	—	16
—	—	178 385 514	9 744 169	1 249 240	—	—	17
6 512	—	265 150 629	17 158 082	558 790	363 949	841	18
—	—	[6]) 38 341 593	2 614 989	264 406	250	—	19
16 645	—	235 751 043	6 536 910	255 230	201 572	—	20
—	—	283 580 563	7 354 790	288 705	268 731	—	21
6 750	—	178 668 691	18 192 543	1 374 590	207 775	—	22
14 209	—	10 743 921	1 039 941	—	72 204	—	23
171 890	—	87 923 882	26 930 382	58 725	357 885	1 485	24
—	—	155 503 647	32 160 499	2 986 080	76 074	—	25
780	—	35 946 284	4 156 637	43 218	50 939	—	26
585 354	—	735 928 190	53 767 352	3 014 350	6 759 138	—	27
3 505 890	**39 443**	**5 211 707 855**	**426 322 585**	**18 037 057**	**29 049 977**	**77 898**	

[5]) Außerdem 1 500 ℳ Kapital auf den Invaliditätsfall. — [6]) Einschl. 7 440 ℳ mit Pensionsversicherungen verbundenen Sterbegeldes.

Noch: Tabelle I 2

Große Versicherung — Die in Rückdeckung gegebenen Versicherungen

Nr.	Versicherungsunternehmung: Sitz	Versicherungsunternehmung: Name	In Rückdeckung gegebene: Kapitalversicherung auf den Todesfall ℳ	In Rückdeckung gegebene: Kapitalversicherung auf den Lebensfall ℳ	In Rückdeckung gegebene: Rentenversicherung ℳ
	1		2	3	4
					Gegenseitigkeits
28	Braunschweig	Braunschweig. L.V.A.	178 000	—	—
29	Darmstadt	Renten- u. Lebens V.A.	370 643	—	—
30	Dresden	Sächsische Renten V.A.	—	—	—
31	Gotha	Gothaer Lebens V.B.	—	—	—
32	Halle	Iduna	11 263 070	—	3 200
33	Hannover	Deutsche Militd. u. L.V.A.	7 556 450	—	—
34	»	Hannoversche L.V.A	3 105 198	—	—
35	»	Preuß. Beamtenverein	—	—	—
36	Karlsruhe	Karlsruher L.V.	—	—	—
37	Leipzig	Leb.V.G.	—	—	—
38	Posen	Vesta	736 500	—	—
39	Potsdam	Deutsche L.V.	490 990	—	—
40	Schwerin	Mecklenb. L.V.B.	2 500 000	—	—
41	Stuttgart	Allg. Deutscher V.V.	8 376 705	—	—
42	»	Allg. Renten A.	76 139	—	2 800
43	»	Stuttgarter Lebens V.B.	6 943 100	—	—
		Zusammen	**41 596 795**	—	**6 000**

Anmerkungen zu Tab. I 2: Siehe Anmerkungen zu Tab. I 1 S. 8. — [1]) Die Anstalt versichert nur steigende Renten.

und die Versicherungen für eigene Rechnung nach Versicherungsarten

Bestand Ende 1909							
Versicherungen		Versicherungen für eigene Rechnung					
Invaliditäts-jahresrenten	Krankengeld für 1 Tag	Kapital-versicherung auf den Todesfall	Kapital-versicherung auf den Lebensfall	Renten-versicherung	Invaliditäts-jahresrenten	Krankengeld für 1 Tag	Nr.
M	*M*	*M*	*M*	*M*	*M*	*M*	
5	6	7	8	9	10	11	
vereine							
—	—	6 082 145	424 100	11 610	—	—	28
—	—	13 099 148	118 470	90 807	—	—	29
—	—	—	—	[1]	—	—	30
—	—	1 009 165 586	—	—	—	—	31
34 237	—	186 991 676	50 358 515	596 185	721 840	—	32
—	—	77 716 190	224 098 184	—	—	—	33
1 802	—	78 809 183	2 381 492	—	53 081	—	34
—	—	325 615 650	22 520 600	1 308 058	—	—	35
—	—	668 617 368	4 031 700	68 515	1 423 428	—	36
—	—	868 478 710	25 258 090	—	—	—	37
—	—	13 481 069	1 082 681	—	—	—	38
—	—	114 254 350	14 783 163	168 499	4 152	—	39
—	—	175 620 347	4 606 089	174 749	130 954	—	40
14 000	—	95 759 380	34 221 037	49 603	634 554	2 497	41
—	—	129 044 160	4 805 564	2 995 416	—	—	42
1 147	—	882 270 346	14 602 594	5 720	1 318 223	—	43
51 186	—	**4 645 005 308**	**403 292 279**	**5 469 162**	**4 286 232**	**2 497**	

Tabelle I 3

Große Versicherung — Bestand der selbst abgeschlossenen und der in Rückdeckung übernommenen Versicherungen auf den Todesfall, Durchschnittsbeträge und Gewinnbeteiligung Ende 1909

Versicherungsunternehmung			Selbst abgeschlossene Versicherungen		In Rückdeckung übernommene Versicherungen		Durchschnitts- und Verhältniszahlen für die selbst abgeschlossenen Versicherungen		
							Durchschnittl. Versicherungssumme für 1 Police	Am Gewinne sind beteiligt	
Nr.	Sitz	Name	Policen	Summen ℳ	Policen	Summen ℳ	ℳ	von 1 000 Policen	von 1 000 ℳ
	1		2	3	4	5	6	7	8
		Aktiengesellschaften							
1	Berlin	Berlinische L.V.G.	53 663	253 551 772	—	—	4 725	962	978
2	»	Deutsche L.V.B.	12 027	37 859 360	147	1 117 367	3 148	992	993
3	»	Deutscher Anker	16 371	55 703 242	40	574 627	3 403	970	992
4	»	Deutschland	40 424	91 087 379	122	1 585 585	2 253	967	981
5	»	Friedrich Wilhelm	66 480	225 623 102	484	2 386 760	3 394	911	908
6	»	Nordstern Leben	92 422	455 018 328	7 114	32 538 256	4 923	911	947
7	»	Preußische L.V.A.G.	44 516	174 314 438	4 425	59 047 269	3 916	836	861
8	»	Prudentia	4 133	11 488 295	—	—	2 780	1 000	1 000
9	»	Victoria	184 559	1 014 289 159	860	3 864 265	5 496	954	984
10	Bremen	Bremer L.V.B.	29 475	98 578 034	200	1 385 145	3 344	1 000	1 000
11	Cöln	Concordia	66 151	327 415 806	337	3 074 286	4 950	876	897
12	Dresden	Urania	3 957	10 076 318	6	50 000	2 546	964	986
13	Düsseldorf	Vereins V.B.	46	225 500	7	47 400	4 902	1 000	1 000
14	Erfurt	Thuringia	36 625	136 255 010	696	4 467 178	3 720	800	897
15	Frankfurt	Frankfurter L.V.G.	25 862	138 961 371	1 724	10 540 683	5 373	785	783
16	»	Providentia	22 087	102 655 587	32	419 016	4 648	916	928
17	Hamburg	Janus	38 174	187 701 887	918	8 393 393	4 917	904	931
18	Leipzig	Teutonia	71 588	265 816 163	1 021	8 385 410	3 713	771	910
19	Ludwigshafen	Atlas	7 109	54 429 863	427	2 999 860	7 656	630	523
20	Lübeck	Deutsche L.V.G.	60 294	235 703 371	1 075	6 613 515	3 909	953	972
21	Magdeburg	Magdeb. L.V.G.	69 302	273 588 716	6 740	29 428 689	3 948	854	894
22	»	Wilhelma	40 734	183 727 854	204	2 160 788	4 510	958	978
23	Mannheim	Vita	3 972	14 424 599	157	1 050 564	3 632	944	921
24	München	Arminia	50 684	106 404 276	2 353	15 076 347	2 099	572	744
25	»	Bayer. V.B.	35 461	163 856 286	1 333	4 128 469	4 621	782	801
26	Nürnberg	Nürnberger L.V.B.	10 511	34 311 604	728	2 952 448	3 264	801	896
27	Stettin	Germania	170 666	769 113 689	349	1 449 205	4 507	911	972
		Zusammen	**1 257 293**	**5 422 181 009**	**31 499**	**203 736 525**	**4 313**	**888**	**932**

Anmerkung zu Tab. I 3: Zu der Kapitalversicherung auf den Todesfall sind auch die gemischte (alternative) Versicherung und die Versicherung mit festem Auszahlungstermine gerechnet.

Noch: Tabelle I 3

Große Versicherung — Bestand der selbst abgeschlossenen und der in Rückdeckung übernommenen Versicherungen auf den Todesfall, Durchschnittsbeträge und Gewinnbeteiligung Ende 1909

Versicherungsunternehmung			Selbst abgeschlossene Versicherungen		In Rückdeckung übernommene Versicherungen		Durchschnitts- und Verhältniszahlen für die selbst abgeschlossenen Versicherungen		
Nr.	Sitz	Name	Policen	Summen M	Policen	Summen M	Durchschnittl. Versicherungssumme für 1 Police M	Am Gewinne sind beteiligt von 1 000 Policen	Am Gewinne sind beteiligt von 1 000 M
	1		2	3	4	5	6	7	8
		Gegenseitigkeitsvereine							
28	Braunschweig	Braunschweig. L.V.A.	2 308	6 260 145	—	—	2 712	1 000	1 000
29	Darmstadt	Renten- u. Lebens V.A.	4 681	13 459 791	1	10 000	2 875	801	834
30	Dresden	Sächsische Renten V.A.	—	—	—	—	—	—	—
31	Gotha	Gothaer Lebens V.B.	139 880	1 009 165 586	—	—	7 215	1 000	1 000
32	Halle	Iduna	48 281	190 317 165	1 277	7 937 581	3 942	997	997
33	Hannover	Deutsche Militd. u. L.V.A.	22 447	85 272 640	—	—	3 799	1 000	1 000
34	»	Hannoversche L.V.A.	26 148	81 191 380	63	723 001	3 105	1 000	1 000
35	»	Preuß. Beamtenverein	60 721	325 615 650	—	—	5 362	1 000	1 000
36	Karlsruhe	Karlsruher L.V.	144 381	668 617 368	—	—	4 631	993	999
37	Leipzig	Leb.V.G.	112 034	868 478 710	—	—	7 752	1 000	1 000
38	Posen	Vesta	5 906	14 132 151	10	85 418	2 393	1 000	1 000
39	Potsdam	Deutsche L.V.	43 236	113 517 950	107	1 227 390	2 626	947	978
40	Schwerin	Mecklenb. L.V.B.	38 451	176 452 347	106	1 668 000	4 589	1 000	1 000
41	Stuttgart	Allg. Deutscher V.V.	40 863	99 563 264	869	4 572 821	2 437	1 000	1 000
42	»	Allg. Renten A.	34 584	129 120 299	—	—	3 734	1 000	1 000
43	»	Stuttgarter Lebens V.B.	134 914	889 213 446	—	—	6 591	999	999
		Zusammen	**858 835**	**4 670 377 892**	**2 433**	**16 224 211**	**5 438**	**995**	**999**

Anmerkung zu Tab. I 3: Siehe Anmerkung zu Tab. I 3 S. 14.

Tabelle I 4

Große Versicherung — Bestand der selbst abgeschlossenen und der in Rückdeckung übernommenen Versicherungen auf den Lebensfall, Durchschnittsbeträge und Gewinnbeteiligung Ende 1909

Versicherungsunternehmung			Selbst abgeschlossene Versicherungen		In Rückdeckung übernommene Versicherungen		Durchschnitts- und Verhältniszahlen für die selbst abgeschlossenen Versicherungen		
Nr.	Sitz	Name	Policen	Summen ℳ	Policen	Summen ℳ	Durchschnittl. Versicherungssumme für 1 Police ℳ	Am Gewinne sind beteiligt von 1 000 Policen	Am Gewinne sind beteiligt von 1 000 ℳ
		1	2	3	4	5	6	7	8
		Aktiengesellschaften							
1	Berlin	Berlinische L.V.G.	6 533	13 975 953	—	—	2 139	—	—
2	»	Deutsche L.V.B.	55 253	79 004 888	—	—	1 430	1 000	1 000
3	»	Deutscher Anker	—	—	—	—	—	—	—
4	»	Deutschland	10 592	10 014 984	—	—	946	—	—
5	»	Friedrich Wilhelm	9 613	13 911 000	—	—	1 447	—	—
6	»	Nordstern Leben	13 435	31 772 436	—	—	2 365	—	—
7	»	Preußische L.V.A.G.	5 847	11 899 016	11	48 400	2 035	—	—
8	»	Prudentia	880	328 474	—	—	373	1 000	1 000
9	»	Victoria	16 098	37 176 949	—	—	2 309	473	488
10	Bremen	Bremer L.V.B.	13 641	21 139 210	—	—	1 550	895	883
11	Cöln	Concordia	3 675	9 259 201	—	—	2 520	—	—
12	Dresden	Urania	726	1 088 992	—	—	1 500	—	—
13	Düsseldorf	Vereins V.B.	—	—	—	—	—	—	—
14	Erfurt	Thuringia	6 488	7 620 703	—	—	1 175	—	—
15	Frankfurt	Frankfurter L.V.G.	2 100	4 929 868	—	—	2 348	—	—
16	»	Providentia	4 142	8 240 120	—	—	1 989	—	—
17	Hamburg	Janus	5 523	9 744 169	—	—	1 764	—	—
18	Leipzig	Teutonia	[1]) 9 623	[1]) 17 158 082	—	—	1 783	—	—
19	Ludwigshafen	Atlas	886	2 614 989	—	—	2 951	—	—
20	Lübeck	Deutsche L.V.G.	2 839	6 536 910	—	—	2 303	—	—
21	Magdeburg	Magdeb. L.V.G.	4 001	7 354 790	—	—	1 838	—	—
22	»	Wilhelma	9 157	18 192 543	—	—	1 987	—	—
23	Mannheim	Vita	854	1 154 895	—	—	1 352	974	966
24	München	Arminia	29 884	29 490 651	—	—	987	335	369
25	»	Bayer. V.B.	17 194	32 149 961	9	95 438	1 870	—	—
26	Nürnberg	Nürnberger L.V.B.	3 344	4 156 637	—	—	1 243	—	—
27	Stettin	Germania	21 164	53 767 352	—	—	2 541	—	—
		Zusammen	**253 492**	**432 682 778**	**20**	**143 838**	**1 707**	**342**	**296**

Anmerkungen zu Tab. I 4: Zu der Versicherung auf den Lebensfall ist auch die Kapital-Sparversicherung gerechnet. — [1]) Einschl. der Sparkassen-Einlagen, der sog. Kapitalversicherung auf bestimmten Tag gegen Kapital und der Kinder-Versorgungs- und Ausstattungs-Erbkasse.

Noch: Tabelle I 4

Große Versicherung — Bestand der selbst abgeschlossenen und der in Rückdeckung übernommenen Versicherungen auf den Lebensfall, Durchschnittsbeträge und Gewinnbeteiligung Ende 1909

Versicherungsunternehmung			Selbst abgeschlossene Versicherungen		In Rückdeckung übernommene Versicherungen		Durchschnitts- und Verhältniszahlen für die selbst abgeschlossenen Versicherungen		
							Durchschnittl. Versicherungssumme für 1 Police	Am Gewinne sind beteiligt	
Nr.	Sitz	Name	Policen	Summen ℳ	Policen	Summen ℳ	ℳ	von 1 000 Policen	von 1 000 ℳ
1			2	3	4	5	6	7	8
		Gegenseitigkeitsvereine							
28	Braunschweig	Braunschweig. L.V.A.	241	424 100	—	—	1 760	—	—
29	Darmstadt	Renten- u. Lebens V.A.	80	118 470	—	—	1 481	—	—
30	Dresden	Sächsische Renten V.A.	—	—	—	—	—	—	—
31	Gotha	Gothaer Lebens V.B.	—	—	—	—	—	—	—
32	Halle	Iduna	33 087	50 358 515	—	—	1 522	865	824
33	Hannover	Deutsche Militd. u. L.V.A	156 463	224 098 184	—	—	1 432	1 000	1 000
34	»	Hannoversche L.V.A.	1 438	2 381 492	—	—	1 656	1 000	1 000
35	»	Preuß. Beamtenverein	9 215	22 520 600	—	—	2 444	—	—
36	Karlsruhe	Karlsruher L.V.	1 458	4 031 700	—	—	2 765	999	999
37	Leipzig	Leb.V.G.	9 024	25 258 090	—	—	2 799	1 000	1 000
38	Posen	Vesta	700	1 082 681	—	—	1 547	—	—
39	Potsdam	Deutsche L.V.	8 742	14 783 163	—	—	1 691	•	•
40	Schwerin	Mecklenb. L.V.B.	2 676	4 606 089	—	—	1 721	1 000	1 000
41	Stuttgart	Allg. Deutscher V.V.	25 460	34 221 037	—	—	1 344	1 000	1 000
42	»	Allg. Renten A.	2 759	4 805 564	—	—	1 742	1 000	1 000
43	»	Stuttgarter Lebens V.B.	5 912	14 602 594	—	—	2 470	1 000	1 000
		Zusammen	**257 255**	**403 292 279**	—	—	**1 568**	**909**	**881**

Anmerkungen zu Tab. I 4: Siehe Anmerkung zu Tab. I 4 S. 16. — Ein • bedeutet, daß die beobachteten Fälle weniger als $^1/_2$ ‰ ausmachen.

Tabelle I 5

Große Versicherung — Bestand der selbst abgeschlossenen und der in Rückdeckung übernommenen Rentenversicherungen, Durchschnittsbeträge und Gewinnbeteiligung Ende 1909

Versicherungsunternehmung			Selbst abgeschlossene Versicherungen		In Rückdeckung übernommene Versicherungen		Durchschnitts- und Verhältniszahlen für die selbst abgeschlossenen Versicherungen		
							Durchschnittliche Jahresrente für 1 Police	Am Gewinne sind beteiligt	
Nr.	Sitz	Name	Policen	Jahresrenten ℳ	Policen	Jahresrenten ℳ	ℳ	von 1 000 Policen	von 1 000 ℳ
1			2	3	4	5	6	7	8
		Aktiengesellschaften							
1	Berlin	Berlinische L.V.G.	948	391 229	—	—	413	—	—
3	»	Deutscher Anker	2 178	1 134 736	112	332 751	521	—	—
4	»	Deutschland	72	40 308	4	2 850	560	—	—
5	»	Friedrich Wilhelm	2 015	624 925	—	—	310	—	—
6	»	Nordstern Leben	2 414	¹) 1 938 072	27	11 788	²) 803	?	136
7	»	Preußische L.V.A.G.	1 898	1 020 747	16	21 396	538	—	—
9	»	Victoria	2 149	³) 1 154 148	—	—	537	—	—
10	Bremen	Bremer L.V.B.	6	1 356	—	—	226	—	—
11	Cöln	Concordia	1 267	650 775	3	2 125	514	—	—
14	Erfurt	Thuringia	1 056	599 965	9	12 396	568	—	—
15	Frankfurt	Frankfurter L.V.G.	1 071	654 668	8	7 541	611	—	—
16	»	Providentia	438	300 138	—	—	685	—	—
17	Hamburg	Janus	2 803	1 264 070	2	5 000	451	—	—
18	Leipzig	Teutonia	1 204	556 380	2	2 410	462	—	—
19	Ludwigshafen	Atlas	622	⁴) 264 239	5	4 167	425	—	—
20	Lübeck	Deutsche L.V.G.	690	255 230	—	—	370	—	—
21	Magdeburg	Magdeb. L.V.G.	549	277 040	17	11 665	505	—	—
22	»	Wilhelma	2 405	1 373 564	7	5 758	571	—	—
24	München	Arminia	110	55 705	22	20 023	506	—	—
25	»	Bayer. V.B.	5 225	2 979 146	55	23 054	570	—	—
26	Nürnberg	Nürnberger L.V.B.	77	42 218	2	1 000	548	—	—
27	Stettin	Germania	6 614	3 014 350	—	—	456	—	—
		Zusammen	**35 811**	**18 593 009**	**291**	**463 924**	**519**	?	**14**

Anmerkungen zu Tab. I 5: ¹) Einschl. 264 051 ℳ Jahresrente mit Gewinnbeteiligung und 510 ℳ Jahresrente ohne Gewinnbeteiligung, zu welchen die Policenzahl nicht bekannt ist. — ²) Ohne Berücksichtigung von 264 051 ℳ Jahresrente mit Gewinnbeteiligung und 510 ℳ Jahresrente ohne Gewinnbeteiligung. — ³) Außerdem verwaltet die Gesellschaft eine Pensionskasse mit 321 480 ℳ Jahresrente. — ⁴) Mit einem Teile dieser Renten ist ein Sterbegeld von 7 440 ℳ aus einer übernommenen Pensionskasse verbunden.

Noch: Tabelle I 5

Große Versicherung — Bestand der selbst abgeschlossenen und der in Rückdeckung übernommenen Rentenversicherungen, Durchschnittsbeträge und Gewinnbeteiligung Ende 1909

Versicherungsunternehmung			Selbst abgeschlossene Versicherungen		In Rückdeckung übernommene Versicherungen		Durchschnitts- und Verhältniszahlen für die selbst abgeschlossenen Versicherungen		
							Durchschnittliche Jahresrente für 1 Police	Am Gewinne sind beteiligt	
Nr.	Sitz	Name	Policen	Jahresrenten ℳ	Policen	Jahresrenten ℳ	ℳ	von 1 000 Policen	von 1 000 ℳ
	1		2	3	4	5	6	7	8
		Gegenseitigkeitsvereine							
28	Braunschweig .	Braunschweig L.V.A. ...	72	11 610	—	—	161	—	—
29	Darmstadt ...	Renten- u. Lebens V.A. [1]	358	90 807	—	—	254	—	—
30	Dresden	Sächsische Renten V.A. [2]	—	—	—	—	—	—	—
32	Halle	Iduna	1 397	596 245	3	3 140	427	283	223
35	Hannover	Preuß. Beamtenverein...	3 330	1 308 058	—	—	393	—	—
36	Karlsruhe	Karlsruher L.V. [3]	337	68 515	—	—	203	1 000	1 000
39	Potsdam	Deutsche L.V.	455	165 499	2	3 000	364	—	—
40	Schwerin	Mecklenb. L.V.B.	643	174 749	—	—	272	1 000	1 000
41	Stuttgart	Allg. Deutscher V.V.	104	49 603	—	—	477	1 000	1 000
42	»	Allg. Renten A.	15 101	2 989 480	62	8 736	198	1 000	1 000
43	»	Stuttgarter Lebens V.B. .	36	5 720	—	—	159	—	—
		Zusammen	**21 833**	**5 460 286**	**67**	**14 876**	**250**	**759**	**626**

Anmerkungen zu Tab. I 5: [1]) Bei der Anstalt liefen Ende 1909 außerdem noch 12 418 Versicherungen mit steigender Rente mit Gewinnbeteiligung. — [2]) Die Anstalt versichert nur steigende Renten, wofür am Jahresschluß 108 062 Einlagen (Voll- und Stückeinlagen) gemacht waren. — [3]) Bei der Gesellschaft liefen außerdem noch wachsende Leibrentenversicherungen mit Gewinnbeteiligung, Bestand Ende 1909: 3 784 Mitglieder mit 6 596 Einlagen.

Tabelle I 6

Große Versicherung — Bestand der selbst abgeschlossenen und der in Rückdeckung übernommenen Invaliditätsversicherungen, Durchschnittsbeträge und Gewinnbeteiligung Ende 1909

Versicherungsunternehmung			Selbst abgeschlossene Versicherungen		In Rückdeckung übernommene Versicherungen		Durchschnitts- und Verhältniszahlen für die selbst abgeschlossenen Versicherungen		
Nr.	Sitz	Name	Policen	Jahresrenten M	Policen	Jahresrenten M	Durchschnittliche Jahresrente für 1 Police M	Am Gewinne sind beteiligt von 1 000 Policen	Am Gewinne sind beteiligt von 1 000 M
	1		2	3	4	5	6	7	8
		Aktiengesellschaften							
1	Berlin	Berlinische L.V.G.	65	11 868	—	—	183	—	—
2	»	Deutsche L.V.B.	335	64 574	5	942	193	—	—
3	»	Deutscher Anker	1) 5 459	1) 5 579 482	—	—	1 022	505	438
4	»	Deutschland	940	175 449	—	—	187	929	696
5	»	Friedrich Wilhelm	882	475 097	3	1 031	539	170	321
6	»	Nordstern Leben	11 046	6 273 764	28	57 310	568	966	982
7	»	Preußische L.V.A.G	2) 3 918	2) 381 093	63	15 070	97	250	607
9	»	Victoria	25 473	9 711 325	15	5 080	381	1 000	1 000
11	Cöln	Concordia	570	188 090	16	11 460	330	998	995
12	Dresden	Urania	3) 153	14 325	—	—	94	993	1 000
13	Düsseldorf	Vereins V.B.	50	25 699	—	—	514	860	816
14	Erfurt	Thuringia	1 991	276 656	25	9 616	139	929	975
16	Frankfurt	Providentia	193	116 446	1	833	603	1 000	1 000
18	Leipzig	Teutonia	1 209	326 003	55	44 458	270	874	968
19	Ludwigshafen	Atlas	41	?	3	250	?	854	?
20	Lübeck	Deutsche L.V.G.	1 091	215 683	2	2 534	198	1 000	1 000
21	Magdeburg	Magdeb. L.V.G.	488	249 922	109	18 809	512	1 000	1 000
22	»	Wilhelma	7 022	201 800	24	12 725	29	936	?
23	Mannheim	Vita	761	81 665	10	4 748	107	943	949
24	München	Arminia	1 541	494 546	57	35 229	321	774	608
25	»	Bayer. V.B.	131	75 113	2	961	573	916	919
26	Nürnberg	Nürnberger L.V.B.	278	51 719	—	—	186	939	928
27	Stettin	Germania	21 833	7 344 492	—	—	336	1 000	1 000
		Zusammen	**85 470**	*32 334 811*	**418**	**221 056**	*378*	**902**	*874*
		Gegenseitigkeitsvereine							
32	Halle	Iduna	2 152	699 144	112	56 933	325	989	982
34	Hannover	Hannoversche L.V.A.	356	53 724	3	1 159	151	1 000	1 000
36	Karlsruhe	Karlsruher L.V.	6 834	1 423 428	—	—	208	—	—
39	Potsdam	Deutsche L.V.	—	—	6	4 152	—	—	—
40	Schwerin	Mecklenb. L.V.B.	316	125 854	4	5 100	398	1 000	1 000
41	Stuttgart	Allg. Deutscher V.V. 4)	530	648 554	—	—	1 224	1 000	1 000
43	»	Stuttgarter Lebens V.B.	5 013	1 319 370	—	—	263	—	—
		Zusammen	**15 201**	**4 270 074**	**125**	**67 344**	**281**	**219**	**355**

Anmerkungen zu Tab. I 6: Es handelt sich zumeist um Invaliditätszusatzversicherungen, deren Stand und Bewegung jetzt von fast allen Gesellschaften ermittelt werden konnte. Unzuverlässig sind noch die Angaben über den Jahresbetrag der für den Invaliditätsfall versicherten Renten; als solcher sollte gelten: bei Kapitalversicherungen, die im Invaliditätsfalle nur Prämienfreiheit gewähren: die Jahres-Bruttoprämie, und bei solchen Versicherungen, die außer der Prämienfreiheit eine Rente gewähren: diese Rente vermehrt um die Bruttoprämie. Die Invaliditätsrente ist aber noch vielfach anders bestimmt worden. — [1]) Darunter 1 126 Invaliditätszusatzversicherungen über 246 698 M Jahresrente. — [2]) Davon entfallen 2 833 Policen über 110 455 M Jahresrente auf kleine Versicherungen. — [3]) Darunter eine Versicherung, die sich auf 1 500 M Kapital für den Invaliditätsfall bezieht. — [4]) Von diesen Versicherungen erstrecken sich 382 gleichzeitig auf Krankenversicherung.

Tabelle I 7

Große Versicherung — Bestand der selbst abgeschlossenen und der in Rückdeckung übernommenen Krankenversicherungen, Durchschnittsbeträge und Gewinnbeteiligung Ende 1909

Versicherungsunternehmung			Selbst abgeschlossene Versicherungen		In Rückdeckung übernommene Versicherungen		Durchschnitts- und Verhältniszahlen für die selbst abgeschlossenen Versicherungen		
							Durchschnittl. Krankengeld für 1 Tag für 1 Police	Am Gewinne sind beteiligt	
Nr.	Sitz	Name	Policen	Krankengeld für 1 Tag ℳ	Policen	Krankengeld für 1 Tag ℳ	ℳ	von 1 000 Policen	von 1 000 ℳ
	1		2	3	4	5	6	7	8
		Aktiengesellschaften							
3	Berlin	Deutscher Anker	26 099	104 146	3 097	6 050	4	—	—
12	Dresden	Urania [1])	1 037	4 819	—	—	5	19	29
18	Leipzig	Teutonia	787	841	—	—	1	—	—
24	München	Arminia [2])	1 056	1 485	—	—	1	—	—
		Zusammen	**28 979**	**111 291**	**3 097**	**6 050**	**4**	**1**	**1**
		Gegenseitigkeitsvereine							
41	Stuttgart	Allg. Deutscher V.V. [3])	**389**	**2 497**	—	—	**6**	**1 000**	**1 000**

Anmerkungen zu Tab. I 7: Mit Sterbegeldversicherung verbundene Krankenversicherungen sind nur ausnahmsweise vorgekommen. — [1]) Die Versicherungen sind teilweise mit Sterbegeldversicherung (Gesamtbetrag 1 184 ℳ) verbunden. — [2]) Außerdem liefen Ende 1909 noch 358 Gesundheitspflege-Versicherungen. — [3]) Von diesen Versicherungen erstrecken sich 382 gleichzeitig auf den Invaliditätsfall.

Tabelle I 8

Kleine Versicherung — Bestand der überhaupt übernommenen, der in Rückdeckung

Nr.	Sitz	Name	Überhaupt übernommene Versicherungen: Kapitalversicherung auf den Todesfall: Policen	Summen M	Kapitalversicherung auf den Lebensfall: Policen	Summen M
	1		2	3	4	5
						Aktien
						Volks
4	Berlin	Deutschland	152 790	33 300 247	—	—
5	»	Friedrich Wilhelm	2 513 118	376 140 217	—	—
8	»	Prudentia	[1] 134 824	[1] 21 179 129	—	—
9	»	Victoria	3 388 320	710 306 034	—	—
12	Dresden	Urania	70 700	11 859 634	—	—
13	Düsseldorf	Vereins V.B.	[2] 4 692	[2] 677 630	—	—
22	Magdeburg	Wilhelma	141 233	37 468 195	—	—
23	Mannheim	Vita	56 814	14 328 458	—	—
24	München	Arminia	17 750	3 719 526	4 592	1 178 943
25	»	Bayer. V.B.	2 225	700 745	4	516
26	Nürnberg	Nürnberger L.V.B	8 199	2 902 302	—	—
		Zusammen	**6 490 665**	**1 212 582 117**	**4 596**	**1 179 459**
						Zeitungsabonnenten
26	Nürnberg	Nürnberger L.V.B.	[3] **1 053 265**	**85 034 850**	—	—
						Sonstige kleine
2	Berlin	Deutsche L.V.B.	1 018	450 292	—	—
6	»	Nordstern Leben	164	89 945	—	—
44	»	Nordstern Unfall	12 344	5 669 328	11	8 500
7	»	Preußische L.V.A.G.	4 312	3 000 356	—	—
10	Bremen	Bremer L.V.B.	5 303	1 391 956	—	—
11	Cöln	Concordia	53	9 750	—	—
12	Dresden	Urania	70	27 600	—	—
14	Erfurt	Thuringia	8 073	2 258 389	—	—
18	Leipzig	Teutonia	23 200	11 953 370	—	—
20	Lübeck	Deutsche L.V.G.	417	48 716	—	—
21	Magdeburg	Magdeb. L.V.G.	10 224	3 128 783	—	—
24	München	Arminia	20 466	11 048 452	—	—
25	»	Bayer. V.B.	1 092	1 480 110	—	—
27	Stettin	Germania	12 097	2 042 914	—	—
		Zusammen	**98 833**	**42 599 961**	**11**	**8 500**
						Gegenseitigkeits
						Volks
32	Halle	Iduna	295 587	46 353 579	—	—
41	Stuttgart	Allg. Deutscher V.V.	47 971	11 246 708	—	—
		Zusammen	**343 558**	**57 600 287**	—	—
						Sonstige kleine
28	Braunschweig	Braunschweig. L.V.A.	248	89 200	—	—
45	Görlitz	Rothenburger V.A.	277 263	103 955 328	—	—
32	Halle	Iduna [4])	8 603	3 043 476	—	—
34	Hannover	Hannoversche L.V.A.	213	169 600	—	—
35	»	Preuß. Beamtenverein	14 228	6 133 000	—	—
38	Posen	Vesta	116	27 007	—	—
39	Potsdam	Deutsche L.V.	4 203	1 283 234	—	—
40	Schwerin	Mecklenb. L.V.B.	2 761	2 783 987	—	—
		Zusammen	**307 635**	**117 484 832**	—	—

Anmerkungen zu Tab. I 8: [1]) Hierin ist auch das gesamte der Prudentia in vollständige Rückdeckung und Verwaltung gegebene Volksversicherungsgeschäft der Hannoverschen Lebensversicherungs-Anstalt (2 501 Policen über 274 573 M) enthalten. Außerdem befinden sich hierunter 3 974 Policen mit 1 169 973 M, bei welchen der Versicherungsvertrag im Jahre 1909, die Versicherung selbst aber im Jahre 1910 beginnt. —

gegebenen Versicherungen und der Versicherungen für eigene Rechnung Ende 1909

In Rückdeckung gegebene Versicherungen		Versicherungen für eigene Rechnung		Versicherungsunternehmung		
Kapitalversicherung auf den Todesfall ℳ	Kapitalversicherung auf den Lebensfall ℳ	Kapitalversicherung auf den Todesfall ℳ	Kapitalversicherung auf den Lebensfall ℳ	Nr.	Sitz	Name
6	7	8	9		1	

gesellschaften

versicherung

6	7	8	9	Nr.	Sitz	Name
5 449 005	—	27 851 242	—	4	Berlin	Deutschland
—	—	376 140 217	—	5	»	Friedrich Wilhelm
10 407 635	—	10 771 494	—	8	»	Prudentia
—	—	710 306 034	—	9	»	Victoria
3 953 211	—	7 906 423	—	12	Dresden.........	Urania
—	—	677 630	—	13	Düsseldorf	Vereins V.B.
—	—	37 468 195	—	22	Magdeburg	Wilhelma
2 999 652	—	11 328 806	—	23	Mannheim......	Vita
1 015 409	203 526	2 704 117	975 417	24	München	Arminia
—	—	700 745	516	25	»	Bayer. V.B.
—	—	2 902 302	—	26	Nürnberg	Nürnberger L.V.B.
23 824 912	**203 526**	**1 188 757 205**	**975 933**		**Zusammen**	

versicherung

6	7	8	9	Nr.	Sitz	Name
—	—	**85 034 850**	—	26	Nürnberg	Nürnberger L.V.B.

Versicherung (Sterbegeldversicherung)

6	7	8	9	Nr.	Sitz	Name
—	—	450 292	—	2	Berlin	Deutsche L.V.B.
—	—	89 945	—	6	»	Nordstern Leben
—	—	5 669 328	8 500	44	»	Nordstern Unfall
458 530	—	2 541 826	—	7	»	Preußische L.V.A.G.
—	—	1 391 956	—	10	Bremen	Bremer L.V.B.
—	—	9 750	—	11	Cöln	Concordia
—	—	27 600	—	12	Dresden........	Urania
—	—	2 258 389	—	14	Erfurt	Thuringia
15 546	—	11 937 824	—	18	Leipzig	Teutonia
—	—	48 716	—	20	Lübeck	Deutsche L.V.G.
—	—	3 128 783	—	21	Magdeburg	Magdeb. L.V.G.
—	—	11 048 452	—	24	München	Arminia
—	—	1 480 110	—	25	»	Bayer. V.B.
—	—	2 042 914	—	27	Stettin	Germania
474 076	—	**42 125 885**	**8 500**		**Zusammen**	

vereine

versicherung

6	7	8	9	Nr.	Sitz	Name
—	—	46 353 579	—	32	Halle	Iduna
—	—	11 246 708	—	41	Stuttgart.......	Allg. Deutscher V.V.
—	—	**57 600 287**	—		**Zusammen**	

Versicherung (Sterbegeldversicherung)

6	7	8	9	Nr.	Sitz	Name
—	—	89 200	—	28	Braunschweig...	Braunschweig. L.V.A.
—	—	103 955 328	—	45	Görlitz	Rothenburger V.A.
—	—	3 043 476	—	32	Halle	Iduna
—	—	169 600	—	34	Hannover	Hannoversche L.V.A.
—	—	6 133 000	—	35	»	Preuß. Beamtenverein
—	—	27 007	—	38	Posen..........	Vesta
—	—	1 283 234	—	39	Potsdam	Deutsche L.V.
—	—	2 783 987	—	40	Schwerin	Mecklenb. L.V.B.
—	—	**117 484 832**	—		**Zusammen**	

²) Davon sind 25 Policen mit 598 ℳ Invaliditätszusatzversicherungen verbunden. — ³) Personen statt Policen. — ⁴) Einschl. der ehemaligen Bremischen Sterbekasse.

Tabelle I 9

Kleine Versicherung — Bestand der selbst abgeschlossenen und der in Rückdeckung übernommenen Versicherungen auf den Todesfall, Durchschnittsbeträge und Gewinnbeteiligung Ende 1909

Versicherungsunternehmung: Nr.	Sitz	Name	Selbst abgeschlossene Versicherungen: Policen	Selbst abgeschlossene Versicherungen: Summen M	In Rückdeckung übernommene Versicherungen: Policen	In Rückdeckung übernommene Versicherungen: Summen M	Durchschnitts- und Verhältniszahlen für die selbst abgeschlossenen Versicherungen: Durchschnittl. Versicherungssumme für 1 Police M	Am Gewinne sind beteiligt: von 1 000 Policen	Am Gewinne sind beteiligt: von 1 000 M
1			2	3	4	5	6	7	8
		Aktiengesellschaften							
		Volksversicherung							
4	Berlin	Deutschland	152 790	33 300 247	—	—	218	427	661
5	»	Friedrich Wilhelm	2 513 118	376 140 217	—	—	150	289	359
8	»	Prudentia [1])	[2]) 134 769	[2]) 20 815 268	55	363 861	154	997	989
9	»	Victoria	3 388 320	710 306 034	—	—	210	999	998
12	Dresden	Urania	70 700	11 859 634	—	—	168	919	977
13	Düsseldorf .	Vereins V.B...........	[3]) 4 692	[3]) 677 630	—	—	144	441	761
22	Magdeburg .	Wilhelma	141 233	37 468 195	—	—	265	1 000	1 000
23	Mannheim ..	Vita	56 556	14 227 885	258	100 573	252	979	989
24	München ...	Arminia.............	17 750	3 719 526	—	—	210	880	855
25	» ...	Bayer. V.B.	1 688	621 424	537	79 321	368	—	—
26	Nürnberg ...	Nürnberger L.V.B. ...	8 199	2 902 302	—	—	354	815	946
		Zusammen	**6 489 815**	**1 212 038 362**	**850**	**543 755**	**187**	**708**	**789**
		Zeitungsabonnentenversicherung							
26	Nürnberg ...	Nürnberger L.V.B. ...	**[4]) 1053 265**	**85 034 850**	—	—	**81**	**[5]) 1000**	**[5]) 1000**
		Sonstige kleine Versicherung (Sterbegeldversicherung)							
2	Berlin	Deutsche L.V.B.	1 018	450 292	—	—	442	—	—
6	»	Nordstern Leben......	164	89 945	—	—	548	—	—
44	»	Nordstern Unfall	10 108	4 015 758	2 236	1 653 570	397	417	634
7	»	Preußische L.V.A.G. ..	4 312	3 000 356	—	—	696	—	—
10	Bremen	Bremer L.V.B.	5 303	1 391 956	—	—	262	—	—
11	Cöln	Concordia	53	9 750	—	—	184	—	—
12	Dresden	Urania	70	27 600	—	—	394	—	—
14	Erfurt	Thuringia	8 073	2 258 389	—	—	280	—	—
18	Leipzig	Teutonia	23 200	11 953 370	—	—	515	—	—
20	Lübeck	Deutsche L.V.G.	417	48 716	—	—	117	—	—
21	Magdeburg .	Magdeb. L.V.G.	10 224	3 128 783	—	—	306	—	—
24	München ...	Arminia.............	20 466	11 048 452	—	—	540	562	634
25	» ...	Bayer. V.B.	1 092	1 480 110	—	—	1 355	—	—
27	Stettin......	Germania	12 097	2 042 914	—	—	169	—	—
		Zusammen	**96 597**	**40 946 391**	**2 236**	**1 653 570**	**424**	**163**	**233**

Anmerkungen zu Tab. I 9: [1]) Einschl. des der Prudentia in vollständige Rückdeckung und Verwaltung gegebenen Volksversicherungsgeschäfts der Hannoverschen Lebensversicherungs-Anstalt (2 501 Policen über 274 573 M). — [2]) Hierunter befinden sich 3 974 Policen mit 1 169 973 M, bei welchen der Versicherungsvertrag im Jahre 1909, die Versicherung selbst aber erst im Jahre 1910 beginnt. — [3]) Davon sind 25 Policen mit 598 M Invaliditätszusatzversicherungen verbunden. — [4]) Personen statt Policen. — [5]) Versicherungsnehmer ist der Zeitungsverleger, welcher vertragsmäßig am Geschäftsgewinne der Gesellschaft beteiligt ist.

Noch: Tabelle I 9

Kleine Versicherung — Bestand der selbst abgeschlossenen und der in Rückdeckung übernommenen Versicherungen auf den Todesfall, Durchschnittsbeträge und Gewinnbeteiligung Ende 1909

Versicherungsunternehmung: Nr.	Sitz	Name	Selbst abgeschlossene Versicherungen: Policen	Summen ℳ	In Rückdeckung übernommene Versicherungen: Policen	Summen ℳ	Durchschnitts- und Verhältniszahlen für die selbst abgeschlossenen Versicherungen: Durchschnittl. Versicherungssumme für 1 Police ℳ	Am Gewinne sind beteiligt von 1 000 Policen	von 1 000 ℳ
		1	2	3	4	5	6	7	8
		Gegenseitigkeitsvereine							
		Volksversicherung							
32	Halle	Iduna	295 587	46 353 579	—	—	157	936	965
41	Stuttgart ...	Allg. Deutscher V.V. ..	47 971	11 246 708	—	—	234	1 000	1 000
		Zusammen	**343 558**	**57 600 287**	—	—	**168**	**945**	**972**
		Sonstige kleine Versicherung (Sterbegeldversicherung)							
28	Braunschweig	Braunschweig. L.V.A. .	248	89 200	—	—	360	1 000	1 000
45	Görlitz......	Rothenburger V.A. ...	277 263	103 955 328	—	—	375	1 000	1 000
32	Halle	Iduna	8 603	3 043 476	—	—	354	497	273
34	Hannover ..	Hannoversche L.V.A. .	213	169 600	—	—	796	—	—
35	» ..	Preuß. Beamtenverein .	14 228	6 133 000	—	—	431	—	—
38	Posen	Vesta	116	27 007	—	—	233	1 000	1 000
39	Potsdam ...	Deutsche L.V.	4 203	1 283 234	—	—	305	—	—
40	Schwerin ...	Mecklenb. L.V.B.	2 761	2 783 987	—	—	1 008	1 000	1 000
		Zusammen	**307 635**	**117 484 832**	—	—	**382**	**925**	**917**

Tabelle I 10

Kleine Versicherung — Bestand der selbst abgeschlossenen und der in Rückdeckung übernommenen Versicherungen auf den Lebensfall, Durchschnittsbeträge und Gewinnbeteiligung Ende 1909

Nr.	Sitz	Name	Policen	Summen ℳ	Policen (Rückdeckung)	Summen ℳ (Rückdeckung)	Durchschnittl. Versicherungssumme ℳ	von 1 000 Policen	von 1 000 ℳ
		Aktiengesellschaften							
		Volksversicherung							
24	München ...	Arminia.............	4 592	1 178 943	—	—	257	—	—
25	» ...	Bayer. V.B.	—	—	4	516	—	—	—
		Zusammen	**4 592**	**1 178 943**	**4**	**516**	**257**	—	—
		Sonstige kleine Versicherung							
44	Berlin	Nordstern Unfall	**4**	**2 000**	**7**	**6 500**	**500**	**1 000**	**1 000**

Von Gegenseitigkeitsvereinen sind kleine Versicherungen auf den Lebensfall nicht abgeschlossen.

Tabelle I 11

Versicherungseinrichtungen von Berufsvereinigungen — Bestand der selbst abgeschlossenen und der in Rückdeckung übernommenen Versicherungen, Durchschnittsbeträge und Gewinnbeteiligung Ende 1909

Versicherungsunternehmung			Selbst abgeschlossene Versicherungen		In Rückdeckung übernommene Versicherungen		Durchschnitts- und Verhältniszahlen für die selbst abgeschlossenen Versicherungen		
							Durchschnittl. Versicherungssumme für 1 Police	Am Gewinne sind beteiligt	
Nr.	Sitz	Name	Policen	Summen M	Policen	Summen M	M	von 1 000 Policen	von 1 000 M
1			2	3	4	5	6	7	8
		Versicherungen auf den Todesfall							
48	Berlin	Hinterbl. V.A. Beamten-Vereine	4 995	3 767 501	—	—	754	959	989
49	»	Sterbekasse u. V.A. d. D. Kriegerbundes	113 798	28 741 541	—	—	253	1 000	1 000
50	»	Sterbekasse D. Lehrer	36 491	28 609 540	—	—	784	994	999
51	Cöln	Ecclesia	262	1 283 000	—	—	4 897	1 000	1 000
52	Darmstadt	Sterbekasse D. Gastwirte	7 407	7 758 759	—	—	1 047	1 000	1 000
53	Düsseldorf	Sterbekasse D. Werkmeister	103 427	51 155 800	—	—	495	1 000	1 000
54	Hamburg	Hinterbl. K. d. Handl.Commis 1858	1 317	7 454 852	—	—	5 660	1 000	1 000
58	Magdeburg	Begräbnis K. Privatbeamten V.	5 508	3 798 500	—	—	690	1 000	1 000
59	»	Pens. K. Privatbeamten V.	*3 409*	[1]) *16 839*	—	—	Nicht anzugeben	1 000	1 000
61	München	Lebensvers. f. D. Forstbeamte	6 529	17 111 500	—	—	2 621	1 000	1 000
63	Viersen	Sterbekasse D. Militäranwärter	10 461	4 516 600	—	—	432	1 000	1 000
		Zusammen (ohne Nr. 59)	**290 195**	**154 197 593**	—	—	**531**	**999**	**999**
		Versicherungen auf den Lebensfall							
48	Berlin	Hinterbl. V.A. Beamten-Vereine	36	46 800	—	—	1 300	—	—
54	Hamburg	Hinterbl.K.d. Handl. Commis 1858	231	1 105 718	—	—	4 787	1 000	1 000
		Zusammen	**267**	**1 152 518**	—	—	**4 317**	**865**	**959**
		Rentenversicherungen							
46	Berlin	A. D. Pens. A. f. Lehrerinnen	5 185	1 610 828	—	—	311	1 000	1 000
47	»	Beamtenv. V. d. D. Bank- u. Bankiergew.	5 611	Nicht anzugeben	—	—	—	—	—
48	»	Hinterbl. V.A. Beamten-Vereine	[2]) 2 862	[3]) 799 069	—	—	279	833	965
54	Hamburg	Hinterbl.K. d. Handl.Commis 1858	9	3 624	—	—	403	1 000	1 000
55	»	Pens.K. d. Handl.Commis 1858	[4]) 8 227	2 244 218	—	—	273	1 000	1 000
56	Leipzig	Alt. u. Inv. K. d. Handl. Geh.	[5]) 1 842	Nicht anzugeben	—	—	—	—	—
57	»	Witw. u. Wais. K. D. Handl. Geh.	[6]) 2 289	197 647	—	—	86	—	—
59	Magdeburg	Pens. K. Privatbeamten V.	15 920	Nicht anzugeben	—	—	—	1 000	1 000
60	»	Witw. K. Privatbeamten V.	5 003	» »	—	—	—	1 000	1 000
62	München	Pens. A. D. Journalisten	[7]) 913	» »	—	—	—	1 000	1 000
		Zusammen	**47 861**	***4 855 386***	—	—	**261**	**786**	**954**

Anmerkungen zu Tab. I 11: In Rückdeckung gegeben sind nur 74 200 M von der Sterbekasse u. V. A. d. D. Kriegerbundes, 365 400 M von der Ecclesia und 3 762 523 M von der Hinterbl. K. d. Handl. Commis 1858. — [1]) Anteile von veränderlicher Höhe (Anwartschaften auf Rückgewähr der Beiträge für die Versicherung aufgeschobener Renten, Ende 1909: 2 489 514 M). — [2]) Einschl. laufender Überlebensrenten. — [3]) Darunter 20 720 M Invaliditätszusatzversicherungen. — [4]) Außerdem 4 741 Invalidenrenten und 1 719 Witwenrentenversicherungen von veränderlicher Höhe. — [5]) Außerdem 35 Policen mit 9 778 M laufender Renten. — [6]) Außerdem 138 Policen mit 11 536 M laufender Renten. — [7]) Nämlich 843 Alters- und Invalidenrenten von steigendem Betrag und 70 Witwen- und Waisenrenten im Gesamtbetrage von 53 000 M; außerdem liefen bereits 98 Renten in Höhe von 25 478 M.

Tabelle I 12

Große Versicherung — Deutscher Versicherungsbestand ausländischer Gesellschaften
Die überhaupt übernommenen Versicherungen nach Versicherungsarten — Verhältnis des deutschen Geschäfts zum ganzen Geschäfte

Versicherungsunternehmung			Bestand Ende 1909			
			Kapitalversicherung auf den Todesfall		Kapitalversicherung auf den Lebensfall	
Nr.	Sitz	Name	Policen	Summen M	Policen	Summen M
		1	2	3	4	5
64	Amerika	Equitable	3 849	48 618 514	31	209 652
65	»	Germania	20 091	146 591 458	4 137	13 226 764
66	»	Mutual	4 013	54 194 496	153	705 264
67	»	New York	13 088	225 906 659	243	1 819 637
68	Dänemark	Hafnia	1 894	7 098 729	158	457 725
69	England	General Life Ass. C.	50	724 560	41	455 556
70	»	Northern Ass. C.	229	5 464 040	7	42 000
71	Frankreich	Le Conservateur	[1]) 2 654	2 405 928	2 757	[2]) 17 955 595
72	»	Le Phénix	359	2 365 107	4	53 000
73	Niederlande	Kosmos	26 865	85 162 718	1 989	3 121 304
74	»	Niederländische L.V.G.	5 391	24 258 469	677	1 786 314
75	Österr.-Ungarn	Allianz	773	1 603 989	439	307 389
76	»	Anker	[3]) 5 827	[3]) 47 626 275	2 881	24 339 368
77	»	Assic. Generali	5 355	32 905 466	1 027	2 513 185
78	»	Gisela-Verein	5 882	6 160 069	49 594	59 034 026
79	»	Janus	12 636	25 016 686	1 425	2 558 373
80	»	Österr. Phönix	5 457	23 841 865	739	1 466 999
81	»	Wiener Leb. u. Rent. V.A.	[4]) 1 123	[4]) 4 775 234	1 465	2 147 009
82	Schweiz	Basler L.V.G.	16 802	84 618 731	4 500	9 836 413
83	»	La Genevoise	364	2 293 829	3	10 600
84	»	Schweizerische L.V. u. R.A.	4 566	25 341 151	756	1 510 550
		Zusammen	**137 268**	**856 973 978**	**73 026**	**143 556 728**

Anmerkungen zu Tab. I 12: Zu der Versicherung auf den Todesfall gehört auch die gemischte (alternative) Versicherung und die Versicherung mit festem Auszahlungstermine. — Zu der Versicherung auf den Lebensfall ist auch die Kapital-Sparversicherung gerechnet. — Bei den Invaliditätsversicherungen handelt es sich um Zusatzversicherungen. — Ein • bedeutet, daß die beobachteten Fälle weniger als $^1/_2$ ‰ ausmachen. — [1]) Gegenversicherung (Versicherung auf Rückzahlung der Prämien im Falle vorzeitigen Ablebens bei Versicherungen auf den Lebensfall). — [2]) Gesamtsumme der bisher eingezahlten und der noch zu erwartenden Prämien der Genossenschaften für Aussteuerversicherung. — [3]) Zumeist Gegenversicherungen. — [4]) Einschl. Gegen- und Zeichnerversicherung.

Noch: Tabelle I 12

Große Versicherung — Deutscher Versicherungs
Die überhaupt übernommenen Versicherungen nach Versicherungsarten

Versicherungsunternehmung			Bestand Ende 1909			
			Rentenversicherung		Invaliditätsversicherung	
Nr.	Sitz	Name	Policen	Jahresrenten ℳ	Policen	Jahresrenten ℳ
		1	6	7	8	9
64	Amerika	Equitable	83	59 750	—	—
65	»	Germania	206	122 026	—	—
66	»	Mutual	71	74 834	—	—
67	»	New York	331	330 961	—	—
68	Dänemark	Hafnia	105	40 656	—	—
69	England	General Life Ass. C.	—	—	—	—
70	»	Northern Ass. C.	23	25 460	—	—
71	Frankreich	Le Conservateur	—	—	—	—
72	»	Le Phénix	12	4 258	—	—
73	Niederlande	Kosmos	84	49 295	—	—
74	»	Niederländische L.V.G.	62	36 786	—	—
75	Österr.-Ungarn	Allianz	3	1 350	—	—
76	»	Anker	50	46 926	—	—
77	»	Assic. Generali	194	156 166	—	—
78	»	Gisela-Verein	—	—	—	—
79	»	Janus	4	2 319	—	—
80	»	Österr. Phönix	73	45 427	—	3 775
81	»	Wiener Leb. u. Rent. V.A.	69	32 905	—	—
82	Schweiz	Basler L.V.G.	495	204 995	471	24 475
83	»	La Genevoise	2	1 920	—	—
84	»	Schweizerische L.V. u. R.A.	219	121 420	83	58 220
		Zusammen	**2 086**	**1 357 454**	**554**	**86 470**

bestand ausländischer Gesellschaften
— Verhältnis des deutschen Geschäfts zum ganzen Geschäfte

Von dem gesamten großen Lebensversicherungsgeschäfte kommen Ende 1909 auf das deutsche Geschäft								
bei der Kapitalversicherung auf den Todesfall		bei der Kapitalversicherung auf den Lebensfall		bei der Rentenversicherung		bei der Invaliditätsversicherung		Nr.
von 1 000 Policen	von 1 000 ℳ	von 1 000 Policen	von 1 000 ℳ	von 1 000 Policen	von 1 000 ℳ	von 1 000 Policen	von 1 000 ℳ	
10	11	12	13	14	15	16	17	
8	9	67	77	20	9	—	—	64
317	305	887	871	766	619	—	—	65
6	9	103	122	7	6	—	—	66
13	26	104	122	34	39	—	—	67
37	45	197	281	53	40	—	—	68
6	9	5	12	—	—	—	—	69
11	29	19	5	15	16	—	—	70
35	72	36	70	—	—	—	—	71
6	5	1	2	1		—	—	72
725	615	604	518	25	29	—	—	73
139	102	281	174	11	9	—	—	74
39	53	91	68	107	10	—	—	75
86	121	150	265	54	42	—	—	76
44	40	109	55	107	91	—	—	77
191	139	337	404	—	—	—	—	78
189	249	410	393	4	6	—	—	79
94	142	175	183	192	182	—	13	80
47	51	116	103	260	117	—	—	81
466	427	708	656	215	137	377	403	82
54	58	23	8	2	2	—	—	83
158	164	353	294	64	57	120	160	84
47	**36**	**231**	**195**	**29**	**24**	**283**	**115**	

Tabelle I 13

Große Versicherung — Deutscher Versicherungs
Die in Rückdeckung gegebenen Versicherungen und die

Versicherungsunternehmung			Bestand			
			In Rückdeckung gegebene Versicherungen			
Nr.	Sitz	Name	Kapitalversicherung auf den Todesfall ℳ	Kapitalversicherung auf den Lebensfall ℳ	Rentenversicherung ℳ	Invaliditätsversicherung ℳ
	1		2	3	4	5
64	Amerika	Equitable	—	—	—	—
65	»	Germania	667 500	—	—	—
66	»	Mutual	—	—	—	—
67	»	New York	1 370 150	—	—	—
68	Dänemark	Hafnia	104 039	2 601	576	—
69	England	General Life Ass. C.	85 000	—	—	—
70	»	Northern Ass. C.	386 580	—	—	—
71	Frankreich	Le Conservateur	—	—	—	—
72	»	Le Phénix	84 893	—	—	—
73	Niederlande	Kosmos	2 812 144	—	—	—
74	»	Niederländische L.V.G.	375 333	—	—	—
75	Österr.-Ungarn	Allianz	—	—	—	—
76	»	Anker	5 333 420	—	—	—
77	»	Assic. Generali	1 660 249	—	—	—
78	»	Gisela-Verein	101 000	—	—	—
79	»	Janus	175 121	—	—	—
80	»	Österr. Phönix	11 343 789	733 500	20 498	1 054
81	»	Wiener Leb. u. Rent. V.A.	1 198 408	311 445	1 735	—
82	Schweiz	Basler L.V.G.	8 765 913	—	—	5 250
83	»	La Genevoise	316 330	—	—	—
84	»	Schweizerische L.V. u. R.A.	1 376 900	—	16 653	10 468
		Zusammen	**36 156 769**	**1 047 546**	**39 462**	**16 772**

Anmerkungen zu Tab. I 13: Siehe Anmerkungen zu Tab. I 12 S. 27. — [1]) Gegenversicherung (Versicherung auf Rückzahlung der Prämien im Falle vorzeitigen Ablebens bei Versicherungen auf den Lebensfall). — [2]) Zumeist Gegenversicherungen. — [3]) Einschl. Gegen- und Zeichnerversicherung.

bestand ausländischer Gesellschaften
Versicherungen für eigene Rechnung nach Versicherungsarten

Ende 1909 Versicherungen für eigene Rechnung: Kapitalversicherung auf den Todesfall ℳ	Kapitalversicherung auf den Lebensfall ℳ	Rentenversicherung ℳ	Invaliditätsversicherung ℳ	Versicherungsunternehmung: Nr.	Sitz	Name
6	7	8	9		1	
48 618 514	209 652	59 750	—	64	Amerika	Equitable
145 923 958	13 226 764	122 026	—	65	»	Germania
54 194 496	705 264	74 834	—	66	»	Mutual
224 536 509	1 819 637	330 961	—	67	»	New York
6 994 690	455 124	40 080	—	68	Dänemark	Hafnia
639 560	455 556	—	—	69	England	General Life Ass. C.
5 077 460	42 000	25 460	—	70	»	Northern Ass. C.
[1]) 2 405 928	17 955 595	—	—	71	Frankreich	Le Conservateur
2 280 214	53 000	4 258	—	72	»	Le Phénix
82 350 574	3 121 304	49 295	—	73	Niederlande	Kosmos
23 883 136	1 786 314	36 786	—	74	»	Niederländische L.V.G.
1 603 989	307 389	1 350	—	75	Österr.-Ungarn	Allianz
[2]) 42 292 855	24 339 368	46 926	—	76	»	Anker
31 245 217	2 513 185	156 166	—	77	»	Assic. Generali
6 059 069	59 034 026	—	—	78	»	Gisela-Verein
24 841 565	2 558 373	2 319	—	79	»	Janus
12 498 076	733 499	24 929	2 721	80	»	Österr. Phönix
[3]) 3 576 826	1 835 564	31 170	—	81	»	Wiener Leb. u. Rent. V.A.
75 852 818	9 836 413	204 995	19 225	82	Schweiz	Basler L.V.G.
1 977 499	10 600	1 920	—	83	»	La Genevoise
23 964 251	1 510 550	104 767	47 752	84	»	Schweizerische L.V. u. R.A.
820 817 204	**142 509 177**	**1 317 992**	**69 698**		**Zusammen**	

Tabelle I 14

Große Versicherung — Deutscher Versicherungbestand ausländischer Gesellschaften Bestand der selbst abgeschlossenen und der in Rückdeckung übernommenen Versicherungen auf den Todesfall, Durchschnittsbeträge und Gewinnbeteiligung Ende 1909

Versicherungsunternehmung			Selbst abgeschlossene Versicherungen		In Rückdeckung übernommene Versicherungen		Durchschnitts- und Verhältniszahlen für die selbst abgeschlossenen Versicherungen		
Nr.	Sitz	Name	Policen	Summen M	Policen	Summen M	Durchschnittl. Versicherungssumme für 1 Police M	Am Gewinne sind beteiligt von 1 000 Policen	Am Gewinne sind beteiligt von 1 000 M
	1		2	3	4	5	6	7	8
64	Amerika	Equitable	3 849	48 618 514	—	—	12 631	763	878
65	»	Germania	20 060	146 211 285	31	380 173	7 289	953	983
66	»	Mutual	4 013	54 194 496	—	—	13 505	862	962
67	»	New York	13 088	225 906 659	—	—	17 261	960	978
68	Dänemark	Hafnia	1 894	7 098 729	—	—	3 748	1 000	1 000
69	England	General Life Ass. C.	50	724 560	—	—	14 491	540	355
70	»	Northern Ass. C.	229	5 464 040	—	—	23 860	891	847
71	Frankreich....	Le Conservateur	2 654	[1]) 2 405 928	—	—	907	1 000	1 000
72	»	Le Phénix [2])	359	2 365 107	—	—	6 588	855	844
73	Niederlande ..	Kosmos	26 619	83 162 372	246	2 000 346	3 124	833	930
74	» ..	Niederländische L.V.G. ...	5 391	24 258 469	—	—	4 500	366	567
75	Österr.-Ungarn	Allianz	773	1 603 989	—	—	2 075	—	—
76	»	Anker	[3]) 4 282	[3]) 37 049 193	1 545	10 577 082	8 652	372	537
77	»	Assic. Generali	5 007	29 589 475	348	3 315 991	5 910	553	561
78	»	Gisela-Verein	5 882	6 160 069	—	—	1 047	1 000	1 000
79	»	Janus..................	12 610	24 798 296	26	218 390	1 967	1 000	1 000
80	»	Österr. Phönix	5 272	21 471 173	185	2 370 692	4 073	652	713
81	»	Wiener Leb. u. Rent. V.A.	[4]) 1 050	[4]) 4 305 535	73	469 699	4 100	774	818
82	Schweiz	Basler L.V.G.	16 786	84 434 413	16	184 318	5 030	558	855
83	»	La Genevoise	364	2 293 829	—	—	6 302	505	442
84	»	Schweizerische L.V. u. R.A.	4 566	25 341 151	—	—	5 550	965	966
		Zusammen	**134 798**	**837 457 282**	**2 470**	**19 516 691**	**6 213**	**841**	**897**

Anmerkungen zu Tab. I 14: [1]) Gegenversicherungen, als Versicherungssumme ist die Summe der von den Genossenschaften für Aussteuerversicherung mit Prämienrückgewähr bis zum Schlusse des Geschäftsjahrs gezahlten Prämien eingestellt. — [2]) Die in Rückdeckung übernommenen Versicherungen sind in Spalte 3 mitenthalten. — [3]) Zumeist Gegenversicherungen. — [4]) Einschl. Gegen- und Zeichnerversicherung.

Tabelle I 15

Große Versicherung — Deutscher Versicherungsbestand ausländischer Gesellschaften Bestand der selbst abgeschlossenen und der in Rückdeckung übernommenen Versicherungen auf den Lebensfall, Durchschnittsbeträge und Gewinnbeteiligung Ende 1909

Versicherungsunternehmung Nr.	Sitz	Name	Selbst abgeschlossene Versicherungen: Policen	Selbst abgeschlossene Versicherungen: Summen ℳ	In Rückdeckung übernommene Versicherungen: Policen	In Rückdeckung übernommene Versicherungen: Summen ℳ	Durchschnitts- und Verhältniszahlen für die selbst abgeschlossenen Versicherungen: Durchschnittl. Versicherungssumme für 1 Police ℳ	Am Gewinne sind beteiligt: von 1 000 Policen	Am Gewinne sind beteiligt: von 1 000 ℳ
	1		2	3	4	5	6	7	8
64	Amerika	Equitable	31	209 652	—	—	6 763	903	995
65	»	Germania	4 137	13 226 764	—	—	3 197	146	211
66	»	Mutual	153	705 264	—	—	4 610	863	963
67	»	New York	243	1 819 637	—	—	7 488	342	404
68	Dänemark	Hafnia	158	457 725	—	—	2 897	1 000	1 000
69	England	General Life Ass. C.	41	455 556	—	—	11 111	854	938
70	»	Northern Ass. C.	7	42 000	—	—	6 000	—	—
71	Frankreich	Le Conservateur	2 757	[1]) 17 955 595	—	—	6 513	1 000	1 000
72	»	Le Phénix	4	53 000	—	—	13 250	—	—
73	Niederlande	Kosmos	1 988	3 120 458	1	846	1 570	—	—
74	»	Niederländische L.V.G.	677	1 786 314	—	—	2 639	16	18
75	Österr.-Ungarn	Allianz	439	307 389	—	—	700	—	—
76	»	Anker [2])	2 859	24 270 181	22	69 187	8 489	929	928
77	»	Assic. Generali	1 027	2 513 185	—	—	2 447	—	—
78	»	Gisela-Verein	49 594	59 034 026	—	—	1 190	1 000	1 000
79	»	Janus	1 425	2 558 373	—	—	1 795	1 000	1 000
80	»	Österr. Phönix	739	1 466 999	—	—	1 985	—	—
81	»	Wiener Leb. u. Rent.V.A.	1 465	[3]) 2 147 009	—	—	1 466	648	932
82	Schweiz	Basler L.V.G.	4 500	9 836 413	—	—	2 186	—	—
83	»	La Genevoise	3	10 600	—	—	3 533	—	—
84	»	Schweizerische L.V. u. R.A.	756	1 510 550	—	—	1 998	—	—
		Zusammen	**73 003**	**143 486 690**	**23**	**70 033**	**1 965**	**800**	**763**

Anmerkungen zu Tab. I 15: [1]) Gesamtsumme der bisher eingezahlten und der noch zu erwartenden Prämien der Genossenschaften für Aussteuerversicherung. — [2]) Zumeist Überlebensassoziationen, als Versicherungssumme ist das gezeichnete Minimal-Kapital eingestellt. — [3]) Soweit Überlebensassoziationen in Betracht kommen, ist als Versicherungssumme das gezeichnete Minimal-Kapital eingestellt.

Tabelle I 16

Große Versicherung — Deutscher Versicherungsbestand ausländischer Gesellschaften
Bestand der selbst abgeschlossenen und der in Rückdeckung übernommenen Rentenversicherungen
Durchschnittsbeträge und Gewinnbeteiligung Ende 1909

Versicherungsunternehmung			Selbst abgeschlossene Versicherungen		In Rückdeckung übernommene Versicherungen		Durchschnitts- und Verhältniszahlen für die selbst abgeschlossenen Versicherungen		
Nr.	Sitz	Name	Policen	Jahresrenten M	Policen	Jahresrenten M	Durchschnittliche Jahresrente für 1 Police M	Am Gewinne sind beteiligt von 1 000 Policen	von 1 000 M
1			2	3	4	5	6	7	8
64	Amerika	Equitable	83	59 750	—	—	720	—	—
65	»	Germania	205	121 026	1	1 000	590	—	—
66	»	Mutual	71	74 834	—	—	1 054	—	—
67	»	New York	331	330 961	—	—	1 000	—	—
68	Dänemark	Hafnia	105	40 656	—	—	387	1 000	1 000
69	England	General Life Ass. C.	—	—	—	—	—	—	—
70	»	Northern Ass. C.	23	25 460	—	—	1 107	—	—
71	Frankreich	Le Conservateur	—	—	—	—	—	—	—
72	»	Le Phénix	12	4 258	—	—	355	—	—
73	Niederlande	Kosmos	81	46 994	3	2 301	580	—	—
74	»	Niederländische L.V.G.	62	36 786	—	—	593	16	14
75	Österr.-Ungarn	Allianz	3	1 350	—	—	450	—	—
76	»	Anker	43	44 668	7	2 258	1 039	—	—
77	»	Assic. Generali	193	155 445	1	721	805	—	—
78	»	Gisela-Verein	—	—	—	—	—	—	—
79	»	Janus	4	2 319	—	—	580	1 000	1 000
80	»	Österr. Phönix	70	40 877	3	4 550	584	—	—
81	»	Wiener Leb. u. Rent.V.A.	66	30 466	3	2 439	462	—	—
82	Schweiz	Basler L.V.G.	495	204 995	—	—	414	—	—
83	»	La Genevoise	2	1 920	—	—	960	—	—
84	»	Schweizerische L.V. u. R.A.	219	121 420	—	—	554	—	—
		Zusammen	**2 068**	**1 344 185**	**18**	**13 269**	**650**	**53**	**32**

Invaliditätsversicherung

Es waren Ende 1909 an selbst abgeschlossenen Versicherungen aus dem deutschen Geschäfte vorhanden

	bei dem Österr. Phönix	bei der Basler L.V.G.	bei der Schweizerischen L.V. u. R.A.	Zusammen
mit Gewinnbeteiligung				
Policen	—	462	82	544
Jahresrente	—	23 075 M	57 720 M	80 795 M
ohne Gewinnbeteiligung				
Policen	?	9	1	10
Jahresrente	2 049 M	1 400 M	500 M	3 949 M
Durchschnittl. Jahresbetrag einer Rente	—	52 »	701 »	153 »

Außerdem waren 1 726 M Jahresrente in Rückdeckung übernommene Versicherungen ohne Gewinnbeteiligung beim Österr. Phönix vorhanden.

Anmerkung zu Tab. I 16: In Rückdeckung übernommene Versicherungen mit Gewinnbeteiligung sind nicht vorhanden.

Tabelle I 17

Kleine Versicherung — Deutscher Versicherungsbestand ausländischer Gesellschaften
Bestand der überhaupt übernommenen, der in Rückdeckung gegebenen Versicherungen und der Versicherungen für eigene Rechnung Ende 1909
Verhältnis des deutschen Geschäfts zum ganzen Geschäfte

Versicherungs-unternehmung			Überhaupt übernommene Versicherungen				In Rückdeckung gegebene Versicherungen		Versicherungen für eigene Rechnung		Von dem gesamten kleinen Geschäfte kommen Ende 1909 auf das deutsche Geschäft	
			Kapitalversicherung auf den Todesfall		Kapitalversicherung auf den Lebensfall		Kapitalversicherung auf den Todesfall	Kapitalversicherung auf den Lebensfall	Kapitalversicherung auf den Todesfall	Kapitalversicherung auf den Lebensfall		
Nr.	Sitz	Name	Policen	Summen ℳ	Policen	Summen ℳ	ℳ	ℳ	ℳ	ℳ	von 1 000 Policen	von 1 000 ℳ
1			2	3	4	5	6	7	8	9	10	11
73	Niederlande ..	Kosmos	3 404	693 090	—	—	—	—	693 090	—	889	892
75	Österr.-Ungarn	Allianz	14 713	2 531 235	1 172	140 820	—	—	2 531 235	140 820	44	39
77	»	Assic. Generali	255	37 962	—	—	—	—	37 962	—	1 000	1 000
82	Schweiz	Basler L.V.G. .	4 041	3 230 228	—	—	—	—	3 230 228	—	153	238
		Zusammen....	**22 413**	**6 492 515**	**1 172**	**140 820**	—	—	**6 492 515**	**140 820**	**60**	**80**

Tabelle I 18

Kleine Versicherung — Deutscher Versicherungsbestand ausländischer Gesellschaften
Bestand der selbst abgeschlossenen Versicherungen auf den Todesfall und Lebensfall, Durchschnittsbeträge und Gewinnbeteiligung Ende 1909

Versicherungs-unternehmung			Selbst abgeschlossene Versicherungen auf den Todesfall					Selbst abgeschlossene Versicherungen auf den Lebensfall				
					Durchschnitts- und Verhältniszahlen					Durchschnitts- und Verhältniszahlen		
					Durchschnittl. Versicherungssumme für 1 Police	Am Gewinne sind beteiligt				Durchschnittl. Versicherungssumme für 1 Police	Am Gewinne sind beteiligt	
Nr.	Sitz	Name	Policen	Summen ℳ	ℳ	von 1 000 Policen	von 1 000 ℳ	Policen	Summen ℳ	ℳ	von 1 000 Policen	von 1 000 ℳ
1			2	3	4	5	6	7	8	9	10	11
73	Niederlande ..	Kosmos	3 404	693 090	204	—	—	—	—	—	—	—
75	Österr.-Ungarn	Allianz	14 713	2 531 235	172	—	—	1 172	140 820	120	—	—
77	»	Assic. Generali	255	37 962	149	—	—	—	—	—	—	—
82	Schweiz	Basler L.V.G..	4 041	3 230 228	799	966	963	—	—	—	—	—
		Zusammen...	**22 413**	**6 492 515**	**289**	**174**	**479**	**1 172**	**140 820**	**120**	—	—

Tabelle I 19

Große Versicherung — Bewegung in

Nr.	Sitz	Name	Überhaupt übernommene Versicherungen: Bestand Ende 1908: Policen	Bestand Ende 1908: Summen M	Reiner Zugang: Policen	Reiner Zugang: Summen M	Bestand Ende 1909: Policen	Bestand Ende 1909: Summen M
	1		2	3	4	5	6	7
		Aktien						
1	Berlin	Berlinische L.V.G.	52 045	246 409 224	1 618	7 142 548	53 663	253 551 772
2	»	Deutsche L.V.B.	9 427	30 133 183	2 747	8 843 542	12 174	38 976 727
3	»	Deutscher Anker	13 528	49 099 909	2 883	7 177 960	16 411	56 277 869
4	»	Deutschland	[1]) 38 452	[1]) 86 537 543	2 094	6 135 421	40 546	92 672 964
5	»	Friedrich Wilhelm	64 754	198 594 532	2 210	29 415 330	66 964	228 009 862
6	»	Nordstern Leben [2])	94 650	460 475 073	5 050	27 171 456	99 700	487 646 529
7	»	Preußische L.V.A.G.	47 129	216 714 298	1 812	16 647 409	48 941	233 361 707
8	»	Prudentia	3 893	11 080 172	240	408 123	4 133	11 488 295
9	»	Victoria	169 469	918 998 960	15 950	99 154 464	185 419	1 018 153 424
10	Bremen	Bremer L.V.B.	27 670	91 464 030	2 005	8 499 149	29 675	99 963 179
11	Cöln	Concordia	63 934	318 750 248	2 554	11 739 844	66 488	330 490 092
12	Dresden	Urania [3])	3 535	9 048 600	498	1 105 318	4 033	10 153 918
13	Düsseldorf	Vereins V.B. [4])	—	—	53	272 900	53	272 900
14	Erfurt	Thuringia	35 918	135 085 995	1 403	5 636 193	37 321	140 722 188
15	Frankfurt	Frankfurter L.V.G.	26 460	142 008 917	1 126	7 493 137	27 586	149 502 054
16	»	Providentia	20 708	96 698 797	1 411	6 375 806	22 119	103 074 603
17	Hamburg	Janus	37 717	182 697 855	1 375	13 397 425	39 092	196 095 280
18	Leipzig	Teutonia	69 606	254 883 949	3 003	19 317 624	72 609	274 201 573
19	Ludwigshafen	Atlas	6 515	48 249 857	1 021	9 179 866	7 536	57 429 723
20	Lübeck	Deutsche L.V.G.	57 907	231 197 267	3 462	11 119 619	61 369	242 316 886
21	Magdeburg	Magdeb. L.V.G.	73 502	286 101 154	2 540	16 916 251	76 042	303 017 405
22	»	Wilhelma	36 316	166 627 095	4 622	19 261 547	40 938	185 888 642
23	Mannheim	Vita	3 356	13 126 919	773	2 348 244	4 129	15 475 163
24	München	Arminia[3])	68 226	120 020 392	5 277	12 508 683	73 503	132 529 075
25	»	Bayer. V.B. [3])	36 431	161 723 018	1 455	7 741 847	37 886	169 464 865
26	Nürnberg	Nürnberger L.V.B.	9 265	33 165 241	1 974	4 098 811	11 239	37 264 052
27	Stettin	Germania [2])	179 878	744 787 717	3 234	27 818 091	183 112	772 605 808
		Zusammen	**1 250 291**	**5 253 679 947**	**72 390**	**386 926 608**	**1 322 681**	**5 640 606 555**

Anmerkungen zu Tab. I 19: Zu der Versicherung auf den Todesfall gehört auch die gemischte (alternative) Versicherung und die Versicherung mit festem Auszahlungstermine. — [1]) Davon sind 789 Policen über 3 480 869 M von der Lebensversicherungsgesellschaft Dordrecht übernommenes deutsches Geschäft. —

›r Versicherung auf den Todesfall

Selbst abgeschlossene Versicherungen						In Rückdeckung übernommene Versicherungen						
Bestand Ende 1908		Reiner Zugang		Bestand Ende 1909		Bestand Ende 1908		Reiner Zugang		Bestand Ende 1909		Nr.
Po-licen	Summen ℳ	Po-licen	Summen ℳ	Po-licen	Summen ℳ	Po-licen	Summen ℳ	Po-licen	Summen ℳ	Po-licen	Summen ℳ	
8	9	10	11	12	13	14	15	16	17	18	19	
›esellschaften												
52 045	246 409 224	1 618	7 142 548	53 663	253 551 772	—	—	—	—	—	—	1
9 347	29 388 285	2 680	8 471 075	12 027	37 859 360	80	744 900	67	372 467	147	1 117 367	2
13 498	48 658 662	2 873	7 044 580	16 371	55 703 242	30	441 247	10	133 380	40	574 627	3
) 38 378	[1]) 85 536 296	2 046	5 551 083	40 424	91 087 379	74	1 001 247	48	584 338	122	1 585 585	4
58 877	194 669 214	7 603	30 953 888	66 480	225 623 102	5 877	3 925 318	—5 393	—1 538 558	484	2 386 760	5
88 002	431 559 828	4 584	23 548 445	92 586	455 108 273	6 648	28 915 245	466	3 623 011	7 114	32 538 256	6
43 169	167 950 219	1 347	6 364 219	44 516	174 314 438	3 960	48 764 079	465	10 283 190	4 425	59 047 269	7
3 893	11 080 172	240	408 123	4 133	11 488 295	—	—	—	—	—	—	8
168 571	914 956 302	15 988	99 332 857	184 559	1 014 289 159	898	4 042 658	— 38	— 178 393	860	3 864 265	9
27 536	90 499 730	1 939	8 078 304	29 475	98 578 034	134	964 300	66	420 845	200	1 385 145	10
63 708	316 083 077	2 443	11 332 729	66 151	327 415 806	226	2 667 171	111	407 115	337	3 074 286	11
3 529	8 998 600	498	1 105 318	4 027	10 103 918	6	50 000	—	—	6	50 000	12
—	—	46	225 500	46	225 500	—	—	7	47 400	7	47 400	13
35 216	130 899 675	1 409	5 355 335	36 625	136 255 010	702	4 186 320	— 6	280 858	696	4 467 178	14
24 784	131 791 623	1 078	7 169 748	25 862	138 961 371	1 676	10 217 294	48	323 389	1 724	10 540 683	15
20 671	96 192 165	1 416	6 463 422	22 087	102 655 587	37	506 632	— 5	— 87 616	32	419 016	16
36 881	175 620 865	1 293	12 081 022	38 174	187 701 887	836	7 076 990	82	1 316 403	918	8 393 393	17
68 702	247 860 051	2 886	17 956 112	71 588	265 816 163	904	7 023 898	117	1 361 512	1 021	8 385 410	18
6 100	45 283 393	1 009	9 146 470	7 109	54 429 863	415	2 966 464	12	33 396	427	2 999 860	19
56 840	224 883 235	3 454	10 820 136	60 294	235 703 371	1 067	6 314 032	8	299 483	1 075	6 613 515	20
67 172	258 846 629	2 130	14 742 087	69 302	273 588 716	6 330	27 254 525	410	2 174 164	6 740	29 428 689	21
36 148	164 969 628	4 586	18 758 226	40 734	183 727 854	168	1 657 467	36	503 321	204	2 160 788	22
3 216	12 187 729	756	2 236 870	3 972	14 424 599	140	939 190	17	111 374	157	1 050 564	23
65 851	105 478 084	5 299	11 974 644	71 150	117 452 728	2 375	14 542 308	— 22	534 039	2 353	15 076 347	24
35 054	157 736 253	1 499	7 600 143	36 553	165 336 396	1 377	3 986 765	— 44	141 704	1 333	4 128 469	25
8 512	30 131 304	1 999	4 180 300	10 511	34 311 604	753	3 033 937	— 25	— 81 489	728	2 952 448	26
179 506	743 193 209	3 257	27 963 394	182 763	771 156 603	372	1 594 508	— 23	— 145 303	349	1 449 205	27
215 206	**5 070 863 452**	**75 976**	**366 006 578**	**1 291 182**	**5 436 870 030**	**35 085**	**182 816 495**	**—3 586**	**20 920 030**	**31 499**	**203 736 525**	

Einschl. kleiner Versicherung. — [3]) Einschl. Sterbegeldversicherung, aber ohne Volksversicherung. — [4]) Geschäftsbeginn April 1909.

Noch: Tabelle I 19

Große Versicherung — Bewegung in

Nr.	Versicherungsunternehmung Sitz	Versicherungsunternehmung Name	Selbst — Zugang im Jahre 1909 — neue Abschlüsse Policen	neue Abschlüsse Summen ℳ	Änderungen Policen	Änderungen Summen ℳ	Abgang — durch Tod Policen	durch Tod Summen ℳ	durch Ablauf Policen	durch Ablauf Summen ℳ
	1		20	21	22	23	24	25	26	27
										Aktien
1	Berlin	Berlinische L.V.G.	3 875	19 092 600	107	513 614	712	3 667 250	255	1 296 915
2	»	Deutsche L.V.B.	3 812	12 304 600	4	15 000	47	91 000	15	22 685
3	»	Deutscher Anker	3 871	11 076 700	263	939 120	78	298 000	6	60 190
4	»	Deutschland	4 310	11 742 290	334	789 841	252	501 888	85	137 016
5	»	Friedrich Wilhelm	14 038	47 510 518	244	795 030	701	1 974 704	135	389 305
6	»	Nordstern Leben [1])	7 929	39 420 628	177	1 803 545	976	4 770 770	749	4 149 694
7	»	Preußische L.V.A.G.	3 174	13 757 850	27	144 283	607	2 151 103	163	706 690
8	»	Prudentia	953	2 701 000	16	67 500	19	78 000	—	—
9	»	Victoria	25 731	148 208 997	7 646	29 827 182	1 502	7 615 299	680	5 255 264
10	Bremen	Bremer L.V.B.	3 805	15 007 200	228	288 466	383	988 373	84	252 660
11	Cöln	Concordia	4 259	21 649 380	818	4 447 510	958	5 469 537	254	1 601 350
12	Dresden	Urania [2])	854	2 030 300	52	75 884	20	55 500	10	61 119
13	Düsseldorf	Vereins V.B. [3])	46	222 500	1	5 000	—	—	—	—
14	Erfurt	Thuringia	3 147	11 878 195	24	1 186 772	572	1 847 484	326	1 225 400
15	Frankfurt	Frankfurter L.V.G.	2 311	15 409 764	131	459 406	360	1 927 700	89	581 198
16	»	Providentia	2 572	11 718 300	17	66 690	282	1 203 106	127	925 964
17	Hamburg	Janus	3 537	25 283 768	16	68 405	688	2 950 295	175	688 449
18	Leipzig	Teutonia	6 426	31 533 610	—	18 951	1 229	3 116 125	406	1 769 192
19	Ludwigshafen	Atlas	1 380	12 782 300	36	215 724	39	369 733	97	1 443 820
20	Lübeck	Deutsche L.V.G.	6 506	23 393 642	33	125 890	883	3 780 016	469	1 898 693
21	Magdeburg	Magdeb. L.V.G.	5 156	26 943 100	353	1 169 700	872	2 821 435	331	1 142 022
22	»	Wilhelma	6 831	28 195 400	40	240 055	377	1 766 776	204	1 076 859
23	Mannheim	Vita	1 155	3 777 000	7	. 32 240	19	82 090	2	1 960
24	München	Arminia [2])	9 844	18 400 443	344	763 258	755	827 458	128	113 141
25	»	Bayer. V.B. [2])	2 712	14 229 724	76	404 712	400	1 639 384	196	920 557
26	Nürnberg	Nürnberger L.V.B.	2 852	7 497 920	7	26 519	57	207 600	34	193 700
27	Stettin	Germania [1])	10 985	57 900 258	162	1 017 825	3 236	9 342 331	2 046	9 543 499
		Zusammen	**142 071**	**633 667 987**	**11 163**	**45 508 122**	**16 024**	**59 542 957**	**7 066**	**35 457 342**

Anmerkungen zu Tab. I 19: Siehe Anmerkung zu Tab. I 19 S. 36. — Ein . bedeutet, daß die beobachteten Fälle weniger als $^1/_2$ ‰ ausmachen. — [1]) Einschl. kleiner Versicherung. — [2]) Einschl. Sterbegeldversicherung, aber ohne Volksversicherung. — [3]) Geschäftsbeginn im April 1909.

der Versicherung auf den Todesfall

gesellschaften

abgeschlossene Versicherungen im Jahre 1909: durch Rückkauf, Policen	durch Rückkauf, Summen ℳ	durch Verfall, Verzicht, Nichteinlösung der Police, Policen	durch Verfall, Verzicht, Nichteinlösung der Police, Summen ℳ	durch Reduktion, Umwandlung, Übertragung, Policen	durch Reduktion, Umwandlung, Übertragung, Summen ℳ	Abgang in ‰ des durchschnittlichen Bestandes: durch Tod, Policen	durch Tod, Summen ℳ	durch Ablauf, Policen	durch Ablauf, Summen ℳ	durch Rückkauf, Policen	durch Rückkauf, Summen ℳ	durch Verfall, Verzicht, Nichteinlösung der Police, Policen	durch Verfall, Verzicht, Nichteinlösung der Police, Summen ℳ	durch Reduktion, Umwandlung, Übertragung, Policen	durch Reduktion, Umwandlung, Übertragung, Summen ℳ	Nr.
28	29	30	31	32	33	34	35	36	37	38	39	40	41	42	43	
468	2 345 432	929	4 580 850	—	573 219	13	15	5	5	9	9	18	18	—	2	1
65	215 400	968	3 265 600	41	253 840	4	3	1	1	6	6	91	97	4	8	2
120	546 460	1 057	3 793 810	—	272 780	5	6		1	8	10	71	73	—	5	3
569	1 381 279	1 554	4 229 450	138	731 415	6	6	2	2	14	16	39	48	4	8	4
513	1 547 748	5 252	12 286 599	78	1 153 304	11	9	2	2	8	7	84	58	1	5	5
772	2 903 784	851	3 138 872	174	2 712 608	11	11	8	9	9	7	9	7	2	6	6
273	884 034	811	3 465 204	—	330 883	14	13	4	4	6	5	18	20	—	2	7
74	220 284	636	1 960 000	—	102 093	5	7	—	—	18	20	158	174	—	9	8
997	2 658 281	10 556	48 301 512	3 654	14 872 966	8	8	4	5	6	3	60	50	21	15	9
367	1 255 260	1 064	3 805 170	196	915 899	13	10	3	3	13	13	37	40	7	10	10
509	2 355 006	783	3 717 188	130	1 621 080	15	17	4	5	8	7	12	12	2	5	11
55	167 100	298	647 100	25	70 047	5	6	3	6	15	17	79	68	7	7	12
—	—	—	—	1	2 000	—	—	—	—	—	—	—	—	43	18	13
269	1 052 976	595	3 230 155	—	353 617	16	14	9	9	7	8	17	24	—	3	14
199	1 336 993	599	3 870 760	117	982 771	14	14	4	4	8	10	24	29	5	7	15
180	818 154	581	2 222 700	3	151 644	13	12	6	9	8	8	27	22	.	2	16
568	3 503 877	785	5 024 094	44	1 104 436	18	16	5	4	15	19	21	28	1	6	17
607	2 270 875	1 298	5 456 100	—	984 157	17	12	6	7	9	9	19	21	—	4	18
32	157 300	202	1 431 220	37	449 481	6	7	15	29	5	3	31	29	6	9	19
485	2 073 332	1 248	4 465 850	—	481 505	15	16	8	8	8	9	21	19	—	2	20
650	2 295 804	1 265	5 344 602	261	1 766 850	13	11	5	4	10	9	19	20	4	7	21
261	1 245 195	1 443	5 199 327	—	389 072	10	10	5	6	7	7	38	30	—	2	22
41	139 040	344	1 162 000	—	187 280	5	6	1	.	11	10	96	87	—	14	23
799	1 122 322	2 870	4 008 569	337	1 117 567	11	7	2	1	12	10	42	36	5	10	24
254	976 916	372	2 456 959	67	1 040 477	11	10	5	6	7	6	10	15	2	6	25
115	361 687	654	2 484 555	—	96 597	6	6	4	6	12	11	69	77	—	3	26
1 555	6 052 449	871	3 986 253	182	2 030 157	18	12	11	13	9	8	5	5	1	3	27
10 797	**39 886 988**	**37 886**	**143 534 499**	**5 485**	**34 747 745**	**13**	**11**	**6**	**7**	**9**	**8**	**30**	**27**	**4**	**7**	

Noch: Tabelle I 19

Große Versicherung — Bewegung in

Versicherungsunternehmung			Überhaupt übernommene Versicherungen					
			Bestand Ende 1908		Reiner Zugang		Bestand Ende 1909	
Nr.	Sitz	Name	Policen	Summen ℳ	Policen	Summen ℳ	Policen	Summen ℳ
1			2	3	4	5	6	7
								Gegenseitigkeits
28	Braunschweig .	Braunschweig. L.V.A. ..	2 141	5 589 045	167	671 100	2 308	6 260 145
29	Darmstadt ...	Renten- u. Lebens V.A. .	4 653	13 270 771	29	199 020	4 682	13 469 791
30	Dresden	Sächsische Renten V.A. .	—	—	—	—	—	—
31	Gotha	Gothaer Lebens V.B. ...	135 837	979 650 006	4 043	29 515 580	139 880	1 009 165 586
32	Halle	Iduna [1])	50 405	188 786 356	2 679	11 542 403	53 084	200 328 759
33	Hannover	Deutsche Militd. u. L.V.A.	19 953	77 145 440	2 494	8 127 200	22 447	85 272 640
34	»	Hannoversche L.V.A. ...	25 678	78 997 104	533	2 917 277	26 211	81 914 381
35	»	Preuß. Beamtenverein...	57 654	303 675 400	3 067	21 940 250	60 721	325 615 650
36	Karlsruhe	Karlsruher L.V.	139 632	637 320 092	4 749	31 297 276	144 381	668 617 368
37	Leipzig	Leb. V.G.	106 810	823 779 210	5 224	44 699 500	112 034	868 478 710
38	Posen	Vesta [2])	5 615	12 878 094	417	1 366 482	6 032	14 244 576
39	Potsdam	Deutsche L.V...........	42 976	113 838 696	367	906 644	43 343	114 745 340
40	Schwerin	Mecklenb. L.V.B.	35 825	163 076 682	2 732	15 043 665	38 557	178 120 347
41	Stuttgart	Allg. Deutscher V.V.	36 461	88 093 765	5 271	16 042 320	41 732	104 136 085
42	»	Allg. Renten A..........	32 076	117 940 951	2 508	11 179 348	34 584	129 120 299
43	»	Stuttgarter Lebens V.B. .	129 287	844 227 580	5 627	44 985 866	134 914	889 213 446
		Zusammen ...	**825 003**	**4 448 269 192**	**39 907**	**240 433 931**	**864 910**	**4 688 703 123**

Anmerkungen zu Tab. I 19: Zu der Versicherung auf den Todesfall gehört auch die gemischte (alternative) Versicherung und die Versicherung mit festem Auszahlungstermine. —

…er Versicherung auf den Todesfall

Selbst abgeschlossene Versicherungen						In Rückdeckung übernommene Versicherungen						
Bestand Ende 1908		Reiner Zugang		Bestand Ende 1909		Bestand Ende 1908		Reiner Zugang		Bestand Ende 1909		Nr.
Policen	Summen ℳ	Policen	Summen ℳ	Policen	Summen ℳ	Policen	Summen ℳ	Policen	Summen ℳ	Policen	Summen ℳ	
8	9	10	11	12	13	14	15	16	17	18	19	
…ereine												
2 141	5 589 045	167	671 100	2 308	6 260 145	—	—	—	—	—	—	28
4 652	13 260 771	29	199 020	4 681	13 459 791	1	10 000	—	—	1	10 000	29
—	—	—	—	—	—	—	—	—	—	—	—	30
135 837	979 650 006	4 043	29 515 580	139 880	1 009 165 586	—	—	—	—	—	—	31
49 129	181 147 066	2 678	11 244 112	51 807	192 391 178	1 276	7 639 290	1	298 291	1 277	7 937 581	32
19 953	77 145 440	2 494	8 127 200	22 447	85 272 640	—	—	—	—	—	—	33
25 660	78 803 853	488	2 387 527	26 148	81 191 380	18	193 251	45	529 750	63	723 001	34
57 654	303 675 400	3 067	21 940 250	60 721	325 615 650	—	—	—	—	—	—	35
139 632	637 320 092	4 749	31 297 276	144 381	668 617 368	—	—	—	—	—	—	36
106 810	823 779 210	5 224	44 699 500	112 034	868 478 710	—	—	—	—	—	—	37
5 612	12 853 305	410	1 305 852	6 022	14 159 157	3	24 789	7	60 630	10	85 419	38
42 883	112 725 738	353	792 212	43 236	113 517 950	93	1 112 958	14	114 432	107	1 227 390	39
35 749	162 015 232	2 702	14 437 115	38 451	176 452 347	76	1 061 450	30	606 550	106	1 668 000	40
35 706	84 264 989	5 157	15 298 275	40 863	99 563 264	755	3 828 776	114	744 045	869	4 572 821	41
32 076	117 940 951	2 508	11 179 348	34 584	129 120 299	—	—	—	—	—	—	42
129 287	844 227 580	5 627	44 985 866	134 914	889 213 446	—	—	—	—	—	—	43
822 781	**4 434 398 678**	**39 696**	**238 080 233**	**862 477**	**4 672 478 911**	**2 222**	**13 870 514**	**211**	**2 353 698**	**2 433**	**16 224 212**	

…) Einschl. der ehemaligen Bremischen Sterbekasse. Bestand Ende 1909: 3 526 selbst abgeschlossene Versicherungen über …074 013 ℳ. — [2]) Einschl. kleiner Versicherung.

Noch: Tabelle I 19

Große Versicherung — Bewegung in

Versicherungsunternehmung			Selbst							
			Zugang im Jahre 1909				Abgang			
			neue Abschlüsse		Änderungen		durch Tod		durch Ablauf	
Nr.	Sitz	Name	Policen	Summen M	Policen	Summen M	Policen	Summen M	Policen	Summen M
	1		20	21	22	23	24	25	26	27
										Gegenseitigkeits
28	Braunschweig .	Braunschweig. L.V.A. ..	304	1 106 000	1	1 000	36	85 300	26	75 100
29	Darmstadt ...	Renten- u. Lebens V.A. .	225	765 500	1	5 000	100	270 937	35	107 171
30	Dresden	Sächsische Renten V.A. .	—	—	—	—	—	—	—	—
31	Gotha	Gothaer Lebens V.B. ...	8 665	65 951 053	24	309 597	2 589	19 690 895	840	6 452 680
32	Halle	Iduna	6 289	25 119 988	271	850 874	741	2 295 985	369	1 217 883
33	Hannover	Deutsche Militd. u. L.V.A.	3 482	12 354 300	23	91 500	96	544 800	58	271 500
34	»	Hannoversche L.V.A. ...	2 093	8 034 890	28	108 784	350	1 042 123	184	607 475
35	»	Preuß. Beamtenverein...	4 152	26 991 400	3	9 000	514	2 200 700	397	1 975 450
36	Karlsruhe	Karlsruher L.V.	8 726	50 874 420	413	1 170 240	1 656	6 919 468	1 013	4 722 161
37	Leipzig	Leb. V.G.	8 853	73 004 100	4	125 500	1 503	10 668 800	906	7 354 400
38	Posen	Vesta [1])	762	2 136 700	39	64 200	106	189 950	42	74 770
39	Potsdam	Deutsche L.V...........	2 762	8 408 900	203	384 144	702	1 583 093	189	554 771
40	Schwerin	Mecklenb. L.V.B.	4 982	26 467 113	18	102 362	380	2 072 925	109	588 500
41	Stuttgart	Allg. Deutscher V.V.	7 219	20 571 800	67	208 245	182	438 850	24	187 300
42	»	Allg. Renten A..........	3 659	15 927 200	175	194 200	422	1 434 168	174	615 277
43	»	Stuttgarter Lebens V.B. .	9 210	68 560 055	57	598 910	1 649	10 464 396	862	5 885 806
		Zusammen	**71 383**	**406 273 419**	**1 327**	**4 223 556**	**11 026**	**59 902 390**	**5 228**	**30 690 244**

Anmerkungen zu Tab. I 19: Zu der Versicherung auf den Todesfall gehört auch die gemischte (alternative) Versicherung und die Versicherung mit festem Auszahlungstermine. — Ein . bedeutet, daß die beobachteten Fälle weniger als $^1/_2$ ‰ ausmachen. — [1]) Einschl. kleiner Versicherung.

der Versicherung auf den Todesfall

abgeschlossene Versicherungen im Jahre 1909 durch Rückkauf: Policen	durch Rückkauf: Summen ℳ	durch Verfall, Verzicht, Nichteinlösung der Police: Policen	durch Verfall, Verzicht, Nichteinlösung der Police: Summen ℳ	durch Reduktion, Umwandlung, Übertragung: Policen	durch Reduktion, Umwandlung, Übertragung: Summen ℳ	Abgang in ‰ des durchschnittlichen Bestandes durch Tod: Policen	durch Tod: Summen ℳ	durch Ablauf: Policen	durch Ablauf: Summen ℳ	durch Rückkauf: Policen	durch Rückkauf: Summen ℳ	durch Verfall, Verzicht, Nichteinlösung der Police: Policen	durch Verfall, Verzicht, Nichteinlösung der Police: Summen ℳ	durch Reduktion, Umwandlung, Übertragung: Policen	durch Reduktion, Umwandlung, Übertragung: Summen ℳ	Nr.
28	29	30	31	32	33	34	35	36	37	38	39	40	41	42	43	
vereine																
11	51 000	65	213 500	—	11 000	16	14	12	13	5	9	29	36	—	2	28
29	98 872	33	89 500	—	5 000	21	20	8	8	6	7	7	7	—	.	29
—	—	—	—	—	—	—	—	—	—	—	—	—	—	—	—	30
899	5 456 218	318	2 300 550	—	2 844 727	19	20	6	6	7	5	2	2	—	3	31
492	1 914 485	2 040	7 761 644	240	1 536 753	15	12	7	7	10	10	40	42	5	8	32
159	762 600	629	2 346 200	69	393 500	4	7	3	3	8	9	30	29	3	5	33
281	891 278	818	2 922 203	—	293 068	13	13	7	8	11	11	32	36	—	4	34
95	342 550	82	351 300	—	190 150	9	7	7	6	2	1	1	1	—	1	35
1 008	4 669 374	334	1 599 700	379	2 836 681	12	11	7	7	7	7	2	2	3	4	36
765	5 327 440	459	3 261 850	—	1 817 610	14	13	8	9	7	6	4	4	—	2	37
27	56 630	208	512 118	8	61 580	18	14	7	6	5	4	36	38	1	4	38
472	1 503 994	1 140	3 593 300	109	765 674	16	14	4	5	11	13	26	32	3	7	39
379	1 603 900	1 415	7 232 125	15	634 910	10	12	3	3	10	9	38	43	.	4	40
433	868 055	1 475	3 497 500	15	490 065	5	5	1	2	11	9	39	38	.	5	41
152	466 307	416	1 518 600	162	907 700	13	12	5	5	5	4	12	12	5	7	42
627	3 998 819	445	2 761 310	57	1 062 768	12	12	7	7	5	5	3	3	.	1	43
5 829	**28 011 522**	**9 877**	**39 961 400**	**1 054**	**13 851 186**	**13**	**13**	**6**	**7**	**7**	**6**	**12**	**9**	**1**	**3**	

Tabelle I 20

Große Versicherung — Bewegung in

Versicherungsunternehmung			Überhaupt übernommene Versicherungen					
			Bestand Ende 1908		Reiner Zugang		Bestand Ende 1909	
Nr.	Sitz	Name	Policen	Summen ℳ	Policen	Summen ℳ	Policen	Summen ℳ
	1		2	3	4	5	6	7
								Aktien
1	Berlin	Berlinische L.V.G.	6 768	14 772 703	— 235	— 796 750	6 533	13 975 953
2	»	Deutsche L.V.B.	54 376	77 786 303	877	1 218 585	55 253	79 004 888
3	»	Deutscher Anker	—	—	—	—	—	—
4	»	Deutschland	1) 11 171	1) 10 506 445	— 579	— 491 461	10 592	10 014 984
5	»	Friedrich Wilhelm	9 008	12 958 438	605	952 562	9 613	13 911 000
6	»	Nordstern Leben	13 833	33 088 845	— 398	— 1 316 409	13 435	31 772 436
7	»	Preußische L.V.A.G. ...	5 686	11 860 311	172	87 105	5 858	11 947 416
8	»	Prudentia	1 004	352 742	— 124	— 24 268	880	328 474
9	»	Victoria	17 025	39 788 959	— 927	— 2 612 010	16 098	37 176 949
10	Bremen	Bremer L.V.B.	14 175	21 640 615	— 534	— 501 405	13 641	21 139 210
11	Cöln	Concordia	3 730	9 282 583	— 55	— 23 382	3 675	9 259 201
12	Dresden	Urania	655	988 414	71	100 578	726	1 088 992
13	Düsseldorf ...	Vereins V.B.	—	—	—	—	—	—
14	Erfurt	Thuringia	6 240	7 393 630	248	227 073	6 488	7 620 703
15	Frankfurt	Frankfurter L.V.G.	2 073	4 801 120	27	128 748	2 100	4 929 868
16	»	Providentia	4 241	8 536 880	— 99	— 296 760	4 142	8 240 120
17	Hamburg	Janus	5 734	10 097 914	— 211	— 353 745	5 523	9 744 169
18	Leipzig	Teutonia [2])	9 777	16 960 916	— 154	197 166	9 623	17 158 082
19	Ludwigshafen .	Atlas	854	2 526 299	32	88 690	886	2 614 989
20	Lübeck	Deutsche L.V.G.	2 461	5 750 583	378	786 327	2 839	6 536 910
21	Magdeburg ...	Magdeb. L.V.G.	4 039	7 352 000	— 38	2 790	4 001	7 354 790
22	» ...	Wilhelma	8 724	17 635 269	433	557 274	9 157	18 192 543
23	Mannheim	Vita	808	1 072 411	46	82 484	854	1 154 895
24	München	Arminia	31 897	31 204 867	— 2 013	— 1 714 216	29 884	29 490 651
25	»	Bayer. V.B.	17 087	32 195 224	116	50 175	17 203	32 245 399
26	Nürnberg	Nürnberger L.V.B.	3 166	3 964 113	178	192 524	3 344	4 156 637
27	Stettin	Germania	22 199	56 613 191	— 1 035	— 2 845 839	21 164	53 767 352
		Zusammen	**256 731**	**439 130 775**	**— 3 219**	**— 6 304 164**	**253 512**	**432 826 611**

Anmerkungen zu Tab. I 20: Zu der Versicherung auf den Lebensfall ist auch die Kapital-Sparversicherung gerechnet. — [1]) Davon sind 235 Policen über 425 675 ℳ von der Lebensversicherungsgesellschaft Dordrecht übernommenes deutsches Geschäft. —

der Versicherung auf den Lebensfall

Selbst abgeschlossene Versicherungen						In Rückdeckung übernommene Versicherungen						Nr.
Bestand Ende 1908		Reiner Zugang		Bestand Ende 1909		Bestand Ende 1908		Reiner Zugang		Bestand Ende 1909		
Policen	Summen ℳ	Policen	Summen ℳ	Policen	Summen ℳ	Policen	Summen ℳ	Policen	Summen ℳ	Policen	Summen ℳ	
8	9	10	11	12	13	14	15	16	17	18	19	
gesellschaften												
6 768	14 772 703	— 235	— 796 750	6 533	13 975 953	—	—	—	—	—	—	1
54 376	77 786 303	877	1 218 585	55 253	79 004 888	—	—	—	—	—	—	2
—	—	—	—	—	—	—	—	—	—	—	—	3
[1]) 11 171	[1]) 10 506 445	— 579	— 491 461	10 592	10 014 984	—	—	—	—	—	—	4
9 008	12 958 438	605	952 562	9 613	13 911 000	—	—	—	—	—	—	5
13 833	33 088 845	— 398	— 1 316 409	13 435	31 772 436	—	—	—	—	—	—	6
5 675	11 811 911	172	87 105	5 847	11 899 016	11	48 400	—	—	11	48 400	7
1 004	352 742	— 124	— 24 268	880	328 474	—	—	—	—	—	—	8
17 025	39 788 959	— 927	— 2 612 010	16 098	37 176 949	—	—	—	—	—	—	9
14 175	21 640 615	— 534	— 501 405	13 641	21 139 210	—	—	—	—	—	—	10
3 729	9 277 583	— 54	— 18 382	3 675	9 259 201	1	5 000	— 1	— 5 000	—	—	11
655	988 414	71	100 578	726	1 088 992	—	—	—	—	—	—	12
—	—	—	—	—	—	—	—	—	—	—	—	13
6 240	7 393 630	248	227 073	6 488	7 620 703	—	—	—	—	—	—	14
2 073	4 801 120	27	128 748	2 100	4 929 868	—	—	—	—	—	—	15
4 241	8 536 880	— 99	— 296 760	4 142	8 240 120	—	—	—	—	—	—	16
5 734	10 097 914	— 211	— 353 745	5 523	9 744 169	—	—	—	—	—	—	17
9 777	16 960 916	— 154	197 166	9 623	17 158 082	—	—	—	—	—	—	18
854	2 526 299	32	88 690	886	2 614 989	—	—	—	—	—	—	19
2 461	5 750 583	378	786 327	2 839	6 536 910	—	—	—	—	—	—	20
4 039	7 352 000	— 38	2 790	4 001	7 354 790	—	—	—	—	—	—	21
8 724	17 635 269	433	557 274	9 157	18 192 543	—	—	—	—	—	—	22
808	1 072 411	46	82 484	854	1 154 895	—	—	—	—	—	—	23
31 897	31 204 867	— 2 013	— 1 714 216	29 884	29 490 651	—	—	—	—	—	—	24
17 077	32 098 936	117	51 025	17 194	32 149 961	10	96 288	— 1	— 850	9	95 438	25
3 166	3 964 113	178	192 524	3 344	4 156 637	—	—	—	—	—	—	26
22 199	56 613 191	— 1 035	— 2 845 839	21 164	53 767 352	—	—	—	—	—	—	27
256 709	**438 981 087**	**— 3 217**	**— 6 298 314**	**253 492**	**432 682 773**	**22**	**149 688**	**— 2**	**— 5 850**	**20**	**143 838**	

[2]) Einschl. der Sparkassen-Einlagen, der sog. Kapitalversicherung auf bestimmten Tag gegen Kapital und der Kinder-Versorgungs- und Ausstattungs-Erbkasse.

Noch: Tabelle I 20

Große Versicherung — Bewegung in

Nr.	Sitz	Name	Selbst: Zugang im Jahre 1909: neue Abschlüsse: Policen	Summen M	Änderungen: Policen	Summen M	Abgang: durch Tod: Policen	Summen M	durch Ablauf: Policen	Summen M
	1		20	21	22	23	24	25	26	27
										Aktien
1	Berlin	Berlinische L.V.G.	366	706 300	9	10 300	18	27 500	336	716 995
2	»	Deutsche L.V.B.	2 997	4 340 100	40	62 627	189	250 630	533	604 786
3	»	Deutscher Anker	—	—	—	—	—	—	—	—
4	»	Deutschland	300	365 500	42	43 837	—	—	398	210 202
5	»	Friedrich Wilhelm	1 386	2 352 080	34	86 115	32	69 167	170	188 461
6	»	Nordstern Leben	730	1 628 034	4	15 283	66	316 343	736	1 855 130
7	»	Preußische L.V.A.G.	799	1 351 745	11	18 800	—	—	334	627 255
8	»	Prudentia	—	—	2	254	1	306	111	18 183
9	»	Victoria	811	2 057 211	70	424 787	—	—	1 357	3 583 569
10	Bremen	Bremer L.V.B.	923	1 539 700	7	12 860	156	142 080	964	1 273 452
11	Cöln	Concordia	248	808 583	12	15 000	11	19 000	125	341 830
12	Dresden	Urania	149	230 000	1	1 000	5	6 500	5	3 600
13	Düsseldorf	Vereins V.B.	—	—	—	—	—	—	—	—
14	Erfurt	Thuringia	909	1 027 633	3	6 000	23	24 500	256	289 627
15	Frankfurt	Frankfurter L.V.G.	237	552 650	3	11 288	5	6 200	116	238 520
16	»	Providentia	208	412 500	3	1 470	13	22 500	110	197 700
17	Hamburg	Janus	264	408 275	8	93 560	16	31 290	377	675 190
18	Leipzig	Teutonia	1 018	2 301 353	—	—	22	39 300	792	928 919
19	Ludwigshafen	Atlas	87	268 690	3	7 500	—	—	4	7 000
20	Lübeck	Deutsche L.V.G.	734	1 660 089	—	—	2	1 500	59	142 720
21	Magdeburg	Magdeb. L.V.G.	305	615 400	5	7 000	—	—	159	240 200
22	»	Wilhelma	1 506	2 818 800	4	14 171	—	—	227	468 300
23	Mannheim	Vita	111	166 500	—	730	3	3 300	20	17 086
24	München	Arminia	399	485 784	16	22 100	97	92 503	1 916	1 625 597
25	»	Bayer. V.B.	1 281	2 314 400	4	5 000	38	49 600	684	1 255 450
26	Nürnberg	Nürnberger L.V.B.	721	929 050	6	5 000	13	11 200	99	129 800
27	Stettin	Germania	1 047	2 789 691	5	11 500	107	321 790	1 208	2 744 415
		Zusammen	**17 536**	**32 130 068**	**292**	**876 182**	**817**	**1 435 209**	**11 096**	**18 383 987**

Anmerkungen zu Tab. I 20: Zu der Versicherung auf den Lebensfall ist auch die Kapital-Sparversicherung gerechnet. — Ein . bedeutet. daß die beobachteten Fälle weniger als $^1/_2$ ‰ ausmachen.

der Versicherung auf den Lebensfall

abgeschlossene Versicherungen im Jahre 1909						Abgang in ‰ des durchschnittlichen Bestandes										
durch Rückkauf		durch Verfall, Verzicht, Nichteinlösung der Police		durch Reduktion, Umwandlung, Übertragung		durch Tod		durch Ablauf		durch Rückkauf		durch Verfall, Verzicht, Nichteinlösung der Police		durch Reduktion, Umwandlung, Übertragung		Nr.
Policen	Summen M	Policen	Summen M	Policen	Summen M	Policen	Summen M	Policen	Summen M	Policen	Summen M	Policen	Summen M	Policen	Summen M	
28	29	30	31	32	33	34	35	36	37	38	39	40	41	42	43	
gesellschaften																
138	463 370	118	247 900	—	57 585	3	2	51	50	21	32	18	17	—	4	1
388	618 030	970	1 327 330	80	383 366	3	3	10	8	7	8	18	17	1	5	2
—	—	—	—	—	—	—	—	—	—	—	—	—	—	—	—	3
353	420 446	170	251 620	—	18 530	—	—	37	20	32	41	16	25	—	2	4
115	191 495	497	913 412	1	123 098	3	5	18	14	12	14	53	68	.	9	5
156	352 376	174	341 412	—	94 465	5	10	54	57	11	11	13	11	—	3	6
106	257 700	198	357 500	—	40 985	—	—	58	53	18	22	34	30	—	3	7
1	600	13	5 433	—	—	1	1	118	53	1	2	14	16	—	—	8
185	486 041	266	685 420	—	338 978	—	—	82	93	11	13	16	18	—	9	9
59	109 330	285	409 600	—	119 503	11	7	69	60	4	5	20	19	—	6	10
114	362 435	61	113 700	3	5 000	3	2	34	37	31	39	16	12	1	1	11
24	31 500	45	88 000	—	822	7	6	7	3	35	30	65	85	—	1	12
—	—	—	—	—	—	—	—	—	—	—	—	—	—	—	—	13
113	164 910	264	297 648	8	29 875	4	3	40	39	18	22	41	40	1	4	14
29	71 000	63	102 700	—	16 770	2	1	56	49	14	15	30	21	—	3	15
118	355 940	69	133 000	—	1 590	3	3	26	24	28	42	16	16	—	.	16
43	87 620	47	47 400	—	14 080	3	3	67	68	8	9	8	5	—	1	17
196	459 957	162	662 900	—	13 111	2	2	82	54	20	27	17	39	—	1	18
20	44 700	32	123 800	2	12 000	—	—	5	3	23	17	37	48	2	5	19
134	422 084	161	296 778	—	10 680	1	.	22	23	51	69	61	48	—	2	20
85	178 500	104	195 200	—	5 710	—	—	40	33	21	24	26	27	—	1	21
470	1 071 147	380	720 750	—	15 500	—	—	25	26	53	60	43	40	—	1	22
17	15 700	25	39 220	—	9 440	4	3	24	15	20	14	30	35	—	8	23
298	308 358	102	129 720	15	65 922	3	3	62	54	10	10	3	4	.	2	24
379	777 720	67	126 000	—	59 605	2	2	40	39	22	24	4	4	—	2	25
117	168 971	320	426 200	—	5 355	4	3	30	32	36	42	98	105	—	1	26
498	1 687 310	274	840 730	—	52 785	5	6	56	50	23	31	13	15	—	1	27
4 156	**9 107 240**	**4 867**	**8 883 373**	**109**	**1 494 755**	**3**	**3**	**43**	**42**	**16**	**21**	**19**	**20**	**.**	**3**	

Noch: Tabelle I 20

Große Versicherung — Bewegung in

Versicherungsunternehmung			Überhaupt übernommene Versicherungen					
			Bestand Ende 1908		Reiner Zugang		Bestand Ende 1909	
Nr.	Sitz	Name	Policen	Summen ℳ	Policen	Summen ℳ	Policen	Summen ℳ
		1	2	3	4	5	6	7
								Gegenseitigkeits
28	Braunschweig .	Braunschweig. L.V.A. . .	239	412 900	2	11 200	241	424 100
29	Darmstadt . . .	Renten- u. Lebens V.A. .	83	120 970	— 3	— 2 500	80	118 470
30	Dresden	Sächsische Renten V.A. .	—	—	—	—	—	—
31	Gotha	Gothaer Lebens V.B. . . .	—	—	—	—	—	—
32	Halle	Iduna	33 241	48 921 800	— 154	1 436 715	33 087	50 358 515
33	Hannover	Deutsche Militd. u. L.V.A.	163 339	229 243 792	— 6 876	— 5 145 608	156 463	224 098 184
34	»	Hannoversche L.V.A. . . .	1 480	2 383 918	— 42	— 2 426	1 438	2 381 492
35	»	Preuß. Beamtenverein. . .	9 381	22 751 600	— 166	— 231 000	9 215	22 520 600
36	Karlsruhe	Karlsruher L.V.	1 521	4 193 200	— 63	— 161 500	1 458	4 031 700
37	Leipzig	Leb. V.G.	9 407	26 439 290	— 383	— 1 181 200	9 024	25 258 090
38	Posen	Vesta	740	1 122 193	— 40	— 39 512	700	1 082 681
39	Potsdam	Deutsche L.V.	8 784	14 926 373	— 42	— 143 210	8 742	14 783 163
40	Schwerin	Mecklenb. L.V.B.	2 621	4 662 807	55	— 56 718	2 676	4 606 089
41	Stuttgart	Allg. Deutscher V.V.	24 072	32 116 116	1 388	2 104 921	25 460	34 221 037
42	»	Allg. Renten A.	2 918	5 063 551	— 159	— 257 987	2 759	4 805 564
43	»	Stuttgarter Lebens V.B. .	6 403	15 826 934	— 491	— 1 224 340	5 912	14 602 594
		Zusammen	**264 229**	**408 185 444**	**— 6 974**	**— 4 893 165**	**257 255**	**403 292 279**

Anmerkung zu Tab. I 20: Zu der Versicherung auf den Lebensfall ist auch die Kapital-Sparversicherung gerechnet.

der Versicherung auf den Lebensfall

vereine

Selbst abgeschlossene Versicherungen: Bestand Ende 1908 – Policen	Bestand Ende 1908 – Summen ℳ	Reiner Zugang – Policen	Reiner Zugang – Summen ℳ	Bestand Ende 1909 – Policen	Bestand Ende 1909 – Summen ℳ	In Rückdeckung übernommene Versicherungen: Bestand Ende 1908 – Policen	Bestand Ende 1908 – Summen ℳ	Reiner Zugang – Policen	Reiner Zugang – Summen ℳ	Bestand Ende 1909 – Policen	Bestand Ende 1909 – Summen ℳ	Nr.
8	9	10	11	12	13	14	15	16	17	18	19	
239	412 900	2	11 200	241	424 100	—	—	—	—	—	—	28
83	120 970	— 3	— 2 500	80	118 470	—	—	—	—	—	—	29
—	—	—	—	—	—	—	—	—	—	—	—	30
—	—	—	—	—	—	—	—	—	—	—	—	31
33 241	48 921 800	— 154	1 436 715	33 087	50 358 515	—	—	—	—	—	—	32
163 339	229 243 792	— 6 876	— 5 145 608	156 463	224 098 184	—	—	—	—	—	—	33
1 480	2 383 918	— 42	— 2 426	1 438	2 381 492	—	—	—	—	—	—	34
9 381	22 751 600	— 166	— 231 000	9 215	22 520 600	—	—	—	—	—	—	35
1 521	4 193 200	— 63	— 161 500	1 458	4 031 700	—	—	—	—	—	—	36
9 407	26 439 290	— 383	— 1 181 200	9 024	25 258 090	—	—	—	—	—	—	37
740	1 122 193	— 40	— 39 512	700	1 082 681	—	—	—	—	—	—	38
8 784	14 926 373	— 42	— 143 210	8 742	14 783 163	—	—	—	—	—	—	39
2 621	4 662 807	55	— 56 718	2 676	4 606 089	—	—	—	—	—	—	40
24 072	32 116 116	1 388	2 104 921	25 460	34 221 037	—	—	—	—	—	—	41
2 918	5 063 551	— 159	— 257 987	2 759	4 805 564	—	—	—	—	—	—	42
6 403	15 826 934	— 491	— 1 224 340	5 912	14 602 594	—	—	—	—	—	—	43
264 229	**408 185 444**	**— 6 974**	**— 4 893 165**	**257 255**	**403 292 279**	—	—	—	—	—	—	

Noch: Tabelle I 20

Große Versicherung — Bewegung in

Nr.	Versicherungsunternehmung: Sitz	Versicherungsunternehmung: Name	Selbst — Zugang im Jahre 1909: neue Abschlüsse: Policen	neue Abschlüsse: Summen M	Änderungen: Policen	Änderungen: Summen M	Abgang: durch Tod: Policen	durch Tod: Summen M	durch Ablauf: Policen	durch Ablauf: Summen M
		1	20	21	22	23	24	25	26	27
										Gegenseitigkeits
28	Braunschweig .	Braunschweig. L.V.A. ..	37	73 500	—	—	1	1 500	24	41 800
29	Darmstadt ...	Renten- u. Lebens V.A. .	6	7 000	—	—	—	—	5	5 500
30	Dresden	Sächsische Renten V.A. .	—	—	—	—	—	—	— .	—
31	Gotha	Gothaer Lebens V.B. ...	—	—	—	—	—	—	—	—
32	Halle	Iduna	2 198	5 210 226	30	45 520	113	163 833	767	1 020 662
33	Hannover	Deutsche Militd. u. L.V.A.	7 754	13 337 570	224	391 960	412	670 140	12 017	14 520 293
34	»	Hannoversche L.V.A. ...	132	293 680	5	11 094	4	4 300	69	98 000
35	»	Preuß. Beamtenverein...	624	1 639 600	—	—	—	—	630	1 346 500
36	Karlsruhe	Karlsruher L.V.	—	—	2	2 000	4	11 500	19	44 000
37	Leipzig	Leb. V.G.	397	1 047 100	3	7 000	30	102 800	613	1 761 400
38	Posen	Vesta	31	57 918	6	5 318	—	—	25	32 100
39	Potsdam	Deutsche L.V.	837	1 494 350	20	35 324	36	49 487	349	563 000
40	Schwerin	Mecklenb. L.V.B.	568	824 888	—	—	7	13 000	73	162 425
41	Stuttgart	Allg. Deutscher V.V.	3 484	4 686 052	53	56 886	—	—	956	1 043 604
42	»	Allg. Renten A.	92	171 100	13	8 210	16	31 050	222	351 407
43	»	Stuttgarter Lebens V.B. .	—	—	1	1 000	28	72 300	431	1 041 740
		Zusammen	**16 160**	**28 842 984**	**357**	**564 312**	**651**	**1 119 910**	**16 200**	**22 032 431**

Anmerkungen zu Tab. I 20: Zu der Versicherung auf den Lebensfall ist auch die Kapital-Sparversicherung gerechnet. — Ein . bedeutet, daß die beobachteten Fälle weniger als $^1/_2$ ‰ ausmachen.

der Versicherung auf den Lebensfall

a b g e s c h l o s s e n e V e r s i c h e r u n g e n																
im Jahre 1909						Abgang in ‰ des durchschnittlichen Bestandes										
durch Rückkauf		durch Verfall, Verzicht, Nichteinlösung der Police		durch Reduktion, Umwandlung, Übertragung		durch Tod		durch Ablauf		durch Rückkauf		durch Verfall, Verzicht, Nichteinlösung der Police		durch Reduktion, Umwandlung, Übertragung		Nr.
Policen	Summen ℳ	Policen	Summen ℳ	Policen	Summen ℳ	Policen	Summen ℳ	Policen	Summen ℳ	Policen	Summen ℳ	Policen	Summen ℳ	Policen	Summen ℳ	
28	29	30	31	32	33	34	35	36	37	38	39	40	41	42	43	
vereine																
3	8 000	7	11 000	—	—	4	4	100	100	13	19	29	26	—	—	28
1	1 000	3	3 000	—	—	—	—	61	46	12	8	37	25	—	—	29
—	—	—	—	—	—	—	—	—	—	—	—	—	—	—	—	30
—	—	—	—	—	—	—	—	—	—	—	—	—	—	—	—	31
643	976 092	857	1 451 592	2	206 852	3	3	23	21	19	20	26	29	.	4	32
741	1 070 830	1 220	1 802 425	464	811 450	3	3	75	64	5	5	8	8	3	4	33
35	68 000	71	130 300	—	6 600	3	2	47	41	24	29	49	55	—	3	34
158	512 200	2	4 200	—	7 700	—	—	68	59	17	23	.	.	—	.	35
42	103 500	—	—	—	4 500	3	3	13	11	28	25	—	—	—	1	36
101	262 100	11	14 800	28	94 200	3	4	67	68	11	10	1	1	3	4	37
31	41 018	21	28 400	—	1 230	—	—	35	29	43	37	29	26	—	1	38
85	182 658	429	776 200	—	101 539	4	3	40	38	10	12	49	52	—	7	39
131	206 867	302	394 125	—	105 189	3	3	28	35	49	45	114	85	—	23	40
127	151 185	1 066	1 226 713	—	216 515	—	—	39	31	5	5	43	37	—	7	41
7	20 640	6	1 500	13	32 700	6	6	78	71	2	4	2		5	7	42
29	94 600	4	14 000	—	2 700	5	5	70	68	5	6	1	1	—		43
2 134	**3 698 690**	**3 999**	**5 858 255**	**507**	**1 591 175**	**2**	**3**	**62**	**54**	**8**	**9**	**15**	**14**	**2**	**4**	

Tabelle I 21

Große Versicherung — Bewegung in

Nr.	Sitz	Name	Überhaupt übernommene Versicherungen: Bestand Ende 1908: Policen	Bestand Ende 1908: Jahresrenten M	Reiner Zugang: Policen	Reiner Zugang: Jahresrenten M	Bestand Ende 1909: Policen	Bestand Ende 1909: Jahresrenten M
		1	2	3	4	5	6	7
								Aktien
1	Berlin	Berlinische L.V.G.	963	385 734	— 15	5 495	948	391 229
3	»	Deutscher Anker	1 953	1 163 116	337	304 371	2 290	1 467 487
4	»	Deutschland	[1]) 75	[1]) 48 894	1	— 5 736	76	43 158
5	»	Friedrich Wilhelm	1 964	585 840	51	39 085	2 015	624 925
6	»	Nordstern Leben	2 207	1 651 191	234	298 669	2 441	1 949 860
7	»	Preußische L.V.A.G.	1 756	970 636	158	71 507	1 914	1 042 143
9	»	Victoria	1 980	[2]) 1 068 186	169	85 962	2 149	[2]) 1 154 148
10	Bremen	Bremer L.V.B.	7	1 756	— 1	— 400	6	1 356
11	Cöln	Concordia	1 261	642 254	9	10 646	1 270	652 900
14	Erfurt	Thuringia	1 063	619 786	2	— 7 425	1 065	612 361
15	Frankfurt	Frankfurter L.V.G.	977	609 189	102	53 020	1 079	662 209
16	»	Providentia	401	277 252	37	22 886	438	300 138
17	Hamburg	Janus	2 766	1 240 108	39	28 962	2 805	1 269 070
18	Leipzig	Teutonia	1 190	522 282	16	36 508	1 206	558 790
19	Ludwigshafen	Atlas	565	[3]) 243 326	62	25 080	627	[3]) 268 406
20	Lübeck	Deutsche L.V.G.	693	254 304	— 3	926	690	255 230
21	Magdeburg	Magdeb. L.V.G.	597	304 916	— 31	— 16 211	566	288 705
22	»	Wilhelma	2 235	1 201 545	177	177 777	2 412	1 379 322
24	München	Arminia	106	70 565	26	5 163	132	75 728
25	»	Bayer. V.B.	5 255	3 001 175	25	1 025	5 280	3 002 200
26	Nürnberg	Nürnberger L.V.B.	76	40 939	3	2 279	79	43 218
27	Stettin	Germania	6 618	2 990 232	— 4	24 118	6 614	3 014 350
		Zusammen	**34 708**	**17 893 226**	**1 394**	**1 163 707**	**36 102**	**19 056 933**

Anmerkungen zu Tab. I 21: [1]) Davon sind 8 Policen über 4 361 M von der Lebensversicherungsgesellschaft Dordrecht übernommenes deutsches Geschäft. — [2]) Außerdem verwaltet die Gesellschaft eine Pensionskasse mit 281 693 M Jahresrente am Ende des Jahres 1908 und mit 321 480 M Jahresrente am Ende des Jahres 1909. —

der Rentenversicherung

Selbst abgeschlossene Versicherungen: Bestand Ende 1908: Policen	Selbst abgeschlossene Versicherungen: Bestand Ende 1908: Jahresrenten M	Selbst abgeschlossene Versicherungen: Reiner Zugang: Policen	Selbst abgeschlossene Versicherungen: Reiner Zugang: Jahresrenten M	Selbst abgeschlossene Versicherungen: Bestand Ende 1909: Policen	Selbst abgeschlossene Versicherungen: Bestand Ende 1909: Jahresrenten M	In Rückdeckung übernommene Versicherungen: Bestand Ende 1908: Policen	In Rückdeckung übernommene Versicherungen: Bestand Ende 1908: Jahresrenten M	In Rückdeckung übernommene Versicherungen: Reiner Zugang: Policen	In Rückdeckung übernommene Versicherungen: Reiner Zugang: Jahresrenten M	In Rückdeckung übernommene Versicherungen: Bestand Ende 1909: Policen	In Rückdeckung übernommene Versicherungen: Bestand Ende 1909: Jahresrenten M	Nr.
8	9	10	11	12	13	14	15	16	17	18	19	

gesellschaften

963	385 734	— 15	5 495	948	391 229	—	—	—	—	—	—	1
1 895	991 850	283	142 886	2 178	1 134 736	58	171 266	54	161 485	112	332 751	3
[1]) 71	[1]) 46 044	1	— 5 736	72	40 308	4	2 850	—	—	4	2 850	4
1 914	584 000	101	·40 925	2 015	624 925	50	1 840	— 50	— 1 840	—	—	5
2 178	1 638 723	236	299 349	2 414	1 938 072	29	12 468	— 2	— 680	27	11 788	6
1 740	948 740	158	72 007	1 898	1 020 747	16	21 896	—	— 500	16	21 396	7
1 980	1 068 186	169	85 962	2 149	1 154 148	—	—	—	—	—	—	9
7	1 756	— 1	— 400	6	1 356	—	—	—	—	—	—	10
1 258	640 129	9	10 646	1 267	650 775	3	2 125	—	—	3	2 125	11
1 053	606 718	3	— 6 753	1 056	599 965	10	13 068	— 1	— 672	9	12 396	14
969	601 648	102	53 020	1 071	654 668	8	7 541	—	—	8	7 541	15
401	277 252	37	22 886	438	300 138	—	—	—	—	—	—	16
2 764	1 235 108	39	28 962	2 803	1 264 070	2	5 000	—	—	2	5 000	17
1 188	519 872	16	36 508	1 204	556 380	2	2 410	—	—	2	2 410	18
560	[3]) 239 159	62	25 080	622	[3]) 264 239	5	4 167	—	—	5	4 167	19
693	254 304	— 3	926	690	255 230	—	—	—	—	—	—	20
580	293 251	— 31	— 16 211	549	277 040	17	11 665	—	—	17	11 665	21
2 228	1 195 087	177	178 477	2 405	1 373 564	7	6 458	—	— 700	7	5 758	22
87	48 460	23	7 245	110	55 705	19	22 105	3	— 2 082	22	20 023	24
5 196	2 977 795	29	1 351	5 225	2 979 146	59	23 380	— 4	— 326	55	23 054	25
74	39 939	3	2 279	77	42 218	2	1 000	—	—	2	1 000	26
6 618	2 990 232	— 4	24 118	6 614	3 014 350	—	—	—	—	—	—	27
34 417	**17 583 987**	**1 394**	**1 009 022**	**35 811**	**18 593 009**	**291**	**309 239**	—	**154 685**	**291**	**463 924**	

[3]) Außerdem sind noch Sterbegelder in Höhe von 7 100 M am Ende des Jahres 1908 und von 7 440 M am Ende des Jahres 1909 aus einer übernommenen Pensionskasse mitversichert.

Noch: Tabelle I 21

Große Versicherung — Bewegung in

Versicherungsunternehmung			Selbst							
			Zugang im Jahre 1909				Abgang			
			neue Abschlüsse		Änderungen		durch Tod		durch Ablauf	
Nr.	Sitz	Name	Policen	Jahresrenten ℳ	Policen	Jahresrenten ℳ	Policen	Jahresrenten ℳ	Policen	Jahresrenten ℳ
		1	20	21	22	23	24	25	26	27
		Aktien								
1	Berlin	Berlinische L.V.G.	36	22 350	—	—	51	16 855	—	—
3	»	Deutscher Anker	385	190 903	2	4 699	6	2 360	6	4 100
4	»	Deutschland	5	1 560	—	—	4	7 296	—	—
5	»	Friedrich Wilhelm	198	69 761	3	968	56	15 171	—	—
6	»	Nordstern Leben	313	343 957	—	7 277	67	36 996	4	4 600
7	»	Preußische L.V.A.G.	220	108 617	—	—	59	34 974	—	—
9	»	Victoria	272	141 087	84	47 086	81	43 712	6	4 889
10	Bremen	Bremer L.V.B.	—	—	—	—	1	400	—	—
11	Cöln	Concordia	44	38 451	17	5 496	50	32 629	1	128
14	Erfurt	Thuringia	47	22 315	—	5 736	43	33 165	1	1 200
15	Frankfurt	Frankfurter L.V.G.	164	80 597	—	8 104	61	35 497	1	180
16	»	Providentia	67	37 549	1	500	27	13 163	—	—
17	Hamburg	Janus	180	99 948	31	32 050	136	72 061	3	910
18	Leipzig	Teutonia	89	58 698	—	—	71	20 786	—	—
19	Ludwigshafen	Atlas	89	35 849	14	4 164	15	7 834	2	113
20	Lübeck	Deutsche L.V.G.	27	12 304	—	—	29	10 376	—	—
21	Magdeburg	Magdeb. L.V.G.	2	694	5	2 365	33	16 905	—	—
22	»	Wilhelma	259	174 571	9	77 618	53	33 433	2	2 170
24	München	Arminia	25	8 492	—	—	—	—	1	1 047
25	»	Bayer. V.B.	265	155 091	—	2 420	230	150 690	3	2 077
26	Nürnberg	Nürnberger L.V.B.	8	4 073	—	—	5	1 674	—	—
27	Stettin	Germania	334	197 041	—	—	324	163 384	—	—
		Zusammen	**3 029**	**1 803 908**	**166**	**198 483**	**1 402**	**749 361**	**30**	**21 414**

Anmerkung zu Tab. I 21: Ein . bedeutet, daß die beobachteten Fälle weniger als $^1/_2$ ‰ ausmachen.

der Rentenversicherung

gesellschaften

abgeschlossene Versicherungen																
im Jahre 1909						Abgang in ‰ des durchschnittlichen Bestandes										
durch Rückkauf		durch Verfall, Verzicht, Nichteinlösung der Police		durch Reduktion, Umwandlung, Übertragung		durch Tod		durch Ablauf		durch Rückkauf		durch Verfall, Verzicht, Nichteinlösung der Police		durch Reduktion, Umwandlung, Übertragung		Nr.
Policen	Jahresrenten ℳ	Policen	Jahresrenten ℳ	Policen	Jahresrenten ℳ	Policen	Jahresrenten ℳ	Policen	Jahresrenten ℳ	Policen	Jahresrenten ℳ	Policen	Jahresrenten ℳ	Policen	Jahresrenten ℳ	
28	29	30	31	32	33	34	35	36	37	38	39	40	41	42	43	
—	—	—	—	—	—	53	43	—	—	—	—	—	—	—	—	1
50	29 205	25	11 090	17	5 961	3	2	3	4	25	27	12	10	8	6	3
—	—	—	—	—	—	56	169	—	—	—	—	—	—	—	—	4
4	465	38	11 320	2	2 848	28	25	—	—	2	1	19	19	1	5	5
4	1 843	1	4 231	1	4 215	29	21	2	3	2	1	.	2	.	2	6
—	—	3	1 577	—	59	32	36	—	—	—	—	2	2	—	.	7
3	1 855	17	5 383	80	46 372	39	39	3	4	1	2	8	5	39	42	9
—	—	—	—	—	—	143	257	—	—	—	—	—	—	—	—	10
—	—	—	—	1	544	40	51	1	.	—	—	—	—	1	1	11
—	—	—	—	—	439	41	55	1	2	—	—	—	—	—	1	14
—	—	—	—	—	4	60	57	1	.	—	—	—	—	—	.	15
—	—	3	1 500	1	500	64	46	—	—	—	—	7	5	2	2	16
—	—	2	800	31	29 265	49	58	1	1	—	—	1	1	11	23	17
1	1 079	1	325	—	—	59	39	—	—	1	2	1	1	—	—	18
9	4 690	1	96	14	2 200	25	31	3	.	15	19	2	.	24	9	19
1	1 000	—	—	—	2	42	41	—	—	1	4	—	—	—	.	20
—	—	—	—	5	2 365	58	59	—	—	—	—	—	—	9	8	21
30	33 676	4	2 567	2	1 866	23	26	1	2	13	26	2	2	1	1	22
—	—	1	200	—	—	—	—	10	20	—	—	10	4	—	—	24
2	625	1	1 000	—	1 768	44	51	1	1	.	.	.	.	—	1	25
—	—	—	—	—	120	66	41	—	—	—	—	—	—	—	3	26
3	1 174	9	5 359	2	3 006	49	54	—	—	.	.	1	2	.	1	27
107	**75 612**	**106**	**45 448**	**156**	**101 534**	**40**	**41**	**1**	**1**	**3**	**4**	**3**	**3**	**4**	**6**	

Noch: Tabelle I 21

Große Versicherung — Bewegung in

Nr.	Sitz	Name	Überhaupt übernommene Versicherungen: Bestand Ende 1908: Policen	Bestand Ende 1908: Jahresrenten M	Reiner Zugang: Policen	Reiner Zugang: Jahresrenten M	Bestand Ende 1909: Policen	Bestand Ende 1909: Jahresrenten M
		1	2	3	4	5	6	7
								Gegenseitigkeits
28	Braunschweig .	Braunschweig. L.V.A	76	12 275	— 4 —	665	72	11 610
29	Darmstadt ...	Renten- u. Lebens V.A. .	359	96 041	— 1 —	5 234	358	90 807
30	Dresden	Sächsische Renten V.A. .	—	—	—	—	—	—
31	Gotha	Gothaer Lebens V.B. ...	—	—	—	—	—	—
32	Halle	Iduna	1 227	519 910	173	79 475	1 400	599 385
35	Hannover	Preuß. Beamtenverein...	3 016	1 171 398	314	136 660	3 330	1 308 058
36	Karlsruhe	Karlsruher L.V.	355	72 846	— 18 —	4 331	337	68 515
39	Potsdam	Deutsche L.V.	444	164 312	13	4 187	457	168 499
40	Schwerin	Mecklenb. L.V.B.	694	187 670	— 51 —	12 921	643	174 749
41	Stuttgart	Allg. Deutscher V.V....	90	41 341	14	8 262	104	49 603
42	»	Allg. Renten A.	15 554	2 868 245	— 391	129 971	15 163	2 998 216
43	»	Stuttgarter Lebens V.B. .	37	5 730	— 1 —	10	36	5 720
		Zusammen	**21 852**	**5 139 768**	**48**	**335 394**	**21 900**	**5 475 162**

Nr.	Sitz	Name	Zugang im Jahre 1909: neue Abschlüsse: Policen	neue Abschlüsse: Jahresrenten M	Änderungen: Policen	Änderungen: Jahresrenten M	Selbst… Abgang: durch Tod: Policen	durch Tod: Jahresrenten M	durch Ablauf: Policen	durch Ablauf: Jahresrenten M
		1	20	21	22	23	24	25	26	27
										Gegenseitigkeits
28	Braunschweig .	Braunschweig. L.V.A. ...	—	—	—	—	4	665	—	—
29	Darmstadt ...	Renten- u. Lebens V.A.[1])	14	4 649	—	—	14	7 883	—	—
30	Dresden	Sächsische Renten V.A.[2])	—	—	—	—	—	—	—	—
31	Gotha	Gothaer Lebens V.B. ...	—	—	—	—	—	—	—	—
32	Halle	Iduna	224	101 845	7	4 214	43	18 095	—	—
35	Hannover	Preuß. Beamtenverein...	375	158 170	—	—	39	12 120	5	1 550
36	Karlsruhe	Karlsruher L.V.	—	—	—	—	18	4 331	—	—
39	Potsdam	Deutsche L.V.	23	9 631	—	—	9	4 206	—	—
40	Schwerin	Mecklenb. L.V.B	—	—	—	—	51	12 921	—	—
41	Stuttgart	Allg. Deutscher V.V....	19	13 007	—	—	5	4 745	—	—
42	»	Allg. Renten A.	497	225 281	90	18 388	837	104 903	—	—
43	»	Stuttgarter Lebens V.B. .	—	—	—	—	1	10	—	—
		Zusammen	**1 152**	**512 583**	**97**	**22 602**	**1 021**	**169 879**	**5**	**1 550**

Anmerkungen zu Tab. I 21: Ein . bedeutet, daß die beobachteten Fälle weniger als $1/2$ ‰ ausmachen. — [1]) Außerdem steigende Renten. — [2]) Die Anstalt versichert nur steigende Renten gegen Voll- und Stückeinlagen.

der Rentenversicherung

Selbst abgeschlossene Versicherungen						In Rückdeckung übernommene Versicherungen						Nr.
Bestand Ende 1908		Reiner Zugang		Bestand Ende 1909		Bestand Ende 1908		Reiner Zugang		Bestand Ende 1909		
Policen	Jahresrenten ℳ	Policen	Jahresrenten ℳ	Policen	Jahresrenten ℳ	Policen	Jahresrenten ℳ	Policen	Jahresrenten ℳ	Policen	Jahresrenten ℳ	
8	9	10	11	12	13	14	15	16	17	18	19	
vereine												
76	12 275	— 4	— 665	72	11 610	—	—	—	—	—	—	28
359	96 041	— 1	— 5 234	358	90 807	—	—	—	—	—	—	29
—	—	—	—	—	—	—	—	—	—	—	—	30
—	—	—	—	—	—	—	—	—	—	—	—	31
1 224	516 770	173	79 475	1 397	596 245	3	3 140	—	—	3	3 140	32
3 016	1 171 398	314	136 660	3 330	1 308 058	—	—	—	—	—	—	35
355	72 846	— 18	— 4 331	337	68 515	—	—	—	—	—	—	36
442	161 312	13	4 187	455	165 499	2	3 000	—	—	2	3 000	39
694	187 670	— 51	— 12 921	643	174 749	—	—	—	—	—	—	40
90	41 341	14	8 262	104	49 603	—	—	—	—	—	—	41
15 485	2 858 605	— 384	130 875	15 101	2 989 480	69	9 640	— 7	— 904	62	8 736	42
37	5 730	— 1	— 10	36	5 720	—	—	—	—	—	—	43
21 778	**5 123 988**	**55**	**336 298**	**21 833**	**5 460 286**	**74**	**15 780**	**— 7**	**— 904**	**67**	**14 876**	

abgeschlossene Versicherungen im Jahre 1909						Abgang in ‰ des durchschnittlichen Bestandes										Nr.
durch Rückkauf		durch Verfall, Verzicht, Nichteinlösung der Police		durch Reduktion, Umwandlung, Übertragung		durch Tod		durch Ablauf		durch Rückkauf		durch Verfall, Verzicht, Nichteinlösung der Police		durch Reduktion, Umwandlung, Übertragung		
Policen	Jahresrenten ℳ	Policen	Jahresrenten ℳ	Policen	Jahresrenten ℳ	Policen	Jahresrenten ℳ	Policen	Jahresrenten ℳ	Policen	Jahresrenten ℳ	Policen	Jahresrenten ℳ	Policen	Jahresrenten ℳ	
28	29	30	31	32	33	34	35	36	37	38	39	40	41	42	43	
vereine																
—	—	—	—	—	—	54	56	—	—	—	—	—	—	—	—	28
—	—	1	2 000	—	—	39	84	—	—	—	—	3	21	—	—	29
—	—	—	—	—	—	—	—	—	—	—	—	—	—	—	—	30
—	—	—	—	—	—	—	—	—	—	—	—	—	—	—	—	31
3	873	7	2 563	5	5 053	33	33	—	—	2	2	5	5	4	9	32
14	6 100	3	1 740	—	—	12	10	2	1	4	5	1	1	—	—	35
—	—	—	—	—	—	52	61	—	—	—	—	—	—	—	—	36
—	—	1	1 238	—	—	20	26	—	—	—	—	2	8	—	—	39
—	—	—	—	—	—	76	71	—	—	—	—	—	—	—	—	40
—	—	—	—	—	—	52	104	—	—	—	—	—	—	—	—	41
—	—	—	—	134	7 891	55	36	—	—	—	—	—	—	9	3	42
—	—	—	—	—	—	27	2	—	—	—	—	—	—	—	—	43
17	**6 973**	**12**	**7 541**	**139**	**12 944**	**47**	**32**	**.**	**.**	**1**	**1**	**1**	**1**	**6**	**2**	

Tabelle I 22

Kleine Versicherung — Bewegung in

Versicherungsunternehmung			Überhaupt übernommene Versicherungen					
			Bestand Ende 1908		Reiner Zugang		Bestand Ende 1909	
Nr.	Sitz	Name	Policen	Summen ℳ	Policen	Summen ℳ	Policen	Summen ℳ
	1		2	3	4	5	6	7
								Aktien
								Volks
4	Berlin	Deutschland	92 050	26 053 494	60 740	7 246 753	152 790	33 300 247
5	»	Friedrich Wilhelm	2 551 780	363 505 149	— 38 662	12 635 068	2 513 118	376 140 217
8	»	Prudentia	145 181	21 923 645	— 10 357	— 744 516	134 824	21 179 129
9	»	Victoria	3 172 947	654 920 725	215 373	55 385 309	3 388 320	710 306 034
12	Dresden	Urania	66 159	10 744 329	4 541	1 115 305	70 700	11 859 634
13	Düsseldorf	Vereins V.B.[1])	—	—	4 692	677 630	[2]) 4 692	[2]) 677 630
22	Magdeburg	Wilhelma	111 810	28 700 321	29 423	8 767 874	141 233	37 468 195
23	Mannheim	Vita	48 960	12 205 010	7 854	2 123 448	56 814	14 328 458
24	München	Arminia	15 144	3 184 096	2 606	535 430	17 750	3 719 526
25	»	Bayer. V.B.	2 309	717 848	— 84	— 17 103	2 225	700 745
26	Nürnberg	Nürnberger L.V.B.	7 819	2 677 723	380	224 579	8 199	2 902 302
		Zusammen	**6 214 159**	**1 124 632 340**	**276 506**	**87 949 777**	**6 490 665**	**1 212 582 117**
								Zeitungsabonnenten
26	Nürnberg	Nürnberger L.V.B.	**[3]) 612 142**	**61 214 200**	**[3]) 441 123**	**23 820 650**	**[3]) 1 053 265**	**85 034 850**
								Sonstige kleine Versicherung
2	Berlin	Deutsche L.V.B.	—	—	1 018	450 292	1 018	450 292
6	»	Nordstern Leben	In Tabelle I 19 enthalten					
44	»	Nordstern Unfall	12 714	5 675 134	— 370	— 5 806	12 344	5 669 328
7	»	Preußische L.V.A.G.	3 769	2 725 766	543	274 590	4 312	3 000 356
10	Bremen	Bremer L.V.B.	4 480	1 180 899	823	211 057	5 303	1 391 956
11	Cöln	Concordia	61	11 400	— 8	— 1 650	53	9 750
12	Dresden	Urania	In Tabelle I 19 enthalten					
14	Erfurt	Thuringia	8 122	2 279 078	— 49	— 20 689	8 073	2 258 389
18	Leipzig	Teutonia	20 951	11 016 580	2 249	936 790	23 200	11 953 370
20	Lübeck	Deutsche L.V.G.	460	53 861	— 43	— 5 145	417	48 716
21	Magdeburg	Magdeb. L.V.G.	10 619	3 241 008	— 395	— 112 225	10 224	3 128 783
24	München	Arminia	In Tabelle I 19 enthalten					
25	»	Bayer. V.B.	In Tabelle I 19 enthalten					
27	Stettin	Germania	In Tabelle I 19 enthalten					
		Zusammen	**61 176**	**26 183 726**	**3 768**	**1 727 214**	**64 944**	**27 910 940**

Anmerkungen zu Tab. I 22: [1]) Geschäftsbeginn im April 1909. — [2]) Davon sind 25 Policen mit 598 ℳ Invaliditätszusatzversicherungen verbunden. — [3]) Personen statt Policen.

Versicherung auf den Todesfall

Selbst abgeschlossene Versicherungen						In Rückdeckung übernommene Versicherungen						
Bestand Ende 1908		Reiner Zugang		Bestand Ende 1909		Bestand Ende 1908		Reiner Zugang		Bestand Ende 1909		Nr.
Po- licen	Summen ℳ	Policen	Summen ℳ	Policen	Summen ℳ	Policen	Summen ℳ	Policen	Summen ℳ	Policen	Summen ℳ	
8	9	10	11	12	13	14	15	16	17	18	19	

ellschaften

icherung

8	9	10	11	12	13	14	15	16	17	18	19	Nr.
92 050	26 053 494	60 740	7 246 753	152 790	33 300 247	—	—	—	—	—	—	4
89 088	355 458 494	124 030	20 681 723	2 513 118	376 140 217	162 692	8 046 655	—162 692	—8 046 655	—	—	5
45 122	21 522 637	—10 353	—707 369	134 769	20 815 268	59	401 008	— 4	— 37 147	55	363 861	8
72 947	654 920 725	215 373	55 385 309	3 388 320	710 306 034	—	—	—	—	—	—	9
66 159	10 744 329	4 541	1 115 305	70 700	11 859 634	—	—	—	—	—	—	12
—	—	4 692	677 630	²) 4 692	²) 677 630	—	—	—	—	—	—	13
11 810	28 700 321	29 423	8 767 874	141 233	37 468 195	—	—	—	—	—	—	22
48 679	12 094 424	7 877	2 133 461	56 556	14 227 885	281	110 586	— 23	— 10 013	258	100 573	23
15 144	3 184 096	2 606	535 430	17 750	3 719 526	—	—	—	—	—	—	24
1 751	635 710	— 63	— 14 286	1 688	621 424	558	82 138	— 21	— 2 817	537	79 321	25
7 819	2 677 723	380	224 579	8 199	2 902 302	—	—	—	—	—	—	26
50 569	**1 115 991 953**	**439 246**	**96 046 409**	**6 489 815**	**1 212 038 362**	**163 590**	**8 640 387**	**—162 740**	**—8 096 632**	**850**	**543 755**	

sicherung

8	9	10	11	12	13	14	15	16	17	18	19	Nr.
12 142	**61 214 200**	³)**441 123**	**23 820 650**	³)**1 053 265**	**85 034 850**	—	—	—	—	—	—	26

rbegeldversicherung)

8	9	10	11	12	13	14	15	16	17	18	19	Nr.
—	—	1 018	450 292	1 018	450 292		—	—	—	—	—	2
				In Tabelle I 19 enthalten								6
10 296	3 902 047	— 188	113 711	10 108	4 015 758	2 418	1 773 087	— 182	— 119 517	2 236	1 653 570	44
3 769	2 725 766	543	274 590	4 312	3 000 356	—	—	—	—	—	—	7
4 480	1 180 899	823	211 057	5 303	1 391 956	—	—	—	—	—	—	10
61	11 400	— 8	— 1 650	53	9 750	—	—	—	—	—	—	11
				In Tabelle I 19 enthalten								12
8 122	2 279 078	— 49	— 20 689	8 073	2 258 389	—	—	—	—	—	—	14
20 951	11 016 580	2 249	936 790	23 200	11 953 370	—	—	—	—	—	—	18
460	53 861	— 43	— 5 145	417	48 716	—	—	—	—	—	—	20
10 619	3 241 008	— 395	— 112 225	10 224	3 128 783	—	—	—	—	—	—	21
				In Tabelle I 19 enthalten								24, 25, 27
58 758	**24 410 639**	**3 950**	**1 846 731**	**62 708**	**26 257 370**	**2 418**	**1 773 087**	**— 182**	**— 119 517**	**2 236**	**1 653 570**	

Noch: Tabelle I 22

Kleine Versicherung — Bewegung in

Versicherungsunternehmung			Selbst							
			Zugang im Jahre 1909				Abgang			
			neue Abschlüsse		Änderungen		durch Tod		durch Ablauf	
Nr.	Sitz	Name	Policen	Summen M	Policen	Summen M	Policen	Summen M	Policen	Summen M
	1		20	21	22	23	24	25	26	27
										Aktien
										Volks
4	Berlin	Deutschland	70 063	10 036 447	1 240	281 953	1 297	367 839	704	88 615
5	»	Friedrich Wilhelm	364 949	65 242 179	6 931	1 997 219	32 160	4 697 714	9 396	1 876 805
8	»	Prudentia	20 056	4 533 810	1 765	343 964	1 172	210 745	12 359	1 314 407
9	»	Victoria	587 483	135 961 613	39 373	9 054 951	27 717	5 565 359	154 997	22 105 386
12	Dresden	Urania	17 425	3 658 370	2 628	262 866	528	89 267	2 948	280 025
13	Düsseldorf ..	Vereins V.B.[1])	4 720	680 715	—	—	11	773	—	—
22	Magdeburg ..	Wilhelma	57 931	16 112 282	558	564 740	1 063	251 286	2 497	444 296
23	Mannheim ..	Vita	21 304	5 741 100	214	102 158	437	112 399	309	77 406
24	München ...	Arminia.............	4 466	960 149	93	20 390	115	25 593	342	30 809
25	» ...	Bayer. V.B.	—	—	—	5 361	17	3 204	2	597
26	Nürnberg ...	Nürnberger L.V.B. ...	1 785	804 600	22	8 706	101	26 611	—	—
		Zusammen	**1 150 182**	**243 731 265**	**52 824**	**12 642 308**	**64 618**	**11 350 790**	**183 554**	**26 218 346**
										Zeitungsabonnenten
26	Nürnberg ...	Nürnberger L.V.B. ...	[2]) **448 502**	**24 455 664**	—	—	[2]) **7379**	**635 014**	—	—
										Sonstige kleine Versicherung
2	Berlin	Deutsche L.V.B.	1 184	546 248	—	78	—	—	—	—
6	»	Nordstern Leben......	In Tabelle I 19 enthalten							
44	»	Nordstern Unfall	689	450 658	—	—	367	92 650	149	77 079
7	»	Preußische L.V.A.G. ..	1 320	735 200	4	1 500	42	24 100	15	6 200
10	Bremen	Bremer L.V.B.	2 604	719 902	11	4 568	94	19 668	—	—
11	Cöln	Concordia	—	—	—	—	8	1 650	—	—
12	Dresden	Urania	In Tabelle I 19 enthalten							
14	Erfurt	Thuringia	429	120 541	2	4 950	260	69 986	3	530
18	Leipzig	Teutonia	3 810	1 789 610	—	—	441	116 601	30	10 805
20	Lübeck	Deutsche L.V.G.	—	—	—	—	42	5 010	—	—
21	Magdeburg ..	Magdeb. L.V.G.	15	7 200	64	17 360	317	82 910	9	1 390
24	München ...	Arminia.............	In Tabelle I 19 enthalten							
25	» ...	Bayer. V.B.								
27	Stettin......	Germania								
		Zusammen	**10 051**	**4 369 359**	**81**	**28 456**	**1 571**	**412 575**	**206**	**96 004**

Anmerkungen zu Tab. I 22: Ein . bedeutet, daß die beobachteten Fälle weniger als $^1/_2$ ‰ ausmachen. — [1]) Geschäftsbeginn im April 1909. — [2]) Personen statt Policen.

der Versicherung auf den Todesfall

abgeschlossene Versicherungen																
im Jahre 1909						Abgang in ‰ des durchschnittlichen Bestandes										
durch Rückkauf		durch Verfall, Verzicht, Nichteinlösung der Police		durch Reduktion, Umwandlung, Übertragung		durch Tod		durch Ablauf		durch Rückkauf		durch Verfall, Verzicht, Nichteinlösung der Police		durch Reduktion, Umwandlung, Übertragung		Nr.
Policen	Summen ℳ	Policen	Summen ℳ	Policen	Summen ℳ	Policen	Summen ℳ	Policen	Summen ℳ	Policen	Summen ℳ	Policen	Summen ℳ	Policen	Summen ℳ	
28	29	30	31	32	33	34	35	36	37	38	39	40	41	42	43	
gesellschaften																
versicherung																
432	146 761	7 241	2 131 692	889	336 740	11	12	6	3	4	5	59	72	7	11	4
332	78 197	205 948	34 157 729	14	5 747 230	13	13	4	5	.	.	84	93	.	16	5
34	12 974	17 996	3 721 805	613	325 212	8	10	88	62	.	1	129	176	4	15	8
3 792	898 705	224 269	54 527 091	708	6 534 714	8	8	47	32	1	1	68	80	.	10	9
106	14 009	10 074	2 030 111	1 856	392 519	8	8	43	25	2	1	147	180	27	35	12
—	—	17	2 312	—	—	5	2	—	—	—	—	7	7	—	—	13
185	58 101	25 321	6 840 449	—	315 016	8	8	20	13	1	2	200	207	—	10	22
774	249 818	12 121	3 144 232	—	125 942	8	9	6	6	15	19	230	239	—	10	23
36	9 486	1 416	356 993	44	22 228	7	7	21	9	2	3	86	103	3	6	24
44	14 531	—	—	—	1 315	10	5	1	1	26	23	—	—	—	2	25
104	47 011	1 209	507 305	13	7 800	13	10	—	—	13	17	151	182	2	3	26
5 839	**1 529 593**	**505 612**	**107 419 719**	**4 137**	**13 808 716**	**10**	**10**	**29**	**23**	**1**	**1**	**81**	**92**	**1**	**12**	
versicherung																
—	—	—	—	—	—	[2]) **9**	**9**	—	—	—	—	—	—	—	—	26
(Sterbegeldversicherung)																
—	—	159	92 002	7	4 032	—	—	—	—	—	—	312	409	14	18	2
In Tabelle I 19 enthalten																6
82	41 491	270	115 211	—	10 516	36	23	15	19	8	10	27	29	—	3	44
62	48 000	662	367 000	—	16 810	10	8	4	2	15	17	164	128	—	6	7
4	610	1 694	492 335	—	800	19	15	—	—	1	.	346	383	—	1	10
—	—	—	—	—	—	140	156	—	—	—	—	—	—	—	—	11
In Tabelle I 19 enthalten																12
81	26 740	136	46 647	—	2 277	32	31	.	.	10	12	17	21	—	1	14
279	153 180	811	552 000	—	20 234	20	10	1	1	13	13	37	48	—	2	18
1	135	—	—	—	—	96	98	—	—	2	3	—	—	—	—	20
68	22 690	29	10 075	51	19 720	30	26	1	.	7	7	3	3	5	6	21
In Tabelle I 19 enthalten																24
																25
																27
577	**292 846**	**3 776**	**1 675 270**	**58**	**74 389**	**26**	**16**	**3**	**4**	**10**	**12**	**62**	**66**	**1**	**3**	

Noch: Tabelle I 22

Kleine Versicherung — Bewegung in

Nr.	Sitz	Name	Überhaupt übernommene Versicherungen: Bestand Ende 1908, Policen	Bestand Ende 1908, Summen M	Reiner Zugang, Policen	Reiner Zugang, Summen M	Bestand Ende 1909, Policen	Bestand Ende 1909, Summen M
		1	2	3	4	5	6	7
								Gegenseitigkeits
								Volks
32	Halle	Iduna	259 484	39 423 494	36 103	6 930 085	295 587	46 353 579
41	Stuttgart ...	Allg. Deutscher V.V. ..	47 602	11 236 005	369	10 703	47 971	11 246 708
		Zusammen	**307 086**	**50 659 499**	**36 472**	**6 940 788**	**343 558**	**57 600 287**
								Sonstige kleine Versicherung
28	Braunschweig	Braunschweig. L.V.A. .	203	60 800	45	28 400	248	89 200
45	Görlitz......	Rothenburger V.A.	268 101	95 981 327	9 162	7 974 001	277 263	103 955 328
32	Halle	Iduna¹)	5 591	1 065 533	— 514	— 96 070	5 077	969 463
34	Hannover ..	Hannoversche L.V.A. .	98	65 700	115	103 900	213	169 600
35	» ..	Preuß. Beamtenverein .	14 037	6 036 960	191	96 040	14 228	6 133 000
38	Posen	Vesta			In Tabelle I 19 enthalten			
39	Potsdam ...	Deutsche L.V.	4 347	1 325 497	— 144	— 42 263	4 203	1 283 234
40	Schwerin ...	Mecklenb. L.V.B.	2 525	2 517 025	236	266 962	2 761	2 783 987
		Zusammen	**294 902**	**107 052 842**	**9 091**	**8 330 970**	**303 993**	**115 383 812**

Anmerkung zu Tab. I 22: ¹) Ohne die bereits in Tab. I 19 nachgewiesene ehemalige Bremische Sterbekasse.

Tabelle I 23

Kleine Versicherung — Bewegung in

Nr.	Sitz	Name	Bestand Ende 1908, Policen	Bestand Ende 1908, Summen M	Reiner Zugang, Policen	Reiner Zugang, Summen M	Bestand Ende 1909, Policen	Bestand Ende 1909, Summen M
								Aktien
								Volks
24	München ...	Arminia..............	4 807	1 214 345	— 215	— 35 402	4 592	1 178 943
25	» ...	Bayer. V.B.	5	620	— 1	— 104	4	516
		Zusammen	**4 812**	**1 214 965**	**— 216**	**— 35 506**	**4 596**	**1 179 459**
								Sonstige kleine
44	Berlin	Nordstern Unfall	**22**	**19 000**	**— 11**	**— 10 500**	**11**	**8 500**

Anmerkung zu Tab. I 23: Hinsichtlich der **Bewegung in dem Bestande der selbst abgeschlossenen Versicherungen auf den Lebensfall** (Spalten 10 und 11) ist folgendes zu bemerken: Bei der Arminia sind infolge Änderung hinzugekommen 42 Policen und 32 092 M, dagegen sind abgegangen durch Tod 14 Policen über 2 557 M, durch Ablauf 108 Policen über 29 313 M, durch Rückkauf 22 Policen über 3 442 M, durch Verfall usw. 110 Policen über 28 596 M und endlich durch Reduktion, Umwandlung und Übertragung 3 Policen und 3 586 M.

er Versicherung auf den Todesfall

Selbst abgeschlossene Versicherungen						In Rückdeckung übernommene Versicherungen						Nr.
Bestand Ende 1908		Reiner Zugang		Bestand Ende 1909		Bestand Ende 1908		Reiner Zugang		Bestand Ende 1909		
Policen	Summen ℳ	Policen	Summen ℳ	Policen	Summen ℳ	Policen	Summen ℳ	Policen	Summen ℳ	Policen	Summen ℳ	
8	9	10	11	12	13	14	15	16	17	18	19	
ereine												
ersicherung												
259 484	39 423 494	36 103	6 930 085	295 587	46 353 579	—	—	—	—	—	—	32
47 602	11 236 005	369	10 703	47 971	11 246 708	—	—	—	—	—	—	41
307 086	**50 659 499**	**36 472**	**6 940 783**	**343 558**	**57 600 287**	—	—	—	—	—	—	
Sterbegeldversicherung)												
203	60 800	45	28 400	248	89 200	—	—	—	—	—	—	28
268 101	95 981 327	9 162	7 974 001	277 263	103 955 328	—	—	—	—	—	—	45
5 591	1 065 533	— 514	— 96 070	5 077	969 463	—	—	—	—	—	—	32
98	65 700	115	103 900	213	169 600	—	—	—	—	—	—	34
14 037	6 036 960	191	96 040	14 228	6 133 000	—	—	—	—	—	—	35
				In Tabelle I 19 enthalten								38
4 347	1 325 497	— 144	— 42 263	4 203	1 283 234	—	—	—	—	—	—	39
2 525	2 517 025	236	266 962	2 761	2 783 987	—	—	—	—	—	—	40
294 902	**107 052 842**	**9 091**	**8 330 970**	**303 993**	**115 883 812**	—	—	—	—	—	—	

ler Versicherung auf den Lebensfall

gesellschaften

ersicherung												
4 807	1 214 345	— 215	— 35 402	4 592	1 178 943	—	—	—	—	—	—	24
—	—	—	—	—	—	5	620	— 1	— 104	4	516	25
4 807	**1 214 345**	**— 215**	**— 35 402**	**4 592**	**1 178 943**	**5**	**620**	**— 1**	**— 104**	**4**	**516**	
Versicherung												
4	**2 000**	—	—	**4**	**2 000**	**18**	**17 000**	**— 11**	**— 10 500**	**7**	**6 500**	44

Noch: Tabelle I 22

Kleine Versicherung — Bewegung in

Nr.	Versicherungsunternehmung: Sitz	Versicherungsunternehmung: Name	Selbst — Zugang im Jahre 1909 — neue Abschlüsse: Policen	Selbst — Zugang im Jahre 1909 — neue Abschlüsse: Summen ℳ	Selbst — Zugang im Jahre 1909 — Änderungen: Policen	Selbst — Zugang im Jahre 1909 — Änderungen: Summen ℳ	Selbst — Abgang — durch Tod: Policen	Selbst — Abgang — durch Tod: Summen ℳ	Selbst — Abgang — durch Ablauf: Policen	Selbst — Abgang — durch Ablauf: Summen ℳ
	1		20	21	22	23	24	25	26	27
										Gegenseitigkeits
										Volks
32	Halle	Iduna	138 800	23 302 380	5 033	488 570	2 389	378 680	10 408	955 248
41	Stuttgart	Allg. Deutscher V.V.	3 143	851 390	87	59 888	878	188 087	4	1 910
		Zusammen	**141 943**	**24 153 770**	**5 120**	**548 458**	**3 267**	**566 767**	**10 412**	**957 158**
										Sonstige kleine Versicherung
28	Braunschweig	Braunschweig. L.V.A.	92	49 400	—	—	—	—	—	—
45	Görlitz	Rothenburger V.A.	17 671	11 873 650	70	35 620	5 019	1 638 299	3	1 500
32	Halle	Iduna	—	—	6	895	473	88 230	15	2 525
34	Hannover	Hannoversche L.V.A.	228	187 000	—	—	2	800	—	—
35	»	Preuß. Beamtenverein	467	214 500	8	4 000	254	109 960	—	—
38	Posen	Vesta	In Tabelle I 19 enthalten							
39	Potsdam	Deutsche L.V.	44	16 000	4	1 150	139	36 540	—	—
40	Schwerin	Mecklenb. L.V.B.	909	986 212	1	1 000	12	10 000	—	—
		Zusammen	**19 411**	**13 326 762**	**89**	**42 665**	**5 899**	**1 883 829**	**18**	**4 025**

Anmerkung zu Tabelle I 22: Ein . bedeutet, daß die beobachteten Fälle weniger als $^1/_2$ ‰ ausmachen.

der Versicherung auf den Todesfall

abgeschlossene Versicherungen																
im Jahre 1909						Abgang in ‰ des durchschnittlichen Bestandes										
durch Rückkauf		durch Verfall, Verzicht, Nichteinlösung der Police		durch Reduktion, Umwandlung, Übertragung		durch Tod		durch Ablauf		durch Rückkauf		durch Verfall, Verzicht, Nichteinlösung der Police		durch Reduktion, Umwandlung, Übertragung		Nr.
Policen	Summen ℳ	Policen	Summen ℳ	Policen	Summen ℳ	Policen	Summen ℳ	Policen	Summen ℳ	Policen	Summen ℳ	Policen	Summen ℳ	Policen	Summen ℳ	
28	29	30	31	32	33	34	35	36	37	38	39	40	41	42	43	
vereine																
versicherung																
299	65 050	90 744	14 672 007	3 890	789 880	9	9	38	22	1	2	327	342	14	18	32
576	169 618	1 403	514 238	—	26 722	18	17	.	.	12	15	29	46	—	2	41
875	**234 668**	**92 147**	**15 186 245**	**3 890**	**816 602**	**10**	**10**	**32**	**18**	**3**	**4**	**283**	**281**	**12**	**15**	
(Sterbegeldversicherung)																
1	1 000	46	20 000	—	—	—	—	—	—	4	13	204	267	—	—	28
611	212 020	2 946	1 839 300	—	244 150	18	16	.	.	2	2	11	18	—	2	45
27	5 420	—	—	5	790	89	87	3	2	5	5	—	—	1	1	32
—	—	111	82 300	—	—	13	7	—	—	—	—	712	700	—	—	34
—	—	30	12 500	—	—	18	18	—	—	—	—	2	2	—	—	35
In Tabelle I 19 enthalten																38
27	9 150	26	11 600	—	2 123	33	28	—	—	6	7	6	9	—	2	39
16	16 200	646	679 137	—	14 913	5	4	—	—	6	6	244	256	—	6	40
682	**243 790**	**3 805**	**2 644 837**	**5**	**261 976**	**20**	**17**	.	.	**2**	**2**	**13**	**24**	.	**2**	

Tabelle I 23 siehe S. 62

Tabelle I 24

Versicherungseinrichtungen von Berufs

Nr.	Sitz	Name	Selbst: Bestand Ende 1908: Policen	Bestand Ende 1908: Summen M	Reiner Zugang: Policen	Reiner Zugang: Summen M
		1	2	3	4	5
						Versicherungen auf
48	Berlin	Hinterbl.V.A. Beamten-Vereine ..	¹) 4 610	¹) 3 269 001	385	498 500
49	»	Sterbekasse u. V.A. d. D. Kriegerbundes	105 917	26 217 049	7 881	2 524 492
50	»	Sterbekasse D. Lehrer	34 458	25 994 550	2 033	2 614 990
51	Cöln	Ecclesia ²)	—	—	262	1 283 000
52	Darmstadt ..	Sterbekasse D. Gastwirte	7 524	7 928 471	— 117	— 169 712
53	Düsseldorf ..	Sterbekasse D. Werkmeister	³) 100 134	³) 49 561 200	3 293	1 594 600
54	Hamburg ...	Hinterbl.K. d. Handl.Commis 1858	1 237	6 960 279	80	494 573
58	Magdeburg ..	Begräbnis K. Privatbeamten V. ..	5 286	3 602 100	222	196 400
59	» ..	Pens. K. Privatbeamten V.	*3 177*	⁴) *15 505*	*232*	⁴) *1 334*
61	München ...	Lebensvers. f. D. Forstbeamte ...	6 330	16 320 500	199	791 000
63	Viersen	Sterbekasse D. Militäranwärter ..	9 308	3 991 700	1 153	524 900
		Zusammen (ohne Nr. 59)	**274 804**	**143 844 850**	**15 391**	**10 352 743**
						Versicherungen auf
48	Berlin	Hinterbl.V.A. Beamten-Vereine ..	⁵) 17	⁵) 26 100	19	20 700
54	Hamburg ...	Hinterbl.K. d. Handl.Commis 1858	188	808 935	43	296 783
		Zusammen	**205**	**835 035**	**62**	**317 483**
						Renten
46	Berlin	A. D. Pens.A. f. Lehrerinnen	5 152	1 599 100	33	11 728
47	»	Beamten V.V. d. D. Bank- u. Bankiergew.⁶)	—	—	5 611	Nicht anzugeben
48	»	Hinterbl.V.A. Beamten-Vereine ..	⁷) 2 808	⁷) 740 259	54	58 810
54	Hamburg ...	Hinterbl.K. d. Handl.Commis 1858	6	1 072	3	2 552
55	» ..	Pens.K. d. Handl.Commis 1858...	⁸) 8 314	2 211 068	— 87	33 150
56	Leipzig	Alt. u. Inv.K. D. Handl.Geh.	⁹) 1 756	Nicht anzugeben	86	Nicht anzugeben
57	»	Witw. u. Wais.K. D. Handl.Geh. .	¹⁰) 2 217	¹⁰) 182 609	72	15 038
59	Magdeburg ..	Pens.K. Privatbeamten V.	14 725	Nicht anzugeben	1 195	Nicht anzugeben
60	» ..	Witw.K. Privatbeamten V.	4 686	» »	317	» »
62	München ...	Pens.A. D. Journalisten	¹¹) 873	» »	40	» »
		Zusammen	**40 537**	*4 734 108*	**7 324**	*121 278*

Anmerkungen zu Tab. I 24: ¹) In der vorjährigen Statistik ist der Bestand um 17 Policen über 26 100 M größer angegeben. Dieser Unterschied rührt daher, daß die Sparversicherungen jetzt von der Todesfallversicherung abgesondert und als Versicherungen auf den Lebensfall aufgeführt worden sind. — ²) Geschäftsbeginn am 1. Juli 1909. — ³) Die Angabe in der vorjährigen Statistik ist nach neueren Ermittelungen der Kasse unrichtig. — ⁴) Anteile von veränderlicher Höhe. — ⁵) Vgl. Anmerkung ¹). — ⁶) Geschäftsbeginn am 11. Juli 1909. — ⁷) Einschl. laufender Überlebensrenten. — ⁸) Außerdem Ende 1908: 4 882 Invaliden- und 1 787 Witwenrentenversicherungen, Ende 1909: 4 741 Invaliden- und 1 719 Witwenrentenversicherungen von veränderlicher Höhe. —

vereinigungen — Bewegung in der Versicherung

abgeschlossene Versicherungen						
Bestand Ende 1909		Zugang im Jahre 1909				Nr.
		neue Abschlüsse		Änderungen		
Policen	Summen ℳ	Policen	Summen ℳ	Policen	Summen ℳ	
6	7	8	9	10	11	
den Todesfall						
4 995	3 767 501	500	564 790	—	—	48
113 798	28 741 541	14 318	3 749 508	943	243 650	49
36 491	28 609 540	3 057	3 509 500	93	87 500	50
262	1 283 000	262	1 283 000	—	—	51
7 407	7 758 759	240	240 000	3	3 928	52
103 427	51 155 800	5 791	2 911 400	—	—	53
1 317	7 454 852	107	674 528	—	—	54
5 508	3 798 500	381	323 700	2	2 500	58
3 409	[4]) *16 839*	*347*	[4]) *1 948*	*3*	[4]) *6*	59
6 529	17 111 500	254	836 000	61	198 000	61
10 461	4 516 600	1 295	581 600	—	—	63
290 195	**154 197 593**	**26 205**	**14 674 026**	**1 102**	**585 578**	
den Lebensfall						
36	46 800	19	20 700	—	—	48
231	1 105 718	54	319 283	—	—	54
267	**1 152 518**	**73**	**339 983**	—	—	
versicherungen						
5 185	1 610 828	59	23 150	29	7 179	46
5 611	Nicht anzugeben	5 749		—	—	47
[7]) 2 862	[7]) 799 069	126	75 990	44	8 304	48
9	3 624	3	2 552	—	—	54
[8]) 8 227	2 244 218	79	48 257	3	39 683	55
[9]) 1 842	Nicht anzugeben	156		—	—	56
[10]) 2 289	[10]) 197 647	163	2 434	—	18 571	57
15 920	Nicht anzugeben	1 766		6		59
5 003	» »	475		1		60
[11]) 913	» »	77		—	—	62
47 861	***4 855 386***	**8 653**	***152 383***	**83**	***73 737***	

[9]) Außerdem Ende 1908: 30 Policen mit 8 387 ℳ und Ende 1909: 35 Policen mit 9 778 ℳ laufender Renten. — [10]) Außerdem Ende 1908: 129 Policen mit 10 201 ℳ und Ende 1909: 138 Policen mit 11 536 ℳ laufender Renten. — [11]) Nämlich Ende 1908: 815 Alters- und Invalidenrenten von steigendem Betrag und 58 Witwen- und Waisenrenten im Gesamtbetrage von 41 600 ℳ, außerdem 92 laufende Renten in Höhe von 23 620 ℳ, Ende 1909: 843 Alters- und Invalidenrenten von steigendem Betrag und 70 Witwen- und Waisenrenten im Gesamtbetrage von 53 000 ℳ, außerdem 98 laufende Renten in Höhe von 25 478 ℳ.

Noch: Tabelle I 24

Versicherungseinrichtungen von Berufs

Versicherungsunternehmung			Selbst Abgang im					
			durch Tod		durch Ablauf		durch Rückkauf	
Nr.	Sitz	Name	Policen	Summen ℳ	Policen	Summen ℳ	Policen	Summen ℳ
		1	12	13	14	15	16	17
								Versicherungen auf
48	Berlin	Hinterbl.V.A. Beamten-Vereine ..	71	37 390	—	—	2	900
49	»	Sterbekasse u. V.A. d. D. Kriegerbundes....................	1 579	335 780	—	—	55	25 319
50	»	Sterbekasse D. Lehrer	292	179 950	68	37 500	153	124 450
51	Cöln	Ecclesia [1])	—	—	—	—	—	—
52	Darmstadt ..	Sterbekasse D. Gastwirte	212	219 413	—	—	37	48 487
53	Düsseldorf ..	Sterbekasse D. Werkmeister	1 454	783 400	—	—	—	—
54	Hamburg ...	Hinterbl.K. d. Handl.Commis 1858	8	66 500	—	—	11	79 781
58	Magdeburg ..	Begräbnis K. Privatbeamten V...	84	61 900	—	—	20	15 400
59	» ..	Pens.K. Privatbeamten V.	*28*	[2]) *152*	*39*	[2]) *193*	—	—
61	München ...	Lebensvers. f. D. Forstbeamte ...	99	192 500	—	—	5	12 500
63	Viersen	Sterbekasse D. Militäranwärter ..	96	39 000	—	—	21	9 400
		Zusammen (ohne Nr. 59)	**3 895**	**1 915 833**	**68**	**37 500**	**304**	**316 237**
								Versicherungen auf
48	Berlin	Hinterbl.V.A. Beamten-Vereine ..	—	—	—	—	—	—
54	Hamburg ...	Hinterbl.K. d. Handl.Commis 1858	2	3 500	—	—	7	16 000
		Zusammen	**2**	**3 500**	—	—	**7**	**16 000**
								Renten
46	Berlin	A. D. Pens.A. f. Lehrerinnen	41	9 650	—	—	—	—
47	»	Beamten V.V. d. D. Bank- u. Bankiergew.[3])	2	—	—	—	—	—
48	»	Hinterbl.V.A. Beamten-Vereine ..	73	13 584	14	930	18	4 670
54	Hamburg ...	Hinterbl.K. d. Handl.Commis 1858	—	—	—	—	—	—
55	» ...	Pens.K. d. Handl.Commis 1858 ..	89	20 121	—	—	65	13 405
56	Leipzig	Alt. u. Inv.K. D. Handl.Geh.	13		7		50	
57	»	Witw. u. Wais.K. D. Handl.Geh. .	35	3 383	34	1 940	22	644
59	Magdeburg ..	Pens.K. Privatbeamten V.	144		158		—	—
60	» ..	Witw.K. Privatbeamten V.	51		—	—	—	—
62	München ...	Pens.A. D. Journalisten	10		11		1	
		Zusammen	**458**	***46 738***	**224**	***2 870***	**156**	***18 719***

Anmerkungen zu Tab. I 24: Ein . bedeutet, daß die beobachteten Fälle weniger als $^1/_2$ $^0/_{00}$ ausmachen. — [1]) Geschäftsbeginn am 1. Juli 1909. — [2]) Anteile von veränderlicher Höhe. — [3]) Geschäftsbeginn am 11. Juli 1909.

vereinigungen — Bewegung in der Versicherung

abgeschlossene Versicherungen – Jahre 1909 – durch Verfall, Verzicht, Nichteinlösung der Police – Policen	Summen ℳ	durch Reduktion, Umwandlung, Übertragung – Policen	Summen ℳ	Abgang in ‰ des durchschnittlichen Bestandes – durch Tod – Policen	Summen ℳ	durch Ablauf – Policen	Summen ℳ	durch Rückkauf – Policen	Summen ℳ	durch Verfall, Verzicht, Nichteinlösung der Police – Policen	Summen ℳ	durch Reduktion, Umwandlung, Übertragung – Policen	Summen ℳ	Nr.
18	19	20	21	22	23	24	25	26	27	28	29	30	31	
den Todesfall														
27	18 300	15	9 700	15	11	—	—	.	.	6	5	3	3	48
5 140	957 263	606	150 304	14	12	—	—	1	1	47	35	5	5	49
558	566 500	46	73 610	8	7	2	1	4	4	16	21	1	3	50
—	—	—	—	—	—	—	—	—	—	—	—	—	—	51
111	120 212	—	25 528	28	28	—	—	5	6	15	15	—	3	52
1 044	533 400	—	—	14	16	—	—	—	—	10	11	—	—	53
8	31 500	—	2 174	6	9	—	—	9	11	6	4	—	.	54
57	52 500	—	—	16	17	—	—	4	4	11	14	—	—	58
35	²) *202*	*16*	²) *73*	*9*	*9*	*12*	*12*	—	—	*11*	*12*	*5*	*5*	59
9	27 000	3	11 000	15	12	—	—	1	1	1	2	.	1	61
25	7 900	—	400	10	9	—	—	2	2	3	2	—	.	63
6 979	**2 314 575**	**670**	**272 716**	**14**	**13**	.	.	**1**	**2**	**25**	**16**	**2**	**2**	
den Lebensfall														
—	—	—	—	—	—	—	—	—	—	—	—	—	—	48
2	3 000	—	—	10	4	—	—	33	17	10	3	—	—	54
2	**3 000**	—	—	**8**	**4**	—	—	**30**	**16**	**8**	**3**	—	—	
versicherungen														
14	5 600	—	3 351	8	6	—	—	—	—	3	3	—	2	46
136		—	—	1		—		—	—	48		—	—	47
9	5 940	2	360	26	18	5	1	6	6	3	8	1	.	48
—	—	—	—	—	—	—	—	—	—	—	—	—	—	54
15	8 355	—	12 909	11	9	—	—	8	6	2	4	—	6	55
—	—	—	—	7		4		28		—	—	—	—	56
—	—	—	—	16	18	15	10	10	3	—	—	—	—	57
209		66		9		10		—	—	14		4		59
76		32		11		—	—	—	—	16		7		60
14		1		11		12		1		16		1		62
473	***19 895***	**101**	***16 620***	**10**	***10***	**5**	***1***	**4**	***4***	**11**	***4***	**2**	***3***	

Tabelle I 25

Große Versicherung — Deutscher Versicherungs
Bewegung in der Ver

Versicherungsunternehmung			Überhaupt übernommene Versicherungen					
			Bestand Ende 1908		Reiner Zugang		Bestand Ende 1909	
Nr.	Sitz	Name	Policen	Summen ℳ	Policen	Summen ℳ	Policen	Summen ℳ
1			2	3	4	5	6	7
64	Amerika	Equitable	4 301	54 791 756	— 452	— 6 173 242	3 849	48 618 514
65	»	Germania	19 961	142 226 360	130	4 365 098	20 091	146 591 458
66	»	Mutual	4 264	58 397 847	— 251	— 4 203 351	4 013	54 194 496
67	»	New York	12 627	216 112 471	461	9 794 188	13 088	225 906 659
68	Dänemark	Hafnia	1 703	6 364 141	191	734 588	1 894	7 098 729
69	England	General Life Ass. C.	50	724 560	—	—	50	724 560
70	»	Northern Ass. C.	248	5 817 920	— 19	— 353 880	229	5 464 040
71	Frankreich....	Le Conservateur [1]........	2 623	2 314 504	31	91 424	2 654	2 405 928
72	»	Le Phénix	395	2 551 614	— 36	— 186 507	359	2 365 107
73	Niederlande ..	Kosmos	27 073	85 849 161	— 208	— 686 443	26 865	85 162 718
74	» ..	Niederländische L.V.G. ...	5 671	25 558 643	— 280	— 1 300 174	5 391	24 258 469
75	Österr.-Ungarn	Allianz	749	1 630 550	24	— 26 561	773	1 603 989
76	»	Anker	5 575	44 518 407	252	3 107 868	5 827	47 626 275
77	»	Assic. Generali	5 530	31 797 216	80	1 146 212	5 610	32 943 428
78	»	Gisela-Verein	4 226	4 447 295	1 656	1 712 774	5 882	6 160 069
79	»	Janus..................	12 244	24 102 726	392	913 960	12 636	25 016 686
80	»	Österr. Phönix	5 062	21 459 078	395	2 382 787	5 457	23 841 865
81	»	Wiener Leb. u. Rent.V.A.[2]	1 111	4 683 652	12	91 582	1 123	4 775 234
82	Schweiz	Basler L.V.G.	16 295	79 894 925	507	4 723 806	16 802	84 618 731
83	»	La Genevoise	385	2 455 909	— 21	— 162 080	364	2 293 829
84	»	Schweizerische L.V. u. R.A.	4 590	25 260 341	— 24	80 810	4 566	25 341 151
		Zusammen	**134 683**	**840 959 076**	**2 840**	**16 052 859**	**137 523**	**857 011 935**

Anmerkungen zu Tab. I 25: [1]) Gegenversicherungen. — [2]) Einschl. Gegen- und Zeichnerversicherungen.

bestand ausländischer Gesellschaften
sicherung auf den Todesfall

Selbst abgeschlossene Versicherungen						In Rückdeckung übernommene Versicherungen						Nr.
Bestand Ende 1908		Reiner Zugang		Bestand Ende 1909		Bestand Ende 1908		Reiner Zugang		Bestand Ende 1909		
Policen	Summen M	Policen	Summen M	Policen	Summen M	Policen	Summen M	Policen	Summen M	Policen	Summen M	
8	9	10	11	12	13	14	15	16	17	18	19	
4 301	54 791 756	— 452	— 6 173 242	3 849	48 618 514	—	—	—	—	—	—	64
19 931	141 873 687	129	4 337 598	20 060	146 211 285	30	352 673	1	27 500	31	380 173	65
4 264	58 397 847	— 251	— 4 203 351	4 013	54 194 496	—	—	—	—	—	—	66
12 627	216 112 471	461	9 794 188	13 088	225 906 659	—	—	—	—	—	—	67
1 703	6 364 141	191	734 588	1 894	7 098 729	—	—	—	—	—	—	68
50	724 560	—	—	50	724 560	—	—	—	—	—	—	69
248	5 817 920	— 19	— 353 880	229	5 464 040	—	—	—	—	—	—	70
2 623	2 314 504	31	91 424	2 654	2 405 928	—	—	—	—	—	—	71
395	2 551 614	— 36	— 186 507	359	2 365 107	—	—	—	—	—	—	72
26 851	84 003 015	— 232	— 840 643	26 619	83 162 372	222	1 846 146	24	154 200	246	2 000 346	73
5 671	25 558 643	— 280	— 1 300 174	5 391	24 258 469	—	—	—	—	—	—	74
749	1 630 550	24	— 26 561	773	1 603 989	—	—	—	—	—	—	75
4 404	36 245 673	— 122	803 520	4 282	37 049 193	1 171	8 272 734	374	2 304 348	1 545	10 577 082	76
5 172	28 372 118	90	1 255 319	5 262	29 627 437	358	3 425 098	— 10	— 109 107	348	3 315 991	77
4 226	4 447 295	1 656	1 712 774	5 882	6 160 069	—	—	—	—	—	—	78
12 220	23 914 586	390	883 710	12 610	24 798 296	24	188 140	2	30 250	26	218 390	79
4 954	20 060 211	318	1 410 962	5 272	21 471 173	108	1 398 867	77	971 825	185	2 370 692	80
1 043	4 212 024	7	93 511	1 050	4 305 535	68	471 628	5	— 1 929	73	469 699	81
16 279	79 710 607	507	4 723 806	16 786	84 434 413	16	184 318	—	—	16	184 318	82
385	2 455 909	— 21	— 162 080	364	2 293 829	—	—	—	—	—	—	83
4 590	25 260 341	— 24	80 810	4 566	25 341 151	—	—	—	—	—	—	84
132 686	**824 819 472**	**2 367**	**12 675 772**	**135 053**	**837 495 244**	**1 997**	**16 139 604**	**473**	**3 377 087**	**2 470**	**19 516 691**	

Große Versicherung — Deutscher Versicherungs
Bewegung in der Ver

Versicherungsunternehmung			Selbst							
			Zugang im Jahre 1909				Abgang			
			neue Abschlüsse		Änderungen		durch Tod		durch Ablauf	
Nr.	Sitz	Name	Policen	Summen ℳ	Policen	Summen ℳ	Policen	Summen ℳ	Policen	Summen ℳ
		1	20	21	22	23	24	25	26	27
64	**Amerika**	**Equitable**	—	—	20	580 064	. 123	1 678 317	124	1 721 290
65	»	**Germania**	1 568	15 419 539	23	203 000	267	1 582 879	408	2 499 277
66	»	**Mutual**	—	—	11	37 621	78	1 062 438	92	1 502 210
67	»	**New York**	1 289	25 649 425	17	1 523 529	150	3 338 115	104	3 125 282
68	**Dänemark**	**Hafnia**	281	1 042 695	12	82 190	1	4 500	1	203
69	**England**	**General Life Ass. C.**	1	5 000	—	—	—	—	—	—
70	»	**Northern Ass. C.**	9	270 000	—	—	24	496 780	—	—
71	**Frankreich**....	**Le Conservateur**[1])	135	158 623	—	—	4	4 041	100	63 158
72	»	**Le Phénix**	1	10 000	—	471	12	73 672	20	100 991
73	**Niederlande** ..	**Kosmos**	1 660	5 380 100	79	288 253	369	1 208 942	192	591 640
74	» ..	**Niederländische L.V.G.** ...	—	—	13	165 390	34	134 596	6	50 940
75	**Österr.-Ungarn**	**Allianz**	177	353 627	1	1 000	5	13 188	—	—
76	»	**Anker**[2])	240	3 216 920	—	1 553	26	280 660	297	1 960 639
77	»	**Assic. Generali**[3])	441	3 363 794	22	94 250	116	380 592	32	115 499
78	»	**Gisela-Verein**	2 689	2 520 414	—	—	26	20 723	1	2 000
79	»	**Janus**	1 220	2 907 697	32	106 301	105	261 278	10	14 914
80	»	**Österr. Phönix**	552	2 260 931	63	242 663	39	119 021	18	85 836
81	»	**Wiener Leb. u. Rent.V.A.**[2])	55	295 000	5	3 584	8	35 500	3	7 558
82	**Schweiz**	**Basler L.V.G.**	1 299	8 866 470	10	168 000	260	1 108 923	171	861 820
83	»	**La Genevoise**	—	—	—	—	7	44 356	6	25 334
84	»	Schweizerische L.V. u. R.A.	,256	1 597 062	38	326 811	70	521 642	100	557 711
		Zusammen	**11 873**	**73 317 297**	**346**	**3 824 680**	**1 724**	**12 370 163**	**1 685**	**13 286 302**

Anmerkungen zu Tab. I 25: Ein . bedeutet, daß die beobachteten Fälle weniger als ½ ‰ ausmachen. — [1]) Gegenversicherungen. — [2]) Einschl. Gegen- und Zeichnerversicherungen. — [3]) Einschl. kleiner Versicherung.

bestand ausländischer Gesellschaften sicherung auf den Todesfall

abgeschlossene Versicherungen im Jahre 1909: durch Rückkauf, Policen	durch Rückkauf, Summen M	durch Verfall, Verzicht, Nichteinlösung der Police, Policen	durch Verfall, Verzicht, Nichteinlösung der Police, Summen M	durch Reduktion, Umwandlung, Übertragung, Policen	durch Reduktion, Umwandlung, Übertragung, Summen M	Abgang in ‰ des durchschnittlichen Bestandes: durch Tod, Policen	durch Tod, Summen M	durch Ablauf, Policen	durch Ablauf, Summen M	durch Rückkauf, Policen	durch Rückkauf, Summen M	durch Verfall, Verzicht, Nichteinlösung der Police, Policen	durch Verfall, Verzicht, Nichteinlösung der Police, Summen M	durch Reduktion, Umwandlung, Übertragung, Policen	durch Reduktion, Umwandlung, Übertragung, Summen M	Nr.
28	29	30	31	32	33	34	35	36	37	38	39	40	41	42	43	
208	2 925 503	—	—	17	428 196	30	32	30	33	51	57	—	—	4	8	64
235	1 547 298	488	4 757 000	64	898 487	13	11	20	17	12	11	24	33	3	6	65
77	1 558 824	3	38 000	12	79 500	19	19	22	27	19	28	1	1	3	1	66
225	3 506 347	366	6 283 300	—	1 125 722	12	15	8	14	17	16	28	28	—	5	67
24	72 931	66	169 812	10	142 851	1	1	1	.	13	11	37	25	6	21	68
—	—	1	5 000	—	—	—	—	—	—	—	—	20	7	—	—	69
1	7 100	3	120 000	—	—	100	88	—	—	4	1	13	21	—	—	70
—	—	—	—	—	—	2	2	38	27	—	—	—	—	—	—	71
5	22 315	—	—	—	—	32	30	53	41	13	9	—	—	—	—	72
659	2 157 795	750	2 143 100	1	407 519	14	14	7	7	25	26	28	26	.	5	73
127	517 129	123	607 259	3	155 640	6	5	1	2	23	21	22	24	1	6	74
28	51 500	112	292 500	9	24 000	7	8	—	—	37	32	147	181	12	15	75
7	63 714	32	101 440	—	8 500	6	8	68	54	2	2	7	3	—	.	76
131	1 041 405	88	375 348	6	289 881	22	13	6	4	25	36	17	13	1	10	77
6	16 000	998	764 917	2	4 000	5	4	.	.	1	3	197	144	.	1	78
210	415 646	519	1 288 146	18	150 304	8	11	1	1	17	17	42	53	1	6	79
68	230 811	121	411 200	51	245 764	8	6	4	4	13	11	24	20	10	12	80
15	78 640	25	76 375	2	7 000	8	8	3	2	14	18	24	18	2	2	81
146	725 583	212	1 183 814	13	430 524	16	14	10	11	9	9	13	14	1·	5	82
7	71 800	1	5 000	—	15 590	19	19	16	11	19	30	3	2	—	7	83
53	240 208	76	283 704	19	239 798	15	21	22	22	12	9	17	11	4	9	84
2 232	**15 250 549**	**3 984**	**18 905 915**	**227**	**4 653 276**	**13**	**15**	**13**	**16**	**17**	**18**	**30**	**23**	**2**	**6**	

Tabelle I 26

Große Versicherung — Deutscher Versicherungs
Bewegung in der Ver

Versicherungsunternehmung			Überhaupt übernommene Versicherungen					
			Bestand Ende 1908		Reiner Zugang		Bestand Ende 1909	
Nr.	Sitz	Name	Policen	Summen ℳ	Policen	Summen ℳ	Policen	Summen ℳ
1			2	3	4	5	6	7
64	Amerika	**Equitable**	39	222 952	— 8	— 13 300	31	209 652
65	»	**Germania**	4 274	13 427 913	— 137	— 201 149	4 137	13 226 764
66	»	**Mutual**	183	838 921	— 30	— 133 657	153	705 264
67	»	**New York**	264	1 850 523	— 21	— 30 886	243	1 819 637
68	Dänemark	**Hafnia**	112	357 038	46	100 687	158	457 725
69	England	General Life Ass. C.	42	460 556	— 1	— 5 000	41	455 556
70	»	Northern Ass. C.	8	46 000	— 1	— 4 000	7	42 000
71	Frankreich....	Le Conservateur	2 734	17 651 314	23	304 281	2 757	17 955 595
72	»	Le Phénix	4	53 000	—	—	4	53 000
73	Niederlande ..	Kosmos	2 106	3 198 986	— 117	— 77 682	1 989	3 121 304
74	» ..	Niederländische L.V.G. ...	741	1 990 664	— 64	— 204 350	677	1 786 314
75	Österr.-Ungarn	Allianz	282	231 579	157	75 810	439	307 389
76	»	Anker	3 121	26 199 389	— 240	— 1 860 021	2 881	24 339 368
77	»	Assic. Generali	1 085	2 630 314	— 58	— 117 129	1 027	2 513 185
78	»	Gisela-Verein	44 335	53 615 930	5 259	5 418 096	49 594	59 034 026
79	»	Janus	1 416	2 580 330	9	— 21 957	1 425	2 558 373
80	»	Österr. Phönix	700	1 446 972	39	20 027	739	1 466 999
81	»	Wiener Leb. u. Rent.V.A. .	1 475	2 231 338	— 10	— 84 329	1 465	2 147 009
82	Schweiz	Basler L.V.G.	4 588	10 015 637	— 88	— 179 224	4 500	9 836 413
83	»	La Genevoise	3	10 600	—	—	3	10 600
84	»	Schweizerische L.V. u. R.A.	692	1 364 856	64	145 694	756	1 510 550
		Zusammen	**68 204**	**140 424 812**	**4 822**	**3 131 911**	**73 026**	**143 556 723**

estand ausländischer Gesellschaften
icherung auf den Lebensfall

Selbst abgeschlossene Versicherungen						In Rückdeckung übernommene Versicherungen						Nr.
Bestand Ende 1908		Reiner Zugang		Bestand Ende 1909		Bestand Ende 1908		Reiner Zugang		Bestand Ende 1909		
Policen	Summen ℳ	Policen	Summen ℳ	Policen	Summen ℳ	Policen	Summen ℳ	Policen	Summen ℳ	Policen	Summen ℳ	
8	9	10	11	12	13	14	15	16	17	18	19	
39	222 952	— 8	— 13 300	31	209 652	—	—	—	—	—	—	64
4 274	13 427 913	— 137	— 201 149	4 137	13 226 764	—	—	—	—	—	—	65
183	838 921	— 30	— 133 657	153	705 264	—	—	—	—	—	—	66
264	1 850 523	— 21	— 30 886	243	1 819 637	—	—	—	—	—	—	67
112	357 038	46	100 687	158	457 725	—	—	—	—	—	—	68
42	460 556	— 1	— 5 000	41	455 556	—	—	—	—	—	—	69
8	46 000	— 1	— 4 000	7	42 000	—	—	—	—	—	—	70
2 734	17 651 314	23	304 281	2 757	17 955 595	—	—	—	—	—	—	71
4	53 000	—	—	4	53 000	—	—	—	—	—	—	72
2 105	3 198 140	— 117	— 77 682	1 988	3 120 458	1	846	—	—	1	846	73
741	1 990 664	— 64	— 204 350	677	1 786 314	—	—	—	—	—	—	74
282	231 579	157	75 810	439	307 389	—	—	—	—	—	—	75
3 109	26 151 312	— 250	— 1 881 131	2 859	24 270 181	12	48 077	10	21 110	22	69 187	76
1 085	2 630 314	— 58	— 117 129	1 027	2 513 185	—	—	—	—	—	—	77
44 335	53 615 930	5 259	5 418 096	49 594	59 034 026	—	—	—	—	—	—	78
1 416	2 580 330	9	— 21 957	1 425	2 558 373	—	—	—	—	—	—	79
700	1 446 972	39	20 027	739	1 466 999	—	—	—	—	—	—	80
1 475	2 231 338	— 10	— 84 329	1 465	2 147 009	—	—	—	—	—	—	81
4 588	10 015 637	— 88	— 179 224	4 500	9 836 413	—	—	—	—	—	—	82
3	10 600	—	—	3	10 600	—	—	—	—	—	—	83
692	1 364 856	64	145 694	756	1 510 550	—	—	—	—	—	—	84
68 191	**140 375 889**	**4 812**	**3 110 801**	**73 003**	**143 486 690**	**13**	**48 923**	**10**	**21 110**	**23**	**70 033**	

Noch: Tabelle I 26

Große Versicherung — Deutscher Versicherungs
Bewegung in der Ver

Versicherungsunternehmung			Selbst							
			Zugang im Jahre 1909				Abgang			
			neue Abschlüsse		Änderungen		durch Tod		durch Ablauf	
Nr.	Sitz	Name	Policen	Summen M	Policen	Summen M	Policen	Summen M	Policen	Summen M
		1	20	21	22	23	24	25	26	27
64	Amerika	Equitable	—	—	—	—	—	—	8	13 300
65	»	Germania	270	1 608 660	5	63 000	19	117 000	232	670 809
66	»	Mutual	—	—	—	—	—	—	30	133 657
67	»	New York	6	40 500	—	144 040	3	44 145	22	107 790
68	Dänemark	Hafnia	56	146 813	1	2 250	—	—	—	—
69	England	General Life Ass. C.	—	—	—	—	—	—	—	—
70	»	Northern Ass. C.	—	—	—	—	—	—	1	4 000
71	Frankreich....	Le Conservateur	135	991 987	—	—	11	47 330	101	640 376
72	»	Le Phénix	—	—	—	—	—	—	—	—
73	Niederlande ..	Kosmos	202	505 800	5	18 196	3	6 687	111	126 653
74	» ..	Niederländische L.V.G. ...	—	—	—	—	—	—	6	15 500
75	Österr.-Ungarn	Allianz	243	144 360	—	—	2	1 300	2	1 500
76	»	Anker	21	231 000	8	164 478	4	20 000	261	2 159 230
77	»	Assic. Generali	77	290 765	1	4 900	3	5 000	69	158 385
78	»	Gisela-Verein	8 467	9 062 500	475	264 776	265	277 361	343	474 405
79	»	Janus..............	125	174 221	3	4 677	15	7 886	37	45 936
80	»	Österr. Phönix	95	162 000	4	2 525	3	7 000	15	34 766
81	»	Wiener Leb. u. Rent.V.A. .	66	137 500	44	16 186	4	7 000	44	71 275
82	Schweiz	Basler L.V.G.	272	644 463	—	—	16	37 000	248	475 037
83	»	La Genevoise	—	—	—	—	—	—	—	—
84	»	Schweizerische L.V. u. R.A.	154	323 400	2	4 240	5	13 000	3	3 500
		Zusammen	**10 189**	**14 463 969**	**548**	**689 268**	**353**	**590 709**	**1 533**	**5 136 119**

Anmerkung zu Tab. I 26: Ein . bedeutet, daß die beobachteten Fälle weniger als 1/2 ‰ ausmachen.

estand ausländischer Gesellschaften
icherung auf den Lebensfall

bgeschlossene Versicherungen																
n Jahre 1909						Abgang in $^0/_{00}$ des durchschnittlichen Bestandes										
durch Rückkauf		durch Verfall, Verzicht, Nichteinlösung der Police		durch Reduktion, Umwandlung, Übertragung		durch Tod		durch Ablauf		durch Rückkauf		durch Verfall, Verzicht, Nicht-einlösung der Police		durch Reduktion, Umwandlung, Übertragung		Nr.
Policen	Summen ℳ	Policen	Summen ℳ	Policen	Summen ℳ	Policen	Summen ℳ	Policen	Summen ℳ	Policen	Summen ℳ	Policen	Summen ℳ	Policen	Summen ℳ	
28	29	30	31	32	33	34	35	36	37	38	39	40	41	42	43	
—	—	—	—	—	—	—	—	229	61	—	—	—	—	—	—	64
60	282 000	94	762 500	7	40 500	5	9	55	50	14	21	22	57	2	3	65
—	—	—	—	—	—	—	—	179	173	—	—	—	—	—	—	66
2	18 000	—	6 424	—	39 067	12	24	87	59	8	10	—	4	—	21	67
2	1 564	7	36 000	2	10 812	—	—	—	—	15	4	52	88	15	27	68
1	5 000	—	—	—	—	—	—	—	—	24	11	—	—	—	—	69
—	—	—	—	—	—	—	—	125	91	—	—	—	—	—	—	70
—	—	—	—	—	—	4	3	37	36	—	—	—	—	—	—	71
—	—	—	—	—	—	—	—	—	—	—	—	—	—	—	—	72
80	140 284	130	321 900	—	6 154	1	2	54	40	39	44	64	102	—	2	73
36	122 500	22	57 500	—	8 850	—	—	8	8	51	65	31	30	—	5	74
6	5 000	73	57 650	3	3 100	6	5	6	6	17	19	202	214	8	12	75
3	10 338	11	42 844	—	44 197	1	1	87	86	1	.	4	2	—	2	76
11	44 500	53	181 000	—	23 909	3	2	65	62	10	17	50	70	—	9	77
249	288 773	2 353	2 182 441	473	686 200	6	5	7	8	5	5	50	39	10	12	78
20	50 771	40	64 192	7	32 070	11	3	26	18	14	20	28	25	5	12	79
14	26 232	23	67 500	5	9 000	4	5	21	24	19	18	32	46	7	6	80
7	13 490	62	121 250	3	25 000	3	3	30	33	5	6	42	55	2	11	81
5	5 456	87	252 201	4	53 993	4	4	55	48	1	1	19	25	1	5	82
—	—	—	—	—	—	—	—	—	—	—	—	—	—	—	—	83
23	48 100	56	80 600	5	36 746	7	9	4	2	32	33	77	56	7	26	84
519	**1 062 008**	**3 011**	**4 234 002**	**509**	**1 019 598**	**5**	**4**	**22**	**36**	**7**	**7**	**43**	**30**	**7**	**7**	

Tabelle I 27

Große Versicherung — Deutscher Versicherungs
Bewegung in der

Versicherungsunternehmung			Überhaupt übernommene Versicherungen					
			Bestand Ende 1908		Reiner Zugang		Bestand Ende 1909	
Nr.	Sitz	Name	Policen	Jahresrenten ℳ	Policen	Jahresrenten ℳ	Policen	Jahresrenten ℳ
1			2	3	4	5	6	7
64	Amerika	Equitable	88	63 352	— 5	— 3 602	83	59 750
65	»	Germania	202	122 126	4	— 100	206	122 026
66	»	Mutual	74	76 126	— 3	— 1 292	71	74 834
67	»	New York	341	330 370	— 10	591	331	330 961
68	Dänemark	Hafnia	[1]) 98	36 291	7	4 365	105	40 656
69	England	General Life Ass. C.	—	—	—	—	—	—
70	»	Northern Ass. C.	23	25 460	—	—	23	25 460
71	Frankreich	Le Conservateur	—	—	—	—	—	—
72	»	Le Phénix	10	3 458	2	800	12	4 258
73	Niederlande ..	Kosmos	82	48 595	2	700	84	49 295
74	» ..	Niederländische L.V.G. ...	66	38 114	— 4	— 1 328	62	36 786
75	Österr.-Ungarn	Allianz	2	650	1	700	3	1 350
76	»	Anker	41	36 837	9	10 089	50	46 926
77	»	Assic. Generali	182	152 343	12	3 823	194	156 166
78	»	Gisela-Verein	—	—	—	—	—	—
79	»	Janus	4	2 319	—	—	4	2 319
80	»	Österr. Phönix	67	42 170	6	3 257	73	45 427
81	»	Wiener Leb. u. Rent.V.A. .	60	28 479	9	4 426	69	32 905
82	Schweiz	Basler L.V.G.	482	195 714	13	9 281	495	204 995
83	»	La Genevoise	2	1 920	—	—	2	1 920
84	»	Schweizerische L.V. u. R.A.	186	106 322	33	15 098	219	121 420
		Zusammen	**2 010**	**1 310 646**	**76**	**46 808**	**2 086**	**1 357 454**

Anmerkung zu Tab. I 27: [1]) Die Eintragungen in der vorjährigen Statistik (Tabelle I 27, Seite 78 Sp. 6 und Seite 79 Sp. 12) sind nach neueren Angaben der Gesellschaft unrichtig.

bestand ausländischer Gesellschaften
Rentenversicherung

Selbst abgeschlossene Versicherungen						In Rückdeckung übernommene Versicherungen						Nr.
Bestand Ende 1908		Reiner Zugang		Bestand Ende 1909		Bestand Ende 1908		Reiner Zugang		Bestand Ende 1909		
Policen	Jahresrenten ℳ	Policen	Jahresrenten ℳ	Policen	Jahresrenten ℳ	Policen	Jahresrenten ℳ	Policen	Jahresrenten ℳ	Policen	Jahresrenten ℳ	
8	9	10	11	12	13	14	15	16	17	18	19	
88	63 352	— 5	— 3 602	83	59 750	—	—	—	—	—	—	64
201	121 126	4	— 100	205	121 026	1	1 000	—	—	1	1 000	65
74	76 126	— 3	— 1 292	71	74 834	—	—	—	—	—	—	66
341	330 370	— 10	591	331	330 961	—	—	—	—	—	—	67
[1]) 98	36 291	7	4 365	105	40 656	—	—	—	—	—	—	68
—	—	—	—	—	—	—	—	—	—	—	—	69
23	25 460	—	—	23	25 460	—	—	—	—	—	—	70
—	—	—	—	—	—	—	—	—	—	—	—	71
10	3 458	2	800	12	4 258	—	—	—	—	—	—	72
79	46 294	2	700	81	46 994	3	2 301	—	—	3	2 301	73
66	38 114	— 4	— 1 328	62	36 786	—	—	—	—	—	—	74
2	650	1	700	3	1 350	—	—	—	—	—	—	75
39	35 939	4	8 729	43	44 668	2	898	5	1 360	7	2 258	76
181	151 335	12	4 111	193	155 446	1	1 008	—	— 288	1	720	77
—	—	—	—	—	—	—	—	—	—	—	—	78
4	2 319	—	—	4	2 319	—	—	—	—	—	—	79
64	37 620	6	3 257	70	40 877	3	4 550	—	—	3	4 550	80
57	26 040	9	4 426	66	30 466	3	2 439	—	—	3	2 439	81
482	195 714	13	9 281	495	204 995	—	—	—	—	—	—	82
2	1 920	—	—	2	1 920	—	—	—	—	—	—	83
186	106 322	33	15 098	219	121 420	—	—	—	—	—	—	84
1 997	**1 298 450**	**71**	**45 736**	**2 068**	**1 344 186**	**13**	**12 196**	**5**	**1 072**	**18**	**13 268**	

Tabelle I 28

Kleine Versicherung — Deutscher Versicherungs
Bewegung in der Versicherung auf den

Versicherungsunternehmung			Selbst			
			Bestand Ende 1908		Reiner Zugang	
Nr.	Sitz	Name	Policen	Summen ℳ	Policen	Summen ℳ
	1		2	3	4	5
						Versicherungen auf
73	**Niederlande**	**Kosmos**	3 567	718 404	— 163	— 25 314
75	**Österr.-Ungarn** .	**Allianz**	4 002	571 678	10 711	1 959 557
77	» .	**Assic. Generali**	**In Tabelle I 25 enthalten**			
82	**Schweiz**	**Basler L.V.G.**	3 919	3 099 821	122	130 407
		Zusammen	**11 488**	**4 389 903**	**10 670**	**2 064 650**
						Versicherungen auf
75	**Österr.-Ungarn** .	**Allianz**	**1 297**	**155 699**	— **125**	— **14 879**

Versicherungsunternehmung			Selbst					
			Abgang					
			durch Tod		durch Ablauf		durch Rückkauf	
Nr.	Sitz	Name	Policen	Summen ℳ	Policen	Summen ℳ	Policen	Summen ℳ
	1		12	13	14	15	16	17
								Versicherungen auf
73	**Niederlande**	**Kosmos**	156	21 311	5	2 271	23	8 753
75	**Österr.-Ungarn** .	**Allianz**	26	3 215	29	1 789	77	12 983
77	» .	**Assic. Generali**	**In Tabelle I 25 enthalten**					
82	**Schweiz**	**Basler L.V.G.**	29	20 074	9	7 600	88	63 896
		Zusammen	**211**	**44 600**	**43**	**11 660**	**188**	**85 632**
								Versicherungen auf
75	**Österr.-Ungarn** .	**Allianz**	**4**	**411**	**81**	**8 736**	**25**	**3 489**

bestand ausländischer Gesellschaften
Todesfall und auf den Lebensfall

abgeschlossene Versicherungen						
Bestand Ende 1909		Zugang im Jahre 1909				Nr.
		neue Abschlüsse		Änderungen		
Policen	Summen ℳ	Policen	Summen ℳ	Policen	Summen ℳ	
6	7	8	9	10	11	
den Todesfall						
3 404	693 090	47	22 933	8	1 330	73
14 713	2 531 235	18 277	3 362 462	64	6 139	75
In Tabelle I 25 enthalten						77
4 041	3 230 228	375	337 131	1	800	82
22 158	**6 454 553**	**18 699**	**3 722 526**	**73**	**8 269**	
den Lebensfall						
1 172	**140 820**	—	—	**11**	**962**	**75**

abgeschlossene Versicherungen														
im Jahre 1909				Abgang in ‰ des durchschnittlichen Bestandes										Nr.
durch Verfall, Verzicht, Nichteinlösung der Police		durch Reduktion, Umwandlung, Übertragung		durch Tod		durch Ablauf		durch Rückkauf		durch Verfall, Verzicht, Nichteinlösung der Police		durch Reduktion, Umwandlung, Übertragung		
Policen	Summen ℳ	Policen	Summen ℳ	Policen	Summen ℳ	Policen	Summen ℳ	Policen	Summen ℳ	Policen	Summen ℳ	Policen	Summen ℳ	
18	19	20	21	22	23	24	25	26	27	28	29	30	31	
den Todesfall														
34	15 396	—	1 846	45	30	1	3	7	12	10	22	—	3	73
7 463	1 384 453	35	6 604	3	2	3	1	8	8	797	892	4	4	75
In Tabelle I 25 enthalten														77
125	106 286	3	9 668	7	6	2	2	22	20	31	34	1	3	82
7 622	**1 506 135**	**38**	**18 118**	**13**	**8**	**3**	**2**	**11**	**16**	**453**	**278**	**2**	**3**	
den Lebensfall														
25	**3 073**	**1**	**132**	**3**	**3**	**66**	**59**	**20**	**24**	**20**	**21**	**1**	**1**	75

Tabelle I 29

Große Versicherung — Gewinn-

Ein

Nr.	Versicherungsunternehmung: Sitz	Versicherungsunternehmung: Name	Prämien ℳ	Policegebühren ℳ	Ertrag und Gewinn: Zinsen ℳ	Ertrag und Gewinn: Mieten ℳ
	1		2	3	4	5
						Aktien
1	Berlin	Berlinische L.V.G.	10 309 383	10 165	3 831 437	120 034
2	»	Deutsche L.V.B.[1])	4 479 105	31 064	1 341 204	57 840
3	»	Deutscher Anker	4 931 552	—	440 875	9 000
4	»	Deutschland	4 150 838	5 411	891 339	42 525
5	»	Friedrich Wilhelm	10 748 551	20 459	2 386 480	76 587
6	»	Nordstern Leben [1])	23 174 225	22 013	6 719 232	222 287
7	»	Preußische L.V.A.G.[1])	11 567 406	2 982	2 428 126	118 812
8	»	Prudentia	464 108	2 608	54 233	6 559
9	»	Victoria	50 403 125	112 150	14 668 894	211 091
10	Bremen	Bremer L.V.B. [1])	4 848 458	13 272	1 440 513	19 390
11	Cöln	Concordia [1])	13 690 880	21 287	5 220 577	48 032
12	Dresden	Urania [3])	577 027	2 762	69 614	2 955
13	Düsseldorf	Vereins V.B.	In Tabelle I 32 enthalten			
14	Erfurt	Thuringia [1])	6 198 716	986	2 218 034	32 915
15	Frankfurt	Frankfurter L.V.G.	7 238 508	1 369	1 632 708	52 389
16	»	Providentia	4 661 658	10 829	1 432 619	26 942
17	Hamburg	Janus	9 296 905	21 818	2 553 799	20 971
18	Leipzig	Teutonia [1])	13 142 335	24 273	4 094 244	22 654
19	Ludwigshafen	Atlas	2 628 856	10 158	526 627	4 500
20	Lübeck	Deutsche L.V.G.[1])	9 704 508	22 970	3 371 121	75 214
21	Magdeburg	Magdeb. L.V.G.[1])	13 009 395	16 372	3 741 897	88 517
22	»	Wilhelma	8 932 747	45 277	2 702 923	In Sp. 4 enthalten
23	Mannheim	Vita	795 933	3 142	91 778	1 993
24	München	Arminia [3])	6 585 639	25 522	1 349 910	77 280
25	»	Bayer. V.B.[3])	9 159 735	266	3 859 938	24 984
26	Nürnberg	Nürnberger L.V.B.	1 565 607	6 869	349 889	15 086
27	Stettin	Germania [1])	36 756 839	24 453	13 830 725	345 959
		Zusammen	**269 022 039**	**458 477**	**81 248 736**	**1 724 516**

Anmerkungen zu Tab. I 29: Die Gewinn- und Verlustrechnung bezieht sich nur auf den Jahresbetrieb. Die Überträge sind ausgeschieden, oder, wo nötig, mit dem Unterschiede zwischen dem Bestande zu Anfang und zu Ende des Geschäftsjahrs eingestellt. — Die Prämien und die Vergütungen der Rückversicherer sind in den Tabellen I 30 und 33 erläutert. —

und Verlustrechnung für 1909

nahmen

aus Kapitalanlagen: Kursgewinn	aus Kapitalanlagen: sonstiger Gewinn	Vergütungen der Rückversicherer	Unterschied zwischen der Schadenreserve und den Zahlungen für Vers.-Fälle der Vorjahre aus selbst abgeschl. Versicherungen	Verminderung der Prämienreserve	Verminderung der sonstigen Reserven	Sonstige Einnahmen	Summe der Jahreseinnahmen	Verlust des Geschäftsjahrs	Nr.
ℳ	ℳ	ℳ	ℳ	ℳ	ℳ	ℳ	ℳ	ℳ	
6	7	8	9	10	11	12	13	14	
gesellschaften									
20	57 211	377 352	40 912	—	—	3 379	14 749 893	—	1
2 069	51 063	65 956	—	—	—	—	6 028 301	—	2
—	10 365	1 763 055	22 837	—	—	—	7 177 684	—	3
650	30 674	841 257	—	—	—	516	5 963 210	—	4
1 256	69 302	406 944	36 000	—	116 341	[2]) 91 762	13 953 682	—	5
14 091	180 248	1 603 859	75 052	—	—	64 477	32 075 484	—	6
7 520	63 525	981 068	52 930	—	—	31 473	15 253 842	—	7
199	—	216 359	5 000	—	—	10 158	759 224	—	8
102 004	290 046	1 480 221	28 953	—	476 145	—	67 772 629	—	9
1 668	28 474	249 172	—	—	—	12 803	6 613 750	—	10
—	110 091	288 779	18 611	—	—	5 602	19 403 859	—	11
—	1 088	185 307	304	—	—	66	839 123	—	12
			In Tabelle I 32 enthalten						13
4 785	3 202	100 460	56 506	—	51 796	11 510	8 678 910	—	14
6 205	29 017	999 068	37 402	—	—	4 185	10 000 851	—	15
17	902	346 707	6 968	—	—	19 086	6 505 728	—	16
809	33 693	916 201	42 242	—	35 051	[4]) 77 054	12 998 543	—	17
6 973	60 808	310 620	41 822	—	—	34 830	17 738 559	—	18
6 095	14 458	600 335	—	—	—	3 435	3 794 464	—	19
—	71 257	385 499	21 522	—	—	38 208	13 690 299	—	20
—	43 205	744 977	98 498	—	—	5 221	17 748 082	—	21
In Sp. 4 enthalten		*280 551	7 682	—	—	[5]) 237 819	12 206 999	—	22
—	363	232 305	34 773	—	—	9 116	1 169 403	—	23
706	39 166	1 397 501	—	—	—	[6]) 75 458	9 551 182	—	24
13 900	27 105	398 754	20 351	—	—	6 250	13 511 283	—	25
—	—	96 438	—	—	—	—	2 033 889	—	26
—	73 226	1 248 971	10 351	—	—	[7]) 151 626	52 442 150	—	27
168 967	**1 288 489**	**16 517 716**	**658 716**	—	**679 333**	**894 034**	**372 661 023**	—	

[1]) Einschl. kleiner Versicherung. — [2]) Davon 30 789 ℳ Überweisung an den Erneuerungsfonds und 60 973 ℳ Sonstiges. — [3]) Einschl. Begräbnisgeldversicherung, aber ohne Volksversicherung. — [4]) Darunter 36 634 ℳ Verschiedenes. — [5]) Darunter 237 750 ℳ Zuwendung aus dem außerordentlichen Reservefonds an den Gewinnanteilreservefonds. — [6]) Zumeist Zuzahlungen seitens der Inhaber der im Jahre 1908 ausgegebenen neuen Aktien. — [7]) Darunter 149 744 ℳ zurückgezahlte Steuern in Österreich.

Noch: Tabelle I 29

Große Versicherung — Gewinn-

Ein

Versicherungsunternehmung					Ertrag und Gewinn	
Nr.	Sitz	Name	Prämien	Policegebühren	Zinsen	Mieten
			ℳ	ℳ	ℳ	ℳ
	1		2	3	4	5
						Gegenseitigkeits
28	Braunschweig......	Braunschweig. L.V.A.[1]) ...	261 905	197	113 276	1 423
29	Darmstadt	Renten- u. Lebens V.A. ...	567 129	620	391 844	3 601
30	Dresden..........	Sächsische Renten V.A. ..	647 387	3 030	1 085 371	15.906
45	Görlitz	Rothenburger V.A.[1])......	3 736 775	16 549	1 009 360	8 365
31	Gotha	Gothaer Lebens V.B.	38 206 557	—	13 983 011	42 866
32	Halle	Iduna[3])	11 105 246	25 128	3 288 520	74 726
33	Hannover	Deutsche Militd. u. L.V.A..	9 971 204	49 850	5 679 161	33 100
34	»	Hannoversche L.V.A.	3 200 136	7 927	889 748	65 464
35	»	Preuß. Beamtenverein[1]) ..	14 716 192	700	5 064 014	9 900
36	Karlsruhe	Karlsruher L.V.	23 978 246	—	9 850 351	46 278
37	Leipzig	Leb. V.G.	36 587 480	—	13 512 944	82 001
38	Posen............	Vesta[1])	541 820	1 762	160 369	20 270
39	Potsdam	Deutsche L.V.[1])	4 853 896	13 037	1 829 885	44 422
40	Schwerin	Mecklenb. L.V.B[1])	7 304 598	30 107	1 854 154	22 104
41	Stuttgart..........	Allg. Deutscher V.V.......	5 602 605	14 581	1 376 278	65 187
42	»	Allg. Renten A.	7 407 784	11 126	3 966 675	29 664
43	»	Stuttgarter Lebens V.B. ..	35 652 823	618	13 248 986	38 840
		Zusammen	**204 341 783**	**175 232**	**77 303 947**	**604 117**

Anmerkungen zu Tab. I 29: Die Gewinn- und Verlustrechnung bezieht sich nur auf den Jahresbetrieb. Die Überträge sind ausgeschieden, oder, wo nötig, mit dem Unterschiede zwischen dem Bestande zu Anfang und zu Ende des Geschäftsjahrs eingestellt. — Die Prämien und die Vergütungen der Rückversicherer sind in den Tabellen I 30 und 33 erläutert. — [1]) Einschl. kleiner Versicherung. — [2]) Darunter 70 000 ℳ Ergänzung aus dem Reservefonds und 71 309 ℳ Gewinnanteil der Renteneinleger. — [3]) Einschl. Sterbegeldversicherung, aber ohne Volksversicherung. —

und Verlustrechnung für 1909

nahmen

aus Kapitalanlagen: Kursgewinn	aus Kapitalanlagen: sonstiger Gewinn	Vergütungen der Rückversicherer	Unterschied zwischen der Schadenreserve und den Zahlungen für Vers.-Fälle der Vorjahre aus selbst abgeschl. Versicherungen	Verminderung der Prämienreserve	Verminderung der sonstigen Reserven	Sonstige Einnahmen	Summe der Jahreseinnahmen	Verlust des Geschäftsjahrs	Nr.
M	*M*	*M*	*M*	*M*	*M*	*M*	*M*	*M*	
6	7	8	9	10	11	12	13	14	
vereine									
—	200	5 736	50	6 064	—	45 497	434 348	—	28
1 321	120	20 486	—	—	31 983	²) 166 970	1 184 074	—	29
183	—	—	3 555	—	—	5 264	1 760 696	—	30
293	16 983	—	—	—	30 869	15 120	4 834 314	—	45
3 499	40 386	—	—	—	—	8 843	52 285 162	—	31
6 864	104 374	395 837	12 255	—	—	94 229	15 107 179	—	32
1 120	53 160	298 355	—	183 964	—	7 636	16 277 550	—	33
1 880	6 155	197 297	4 441	—	36 337	4 536	4 413 921	—	34
260	4 300	—	13 175	—	—	⁴) 424 270	20 232 811	—	35
6 537	40 064	—	3 332	—	—	⁵) 120 569	34 045 377	—	36
24	147 365	—	2 000	—	—	⁶) 2 230 039	52 561 853	—	37
—	—	20 379	—	—	3 906	13 583	762 089	—	38
1 519	49 024	32 237	15 393	—	37 911	721	6 878 045	—	39
40	62 808	415 529	—	—	—	50 079	9 739 419	—	40
2 586	1 839	271 375	2 295	—	—	51 450	7 388 196	—	41
—	15 076	14 165	—	—	—	⁷) 192 152	11 636 642	—	42
26 098	111 235	262 995	248 592	—	143 002	⁸) 7 508 523	57 241 712	—	43
52 224	**653 089**	**1 984 391**	**805 088**	**190 028**	**284 008**	**10 939 481**	**296 783 388**	—	

⁴) Darunter 416 215 *M* zur Kapitalansammlung geschriebene Dividenden. — ⁵) Darunter 53 497 *M* zur Verzinsung und Ansammlung bestimmte Dividenden. — ⁶) Darunter 1 962 009 *M* Überweisung auf Dividendenreservefonds und 163 642 *M* Aufgelder für ratenweise Zahlung der Prämien. — ⁷) Darunter 9 935 *M* Heimfall an Dividenden, 66 255 *M* Gewinn aus dem Effekten-Kommissionsgeschäft und 83 162 *M* Gebühren aus dem Depositengeschäfte. — ⁸) Darunter 7 481 060 *M* Einnahme der Dividendenpläne.

Noch: Tabelle I 29

Große Versicherung — Gewinn-
Aus

Nr.	Versicherungsunternehmung Sitz	Name	Zahlungen aus selbst abgeschlossenen Versicherungen für Versicherungsfälle im Geschäftsjahre ℳ	für vorzeitig aufgelöste Versicherungen ℳ	Vergütungen für in Rückdeckung übernommene Versicherungen ℳ	Rückversicherungsprämien ℳ	Steuern ℳ
	1		2	3	4	5	6
							Aktien
1	Berlin	Berlinische L.V.G.	6 055 903	591 999	—	362 804	54 289
2	»	Deutsche L.V.B.[1])	768 515	91 564	50 722	75 700	15 622
3	»	Deutscher Anker	1 383 596	130 463	243 987	1 672 695	8 100
4	»	Deutschland	863 811	294 119	67 253	1 026 711	14 167
5	»	Friedrich Wilhelm	2 829 415	323 904	83 404	496 502	38 355
6	»	Nordstern Leben [1])	11 931 867	642 950	820 329	1 520 197	57 558
7	»	Preußische L.V.A.G.[1])	4 188 562	506 122	889 926	1 228 051	25 141
8	»	Prudentia	95 782	23 917	—	238 724	976
9	»	Victoria	17 866 260	1 143 028	88 161	1 418 820	154 506
10	Bremen	Bremer L.V.B. [1])	2 588 514	200 100	68 431	284 284	14 068
11	Cöln	Concordia [1])	8 028 292	686 367	325 229	250 425	59 003
12	Dresden	Urania [2])	152 995	22 411	774	181 393	641
13	Düsseldorf	Vereins V.B.	In Tabelle I 32 enthalten				
14	Erfurt	Thuringia [1])	3 987 402	300 693	270 170	96 632	23 242
15	Frankfurt	Frankfurter L.V.G.	3 278 620	308 239	513 234	751 810	19 105
16	»	Providentia	2 566 577	271 285	104 895	301 480	44 316
17	Hamburg	Janus	5 194 017	277 125	509 556	774 537	24 528
18	Leipzig	Teutonia [1])	6 431 808	482 775	359 203	361 032	10 642
19	Ludwigshafen	Atlas	541 580	31 963	50 018	612 339	7 928
20	Lübeck	Deutsche L.V.G.[1])	6 055 978	562 642	306 312	285 609	31 310
21	Magdeburg	Magdeb. L.V.G.[1])	4 539 702	380 131	1 320 863	871 146	34 911
22	»	Wilhelma	4 026 867	367 412	72 668	256 332	33 016
23	Mannheim	Vita	102 178	11 699	33 570	221 679	2 310
24	München	Arminia [2])	2 371 783	273 054	612 848	1 389 214	36 332
25	»	Bayer. V.B.[2])	6 592 598	276 203	132 246	487 483	9 322
26	Nürnberg	Nürnberger L.V.B.	564 096	58 061	118 929	49 942	3 797
27	Stettin	Germania [1])	24 279 729	1 477 753	112 334	1 405 978	70 232
		Zusammen	**127 286 447**	**9 735 979**	**7 155 062**	**16 621 519**	**793 417**

Anmerkungen zu Tab. I 29: Die Zahlungen aus selbst abgeschlossenen Versicherungen, die Vergütungen für in Rückdeckung übernommene Versicherungen und die Rückversicherungsprämien sind in den Tabellen I 30 und 33 erläutert. — [1]) Einschl. kleiner Versicherung. — [2]) Einschl. Begräbnisgeldversicherung, aber ohne Volksversicherung.

und Verlustrechnung für 1909

gaben

Verwaltungskosten insgesamt ℳ	Verwaltungskosten darunter Abschlußprovisionen ℳ	Verwaltungskosten darunter Inkassoprovisionen ℳ	Abschreibungen insgesamt ℳ	Abschreibungen darunter auf Immobilien ℳ	Abschreibungen darunter auf Forderungen ℳ	Verlust aus Kapitalanlagen: Kursverlust ℳ	Verlust aus Kapitalanlagen: sonstiger Verlust ℳ	Unterschied zwischen der Schadenreserve und den Zahlungen für Vers.-Fälle der Vorjahre aus selbst abgeschl. Versicherungen ℳ	Nr.
7	8	9	10	11	12	13	14	15	

gesellschaften

1 629 483	287 633	286 641	—	—	—	412	—	—	1
1 061 779	241 698	161 352	5 084	2 100	—	—	—	—	2
1 507 592	516 337	187 983	7 157	—	—	1 137	—	—	3
931 247	316 855	175 538	15 530	8 036	—	465	—	—	4
1 586 642	627 432	127 778	—	—	—	—	—	—	5
3 130 814	640 311	652 668	39 278	21 944	608	17 050	—	—	6
1 250 916	363 815	180 615	9 277	—	1 406	21 253	1 440	—	7
90 806	51 660	8 913	2 152	918	614	—	—	—	8
5 035 912	2 561 546	996 289	90 970	35 191	—	14 392	13 736	—	9
1 208 544	341 752	91 185	6 383	2 984	1 751	3 422	—	—	10
1 881 067	441 043	326 374	—	—	—	11 080	237	—	11
156 140	56 440	13 034	2 712	925	1 053	204	—	—	12
				In Tabelle I 32 enthalten					13
1 025 446	207 652	213 201	12 825	?	—	8 527	—	—	14
1 057 250	354 690	199 507	6 400	2 846	—	2 097	—	—	15
799 689	189 374	126 878	10 991	10 991	—	690	—	—	16
1 754 488	629 552	192 723	25 730	—	2 773	18 047	—	—	17
2 001 252	674 166	297 924	32 131	10 009	1 000	1 278	—	—	18
545 558	128 297	49 671	7 990	1 698	96	1 413	—	—	19
1 642 721	395 350	255 560	6 013	6 013	—	—	3 006	—	20
1 836 816	349 139	356 531	60 036	45 186	—	—	—	—	21
1 569 625	404 623	183 542	171	—	171	—	—	—	22
291 925	76 790	7 883	2 421	558	1 634	125	—	—	23
1 359 120	220 529	72 575	81 454	5 157	10 297	814	—	4 429	24
1 047 510	248 428	157 556	103	—	103	—	—	—	25
373 559	122 327	22 919	9 717	4 026	5 691	756	5	—	26
3 654 277	1 033 941	740 256	203	—	203	317	—	—	27
38 430 178	**11 481 380**	**6 085 096**	**484 728**	**158 573**	**27 400**	**103 479**	**18 424**	**4 429**	

Noch: Tabelle I 29

Große Versicherung — Gewinn- und Verlustrechnung für 1909

Ausgaben

Versicherungsunternehmung			Vermehrung der		Sonstige Ausgaben	Summe der Jahresausgaben	Jahresüberschuß
Nr.	Sitz	Name	Prämienreserve	sonstigen Reserven			
			ℳ	ℳ	ℳ	ℳ	ℳ
		1	16	17	18	19	20
		Aktiengesellschaften					
1	Berlin	Berlinische L.V.G.	3 393 666	147 614	215 079	12 451 249	2 298 644
2	»	Deutsche L.V.B.[1])	3 396 743	5 634	—	5 471 363	556 938
3	»	Deutscher Anker	1 725 351	32 730	[2]) 123 930	6 836 738	340 946
4	»	Deutschland	2 118 505	48 878	17 650	5 398 336	564 874
5	»	Friedrich Wilhelm	5 549 270	—	[3]) 164 646	11 072 138	2 881 544
6	»	Nordstern Leben [1])	9 927 601	210 462	18 419	28 316 525	3 758 959
7	»	Preußische L.V.A.G.[1])	3 575 617	2 675 362	43 090	14 414 757	839 085
8	»	Prudentia	214 580	665	—	667 602	91 622
9	»	Victoria	25 491 549	—	87 787	51 405 121	16 367 508
10	Bremen	Bremer L.V.B. [1])	1 429 091	40 125	—	5 842 962	770 788
11	Cöln	Concordia [1])	4 496 567	280 569	[4]) 159 074	16 177 910	3 225 949
12	Dresden	Urania [5])	280 761	2 534	4 516	805 081	34 042
13	Düsseldorf	Vereins V.B.	In Tabelle I 32 enthalten				
14	Erfurt	Thuringia [1])	1 616 197	—	977	7 342 111	1 336 799
15	Frankfurt	Frankfurter L.V.G.	2 665 627	35 822	—	8 638 204	1 362 647
16	»	Providentia	1 502 055	25 043	2 449	5 629 470	876 258
17	Hamburg	Janus	3 170 098	—	[6]) 124 846	11 872 972	1 125 571
18	Leipzig	Teutonia [1])	5 277 529	451 130	46 909	15 455 689	2 282 870
19	Ludwigshafen	Atlas	1 599 876	66 818	41 742	3 507 225	287 239
20	Lübeck	Deutsche L.V.G.[1])	2 971 975	105 104	43 302	12 013 972	1 676 327
21	Magdeburg	Magdeb. L.V.G.[1])	5 711 685	32 763	15 700	14 803 753	2 944 329
22	»	Wilhelma	4 166 790	230 406	18 716	10 742 003	1 464 996
23	Mannheim	Vita	394 497	3 409	19 150	1 082 963	86 440
24	München	Arminia [5])	2 613 663	451 859	—	9 194 570	356 612
25	»	Bayer. V.B.[5])	3 468 651	221 088	53 676	12 288 880	1 222 403
26	Nürnberg	Nürnberger L.V.B.	594 402	9 289	2 099	1 784 652	249 237
27	Stettin	Germania [1])	11 642 483	1 044 939	[7]) 188 482	43 876 727	8 565 423
		Zusammen	**108 994 829**	**6 122 243**	**1 392 239**	**317 092 973**	**55 568 050**

Anmerkungen zu Tab. I 29: [1]) Einschl. kleiner Versicherung. — [2]) Zumeist Zinsanteile der Rückversicherer. — [3]) Zumeist Entnahme aus der Reserve für eventuelle Verluste und Bedürfnisse. — [4]) Darunter 85 688 ℳ vergütete Zinsen für Sparkassenguthaben, Kautionen usw. — [5]) Einschl. Begräbnisgeldversicherung, aber ohne Volksversicherung. — [6]) Darunter 107 906 ℳ Verschiedenes. — [7]) Darunter 122 219 ℳ Zuschuß zur Pensionskasse für die Beamten.

Noch: Tabelle I 29

Große Versicherung — Gewinn- und Verlustrechnung für 1909

Ausgaben

Versicherungsunternehmung Nr.	Sitz	Name	Zahlungen aus selbst abgeschlossenen Versicherungen: für Versicherungsfälle im Geschäftsjahre ℳ	Zahlungen aus selbst abgeschlossenen Versicherungen: für vorzeitig aufgelöste Versicherungen ℳ	Vergütungen für in Rückdeckung übernommene Versicherungen ℳ	Rückversicherungsprämien ℳ	Steuern ℳ
1			2	3	4	5	6
		Gegenseitigkeitsvereine					
28	Braunschweig	Braunschweig. L.V.A.[1])	211 598	14 368	—	7 799	102
29	Darmstadt	Renten- u. Lebens V.A.	711 937	20 900	195	13 294	925
30	Dresden	Sächsische Renten V.A.	1 099 414	—	—	—	11 119
45	Görlitz	Rothenburger V.A.[1])	1 498 088	40 762	—	—	1 152
31	Gotha	Gothaer Lebens V.B.	26 076 194	1 537 665	—	—	19 848
32	Halle	Iduna[2])	4 939 868	552 514	357 670	450 299	2 952
33	Hannover	Deutsche Militd. u. L.V.A.	12 448 570	337 895	—	279 496	3 509
34	»	Hannoversche L.V.A.	1 773 801	143 671	22 758	145 430	236
35	»	Preuß. Beamtenverein[1])	6 550 564	318 170	—	—	6 359
36	Karlsruhe	Karlsruher L.V.	12 409 139	768 535	—	—	43 299
37	Leipzig	Leb.V.G.	19 642 577	1 567 855	—	—	52 286
38	Posen	Vesta[1])	296 820	56 845	1 597	26 937	616
39	Potsdam	Deutsche L.V.[1])	2 885 631	261 953	20 612	37 449	1 690
40	Schwerin	Mecklenb. L.V.B.[1])	2 992 325	400 998	56 401	90 799	359
41	Stuttgart	Allg. Deutscher V.V.	1 339 771	107 226	144 771	358 946	3 283
42	»	Allg. Renten A.	5 229 650	179 514	—	2 536	63 294
43	»	Stuttgarter Lebens V.B.	17 464 744	733 739	—	266 092	191 879
		Zusammen	**117 570 691**	**7 042 610**	**604 004**	**1 679 077**	**402 908**

Anmerkungen zu Tab. I 29: Die Zahlungen aus selbst abgeschlossenen Versicherungen und die Vergütungen für in Rückdeckung übernommene Versicherungen sind in den Tabellen I 30 und 33 erläutert. — [1]) Einschl. kleiner Versicherung. — [2]) Einschl. Sterbegeldversicherung, aber ohne Volksversicherung.

Noch: Tabelle I 29

Große Versicherung — Gewinn-

Aus

Nr.	Versicherungsunternehmung: Sitz	Name	Verwaltungskosten insgesamt ℳ	darunter Abschluß-provisionen ℳ	darunter Inkasso-provisionen ℳ	Abschrei[bungen] insgesamt ℳ	dar[unter] auf Immobilien ℳ
	1		7	8	9	10	11
							Gegenseitigkeits
28	Braunschweig......	Braunschweig. L.V.A.[1]) ...	71 691	14 126	3 066	288	—
29	Darmstadt........	Renten- u. Lebens V.A. ...	79 659	10 776	7 974	—	—
30	Dresden...........	Sächsische Renten V.A....	90 324	8 155	8 334	10 044	9 009
45	Görlitz...........	Rothenburger V.A.[1])......	602 814	175 498	224 083	11 578	5 000
31	Gotha............	Gothaer Lebens V.B.	2 795 057	677 314	673 318	26 755	26 755
32	Halle.............	Iduna[3])	1 831 437	410 904	201 953	65 579	—
33	Hannover.........	Deutsche Militd. u. L.V.A..	1 663 497	300 423	223 026	13 197	7 149
34	»	Hannoversche L.V.A......	702 671	153 054	60 395	56 130	11 051
35	»	Preuß. Beamtenverein[1]) ..	295 199	—	—	6 025	2 781
36	Karlsruhe.........	Karlsruher L.V...........	2 065 100	715 392	323 561	51 262	33 000
37	Leipzig...........	Leb.V.G................	2 890 664	834 906	531 888	56 492	12 243
38	Posen............	Vesta[1])................	144 088	29 627	15 260	3 666	1 290
39	Potsdam..........	Deutsche L.V.[1])	848 054	149 356	142 618	11 873	10 055
40	Schwerin.........	Mecklenb. L.V.B.[1]).......	1 638 018	572 750	100 024	64 909	16 000
41	Stuttgart..........	Allg. Deutscher V.V.......	980 603	497 338	136 688	38 373	31 421
42	»	Allg. Renten A.	1 136 081	244 916	111 126	3 835	2 184
43	»	Stuttgarter Lebens V.B. ..	2 565 011	755 571	414 450	59 200	50 000
		Zusammen	**20 399 968**	**5 550 106**	**3 177 764**	**479 206**	**217 938**

Anmerkungen zu Tab. I 29: [1]) Einschl. kleiner Versicherung. — [2]) Darunter 70 000 ℳ Zuschuß zum Kapitalauflösungsfonds. — [3]) Einschl. Sterbegeldversicherung, aber ohne Volksversicherung. — [4]) Darunter 257 768 ℳ fällig gewordene und 77 345 ℳ aufgehobene Kapitalansammlungen aus Lebensversicherungs-Dividenden. — [5]) Einschl. der Reserven für wachsende Leibrenten. — [6]) Darunter 611 215 ℳ Zinsen der Dividendenreservefonds. —

und Verlustrechnung für 1909

gaben

bungen unter auf Forderungen ℳ	Verlust aus Kapitalanlagen: Kursverlust ℳ	Verlust aus Kapitalanlagen: sonstiger Verlust ℳ	Unterschied zwischen der Schadenreserve und den Zahlungen für Vers.-Fälle der Vorjahre aus selbst abgeschl. Versicherungen ℳ	Vermehrung der Prämienreserve ℳ	Vermehrung der sonstigen Reserven ℳ	Sonstige Ausgaben ℳ	Summe der Jahresausgaben ℳ	Jahresüberschuß ℳ	Nr.
12	13	14	15	16	17	18	19	20	
vereine									
288	256	—	—	—	28 280	43 864	378 246	56 102	28
—	—	—	—	89 267	—	[2]) 143 917	1 060 094	123 980	29
—	1 350	—	—	485 620	61 588	1 237	1 760 696	—	30
—	—	—	—	1 563 712	—	51 975	3 770 081	1 064 233	45
—	4 085	—	57 380	10 757 799	463 743	—	41 738 526	10 546 636	31
55 135	13 061	1 317	—	4 635 623	108 408	240 617	13 199 345	1 907 834	32
—	20 760	—	—	—	117 709	109 049	14 993 682	1 283 868	33
1 297	4	—	—	982 449	—	52 291	3 879 441	534 480	34
—	13 403	—	—	8 359 938	207 064	[4]) 353 256	16 109 978	4 122 833	35
611	8 449	—	—	[5]) 10 529 191	139 611	137 499	26 152 085	7 893 292	36
—	1 632	—	—	14 104 796	1 906 626	[6]) 714 208	40 937 136	11 624 717	37
365	2 700	—	—	120 006	—	36 125	689 400	72 689	38
—	14 214	—	—	1 637 760	—	[7]) 80 698	5 799 934	1 078 111	39
12 654	6	—	—	3 283 091	238 591	[8]) 42 307	8 807 804	931 615	40
—	3 300	—	—	3 122 009	318 403	16 740	6 433 425	954 771	41
—	—	—	—	3 315 644	—	[9]) 679 644	10 610 198	1 026 444	42
—	29 120	—	—	16 011 386	—	[10]) 8 309 995	45 631 166	11 610 546	43
70 350	**112 340**	**1 317**	**57 380**	**78 998 291**	**3 590 023**	**11 018 422**	**241 951 237**	**54 882 151**	

[7]) Darunter 67 043 ℳ gezahlte Altersrenten. — [8]) Darunter 8 833 ℳ Pensionen und 8 000 ℳ an den Beamten-Pensions- und Unterstützungsfonds. — [9]) Darunter 356 517 ℳ Zinsen auf Depositen- und Sparkassengelder und 302 330 ℳ Zinsen und Schuldverschreibungen der Anstalt. — [10]) Darunter 7 290 250 ℳ Entnahme aus den Dividendenreserven.

Tabelle I 30

Große Versicherung — Die Einnahmen aus Prämien und die Vergütung der Rückversicherer

Versicherungsunternehmung			Einnahmen						
			Prämien für			Vergütung der Rückversicherer für			
Nr.	Sitz	Name	selbst abgeschlossene Versicherungen	in Rückdeckung übernommene Versicherungen	Kriegs- und Extraprämien	Prämienreserveergänzung	eingetretene Versicherungsfälle	vorzeitig aufgelöste Versicherungen	sonstige vertragsmäßige Leistungen
			ℳ	ℳ	ℳ	ℳ	ℳ	ℳ	ℳ
		1	2	3	4	5	6	7	8
									Aktien
1	Berlin	Berlinische L.V.G.	10 284 295	—	25 088	212 377	110 000	8 718	46 257
2	»	Deutsche L.V.B.	4 430 784	43 100	5 221	47 180	—	632	18 144
3	»	Deutscher Anker	4 662 237	246 428	22 887	655 030	507 843	49 785	550 397
4	»	Deutschland	4 041 194	67 175	[1]) 42 469	421 333	142 044	57 895	219 985
5	»	Friedrich Wilhelm	10 667 880	62 028	18 643	261 399	40 402	7 604	97 539
6	»	Nordstern Leben	22 452 362	674 771	47 092	708 234	804 646	19 673	71 306
7	»	Preußische L.V.A.G	10 511 728	1 055 678	[3])	348 880	564 143	39 017	29 028
8	»	Prudentia	464 026	—	82	110 753	45 391	12 163	48 052
9	»	Victoria	49 874 365	68 925	459 835	738 909	629 811	9 002	102 499
10	Bremen	Bremer L.V.B.	4 716 450	54 916	2 056	140 767	36 000	13 857	58 548
11	Cöln	Concordia	13 512 066	126 356	52 353	151 788	85 000	8 396	43 595
12	Dresden	Urania	572 857	1 414	2 756	15 955	60 401	7 470	101 481
13	Düsseldorf	Vereins V.B.	In Tabelle I 33 enthalten						
14	Erfurt	Thuringia	5 921 650	172 829	23 726	34 821	39 000	9 648	16 991
15	Frankfurt	Frankfurter L.V.G	6 817 939	401 179	19 390	269 986	540 633	98 252	90 197
16	»	Providentia	4 637 721	13 398	10 539	86 100	229 518	8 527	22 562
17	Hamburg	Janus	8 929 563	310 668	56 674	368 150	339 831	63 087	145 133
18	Leipzig	Teutonia	12 145 981	326 603	73 226	217 992	30 000	9 920	52 266
19	Ludwigshafen	Atlas [5])	2 503 111	119 298	5 970	308 243	169 000	1 935	121 157
20	Lübeck	Deutsche L.V.G.	9 437 260	236 474	29 366	164 578	162 107	4 485	54 329
21	Magdeburg	Magdeb. L.V.G.	11 714 391	1 171 822	30 061	397 160	257 926	17 120	72 771
22	»	Wilhelma [6])	8 835 174	75 940	21 315	94 805	143 420	12 934	29 392
23	Mannheim	Vita	746 449	41 437	8 047	108 397	16 134	2 938	104 836
24	München	Arminia	5 461 624	626 760	12 077	850 686	161 706	42 317	269 671
25	»	Bayer. V.B.[7])	8 897 766	183 930	8 409	204 711	117 070	19 283	57 690
26	Nürnberg	Nürnberger L.V.B.	1 431 149	134 195	263	33 965	58 067	825	3 581
27	Stettin	Germania	36 584 695	46 315	125 829	957 284	218 013	—	73 674
		Zusammen	**260 254 717**	**6 261 639**	**1 103 374**	**7 909 483**	**5 508 106**	**525 483**	**2 501 081**

Anmerkungen zu Tab. I 30: Bei den Prämien sind die Dividenden nicht abgesetzt (Soll-Jahresprämien). — Die sonstigen Einnahmen aus vertragsmäßigen Leistungen der Rückversicherer sowie die sonstigen Ausgaben für in Rückdeckung übernommene Versicherungen sind zumeist Beiträge zu den Verwaltungskosten. — [1]) Davon sind 37 648 ℳ Extraprämien von der Gesellschaft schätzungsweise ermittelt worden. — [2]) Darunter befinden sich 9 948 ℳ Extraprämien, welche von der Gesellschaft schätzungsweise ermittelt wurden. — [3]) In den Spalten 2 und 3 enthalten. —

owie die Ausgaben für Versicherungsfälle des Geschäftsjahrs und für Rückversicherung

Ausgaben: Versicherungsleistungen aus selbst abgeschlossenen Versicherungen: für eingetretene Versicherungsfälle: geleistet	Ausgaben: Versicherungsleistungen aus selbst abgeschlossenen Versicherungen: für eingetretene Versicherungsfälle: zurückgestellt	Ausgaben: Versicherungsleistungen aus selbst abgeschlossenen Versicherungen: für vorzeitig aufgelöste Versicherungen	Ausgaben: Versicherungsleistungen aus in Rückdeckung übernommenen Versicherungen: für Prämienreserveergänzung	Ausgaben: Versicherungsleistungen aus in Rückdeckung übernommenen Versicherungen: für eingetretene Versicherungsfälle: geleistet	Ausgaben: Versicherungsleistungen aus in Rückdeckung übernommenen Versicherungen: für eingetretene Versicherungsfälle: zurückgestellt	Ausgaben: Versicherungsleistungen aus in Rückdeckung übernommenen Versicherungen: für vorzeitig aufgelöste Versicherungen	Ausgaben: Versicherungsleistungen aus in Rückdeckung übernommenen Versicherungen: für sonstige vertragsmäßige Leistungen	Ausgaben: Rückversicherungsprämien	Ausgaben: Kriegs- und Extraprämien	Nr.
M	*M*	*M*	*M*	*M*	*M*	*M*	*M*	*M*	*M*	
9	10	11	12	13	14	15	16	17	18	
esellschaften										
5 811 217	244 686	591 999	—	—	—	—	—	360 943	1 861	1
742 268	26 247	91 564	29 597	11 542	—	209	9 374	75 700	—	2
1 266 121	117 475	130 463	134 728	78 390	7 156	—	23 713	1 662 192	10 503	3
841 152	22 659	294 119	40 916	10 000	—	—	16 337	1 015 833	[5]) 10 878	4
2 669 404	160 011	323 904	22 198	40 322	11 330	2 668	6 886	496 502	—	5
11 601 848	330 019	642 950	145 579	480 983	125 316	8 679	59 772	1 520 197	—	6
3 911 492	277 070	506 122	132 589	622 532	91 341	21 910	21 554	1 228 051	[4])	7
83 782	12 000	23 917	—	—	—	—	—	238 724	—	8
16 979 811	886 449	1 143 028	—	75 225	10 197	—	2 739	1 416 513	2 307	9
2 436 559	138 962	199 572	44 293	11 800	—	325	12 013	278 964	5 320	10
7 954 831	71 811	686 333	119 807	158 625	20 000	14 254	12 543	249 865	560	11
145 177	7 818	22 411	755	—	—	—	19	180 458	935	12
In Tabelle I 33 enthalten										13
3 794 710	192 692	296 759	45 327	132 500	62 410	8 679	21 254	95 845	787	14
2 938 099	340 521	308 239	54 872	352 517	18 300	44 927	42 618	750 714	1 096	15
2 465 581	100 996	271 285	—	92 000	12 000	111	784	301 480	—	16
4 751 679	442 338	277 125	272 293	173 544	—	11 789	51 930	774 537	—	17
6 190 365	241 443	458 730	138 984	154 052	10 000	10 180	45 987	358 798	1 614	18
492 199	49 381	31 963	84	31 276	—	9 844	8 814	610 426	1 524	19
5 873 614	177 354	562 539	130 287	128 898	15 651	13 017	18 459	285 609	—	20
4 353 183	186 519	375 609	423 760	605 060	94 979	83 432	113 632	867 619	3 527	21
3 969 319	53 050	367 412	2 425	55 150	—	1 808	13 285	255 841	491	22
101 231	947	11 699	17 025	9 619	865	653	5 408	220 203	1 476	23
2 132 577	239 206	259 168	351 491	144 268	28 673	25 839	62 577	1 301 780	—	24
6 445 848	146 750	275 903	13 136	82 397	7 850	8 852	20 011	487 483	—	25
536 484	27 612	58 061	73 988	34 456	7 358	1 383	1 744	49 942	—	26
23 268 960	1 010 769	1 477 753	26 326	72 464	13 421	—	123	1 405 978	—	27
121 757 511	**5 504 785**	**9 688 627**	**2 220 460**	**3 557 620**	**536 847**	**268 559**	**571 576**	**16 490 197**	**42 879**	

[4]) In Spalte 17 enthalten. — [5]) Außerdem sind in der Gewinn- und Verlustrechnung (Tab. I 29) noch 477 *M* Prämien und 389 *M* Rückversicherungsprämien aus der Kautionsversicherung verrechnet. — [6]) Außerdem sind in Tab. I 29 bei den Prämien 318 *M* Tilgungs- und Gewährleistungsbeiträge und bei den geleisteten Schäden für selbst abgeschlossene Versicherungen 4 498 *M* Amortisationsbeiträge aus Kautionsversicherungen verrechnet. — [7]) Außerdem sind in der Gewinn- und Verlustrechnung (Tab. I 29) noch 1 538 *M* Prämien aus Kautionsversicherungen verrechnet.

Noch: Tabelle I 30

Große Versicherung — Die Einnahmen aus Prämien und die Vergütung der Rückversicherer

Versicherungsunternehmung			Einnahmen						
			Prämien für		Kriegs- und Extraprämien	Vergütung der Rückversicherer für			
Nr.	Sitz	Name	selbst abgeschlossene Versicherungen	in Rückdeckung übernommene Versicherungen		Prämienreserveergänzung	eingetretene Versicherungsfälle	vorzeitig aufgelöste Versicherungen	sonstige vertragsmäßige Leistungen
			M	M	M	M	M	M	M
1			2	3	4	5	6	7	8
									Gegenseitigkeits
28	Braunschweig .	Braunschweig. L.V.A. . . .	257 138	—	223	1 587	—	1 475	2 674
29	Darmstadt . . .	Renten- u. Lebens V.A. .	566 588	305	236	5 109	10 000	3 459	1 918
30	Dresden	Sächsische Renten V.A. .	647 387	—	—	—	—	—	—
31	Gotha	Gothaer Lebens V.B. . . .	38 179 917	—	26 640	—	—	—	—
32	Halle	Iduna	10 772 810	305 696	5 434	249 048	102 340	7 770	36 679
33	Hannover	Deutsche Militd. u. L.V.A.	9 959 078	—	12 126	110 871	127 500	45 470	14 514
34	»	Hannoversche L.V.A. . . .	3 148 412	30 297	13 700	—	164 402	1 313	31 582
35	»	Preuß. Beamtenverein. . .	14 490 609	—	34 489	—	—	—	—
36	Karlsruhe	Karlsruher L.V.	[1]) 23 846 896	—	131 320	—	—	—	—
37	Leipzig	Leb.V.G.	36 583 272	—	4 208	—	—	—	—
38	Posen	Vesta	531 227	3 139	7 454	12 049	—	—	8 330
39	Potsdam	Deutsche L.V.	4 734 604	47 251	72 041	25 746	1 500	4 320	671
40	Schwerin	Mecklenb. L.V.B.	7 051 176	66 216	69 582	36 568	333 467	21 821	23 673
41	Stuttgart	Allg. Deutscher V.V.	5 373 101	174 842	54 662	164 244	75 650	7 753	23 728
42	»	Allg. Renten A.	7 341 159	—	66 625	—	13 800	—	365
43	»	Stuttgarter Lebens V.B. .	35 525 489	—	127 334	180 436	30 000	2 009	50 550
		Zusammen	**199 008 863**	**627 746**	**626 074**	**785 658**	**858 659**	**95 390**	**194 684**

Anmerkungen zu Tab. I 30: Bei den Prämien sind die Dividenden nicht abgesetzt (Soll-Jahresprämien). — Die sonstigen Einnahmen aus vertragsmäßigen Leistungen der Rückversicherer sowie die sonstigen Ausgaben für in Rückdeckung übernommene Versicherungen sind zumeist Beiträge zu den Verwaltungskosten. — [1]) Außerdem sind 30 M Prämien für Kautionsversicherung in Tab. I 29 enthalten.

sowie die Ausgaben für Versicherungsfälle des Geschäftsjahrs und für Rückversicherung

Ausgaben: Versicherungsleistungen aus selbst abgeschlossenen Versicherungen: für eingetretene Versicherungsfälle: geleistet	zurückgestellt	für vorzeitig aufgelöste Versicherungen	Versicherungsleistungen aus in Rückdeckung übernommenen Versicherungen: für Prämienreserveergänzung	für eingetretene Versicherungsfälle: geleistet	zurückgestellt	für vorzeitig aufgelöste Versicherungen	für sonstige vertragsmäßige Leistungen	Rückversicherungsprämien	Kriegs- und Extraprämien	Nr.
ℳ	ℳ	ℳ	ℳ	ℳ	ℳ	ℳ	ℳ	ℳ	ℳ	
9	10	11	12	13	14	15	16	17	18	
vereine										
211 493	105	14 368	—	—	—	—	—	7 799	—	28
647 228	64 709	20 900	183	—	—	—	12	13 294	—	29
328 324	771 090	—	—	—	—	—	—	—	—	30
25 134 313	941 881	1 537 665	—	—	—	—	—	—	—	31
4 492 055	357 106	552 514	162 232	155 818	13 305	6 177	20 138	449 874	425	32
10 285 163	2 163 407	337 895	—	—	—	—	—	279 231	265	33
1 662 415	111 296	143 671	4 775	—	—	—	17 983	145 430	—	34
6 280 631	162 110	318 170	—	—	—	—	—	—	—	35
12 053 748	355 391	768 535	—	—	—	—	—	—	—	36
18 775 091	867 486	1 567 855	—	—	—	—	—	—	—	37
280 417	16 403	56 845	—	—	—	—	1 597	26 937	—	38
2 729 993	155 638	261 953	—	—	15 000	1 933	3 679	37 330	119	39
2 893 548	91 277	400 021	36 072	—	—	4 155	16 174	90 799	—	40
1 283 787	55 984	107 226	96 846	24 169	4 000	2 161	17 595	355 873	3 073	41
4 380 208	849 442	179 514	—	—	—	—	—	2 500	36	42
16 825 222	639 522	733 739	—	—	—	—	—	265 323	769	43
108 263 636	**7 602 847**	**7 000 871**	**300 108**	**179 987**	**32 305**	**14 426**	**77 178**	**1 674 390**	**4 687**	

Tabelle I 31

Das finanzielle Ergebnis aus der Sterblichkeit im Geschäftsjahre 1909

Versicherungsunternehmung			Große Todesfallversicherung					
				Zur Verfügung standen			Gewinn	Verlust
Nr.	Sitz	Name	Schäden für Todesfälle	Prämienreserven	Risikoprämien	Vergütungen der Rückversicherer	aus der Sterblichkeit	
			M	M	M	M	M	M
	1		2	3	4	5	6	7
		Aktiengesellschaften						
1	Berlin	Berlinische L.V.G.	3 659 723	1 897 340	2 651 200	110 000	998 817	—
2	»	Deutsche L.V.B.	86 042	7 473	253 750	—	175 181	—
3	»	Deutscher Anker	310 420	73 400	330 684	105 047	198 711	—
4	»	Deutschland	490 682	136 719	621 358	70 720	338 115	—
5	»	Friedrich Wilhelm	1 968 618	741 347	1 989 560	58 000	820 289	—
6	»	Nordstern Leben [1]	5 483 100	2 133 612	4 016 055	833 644	1 500 211	—
7	»	Preußische L.V.A.G.	2 839 819	814 333	1 601 215	762 964	338 693	—
8	»	Prudentia	90 100	13 215	52 248	38 550	13 913	—
9	»	Victoria	7 959 579	3 165 305	8 786 557	307 288	4 299 571	—
10	Bremen	Bremer L.V.B.	1 006 023	378 482	825 874	15 000	213 333	—
11	Cöln	Concordia [1]	5 602 039	2 833 687	3 600 439	85 000	917 087	—
12	Dresden	Urania	55 500	8 522	43 415	18 500	14 937	—
13	Düsseldorf	Vereins V.B. [2]	—	—	732	—	732	—
14	Erfurt	Thuringia [1]	2 016 702	1 002 644	1 261 330	15 000	262 272	—
15	Frankfurt	Frankfurter L.V.G.	2 087 072	745 827	1 328 787	428 896	416 438	—
16	»	Providentia	1 299 512	637 860	975 455	68 786	382 589	—
17	Hamburg	Janus	2 858 311	1 063 621	1 870 829	298 080	374 219	—
18	Leipzig	Teutonia [1]	3 305 500	1 633 623	2 746 015	30 000	1 104 138	—
19	Ludwigshafen	Atlas	407 096	42 499	346 090	175 000	156 493	—
20	Lübeck	Deutsche L.V.G. [1]	3 934 773	2 032 663	2 290 693	172 000	560 583	—
21	Magdeburg	Magdeb. L.V.G. [1]	3 307 868	1 425 873	2 745 013	178 340	1 041 358	—
22	»	Wilhelma	1 775 663	813 020	1 530 098	28 436	595 891	—
23	Mannheim	Vita	91 709	15 102	107 020	16 135	46 548	—
24	München	Arminia [3]	962 680	215 281	1 076 991	184 424	514 016	—
25	»	Bayer. V.B. [3]	1 650 990	723 119	1 377 225	74 950	524 304	—
26	Nürnberg	Nürnberger L.V.B.	231 842	83 630	299 603	5 000	156 391	—
27	Stettin	Germania [1]	9 502 328	5 293 013	6 380 440	198 731	2 369 856	—
		Zusammen	**62 983 691**	**27 931 210**	**49 108 676**	**4 278 491**	**18 334 686**	—

Anmerkungen zu Tab. I 31: Die Schäden umfassen sowohl die gezahlten wie die zurückgestellten Beträge. — [1]) Einschl. kleiner Versicherung. — [2]) Nur für die Zeit von April bis 31. Dezember. — [3]) Einschl. Sterbegeldversicherung, aber ohne Volksversicherung.

Noch: Tabelle I 31

Das finanzielle Ergebnis aus der Sterblichkeit im Geschäftsjahre 1909

Versicherungsunternehmung			Große Todesfallversicherung					
				Zur Verfügung standen			Gewinn	Verlust
Nr.	Sitz	Name	Schäden für Todesfälle	Prämienreserven	Risikoprämien	Vergütungen der Rückversicherer	aus der Sterblichkeit	
			M	M	M	M	M	M
	1		2	3	4	5	6	7
		Gegenseitigkeitsvereine						
28	Braunschweig	Braunschweig. L.V.A.	85 300	47 561	67 658	—	29 919	—
29	Darmstadt	Renten- u. Lebens V.A.	268 937	143 441	141 626	10 000	26 130	—
30	Dresden	Sächsische Renten V.A.	—	—	—	—	—	—
31	Gotha	Gothaer Lebens V.B.	19 623 515	9 636 480	10 887 655	—	900 620	—
32	Halle	Iduna	2 309 433	1 141 018	1 771 072	66 671	669 328	—
33	Hannover	Deutsche Militd. u. L.V.A.	600 133	184 051	653 834	85 000	322 752	—
34	»	Hannoversche L.V.A.	1 028 809	426 688	857 190	43 601	298 670	—
35	»	Preuß. Beamtenverein	2 190 736	893 210	3 272 100	—	1 974 574	—
36	Karlsruhe	Karlsruher L.V.	6 919 127	3 284 284	6 570 307	—	2 935 464	—
37	Leipzig	Leb.V.G.	10 498 559	5 288 317	8 298 267	—	3 088 025	—
38	Posen	Vesta	189 950	87 840	152 759	—	50 649	—
39	Potsdam	Deutsche L.V.	1 609 767	721 070	1 182 198	1 500	295 001	—
40	Schwerin	Mecklenb. L.V.B.	2 062 900	715 696	1 697 796	303 467	654 059	—
41	Stuttgart	Allg. Deutscher V.V.	427 461	56 087	817 653	75 650	521 929	—
42	»	Allg. Renten A.	1 435 370	602 804	1 335 119	12 000	514 553	—
43	»	Stuttgarter Lebens V.B.	10 530 059	5 041 894	8 569 363	30 000	3 111 198	—
		Zusammen	**59 780 056**	**28 270 441**	**46 274 597**	**627 889**	**15 892 871**	—

Anmerkung zu Tab. I 31: Die Schäden umfassen sowohl die gezahlten wie die zurückgestellten Beträge.

Tabelle I 32

Kleine Versicherung — Gewinn-

Ein

Nr.	Versicherungsunternehmung: Sitz	Versicherungsunternehmung: Name	Prämien ℳ	Policegebühren ℳ	Ertrag und Gewinn: Zinsen ℳ	Ertrag und Gewinn: Mieten ℳ
	1		2	3	4	5
		Aktien				
4	Berlin	Deutschland	1 394 182	9 908	239 475	—
5	„	Friedrich Wilhelm	20 586 549	31 645	3 515 508	112 819
8	„	Prudentia	1 687 271	70 019	300 367	36 328
9	„	Victoria	61 367 541	870 922	11 519 920	173 221
12	Dresden	Urania	1 111 963	10 080	118 110	5 718
13	Düsseldorf	Vereins V.B. [1])	50 182	138	83 684	—
22	Magdeburg	Wilhelma	3 178 666	72 061	290 789	In Sp. 4 enthalten
23	Mannheim	Vita	1 181 203	14 330	147 157	3 195
24	München	Arminia	284 996	—	49 217	2 344
25	„	Bayer. V.B.	38 942	—	9 802	—
26	Nürnberg	Nürnberger L.V.B.	1 458 528	—	16 035	691
		Zusammen	**92 340 023**	**1 079 103**	**16 290 064**	**334 316**
		Gegenseitigkeits				
32	Halle	Iduna	4 035 396	29 987	545 898	—
41	Stuttgart	Allg. Deutscher V.V.	493 048	4 998	193 474	9 372
		Zusammen	**4 528 444**	**34 985**	**739 372**	**9 372**

Anmerkungen zu Tab. I 32: Die Gewinn- und Verlustrechnung bezieht sich nur auf den Jahresbetrieb. Die Überträge sind ausgeschieden, oder, wo nötig, mit dem Unterschiede zwischen dem Bestande zu Anfang und zu Ende des Geschäftsjahrs eingestellt. — Die Prämien und die Vergütungen der Rückversicherer sind in Tab. I 33 erläutert. — [1]) Nur für die Zeit von April bis 31. Dezember und einschl. großer Versicherung.

und Verlustrechnung für 1909

nahmen

aus Kapitalanlagen: Kursgewinn ℳ 6	aus Kapitalanlagen: sonstiger Gewinn ℳ 7	Vergütungen der Rückversicherer ℳ 8	Unterschied zwischen der Schadenreserve und den Zahlungen für Vers.-Fälle der Vorjahre aus selbst abgeschl. Versicherungen ℳ 9	Verminderung der Prämienreserve ℳ 10	Verminderung der sonstigen Reserven ℳ 11	Sonstige Einnahmen ℳ 12	Summe der Jahreseinnahmen ℳ 13	Verlust des Geschäftsjahrs ℳ 14	Nr.
gesellschaften									
186	8 713	257 983	100	—	—	579	1 911 126	—	4
1 850	102 087	—	3 068	—	—	48	24 353 574	—	5
1 101	—	893 169	9 045	289 795	—	2 723	3 289 818	—	8
74 844	212 819	—	—	—	—	—	74 219 267	—	9
—	1 944	387 890	—	—	—	129	1 635 834	—	12
—	14 960	187	—	—	47 966	33 911	231 028	—	13
In Sp. 4 enthalten		—	—	—	—	—	3 541 516	—	22
—	582	308 114	—	—	—	4 029	1 658 610	—	23
32	1 772	69 657	318	—	—	—	408 336	12 359	24
—	—	—	—	—	—	—	48 744	—	25
—	—	—	7 950	—	—	—	1 483 204	—	26
78 013	**342 877**	**1 917 000**	**20 481**	**289 795**	**47 966**	**41 419**	**112 781 057**	**12 359**	
vereine									
—	—	—	—	—	—	—	4 611 281	—	32
372	264	—	224	—	—	94 928	796 680	—	41
372	**264**	—	**224**	—	—	**94 928**	**5 407 961**	—	

Noch: Tabelle I 32

Kleine Versicherung — Gewinn-

Aus

Nr.	Sitz	Name	Zahlungen aus selbst abgeschlossenen Versicherungen: für Versicherungsfälle im Geschäftsjahre ℳ	Zahlungen aus selbst abgeschlossenen Versicherungen: für vorzeitig aufgelöste Versicherungen ℳ	Vergütungen für in Rückdeckung übernommene Versicherungen ℳ	Rückversicherungsprämien ℳ	Steuern ℳ	Verwaltungs: insgesamt ℳ	Verwaltungs dar: Abschlußprovisionen ℳ
		1	2	3	4	5	6	7	8
		Aktien							
4	Berlin	Deutschland	437 084	47 394	—	290 322	2 869	491 788	91 189
5	»	Friedrich Wilhelm	5 874 631	26 417	—	—	64 436	6 054 288	1 081 404
8	»	Prudentia	1 469 420	2 041	70 494	840 399	5 404	790 054	135 301
9	»	Victoria	[1])25 246 774	448 570	—	—	137 581	14 598 158	2 699 562
12	Dresden	Urania	341 836	5 134	—	370 654	1 201	478 948	153 910
13	Düsseldorf	Vereins V.B.[2])	308	—	1 129	202	—	123 781	597
22	Magdeburg	Wilhelma	537 589	14 094	—	—	6 600	1 015 149	258 091
23	Mannheim	Vita	120 122	49 291	5 902	263 220	3 428	487 252	105 529
24	München	Arminia	83 188	5 305	—	65 535	1 538	101 422	15 198
25	»	Bayer. V.B.	3 802	4 254	1 438	—	49	4 592	—
26	Nürnberg	Nürnberger L.V.B.	695 253	3 076	—	—	—	88 852	17 337
		Zusammen	**34 810 007**	**605 576**	**78 963**	**1 830 332**	**223 106**	**24 234 284**	**4 558 118**
		Gegenseitigkeits							
32	Halle	Iduna	1 104 890	17 489	—	—	—	1 461 714	226 036
41	Stuttgart	Allg. Deutscher V.V.	178 737	20 422	—	4 547	298	116 264	20 505
		Zusammen	**1 283 627**	**37 911**	—	**4 547**	**298**	**1 577 978**	**246 541**

Anmerkungen zu Tab. I 32: Die Zahlungen aus selbst abgeschlossenen Versicherungen, die Vergütungen für in Rückdeckung übernommene Versicherungen und die Rückversicherungsprämien sind in Tab. I 33 erläutert. — [1]) Außerdem sind den Versicherten mit den fälligen Versicherungssummen 8 855 355 ℳ bei den Änderungen der sonstigen Reserven verrechnete Gewinnanteile ausbezahlt worden. In den bisherigen Statistiken wurden die entsprechenden Beträge mit den Zahlungen aus Versicherungen nachgewiesen. — [2]) Nur für die Zeit von April bis 31. Dezember und einschl. großer Versicherung.

und Verlustrechnung für 1909

gaben

kosten darunter Inkasso-provi-sionen	Abschreibungen insgesamt	Abschreibungen darunter auf Immo-bilien	Abschreibungen darunter auf Forde-rungen	Verlust aus Kapitalanlagen Kursverlust	Verlust aus Kapitalanlagen sonstiger Verlust	Unterschied zwischen der Schadenreserve und den Zahlungen für Vers.-Fälle der Vorjahre aus selbst abgeschl. Versicherungen	Vermehrung der Prämienreserve	Vermehrung der sonstigen Reserven	Sonstige Ausgaben	Summe der Jahresausgaben	Jahresüberschuß	Nr.
ℳ	ℳ	ℳ	ℳ	ℳ	ℳ	ℳ	ℳ	ℳ	ℳ	ℳ	ℳ	
9	10	11	12	13	14	15	16	17	18	19	20	
gesellschaften												
105 551	—	—	—	133	—	—	523 167	7 695	333	1 800 785	110 341	4
1 805 126	—	—	—	—	—	—	8 774 467	68 171	18 630	20 881 040	3 472 534	5
168 633	11 917	5 082	3 399	—	—	—	—	5 804	—	3 195 533	94 285	8
7 858 375	231 191	28 055	—	10 561	10 078	—	17 125 920	2 300 977	—	60 109 810	14 109 457	9
139 039	5 250	1 790	2 038	395	—	—	375 963	8 853	—	1 588 234	47 600	12
637	477	—	—	2 155	—	—	38 120	—	20 906	187 078	43 950	13
313 779	57	—	57	—	—	—	1 526 083	4 759	—	3 104 331	437 185	22
97 700	3 806	842	2 620	201	—	216	588 259	3 453	—	1 525 150	133 460	23
25 479	901	—	500	35	—	—	142 463	20 308	—	420 695	—	24
2 104	—	—	—	—	—	—	25 563	—	—	39 698	9 046	25
14 437	445	184	261	35	—	—	52 320	594 424	—	1 434 405	48 799	26
10 530 860	**254 044**	**35 953**	**8 875**	**13 515**	**10 078**	**216**	**29 172 325**	**3 014 444**	**39 869**	**94 286 759**	**18 506 657**	
vereine												
294 133	3 589	—	3 589	—	—	—	1 373 114	31 319	—	3 992 115	619 166	32
55 505	3 486	2 854	—	474	—	—	138 237	85 772	21 727	569 964	226 716	41
349 638	**7 075**	**2 854**	**3 589**	**474**	—	—	**1 511 351**	**117 091**	**21 727**	**4 562 079**	**845 882**	

Tabelle I 33

Kleine Versicherung — Die Einnahmen aus Prämien und die Vergütung der Rückversicherer

Versicherungsunternehmung			Einnahmen						
			Prämien für			Vergütung der Rückversicherer für			
Nr.	Sitz	Name	selbst abgeschlossene Versicherungen	in Rückdeckung übernommene Versicherungen	Kriegs- und Extraprämien	Prämienreserveergänzung	eingetretene Versicherungsfälle	vorzeitig aufgelöste Versicherungen	sonstige vertragsmäßige Leistungen
			ℳ	ℳ	ℳ	ℳ	ℳ	ℳ	ℳ
1			2	3	4	5	6	7	8
									Aktien
									Volks
4	Berlin	Deutschland	1 389 742	—	[1]) 4 440	76 138	78 961	1 279	101 605
5	»	Friedrich Wilhelm	20 586 549	—	—	—	—	—	—
8	»	Prudentia	1 649 880	37 391	—	—143 399	754 991	1 021	280 556
9	»	Victoria	61 367 541	—	—	—	—	—	—
12	Dresden	Urania	1 111 963	—	—	77 528	104 670	1 711	203 981
13	Düsseldorf ...	Vereins V.B. [3])	49 061	1 087	34	106	—	—	81
22	Magdeburg ...	Wilhelma	3 178 666	—	—	—	—	—	—
23	Mannheim	Vita	1 176 515	4 688	—	140 267	4 228	3 784	159 835
24	München	Arminia	284 996	—	—	39 797	17 280	1 080	11 500
25	»	Bayer. V.B.	34 972	3 970	—	—	—	—	—
26	Nürnberg	Nürnberger L.V.B.	1 458 528	—	—	—	—	—	—
		Zusammen	**92 288 413**	**47 136**	**4 474**	**190 437**	**960 130**	**8 875**	**757 558**
									Sonstige kleine
2	Berlin	Deutsche L.V.B.			In Tabelle I 30 enthalten				
6	»	Nordstern Leben			In Tabelle I 30 enthalten				
44	»	Nordstern Unfall	207 510	49 247	—	—	—	—	—
7	»	Preußische L.V.A.G. ...			In Tabelle I 30 enthalten				
10	Bremen	Bremer L.V.B.	75 036	—	—	—	—	—	—
11	Cöln	Concordia	105	—	—	—	—	—	—
12	Dresden	Urania			In Tabelle I 30 enthalten				
14	Erfurt........	Thuringia..............	80 511	—	—	—	—	—	—
18	Leipzig	Teutonia	596 525	—	—	442	—	—	—
20	Lübeck	Deutsche L.V.G.	1 408	—	—	—	—	—	—
21	Magdeburg ...	Magdeb. L.V.G.	93 121	—	—	—	—	—	—
24	München	Arminia	485 178	—	—	41 308	29 008	2 805	In Tab. I 30 enth.
25	»	Bayer. V.B.	68 092	—	—	—	—	—	—
27	Stettin	Germania			In Tabelle I 30 enthalten				
		Zusammen	**1 607 486**	**49 247**	—	**41 750**	**29 008**	**2 805**	—

Anmerkungen zu Tab. I 33: Bei den Prämien sind die Dividenden nicht abgesetzt (Soll-Jahresprämien). — Die sonstigen Einnahmen aus vertragsmäßigen Leistungen der Rückversicherer sowie die sonstigen Ausgaben für in Rückdeckung übernommene Versicherungen sind zumeist Beiträge zu den Verwaltungskosten. —

sowie die Ausgaben für Versicherungsfälle des Geschäftsjahrs und für Rückversicherung

Ausgaben										Nr.
Versicherungsleistungen aus								Rückversicherungsprämien	Kriegs- und Extraprämien	
selbst abgeschlossenen Versicherungen			in Rückdeckung übernommenen Versicherungen							
für eingetretene Versicherungsfälle		für vorzeitig aufgelöste Versicherungen	für Prämienreserveergänzung	für eingetretene Versicherungsfälle		für vorzeitig aufgelöste Versicherungen	für sonstige vertragsmäßige Leistungen			
geleistet	zurückgestellt			geleistet	zurückgestellt					
ℳ	ℳ	ℳ	ℳ	ℳ	ℳ	ℳ	ℳ	ℳ	ℳ	
9	10	11	12	13	14	15	16	17	18	

gesellschaften

versicherung

430 539	6 545	47 394	—	—	—	—	—	289 261	²) 1 061	4
5 863 327	11 304	26 417	—	—	—	—	—	—	—	5
1 442 344	27 076	2 041	5 688	54 442	8 165	62	2 137	840 399	—	8
24 518 076	728 698	448 570	—	—	—	—	—	—	—	9
333 936	7 900	5 134	—	—	—	—	—	370 654	—	12
308	—	—	544	—	—	—	585	202	—	13
531 286	6 303	14 094	—	—	—	—	—	—	—	22
116 619	3 503	49 291	2 739	1 512	—	—	1 651	263 220	—	23
82 182	1 006	5 305	—	—	—	—	—	65 535	—	24
3 545	257	4 254	—	663	—	299	476	—	—	25
616 186	79 067	3 076	—	—	—	—	—	—	—	26
33 938 348	**871 659**	**605 576**	**8 971**	**56 617**	**8 165**	**361**	**4 849**	**1 829 271**	**1 061**	

Versicherung

In Tabelle I 30 enthalten										2
In Tabelle I 30 enthalten										6
167 798	1 831	5 415	—	135 100	5 064	4 254	82	—	—	44
In Tabelle I 30 enthalten										7
12 629	364	528	—	—	—	—	—	—	—	10
1 650	—	34	—	—	—	—	—	—	—	11
In Tabelle I 30 enthalten										12
In Tab. I 30 enthalten		3 934	—	—	—	—	—	—	—	14
In Tab. I 30 enthalten		24 045	—	—	—	—	—	620	—	18
5 010	—	103	—	—	—	—	—	—	—	20
In Tab. I 30 enthalten		4 522	—	—	—	—	—	—	—	21
In Tab. I 30 enthalten		13 886	—	—	—	—	—	87 434	—	24
In Tab. I 30 enth.	—	300	—	—	—	—	—	—	—	25
In Tabelle I 30 enthalten										27
187 087	**2 195**	**52 767**	—	**135 100**	**5 064**	**4 254**	**82**	**88 054**	—	

¹) Davon sind 4 298 ℳ Extraprämien von der Gesellschaft schätzungsweise ermittelt worden. — ²) Von der Gesellschaft schätzungsweise ermittelte Extraprämien. — ³) Nur für die Zeit von April bis 31. Dezember und einschl. großer Versicherung.

Noch: Tabelle I 33

Kleine Versicherung — Die Einnahmen aus Prämien und die Vergütung der Rückversicherer

Versicherungsunternehmung Nr.	Sitz	Name	Einnahmen: Prämien für selbst abgeschlossene Versicherungen ℳ	Prämien für in Rückdeckung übernommene Versicherungen ℳ	Kriegs- und Extraprämien ℳ	Vergütung der Rückversicherer für Prämienreserveergänzung ℳ	eingetretene Versicherungsfälle ℳ	vorzeitig aufgelöste Versicherungen ℳ	sonstige vertragsmäßige Leistungen ℳ
		1	2	3	4	5	6	7	8
			Gegenseitigkeits						
			Volks						
32	Halle	Iduna	4 035 396	—	—	—	—	—	—
41	Stuttgart	Allg. Deutscher V.V.	493 048	—	—	—	—	—	—
		Zusammen	**4 528 444**	—	—	—	—	—	—
			Sonstige kleine						
28	Braunschweig	Braunschweig. L.V.A.	4 544	—	—	—	—	—	—
45	Görlitz	Rothenburger V.A.	3 736 775	—	—	—	—	—	—
32	Halle	Iduna	21 306	—	—	—	—	—	—
34	Hannover	Hannoversche L.V.A	7 727	—	—	—	—	—	—
35	»	Preuß. Beamtenverein	190 559	—	535	—	—	—	—
38	Posen	Vesta	In Tabelle I 30 enthalten						
39	Potsdam	Deutsche L.V.	In Tabelle I 30 enthalten						
40	Schwerin	Mecklenb. L.V.B.	117 624	—	—	—	—	—	—
		Zusammen	**4 078 535**	—	**535**	—	—	—	—

Anmerkung zu Tab. I 33: Bei den Prämien sind die Dividenden nicht abgesetzt (Soll-Jahresprämien).

sowie die Ausgaben für Versicherungsfälle des Geschäftsjahrs und für Rückversicherung

Ausgaben										
Versicherungsleistungen aus								Rück-versiche-rungs-prämien	Kriegs- und Extra-prämien	Nr.
selbst abgeschlossenen Versicherungen			in Rückdeckung übernommenen Versicherungen							
für eingetretene Versicherungsfälle		für vorzeitig aufgelöste Versiche-rungen	für Prämien-reserve-ergänzung	für eingetretene Versicherungsfälle		für vorzeitig aufgelöste Versiche-rungen	für sonstige vertrags-mäßige Lei-stungen			
geleistet	zurück-gestellt			geleistet	zurück-gestellt					
ℳ	ℳ	ℳ	ℳ	ℳ	ℳ	ℳ	ℳ	ℳ	ℳ	
9	10	11	12	13	14	15	16	17	18	
vereine										
versicherung										
1 068 636	36 254	17 489	—	—	—	—	—	—	—	32
171 025	7 712	20 422	—	—	—	—	—	4 547	—	41
1 239 661	**43 966**	**37 911**	—	—	—	—	—	**4 547**	—	
Versicherung										
—	—	—	—	—	—	—	—	—	—	28
1 484 135	13 953	40 762	—	—	—	—	—	—	—	45
89 132	1 575	—	—	—	—	—	—	—	—	32
90	—	—	—	—	—	—	—	—	—	34
107 823	—	—	—	—	—	—	—	—	—	35
In Tabelle I 30 enthalten										38, 39
7 500	—	977	—	—	—	—	—	—	—	40
1 688 680	**15 528**	**41 739**	—	—	—	—	—	—	—	

Tabelle I 34

Versicherungseinrichtungen von Berufsvereinigungen

Ein

Versicherungsunternehmung			Prämien	Police-gebühren	Ertrag und Gewinn	
Nr.	Sitz	Name			Zinsen	Mieten
			M	M	M	M
		1	2	3	4	5
46	Berlin	A. D. Pens.A. f. Lehrerinnen	513 387	1 420	432 133	—
47	»	Beamten V.V. d. D. Bank- u. Bankiergew.[2])	592 576	50 010	8 081	—
48	»	Hinterbl.V.A. Beamten-Vereine .	423 120	739	103 115	—
49	»	Sterbekasse u. V.A. d. D. Kriegerbundes	1 020 831	1 219	178 564	—
50	»	Sterbekasse D. Lehrer	1 321 482	6 530	244 965	29 462
51	Cöln	Ecclesia [3])	63 363	—	1 291	—
52	Darmstadt ..	Sterbekasse D. Gastwirte	324 852	708	75 253	—
53	Düsseldorf ..	Sterbekasse D. Werkmeister	1 429 218	14 665	352 338	—
54	Hamburg ...	Hinterbl.K. d Handl.Commis 1858	430 439	1 633	62 187	—
55	» ...	Pens.K. d. Handl.Commis 1858 .	774 073	2 018	534 581	—
56	Leipzig	Alt. u. Inv.K. D. Handl.Geh. ...	154 740	—	54 083	—
57	»	Witw. u. Wais.K. D. Handl.Geh.	89 310	—	48 419	—
58	Magdeburg ..	Begräbnis K. Privatbeamten V...	156 681	561	38 572	—
59	» ..	Pens.K. Privatbeamten V.	1 136 652	9 792	435 337	—
60	» ..	Witw.K. Privatbeamten V.	380 399	1 605	115 069	—
61	München ...	Lebensvers. f. D. Forstbeamte ..	444 204	2 046	117 620	5 663
62	» ...	Pens.A. D. Journalisten	116 900	1 457	71 558	—
63	Viersen	Sterbekasse D. Militäranwärter ..	172 113	2 785	18 637	1 800
		Zusammen	**9 544 340**	**97 188**	**2 891 803**	**36 925**

Anmerkungen zu Tab. I 34: Die Gewinn- und Verlustrechnung bezieht sich nur auf den Jahresbetrieb. Die Überträge sind ausgeschieden oder, wo nötig, mit dem Unterschiede zwischen dem Bestande zu Anfang und zu Ende des Geschäftsjahrs eingestellt. — Die Prämien und die Vergütungen der Rückversicherer sind in Tab. I 35 erläutert. —

— Gewinn- und Verlustrechnung für 1909

nahmen

aus Kapitalanlagen		Vergütungen der Rückversicherer	Unterschied zwischen der Schadenreserve und den Zahlungen für Vers.-Fälle der Vorjahre aus selbst abgeschl. Versicherungen	Verminderung der		Sonstige Einnahmen	Summe der Jahreseinnahmen	Verlust des Geschäftsjahrs	Nr.
Kursgewinn	sonstiger Gewinn			Prämienreserve	sonstigen Reserven				
ℳ	ℳ	ℳ	ℳ	ℳ	ℳ	ℳ	ℳ	ℳ	
6	7	8	9	10	11	12	13	14	
—	—	—	—	—	—	8 660	955 600	¹) 126 879	46
—	2 853	—	—	—	—	83 886	737 406	—	47
69	2 295	—	—	—	8 863	1 060	539 261	—	48
4 301	5 220	1 919	—	—	—	8	1 212 062	—	49
—	16 720	—	—	—	2 200	11 343	1 632 702	—	50
—	—	13 901	—	—	—	—	78 555	—	51
—	—	—	—	—	—	—	400 813	—	52
—	10 910	—	200	—	—	2 012	1 809 343	—	53
—	—	193 132	—	—	—	50	687 441	—	54
—	—	—	—	—	—	5 718	1 316 390	—	55
919	240	—	—	—	—	469	210 451	⁴) 6 314	56
788	330	—	—	—	—	727	139 574	—	57
—	—	—	—	—	—	129	195 943	—	58
13	—	—	—	—	—	27 212	1 609 006	—	59
93	—	—	—	—	—	5 108	502 274	—	60
4 294	650	—	—	—	—	—	574 477	—	61
331	—	—	—	—	—	34 339	224 585	—	62
—	668	—	—	—	155	65	196 223	—	63
10 808	**39 886**	**208 952**	**200**	—	**11 218**	**180 786**	**13 022 106**	**133 193**	

¹) Der Verlust des Vorjahrs (53 272 ℳ) ist aus dem Reserve- und Stiftungsfonds gedeckt worden. — ²) Geschäftsbeginn am 11. Juli 1909. — ³) Geschäftsbeginn am 1. Juli 1909. — ⁴) Dieser Verlust ist aus dem Stiftungsfonds gedeckt worden.

Noch: Tabelle I 34

Versicherungseinrichtungen von Berufsvereinigungen

Aus

Versicherungsunternehmung			Zahlungen aus selbst abgeschlossenen Versicherungen		Vergütungen für in Rückdeckung übernommene Versicherungen	Rückversicherungsprämien	Steuern	Verwaltungs	
									dar
Nr.	Sitz	Name	für Versicherungsfälle im Geschäftsjahre ℳ	für vorzeitig aufgelöste Versicherungen ℳ	ℳ	ℳ	ℳ	insgesamt ℳ	Abschlußprovisionen ℳ
		1	2	3	4	5	6	7	8
46	Berlin	A. D. Pens.A. f. Lehrerinnen	455 321	20 939	—	—	—	17 325	—
47	»	Beamten V.V. d. D. Bank- u. Bankiergew.[1])	—	—	—	—	—	25 347	—
48	»	Hinterbl.V.A. Beamten-Vereine .	97 566	4 063	—	—	21	27 493	—
49	»	Sterbekasse u. V.A. d. D. Kriegerbundes	322 952	4 163	—	2 618	—	226 355	28 581
50	»	Sterbekasse D. Lehrer	205 425	17 357	—	—	1 448	231 312	34 427
51	Cöln	Ecclesia [3])	—	—	—	15 822	—	2 409	—
52	Darmstadt ..	Sterbekasse D. Gastwirte	217 413	9 741	—	—	—	40 529	2 367
53	Düsseldorf ..	Sterbekasse D. Werkmeister	734 470	287	—	—	—	38 859	—
54	Hamburg ...	Hinterbl.K. d. Handl.Commis 1858	67 235	11 160	—	168 046	—	25 745	—
55	» ...	Pens.K. d. Handl.Commis 1858 .	272 529	25 259	—	—	—	63 414	—
56	Leipzig	Alt. u. Inv.K. D. Handl.Geh. ...	15 393	2 800	—	—	—	—	—
57	»	Witw. u. Wais.K. D. Handl.Geh.	27 143	800	—	—	—	—	—
58	Magdeburg ..	Begräbnis K.Privatbeamten V. ..	62 300	3 107	—	—	—	13 128	—
59	» ..	Pens.K. Privatbeamten V.	192 546	—	—	—	—	80 518	—
60	» ..	Witw.K. Privatbeamten V.	74 057	—	—	—	—	24 938	—
61	München ...	Lebensvers. f. D. Forstbeamte ..	182 851	4 035	—	—	—	24 792	—
62	» ...	Pens.A. D. Journalisten	33 993	1 573	—	—	—	20 735	—
63	Viersen	Sterbekasse D. Militäranwärter ..	31 113	488	—	—	—	16 689	—
		Zusammen	**2 992 307**	**105 772**	—	**186 486**	**1 469**	**879 588**	**65 375**

Anmerkungen zu Tab. I 34: Die Zahlungen für Versicherungsfälle sind in Tab. I 35 erläutert. — [1]) Geschäftsbeginn am 11. Juli 1909. — [2]) Geschäftsbeginn am 1. Juli 1909. — [3]) Nach Maßgabe der neuen Rechnungsgrundlagen.

— Gewinn- und Verlustrechnung für 1909

gaben

kosten	Abschreibungen			Verlust aus Kapitalanlagen		Unterschied zwischen der Schadenreserve und den Zahlungen für Vers.-Fälle der Vorjahre aus selbst abgeschl. Versicherungen	Vermehrung der		Sonstige Ausgaben	Summe der Jahresausgaben	Jahresüberschuß	Nr.
unter		darunter										
Inkasso-provisionen	insgesamt	auf Immobilien	auf Forderungen	Kursverlust	sonstiger Verlust		Prämienreserve	sonstigen Reserven				
ℳ	ℳ	ℳ	ℳ	ℳ	ℳ	ℳ	ℳ	ℳ	ℳ	ℳ	ℳ	
9	10	11	12	13	14	15	16	17	18	19	20	
—	—	—	—	5 503	—	—	418 698	151 850	12 843	1 082 479	—	46
—	4 311	—	—	—	—	—	543 564	133 896	20 966	728 084	9 322	47
—	2 778	—	680	369	—	—	266 173	—	3 967	402 430	136 831	48
54 397	22 748	—	10 035	492	—	—	418 479	13 117	11 392	1 022 316	189 746	49
14 088	5 144	3 421	—	—	—	—	755 164	—	28 653	1 244 503	388 199	50
—	1 000	—	—	286	—	—	52 391	—	1 500	73 408	5 147	51
8 860	506	—	—	224	—	—	92 597	1 219	—	362 229	38 584	52
—	55	—	—	9 672	—	—	[2]) 709 208	72 010	4 183	1 568 744	240 599	53
—	—	—	—	840	—	—	334 371	6 545	23 391	637 333	50 108	54
—	—	—	—	1 500	—	—	819 226	17 680	—	1 199 608	116 782	55
—	—	—	—	3 564	—	—	188 641	6 367	—	216 765	—	56
—	—	—	—	1 945	—	—	84 719	7 319	—	121 926	17 648	57
—	439	—	439	—	—	—	56 230	297	—	135 501	60 442	58
—	4 261	—	4 261	288	—	—	980 030	83 513	4 297	1 345 453	263 553	59
—	2 501	—	2 501	288	—	—	282 960	35 603	75	420 422	81 852	60
2 185	626	—	—	6 133	—	—	248 594	—	—	467 031	107 446	61
—	585	—	—	154	—	—	142 816	16 791	3 807	220 454	4 131	62
4 015	4 935	3 096	—	400	—	—	82 116	—	—	135 741	60 482	63
83 545	**49 889**	**6 517**	**17 916**	**31 658**	—	—	**6 475 977**	**546 207**	**115 074**	**11 884 427**	**1 770 872**	

Tabelle I 35

Versicherungseinrichtungen
Die Einnahmen aus Prämien und die Vergütung der Rückversicherer sowie die

Versicherungsunternehmung			Einnahmen			
					Vergütung der	
Nr.	Sitz	Name	Prämien ℳ	Kriegs- und Extraprämien ℳ	Prämienreserveergänzung ℳ	eingetretene Versicherungsfälle ℳ
		1	2	3	4	5
46	Berlin	A. D. Pens.A. f. Lehrerinnen	513 387	—	—	—
47	»	Beamten V.V. d. D. Bank- u. Bankiergew.[1])	592 576	—	—	—
48	»	Hinterbl.V.A. Beamten-Vereine ..	423 120	—	—	—
49	»	Sterbekasse u. V.A. d. D. Kriegerbundes	1 020 831	—	1 919	—
50	»	Sterbekasse D. Lehrer.........	1 321 482	—	—	—
51	Cöln	Ecclesia[2])	63 326	37	13 901	—
52	Darmstadt ..	Sterbekasse D. Gastwirte	324 852	—	—	—
53	Düsseldorf ..	Sterbekasse D. Werkmeister	1 429 218	—	—	—
54	Hamburg ...	Hinterbl.K. d. Handl.Commis 1858	430 439	—	118 120	44 750
55	» ...	Pens.K. d. Handl.Commis 1858 .	774 073	—	—	—
56	Leipzig	Alt. u. Inv.K. D. Handl.Geh. ...	154 740	—	—	—
57	»	Witw. u. Wais.K. D. Handl.Geh.	89 310	—	—	—
58	Magdeburg ..	Begräbnis K. Privatbeamten V...	156 681	—	—	—
59	» ..	Pens.K. Privatbeamten V.	1 136 652	—	—	—
60	» ..	Witw.K. Privatbeamten V......	380 399	—	—	—
61	München ...	Lebensvers. f. D. Forstbeamte ..	444 204	—	—	—
62	» ...	Pens.A. D. Journalisten	116 900	—	—	—
63	Viersen	Sterbekasse D. Militäranwärter ..	172 113	—	—	—
		Zusammen	**9 544 303**	**37**	**133 940**	**44 750**

Anmerkungen zu Tab. I 35: Von den Prämien sind die Dividenden nicht abgesetzt (Soll-Jahresprämien). — [1]) Geschäftsbeginn am 11. Juli 1909. — [2]) Geschäftsbeginn am 1. Juli 1909.

von Berufsvereinigungen
Ausgaben für Versicherungsfälle des Geschäfsjahrs und für Rückversicherung

Rückversicherer für		Ausgaben					Nr.
		Versicherungsleistungen					
		für eingetretene Versicherungsfälle			Rück-versicherungs-prämien	Kriegs- und Extraprämien	
vorzeitig aufgelöste Versicherungen	sonstige vertragsmäßige Leistungen	geleistet	zurückgestellt	für vorzeitig aufgelöste Versicherungen			
ℳ	ℳ	ℳ	ℳ	ℳ	ℳ	ℳ	
6	7	8	9	10	11	12	
—	—	453 848	1 473	20 939	—	—	46
—	—	—	—	—	—	—	47
—	—	84 107	13 459	4 063	—	—	48
—	—	320 244	2 708	4 163	2 618	—	49
—	—	199 875	5 550	17 357	—	—	50
—	—	—	—	—	15 822	—	51
—	—	208 172	9 241	9 741	—	—	52
—	—	720 775	13 695	287	—	—	53
5 911	24 351	57 735	9 500	11 160	168 046	—	54
—	—	262 681	9 848	25 259	—	—	55
—	—	15 090	303	2 800	—	—	56
—	—	25 695	1 448	800	—	—	57
—	—	61 800	500	3 107	—	—	58
—	—	192 003	543	—	—	—	59
—	—	73 827	230	—	—	—	60
—	—	180 888	1 963	4 035	—	—	61
—	—	33 993	—	1 573	—	—	62
—	—	31 113	—	488	—	—	63
5 911	**24 351**	**2 921 846**	**70 461**	**105 772**	**186 486**	—	

Tabelle I 36

Große und kleine Versicherung — Ausländische im
Gewinn- und Verlust
Ein

Versicherungsunternehmung			Prämien	Police-gebühren	Ertrag und Gewinn	
Nr.	Sitz	Name			Zinsen	Mieten
			ℳ	ℳ	ℳ	ℳ
	1		2	3	4	5
64	Amerika	Equitable	225 624 950	—	83 378 511	6 467 343
65	»	Germania	21 704 070	9 720	7 454 143	368 388
66	»	Mutual	224 593 458	16 978	98 284 181	7 065 590
67	»	New York	333 170 140	141 080	102 626 291	2 491 349
68	Dänemark	Hafnia	5 565 359	16 759	1 797 498	9 813
69	England	General Life Ass. C.	3 998 889	—	1 416 500	69 075
70	»	Northern Ass. C.	7 858 722	—	3 553 921	115 349
71	Frankreich	Le Conservateur	10 846 380	[1]) 1 035 290	3 430 374	—
72	»	Le Phénix	38 795 103	30 442	9 805 830	2 490 132
73	Niederlande	Kosmos	6 351 317	7 258	1 662 687	154 097
74	»	Niederländische L.V.G.	11 553 494	4 806	3 098 690	511 113
75	Österr.-Ungarn	Allianz	4 536 405	76 102	478 155	88 041
76	»	Anker	19 939 915	45 708	6 104 874	189 348
77	»	Assic. Generali	38 639 122	679 010	10 004 467	1 230 045
78	»	Gisela-Verein	8 741 626	116 776	2 685 808	26 292
79	»	Janus	3 980 769	14 882	1 272 293	79 872
80	»	Österr. Phönix	7 382 984	119 319	1 423 391	303 347
81	»	Wiener Leb. u. Rent.V.A.	4 805 675	14 635	1 258 319	182 213
82	Schweiz	Basler L.V.G.	12 438 754	32 308	3 162 904	163 995
83	»	La Genevoise	2 747 940	733	811 428	111 605
84	»	Schweizerische L.V. u. R.A.	10 705 158	10 042	3 213 002	100 548

Anmerkungen zu Tab. I 36: Die Gewinn- und Verlustrechnung bezieht sich nur auf den Jahresbetrieb. Die Überträge sind ausgeschieden oder, wo nötig, mit dem Unterschiede zwischen dem Bestande zu Anfang und zu Ende des Geschäftsjahrs eingestellt. — [1]) Verwaltungsgebühren.

Deutschen Reiche arbeitende Gesellschaften — Gesamtgeschäft
rechnung für 1909
nahmen

aus Kapitalanlagen		Vergütungen der Rückversicherer	Unterschied zwischen der Schadenreserve und den Zahlungen für Vers.-Fälle der Vorjahre aus selbst abgeschl. Versicherungen	Verminderung der		Sonstige Einnahmen	Summe der Jahreseinnahmen	Verlust des Geschäftsjahrs	Nr.
Kursgewinn	sonstiger Gewinn			Prämienreserve	sonstigen Reserven				
ℳ	ℳ	ℳ	ℳ	ℳ	ℳ	ℳ	ℳ	ℳ	
6	7	8	9	10	11	12	13	14	
15 412 380	303 213	2 166 968	—	—	—	1 893 868	335 247 233	—	64
661 895	3 430 177	33 453	22 705	—	—	12 739	33 697 290	—	65
28 463 771	4 128 581	—	670 726	—	—	4 502 614	367 725 899	—	66
—	11 946 662	—2 940 161	—	—	—	1 495 259	448 930 620	—	67
39 001	140 625	262 630	—	—	—	7 626	7 839 311	—	68
22 677	15 825	216 720	101 615	14 413	—	1 277	5 856 991	—	69
—	—	165 926	—	—	1 903	—	11 695 821	—	70
1 870 936	—	—	—	—	38 463	—	17 221 443	—	71
—	—	2 437 947	—	—	—	46 351	53 605 805	—	72
67 082	4 869	274 244	8 638	—	—	226	8 530 418	—	73
284 889	996	27 010	—	—	—	152 273	15 633 271	—	74
5 619	—	4 800	—	—	—	37 376	5 226 498	—	75
555 663	893	933 645	195 169	—	—	763 971	28 729 186	—	76
1 780 155	—	2 502 084	154 639	—	—	19 456	55 008 978	—	77
17 087	73 447	14 539	—	—	—	8 320	11 683 895	—	78
9 325	79 295	49 522	9 329	—	—	161 461	5 656 748	—	79
154 665	18 586	4 137 548	33 724	—	—	3 853	13 577 417	—	80
114 826	—	356 380	11 477	—	—	110 391	6 853 916	—	81
34 609	19 948	1 078 508	3 961	—	—	3 949 666	20 884 653	—	82
24 131	—	630 574	—	—	—	96 294	4 422 705	—	83
44 025	31 736	690 040	5 004	—	—	1 584 144	16 383 699	—	84

Noch: Tabelle I 36

Große und kleine Versicherung — Ausländische im Gewinn- und Verlust Aus

Versicherungsunternehmung			Zahlungen aus selbst abgeschlossenen Versicherungen		Vergütungen für in Rückdeckung übernommene Versicherungen	Rückversicherungsprämien	Steuern
Nr.	Sitz	Name	für Versicherungsfälle im Geschäftsjahre ℳ	für vorzeitig aufgelöste Versicherungen ℳ	ℳ	ℳ	ℳ
	1		2	3	4	5	6
64	Amerika	Equitable	119 160 438	61 210 433	—	1 741 997	5 107 485
65	»	Germania	12 812 582	2 555 009	—	43 273	213 786
66	»	Mutual	137 274 693	51 215 363	—	473 758	4 657 356
67	»	New York	134 813 999	57 734 936	—	494 378	4 396 585
68	Dänemark	Hafnia	1 810 949	592 353	103 544	410 261	22 736
69	England	General Life Ass. C.	3 486 209	195 243	980 675	174 228	14 208
70	»	Northern Ass. C.	6 961 750	539 829	—	313 737	208 320
71	Frankreich	Le Conservateur	9 535 003	—	—	—	6 696
72	»	Le Phénix	32 650 251	2 892 872	—	1 476 123	142 359
73	Niederlande	Kosmos	3 528 131	525 222	202 558	322 487	9 044
74	»	Niederländische L.V.G.	7 453 591	843 712	416 137	117 945	30 651
75	Österr.-Ungarn	Allianz	1 252 751	119 044	38 446	47 277	21 796
76	»	Anker	13 986 018	792 144	853 441	1 956 933	215 663
77	»	Assic. Generali	16 118 689	3 521 518	743 633	2 630 164	968 851
78	»	Gisela-Verein	5 145 204	215 224	—	36 692	114 870
79	»	Janus	2 148 907	411 578	37 377	52 316	55 165
80	»	Österr. Phönix	4 432 932	502 203	723 522	3 953 658	125 560
81	»	Wiener Leb. u. Rent.V.A.	2 392 823	413 866	335 825	717 293	44 149
82	Schweiz	Basler L.V.G	6 017 150	313 504	80 772	1 111 255	38 486
83	»	La Genevoise	1 791 528	83 700	—	599 723	9 646
84	»	Schweizerische L.V. u. R.A.	5 927 064	342 527	—	1 327 704	59 446

utschen Reiche arbeitende Gesellschaften — Gesamtgeschäft
:hnung für 1909
: b e n

Verwaltungskosten			Abschreibungen			Verlust aus Kapitalanlagen		Unterschied zwischen der Schadenreserve und den Zahlungen für Vers.-Fälle der Vorjahre aus selbst abgeschl. Versicherungen	Nr.
	darunter			darunter					
ıısgesamt	Abschluß-provisionen	Inkasso-provisionen	ins-gesamt	auf Immobilien	auf Forderungen	Kurs-verlust	sonstiger Verlust		
ℳ	ℳ	ℳ	ℳ	ℳ	ℳ	ℳ	ℳ	ℳ	
7	8	9	10	11	12	13	14	15	
40 983 392	21 072 156		254 987	64 058	190 929	1 544 148	18 544	—	64
4 289 106	804 102	861 847	61 555	—	61 555	780 480	7 162	—	65
32 423 343	6 480 088	3 988 766	5 125 707	2 917 314	55 872	27 590	372 083	—	66
39 562 417	11 581 831	4 669 630	—	—	—	416 232	—	—	67
1 375 257	405 825	116 083	252 639	140 625	112 014	7 926	—	—	68
713 632	100 506	175 921	276	—	276	89 288	39 239	—	69
636 220	281 116		—	—	—	—	—	—	70
923 740	572 676	—	—	—	—	33 210	—	—	71
5 222 518	3 055 245	356 258	—	—	—	—	—	—	72
891 298	187 480	163 191	1 221	98	1 123	21 413	—	—	73
2 129 643	379 098	185 626	13 582	12 488	1 094	142 570	140 546	—	74
1 631 005	509 478	451 891	24 389	6 800	15 906	3 674	—	—	75
3 116 603	1 474 802	222 543	21 436	—	19 448	72 783	10	—	76
6 292 051	2 915 974	745 829	1 551	—	1 551	268 259	—	—	77
1 357 740	514 484	153 149	26 473	—	17 870	49 143	2 993	—	78
1 142 398	400 055	93 207	54 540	19 248	17 257	428	—	—	79
1 123 756	552 715	113 672	33 264	—	23 886	9 073	—	—	80
757 128	361 533	93 132	6 983	—	6 983	12 181	295	—	81
1 702 467	634 457	275 348	23 359	16 500	4 038	48 218	—	—	82
275 733	105 247	24 203	—	—	—	4 329	—	—	83
981 633	358 700	100 235	5 131	—	—	25 878	30 724	—	84

Noch: Tabelle I 36

Große und kleine Versicherung — Ausländische im Deutschen Reiche arbeitende Gesellschaften
Gesamtgeschäft — Gewinn- und Verlustrechnung für 1909

Ausgaben

Versicherungsunternehmung			Vermehrung der		Sonstige Ausgaben	Summe der Jahresausgaben	Jahresüberschuß
Nr.	Sitz	Name	Prämienreserve	sonstigen Reserven			
			M	M	M	M	M
	1		16	17	18	19	20
64	Amerika	Equitable	37 482 215	1 068 166	885 289	269 457 094	65 790 13
65	»	Germania	8 674 702	467 202	100 840	30 005 697	3 691 59
66	»	Mutual	51 475 970	626 930	1 850 894	285 523 687	82 202 21
67	»	New York	143 898 995	2 192 547	1 035 350	384 545 439	64 385 18
68	Dänemark	Hafnia	2 530 256	38 481	8 719	7 153 121	686 19
69	England	General Life Ass. C.	—	63 993	100 000	5 856 991	—
70	»	Northern Ass. C.	3 035 965	—	—	11 695 821	—
71	Frankreich	Le Conservateur	6 404 498	—	—	16 903 147	318 29
72	»	Le Phénix	8 214 340	377 765	—	50 976 228	2 629 57
73	Niederlande	Kosmos	2 585 479	158 122	4 762	8 249 737	280 68
74	»	Niederländische L.V.G.	3 986 817	31 052	—	15 306 246	327 02
75	Österr.-Ungarn	Allianz	1 776 685	123 449	—	5 038 516	187 08
76	»	Anker	4 812 798	1 325 028	674 299	27 827 156	902 03
77	»	Assic. Generali	18 951 947	1 490 872	—	50 987 535	4 021 44
78	»	Gisela-Verein	4 169 680	17 062	26 463	11 161 544	522 35
79	»	Janus	1 392 205	55 438	14 310	5 364 662	292 08
80	»	Österr. Phönix	2 288 287	122 967	107 050	13 422 272	155 14
81	»	Wiener Leb. u. Rent.V.A.	1 451 119	233 487	141 364	6 506 513	347 40
82	Schweiz	Basler L.V.G.	5 720 820	83 886	4 022 700	19 162 617	1 722 03
83	»	La Genevoise	1 371 558	3 534	18 000	4 157 751	264 95
84	»	Schweizerische L.V. u. R.A.	3 687 261	1 234 515	404 252	14 026 135	2 357 56

ıbelle I 37

Deutsches Geschäft ausländischer Gesellschaften

Die Einnahmen aus Prämien und die Vergütung der Rückversicherer sowie die Ausgaben für Versicherungsfälle des Geschäftsjahrs und für Rückversicherung

Nr.	Versicherungsunternehmung: Sitz	Name	Einnahmen: Prämien für: selbst abgeschlossene Versicherungen ℳ	in Rückdeckung übernommene Versicherungen ℳ	Kriegs- und Extraprämien ℳ	Vergütung der Rückversicherer für: Prämienreserveergänzung ℳ	eingetretene Versicherungsfälle ℳ	vorzeitig aufgelöste Versicherungen ℳ	sonstige vertragsmäßige Leistungen ℳ
		1	2	3	4	5	6	7	8
			Große Versicherung						
64	Amerika	Equitable	1 770 161	—	—	—	—	—	Für das deutsche Geschäft nicht anzugeben (Nr. 64–74)
65	»	Germania	6 838 661	12 040	—	25 291	—	—	
66	»	Mutual	1 878 520	—	3 151	—	—	—	
67	»	New York	11 175 582	—	270 349	50 599	—	—	
68	Dänemark	Hafnia	264 272	—	1 284	—	—	939	
69	England	General Life Ass. C.	45 359	—	835	9 312	—	—	
70	»	Northern Ass. C.	167 854	—	3 962	—	—	—	
71	Frankreich	Le Conservateur	935 173	—	—	—	—	—	
72	»	Le Phénix	105 482	—	—	—	—	—	
73	Niederlande ..	Kosmos	3 313 134	68 751	5 483	51 413	125 751	5 030	
74	» ..	Niederländische L.V.G. ...	962 247	—	—	—	—	—	
75	Österr.-Ungarn	Allianz	82 359	—	—	—	—	—	—
76	»	Anker	1 981 434	514 661	—	—	66 877	1 702	Wie oben
77	»	Assic. Generali	1 279 643	86 097	—	35 790	—	16 947	6 426
78	»	Gisela-Verein	2 929 441	—	—	—	—	—	1 074
79	»	Janus	936 705	4 949	131	4 511	—	—	Wie oben (Nr. 79–80)
80	»	Österr. Phönix	959 414	108 151	—	269 015	188 479	14 826	
81	»	Wiener Leb. u. Rent.V.A.	306 492	15 185	—	9 533	45 436	6 307	3 627
82	Schweiz	Basler L.V.G.	4 228 814	5 419	3 929	120 714	235 000	8 458	Wie oben (Nr. 82–84)
83	»	La Genevoise	95 103	—	—	10 083	4 000	1 371	
84	»	Schweizerische L.V. u. R.A.	1 345 597	—	—	26 551	135 654	—	
		Zusammen	**41 601 447**	**815 258**	**289 124**	**612 812**	**801 197**	**55 580**	***11 127***
			Kleine Versicherung						
73	Niederlande ..	Kosmos	29 298	—	—	—	—	—	Wie oben
75	Österr.-Ungarn	Allianz	91 230	—	—	—	—	—	—
77	»	Assic. Generali	1 061	—	—	—	—	—	Wie oben (Nr. 77–82)
82	Schweiz	Basler L.V.G.	164 818	—	—	—	—	—	
		Zusammen	**286 407**	—	—	—	—	—	—

Noch: Tabelle I 37

Deutsches Geschäft aus

Die Einnahmen aus Prämien und die Vergütung der Rückversicherer sowie die

Versicherungsunternehmung			A us — Versicherungs — selbst abgeschlossenen Versicherungen		
			für eingetretene Versicherungsfälle		für vorzeitig aufgelöste Versicherungen
Nr.	Sitz	Name	geleistet ℳ	zurückgestellt ℳ	ℳ
		1	9	10	11
		Große			
64	Amerika	Equitable	[1] 4 461 954	[1] 638 480	40 452
65	»	Germania	[1] 5 070 952	[1] 106 740	658 443
66	»	Mutual	[1] 2 774 139	—	823 173
67	»	New York	[1] 6 020 967	[1] 318 422	788 979
68	Dänemark	Hafnia	29 888	792	4 769
69	England	General Life Ass. C.	—	—	610
70	»	Northern Ass. C.	[1] 470 877	[1] 55 036	2 477
71	Frankreich	Le Conservateur	[1] 873 348	—	—
72	»	Le Phénix	[1] 161 308	[1] 26 923	14 719
73	Niederlande	Kosmos	[1] 1 899 028	[1] 100 612	343 565
74	»	Niederländische L.V.G.	228 931	22 107	101 470
75	Österr.-Ungarn	Allianz	15 338	—	3 549
76	»	Anker	[1] 2 455 536	[1] 2 641	10 148
77	»	Assic. Generali	657 058	30 942	170 010
78	»	Gisela-Verein	506 483	6 298	53 003
79	»	Janus	[1] 316 098	[1] 15 032	73 042
80	»	Österr. Phönix	[1] 335 801	[1] 10 838	27 789
81	»	Wiener Leb. u. Rent.V.A.	124 486	—	24 722
82	Schweiz	Basler L.V.G.	2 536 666	80 220	130 241
83	»	La Genevoise	[1] 71 610	—	11 181
84	»	Schweizerische L.V. u. R.A.	[1] 1 201 819	[1] 16 445	73 739
		Zusammen	**30 212 287**	**1 431 528**	**3 356 081**
		Klein			
73	Niederlande	Kosmos	[1] 22 792	[1] 1 200	1 645
75	Österr.-Ungarn	Allianz	13 740	—	1 984
77	»	Assic. Generali	[1] 3 420	[1] 510	100
82	Schweiz	Basler L.V.G.	26 554	1 120	9 612
		Zusammen	**66 506**	**2 830**	**13 341**

Anmerkung zu Tab. I 37: [1]) Einschl. der Fälle aus den Vorjahren.

ländischer Gesellschaften
Ausgaben für Versicherungsfälle des Geschäftsjahrs und für Rückversicherung

gaben

leistungen aus

in Rückdeckung übernommenen Versicherungen: für Prämienreserveergänzung ℳ	für eingetretene Versicherungsfälle: geleistet ℳ	für eingetretene Versicherungsfälle: zurückgestellt ℳ	für vorzeitig aufgelöste Versicherungen ℳ	für sonstige vertragsmäßige Leistungen ℳ	Rückversicherungsprämien ℳ	Kriegs- und Extraprämien ℳ	Nr.
12	13	14	15	16	17	18	
Versicherung							
—	—	—	—	Für das deutsche Geschäft nicht anzugeben	—	—	64
1 667	1 500	—	—		31 984	—	65
—	—	—	—		—	—	66
—	—	—	—		75 289	3 271	67
—	—	—	—		6 127	—	68
—	—	—	—		2 780	100	69
—	—	—	—		14 001	422	70
—	—	—	—		—	—	71
—	—	—	—		1 631	—	72
31 215	51 259	—	1 074		138 913	312	73
—	—	—	—		15 190	—	74
—	—	—	—	—	—	—	75
—	100 694	10 000	7 005	Wie oben	227 303	—	76
—	81 400	9 900	6 305	8 832	76 721	—	77
—	—	—	—	—	6 192	—	78
2 167	6 018	—	—	Wie oben	6 198	—	79
—	11 250	—	84		498 465	—	80
1 090	3 750	—	442	1 609	54 511	—	81
690	—	—	—	Wie oben	343 055	245	82
—	—	—	—		12 918	—	83
—	—	—	—		76 088	—	84
32 495	**255 871**	**19 900**	**14 910**	*10 441*	**1 587 366**	**4 350**	
Versicherung							
—	—	—	—	Wie oben	—	—	73
—	—	—	—	—	—	—	75
—	—	—	—	Wie oben	—	—	77
—	—	—	—		—	—	82
—	—	—	—	—	—	—	

Tabelle I 38

Deutsche Gesellschaften — Bilanz

A k

Nr.	Versicherungsunternehmung: Sitz	Versicherungsunternehmung: Name	Verpflichtungen der Aktionäre ℳ	Kapitalanlagen ℳ	Forderungen ℳ
	1		2	3	4
					Aktien
1	Berlin	Berlinische L.V.G.	2 400 000	101 891 876	3 769 336
2	»	Deutsche L.V.B.	2 250 000	34 697 327	2 028 415
3	»	Deutscher Anker	6 000 000	11 111 064	2 329 674
4	»	Deutschland	5 250 000	29 372 712	3 443 260
5	»	Friedrich Wilhelm	4 491 000	144 017 750	9 107 774
6	»	Nordstern Leben	5 341 500	165 047 346	7 467 203
44	»	Nordstern Unfall	Bei Gruppe II (Tabelle II 6) enthalten		
7	»	Preußische L.V.A.G.	2 400 000	61 461 885	4 762 557
8	»	Prudentia	2 250 000	9 569 382	1 357 872
9	»	Victoria	1 800 000	708 422 545	39 484 001
10	Bremen	Bremer L.V.B.	2 250 000	33 720 492	1 985 757
11	Cöln	Concordia	24 000 000	124 114 492	5 710 141
12	Dresden	Urania	2 245 500	5 606 734	1 231 080
13	Düsseldorf	Vereins V.B.	—	3 423 152	434 626
14	Erfurt	Thuringia	Bei Gruppe IV (Tabelle IV 19) enthalten		
15	Frankfurt	Frankfurter L.V.G.	4 628 580	43 741 391	2 251 412
16	»	Providentia	15 428 571	44 266 497	2 068 500
17	Hamburg	Janus	2 475 000	60 849 508	4 654 292
18	Leipzig	Teutonia	1 350 000	101 115 135	5 220 252
19	Ludwigshafen	Atlas	7 500 000	14 476 056	1 504 610
20	Lübeck	Deutsche L.V.G.	1 377 000	83 603 327	4 072 184
21	Magdeburg	Magdeb. L.V.G.	4 800 000	95 186 387	4 380 539
22	»	Wilhelma	—	95 166 076	2 353 896
23	Mannheim	Vita	2 250 000	6 347 734	673 402
24	München	Arminia	3 750 000	38 067 040	3 423 207
25	»	Bayer. V.B.	7 500 000	103 779 700	7 676 478
26	Nürnberg	Nürnberger L.V.B.	2 400 000	9 536 567	1 071 424
27	Stettin	Germania	7 200 000	349 444 902	15 200 143
		Zusammen	**121 337 151**	**2 478 037 077**	**137 662 035**

Anmerkungen zu Tab. I 38: Die Kapitalanlagen und die Forderungen sind in Tab. I 39 erläutert. — [1]) Darunter 2 178 000 ℳ »Revenuen-Darlehen«. — [2]) Darunter 378 644 ℳ durch Hypotheken und Wertpapiere sichergestellte Anteile der Rückversicherer an der Prämienreserve von Versicherungen, welche vor dem Inkrafttreten des Versicherungsaufsichtsgesetzes abgeschlossen wurden. —

den Schluß des Jahres 1909

v a

Kassenbestand M 5	Inventar und Drucksachen M 6	Kautionsdarlehen an Beamte M 7	Sonstige Aktiva M 8	Verlust M 9	Summe M 10	Nr.
sellschaften						
305 311	—	—	6 562	—	108 373 085	1
104 455	26 850	—	—	—	39 107 047	2
28 440	17 380	—	66 394	—	19 552 952	3
190 674	33 000	—	66 723	—	38 356 369	4
289 276	1	—	56 849	—	157 962 650	5
864 922	66 904	17 780 [1])	2 337 628	—	181 143 283	6
Bei Gruppe II (Tabelle II 6) enthalten						44
48 908	19 000	13 560	93 486	—	68 799 396	7
12 306	10 000	—	23 956	—	13 223 516	8
784 926	—	—	—	—	750 491 472	9
16 166	1	322 450	67 858	—	38 362 724	10
310 496	—	—	42 253	—	154 177 382	11
44 828	29 858	—	7 705	—	9 165 705	12
338	9 780	—	1 607	—	3 869 503	13
Bei Gruppe IV (Tabelle IV 19) enthalten						14
268 343	14 216	—	62 857	—	50 966 799	15
578 352	—	—	3 800	—	62 345 720	16
44 162	56 000	—	168 883	—	68 247 845	17
129 492	1	6 625	68 715	—	107 890 220	18
3 279	23 850	5 832 [2])	443 468	—	23 957 095	19
196 143	—	—	16 295	—	89 264 949	20
671 719	—	18 565	4 539	—	105 061 749	21
751 990	—	15 500	105 152	—	98 392 614	22
4 553	2 290	—	13 201	—	9 291 180	23
55 531	15 000	5 500	10 803	—	45 327 081	24
34 629	1	1 770	99 043	—	119 091 621	25
25 083	—	—	88 254	—	13 121 328	26
36 257	—	40 400 [3])	789 198	—	372 710 900	27
5 800 579	**324 132**	**447 982**	**4 645 229**	—	**2 748 254 185**	

Darunter 692 537 M Forderungen an Prämien und Zinsen auf Versicherungen, die trotz unterbliebener Prämien-
hlung in Kraft erhalten werden.

Noch: Tabelle I 38

Deutsche Gesellschaften — Bil

Versicherungsunternehmung Nr.	Sitz	Name	Verpflichtungen der Garanten ℳ	Kapitalanlagen ℳ	Forderungen ℳ
1			2	3	4
					Gegenseitigkei
28	Braunschweig	Braunschweig. L.V.A.	—	2 504 593	157 572
29	Darmstadt	Renten- u. Lebens V.A.	—	9 899 970	363 550
30	Dresden	Sächsische Renten V.A.	—	26 096 860	650 381
45	Görlitz	Rothenburger V.A.	—	26 516 506	569 670
31	Gotha	Gothaer Lebens V.B.	—	344 881 623	12 039 834
32	Halle	Iduna	—	95 333 855	7 432 147
33	Hannover	Deutsche Militd. u. L.V.A.	275 625	132 857 929	5 075 137
34	»	Hannoversche L.V.A.	—	23 036 946	1 576 772
35	»	Preuß. Beamtenverein	—	126 894 047	1 281 954
36	Karlsruhe	Karlsruher L.V.	—	236 156 583	10 268 719
37	Leipzig	Leb.V.G.	—	330 057 406	9 458 091
38	Posen	Vesta	198 450	3 837 327	265 530
39	Potsdam	Deutsche L.V.	—	44 257 339	2 430 235
40	Schwerin	Mecklenb. L.V.B.	—	46 091 648	5 436 134
41	Stuttgart	Allg. Deutscher V.V.	Bei Gruppe II (Tabelle II 6) enthalten		
42	»	Allg. Renten A.	—	94 045 509	4 770 506
43	»	Stuttgarter Lebens V.B.	—	322 543 729	13 466 520
		Zusammen	**474 075**	**1 865 011 870**	**75 242 752**

Anmerkungen zu Tab. I 38: Die Kapitalanlagen und die Forderungen sind in Tab. I 39 erläutert. — [1]) Darunter 688 752 ℳ Amortisations-Konto für den Hamburger Verband. —

für den Schluß des Jahres 1909

t i v a

Kassenbestand ℳ	Inventar und Drucksachen ℳ	Kautions-darlehen an Beamte ℳ	Sonstige Aktiva ℳ	Verlust ℳ	Summe ℳ	Nr.
5	6	7	8	9	10	
vereine						
5 822	—	—	—	—	2 667 987	28
24 958	—	6 246	930	—	10 295 654	29
13 041	6 417	—	—	—	26 766 699	30
11 971	19 735	—	7 537	—	27 125 419	45
112 542	—	94 991	242 549	—	357 371 539	31
66 161	86 237	—	[1] 795 924	—	103 714 324	32
22 620	36 256	—	89 885	—	138 357 452	33
2 267	1	900	[2] 674 288	—	25 291 174	34
1 062 966	1	1 261 532	1 225	—	130 501 725	35
24 819	—	49 460	74 743	—	246 574 324	36
72 246	1	—	153 175	—	339 740 919	37
72 864	10 885	—	5 847	—	4 390 903	38
12 188	23 604	63 528	18 068	—	46 804 962	39
32 014	—	3 250	[3] 316 474	—	51 879 520	40
Bei Gruppe II (Tabelle II 6) enthalten						41
527 335	40 000	—	[4] 1 284 076	—	100 667 426	42
152 745	—	2 727	—	—	336 165 721	43
2 216 559	**228 137**	**1 482 634**	**3 664 721**	—	**1 943 815 748**	

[2]) Darunter 4 426 ℳ Reserveguthaben bei den sogenannten »weigerlichen Mitgliedern«, 7 263 ℳ rückständige, im Geschäftsjahre fällig gewesene Prämien, 28 258 ℳ Vorschüsse auf Gehalt, Pension, Provision und Reisekosten, 23 400 ℳ diverse Werte und 606 751 ℳ Deckung von Prämienreserven in Händen der Rückversicherer in bar und in verpfändeten Hypotheken und Effekten. — [3]) Zumeist Forderungen der Gesellschaft an Beamte der Bank. — [4]) Darunter 1 282 934 ℳ Kontokorrent-Debitoren.

Noch: Tabelle I 38

Deutsche Gesellschaften — Bilanz

Pas

Versicherungsunternehmung			Aktien-kapital	Kapital-reserve-fonds	Prämienreserven und Prämienüberträge für		Schaden-reserve
Nr.	Sitz	Name			Lebens-versicherung	andere Ver-sicherungs-zweige	
			ℳ	ℳ	ℳ	ℳ	ℳ
1			2	3	4	5	6
							Aktien
1	Berlin	Berlinische L.V.G.	3 000 000	300 000	87 710 635	—	261 516
2	»	Deutsche L V.B.	3 000 000	111 032	34 050 750	—	31 329
3	»	Deutscher Anker	8 000 000	56 888	10 659 209	—	149 431
4	»	Deutschland	7 000 000	156 135	28 986 824	103 773	77 804
5	»	Friedrich Wilhelm	6 000 000	600 000	127 315 111	160 858	197 097
6	»	Nordstern Leben	7 200 000	1 800 000	158 772 153	—	481 145
44	»	Nordstern Unfall		Bei Gruppe II (Tabelle II 6) enthalten			
7	»	Preußische L.V.A.G. ...	3 000 000	300 000	60 360 645	—	388 911
8	»	Prudentia	3 000 000	116 951	9 408 750	—	49 445
9	»	Victoria	6 000 000	1 200 000	524 074 947	53 449 637	3 985 832
10	Bremen	Bremer L.V.B.	3 000 000	34 666	31 096 830	—	205 039
11	Cöln	Concordia	30 000 000	3 000 000	106 747 481	—	91 811
12	Dresden	Urania	3 000 000	52 535	4 815 238	283 332	129 742
13	Düsseldorf	Vereins V.B.	3 000 000	—	38 120	—	—
14	Erfurt...	Thuringia.............		Bei Gruppe IV (Tabelle IV 19) enthalten			
15	Frankfurt	Frankfurter L.V.G.	5 142 840	514 284	42 282 818	—	383 792
16	»	Providentia	17 142 857	1 714 286	32 732 965	2 924 208	528 055
17	Hamburg	Janus	3 000 000	534 133	58 177 114	273 813	526 486
18	Leipzig	Teutonia	1 800 000	180 000	91 278 434	1 370 367	454 853
19	Ludwigshafen .	Atlas.................	10 000 000	107 455	11 161 471	684 860	329 171
20	Lübeck	Deutsche L.V.G.	1 530 000	153 000	77 964 313	—	222 739
21	Magdeburg ...	Magdeb. L.V.G.	6 000 000	750 000	82 526 844	1 768 941	743 520
22	» ...	Wilhelma	3 000 000	900 000	66 862 916	9 267 839	4 146 052
23	Mannheim	Vita	3 000 000	34 712	5 550 865	—	13 771
24	München	Arminia	5 000 000	164 714	37 568 693	—	302 639
25	»	Bayer. V.B.	10 000 000	1 000 000	90 632 222	3 814 663	1 080 265
26	Nürnberg	Nürnberger L.V.B.	3 000 000	176 774	8 160 071	359 047	199 161
27	Stettin	Germania	9 000 000	900 000	321 958 346	126 971	1 088 341
		Zusammen	**162 815 697**	**14 857 565**	**2 110 893 765**	**74 588 309**	**16 067 947**

Anmerkungen zu Tab. I 38: Unter Kapitalreservefonds ist der in § 262 H.G.B. und § 37 V.A.G. vorgesehene Reservefonds zu verstehen. — Die Prämienreserven und die Prämienüberträge sind in Tab. I 40 nach Versicherungsarten zerlegt. — Die Verteilung des Gewinns ist in Tab. I 41 dargestellt. — [1]) Darunter 186 785 ℳ vorausbezahlte Zinsen und Mieten und 701 000 ℳ Guthaben der Reichsbank. — [2]) Darunter 134 804 ℳ Zinsenüberträge. — [3]) Darunter 218 410 ℳ Zinsenüberträge und 393 648 ℳ Kontokorrent-Kreditoren. — [4]) Darunter 145 434 ℳ Zinsenüberträge. — [5]) Darunter 101 848 ℳ reservierte Inkassoprovisionen. — [6]) Nämlich 306 793 ℳ Beamten-Spargelder, 100 000 ℳ Aktienwechsel-Tilgungsreserve und 145 697 ℳ Prämiendepots der Lebensversicherten. —

…ir den Schluß des Jahres 1909
…i v a

…esellschaften

Gewinnreserve der Versicherten ℳ	Spezialreserven ℳ	Guthaben anderer Versicherungsunternehmungen ℳ	Barkautionen ℳ	Hypotheken ℳ	Beamtenfonds ℳ	Sonstige Passiva ℳ	Gewinn: Jahresüberschuß ℳ	Gewinn: Vortrag aus dem Vorjahre ℳ	Summe ℳ	Nr.
7	8	9	10	11	12	13	14	15	16	
7 852 043	4 231 673	78 336	12 700	450 000	1 256 939	1) 920 599	2 298 644	—	108 373 085	1
1 181 958	92 728	20 520	—	—	5 000	13 440	556 938	43 352	39 107 047	2
17 800	117 562	1 163	9 000	180 000	—	4 797	340 946	16 156	19 552 952	3
537 258	424 723	71 067	35 216	160 000	41 924	72 481	689 164	—	38 356 369	4
10 858 566	4 529 888	16 211	7 500	1 101 000	629 255	2) 191 023	6 356 141	—	157 962 650	5
6 383 892	1 756 769	210 666	101 690	—	—	3) 640 909	3 758 959	37 100	181 143 283	6
Bei Gruppe II (Tabelle II 6) enthalten										44
1 231 403	1 201 732	1 248 563	17 264	—	—	4) 211 793	839 085	—	68 799 396	7
308 583	29 166	—	7 992	—	—	5) 116 722	185 907	—	13 223 516	8
108 469 014	16 287 977	236 391	32 985	—	3 305 404	6) 552 490	32 896 795	—	750 491 472	9
2 269 263	362 351	—	2 000	—	268 610	7) 352 852	770 788	325	38 362 724	10
6 472 152	2 037 123	61 011	117 297	—	12 709	8) 2 411 849	3 225 949	—	154 177 382	11
273 438	59 106	909	—	300 000	—	82 330	163 508	5 567	9 165 705	12
—	458 026	543	—	324 668	—	4 196	43 950	—	3 869 503	13
Bei Gruppe IV (Tabelle IV 19) enthalten										14
752 079	445 265	17 002	—	—	—	28 917	1 362 647	37 155	50 966 799	15
2 224 643	-2 878 459	220 426	85 624	—	451 575	9) 199 482	1 151 534	91 606	62 345 720	16
1 489 663	2 403 644	220 848	—	—	—	10) 365 839	1 256 305	—	68 247 845	17
6 473 743	2 341 736	399 174	58 403	—	658 039	11) 460 080	2 415 391	—	107 890 220	18
501 197	344 028	291 003	1 374	—	—	85 888	409 037	41 611	23 957 095	19
3 295 120	3 150 897	192 277	8 112	—	400 786	12) 671 378	1 676 327	—	89 264 949	20
8 520 791	1 355 168	330 717	—	—	—	35 982	3 029 786	—	105 061 749	21
2 439 211	7 858 480	266 996	—	—	219 914	310 933	3 120 273	—	98 392 614	22
296 189	141 460	601	—	—	—	20 302	219 900	13 380	9 291 180	23
1 109 654	496 726	73 084	13 006	202 292	—	30 167	344 253	21 853	45 327 081	24
5 403 534	3 869 045	432 552	49 945	450 000	707 972	78 389	1 468 954	104 080	119 091 621	25
626 247	156 217	38 136	5 844	—	—	13) 98 170	301 661	—	13 121 328	26
18 872 632	7 532 020	—	114 990	—	2 281 375	14) 2 264 624	8 571 601	—	372 710 900	27
…97 860 073	**64 561 969**	**4 428 196**	**680 942**	**3 167 960**	**10 239 502**	**10 225 632**	**77 454 443**	**412 185**	**2 748 254 185**	

Darunter 327 297 ℳ Einzahlung der Aktionäre für Organisations- und Einrichtungszwecke. — 8) Darunter 1 502 327 ℳ …uthaben der Sparkasse, 600 000 ℳ Reichsbank-Lombarddarlehen und 49 798 ℳ Guthaben Verschiedener. — 9) Dar…nter 190 296 ℳ bereits verrechnete, aber erst im neuen Jahre gezahlte Ausgaben. — 10) Darunter 187 230 ℳ Konto für Ver…hiedene, 100 138 ℳ vorausgezahlte Zinsen und 59 794 ℳ Provisionskonto. — 11) Darunter 454 013 ℳ Gläubiger der Bank. — …) Darunter 138 187 ℳ vorausgezahlte Zinsen und 496 042 ℳ Guthaben von Bankhäusern. — 13) Guthaben Dritter. — …) Darunter 891 948 ℳ vorausgezahlte Zinsen und Mieten, 12 966 ℳ Amortisationsfonds für Kautionsdarlehen und 270 240 ℳ Guthaben von Agenten und Dritten.

loch: Tabelle I 38

Deutsche Gesellschaften — Bilanz

Pas

Versicherungsunternehmung			Garantiekapital	Kapitalreservefonds	Prämienreserven und Prämienüberträge für		Schadenreserve
Nr.	Sitz	Name			Lebensversicherung	andere Versicherungszweige	
			M	M	M	M	M
		1	2	3	4	5	6
							Gegenseitigkeits
28	Braunschweig .	Braunschweig. L.V.A....	—	35 914	2 103 047	—	10 105
29	Darmstadt ...	Renten- u. Lebens V.A.	—	—	9 086 491	—	50 573
30	Dresden	Sächsische Renten V.A..	—	1 160 755	24 548 805	—	805 908
45	Görlitz	Rothenburger V.A.	—	1 000 000	22 260 713	—	14 353
31	Gotha	Gothaer Lebens V.B. ...	—	—	301 499 297	—	962 132
32	Halle	Iduna	—	—	89 127 986	—	425 746
33	Hannover	Deutsche Militd. u. L.V.A.	393 500	1 113 211	124 495 887	—	2 492 303
34	»	Hannoversche L.V.A....	—	607 514	22 199 866	—	111 398
35	»	Preuß. Beamtenverein ..	—	9 110 262	106 939 672	—	165 368
36	Karlsruhe	Karlsruher L.V.	—	1 885 992	5) 203 735 954	—	365 329
37	Leipzig	Leb.V.G.	—	—	275 893 832	—	902 490
38	Posen	Vesta	102 269	28 760	3 820 795	—	19 428
39	Potsdam	Deutsche L.V.	—	649 625	41 979 383	—	173 162
40	Schwerin	Mecklenb. L.V.B.	—	804 383	45 742 211	—	92 177
41	Stuttgart	Allg. Deutscher V.V.		Bei Gruppe II (Tabelle II 6) enthalten			
42	»	Allg. Renten A.	—	2 898 475	68 280 471	—	855 891
43	»	Stuttgarter Lebens V.B..	—	—	269 054 833	—	647 522
		Zusammen	**495 769**	**19 294 891**	**1 610 769 243**	—	**8 093 885**

Anmerkungen zu Tab. I 38: Siehe Anmerkungen zu Tab. 1 38 S. 124. — 1) Darunter 390 040 M eingelegt Depositengelder. — 2) Darunter 118 206 M der Gesellschaft in Verzinsung belassene Versicherungssummen nebs Zinsen. — 3) Nämlich 1 500 M Guthaben der Garantiefondszeichner der »Hamburger«, 85 907 M vorausbezahlt Zinsen auf Policedarlehen und 58 411 M diverse Kreditoren. — 4) Nämlich 18 427 M im voraus geleistete Zahlungen 262 759 M verschiedene Asservate und 1 850 000 M Lombarddarlehen bei der Reichsbank. —

ir den Schluß des Jahres 1909

i v a

ereine

Gewinn-reserve der Versicherten	Spezial-reserven	Guthaben anderer Versicherungs-unternehmungen	Bar-kautionen	Hypo-theken	Beamten-fonds	Sonstige Passiva	Gewinn: Jahres-überschuß	Gewinn: Vortrag aus dem Vorjahre	Summe	Nr.
M	*M*	*M*	*M*	*M*	*M*	*M*	*M*	*M*	*M*	
7	8	9	10	11	12	13	14	15	16	
271 694	147 479	—	—	—	42 948	698	56 102	—	2 667 987	28
133 439	496 904	35	10 400	—	—	[1]) 393 832	123 980	—	10 295 654	29
—	217 583	—	—	—	33 648	—	—	—	26 766 699	30
1 761 980	910 672	—	26 329	—	675	86 464	1 064 233	—	27 125 419	45
33 584 363	7 491 066	—	688 650	—	2 407 666	[2]) 191 729	10 546 636	—	357 371 539	31
9 280 903	1 318 604	155 964	185 003	—	547 299	[3]) 145 819	2 527 000	—	103 714 324	32
3 712 487	3 001 201	78 079	1 067 209	—	625 539	94 168	1 283 868	—	138 357 452	33
648 925	650 797	347 723	—	—	138 091	52 380	534 480	—	25 291 174	34
—	7 635 337	—	—	—	397 067	[4]) 2 131 186	4 122 833	—	130 501 725	35
36 493 265	4 177 069	—	175 921	—	1 140 816	[6]) 706 686	7 893 292	—	246 574 324	36
46 642 128	3 091 303	—	—	—	1 382 099	[7]) 204 350	11 624 717	—	339 740 919	37
—	88 075	6 033	3 405	233 143	—	16 306	72 689	—	4 390 903	38
1 140 732	1 451 503	—	48 297	—	222 489	61 660	1 078 111	—	46 804 962	39
3 546 067	598 349	15 592	—	—	62 876	86 250	931 615	—	51 879 520	40
Bei Gruppe II (Tabelle II 6) enthalten										41
832 696	4 545 634	—	—	—	377 942	[8]) 21 834 873	1 026 444	15 000	100 667 426	42
35 079 358	17 556 228	—	320 879	—	1 513 245	[9]) 383 110	11 610 546	—	336 165 721	43
163 128 037	**53 377 804**	**603 426**	**2 526 093**	**233 143**	**8 892 400**	**26 389 511**	**54 496 546**	**15 000**	**1 948 315 748**	

Einschl. des 8 081 561 *M* betragenden Fonds für Rücklagen für wachsende Leibrenten. — [6]) Darunter 532 594 *M* Hinterlegungskasse, 116 966 *M* Kinderversorgungsvereine und 17 625 *M* Nebenbetriebe der früheren Badischen L.V.G. — [7]) Darunter 203 351 *M* vorausbezahlte Zinsen und Mieten. — [8]) Darunter 13 352 383 *M* Depositengelder und 8 462 665 *M* Schuldverschreibungen der Anstalt nebst Zinsraten. — [9]) Darunter 127 412 *M* der Gesellschaft in Verzinsung belassene Dividenden und 230 369 *M* auf spätere Jahre vorausbezahlte Prämien.

Tabelle I 39

Deutsche Gesellschaften — Die Art

Versicherungsunternehmung			Kapitalanla					
				davon entfallen				
Nr.	Sitz	Name	Insgesamt ℳ	Grundbesitz ℳ	Hypotheken ℳ	Darlehen an öffentliche Körperschaften ℳ	Darlehen auf Wertpapiere ℳ	Wertpapie ℳ
	1		2	3	4	5	6	7
								Akt
1	Berlin	Berlinische L.V.G.	101 891 876	3 926 000	83 559 260	2 500 000	—	2 989
2	»	Deutsche L.V.B.	34 697 327	1 460 051	31 853 000	—	—	695
3	»	Deutscher Anker	11 111 064	783 558	9 516 000	—	—	100
4	»	Deutschland	29 372 712	1 148 000	24 439 900	—	450 000	870
5	»	Friedrich Wilhelm	144 017 750	6 157 822	129 508 650	1 226 797	—	726
6	»	Nordstern Leben	165 047 346	6 644 584	139 974 929	1 423 700	—	3 655
7	»	Preußische L.V.A.G.	61 461 885	3 046 115	42 101 949	2 534 346	—	6 294
8	»	Prudentia	9 569 382	1 224 000	7 725 600	—	—	402
9	»	Victoria	708 422 545	12 523 324	627 364 836	—	—	16 175
10	Bremen	Bremer L.V.B.	33 720 492	552 896	30 243 860	—	—	712
11	Cöln	Concordia	124 114 492	2 222 450	100 904 028	5 300 000	—	5 986
12	Dresden	Urania	5 606 734	566 000	4 622 000	—	—	200
13	Düsseldorf ...	Vereins V.B.	3 423 152	—	2 199 600	135 232	—	1 088
15	Frankfurt	Frankfurter L.V.G.	43 741 391	994 000	36 572 486	—	—	2 228
16	»	Providentia	44 266 497	2 244 000	33 887 834	—	—	4 049
17	Hamburg	Janus	60 849 508	1 428 305	50 877 562	—	190 000	4 120
18	Leipzig	Teutonia	101 115 135	500 000	90 157 579	—	1 200	1 824
19	Ludwigshafen .	Atlas	14 476 056	330 700	12 743 700	—	—	553
20	Lübeck	Deutsche L.V.G.	83 603 327	2 565 800	73 676 725	—	—	218
21	Magdeburg ...	Magdeb. L.V.G.	95 186 387	1 701 000	85 141 770	—	—	555
22	» ...	Wilhelma	95 166 076	5 317 086	82 972 445	—	—	1 139
23	Mannheim	Vita	6 347 734	129 000	5 230 020	185 030	—	148
24	München	Arminia	38 067 040	2 343 000	33 488 823	—	—	369
25	»	Bayer. V.B.	103 779 700	1 964 358	62 931 336	24 914 242	—	8 965
26	Nürnberg	Nürnberger L.V.B.	9 536 567	393 415	8 263 600	—	—	214
27	Stettin	Germania	349 444 902	8 748 000	308 559 703	—	—	2 878
		Zusammen	**2 478 037 077**	**68 913 464**	**2 118 517 195**	**38 219 347**	**641 200**	**67 162**

Anmerkungen zu Tab. I 39: Der durchschnittliche Zinsfuß der Kapitalanlagen ist in Spalte 10 nach den druckten Geschäftsberichten der Gesellschaften ohne weitere Prüfung eingestellt. — [1]) Ertrag allein aus Hypothe und Wertpapieren. — [2]) Mit Ausschluß des Ertrags aus Grundbesitz. — [3]) Ertrag allein aus Hypotheken, Kommu darlehen und Wertpapieren.

Kapitalanlagen und der Aktivforderungen Ende 1909

Police-darlehen ℳ	Wechsel ℳ	Durchschnittlicher Zinsfuß der Kapitalanlagen %	Aktivforderungen: Insgesamt ℳ	davon entfallen auf: Guthaben bei Bankhäusern ℳ	Guthaben bei anderen Versicherungsunternehmungen ℳ	gestundete Prämien ℳ	rückständige Zinsen und Mieten ℳ	Ausstände bei Agenten ℳ	Nr.
8	9	10	11	12	13	14	15	16	
gesellschaften									
8 917 377	—	4,08	3 769 336	5 812	—	2 255 516	791 266	716 742	1
689 181	—	4,29	2 028 415	375 805	20 883	923 051	285 827	422 849	2
711 143	—	4,30	2 329 674	268 254	85 923	1 435 610	94 930	444 957	3
2 464 398	—	4,17	3 443 260	529 719	105 810	1 868 911	248 401	690 419	4
6 398 335	—	4,29	9 107 774	2 279 903	174 966	3 535 434	1 197 041	1 920 430	5
13 331 119	18 000	4,25	7 467 203	1 011 957	934 034	3 828 262	705 973	986 977	6
7 484 959	—	4,17	4 762 557	1 123 312	660 297	1 948 221	494 512	536 215	7
216 911	—	[1]) 4,08	1 357 872	82 192	80 973	925 323	76 139	193 245	8
52 359 104	—	4,28	39 484 001	15 552 199	53 047	9 431 691	5 226 341	9 220 723	9
2 211 450	—	4,26	1 985 757	275 571	53 868	1 151 347	371 454	133 517	10
9 701 033	—	4,30	5 710 141	884 890	30 466	2 755 020	1 002 926	1 036 839	11
218 242	—	4,10	1 231 080	132 592	131 709	719 333	16 721	230 725	12
—	—	3,46	434 626	396 638	545	—	18 781	18 662	13
3 345 142	601 000	4,10	2 251 412	120 571	55 187	1 014 353	417 040	644 261	15
3 375 564	710 000	?	2 068 500	19 631	12 841	1 014 307	48 029	973 692	16
4 005 532	227 523	4,18	4 654 292	1 109 298	329 950	2 429 041	306 072	479 931	17
8 632 017	—	4,28	5 220 252	263 786	566 423	2 534 947	856 293	998 803	18
848 595	—	?	1 504 610	523 768	210 597	356 135	123 228	290 882	19
7 142 114	—	4,24	4 072 184	429	417 705	2 157 217	715 735	781 098	20
7 787 910	—	[2]) 4,24	4 380 539	479 118	414 579	3 218 023	33 942	234 877	21
5 737 404	—	?	2 353 896	665 627	827 941	—	31 801	828 527	22
654 884	—	[3]) 4,28	673 402	53 814	188 475	215 779	35 122	180 212	23
1 866 095	—	4,11	3 423 207	348 280	852 183	1 271 140	396 917	554 687	24
5 004 355	—	?	7 676 478	3 699 265	395 621	1 567 865	926 638	1 087 089	25
664 920	—	4,19	1 071 424	336 525	7 025	472 998	77 804	177 072	26
29 258 577	—	4,18	15 200 143	1 211 709	83 658	7 060 588	2 948 325	3 895 863	27
188 026 361	**1 556 523**		**187 662 035**	**31 750 665**	**6 694 706**	**54 090 112**	**17 447 258**	**27 679 294**	

Noch: Tabelle I 39

Deutsche Gesellschaften — Die Art der Kapitalanlagen und der Aktivforderungen Ende 1909

Versicherungsunternehmung			Von 1000 ℳ Kapitalanlagen entfallen auf						
Nr.	Sitz	Name	Grundbesitz ℳ	Hypotheken ℳ	Darlehen an öffentliche Körperschaften ℳ	Darlehen auf Wertpapiere ℳ	Wertpapiere ℳ	Policedarlehen ℳ	Wechsel ℳ
		1	17	18	19	20	21	22	23
		Aktiengesellschaften							
1	Berlin	Berlinische L.V.G.	39	820	25	—	29	87	—
2	»	Deutsche L.V.B.	42	918	—	—	20	20	—
3	»	Deutscher Anker	71	856	—	—	9	64	—
4	»	Deutschland	39	832	—	15	30	84	—
5	»	Friedrich Wilhelm	43	899	9	—	5	44	—
6	»	Nordstern Leben	40	848	9	—	22	81	.
7	»	Preußische L.V.A.G.	50	685	41	—	102	122	—
8	»	Prudentia	128	807	—	—	42	23	—
9	»	Victoria	18	885	—	—	23	74	—
10	Bremen	Bremer L.V.B.	16	897	—	—	21	66	—
11	Cöln	Concordia	18	813	43	—	48	78	—
12	Dresden	Urania	101	824	—	—	36	39	—
13	Düsseldorf	Vereins V.B.	—	643	39	—	318	—	—
15	Frankfurt	Frankfurter L.V.G.	23	836	—	—	51	76	14
16	»	Providentia	51	766	—	—	91	76	16
17	Hamburg	Janus	23	836	—	3	68	66	4
18	Leipzig	Teutonia	5	892	—	.	18	85	—
19	Ludwigshafen	Atlas	23	880	—	—	38	59	—
20	Lübeck	Deutsche L.V.G.	31	881	—	—	3	85	—
21	Magdeburg	Magdeb. L.V.G.	18	894	—	—	6	82	—
22	»	Wilhelma	56	872	—	—	12	60	—
23	Mannheim	Vita	20	824	29	—	24	103	—
24	München	Arminia	61	880	—	—	10	49	—
25	»	Bayer. V.B.	19	607	240	—	86	48	—
26	Nürnberg	Nürnberger L.V.B.	41	867	—	—	22	70	—
27	Stettin	Germania	25	883	—	—	8	84	—
		Zusammen	**28**	**855**	**15**	.	**27**	**74**	**1**

Anmerkung zu Tab. I 39: Ein . bedeutet, daß die beobachteten Fälle weniger als $^1/_2$ ‰ ausmachen.

Noch: Tabelle I 39

Deutsche Gesellschaften — Die Art der Kapitalanlagen und der Aktivforderungen Ende 1909

Versicherungsunternehmung			Kapitalanlagen	davon entfallen auf				
Nr.	Sitz	Name	Insgesamt	Grundbesitz	Hypotheken	Darlehen an öffentliche Körperschaften	Darlehen auf Wertpapiere	Wertpapiere
			ℳ	ℳ	ℳ	ℳ	ℳ	ℳ
	1		2	3	4	5	6	7
		Gegenseitigkeitsvereine						
28	Braunschweig .	Braunschweig. L.V.A....	2 504 593	30 000	2 273 900	—	—	48 786
29	Darmstadt ...	Renten- u. Lebens V.A.	9 899 970	130 000	8 812 093	78 033	—	516 263
30	Dresden	Sächsische Renten V.A..	26 096 860	378 589	25 097 491	—	—	620 780
45	Görlitz	Rothenburger V.A.	26 516 506	278 171	17 061 545	7 618 132	—	1 211 265
31	Gotha	Gothaer Lebens V.B. ...	344 881 623	1 166 551	249 549 478	53 720 941	550 000	10 024 829
32	Halle	Iduna	95 333 855	3 126 473	83 055 751	—	—	2 341 127
33	Hannover	Deutsche Militd. u. L.V.A.	132 857 929	938 611	124 283 065	—	—	5 081 363
34	»	Hannoversche L.V.A. ...	23 036 946	2 122 431	18 161 294	—	—	368 296
35	»	Preuß. Beamtenverein ...	126 894 047	275 270	104 514 950	10 895 617	3 000	3 205 067
36	Karlsruhe	Karlsruher L.V.	236 156 583	1 518 000	185 460 204	17 855 415	167 079	11 107 488
37	Leipzig	Leb.V.G.	330 057 406	2 436 374	290 738 029	—	—	7 865 887
38	Posen	Vesta	3 837 327	353 985	2 725 790	—	4 579	208 350
39	Potsdam	Deutsche L.V.	44 257 339	995 432	37 586 462	—	—	1 246 661
40	Schwerin	Mecklenb. L.V.B.	46 091 648	810 000	39 964 450	350 000	—	269 988
42	Stuttgart	Allg. Renten A.	94 045 509	1 082 000	78 994 718	4 731 750	1 248 196	3 152 817
43	»	Stuttgarter Lebens V.B..	322 543 729	1 490 000	275 941 468	12 836 571	22 325	6 611 322
		Zusammen	**1 865 011 870**	**17 181 887**	**1 544 220 688**	**108 086 459**	**1 995 179**	**53 880 289**

Noch: Tabelle I 39

Deutsche Gesellschaften — Die Art der

Versicherungsunternehmung			Noch: Kapitalanlagen			Aktiv
			davon entfallen auf		Durchschnittlicher Zinsfuß der Kapitalanlagen	Insgesamt	Guthaben
Nr.	Sitz	Name	Policedarlehen	Wechsel			Bankhäusern
			M	M	%	M	M
		1	8	9	10	11	12
						Gegenseitigkeits	
28	Braunschweig .	Braunschweig. L.V.A....	151 907	—	4,58	157 572	47 000
29	Darmstadt ...	Renten- u. Lebens V.A.	363 581	—	4,1	363 550	33 432
30	Dresden	Sächsische Renten V.A. .	—	—	4,24	650 381	462 549
45	Görlitz	Rothenburger V.A.	347 393	—	4,008	569 670	228 069
31	Gotha	Gothaer Lebens V.B. ...	29 869 824	—	4,1	12 039 834	1 523 314
32	Halle	Iduna	6 810 504	—	4,16	7 432 147	1 280 651
33	Hannover	Deutsche Militd. u. L.V.A.	2 554 890	—	4,18	5 075 137	915 322
34	»	Hannoversche L.V.A. ...	2 384 925	—	4,22	1 576 772	181 570
35	»	Preuß. Beamtenverein ..	8 000 143	—	4,11	1 281 954	151 658
36	Karlsruhe	Karlsruher L.V.	19 073 397	975 000	4,22	10 268 719	421 792
37	Leipzig	Leb.V.G.	29 017 116	—	4,14	9 458 091	235 439
38	Posen	Vesta	544 623	—	4,19	265 530	—
39	Potsdam	Deutsche L.V.	4 428 784	—	4,33	2 430 235	35 202
40	Schwerin	Mecklenb. L.V.B.	4 697 210	—	4,0	5 436 134	2 311 397
42	Stuttgart	Allg. Renten A.	2 621 026	2 215 002	?	4 770 506	2 056 625
43	»	Stuttgarter Lebens V.B..	22 914 902	2 727 141	4,12	13 466 520	2 679 884
		Zusammen	**133 780 225**	**5 917 143**		**75 242 752**	**12 563 904**

Anmerkungen zu Tab. I 39: Der durchschnittliche Zinsfuß der Kapitalanlagen ist in Spalte 10 nach den gedruckten Geschäftsberichten der Gesellschaften ohne weitere Prüfung eingestellt. — Ein . bedeutet, daß die beobachteten Fälle weniger als $^1/_2$ ‰ ausmachen.

Kapitalanlagen und der Aktivforderungen Ende 1909

forderungen davon entfallen auf bei anderen Versicherungsunternehmungen ℳ	gestundete Prämien ℳ	rückständige Zinsen und Mieten ℳ	Ausstände bei Agenten ℳ	Von 1000 ℳ Kapitalanlagen entfallen auf Grundbesitz ℳ	Hypotheken ℳ	Darlehen an öffentliche Körperschaften ℳ	Darlehen auf Wertpapiere ℳ	Wertpapiere ℳ	Policedarlehen ℳ	Wechsel ℳ	Nr.
13	14	15	16	17	18	19	20	21	22	23	
vereine											
59	103 207	2 638	4 668	12	908	—	—	19	61	—	28
—	152 057	124 977	53 084	13	890	8	—	52	37	—	29
—	—	184 437	3 395	14	962	—	—	24	—	—	30
—	—	224 818	116 783	11	643	287	—	46	13	—	45
—	3 655 754	3 626 720	3 234 046	3	723	156	2	29	87	—	31
241 740	3 988 459	866 670	1 054 627	33	871	—	—	25	71	—	32
108 493	2 003 164	1 236 299	811 859	7	936	—	—	38	19	—	33
23 141	910 990	195 896	265 175	92	788	—	—	16	104	—	34
—	—	1 130 296	—	2	824	86		25	63	—	35
—	4 683 756	2 285 895	2 877 276	6	785	76	1	47	81	4	36
—	4 413 083	3 105 700	1 703 869	7	881	—	—	24	88	—	37
12 964	163 788	23 671	65 107	92	711	—		54	142	—	38
104 117	1 574 020	377 726	339 170	23	849	—	—	28	100	—	39
294 811	1 879 015	340 699	610 212	17	867	8	—	6	102	—	40
—	1 088 191	1 199 207	426 483	11	840	50	13	34	28	24	42
180 436	3 694 370	2 874 775	4 037 055	5	856	40		20	71	8	43
965 761	**28 809 854**	**17 800 424**	**15 602 809**	**9**	**828**	**58**	**1**	**29**	**72**	**8**	

Tabelle I 40

Deutsche Gesellschaften — Die Prämienreserven

Versicherungsunternehmung			Prämienreserven und Prämienüberträge für Lebens			
			Insgesamt	davon für		
Nr.	Sitz	Name		Kapitalversicherungen auf den Todesfall	Kapitalversicherungen auf den Lebensfall	Rentenversicherungen
			M	M	M	M
		1	2	3	4	5
						Aktien
1	Berlin	Berlinische L.V.G.	87 710 635	77 013 304	6 815 539	3 881 503
2	»	Deutsche L.V.B.	34 050 750	3 641 036	30 407 357	—
3	»	Deutscher Anker	10 659 209	7 707 395	—	1 578 323
4	»	Deutschland	28 986 824	24 140 786	4 548 075	282 612
5	»	Friedrich Wilhelm	127 315 111	118 899 888	4 419 936	3 888 526
6	»	Nordstern Leben	158 772 153	128 121 080	15 761 670	14 002 264
44	»	Nordstern Unfall	*2 195 697*	*2 188 671*	*7 026*	—
7	»	Preußische L.V.A.G.	60 360 645	46 060 095	5 348 369	8 867 319
8	»	Prudentia	9 408 750	9 188 622	220 128	—
9	»	Victoria	524 074 947	487 876 056	22 891 822	12 136 794
10	Bremen	Bremer L.V.B.	31 096 830	20 362 467	10 726 047	8 316
11	Cöln	Concordia	106 747 481	95 877 538	4 298 395	6 187 459
12	Dresden	Urania	4 815 238	4 500 390	280 018	—
13	Düsseldorf	Vereins V.B.	38 120	35 822	—	—
14	Erfurt	Thuringia	*50 424 774*	*42 393 016*	*2 917 810*	*5 057 207*
15	Frankfurt	Frankfurter L.V.G.	42 282 818	34 325 722	1 903 796	6 053 300
16	»	Providentia	32 732 965	26 514 561	3 864 954	2 339 529
17	Hamburg	Janus	58 177 114	43 093 707	5 647 367	9 436 040
18	Leipzig	Teutonia	91 278 434	77 998 000	7 490 046	5 553 856
19	Ludwigshafen	Atlas	11 161 471	7 792 738	920 411	2 413 730
20	Lübeck	Deutsche L.V.G.	77 964 313	73 461 213	1 785 660	2 705 378
21	Magdeburg	Magdeb. L.V.G.	82 526 844	76 587 533	3 339 723	2 511 278
22	»	Wilhelma	66 862 916	51 639 752	6 281 482	8 755 884
23	Mannheim	Vita	5 550 865	5 060 872	477 947	—
24	München	Arminia	37 568 693	20 320 036	16 730 941	406 089
25	»	Bayer. V.B.	90 632 222	47 551 773	14 615 810	28 461 643
26	Nürnberg	Nürnberger L.V.B.	8 160 071	6 342 625	1 291 625	519 566
27	Stettin	Germania	321 958 346	271 488 136	26 095 258	22 401 204
		Zusammen	**2 110 893 765**	**1 765 601 147**	**196 162 876**	**142 890 618**
			2 163 514 236	***1 810 182 834***	***199 087 212***	***147 447 820***

Anmerkung zu Tab. I 40: Es werden hier durchweg diejenigen Beträge nachgewiesen, welche die Gesellschaften in eigener Verwahrung und Verwaltung haben.

und Prämienüberträge Ende 1909 nach Versicherungsarten

versicherung	Prämienreserven und Prämienüberträge für andere Versicherungszweige						Nr.
		davon für					
		Unfall- und Haftpflichtversicherungen					
sonstige Versicherungen	Insgesamt	Reserven	Überträge	Feuerversicherungen	Einbruchdiebstahlversicherungen	sonstige Versicherungen	
ℳ	ℳ	ℳ	ℳ	ℳ	ℳ	ℳ	
6	7	8	9	10	11	12	
gesellschaften							
289	—	—	—	—	—	—	1
2 357	—	—	—	—	—	—	2
1 373 491	—	—	—	—	—	—	3
15 351	103 773	36 522	67 251	—	—	—	4
106 761	160 858	160 745	113	—	—	—	5
887 139	—	—	—	—	—	—	6
—	*3 816 735*	*2 575 344*	*1 241 391*	—	—	—	44
84 862	—	—	—	—	—	—	7
—	—	—	—	—	—	—	8
1 170 275	53 449 637	50 223 297	3 226 340	—	—	—	9
—	—	—	—	—	—	—	10
384 089	—	—	—	—	—	—	11
34 830	283 332	105 528	177 804	—	—	—	12
2 298	—	—	—	—	—	—	13
56 741	*4 979 262*	*400 374*	*569 115*	*3 412 569*	*334 104*	*263 100*	14
—	—	—	—	—	—	—	15
13 921	2 924 208	99 481	497 457	2 070 792	151 248	105 230	16
—	273 813	176 876	96 937	—	—	—	17
236 532	1 370 367	1 132 103	238 264	—	—	—	18
34 592	684 860	189 174	495 686	—	—	—	19
12 062	—	—	—	—	—	—	20
88 310	1 768 941	1 495 300	273 641	—	—	—	21
185 798	9 267 839	6 352 195	2 511 322	—	—	404 322	22
12 046	—	—	—	—	—	—	23
111 627	—	—	—	—	—	—	24
2 996	3 814 663	81 094	306 095	3 237 337	190 137	—	25
6 255	359 047	205 428	153 619	—	—	—	26
1 973 748	126 971	28 768	98 203	—	—	—	27
6 739 629	**74 588 309**	**60 286 511**	**8 142 782**	**5 308 129**	**341 885**	**509 552**	
6 796 370	*83 384 306*	*63 262 229*	*9 953 238*	*8 720 698*	*675 489*	*772 652*	

Noch: Tabelle I 40

Deutsche Gesellschaften — Die Prämienreserven

Versicherungsunternehmung			Prämienreserven und	
Nr.	Sitz	Name	Insgesamt ℳ	Kapitalversicherungen auf den Todesfall ℳ
	1		2	3
				Gegenseitigkeits
28	Braunschweig	Braunschweig. L.V.A.	2 103 047	1 816 149
29	Darmstadt	Renten- u. Lebens V.A.	9 086 491	4 457 754
30	Dresden	Sächsische Renten V.A.	24 548 805	—
45	Görlitz	Rothenburger V.A.	22 260 713	22 260 713
31	Gotha	Gothaer Lebens V.B.	301 499 297	301 499 297
32	Halle	Iduna	89 127 986	63 442 636
33	Hannover	Deutsche Militd. u. L.V.A.	124 495 887	17 948 731
34	»	Hannoversche L.V.A.	22 199 866	21 278 023
35	»	Preuß. Beamtenverein	106 939 672	83 157 289
36	Karlsruhe	Karlsruher L.V.	203 735 954	192 773 950
37	Leipzig	Leb.V.G.	275 893 832	262 286 265
38	Posen	Vesta	3 820 795	3 318 453
39	Potsdam	Deutsche L.V.	41 979 383	34 910 134
40	Schwerin	Mecklenb. L.V.B.	45 742 211	43 102 812
41	Stuttgart	Allg. Deutscher V.V.	*26 846 305*	*14 286 171*
42	»	Allg. Renten A.	68 280 471	32 809 793
43	»	Stuttgarter Lebens V.B.	269 054 833	259 761 761
		Zusammen	**1 610 769 243**	**1 344 823 760**
			1 637 615 548	*1 359 109 931*

Anmerkungen zu Tab. I 40: Siehe Anmerkung zu Tab. I 40 S. 134. — Hier kommen nur Prämienreserven und Prämienüberträge der Lebensversicherung in Frage.

und Prämienüberträge Ende 1909 nach Versicherungsarten

Prämienüberträge für Lebensversicherung davon für Kapital-versicherungen auf den Lebensfall ℳ	Renten-versicherungen ℳ	sonstige Versicherungen ℳ	Versicherungsunternehmung Nr.	Sitz	Name
4	5	6	-	1	
vereine					
210 444	76 454	—	28	Braunschweig	Braunschweig. L.V.A.
64 276	4 564 461	—	29	Darmstadt	Renten- u. Lebens V.A.
—	24 548 805	—	30	Dresden	Sächsische Renten V.A.
—	—	—	45	Görlitz	Rothenburger V.A.
—	—	—	31	Gotha	Gothaer Lebens V.B.
20 341 473	5 012 921	330 956	32	Halle	Iduna
106 547 156	—	—	33	Hannover	Deutsche Militd. u. L.V.A.
919 991	—	1 852	34	»	Hannoversche L.V.A.
12 002 551	11 779 832	—	35	»	Preuß. Beamtenverein
1 855 253	8 886 751	220 000	36	Karlsruhe	Karlsruher L.V.
13 607 567	—	—	37	Leipzig	Leb. V.G.
502 342	—	—	38	Posen	Vesta
5 810 777	1 256 332	2 140	39	Potsdam	Deutsche L.V.
1 542 363	1 077 983	19 053	40	Schwerin	Mecklenb. L.V.B.
11 794 118	*472 583*	*293 433*	41	Stuttgart	Allg. Deutscher V.V.
2 786 707	32 634 584	49 387	42	»	Allg. Renten A.
9 224 575	68 497	—	43	»	Stuttgarter Lebens V.B.
175 415 475	**89 906 620**	**628 888**		**Zusammen**	
187 209 593	***90 379 203***	***916 821***			

Tabelle I 41

Deutsche Gesellschaften — Die

Versicherungsunternehmung: Nr.	Sitz	Name	Gesamtgewinn ℳ	den Kapitalreservefonds ℳ	sonstige Reserven ℳ
1			2	3	4
					Aktien
1	Berlin	Berlinische L.V.G.	2 298 644	—	—
2	»	Deutsche L.V.B.	600 290	30 014	22 811
3	»	Deutscher Anker	357 102	17 047	12 000
4	»	Deutschland	689 164	34 458	63 356
5	»	Friedrich Wilhelm	6 356 141	—	845 852
6	»	Nordstern Leben	3 796 059	—	91 800
7	»	Preußische L.V.A.G.	839 085	—	167 785
8	»	Prudentia	185 907	18 591	—
9	»	Victoria	32 896 795	—	612 422
10	Bremen	Bremer L.V.B.	771 113	38 539	14 645
11	Cöln	Concordia	3 225 949	—	114 278
12	Dresden	Urania	169 075	8 454	—
13	Düsseldorf	Vereins V.B.	43 950	2 197	—
15	Frankfurt	Frankfurter L.V.G.	1 399 802	—	35 000
16	»	Providentia	1 243 140	—	250 000
17	Hamburg	Janus	1 256 305	—	20 499
18	Leipzig	Teutonia	2 415 391	—	—
19	Ludwigshafen	Atlas	450 648	20 452	12 730
20	Lübeck	Deutsche L.V.G.	1 676 327	—	344 616
21	Magdeburg	Magdeb. L.V.G.	3 029 786	—	122 000
22	»	Wilhelma	3 120 273	—	513 538
23	Mannheim	Vita	233 280	10 995	—
24	München	Arminia	366 106	18 305	—
25	»	Bayer. V.B.	1 573 034	—	[2]) 519 400
26	Nürnberg	Nürnberger L.V.B.	301 661	15 083	6 396
27	Stettin	Germania	8 571 601	—	186 413
		Zusammen	**77 866 628**	**214 135**	**3 955 541**

Anmerkungen zu Tab. I 41: Hier ist der bilanzmäßige Gewinn verteilt. — [1]) Den Versicherten der Lebensversicherungsabteilung sind außerdem 704 501 ℳ Gewinn überwiesen worden; dieser Betrag ist in der Bilanz jedoch schon verrechnet. — [2]) Vor Feststellung des Überschusses sind 381 570 ℳ den Gewinnreserven der Versicherten überwiesen. —

Verteilung des Gewinns des Jahres 1909

Davon entfallen auf						
den Beamtenfonds ℳ	die Aktionäre ℳ	Tantiemen ℳ	die Versicherten ℳ	anderweit ℳ	Vortrag auf neue Rechnung ℳ	Nr.
5	6	7	8	9	10	
gesellschaften						
—	197 293	110 029	1 991 322	—	—	1
5 000	112 500	53 005	338 970	—	37 990	2
—	130 000	29 869	156 469	—	11 717	3
7 925	175 000	60 654	347 771	—	—	4
100 000	540 360	220 836	4 589 093	60 000	—	5
—	434 340	262 613	2 966 413	—	40 893	6
—	124 286	76 439	470 575	—	—	7
—	60 000	14 168	93 148	—	—	8
250 000	720 000	730 577	29 783 796	800 000	—	9
10 000	60 000	64 130	580 927	—	2 872	10
—	510 000	55 250	2 546 421	—	—	11
—	75 135	16 540	68 946	—	—	12
—	30 000	—	10 988	—	765	13
5 000	120 000	28 538	1 143 534	15 000	52 730	15
50 000	650 000	151 343	[1]) 30 000	—	111 797	16
—	107 500	80 696	1 047 610	—	—	17
60 000	72 000	69 987	2 213 404	—	—	18
—	150 000	59 541	180 550	—	27 375	19
—	95 625	72 264	1 163 822	—	—	20
30 000	228 000	152 216	2 497 570	—	—	21
—	900 000	117 600	1 589 135	—	—	22
—	60 000	23 338	115 887	1 200	21 860	23
—	250 000	80 226	[3])	—	17 575	24
60 000	750 000	73 750	[4])	50 000	119 884	25
—	60 000	31 441	188 741	—	—	26
—	360 000	30 000	7 905 188	90 000	—	27
577 925	**6 972 039**	**2 665 050**	**62 020 280**	**1 016 200**	**445 458**	

[3]) Außerdem sind dem Kriegsfonds der Lebensversicherungsabteilung 30 000 ℳ überwiesen worden, welche in der Bilanz bereits verrechnet sind. — [4]) Den Versicherten der Lebensversicherungsabteilung sind 920 542 ℳ überwiesen worden, welche in der Bilanz schon verrechnet sind.

Noch: Tabelle I 41

Deutsche Gesellschaften — Die

Nr.	Versicherungsunternehmung: Sitz	Name	Gesamtgewinn M	den Kapitalreservefonds M	sonstige Reserven M
	1		2	3	4
					Gegenseitigkeits
28	Braunschweig	Braunschweig. L.V.A.	56 102	5 610	—
29	Darmstadt	Renten- u. Lebens V.A.	123 980	—	—
30	Dresden	Sächsische Renten V.A.	—	—	—
45	Görlitz	Rothenburger V.A.	1 064 233	—	40 000
31	Gotha	Gothaer Lebens V.B.	10 546 636	—	695 126
32	Halle	Iduna	2 527 000	—	134 804
33	Hannover	Deutsche Militd. u. L.V.A.	1 283 868	57 429	228 806
34	»	Hannoversche L.V.A.	534 480	1 440	96 285
35	»	Preuß. Beamtenverein	4 122 833	658 208	614 197
36	Karlsruhe	Karlsruher L.V.	7 893 292	393 208	—
37	Leipzig	Leb.V.G.	11 624 717	—	500 000
38	Posen	Vesta	72 689	7 269	—
39	Potsdam	Deutsche L.V.	1 078 111	10 781	21 562
40	Schwerin	Mecklenb. L.V.B.	931 615	20 000	—
41	Stuttgart	Allg. Deutscher V.V.	[1] 1 181 487	—	95 961
42	»	Allg. Renten A.	1 041 444	4 384	[2] 1 037 060
43	»	Stuttgarter Lebens V.B.	11 610 546	—	102 717
		Zusammen	**55 693 033**	**1 158 329**	**3 566 518**

Anmerkungen zu Tab. I 41: Hier ist der bilanzmäßige Gewinn verteilt. — [1]) Gewinn lediglich aus der Lebensversicherung (große und kleine); der Rest des in der Bilanz (Tab. II 6) nachgewiesenen Gewinns ist, wie in Tab. II 8 dargestellt, verteilt. —

Verteilung des Gewinns des Jahres 1909

Davon entfallen auf: den Beamtenfonds ℳ	die Garanten ℳ	Tantiemen ℳ	die Versicherten ℳ	anderweit ℳ	Vortrag auf neue Rechnung ℳ	Nr.
5	6	7	8	9	10	
vereine						
5 049	—	—	45 443	—	—	28
—	22 847	—	101 133	—	—	29
—	—	—	—	—	—	30
—	—	—	1 024 233	—	—	45
—	—	—	9 851 510	—	—	31
—	—	118 752	2 264 914	8 530	—	32
—	—	83 132	714 501	200 000	—	33
—	—	4 368	432 387	—	—	34
—	—	—	2 850 428	—	—	35
—	—	—	7 430 084	70 000	—	36
—	—	—	11 124 717	—	—	37
—	2 617	6 740	56 063	—	—	38
37 530	—	85 412	922 826	—	—	39
—	—	—	911 615	—	—	40
—	—	28 538	1 056 988	—	—	41
—	—	—	—	—	—	42
—	—	—	11 477 829	30 000	—	43
42 579	**25 464**	**326 942**	**50 264 671**	**308 530**	—	

[3]) Aus diesem Betrage werden die Dividenden entnommen, die nach den Beschlüssen der Generalversammlung den Mitgliedern der Anstalt zuzuweisen sind.

Tabelle I 42

Deutsche Gesellschaften — Die Art und der Betrag

Versicherungsunternehmung			Inländische			
Nr.	Sitz	Name	Deutsche Reichs-anleihen ℳ	Preußische Staats-anleihen ℳ	Sonstige Staats-anleihen ℳ	Staatlich garantierte Anleihen ℳ
		1	2	3	4	5
						Aktien
1	Berlin	Berlinische L.V.G.[1]	250 000	664 000	500 000	—
2	»	Deutsche L.V.B.	—	—	—	—
3	»	Deutscher Anker	27 500	72 500	—	—
4	»	Deutschland	125 000	—	600 000	—
5	»	Friedrich Wilhelm	—	100 000	—	—
6	»	Nordstern Leben	250 000	2 409 400	792 000	900
7	»	Preußische L.V.A.G.[2] ..	8 800	—	—	—
8	»	Prudentia	182 000	114 200	32 500	—
9	»	Victoria	990 800	3 873 600	—	—
10	Bremen	Bremer L.V.B.[3]	159 700	518 050	322 000	—
11	Cöln	Concordia	1 827 000	4 420 450	293 000	—
12	Dresden	Urania	90 000	—	—	—
13	Düsseldorf ...	Vereins V.B.	220 000	580 000	—	—
15	Frankfurt	Frankfurter L.V.G.	138 000	705 250	181 200	274 900
16	»	Providentia	500 000	2 681 600	—	—
17	Hamburg	Janus	1 730 000	159 000	1 221 000	—
18	Leipzig	Teutonia	163 000	583 250	763 500	—
19	Ludwigshafen .	Atlas	225 000	—	128 500	—
20	Lübeck	Deutsche L.V.G.	—	—	100 000	—
21	Magdeburg ...	Magdeb. L.V.G.	—	557 850	—	—
22	» ...	Wilhelma[4]	200 700	496 100	7 000	—
23	Mannheim	Vita	50 000	—	100 000	—
24	München	Arminia	—	—	227 800	—
25	»	Bayer. V.B.[5]	620 000	352 000	902 286	—
26	Nürnberg	Nürnberger L.V.B.	—	—	60 000	—
27	Stettin	Germania	112 500	165 200	300	—
		Zusammen	**7 870 000**	**18 452 450**	**6 231 086**	**275 800**

Anmerkungen zu Tab. I 42: Zu den Kommunalanleihen sind die Provinzial-, Kreis- und Städte-Anleihen gerechnet. — [1]) Ohne die von einem Rückversicherer als Deckung für die Prämienreserve bei der Gesellschaft hinterlegten Bayerischen Staatspapiere, Preußischen Konsols und Aachener Stadtanleihe, die im Gesamtbetrage von 373 936 ℳ in der Bilanz bei den Wertpapieren eingestellt sind. — [2]) Einschl. eines aus der Bilanz mit 566 665 ℳ ausgeschiedenen Effektendepots für Prämienreserve in Händen der rückversicherten Gesellschaften. —

der Ende 1909 vorhandenen Wertpapiere (Nennwert)

Wertpapiere					Ausländische Wertpapiere				
	Pfandbriefe und Kommunalobligationen								
Kommunal-anleihen	der Hypotheken-banken	sonstiger Anstalten	Sonstige Schuld-verschrei-bungen	Aktien	Staatliche und kommunale Anleihen	Sonstige Schuld-verschrei-bungen	Aktien	Gesamt-summe	Nr.
ℳ	ℳ	ℳ	ℳ	ℳ	ℳ	ℳ	ℳ	ℳ	
6	7	8	9	10	11	12	13	14	
gesellschaften									
567 300	—	770 000	—	—	99 040	—	—	2 850 340	1
299 800	390 000	—	51 000	—	—	—	—	740 800	2
—	—	—	—	—	—	—	—	100 000	3
—	132 300	—	—	—	—	—	—	857 300	4
—	196 400	380 900	—	—	124 000	—	—	801 300	5
200 000	—	—	—	—	217 600	—	—	3 869 900	6
104 500	3 161 000	25 300	—	—	3 834 543	—	—	7 134 143	7
100 000	—	—	—	—	—	—	—	428 700	8
—	—	429 500	—	—	11 592 700	—	—	16 886 600	9
19 000	—	50 000	—	—	20 000	—	—	1 088 750	10
51 000	—	—	—	—	—	—	—	6 591 450	11
95 000	25 000	2 000	—	—	—	—	—	212 000	12
200 000	—	75 000	—	—	—	—	—	1 075 000	13
—	335 500	—	—	—	724 345	—	—	2 359 195	15
—	1 096 000	—	—	—	—	—	—	4 277 600	16
—	1 075 000	—	—	—	170 667	—	—	4 355 667	17
275 100	—	185 500	—	—	38 100	29 000	—	2 037 450	18
—	12 500	—	—	—	275 040	—	—	641 040	19
—	—	—	—	—	133 500	—	—	233 500	20
—	—	—	—	—	32 000	—	—	589 850	21
68 000	—	4 000	—	—	174 375	—	—	950 175	22
—	—	—	—	—	—	—	—	150 000	23
62 300	90 000	—	—	—	—	—	—	380 100	24
1 349 900	2 238 800	—	191 000	—	1 641 600	244 500	374 000	7 914 086	25
152 000	9 800	—	—	—	—	—	—	221 800	26
—	—	—	—	—	2 757 500	—	—	3 035 500	27
3 543 900	**8 762 300**	**1 922 200**	**242 000**	—	**21 835 010**	**273 500**	**374 000**	**69 782 246**	

[3]) Einschl. der Wertpapiere für Kautionsdarlehen an versicherte Beamte. Diese Kautionsdarlehen erscheinen in der Bilanz in der dafür vorgesehenen besonderen Spalte (vgl. S. 121 Sp. 7). — [4]) Ohne die Wertpapiere der Abteilung für Auslosungsversicherung im Betrage von 270 630 ℳ, welche in der Bilanz bei den Wertpapieren eingestellt sind. — [5]) Ohne die von einem Rückversicherer als Deckung für die Prämienreserve bei der Gesellschaft hinterlegten Wertpapiere im Betrage von 481 035 ℳ, welche in der Bilanz bei den Wertpapieren eingestellt sind.

Noch: Tabelle I 42

Deutsche Gesellschaften — Die Art und der Betrag

Versicherungsunternehmung			Inländische			
Nr.	Sitz	Name	Deutsche Reichsanleihen M	Preußische Staatsanleihen M	Sonstige Staatsanleihen M	Staatlich garantierte Anleihen M
1			2	3	4	5
						Gegenseitigkeits
28	Braunschweig .	Braunschweig. L.V.A....	—	50 500	1 200	—
29	Darmstadt ...	Renten- u. Lebens V.A.	—	100 000	303 200	—
30	Dresden	Sächsische Renten V.A..	100 000	100 000	482 500	—
45	Görlitz	Rothenburger V.A.	—	—	—	—
31	Gotha	Gothaer Lebens V.B. ...	1 000 000	1 507 000	—	624 000
32	Halle	Iduna	—	—	297 000	—
33	Hannover	Deutsche Militd. u. L.V.A.	300 000	1 627 650	1 154 000	—
34	»	Hannoversche L.V.A. ..	—	—	—	—
35	»	Preuß. Beamtenverein ..	551 500	1 800 000	260 000	—
36	Karlsruhe	Karlsruher L.V.	796 700	649 000	6 637 314	—
37	Leipzig	Leb.V.G.	1 194 300	350 000	4 143 900	—
38	Posen	Vesta	—	—	—	—
39	Potsdam	Deutsche L.V.	5 000	415 350	—	—
40	Schwerin	Mecklenb. L.V.B.	64 400	77 700	3 000	900
42	Stuttgart	Allg. Renten A.	1 413 100	100 000	750 000	—
43	»	Stuttgarter Lebens V.B..	1 800 000	600 000	1 438 100	—
		Zusammen	**7 225 000**	**7 377 200**	**15 470 214**	**624 900**

Anmerkung zu Tab. I 42: Zu den Kommunalanleihen sind die Provinzial-, Kreis- und Städte-Anleihen gerechnet.

der Ende 1909 vorhandenen Wertpapiere (Nennwert)

Wertpapiere					Ausländische Wertpapiere			Gesamtsumme	Nr.
Kommunalanleihen	Pfandbriefe und Kommunalobligationen der Hypothekenbanken	Pfandbriefe und Kommunalobligationen sonstiger Anstalten	Sonstige Schuldverschreibungen	Aktien	Staatliche und kommunale Anleihen	Sonstige Schuldverschreibungen	Aktien		
ℳ	ℳ	ℳ	ℳ	ℳ	ℳ	ℳ	ℳ	ℳ	
6	7	8	9	10	11	12	13	14	
vereine									
—	—	—	—	—	—	—	—	51 700	28
—	80 000	—	—	—	94 800	—	—	578 000	29
—	—	10 500	—	—	—	—	—	693 000	30
1 223 500	—	—	—	—	—	—	—	1 223 500	45
955 500	—	2 986 075	—	—	3 693 100	—	—	10 765 675	31
828 500	590 000	461 000	—	—	170 200	129 375	—	2 476 075	32
960 500	807 500	550 000	—	—	—	—	—	5 399 650	33
14 000	297 500	70 000	—	—	2 300	—	—	383 800	34
250 000	—	500 000	—	—	—	—	—	3 361 500	35
3 742 000	—	—	—	—	120 000	—	—	11 945 014	36
2 089 000	—	150 000	—	—	782 080	—	—	8 709 280	37
—	—	225 000	—	—	—	—	—	225 000	38
137 000	—	821 150	—	—	—	—	—	1 378 500	39
—	6 800	20 000	—	—	—	123 750	—	296 550	40
43 900	1 019 700	—	—	—	—	—	—	3 326 700	42
46 000	635 000	—	—	—	2 744 130	—	—	7 263 230	43
10 289 900	**3 436 500**	**5 793 725**	—	—	**7 606 610**	**253 125**	—	**58 077 174**	

Tabelle I 43

Versicherungseinrichtungen von Berufsvereinigungen

A k

Nr.	Sitz	Name	Verpflichtungen der Garanten ℳ	Kapitalanlagen ℳ	Forderungen ℳ
	1		2	3	4
46	Berlin	A. D. Pens.A. f. Lehrerinnen	—	11 510 585	145 066
47	»	Beamten V.V. d. D. Bank- u. Bankiergew.	—	140 000	542 429
48	»	Hinterbl.V.A. Beamten-Vereine	—	2 576 140	72 958
49	»	Sterbekasse u. V.A. d. D. Kriegerbundes	—	4 132 270	154 287
50	»	Sterbekasse D. Lehrer	—	6 514 345	395 264
51	Cöln	Ecclesia	225 000	69 776	37 795
52	Darmstadt	Sterbekasse D. Gastwirte	—	1 713 360	209 989
53	Düsseldorf	Sterbekasse D. Werkmeister	—	9 154 842	191 953
54	Hamburg	Hinterbl.K. d. Handl.Commis 1858	—	1 436 529	335 575
55	»	Pens.K. d. Handl.Commis 1858		12 302 652	416 803
56	Leipzig	Alt. u. Inv.K. D. Handl.Geh.	—	1 457 308	21 958
57	»	Witw. u. Wais.K. D. Handl.Geh.	—	1 228 969	50 306
58	Magdeburg	Begräbnis K. Privatbeamten V.	—	968 900	12 572
59	»	Pens.K. Privatbeamten V.	—	10 934 577	126 579
60	»	Witw.K. Privatbeamten V.	—	3 009 524	34 593
61	München	Lebensvers. f. D. Forstbeamte	—	3 271 114	32 801
62	»	Pens.A. D. Journalisten	—	1 811 612	78 498
63	Viersen	Sterbekasse D. Militäranwärter	—	515 600	40 636
		Zusammen	**225 000**	**72 748 103**	**2 900 062**

Anmerkungen zu Tab. I 43: Die Kapitalanlagen und die Forderungen sind in Tab. I 44 erläutert. — [1]) Der Verlust wird aus dem Reserve- und Stiftungsfonds gedeckt werden. — [2]) Darunter 500 000 ℳ aus einem auf ein Grundstück gegebenen Darlehen, welches im laufenden Jahre als Hypothek an erster Stelle eingetragen werden wird. —

— Bilanz für den Schluß des Jahres 1909

tiva

Kassen-bestand M	Inventar und Drucksachen M	Kautions-darlehen an Beamte M	Sonstige Aktiva M	Verlust M	Summe M	Nr.
5	6	7	8	9	10	
—	—	—	—	[1]) 126 879	11 782 530	46
248	4 000	—	105	—	686 782	47
6 523	1	—	2 746	—	2 658 368	48
7 074	1	—	[2]) 501 900	—	4 795 532	49
7 085	20 000	—	1 030	—	6 937 724	50
—	6 980	—	23 749	—	363 300	51
11 015	2 100	—	—	—	1 936 464	52
436	—	—	—	—	9 347 231	53
1 826	—	—	447	—	1 774 377	54
4 412	1	—	7 275	—	12 731 143	55
—	—	—	—	[3]) 6 314	1 485 580	56
—	—	—	—	—	1 279 275	57
976	—	—	—	—	982 448	58
662	—	—	55 925	—	11 117 743	59
623	—	—	[4]) 172 897	—	3 217 637	60
243	700	—	26 635	—	3 331 493	61
2 144	1	—	—	—	1 892 255	62
1 853	2 752	—	665	—	561 506	63
45 120	**36 536**	—	**793 374**	**133 193**	**76 881 888**	

[3]) Dieser Verlust wird aus dem Stiftungsfonds gedeckt werden. — [4]) Darunter 150 000 M Restkaufgeld des Gutes Prieschka.

Noch: Tabelle I 43

Versicherungseinrichtungen von Berufsvereinigungen

Pas

Nr.	Sitz	Name	Garantie-kapital ℳ	Kapital-reserve-fonds ℳ	Prämien-reserven und Prämien-überträge ℳ	Schaden-reserve ℳ	Gewinn-reserve der Versicherten ℳ
		1	2	3	4	5	6
46	Berlin	A. D. Pens.A. f. Lehrerinnen	—	78 347	10 893 208	2 115	—
47	»	Beamten V.V. d. D. Bank- u. Bankiergew.	—	100 000	543 564	—	—
48	»	Hinterbl.V.A. Beamten-Vereine .	—	183 000	2 053 669	13 459	—
49	»	Sterbekasse u. V.A. d. D. Kriegerbundes	—	460 000	3 975 038	2 708	30 812
50	»	Sterbekasse D. Lehrer	—	135 431	5 394 989	5 650	519 602
51	Cöln	Ecclesia	300 000	—	52 391	—	—
52	Darmstadt ..	Sterbekasse D. Gastwirte	—	11 454	1 751 657	9 241	17 181
53	Düsseldorf ..	Sterbekasse D. Werkmeister	—	803 305	8 033 043	14 784	—
54	Hamburg ...	Hinterbl.K. d. Handl.Commis 1858	35 500	85 744	1 485 710	9 500	73 156
55	» ...	Pens.K. d. Handl.Commis 1858 .	—	221 845	12 145 446	17 028	—
56	Leipzig	Alt. u. Inv.K. D. Handl.Geh. ...	—	—	1 377 489	482	—
57	»	Witw. u. Wais.K. D. Handl.Geh.	—	—	988 274	2 613	—
58	Magdeburg ..	Begräbnis K. Privatbeamten V...	—	63 532	691 553	500	131 900
59	» ..	Pens.K. Privatbeamten V	—	76 429	9 424 286	1 011	1 290 272
60	» ..	Witw.K. Privatbeamten V.	—	42 205	2 255 391	230	753 838
61	München ...	Lebensvers. f. D. Forstbeamte ..	—	45 177	3 071 580	2 257	87 033
62	» ...	Pens.A. D. Journalisten	—	89 717	1 265 843	1 733	—
63	Viersen	Sterbekasse D. Militäranwärter ..	—	40 000	398 046	—	—
		Zusammen	**335 500**	**2 436 186**	**65 801 177**	**83 311**	**2 903 794**

Anmerkungen zu Tab. I 43: Unter Kapitalreservefonds ist der in § 37 V.A.G. vorgeschriebene Reservefonds zu verstehen. — [1]) Darunter 49 901 ℳ Guthaben des Deutschen Privat-Beamten-Vereins. — [2]) Darunter 80 471 ℳ Guthaben des Deutschen Privat-Beamten-Vereins. — [3]) Darunter 40 602 ℳ diverse Guthaben.

— Bilanz für den Schluß des Jahres 1909

s i v a

Spezial-reserven	Guthaben anderer Versiche-rungs-unter-nehmungen	Bar-kautionen	Hypo-theken	Beamten-fonds	Sonstige Passiva	Gewinn: Jahres-überschuß	Gewinn: Vortrag aus dem Vorjahre	Summe	Nr.
ℳ	ℳ	ℳ	ℳ	ℳ	ℳ	ℳ	ℳ	ℳ	
7	8	9	10	11	12	13	14	15	
808 860	—	—	—	—	—	—	—	11 782 530	46
33 896	—	—	—	—	—	9 322	—	686 782	47
238 109	—	—	—	—	—	136 831	33 300	2 658 368	48
60 297	628	20	—	52 563	6 337	189 746	17 383	4 795 532	49
235 000	—	—	255 000	—	3 853	388 199	—	6 937 724	50
—	3 636	—	—	—	2 126	5 147	—	363 300	51
108 347	—	—	—	—	—	38 584	—	1 936 464	52
147 359	108 141	—	—	—	—	240 599	—	9 347 231	53
22 533	—	—	—	—	12 126	50 108	—	1 774 377	54
213 775	—	—	—	—	13 202	116 782	3 065	12 731 143	55
107 609	—	—	—	—	—	—	—	1 485 580	56
270 740	—	—	—	—	—	17 648	—	1 279 275	57
742	—	—	—	—	33 779	60 442	—	982 448	58
—	—	—	—	—	[1]) 62 192	263 553	—	11 117 743	59
—	—	—	—	—	[2]) 84 121	81 852	—	3 217 637	60
—	—	—	—	—	18 000	107 446	—	3 331 493	61
455 352	—	—	—	—	[3]) 53 064	4 131	22 415	1 892 255	62
58 477	—	—	—	—	3 920	60 482	581	561 506	63
2 761 096	**112 405**	**20**	**255 000**	**52 563**	**292 720**	**1 770 872**	**76 744**	**76 881 388**	

Tabelle I 44

Versicherungseinrichtungen von Berufsvereinigungen

Versicherungsunternehmung			Kapitalanlagen							
				davon entfallen auf						
Nr.	Sitz	Name	Insgesamt ℳ	Grundbesitz ℳ	Hypotheken ℳ	Darlehen an öffentliche Körperschaften ℳ	Darlehen auf Wertpapiere ℳ	Wertpapiere ℳ	Policedarlehen ℳ	Wechsel ℳ
		1	2	3	4	5	6	7	8	9
46	Berlin	A. D. Pens.A. f. Lehrerinnen	11 510 585	—	10 202 100	—	—	1 308 485	—	—
47	»	Beamten V.V. d. D. Bank- u. Bankiergew.	140 000	—	140 000	—	—	—	—	—
48	»	Hinterbl.V.A. Beamten-Vereine	2 576 140	—	2 432 800	—	—	136 897	6 443	—
49	»	Sterbekasse u. V.A. d. D. Kriegerbundes	4 132 270	—	3 047 500	—	—	1 054 338	30 432	—
50	»	Sterbekasse D. Lehrer	6 514 345	589 750	5 706 080	—	—	—	218 515	—
51	Cöln	Ecclesia	69 776	—	25 000	—	—	44 776	—	—
52	Darmstadt	Sterbekasse D. Gastwirte	1 713 360	—	1 496 772	—	—	105 504	111 084	—
53	Düsseldorf	Sterbekasse D. Werkmeister	9 154 842	—	5 413 822	2 115 296	—	1 625 724	—	—
54	Hamburg	Hinterbl.K. d. Handl.Commis 1858	1 436 529	—	1 086 000	—	—	133 990	216 539	—
55	»	Pens.K. d. Handl.Commis 1858	12 302 652	—	11 622 780	—	—	193 100	486 772	—
56	Leipzig	Alt. u. Inv.K. D. Handl.Geh.	1 457 308	—	793 000	—	—	664 308	—	—
57	»	Witw. u. Wais.K. D. Handl.Geh.	1 228 969	—	829 000	—	—	399 969	—	—
58	Magdeburg	Begräbnis K.Privatbeamten V.	968 900	—	880 600	—	—	55 520	32 780	—
59	»	Pens.K. Privatbeamten V.	10 934 577	—	10 797 300	—	—	137 277	—	—
60	»	Witw.K. Privatbeamten V.	3 009 524	—	2 823 350	—	—	186 174	—	—
61	München	Lebensvers. f. D. Forstbeamte	3 271 114	150 909	1 181 000	—	—	1 835 124	104 081	—
62	»	Pens.A. D. Journalisten	1 811 612	—	1 526 000	—	—	285 612	—	—
63	Viersen	Sterbekasse D. Militäranwärter	515 600	40 000	375 400	—	—	100 200	—	—
		Zusammen	**72 748 108**	**780 659**	**60 378 504**	**2 115 296**	—	**8 266 998**	**1 206 646**	—

Anmerkung zu Tab. I 44: [1]) Sparkassenguthaben.

— Die Art der Kapitalanlagen und der Aktivforderungen Ende 1909

Aktivforderungen							Von 1000 ℳ Kapitalanlagen entfallen auf							
Insgesamt	davon entfallen auf													
	Guthaben bei													
	Bankhäusern	anderen Versicherungsunternehmungen	gestundete Prämien	rückständige Zinsen und Mieten	Ausstände bei Agenten	sonstige Forderungen	Grundbesitz	Hypotheken	Darlehen an öffentliche Körperschaften	Darlehen auf Wertpapiere	Wertpapiere	Policedarlehen	Wechsel	Nr.
ℳ	ℳ	ℳ	ℳ	ℳ	ℳ	ℳ	ℳ	ℳ	ℳ	ℳ	ℳ	ℳ	ℳ	
10	11	12	13	14	15	16	17	18	19	20	21	22	23	
145 066	123 420	—	—	—	21 646	—	—	886	—	—	114	—	—	46
542 429	541 029	—	—	1 400	—	—	—	1 000	—	—	—	—	—	47
72 958	48 539	—	—	24 419	—	—	—	944	—	—	53	3	—	48
154 287	45 415	1 843	—	34 334	72 695	—	—	738	—	—	255	7	—	49
395 264	338	—	303 572	79 230	12 124	—	90	876	—	—	—	34	—	50
37 795	9 792	13 901	14 102	—	—	—	—	358	—	—	642	—	—	51
209 989	58 697	—	126 653	22 732	1 907	—	—	874	—	—	61	65	—	52
191 953	445	2 664	—	63 185	125 659	—	—	591	231	—	178	—	—	53
335 575	163 212	66 924	84 030	13 609	7 800	—	—	756	—	—	93	151	—	54
416 803	256 872	—	—	159 674	257	—	—	945	—	—	16	39	—	55
21 958	—	18 367	—	3 591	—	—	—	544	—	—	456	—	—	56
50 306	—	48 725	—	1 581	—	—	—	675	—	—	325	—	—	57
12 572	[1]) 309	—	—	9 325	2 938	—	—	909	—	—	57	34	—	58
126 579	[1]) 74	—	—	106 728	19 777	—	—	987	—	—	13	—	—	59
34 593	[1]) 57	—	—	27 414	7 122	—	—	938	—	—	62	—	—	60
32 801	4 984	—	—	26 326	1 491	—	46	361	—	—	561	32	—	61
78 498	45 753	—	—	6 385	26 360	—	—	842	—	—	158	—	—	62
40 636	36 661	—	—	3 975	—	—	78	728	—	—	194	—	—	63
2 900 062	**1 335 597**	**152 424**	**528 357**	**583 908**	**299 776**	—	**11**	**830**	**29**	—	**114**	**16**	—	

Tabelle I 45

Versicherungseinrichtungen von Berufsvereinigungen

Nr.	Versicherungsunternehmung: Sitz	Versicherungsunternehmung: Name	Gesamtgewinn ℳ	den Kapitalreservefonds ℳ	sonstige Reserven ℳ
	1		2	3	4
46	Berlin	A. D. Pens.A. f. Lehrerinnen	—	—	—
47	»	Beamten V.V. d. D. Bank- u. Bankiergew.	9 322	8 713	—
48	»	Hinterbl.V.A. Beamten-Vereine	170 131	17 100	—
49	»	Sterbekasse u. V.A. d. D. Kriegerbundes	207 129	40 000	10 000
50	»	Sterbekasse D. Lehrer	388 199	19 410	31 079
51	Cöln	Ecclesia	5 147	618	618
52	Darmstadt	Sterbekasse D. Gastwirte	38 584	3 858	28 938
53	Düsseldorf	Sterbekasse D. Werkmeister	240 599	—	—
54	Hamburg	Hinterbl.K. d. Handl.Commis 1858	50 108	12 527	2 505
55	»	Pens.K. d. Handl.Commis 1858	119 847	—	711
56	Leipzig	Alt. u. Inv.K. D. Handl.Geh.	—	—	—
57	»	Witw. u. Wais.K. D. Handl.Geh.	17 648	—	17 648
58	Magdeburg	Begräbnis K. Privatbeamten V.	60 442	5 623	—
59	»	Pens.K. Privatbeamten V	263 553	13 178	—
60	»	Witw.K. Privatbeamten V.	81 852	4 093	—
61	München	Lebensvers. f. D. Forstbeamte	107 446	26 861	—
62	»	Pens.A. D. Journalisten	26 546	—	—
63	Viersen	Sterbekasse D. Militäranwärter	61 063	5 000	19 977
		Zusammen	**1 847 616**	**156 981**	**111 476**

Anmerkung zu Tab. I 45: Hier ist der bilanzmäßige Gewinn verteilt.

— Die Verteilung des Gewinns des Jahres 1909

davon entfallen auf						
den Beamtenfonds ℳ	die Garanten ℳ	Tantiemen ℳ	die Versicherten ℳ	anderweit ℳ	Vortrag auf neue Rechnung ℳ	Nr.
5	6	7	8	9	10	
—	—	—	—	—	—	46
—	—	—	—	—	609	47
—	—	—	152 101	930	—	48
—	—	—	156 719	—	410	49
11 646	—	15 528	310 536	—	—	50
—	150	—	3 169	—	592	51
—	—	—	5 788	—	—	52
—	—	—	240 599	—	—	53
—	—	—	35 076	—	—	54
—	—	—	114 136	5 000	—	55
—	—	—	—	—	—	56
—	—	—	—	—	—	57
—	—	—	54 819	—	—	58
—	—	—	250 375	—	—	59
—	—	—	77 759	—	—	60
—	—	—	80 585	—	—	61
—	—	—	—	—	26 546	62
—	—	1 821	33 723	—	542	63
11 646	**150**	**17 349**	**1 515 385**	**5 930**	**28 699**	

Tabelle I 46

Versicherungseinrichtungen von Berufsvereinigungen — Die Art und

Versicherungsunternehmung			Inländische			
Nr.	Sitz	Name	Deutsche Reichs-anleihen ℳ	Preußische Staats-anleihen ℳ	Sonstige Staats-anleihen ℳ	Staatlich garantierte Anleihen ℳ
	1		2	3	4	5
46	Berlin	A. D. Pens.A. f. Lehrerinnen	—	542 650	40 800	300
47	»	Beamten V.V. d. D. Bank- u. Bankiergew.	—	—	—	—
48	»	Hinterbl.V.A. Beamten-Vereine .	—	42 000	—	—
49	»	Sterbekasse u. V.A. d. D. Kriegerbundes	170 000	60 000	—	—
50	»	Sterbekasse D. Lehrer	—	—	—	—
51	Cöln	Ecclesia	—	—	—	—
52	Darmstadt ..	Sterbekasse D. Gastwirte	112 000	—	—	—
53	Düsseldorf ..	Sterbekasse D. Werkmeister	669 000	228 000	—	—
54	Hamburg ...	Hinterbl.K. d. Handl.Commis 1858	50 000	—	90 000	—
55	» ...	Pens.K. d. Handl.Commis 1858 .	100 000	—	—	—
56	Leipzig	Alt. u. Inv.K. D. Handl.Geh. ...	29 000	100 000	196 500	—
57	»	Witw. u. Wais.K. D. Handl.Geh.	50 000	24 000	64 000	—
58	Magdeburg ..	Begräbnis K. Privatbeamten V...	—	21 500	—	—
59	» ..	Pens.K. Privatbeamten V.	10 000	58 800	—	—
60	» ..	Witw.K. Privatbeamten V.	—	122 800	15 000	—
61	München ...	Lebensvers. f. D. Forstbeamte ..	413 000	130 000	553 000	—
62	» ...	Pens.A. D. Journalisten	—	40 000	105 000	—
63	Viersen	Sterbekasse D. Militäranwärter ..	75 000	30 000	—	—
		Zusammen	**1 678 000**	**1 399 750**	**1 064 300**	**300**

Anmerkung zu Tab. I 46: Zu den Kommunalanleihen sind die Provinzial-, Kreis- und Städte-Anleihen gerechnet.

der Betrag der Ende 1909 vorhandenen Wertpapiere (Nennwert)

Wertpapiere					Ausländische Wertpapiere			Gesamtsumme	Nr.
Kommunalanleihen	Pfandbriefe und Kommunalobligationen der Hypothekenbanken	Pfandbriefe und Kommunalobligationen sonstiger Anstalten	Sonstige Schuldverschreibungen	Aktien	Staatliche und kommunale Anleihen	Sonstige Schuldverschreibungen	Aktien		
M	M	M	M	M	M	M	M	M	
6	7	8	9	10	11	12	13	14	
324 600	1 600	418 300	18 400	1 800	6 400	—	—	1 354 850	46
—	—	—	—	—	—	—	—	—	47
64 500	—	36 600	—	—	—	—	—	143 100	48
460 000	337 000	20 000	—	—	—	—	—	1 047 000	49
—	—	—	—	—	—	—	—	—	50
11 000	—	33 800	—	—	—	—	—	44 800	51
—	—	—	—	—	—	—	—	112 000	52
472 500	28 000	347 000	—	—	—	—	—	1 744 500	53
—	—	—	—	—	—	—	—	140 000	54
100 000	—	—	—	—	—	—	—	200 000	55
336 000	—	49 500	—	—	—	—	—	711 000	56
213 500	—	76 500	—	—	—	—	—	428 000	57
40 000	—	—	—	—	—	—	—	61 500	58
77 800	—	—	—	—	—	—	—	146 600	59
65 000	—	—	—	—	—	—	—	202 800	60
564 200	277 400	—	—	—	—	—	—	1 937 600	61
—	125 000	—	—	—	22 000	—	—	292 000	62
—	—	—	—	—	—	—	—	105 000	63
2 729 100	**769 000**	**981 700**	**18 400**	**1 800**	**28 400**	—	—	**8 670 750**	

Tabelle I 47

Ausländische im Deutschen Reiche arbeitende
Bilanz für den Schluß
A k

Versicherungsunternehmung: Nr.	Sitz	Name	Verpflichtungen der Aktionäre oder Garanten ℳ	Kapitalanlagen ℳ	Forderungen ℳ
	1		2	3	4
64	Amerika	Equitable	—	1 950 370 504	98 465 819
65	»	Germania	—	171 293 752	11 982 952
66	»	Mutual	—	2 309 555 748	34 627 694
67	»	New York	—	2 453 630 393	81 092 191
68	Dänemark	Hafnia	3 375 000	40 323 332	2 146 513
69	England	General Life Ass. C	—	33 367 867	1 470 071
70	»	Northern Ass. C.	Bei Gruppe IV (Tabelle IV 23) enthalten		
71	Frankreich	Le Conservateur	—	107 829 535	1 017 343
72	»	Le Phénix	2 240 000	294 882 500	11 735 142
73	Niederlande	Kosmos	4 100 625	43 868 508	2 987 184
74	»	Niederländische L.V.G.	906 667	89 083 557	2 775 807
75	Österr. Ungarn	Allianz	—	14 135 911	732 671
76	»	Anker	—	148 433 788	4 665 695
77	»	Assic. Generali	7 474 576	295 761 007	11 193 935
78	»	Gisela-Verein	—	64 820 124	2 039 028
79	»	Janus	—	30 153 140	1 376 057
80	»	Österr. Phönix	—	38 493 508	2 312 880
81	»	Wiener Leb. u. Rent.V.A.	—	32 538 514	2 427 201
82	Schweiz	Basler L.V.G.	7 200 000	81 319 634	4 411 868
83	»	La Genevoise	3 000 000	22 778 993	2 481 245
84	»	Schweizerische L.V. u. R.A.	—	81 394 897	1 947 579

Anmerkungen zu Tab. I 47: Die Kapitalanlagen und die Forderungen sind in Tab. I 48 erläutert. — [1]) Rückständige Prämien (Zahlungsfrist). — [2]) Darunter 13 850 519 ℳ rückständige Prämien (Zahlungsfrist). — [3]) Darunter 4 799 138 ℳ Grundrenten, 499 588 ℳ Pachtgelder und 1 167 553 ℳ Anwartschaften und Lebensinteressen. — [4]) Nämlich 21 551 172 ℳ Nackteigentum (d. i. Eigentum der Gesellschaft, dessen Einkünfte lebenslänglich von einer fremden Person bezogen werden) und 1 131 866 ℳ Nutznießungen. — [5]) Nämlich 2 735 398 ℳ aus der Verrechnung mit der Lebensversicherung resultierender Saldo, 9 618 229 ℳ Guthaben bei Rückversicherern für Prämienreserveergänzung, 7 942 884 ℳ Forderungen an Staaten und Länder und 473 207 ℳ verschiedene Schuldner. —

Gesellschaften — Gesamtgeschäft des Jahres 1909

tiva

Kassenbestand ℳ	Inventar und Drucksachen ℳ	Kautions-darlehen an Beamte ℳ	Sonstige Aktiva ℳ	Verlust ℳ	Summe ℳ	Nr.
5	6	7	8	9	10	
3 712 257	128 670	—	—	—	2 052 677 250	64
5 927	—	—	—	—	183 282 631	65
206 002	—	—	[1]) 9 295 929	—	2 353 685 373	66
1 069 203	—	—	[2]) 13 914 628	—	2 549 706 415	67
25 141	—	—	90 787	—	45 960 773	68
229 731	—	—	[3]) 8 991 729	—	44 059 398	69
Bei Gruppe IV (Tabelle IV 23) enthalten						70
155 530	1	—	33 631	—	109 036 040	71
139 985	—	—	[4]) 22 683 038	—	331 680 665	72
57 130	3	14 801	34 801	—	51 063 052	73
121 748	3	—	894 238	—	93 782 020	74
161 972	15 147	—	49 507	—	15 095 208	75
112 990	—	—	309 244	—	153 521 717	76
1 907 533	—	—	[5]) 20 769 718	—	337 106 769	77
23 319	48 751	—	—	—	66 931 222	78
93 882	47 146	—	749 613	—	32 419 838	79
384 377	17 000	—	[6]) 1 626 338	—	42 834 103	80
42 471	—	—	643 272	—	35 651 458	81
305 325	—	5 000	[7]) 2 273 589	—	95 515 416	82
23 423	1	—	3 981	—	28 287 643	83
61 872	—	—	672 326	—	84 076 674	84

[6]) Darunter 65 392 ℳ Darlehen an Genossenschaften, 488 105 ℳ Zeitwert angekaufter Leibrenten und Kapitalien, 180 146 ℳ verschiedene Schuldner, 296 968 ℳ restliche Forderung an die Aktionäre der Azienda Assicuratrice und 591 598 ℳ Vermögen der L.V.B. Patria. — [7]) Nämlich 1 888 500 ℳ Darlehen gegen Hinterlegung und 385 089 ℳ Verschiedenes.

Noch: Tabelle I 47

Ausländische im Deutschen Reiche arbeitende
Bilanz für den Schluß
Pas

Versicherungsunternehmung Nr.	Sitz	Name	Aktien- oder Garantie-kapital ℳ	Kapital-reserve-fonds ℳ	Prämienreserven und Prämienüberträge für: Lebens-versicherung ℳ	Prämienreserven und Prämienüberträge für: andere Ver-sicherungs-zweige ℳ	Schaden-reserve ℳ
		1	2	3	4	5	6
64	Amerika	Equitable	425 000	—	1 662 580 160	—	13 587 401
65	»	Germania	840 336	—	154 382 866	—	879 735
66	»	Mutual	—	—	1 871 382 340	—	16 470 581
67	»	New York	—	—	2 112 550 760	—	18 618 190
68	Dänemark	Hafnia	4 500 000	—	35 483 113	—	174 283
69	England	General Life Ass. C.	1 000 000	—	In Sp. 8 enthalten	—	479 804
70	»	Northern Ass. C.	Bei Gruppe IV (Tabelle IV 23) enthalten				
71	Frankreich....	Le Conservateur	800 000	400 000	105 902 061	—	—
72	»	Le Phénix..............	3 200 000	3 328 000	303 201 155	—	4 140 776
73	Niederlande ..	Kosmos	4 556 250	230 651	44 467 122	—	217 461
74	» ..	Niederländische L.V.G. ...	1 666 667	517 657	89 302 021	—	501 096
75	Österr.-Ungarn	Allianz	850 000	178 500	13 017 943	—	15 992
76	»	Anker	1 700 000	850 000	136 932 099	—	963 254
77	»	Assic. Generali	10 677 966	5 338 983	267 364 125	11 736 262	4 974 744
78	»	Gisela-Verein	—	—	64 424 774	—	255 329
79	»	Janus..................	—	852 134	28 628 328	—	121 970
80	»	Österr. Phönix	2 040 000	47 676	39 291 672	—	627 031
81	»	Wiener Leb. u. Rent.V.A. .	2 550 000	850 000	30 674 535	—	74 330
82	Schweiz	Basler L.V.G.	8 000 000	878 400	77 528 381	813 421	402 334
83	»	La Genevoise	4 000 000	200 242	22 960 909	—	64 893
84	»	Schweizerische L.V. u. R.A.	—	510 641	68 714 918	—	73 776

Anmerkungen zu Tab. I 47: ¹) Darunter 1 267 707 ℳ vorausgezahlte Prämien und 6 625 618 ℳ vorausgezahlte Zinsen und Mieten. — ²) Darunter 7 432 719 ℳ vorausbezahlte Prämien, Zinsen und Mieten und 361 810 ℳ fällige oder aufgelaufene Salaire, Mieten, Bureauspesen usw. — ³) Darunter 3 459 215 ℳ vorausbezahlte Prämien und 9 058 307 ℳ vorausbezahlte Zinsen auf Policedarlehen. — ⁴) Darunter 893 015 ℳ verschiedene Gläubiger. —

Gesellschaften — Gesamtgeschäft des Jahres 1909

siva

Gewinnreserven der Versicherten	Spezialreserven	Guthaben anderer Versicherungsunternehmungen	Barkautionen	Beamtenfonds	Sonstige Passiva	Gewinn: Jahresüberschuß	Gewinn: Vortrag aus dem Vorjahre	Summe	Nr.
M	M	M	M	M	M	M	M	M	
7	8	9	10	11	12	13	14	15	
267 332 278	29 152 891	—	—	—	[1]) 13 809 381	65 790 139	—	2 052 677 250	64
11 976 792	11 166 856	94 801	—	—	249 652	3 691 593	—	183 282 631	65
—	374 417 414	—	—	—	[2]) 9 212 826	82 202 212	—	2 353 685 373	66
285 521 634	51 208 360	—	—	—	[3]) 17 422 290	64 385 181	—	2 549 706 415	67
1 139 434	3 705 261	138 084	—	—	134 408	686 190	—	45 960 773	68
—	42 473 695	—	—	—	105 899	—	—	44 059 398	69
Bei Gruppe IV (Tabelle IV 23) enthalten									70
57 118	893 409	600 000	—	—	65 156	318 296	—	109 036 040	71
—	13 605 015	—	—	—	[4]) 1 281 720	2 629 577	294 422	331 680 665	72
495 280	449 708	166 618	15 097	—	184 184	280 681	—	51 063 052	73
—	1 059 260	21 186	1 166	—	385 942	327 025	—	93 782 020	74
189 241	319 442	19 090	—	258 051	43 427	187 982	15 540	15 095 208	75
3 694 160	5 317 070	450 358	—	1 678 460	[5]) 991 479	902 030	42 807	153 521 717	76
3 353 963	14 027 779	2 118 633	—	5 943 790	[6]) 5 053 090	6 505 610	11 824	337 106 769	77
—	630 166	—	—	140 559	[7]) 957 524	522 351	519	66 931 222	78
187 890	1 441 771	20 992	—	860 517	14 150	292 086	—	32 419 838	79
—	227 382	27 564	—	374 178	25 283	155 145	18 172	42 834 103	80
441 817	142 794	45 944	—	262 944	218 962	347 403	42 729	35 651 458	81
4 717 380	919 275	127 452	—	—	185 946	1 934 452	8 375	95 515 416	82
122 958	320 000	59 580	—	33 988	130 619	264 954	129 500	28 287 643	83
9 741 513	2 071 757	161 928	30 039	—	414 538	2 357 564	—	84 076 674	84

[5]) Darunter 953 654 M Zinsenüberträge. — [6]) Darunter 2 266 893 M verschiedene Gläubiger und 2 735 393 M aus der Verrechnung mit der Sachversicherung resultierender Saldo. — [7]) Darunter 510 480 M Fonds zur Ausstattung armer Mädchen.

Tabelle I 48

Ausländische im Deutschen Reiche arbeitende
Die Art der Kapitalanlagen und

Versicherungsunternehmung			Kapitalanlagen			
			Insgesamt	davon entfallen		
Nr.	Sitz	Name		Grund-besitz	Hypo-theken	Darlehen auf Wert-papiere
			ℳ	ℳ	ℳ	ℳ
		1	2	3	4	5
64	Amerika	Equitable	1 950 370 504	121 737 331	414 513 754	4 519 875
65	»	Germania	171 293 752	11 366 856	105 530 702	—
66	»	Mutual	2 309 555 748	110 459 187	540 983 626	—
67	»	New York	2 453 630 393	49 804 237	296 430 150	—
68	Dänemark	Hafnia	40 323 332	150 750	17 540 150	—
69	England	General Life Ass. C.	33 367 867	2 997 926	6 804 882	56 468
70	»	Northern Ass. C.	Bei Gruppe IV (Tabelle IV 24) enthalten			
71	Frankreich....	Le Conservateur	107 829 535	—	—	—
72	»	Le Phénix..............	294 882 500	64 132 491	24 449 833	161 440
73	Niederlande ..	Kosmos	43 868 508	3 729 447	28 587 484	619 866
74	» ..	Niederländische L.V.G. ...	89 083 557	13 170 667	12 381 785	1 459 506
75	Österr.-Ungarn	Allianz	14 135 911	1 966 527	8 870 111	—
76	»	Anker	148 433 788	7 851 383	80 235 820	1 275 000
77	»	Assic. Generali	295 761 007	36 879 929	29 123 820	3 058 592
78	»	Gisela-Verein	64 820 124	761 485	52 538 869	—
79	»	Janus..................	30 153 140	2 008 230	23 707 704	417 094
80	»	Österr. Phönix	38 493 508	7 062 244	10 331 276	1 137 025
81	»	Wiener Leb. u. Rent.V.A. .	32 538 514	4 380 050	10 853 564	—
82	Schweiz	Basler L.V.G.	81 319 634	3 831 500	55 949 392	—
83	»	La Genevoise	22 778 993	2 709 600	6 467 140	—
84	»	Schweizerische L.V. u. R.A.	81 394 897	3 148 000	60 338 465	310 720

Gesellschaften — Gesamtgeschäft
der Aktivforderungen Ende 1909

auf			Aktivforderungen						
				davon entfallen auf					
				Guthaben bei					
Wertpapiere	Policedarlehen	Wechsel	Insgesamt	Bankhäusern	anderen Versicherungsunternehmungen	gestundete Prämien	rückständige Zinsen und Mieten	Ausstände bei Agenten	Nr.
ℳ	ℳ	ℳ	ℳ	ℳ	ℳ	ℳ	ℳ	ℳ	
6	7	8	9	10	11	12	13	14	
154 791 079	254 808 465	—	98 465 819	46 361 276	850 000	21 211 637	17 389 966	12 652 940	64
37 532 057	16 864 137	—	11 982 952	6 107 845	—	1 469 884	2 390 673	2 014 550	65
383 848 238	274 264 697	—	34 627 694	11 059 499	—	7 191 383	16 376 812	—	66
705 161 247	402 234 759	—	81 092 191	36 281 281	593 364	16 182 785	28 034 761	—	67
18 850 683	3 781 749	—	2 146 513	1 187 780	50 845	—	262 361	645 527	68
21 233 332	2 275 259	—	1 470 071	406 437	—	—	457 130	606 504	69
		Bei Gruppe IV (Tabelle IV 24) enthalten							70
107 824 048	—	5 487	1 017 343	19 068	984 864	—	—	13 411	71
195 249 870	10 888 866	—	11 735 142	177 278	906 012	2 637 542	3 637 934	4 376 376	72
6 738 911	4 192 800	—	2 987 184	648 621.	282 297	1 195 549	341 716	519 001	73
55 491 353	6 580 246	—	2 775 807	524 640	157 218	—	972 166	1 121 783	74
1 982 482	1 316 791	—	732 671	130 494	7 819	—	15 015	579 343	75
47 442 023	10 348 612	1 280 950	4 665 695	2 669 176	460 420	—	375 680	1 160 419	76
199 854 034	26 351 455	493 177	11 193 935	4 896 531	798 524	—	1 457 758	4 041 122	77
9 321 935	2 197 835	—	2 039 028	434 765	—	481 363	415 514	707 386	78
1 309 490	2 710 622	—	1 376 057	784 808	90 493	—	226 555	274 201	79
15 593 662	4 369 301	—	2 312 880	526 556	1 023 691	—	213 068	549 565	80
14 657 086	2 632 859	14 955	2 427 201	1 813 369	49 756	—	123 525	440 551	81
16 620 633	4 900 069	18 040	4 411 868	1 232 214	3 068	1 642 802	415 252	1 118 532	82
12 933 982	635 829	32 442	2 481 245	27 085	2 060 209	199 379	66 868	127 704	83
13 370 210	4 225 706	1 796	1 947 579	405 188	29 838	426 027	978 312	108 214	84

Gruppe II

Unfall- und Haftpflichtversicherung

In den Tabellen sind für die Namen der Unternehmungen folgende Abkürzungen verwendet:

Deutsche Unternehmungen

Berlin, Allianz	für:	Allianz, Versicherungs-Aktien-Gesellschaft in Berlin.
» Deutschland	»	Deutschland, Lebensversicherungs-Aktien-Gesellschaft zu Berlin.
» Nordstern Unfall	»	Nordstern, Unfall- und Alters-Versicherungs-Aktien-Gesellschaft zu Berlin.
» Securitas	»	Securitas, Versicherungs-Aktien-Gesellschaft in Berlin.
» Victoria	»	Victoria zu Berlin, Allgemeine Versicherungs-Aktien-Gesellschaft.
Cöln, Cölnische U.V.A.G.	»	Cölnische Unfall-Versicherungs-Aktien-Gesellschaft in Cöln a. Rhein.
» Rhenania	»	Rhenania, Versicherungs-Aktien-Gesellschaft in Cöln a. Rhein.
Dresden, Urania	»	Urania, Aktiengesellschaft für Kranken-, Unfall- und Lebens-Versicherung zu Dresden.
Erfurt, Thuringia	»	Die Versicherungsgesellschaft Thuringia in Erfurt.
Frankfurt, Frankf. Transp. U. u. Gl.V.A.G.	»	Frankfurter Transport-, Unfall- und Glas-Versicherungs-Aktien-Gesellschaft in Frankfurt a. Main.
» Neptun	»	Wasserleitungsschäden- und Unfall-Versicherungsgesellschaft Neptun in Frankfurt a. Main.
» Providentia	»	Providentia, Frankfurter Versicherungs-Gesellschaft in Frankfurt a. Main.
Hamburg, Albingia	»	Albingia, Versicherungs-Aktien-Gesellschaft in Hamburg.
» Janus	»	Lebens- und Pensions-Versicherungs-Gesellschaft Janus in Hamburg.
» Nord-Deutsche V. G.	»	Nord-Deutsche Versicherungs-Gesellschaft in Hamburg.
Leipzig, Teutonia	»	Allgemeine Renten-, Kapital- und Lebensversicherungsbank Teutonia in Leipzig.
Ludwigshafen, Atlas	»	Atlas, Deutsche Lebensversicherungs-Gesellschaft in Ludwigshafen a. Rhein.
Magdeburg, Magdeb. L.V.G.	»	Magdeburger Lebens-Versicherungs-Gesellschaft.
» Wilhelma	»	Wilhelma in Magdeburg, Allgemeine Versicherungs-Aktien-Gesellschaft.
Mannheim, Mannheimer V.G.	»	Mannheimer Versicherungsgesellschaft.
» Oberrheinische V.G.	»	Oberrheinische Versicherungs-Gesellschaft in Mannheim.
München, Bayer. V.B.	»	Bayerische Versicherungs-Bank, Aktien-Gesellschaft, vormals Versicherungs-Anstalten der Bayerischen Hypotheken- und Wechselbank in München.

Neuß, Rheinland	für:	**Feuerversicherungs-Gesellschaft Rheinland.**
Nürnberg, Nürnberger L.V.B.	»	**Nürnberger Lebensversicherungs-Bank.**
Stettin, Germania	»	**Germania, Lebensversicherungs-Aktien-Gesellschaft zu Stettin.**
» **Preuß.** National V.G.	»	**Preußische National-Versicherungs-Gesellschaft zu Stettin.**
Stuttgart, Allg. Deutscher V.V.	»	**Allgemeiner Deutscher Versicherungs-Verein in Stuttgart auf Gegenseitigkeit.**
» Stuttg. Mit- u. Rück V.A.G.	»	**Stuttgarter Mit- und Rückversicherungs-Aktiengesellschaft in Stuttgart.**

Ausländische Unternehmungen

Österr.-Ungarn, **Erste Österr.** U.V.G.	für:	**Erste Österreichische Allgemeine Unfall-Versicherungs-Gesellschaft in Wien.**
» **Foncière**	»	**Foncière, Pester Versicherungs-Anstalt in Budapest.**
» **Internationale** U.V.A.G.	»	**Internationale Unfallversicherungs-Aktien-Gesellschaft in Wien.**
» **Österr.** Phönix	»	**K. K. privilegierte Versicherungs-Gesellschaft Österreichischer Phönix in Wien.**
Schweiz, **Basler** L.V.G.	»	**Basler Lebens-Versicherungs-Gesellschaft in Basel.**
» **Schweiz.** National V.G.	»	**Schweizerische National-Versicherungs-Gesellschaft in Basel.**
» **Schweiz.** U.V.A.G.	»	Schweizerische Unfallversicherungs-Aktiengesellschaft in Winterthur.
» Zürich	»	Zürich, Allgemeine Unfall- und Haftpflicht-Versicherungs-Aktien-Gesellschaft in Zürich.

abelle II 1 siehe S. 166

abelle II 2

Deutsche Gesellschaften — Vergleich des Geschäftsjahrs mit dem Vorjahre

Versicherungsunternehmung			Unfallversicherung				Haftpflichtversicherung			
			Zahl der Policen		Prämieneinnahme		Zahl der Policen		Prämieneinnahme	
Nr.	Sitz	Name	Ende 1908	Ende 1909	im Jahre 1908 ℳ	im Jahre 1909 ℳ	Ende 1908	Ende 1909	im Jahre 1908 ℳ	im Jahre 1909 ℳ
	1		2	3	4	5	6	7	8	9
1	Berlin	Allianz	73 729	82 664	1 501 512	1 575 798	307 207	334 469	4 025 941	4 323 287
2	»	Deutschland	1 857	2 237	89 627	247 571	4 161	6 386	106 442	263 296
3	»	Nordstern Unfall ...	34 867	34 734	2 194 040	2 218 989	40 560	43 187	979 917	1 131 144
4	»	Securitas	15 034	11 612	295 893	297 157	40 644	49 615	371 164	429 538
5	»	Victoria...........	225 412	247 196	9 445 182	9 879 507	84 293	99 413	1 736 353	1 709 447
6	Cöln	Cölnische U.V.A.G. .	92 297	94 006	3 316 473	3 429 244	87 983	88 269	1 820 611	1 858 503
7	»	Rhenania	56 151	57 192	2 047 533	2 093 424	18 474	21 146	685 451	820 195
8	Dresden	Urania.............	8 168	9 556	285 492	330 420	20 744	22 491	212 605	233 187
9	Erfurt	Thuringia	24 110	26 564	854 882	877 695	68 965	74 706	867 593	943 476
10	Frankfurt ...	Frankf. Transp. U. u. Gl.V.A.G.	38 044	39 645	1 974 527	2 161 686	122 830	130 092	5 823 601	6 034 781
11	» ...	Neptun	6 163	6 225	296 392	311 471	45 933	47 612	434 769	458 396
12	» ...	Providentia	12 451	12 545	650 939	665 256	29 753	32 955	376 843	479 855
13	Hamburg	Albingia	10 078	11 950	551 269	673 935	42 532	48 593	663 573	868 204
14	»	Janus	6 554	7 102	299 686	370 228	10 853	12 320	369 283	455 930
15	»	Nord-Deutsche V.G..	776	558	31 356	26 999	4 136	2 905	42 331	38 825
16	Leipzig	Teutonia	23 265	22 603	948 623	931 504	—	—	—	—
17	Ludwigshafen	Atlas	11 753	12 882	443 335	474 519	27 317	30 113	472 286	575 325
18	Magdeburg ..	Magdeb. L.V.G.	32 566	33 433	1 063 565	1 122 760	6 188	8 606	122 358	157 307
19	» ..	Wilhelma	67 729	91 215	2 284 959	2 816 186	231 416	241 895	3 041 893	3 220 697
20	Mannheim ...	Mannheimer V.G ..	30 353	33 534	797 072	880 219	44 383	50 435	798 823	977 752
21	» ...	Oberrheinische V.G..	55 099	50 323	1 565 589	1 323 973	119 969	126 138	1 622 201	1 656 633
22	München	Bayer. V.B.	8 574	8 661	340 067	366 810	25 228	26 966	435 892	475 919
23	Neuß	Rheinland..........	3 753	4 425	140 466	162 570	20 172	22 245	199 781	223 073
24	Nürnberg	Nürnberger L.V.B...	7 728	7 761	2 821 743	2 451 561	4 027	5 838	89 957	126 818
25	Stettin.......	Germania	953	2 166	86 626	165 094	1 846	4 571	45 018	157 139
26	»	Preuß. National V.G.	13 183	13 809	758 161	819 898	36 960	45 634	492 577	694 770
27	Stuttgart	Allg. Deutscher V.V.	[1])128502	[1]) 139 074	4 696 480	5 045 403	[1]) 520 247	[1])533 029	14 468 619	15 125 640
28	»	Stuttg. Mit- u. Rück. V.A.G.	2 692	3 766	150 613	150 731	12 036	12 364	229 527	200 580
		Zusammen	**991 841**	**1 067 438**	**39 932 102**	**41 870 608**	**1 978 857**	**2 121 993**	**40 535 409**	**43 639 717**

Anmerkungen zu Tab. II 2: Die Prämieneinnahmen sind die Einnahmen des Geschäftsjahrs ohne Berücksichtigung der Überträge aus dem Vorjahr und der Überträge in das folgende Jahr. — Die Rückversicherung ist eingeschlossen. — [1]) Nur die selbst abgeschlossenen Versicherungen; die Zahl der in Rückdeckung übernommenen Versicherungen ist nicht bekannt.

Tabelle II 1

Deutsche Gesellschaften — Die Zahl der Ende 1909 laufenden

Nr.	Sitz	Name	Zahl der Policen	Unfallver: Prämieneinnahme für selbst abgeschlossene Versicherungen	Unfallver: Prämieneinnahme für in Rückdeckung übernommene Versicherungen
			M	M	M
		1	2	3	4
1	Berlin	Allianz	82 664	947 760	628 038
2	»	Deutschland	2 237	247 571	—
3	»	Nordstern Unfall	34 734	2 164 152	54 837
4	»	Securitas	11 612	290 842	6 315
5	»	Victoria	247 196	9 879 507	—
6	Cöln	Cölnische U.V.A.G.	94 006	3 400 177	29 067
7	»	Rhenania	57 192	1 927 629	165 795
8	Dresden	Urania	9 556	254 348	76 072
9	Erfurt	Thuringia	26 564	864 748	12 947
10	Frankfurt	Frankf. Transp. U. u. Gl.V.A.G.	39 645	2 111 793	49 893
11	»	Neptun	6 225	311 205	266
12	»	Providentia	12 545	665 244	12
13	Hamburg	Albingia	11 950	620 899	53 036
14	»	Janus	7 102	362 388	7 840
15	»	Nord-Deutsche V.G.	558	26 999	—
16	Leipzig	Teutonia	22 603	899 360	32 144
17	Ludwigshafen	Atlas	12 882	472 685	1 834
18	Magdeburg	Magdeb. L.V.G.	33 433	971 562	151 198
19	»	Wilhelma	91 215	2 420 694	395 492
20	Mannheim	Mannheimer V.G.	33 534	846 359	33 860
21	»	Oberrheinische V.G.	50 323	1 189 287	134 686
22	München	Bayer. V.B.	8 661	360 434	6 376
23	Neuß	Rheinland	4 425	162 372	198
24	Nürnberg	Nürnberger L.V.B.	7 761	2 451 219	342
25	Stettin	Germania	2 166	165 094	—
26	»	Preuß. National V.G.	13 809	802 656	17 242
27	Stuttgart	Allg. Deutscher V.V.	[1]) 139 074	5 029 469	15 934
28	»	Stuttg. Mit u. Rück V.A.G.	3 766	86 613	64 118
		Zusammen	**1 067 438**	**39 933 066**	**1 937 542**
		Davon mit Gewinnbeteiligung:	178 943	11 101 890	—

Anmerkungen zu Tab. II 1: Die Prämieneinnahmen sind die Einnahmen des Geschäftsjahrs ohne Berücksichtigung der Überträge aus dem Vorjahr und der Überträge in das folgende Jahr. — [1]) Nur die selbst abgeschlossenen Versicherungen; die Zahl der in Rückdeckung übernommenen Versicherungen ist nicht bekannt.

Tabelle II 2 siehe S. 165.

Versicherungen und die Prämien des Geschäftsjahrs 1909

sicherung		Haftpflichtversicherung					
			Prämieneinnahme für				
Gezahlte Rückversicherungsprämien	Prämien für eigene Rechnung	Zahl der Policen	selbst abgeschlossene Versicherungen	in Rückdeckung übernommene Versicherungen	Gezahlte Rückversicherungsprämien	Prämien für eigene Rechnung	Nr.
ℳ	ℳ	ℳ	ℳ	ℳ	ℳ	ℳ	
5	6	7	8	9	10	11	
788 325	787 473	334 469	3 985 847	337 440	2 367 252	1 956 035	1
53 479	194 092	6 386	263 296	—	173 524	89 772	2
399 189	1 819 800	43 187	1 107 104	24 040	354 787	776 357	3
62 791	234 366	49 615	402 994	26 544	71 569	357 969	4
405 883	9 473 624	99 413	1 709 447	—	69 538	1 639 909	5
1 035 184	2 394 060	88 269	1 856 258	2 245	616 286	1 242 217	6
341 313	1 752 111	21 146	691 102	129 093	368 997	451 198	7
100 309	230 111	22 491	233 014	173	82 935	150 252	8
144 725	732 970	74 706	942 250	1 226	473 565	469 911	9
640 364	1 521 322	130 092	5 734 429	300 352	2 732 006	3 302 775	10
97 380	214 091	47 612	457 443	953	110 850	347 546	11
154 094	511 162	32 955	477 572	2 283	193 275	286 580	12
265 747	408 188	48 593	685 495	182 709	242 474	625 730	13
117 857	252 371	12 320	455 930	—	304 098	151 832	14
26 999	—	2 905	38 825	—	38 825	—	15
96 998	834 506	—	—	—	—	—	16
59 572	414 947	30 113	562 637	12 688	95 167	480 158	17
107 466	1 015 294	8 606	149 323	7 984	86 094	71 213	18
66 787	2 749 399	241 895	2 983 392	237 305	247 227	2 973 470	19
215 963	664 256	50 435	960 928	16 824	293 669	684 083	20
687 586	636 387	126 138	1 477 316	179 317	895 667	760 966	21
176 787	190 023	26 966	465 408	10 511	256 080	219 839	22
51 207	111 363	22 245	222 501	572	27 499	195 574	23
136 331	2 315 230	5 838	111 392	15 426	80 482	46 336	24
61 968	103 126	4 571	157 139	—	72 258	84 881	25
134 162	685 736	45 634	694 770	—	202 641	492 129	26
241 717	4 803 686	1) 533 029	15 056 074	69 566	1 020 593	14 105 047	27
28 950	121 781	12 364	156 622	43 958	23 568	177 012	28
6 699 133	**35 171 475**	**2 121 993**	**42 038 508**	**1 601 209**	**11 500 926**	**32 138 791**	
531 199	10 570 691	533 034	15 021 974	—	1 017 054	14 004 920	

Tabelle II 3

Deutsche Gesellschaften — Die Betriebseinnahmen und -ausgaben

Versicherungsunternehmung			Betriebseinnahmen						
			Prämien für das Geschäftsjahr						
Nr.	Sitz	Name	Unfallversicherung	Haftpflichtversicherung	Policegebühren	Vergütungen der Rückversicherer	Unterschied zwischen der Schadenreserve und den Zahlungen für Vers.-Fälle der Vorjahre aus selbst abgeschl. Versicherungen	Verminderung der Prämienreserve	Summe der Betriebseinnahmen
			ℳ	ℳ	ℳ	ℳ	ℳ	ℳ	ℳ
1			2	3	4	5	6	7	8
1	Berlin	Allianz	1 562 562	4 283 334	43 139	2 860 355	—	—	8 749 390
2	»	Deutschland	244 575	234 736	3 824	142 155	—	—	625 290
3	»	Nordstern Unfall	2 127 469	1 047 148	18 178	553 838	247 441	—	3 994 074
4	»	Securitas	297 535	415 152	6 977	94 577	—	26 667	840 908
5	»	Victoria	9 803 743	1 178 301	67 925	355 468	766 156	—	12 171 593
6	Cöln	Cölnische U.V.A.G.	3 328 856	1 763 099	13 928	1 459 818	—	—	6 565 701
7	»	Rhenania	2 042 122	770 195	19 392	500 580	187 210	—	3 519 499
8	Dresden	Urania	290 259	199 734	5 897	202 658	34 017	—	732 565
9	Erfurt	Thuringia	883 053	886 642	•19 971	501 538	—	—	2 291 204
10	Frankfurt	Frankf. Transp.U. u. Gl.V.A.G.	2 153 686	5 951 781	35 891	3 200 372	—	—	11 341 730
11	»	Neptun	309 605	447 368	9 456	134 149	48 671	—	949 249
12	»	Providentia	675 137	435 278	12 461	262 286	—	14 854	1 400 016
13	Hamburg	Albingia	647 730	803 359	17 329	309 321	—	—	1 777 739
14	»	Janus	374 595	452 624	6 356	249 881	—	—	1 083 456
15	»	Nord-Deutsche V.G.	26 999	38 825	—	— 11	—	11	65 824
16	Leipzig	Teutonia	930 329	—	3 701	97 039	100 774	—	1 131 843
17	Ludwigshafen	Atlas	466 573	528 267	5 630	102 438	—	—	1 102 908
18	Magdeburg	Magdeb. L.V.G.	1 093 657	152 101	7 658	134 923	115 945	—	1 504 284
19	»	Wilhelma	2 605 752	3 171 551	47 941	179 589	1 066 094	—	7 070 927
20	Mannheim	Mannheimer V.G.	866 822	929 818	12 151	348 271	—	—	2 157 062
21	»	Oberrheinische V.G.	1 314 266	1 583 302	29 462	1 316 016	49 362	—	4 292 408
22	München	Bayer. V.B.	370 518	466 438	8 350	283 721	41 355	—	1 170 382
23	Neuß	Rheinland	152 598	210 208	8 136	39 705	42 944	—	453 591
24	Nürnberg	Nürnberger L.V.B.	2 455 073	121 342	5 587	151 314	30 001	—	2 763 317
25	Stettin	Germania	143 434	121 404	8 101	61 534	—	—	334 473
26	»	Preuß. National V.G.	814 898	638 253	16 210	208 248	—	—	1 677 609
27	Stuttgart	Allg. Deutscher V.V.	4 921 092	14 655 602	16 188	565 219	642 614	—	20 800 715
28	»	Stuttg. Mit- u. Rück. V.A.G.[2])	149 019	188 138	4 887	83 254	32 414	—	457 712
		Zusammen	**41 051 957**	**41 674 000**	**454 726**	**14 398 256**	**3 404 998**	**41 532**	**101 025 469**

Anmerkungen zu Tab. II 3: Die Betriebseinnahmen und -ausgaben beziehen sich nur auf den Betrieb im Berichtsjahre; es ist nicht die volle Prämienreserve zu Anfang des Jahres in Einnahme und zu Ende des Jahres in Ausgabe gestellt, sondern es ist ihre Änderung, wie sie der Jahresbetrieb bedingt hat, eingestellt. — Die Prämien für das Geschäftsjahr (Spalten 2 und 3) sind die im Geschäftsjahre für alle überhaupt abgeschlossenen Versicherungen vereinnahmten Prämien, vermehrt um die Prämienüberträge aus dem Vorjahr und vermindert um die Überträge auf das folgende Jahr. — Die Zahlungen für selbst abgeschlossene Versicherungen (Spalte 9) und für in Rückdeckung übernommene Versicherungen (Spalte 11) beziehen sich auf Schäden, die im Geschäftsjahr entstanden oder als laufende Renten aus dem Vorjahr übernommen sind; sie sind in Tabelle II 4 erläutert. —

der Unfall- und Haftpflichtversicherung des Jahres 1909

Betriebsausgaben: Zahlungen aus selbst abgeschlossenen Versicherungen: für Versicherungsfälle im Geschäftsjahre ℳ	Zahlungen aus selbst abgeschlossenen Versicherungen: für vorzeitig aufgelöste Versicherungen ℳ	Vergütungen für in Rückdeckung übernommene Versicherungen ℳ	Rückversicherungsprämien: Unfallversicherung ℳ	Rückversicherungsprämien: Haftpflichtversicherung ℳ	Unterschied zwischen der Schadenreserve und den Zahlungen für Vers.-Fälle der Vorjahre aus selbst abgeschl. Versicherungen ℳ	Vermehrung der Prämienreserve ℳ	Summe der Betriebsausgaben ℳ	Verwaltungskosten und Steuern ℳ	Nr.
9	10	11	12	13	14	15	16	17	
1 810 698	6 145	952 794	788 325	2 367 252	240 908	260 493	6 426 615	2 186 695	1
215 951	—	—	53 479	173 524	4 084	12 619	459 657	155 382	2
1 681 084	20 630	142 755	399 189	354 787	—	119 135	2 717 580	1 221 588	3
214 438	—	37 309	62 791	71 569	14 163	—	400 270	346 109	4
4 841 314	244 199	1 074	405 883	69 538	—	2 532 057	8 094 065	4 373 713	5
2 564 607	2 166	67 967	1 035 184	616 286	132 626	42 610	4 461 446	1 547 354	6
1 407 088	—	335 837	341 313	368 997	—	27 305	2 480 540	819 490	7
149 091	1 079	67 849	100 309	82 935	—	26 022	427 285	240 048	8
711 104	3 808	7 711	144 725	473 565	5 363	55 347	1 401 623	691 211	9
3 348 200	1 765	304 201	640 364	2 732 006	583 465	23 478	7 633 479	3 269 998	10
245 292	2 910	2 701	97 380	110 850	—	3 084	462 217	387 493	11
428 744	—	341	154 094	193 275	83 124	—	859 578	543 538	12
304 992	3 381	135 282	265 747	242 474	20 692	11 222	983 790	683 842	13
116 358	4 033	11 179	117 857	304 098	57 374	12 144	623 043	343 619	14
—	—	—	[1]) 26 999	[1]) 38 825	—	—	65 824	—	15
499 396	6 571	55 693	96 998	—	—	100 905	759 563	294 768	16
326 380	6 023	9 914	59 572	95 167	55 996	26 949	580 001	426 142	17
626 496	12 882	222 355	107 466	86 094	—	81 022	1 136 315	372 625	18
3 364 152	36 832	533 371	66 787	247 227	—	338 073	4 586 442	2 293 761	19
614 576	—	74 707	215 963	293 669	137 327	11 341	1 347 583	789 789	20
1 010 325	2 012	371 627	687 586	895 667	—	84 641	3 051 858	1 118 279	21
281 797	—	26 726	176 787	256 080	—	1 618	743 008	341 201	22
142 681	—	786	51 207	27 499	—	2 689	224 862	155 768	23
1 976 219	2 350	14 206	136 331	80 482	—	3 724	2 213 312	563 072	24
48 766	77	—	61 968	72 258	3 426	17 147	203 642	130 188	25
458 548	19 755	27 177	134 162	202 641	26 128	97 000	965 411	737 048	26
9 517 846	2 118	183 058	241 717	1 020 593	—	190 291	11 155 623	5 797 325	27
78 257	—	172 290	28 950	23 568	—	8 705	311 770	149 191	28
36 984 400	**378 736**	**3 758 910**	**6 699 133**	**11 500 926**	**1 364 676**	**4 089 621**	**64 776 402**	**29 979 237**	

Aus dem Unterschiede zwischen der Schadenreserve aus dem Vorjahr und den Zahlungen für Versicherungsfälle der Vorjahre (Spalte 6 und 14) **allein darf weder auf eine reichliche noch auf eine unzulängliche Bemessung der Schadenreserve geschlossen werden;** denn aus der Schadenreserve des Vorjahrs sind einerseits auch andere Leistungen als Zahlungen für Versicherungsfälle der Vorjahre zu bewirken; anderseits werden die Zahlungen meist einschl. des Anteils der Rückversicherer eingestellt, während bei der Berechnung der Schadenreserve dieser Anteil nicht berücksichtigt wird. — [1]) Abgegebenes Portefeuille. — [2]) Nur Rückversicherungsgeschäft.

Tabelle II 4

Deutsche Gesellschaften — Die Zahlungen für selbst abgeschlossene Versicherungen

Versicherungsunternehmung			Zahlungen der Vorjahre aus selbst abgeschlossenen Versicherungen	Unfallversicherungsfälle	
Nr.	Sitz	Name		erledigt	schwebend
			ℳ	ℳ	ℳ
	1		2	3	4
1	Berlin	Allianz	1 947 762	132 928	62 335
2	»	Deutschland	13 157	6 326	212
3	»	Nordstern Unfall	624 511	231 812	45 287
4	»	Securitas	124 320	35 674	15 775
5	»	Victoria	1 276 725	605 655	156 607
6	Cöln	Cölnische U.V.A.G.	2 917 120	994 639	592 462
7	»	Rhenania	632 790	376 326	136 728
8	Dresden	Urania	70 323	26 577	6 500
9	Erfurt	Thuringia	454 936	139 433	11 048
10	Frankfurt	Frankf. Transp. U. u. Gl.V.A.G.	2 758 465	240 213	76 230
11	»	Neptun	174 729	26 818	3 000
12	»	Providentia	216 125	102 091	11 300
13	Hamburg	Albingia	155 740	54 120	15 987
14	»	Janus	136 259	22 606	2 648
15	»	Nord-Deutsche V.G.	—	—	—
16	Leipzig	Teutonia	117 248	100 644	15 226
17	Ludwigshafen	Atlas	286 611	65 578	12 724
18	Magdeburg	Magdeb. L.V.G.	233 767	152 035	59 995
19	»	Wilhelma	1 734 629	337 330	92 683
20	Mannheim	Mannheimer V.G.	442 327	128 720	33 000
21	»	Oberrheinische V.G.	526 914	147 976	46 560
22	München	Bayer. V.B.	144 349	55 768	6 722
23	Neuß	Rheinland	52 786	13 889	10 920
24	Nürnberg	Nürnberger L.V.B.	96 262	65 730	22 713
25	Stettin	Germania	8 664	6 928	—
26	»	Preuß. National V.G.	190 010	79 734	6 387
27	Stuttgart	Allg. Deutscher V.V.	9 089 526	702 710	290 727
28	»	Stuttg. Mit- u. Rück V.A.G.	39 903	6 677	731
		Zusammen	**24 465 958**	**4 858 937**	**1 734 507**

Anmerkungen zu Tab. II 4: Unter Prämienreserveergänzung (Spalte 21 u. 22) sind diejenigen Zahlungen zu verstehen, welche die Rückdeckung gewährende Gesellschaft gemäß § 58 V.A.G. an die rückversicherte Gesellschaft geleistet hat. —

und die Vergütungen für in Rückdeckung übernommene Versicherungen im Jahre 1909

Davon entfallen auf						
Haftpflichtversicherungsfälle		laufende Renten		Prämienrückgewährbeträge		Nr.
erledigt	schwebend	abgehoben	nicht abgehoben	abgehoben	nicht abgehoben	
M	M	M	M	M	M	
5	6	7	8	9	10	
1 006 457	722 849	21 873	1 320	—	—	1
2 423	4 196	—	—	—	—	2
88 017	249 847	—	—	2 620	6 928	3
43 069	29 740	62	—	—	—	4
68 156	274 891	118 089	—	42 070	11 257	5
572 914	757 011	94	—	—	—	6
68 831	50 905	—	—	—	—	7
26 016	11 230	—	—	—	—	8
126 129	174 936	3 390	—	—	—	9
1 745 145	680 101	11 949	1 935	2 892	—	10
41 811	103 100	—	—	—	—	11
46 333	56 401	—	—	—	—	12
36 096	49 537	—	—	—	—	13
92 139	18 866	—	—	—	—	14
—	—	—	—	—	—	15
—	—	1 134	244	—	—	16
103 808	103 587	914	—	—	—	17
8 173	12 139	—	—	554	871	18
391 167	909 260	1 192	922	1 489	586	19
136 607	144 000	—	—	—	—	20
178 885	153 030	88	375	—	—	21
31 052	50 615	192	—	—	—	22
2 657	25 320	—	—	—	—	23
1 115	6 188	436	80	—	—	24
1 676	60	—	—	—	—	25
48 476	53 010	810	—	1 593	—	26
3 155 479	4 922 477	18 133	—	—	—	27
24 417	8 078	—	—	—	—	28
8 047 048	**9 571 374**	**178 356**	**4 876**	**51 218**	**19 642**	

Die Vergütungen für eingetretene Versicherungsfälle bei den in Rückdeckung übernommenen Versicherungen umfassen sowohl die gezahlten wie auch die zurückgestellten Beträge. — Die sonstigen Leistungen für die in Rückdeckung übernommenen Versicherungen (Spalte 26) sind fast ausschließlich Anteile an den Verwaltungskosten.

Noch: Tabelle II 4

Deutsche Gesellschaften — Die Zahlungen für selbst abgeschlossene Versicherungen

Versicherungsunternehmung			Zahlungen des Geschäftsjahrs aus selbst abgeschlossenen Versicherungen	Davon ent			
				Unfallversicherungsfälle		Haftpflichtversicherungsfälle	
Nr.	Sitz	Name		erledigt	schwebend	erledigt	schwebend
			ℳ	ℳ	ℳ	ℳ	ℳ
	1		11	12	13	14	15
1	Berlin	Allianz	1 810 698	230 560	146 265	609 270	647 749
2	»	Deutschland	215 951	162 747	4 730	12 141	36 333
3	»	Nordstern Unfall	1 681 084	741 133	445 224	104 347	229 901
4	»	Securitas	214 438	106 965	29 606	27 894	44 660
5	»	Victoria	4 841 314	1 306 532	1 330 271	47 914	272 164
6	Cöln	Cölnische U.V.A.G.	2 564 607	1 129 437	708 421	181 276	479 490
7	»	Rhenania	1 407 088	705 625	501 436	28 319	80 500
8	Dresden	Urania	149 091	65 286	27 079	18 681	35 169
9	Erfurt	Thuringia	711 104	306 305	126 634	85 446	157 439
10	Frankfurt	Frankf. Transp. U. u. Gl.V.A.G.	3 348 200	608 913	325 265	1 247 141	1 001 035
11	»	Neptun	245 292	72 897	70 648	12 541	73 869
12	»	Providentia	428 744	242 398	71 630	80 276	18 152
13	Hamburg	Albingia	304 992	151 738	48 147	27 878	73 336
14	»	Janus	116 358	41 136	14 933	21 408	34 183
15	»	Nord-Deutsche V.G.	—	—	—	—	—
16	Leipzig	Teutonia	499 396	321 123	153 208	—	—
17	Ludwigshafen	Atlas	326 380	115 860	64 596	27 863	94 196
18	Magdeburg	Magdeb. L.V.G.	626 496	265 327	251 737	9 431	34 360
19	»	Wilhelma	3 364 152	833 370	766 948	260 433	1 234 808
20	Mannheim	Mannheimer V.G.	614 576	267 169	111 000	82 236	140 000
21	»	Oberrheinische V.G.	1 010 325	427 981	118 855	161 219	184 682
22	München	Bayer. V.B.	281 797	85 109	64 494	39 756	86 312
23	Neuß	Rheinland	142 681	46 700	34 147	4 115	57 719
24	Nürnberg	Nürnberger L.V.B.	1 976 219	1 924 792	40 645	4 740	2 895
25	Stettin	Germania	48 766	24 195	16 168	2 284	6 119
26	»	Preuß. National V.G.	458 548	170 662	99 753	37 954	85 179
27	Stuttgart	Allg. Deutscher V.V.	9 517 846	1 886 602	812 770	2 014 942	4 513 945
28	»	Stuttg. Mit- u. Rück V.A.G.	78 257	34 093	22 016	13 292	8 856
		Zusammen	**36 984 400**	**12 274 655**	**6 406 626**	**5 162 797**	**9 633 051**

Anmerkung zu Tab. II 4: Siehe Anmerkungen zu Tab. II 4 auf S. 170.

und die Vergütungen für in Rückdeckung übernommene Versicherungen im Jahre 1909

fallen auf				Vergütungen für in Rückdeckung übernommene Versicherungen	Davon entfallen auf						Nr.
laufende Renten		Prämienrückgewährbeträge			Prämienreserveergänzung		eingetretene Versicherungsfälle		vorzeitig aufgelöste Versicherungen	sonstige Leistungen	
abgehoben	nicht abgehoben	abgehoben	nicht abgehoben		Unfallversicherungen	Haftpflichtversicherungen	Unfallversicherungen	Haftpflichtversicherungen			
ℳ	ℳ	ℳ	ℳ	ℳ	ℳ	ℳ	ℳ	ℳ	ℳ	ℳ	
16	17	18	19	20	21	22	23	24	25	26	
160 376	11 573	4 905	—	952 794	—	—	420 812	185 632	—	346 350	1
—	—	—	—	—	—	—	—	—	—	—	2
105 726	—	48 931	5 822	142 755	—	—	43 782	81 317	—	17 656	3
5 313	—	—	—	37 309	—	—	14 433	10 917	—	11 959	4
467 263	—	1 346 231	70 939	1 074	—	—	1 074	—	—	—	5
53 794	—	12 189	—	67 967	—	—	50 143	5 772	—	12 052	6
91 208	—	—	—	335 837	15 701	2 366	148 671	75 329	—	93 770	7
2 853	23	—	—	67 849	—	—	47 969	—	—	19 880	8
28 087	2 917	4 276	—	7 711	1 101	—	2 228	161	—	4 221	9
139 643	15 323	8 048	2 832	304 201	—	—	14 955	180 771	—	108 475	10
15 337	—	—	—	2 701	—	—	1 495	934	—	272	11
16 288	—	—	—	341	—	—	—	—	—	341	12
3 132	—	761	—	135 282	81	—	33 341	21 416	105	80 339	13
1 680	—	3 018	—	11 179	—	—	8 593	—	—	2 586	14
—	—	—	—	—	—	—	—	—	—	—	15
12 966	355	11 744	—	55 693	8	—	48 442	—	—	7 243	16
21 317	2 548	—	—	9 914	—	—	711	5 304	2 209	1 690	17
27 174	137	34 682	3 648	222 355	10 362	—	163 886	130	—	47 977	18
156 315	2 640	108 408	1 230	533 371	—	—	236 165	72 981	—	224 225	19
14 171	—	—	—	74 707	41	785	20 810	38 119	—	14 952	20
114 481	270	2 837	—	371 627	12 490	— 2 972	170 974	79 968	—	111 167	21
5 761	365	—	—	26 726	—	—	15 168	7 451	—	4 107	22
—	—	—	—	786	—	—	227	348	—	211	23
2 659	488	—	—	14 206	—	—	951	10 204	—	3 051	24
—	—	—	—	—	—	—	—	—	—	—	25
3 825	—	54 315	6 860	27 177	2 588	—	20 253	—	—	4 336	26
262 755	20 062	6 770	—	183 058	1 215	7 703	22 286	124 653	—	27 201	27
—	—	—	—	172 290	—	—	63 467	88 609	—	20 214	28
1 712 124	**56 701**	**1 647 115**	**91 331**	**3 758 910**	**43 587**	**7 882**	**1 550 836**	**990 016**	**2 314**	**1 164 275**	

Tabelle II 5

Deutsche Gesellschaften — Das Ergebnis

Nr.	Versicherungsunternehmung: Sitz	Name	Zinsen ℳ	Mieten ℳ	Kursgewinn ℳ
		1	2	3	4
1	Berlin	Allianz	647 697	127 100	36 233
2	»	Deutschland[1])	4 186	—	3
3	»	Nordstern Unfall	391 739	—	—
4	»	Securitas	31 303	14 955	938
5	»	Victoria[1])	2 291 770	34 853	11 365
6	Cöln	Cölnische U.V.A.G.	588 893	17 500	7 274
7	»	Rhenania	221 605	8 000	128
8	Dresden	Urania[1])	10 645	2 506	—
9	Erfurt	Thuringia	Bei Gruppe IV (Tabelle IV 16) enthalten		
10	Frankfurt	Frankf. Transp. U. u. Gl.V.A.G.	844 094	56 933	142 531
11	»	Neptun	Bei Gruppe IV (Tabelle IV 16) enthalten		
12	»	Providentia	Bei Gruppe I (Tabelle I 29) enthalten		
13	Hamburg	Albingia	Bei Gruppe IV (Tabelle IV 16) enthalten		
14	»	Janus[1])	16 940	—	—
15	»	Nord-Deutsche V.G.	Bei Gruppe IV (Tabelle IV 16) enthalten		
16	Leipzig	Teutonia[1])	65 003	—	—
17	Ludwigshafen	Atlas[1])	31 596	4 500	—
18	Magdeburg	Magdeb. L.V.G.[1])	99 824	—	—
19	»	Wilhelma[1])	991 354	In Sp. 2 enthalten	2 060
20	Mannheim	Mannheimer V.G.	339 120	17 000	—
21	»	Oberrheinische V.G.	261 822	—	864
22	München	Bayer. V.B.	Bei Gruppe IV (Tabelle IV 16) enthalten		
23	Neuß	Rheinland	Bei Gruppe IV (Tabelle IV 16) enthalten		
24	Nürnberg	Nürnberger L.V.B.[1])	17 484	754	—
25	Stettin	Germania[1])	2 897	—	—
26	»	Preuß. National V.G.	Bei Gruppe IV (Tabelle IV 16) enthalten		
27	Stuttgart	Allg. Deutscher V.V.[1])	931 826	32 941	16 198
28	»	Stuttg. Mit- u. Rück V.A.G	Bei Gruppe IV (Tabelle IV 16) enthalten		
		Zusammen	**7 789 798**	**317 042**	**217 594**

Anmerkungen zu Tab. II 5: Es ist das Ergebnis der gesamten Vermögensverwaltung, nicht nur das der Kapitalanlagen im engeren Sinne dargestellt. — [1]) Soweit das Ergebnis nicht bereits in Tabelle I 29 für die Lebensversicherung nachgewiesen ist.

der Vermögensverwaltung im Jahre 1909

Sonstiger Gewinn ℳ 5	Kurs-verlust ℳ 6	Sonstiger Verlust ℳ 7	Reiner Ertrag ℳ 8	Versicherungsunternehmung Nr.	Sitz	Name 1
18 000	1 233	—	827 797	1	Berlin	**Allianz**
163	2	—	4 350	2	»	**Deutschland**[1])
—	—	—	391 739	3	»	**Nordstern** Unfall
—	3 290	—	43 906	4	»	**Securitas**
32 318	1 604	1 530	2 367 172	5	»	Victoria[1])
371	1 775	—	612 263	6	Cöln	**Cölnische** U.V.A.G.
—	1 020	—	228 713	7	»	**Rhenania**
—	173	—	12 978	8	**Dresden**.......	**Urania**[1])
Bei Gruppe IV (Tabelle IV 16) enthalten				9	Erfurt	**Thuringia**
7 673	15 266	—	1 035 965	10	Frankfurt	**Frankf. Transp.** U. u. Gl.V.A.G.
Bei Gruppe IV (Tabelle IV 16) enthalten				11	»	Neptun
Bei Gruppe I (Tabelle I 29) enthalten				12	»	**Providentia**
Bei Gruppe IV (Tabelle IV 16) enthalten				13	Hamburg	**Albingia**
—	—	—	16 940	14	»	**Janus**[1])
Bei Gruppe IV (Tabelle IV 16) enthalten				15	»	Nord-**Deutsche** V.G.
—	—	—	65 003	16	Leipzig	Teutonia[1])
—	—	—	36 096	17	Ludwigshafen..	**Atlas**[1])
—	—	—	99 824	18	Magdeburg	Magdeb. L.V.G.[1])
115 047	—	55 000	1 053 461	19	»	Wilhelma[1])
—	44 965	—	311 155	20	**Mannheim**.....	**Mannheimer** V.G.
—	2 119	912	259 655	21	»	Oberrheinische V.G.
Bei Gruppe IV (Tabelle IV 16) enthalten				22	München	Bayer. V.B.
Bei Gruppe IV (Tabelle IV 16) enthalten				23	Neuß	**Rheinland**
—	38	—	18 200	24	Nürnberg	**Nürnberger** L.V.B.[1])
—	—	—	2 897	25	Stettin	Germania[1])
Bei Gruppe IV (Tabelle IV 16) enthalten				26	»	**Preuß. National** V.G.
929	4 551	—	977 343	27	Stuttgart......	**Allg. Deutscher** V.V.[1])
Bei Gruppe IV (Tabelle IV 16) enthalten				28	»	Stuttg. Mit- u. Rück V.A.G.
174 501	**76 036**	**57 442**	**8 365 457**			**Zusammen**

Tabelle II 6

Deutsche Gesellschaften — Bilanz

A k

Versicherungsunternehmung: Nr.	Versicherungsunternehmung: Sitz	Versicherungsunternehmung: Name	Verpflichtungen der Aktionäre oder Garanten ℳ	Kapitalanlagen ℳ
	1		2	3
1	Berlin	Allianz	7 500 000	17 063 899
3	»	Nordstern Unfall	2 578 800	9 408 090
4	»	Securitas	1 500 000	1 250 375
6	Cöln	Cölnische U.V.A.G.	3 750 000	14 401 755
7	»	Rhenania	2 400 000	6 086 357
10	Frankfurt	Frankf. Transp. U. u. Gl.V.A.G.	9 000 000	26 380 521
20	Mannheim	Mannheimer V.G.	6 000 000	7 950 255
21	»	Oberrheinische V.G.	3 000 000	7 304 516
27	Stuttgart	Allg. Deutscher V.V.	—	69 296 963
		Zusammen	**35 728 800**	**159 142 731**

Anmerkung zu Tab. II 6: Die Kapitalanlagen und die Forderungen sind in Tab. II 7 erläutert.

P a s

Versicherungsunternehmung: Nr.	Versicherungsunternehmung: Sitz	Versicherungsunternehmung: Name	Aktien- oder Garantiekapital ℳ	Kapitalreservefonds ℳ	Prämienreserven ℳ	Prämienüberträge: Unfallversicherung ℳ	Prämienüberträge: Haftpflichtversicherung ℳ	Prämienüberträge: Sonstige ℳ	Prämienüberträge: Summe ℳ
	1		2	3	4	5	6	7	8
1	Berlin	Allianz	10 000 000	3 439 560	1 841 278	260 987	765 440	6 192 748	7 219 175
3	»	Nordstern Unfall	3 750 000	375 000	[2]) 4 771 041	780 263	461 128	—	1 241 391
4	»	Securitas	2 000 000	120 952	17 307	93 746	143 188	60 873	297 807
6	Cöln	Cölnische U.V.A.G.	5 000 000	1 550 000	1 268 214	2 735 363	2 238 373	765 394	5 739 130
7	»	Rhenania	3 000 000	300 000	638 869	1 151 302	350 000	920 000	2 421 302
10	Frankfurt	Frankf. Transp. U. u. Gl.V.A.G.	12 000 000	8 330 000	1 675 850	525 000	1 402 000	3 510 000	5 437 000
20	Mannheim	Mannheimer V.G.	8 000 000	2 000 000	138 763	252 570	358 053	2 708 704	3 319 327
21	»	Oberrheinische V.G.	4 000 000	300 000	1 169 217	290 583	593 518	1 761 109	2 645 210
27	Stuttgart	Allg. Deutscher V.V.	—	2 162 835	[1]) 28 350 906	1 016 779	5 060 301	532 259	6 609 339
		Zusammen	**47 750 000**	**18 578 347**	**39 871 445**	**7 106 593**	**11 372 001**	**16 451 087**	**34 929 681**

Anmerkungen zu Tab. II 6: Unter Kapitalreservefonds ist der in § 262 H.G.B. und § 37 V.A.G. vorgesehene Reservefonds zu verstehen. — [1]) Darunter 385 071 ℳ Guthaben von Generalagenten, Agenten und Dritten. — [2]) Darunter 2 195 697 ℳ für Sterbegeldversicherungen. —

für den Schluß des Jahres 1909

tiva

Forderungen ℳ 4	Kassenbestand ℳ 5	Inventar und Drucksachen ℳ 6	Sonstige Aktiva ℳ 7	Verlust ℳ 8	Summe ℳ 9	Nr.
11 102 928	32 997	—	2 654	—	35 702 478	1
245 476	46 848	10 184	221 038	—	12 510 436	3
250 804	8 798	31 666	—	—	3 041 643	4
1 847 832	6 633	20 000	109 247	—	20 135 467	6
1 472 246	13 310	—	—	—	9 971 913	7
3 176 321	123 637	100	11 064	—	38 691 643	10
5 320 065	9 906	100	73 442	—	19 353 768	20
3 466 154	67 866	1	—	—	13 838 537	21
3 621 783	85 237	50 000	216 222	—	73 270 205	27
30 503 609	**395 232**	**112 051**	**633 667**	—	**226 516 090**	

siva

Schadenreserve ℳ 9	Gewinnreserve der Versicherten ℳ 10	Spezialreserven ℳ 11	Guthaben anderer Versicherungsunternehmungen ℳ 12	Barkautionen ℳ 13	Hypotheken ℳ 14	Beamtenfonds ℳ 15	Sonstige Passiva ℳ 16	Gewinn: Jahresüberschuß ℳ 17	Gewinn: Vortrag aus dem Vorjahre ℳ 18	Summe ℳ 19	Nr.
6 423 373	—	2 300 000	1 946 738	—	230 000	—	[1]) 580 467	1 549 585	172 302	35 702 478	1
1 067 828	50 435	746 181	122 672	—	—	—	5 746	331 450	48 692	12 510 436	3
133 628	—	83 000	24 475	1 759	230 000	—	1 569	120 662	10 484	3 041 643	4
2 634 345	—	1 638 532	292 142	—	—	347 665	15 055	1 294 677	355 707	20 135 467	6
1 580 000	—	750 000	243 294	—	—	100 000	[3]) 332 046	526 949	79 453	9 971 913	7
3 942 000	—	200 000	3 747 554	—	135 000	436 560	72 699	2 100 618	614 362	38 691 643	10
3 181 500	—	376 141	1 206 891	—	—	[4]) 35 000	[5]) 488 564	543 996	63 586	19 353 768	20
2 035 687	—	375 000	2 659 425	—	—	100 570	86 251	440 311	26 866	13 838 537	21
10 707 848	4 234 553	15 417 215	509 918	60 395	—	286 591	221 921	4 708 684	—	73 270 205	27
31 706 209	**4 284 988**	**21 886 069**	**10 753 109**	**62 154**	**595 000**	**1 306 386**	**1 804 318**	**11 616 982**	**1 371 452**	**226 516 090**	

[3]) Darunter 239 004 ℳ Neubaukonto und 92 007 ℳ Guthaben von Generalagenten, Agenten und Dritten. — [4]) Außerdem ein Pensionsfonds für die Angestellten in Höhe von 360 537 ℳ. — [5]) Darunter 487 234 ℳ von Agenten, Maklern und Verschiedenen. — [6]) Darunter 26 314 046 ℳ aus der Lebensversicherung.

Tabelle II 7

Deutsche Gesellschaften — Die Art der Kapit

Nr.	Sitz	Name	Kapitalanlagen: Insgesamt ℳ	davon entfallen auf: Grundbesitz ℳ	Hypotheken ℳ	Darlehen an öffentliche Körperschaften ℳ	Darlehen auf Wertpapiere ℳ	Wertpapiere ℳ	Policedarlehen ℳ	Wechsel ℳ
	1		2	3	4	5	6	7	8	9
1	Berlin	Allianz	17 063 899	4 093 000	9 443 000	—	—	3 527 899	—	—
3	»	Nordstern Unfall ..	9 408 090	—	9 011 000	—	—	280 800	116 290	—
4	»	Securitas	1 250 375	415 209	120 000	—	—	715 166	—	—
6	Cöln	Cölnische U.V.A.G.	14 401 755	295 000	10 473 000	—	—	3 633 755	—	—
7	»	Rhenania	6 086 357	532 719	3 836 000	—	—	1 717 638	—	—
10	Frankfurt ...	Frankf. Transp. U. u. Gl.V.A.G.	26 380 521	2 013 808	17 210 600	—	—	7 150 874	—	5 239
20	Mannheim ..	Mannheimer V.G. ..	7 950 255	532 764	3 450 021	—	—	3 931 778	—	35 692
21	» ..	Oberrheinische V.G.	7 304 516	912 220	2 499 300	—	—	3 626 449	1 540	265 007
27	Stuttgart	Allg. Deutscher V.V.	69 296 963	2 900 000	54 049 998	—	—	9 217 832	[1]) 1 255 905	1 873 228
			159 142 731	**11 694 720**	**110 092 919**	—	—	**33 802 191**	**1 373 735**	**2 179 16**

Anmerkungen zu Tab. II 7: Ein > bedeutet, daß die beobachteten Fälle weniger als $^1/_2$ ‰ ausmachen. — [1]) Dar unter 1 251 793 ℳ aus der Lebensversicherung. — [2]) Aus der Lebensversicherung.

Tabelle II 8

Deutsche Gesellschaften — Di

Nr.	Sitz	Name	Gesamtgewinn ℳ	den Kapitalreservefonds ℳ	sonstige Reserven ℳ
	1		2	3	4
1	Berlin	Allianz	1 721 887	60 440	200 000
3	»	Nordstern Unfall	380 142	—	96 400
4	»	Securitas	131 146	6 033	50 000
6	Cöln	Cölnische U.V.A.G.	1 650 384	80 019	70 000
7	»	Rhenania	606 402	—	182 500
10	Frankfurt	Frankf. Transp. U. u. Gl.V.A.G. ..	2 714 980	—	—
20	Mannheim	Mannheimer V.G.	607 582	—	—
21	»	Oberrheinische V.G.	467 177	25 000	100 000
27	Stuttgart	Allg. Deutscher V.V.	[5]) 3 527 197	—	52 200
		Zusammen	**11 806 897**	**171 492**	**751 100**

Anmerkungen zu Tab. II 8: Hier ist der bilanzmäßige Gewinn verteilt, nur bei dem Allg. Deutschen V. V. is der allein für die Unfall- und Haftpflichtversicherung ausgewiesene Gewinn verteilt. — [1]) Darunter 200 000 ℳ Zuweisun an den Reservefonds für unvorhergesehene Fälle der Feuerversicherung. — [2]) Gratifikationen an die Beamten. —

anlagen und der Aktivforderungen Ende 1909

Aktivforderungen						Von 1 000 ℳ Kapitalanlagen entfallen auf							
Insgesamt	davon entfallen auf: Guthaben bei Bankhäusern	Guthaben bei anderen Versicherungsunternehmungen	gestundete Prämien	rückständige Zinsen und Mieten	Ausstände bei Agenten	Grundbesitz	Hypotheken	Darlehen an öffentliche Körperschaften	Darlehen auf Wertpapiere	Wertpapiere	Policedarlehen	Wechsel	Nr.
ℳ	ℳ	ℳ	ℳ	ℳ	ℳ	ℳ	ℳ	ℳ	ℳ	ℳ	ℳ	ℳ	
10	11	12	13	14	15	16	17	18	19	20	21	22	
11 102 928	4 521 761	1 996 813	—	121 695	4 462 659	240	553	—	—	207	—	—	1
245 476	—	14 080	—	50 457	180 939	—	958	—	—	30	12	—	3
250 804	123 065	4 877	—	1 317	121 545	332	96	—	—	572	—	—	4
1 847 832	1 209 778	97 171	—	122 264	418 619	21	727	—	—	252	—	—	6
1 472 246	627 223	148 623	—	28 568	667 832	88	630	—	—	282	—	—	7
3 176 321	884 880	624 731	—	61 895	1 604 815	76	653	—	—	271	—	.	10
5 320 065	1 984 913	473 406	—	75 155	2 786 591	67	434	—	—	495	—	4	20
3 466 154	937 468	1 266 299	—	24 485	1 237 902	125	342	—	—	497	.	36	21
3 621 783	763 092	114 358	²) 1 409 398	861 453	473 482	42	780	—	—	133	18	27	27
30 503 609	**11 052 180**	**4 740 358**	**1 409 398**	**1 347 289**	**11 954 384**	**73**	**692**	—	—	**212**	**9**	**14**	

Verteilung des Gewinns des Jahres 1909

Davon entfallen auf: den Beamtenfonds	die Aktionäre oder Garanten	Tantiemen	die Versicherten	anderweit	Vortrag auf neue Rechnung	Nr.
ℳ	ℳ	ℳ	ℳ	ℳ	ℳ	
5	6	7	8	9	10	
30 000	700 000	275 444	—	¹) 241 000	215 003	1
—	136 848	24 301	58 902	—	63 691	3
—	50 000	16 889	—	—	8 224	4
100 000	800 000	131 359	—	—	469 006	6
—	240 000	67 294	—	²) 15 000	101 608	7
50 000	1 380 000	371 067	—	³) 175 000	738 913	10
30 000	320 000	115 138	—	⁴) 27 000	115 444	20
20 000	200 000	45 000	—	—	77 177	21
—	—	91 462	3 383 535	—	—	27
230 000	**3 826 848**	**1 187 954**	**3 442 437**	**458 000**	**1 789 066**	

³) Nämlich 30 000 ℳ Abschreibung auf Hauskonto, 85 000 ℳ Gratifikationen an die Beamten, 50 000 ℳ für Organisationszwecke und 10 000 ℳ in den Talonsteuerfonds. — ⁴) 23 000 ℳ Gratifikationen an die Beamten und 4 000 ℳ Rückstellung für Talonsteuer. — ⁵) Der von dem Gesamtgewinn an die Lebensversicherung überwiesene Teil (1 181 487 ℳ) ist in Tab. I 41 S. 140 nachgewiesen.

Tabelle II 9

Deutsche Gesellschaften — Die Art und der Betrag

Nr.	Sitz	Name	Inländische: Deutsche Reichsanleihen ℳ	Preußische Staatsanleihen ℳ	Sonstige Staatsanleihen ℳ	Staatlich garantierte Anleihen ℳ
	1		2	3	4	5
1	Berlin	Allianz	1 511 100	179 600	639 929	—
3	»	Nordstern Unfall	300 000	—	—	—
4	»	Securitas	440 000	280 000	—	—
6	Cöln	Cölnische U.V.A.G.	1 250 000	1 008 100	700 000	—
7	»	Rhenania	320 000	360 000	231 000	—
10	Frankfurt	Frankf. Transp. U. u. Gl.V.A.G.	483 300	125 000	602 700	—
20	Mannheim	Mannheimer V.G.	731 000	11 000	450 000	—
21	»	Oberrheinische V.G.	1 165 500	733 150	1 215 600	100 000
27	Stuttgart	Allg. Deutscher V.V.	2 552 000	845 000	2 733 000	—
		Zusammen	**8 752 900**	**3 541 850**	**6 572 229**	**100 000**

Anmerkung zu Tab. II 9: Zu den Kommunalanleihen sind die Provinzial-, Kreis- und Städte-Anleihen gerechnet.

Tabelle II 10

Deutsches Geschäft ausländischer Gesellschaften — Die Zahl der Ende

Nr.	Sitz	Name	Unfallversicherung: Zahl der Policen	Prämieneinnahme für selbst abgeschlossene Versicherungen ℳ	Prämieneinnahme für in Rückdeckung übernommene Versicherungen ℳ	Gezahlte Rückversicherungsprämien ℳ	Prämien für eigene Rechnung ℳ
	1		2	3	4	5	6
29	Österr.-Ungarn	Erste Österr. U.V.G.	13 957	670 642	—	54 316	616 326
30	»	Foncière	29	838	—	689	149
31	»	Internationale U.V.A.G.	6 244	285 477	—	14 186	271 291
32	»	Österr. Phönix	6 628	147 186	—	74 182	73 004
33	Schweiz	Basler L.V.G.	15 323	681 302	—	122 238	559 064
34	»	Schweiz. National V.G.	7 576	391 864	— 180	208 868	182 816
35	»	Schweiz. U.V.A.G.	[1]) 50 996	3 011 622	11 744	371 199	2 652 167
36	»	Zürich	43 699	2 660 187	197	191 565	2 468 819
		Zusammen	**144 452**	**7 849 118**	**11 761**	**1 037 243**	**6 823 636**

Anmerkungen zu Tab. II 10: Versicherungen mit Gewinnbeteiligung sind von ausländischen Gesellschaften im Deutschen Reiche nicht abgeschlossen worden. — Die Prämieneinnahmen sind die Einnahmen des Geschäftsjahrs ohne Berücksichtigung der Überträge aus dem Vorjahr und der Überträge in das folgende Jahr. —

der Ende 1909 vorhandenen Wertpapiere (Nennwert)

Wertpapiere					Ausländische Wertpapiere				
Kommunal-anleihen	Pfandbriefe und Kommunalobligationen der Hypotheken-banken	Pfandbriefe und Kommunalobligationen sonstiger Anstalten	Sonstige Schuld-verschrei-bungen	Aktien	Staatliche und kommunale Anleihen	Sonstige Schuld-verschrei-bungen	Aktien	Gesamt-summe	Nr.
ℳ	ℳ	ℳ	ℳ	ℳ	ℳ	ℳ	ℳ	ℳ	
6	7	8	9	10	11	12	13	14	
836 500	—	—	—	—	369 373	—	53 000	3 589 502	1
—	—	—	—	—	—	—	—	300 000	3
60 000	—	—	—	—	—	—	—	780 000	4
444 000	476 000	—	50 000	—	—	—	—	3 928 100	6
312 000	505 000	—	—	—	70 900	25 500	16 900	1 841 300	7
404 000	199 500	—	—	1 167 143	2 220 220	2 833 600	113 900	8 149 363	10
59 200	7 800	—	9 000	5 000	2 817 152	420 000	—	4 510 152	20
400 000	250 000	—	—	64 880	—	—	—	3 929 130	21
2 161 800	807 000	—	—	—	488 000	—	—	9 586 800	27
4 677 500	**2 245 300**	—	**59 000**	**1 237 023**	**5 965 645**	**3 279 100**	**183 800**	**36 614 347**	

1909 laufenden Versicherungen und die Prämien des Geschäftsjahrs 1909

Haftpflichtversicherung					Unfallversicherung			Haftpflichtversicherung			
					Von dem gesamten Geschäfte kommen auf das deutsche Geschäft						
					von 1 000 ℳ			von 1 000 ℳ			
Zahl der Policen	Prämieneinnahme für selbst-abge-schlossene Versiche-rungen	Prämieneinnahme für in Rück-deckung über-nommene Versiche-rungen	Gezahlte Rück-versiche-rungs-prämien	Prämien für eigene Rechnung	Prämien-ein-nahme	gezahlte Rück-versiche-rungs-prämien	Prämien für eigene Rechnung	Prämien-ein-nahme	gezahlte Rück-versiche-rungs-prämien	Prämien für eigene Rechnung	Nr.
	ℳ	ℳ	ℳ	ℳ	ℳ	ℳ	ℳ	ℳ	ℳ	ℳ	
7	8	9	10	11	12	13	14	15	16	17	
24 417	474 330	102 717	117 801	459 246	103	43	117	167	245	155	29
—	—	—	—	—	2	2	1	—	—	—	30
16 345	279 019	—	109 316	169 703	72	31	77	145	127	160	31
13 726	256 913	—	128 456	128 457	849	740	1 000	985	970	1 000	32
—	—	—	—	—	608	608	608	—	—	—	33
49 032	684 520	1 392	389 277	296 635	605	655	556	913	915	909	34
[1]) 102 709	1 983 145	24 907	770 455	1 237 597	176	364	164	580	665	538	35
163 606	4 323 922	24 412	643 715	3 704 619	142	328	136	529	642	514	36
369 835	**8 001 849**	**153 428**	**2 159 020**	**5 996 257**	**161**	**243**	**153**	**450**	**525**	**428**	

[1]) Nur die selbst abgeschlossenen Versicherungen; die Zahl der in Rückdeckung übernommenen Versicherungen ist nicht bekannt.

Tabelle II 11 siehe S. 188

Tabelle II 12

Deutsches Geschäft

Die Zahlungen für selbst abgeschlossene Versicherungen und die Vergütungen

Nr.	Versicherungsunternehmung: Sitz	Versicherungsunternehmung: Name	Zahlungen der Vorjahre aus selbst abgeschlossenen Versicherungen ℳ	Unfallversicherungsfälle: erledigt ℳ	Unfallversicherungsfälle: schwebend ℳ
	1		2	3	4
29	Österr.-Ungarn	Erste Österr. U.V.G.	192 356	51 813	16 428
30	»	Foncière	—	—	—
31	»	Internationale U.V.A.G.	93 238	27 776	12 308
32	»	Österr. Phönix	79 062	13 484	—
33	Schweiz	Basler L.V.G.	116 921	78 521	38 400
34	»	Schweiz. National V.G.	168 934	41 435	10 180
35	»	Schweiz. U.V.A.G.	1 696 345	453 437	306 559
36	»	Zürich	3 069 585	476 731	187 185
		Zusammen	**5 416 441**	**1 143 197**	**571 060**

Nr.	Versicherungsunternehmung: Sitz	Versicherungsunternehmung: Name	Zahlungen des Geschäftsjahrs aus selbst abgeschlossenen Versicherungen ℳ	Davon ent…: Unfallversicherungsfälle: erledigt ℳ	Davon ent…: Unfallversicherungsfälle: schwebend ℳ	Davon ent…: Haftpflichtversicherungsfälle: erledigt ℳ	Davon ent…: Haftpflichtversicherungsfälle: schwebend ℳ
	1		11	12	13	14	15
29	Österr.-Ungarn	Erste Österr. U.V.G.	277 941	168 299	31 014	27 558	43 626
30	»	Foncière	1 878	1 717	161	—	—
31	»	Internationale U.V.A.G..	153 481	71 425	42 135	15 052	20 206
32	»	Österr. Phönix	166 109	62 598	9 172	39 141	48 936
33	Schweiz	Basler L.V.G.	389 888	233 913	136 800	—	—
34	»	Schweiz. National V.G...	305 117	118 954	23 740	52 231	104 596
35	»	Schweiz. U.V.A.G.	2 544 100	1 083 091	538 742	176 912	610 168
36	»	Zürich	3 164 567	808 417	750 640	342 973	1 150 293
		Zusammen	**7 003 081**	**2 548 414**	**1 532 404**	**653 867**	**1 977 825**

Anmerkungen zu Tab. II 12: Die Vergütungen für eingetretene Versicherungsfälle bei in Rückdeckung übernommenen Versicherungen umfassen sowohl die gezahlten wie auch die zurückgestellten Beträge. — Die Zahlungen verstehen sich einschl. des Anteils der Rückversicherer.

ausländischer Gesellschaften für in Rückdeckung übernommene Versicherungen im Jahre 1909

Davon entfallen auf: Haftpflichtversicherungsfälle erledigt ℳ 5	Haftpflichtversicherungsfälle schwebend ℳ 6	laufende Renten abgehoben ℳ 7	laufende Renten nicht abgehoben ℳ 8	Prämienrückgewährbeträge abgehoben ℳ 9	Prämienrückgewährbeträge nicht abgehoben ℳ 10	Nr.
59 863	64 252	—	—	—	—	29
—	—	—	—	—	—	30
30 914	22 034	—	—	—	206	31
41 863	23 715	—	—	—	—	32
—	—	—	—	—	—	33
88 086	29 203	30	—	—	—	34
336 843	599 506	—	—	—	—	35
1 167 385	1 226 985	9 928	1 371	—	—	36
1 724 954	**1 965 695**	**9 958**	**1 371**	—	**206**	

fallen auf: laufende Renten abgehoben ℳ 16	laufende Renten nicht abgehoben ℳ 17	Prämienrückgewährbeträge abgehoben ℳ 18	Prämienrückgewährbeträge nicht abgehoben ℳ 19	Vergütungen für in Rückdeckung übernommene Versicherungen ℳ 20	Davon entfallen auf: Prämienreserveergänzung Unfallversicherungen ℳ 21	Prämienreserveergänzung Haftpflichtversicherungen ℳ 22	eingetretene Versicherungsfälle Unfallversicherungen ℳ 23	eingetretene Versicherungsfälle Haftpflichtversicherungen ℳ 24	vorzeitig aufgelöste Versicherungen ℳ 25	sonstige Leistungen ℳ 26	Nr.
5 398	—	2 046	—	71 301	—	—	—	59 270	—	12 031	29
—	—	—	—	—	—	—	—	—	—	—	30
3 528	—	892	243	—	—	—	—	—	—	—	31
6 262	—	—	—	—	—	—	—	—	—	—	32
16 681	—	2 494	—	—	—	—	—	—	—	—	33
5 596	—	—	—	20 781	—	—	19 832	749	—	200	34
102 234	—	32 953	—	124 292	—	—	13 611	101 352	—	9 329	35
100 832	11 412	—	—	111 412	—	—	73	105 304	—	6 035	36
240 531	**11 412**	**38 385**	**243**	**327 786**	—	—	**33 516**	**266 675**	—	**27 595**	

Tabelle II 13 Gesamtgeschäft ausländischer Gesellschaften — Die Betriebseinnahmen und

Versicherungsunternehmung			Betriebseinnahmen					
			Prämien für das Geschäftsjahr					
Nr.	Sitz	Name	Unfallversicherung ℳ	Haftpflichtversicherung ℳ	Policegebühren ℳ	Vergütungen der Rückversicherer ℳ	Unterschied zwischen der Schadenreserve und den Zahlungen für Vers.-Fälle der Vorjahre aus selbst abgeschl. Versicherungen ℳ	Verminderung der Prämienreserve ℳ
	1		2	3	4	5	6	7
29	Österr.-Ungarn	Erste Österr. U.V.G. ...	6 339 161	3 159 757	170 102	1 559 467	1 124 616	—
30	»	Foncière	455 744	52 789	16 570	180 392	—	—
31	»	Internationale U.V.A.G..	3 945 824	1 873 030	116 872	875 971	449 425	—
32	»	Österr. Phönix	171 604	252 863	1 823	203 718	—	—
33	Schweiz	Basler L.V.G.	1 118 721	—	4 081	145 311	51 911	—
34	»	Schweiz. National V.G. .	646 791	733 344	15 364	622 363	—	—
35	»	Schweiz. U.V.A.G.	16 366 025	3 180 810	71 366	1 603 472	2 516 710	—
36	»	Zürich	17 729 246	7 098 301	131 948	1 390 480	4 171 583	—
		Zusammen	**46 773 116**	**16 350 894**	**528 126**	**6 581 174**	**8 314 245**	—

Anmerkungen zu Tab. II 13: Die Betriebseinnahmen und -ausgaben beziehen sich nur auf den Betrieb im Berichtsjahr; es ist nicht die volle Prämienreserve zu Anfang des Jahres in Einnahme und zu Ende des Jahres in Ausgabe gestellt, sondern es ist ihre Änderung, wie sie der Jahresbetrieb bedingt hat, eingestellt. — Die Prämien für das Geschäftsjahr (Spalten 2 und 3) sind die im Geschäftsjahre für alle überhaupt abgeschlossenen Versicherungen vereinnahmten Prämien, vermehrt um die Prämienüberträge aus dem Vorjahr und vermindert um die Überträge auf das folgende Jahr. —

Tabelle II 14 siehe S. 186/187

Tabelle II 15 Ausländische Gesellschaften — Die Art der

Versicherungsunternehmung			Kapitalanlagen						
				davon entfallen auf					
Nr.	Sitz	Name	Insgesamt ℳ	Grundbesitz ℳ	Hypotheken ℳ	Darlehen auf Wertpapiere ℳ	Wertpapiere ℳ	Policedarlehen ℳ	Wechsel ℳ
	1		2	3	4	5	6	7	8
29	Österr.-Ungarn	Erste Österr. U.V.G. ...	21 382 921	1 530 000	510 000	—	19 342 921	—	—
30	»	Foncière	21 699 628	2 814 746	12 830	—	15 304 726	3 349 366	217 960
31	»	Internationale U.V.A.G..	8 954 631	—	1 858 095	—	7 096 536	—	—
34	Schweiz	Schweiz. National V.G..	2 126 281	152 000	248 000	—	1 726 281	—	—
35	»	Schweiz. U.V.A.G.	27 114 658	2 400 000	7 915 244	—	16 781 483	17 931	—
36	»	Zürich	48 953 652	3 840 000	13 257 600	—	31 856 052	—	—
		Zusammen	**130 231 771**	**10 736 746**	**23 801 769**	—	**92 107 999**	**3 367 297**	**217 960**

Betriebsausgaben des gesamten Unfall- und Haftpflichtversicherungsgeschäfts des Jahres 1909

Summe der Betriebseinnahmen	Betriebsausgaben: Zahlungen aus selbst abgeschlossenen Versicherungen: für Versicherungsfälle im Geschäftsjahre	für vorzeitig aufgelöste Versicherungen	Vergütungen für in Rückdeckung übernommene Versicherungen	Rückversicherungsprämien: Unfallversicherung	Haftpflichtversicherung	Unterschied zwischen der Schadenreserve und den Zahlungen für Vers.-Fälle der Vorjahre aus selbst abgeschl. Versicherungen	Vermehrung der Prämienreserve	Summe der Betriebsausgaben	Nr.
ℳ	ℳ	ℳ	ℳ	ℳ	ℳ	ℳ	ℳ	ℳ	
8	9	10	11	12	13	14	15	16	
12 353 103	2 771 778	13 387	3 681 867	1 251 941	481 568	—	270 890	8 471 431	29
705 495	208 718	—	52 777	339 796	52 789	—	—	654 080	30
7 261 122	1 488 392	4 954	2 110 302	459 216	862 124	—	118 654	5 043 642	31
630 008	189 326	—	—	100 262	132 467	47 269	1 556	470 880	32
1 320 024	590 836	986	257	201 183	—	—	16 757	810 019	33
2 017 862	372 051	—	78 608	318 811	425 474	51 410	63 288	1 309 642	34
23 738 383	12 702 651	13 374	1 827 433	1 018 488	1 158 050	—	283 093	17 003 089	35
30 521 558	19 784 891	—	420 334	583 215	1 003 373	—	127 233	21 919 046	36
78 547 555	**38 108 643**	**32 701**	**8 171 578**	**4 272 912**	**4 115 845**	**98 679**	**881 471**	**55 681 829**	

Die Zahlungen für selbst abgeschlossene Versicherungen (Spalte 9) und für die in Rückdeckung übernommenen Versicherungen (Spalte 11) beziehen sich auf Schäden, die im Geschätsjahr entstanden oder als laufende Renten aus dem Vorjahr übernommen sind. — **Aus dem Unterschiede zwischen der Schadenreserve aus dem Vorjahr und den Zahlungen für Versicherungsfälle der Vorjahre allein darf weder auf eine reichliche noch auf eine unzulängliche Bemessung der Schadenreserve geschlossen werden** (siehe Anm. zu Tab. II 3).

Kapitalanlagen und der Aktivforderungen Ende 1909

Aktivforderungen: Insgesamt	davon entfallen auf: Guthaben bei Bankhäusern	Guthaben bei anderen Versicherungsunternehmungen	gestundete Prämien	rückständige Zinsen und Mieten	Ausstände bei Agenten	Von 1000 ℳ Kapitalanlagen entfallen auf: Grundbesitz	Hypotheken	Darlehen auf Wertpapiere	Wertpapiere	Policedarlehen	Wechsel	Nr.
ℳ	ℳ	ℳ	ℳ	ℳ	ℳ	ℳ	ℳ	ℳ	ℳ	ℳ	ℳ	
9	10	11	12	13	14	15	16	17	18	19	20	
2 348 513	1 512 984	204 936	—	295 408	335 185	71	24	—	905	—	—	29
8 345 715	3 937 612	2 548 890	—	—	1 859 213	130	1	—	705	154	10	30
974 985	294 877	53 176	—	105 063	521 869	—	208	—	792	—	—	31
4 241 801	917 763	2 898 369	—	14 320	411 349	71	117	—	812	—	—	34
1 402 735	1 031 763	—	—	309 106	61 866	88	292	—	619	1	—	35
4 204 055	628 183	51 352	—	470 506	3 054 014	78	271	—	651	—	—	36
21 517 804	**8 323 182**	**5 756 723**	—	**1 194 403**	**6 243 496**	**82**	**183**	—	**707**	**26**	**2**	

Tabelle II 14

Ausländische Gesellschaften — Bilanz

A k

Nr.	Versicherungsunternehmung: Sitz	Versicherungsunternehmung: Name	Verpflichtungen der Aktionäre ℳ	Kapitalanlagen ℳ
	1		2	3
29	Österr.-Ungarn	Erste Österr. U.V.G.	—	21 382 921
30	»	Foncière	—	21 699 628
31	»	Internationale U.V.A.G.	—	8 954 631
32	»	Österr. Phönix	Bei Gruppe IV (Tabelle IV 23) enthalten	
33	Schweiz	Basler L.V.G.	Bei Gruppe I (Tabelle I 47) enthalten	
34	»	Schweiz. National V.G.	3 200 000	2 126 281
35	»	Schweiz. U.V.A.G.	2 000 000	27 114 658
36	»	Zürich	3 600 000	48 953 652
		Zusammen	**8 800 000**	**130 231 771**

Anmerkungen zu Tab. II 14: Die Kapitalanlagen und die Forderungen sind in Tab. II 15 S. 184 u. 185 erläutert. — [1]) Nämlich 517 620 ℳ Prämienausstände und 577 449 ℳ Barhinterlegungen.

P a s

Nr.	Versicherungsunternehmung: Sitz	Versicherungsunternehmung: Name	Aktienkapital ℳ	Kapitalreservefonds ℳ	Prämienreserven ℳ	Prämienüberträge: Unfallversicherung ℳ	Prämienüberträge: Haftpflichtversicherung ℳ	Prämienüberträge: Sonstige ℳ	Prämienüberträge: Summe ℳ
	1		2	3	4	5	6	7	8
29	Österr.-Ungarn	Erste Österr. U.V.G.	1 700 000	1 700 000	2 288 516	2 750 487	2 693 687	208 298	5 652 472
30	»	Foncière	2 550 000	270 095	23 667 341	43 464	—	2 126 443	2 169 907
31	»	Internationale U.V.A.G.	1 709 402	1 709 402	853 847	1 720 548	661 545	301	2 382 394
32	»	Österr. Phönix	Bei Gruppe IV (Tabelle IV 23) enthalten						
33	Schweiz	Basler L.V.G.	Bei Gruppe I (Tabelle I 47) enthalten						
34	»	Schweiz. National V.G.	4 000 000	243 384	88 333	97 991	176 204	1 549 373	1 823 568
35	»	Schweiz. U.V.A.G.	4 000 000	1 664 000	2 611 338	4 913 063	1 490 462	271 703	6 675 228
36	»	Zürich	8 000 000	4 400 000	1 851 024	8 542 833	6 022 021	`362 199	14 927 053
		Zusammen	**21 959 402**	**9 986 881**	**31 360 399**	**18 068 386**	**11 043 919**	**4 518 317**	**33 630 622**

Anmerkungen zu Tab. II 14: [1]) Darunter 96 702 ℳ diverse Kreditoren. — [2]) Diverse Kreditoren. — [3]) Darunter 290 315 ℳ Sicherheitsleistung für Arbeiterversicherung in Frankreich und Belgien und 405 793 ℳ diverse Kreditoren. —

für den Schluß des Jahres 1909

tiva

Forderungen ℳ	Kassenbestand ℳ	Inventar und Drucksachen ℳ	Sonstige Aktiva ℳ	Verlust ℳ	Summe ℳ	Nr.
4	5	6	7	8	9	
2 348 513	121 914	—	16 400	—	23 869 748	29
8 345 715	144 156	37 400	168 005	—	30 394 904	30
974 985	213 739	—	24 943	—	10 168 298	31
Bei Gruppe IV (Tabelle IV 23) enthalten						32
Bei Gruppe I (Tabelle I 47) enthalten						33
4 241 801	14 383	—	46 779	—	9 629 244	34
1 402 735	32 491	—	[1]) 1 095 069	—	31 644 953	35
4 204 055	74 483	—	36 611	—	56 868 801	36
21 517 804	**601 166**	**37 400**	**1 387 807**	—	**162 575 948**	

siva

Schaden-reserve ℳ	Gewinn-reserve der Versicherten ℳ	Spezial-reserven ℳ	Guthaben anderer Versicherungs-unternehmungen ℳ	Bar-kautionen ℳ	Hypo-theken ℳ	Beamten-fonds ℳ	Sonstige Passiva ℳ	Gewinn: Jahres-überschuß ℳ	Gewinn: Vortrag aus dem Vorjahre ℳ	Summe ℳ	Nr.
9	10	11	12	13	14	15	16	17	18	19	
2 817 189	—	6 857 910	635 382	—	—	1 015 324	[1]) 110 125	1 074 607	18 223	23 869 748	29
646 356	86 821	—	708 118	—	—	—	34 364	251 238	10 664	30 394 904	30
1 415 861	—	1 030 725	125 483	11 658	—	415 018	[2]) 164 041	336 653	13 814	10 168 298	31
Bei Gruppe IV (Tabelle IV 23) enthalten											32
Bei Gruppe I (Tabelle I 47) enthalten											33
1 492 772	—	17 718	1 525 341	1 054	—	16 000	32 895	383 646	4 533	9 629 244	34
10 906 809	280 000	3 208 794	4 800	—	—	400 000	[3]) 696 549	1 075 643	121 792	31 644 953	35
20 042 740	—	1 706 920	81 937	—	—	782 757	[4]) 2 292 624	2 617 065	166 681	56 868 801	36
37 321 727	**366 821**	**12 822 067**	**3 081 061**	**12 712**	—	**2 629 099**	**3 330 598**	**5 738 852**	**335 707**	**162 575 948**	

[4]) Nämlich 1 065 122 ℳ Garantiekonto für Arbeiterversicherung in Frankreich und Belgien und 1 227 502 ℳ diverse Kreditoren.

Tabelle II 11

Deutsches Geschäft ausländischer Gesellschaften — Vergleich des Geschäftsjahrs mit dem Vorjahre

Nr.	Sitz	Name	Unfallversicherung: Zahl der Policen Ende 1908	Zahl der Policen Ende 1909	Prämieneinnahme im Jahre 1908 ℳ	Prämieneinnahme im Jahre 1909 ℳ
	1		2	3	4	5
29	**Österr.-Ungarn**	**Erste Österr. U.V.G.**	13 170	13 957	633 657	670 642
30	»	**Foncière**	30	29	909	838
31	»	**Internationale U.V.A.G.**	5 613	6 244	248 635	285 477
32	»	**Österr. Phönix**	6 419	6 628	139 118	147 186
33	**Schweiz**	**Basler L.V.G.**	15 582	15 323	681 661	681 302
34	»	Schweiz. National V.G.	7 467	7 576	386 282	391 684
35	»	Schweiz. U.V.A.G.	[1]) 51 640	[1]) 50 996	2 906 465	3 023 366
36	»	Zürich	43 250	43 699	2 525 147	2 660 384
		Zusammen	**143 171**	**144 452**	**7 521 874**	**7 860 879**

Nr.	Sitz	Name	Haftpflichtversicherung: Zahl der Policen Ende 1908	Zahl der Policen Ende 1909	Prämieneinnahme im Jahre 1908 ℳ	Prämieneinnahme im Jahre 1909 ℳ
	1		6	7	8	9
29	Österr.-Ungarn	Erste Österr. U.V.G.	21 697	24 417	463 295	577 047
30	»	Foncière	—	—	—	—
31	»	Internationale U.V.A.G.	15 186	16 345	263 012	279 019
32	»	Österr. Phönix	12 891	13 726	216 608	256 913
33	Schweiz	Basler L.V.G.	—	—	—	—
34	»	Schweiz. National V.G	47 799	49 032	666 807	685 912
35	»	Schweiz. U.V.A.G.	[1]) 101 803	[1]) 102 709	1 863 485	2 008 052
36	»	Zürich	158 567	163 606	4 078 461	4 348 334
		Zusammen	**357 943**	**369 835**	**7 551 668**	**8 155 277**

Anmerkungen zu Tab. II 11: Die Prämieneinnahmen sind die Einnahmen des Geschäftsjahrs ohne Berücksichtigung der Überträge aus dem Vorjahr und der in das folgende Jahr. — [1]) Nur die selbst abgeschlossenen Versicherungen; die Zahl der in Rückdeckung übernommenen Versicherungen ist nicht bekannt.

Gruppe III

Viehversicherung — Hagelversicherung

In den Tabellen sind für die Namen der Unternehmungen folgende Abkürzungen verwendet:

Viehversicherung

Gegenseitigkeitsvereine

Altenburg, Altenburger V.V.G.	für:	Altenburger Vieh-Versicherungs-Gesellschaft a. G. zu Altenburg.
Berlin, Allg. Deutsche V.V.G.	»	Allgemeine Deutsche Viehversicherungs-Gesellschaft a. G. zu Berlin.
» Central V.V.V.	»	Central-Viehversicherungs-Verein a. G. in Berlin.
» Veritas	»	Veritas, Berliner Vieh-Versicherungs-Gesellschaft a. G.
» V.V. B. für Deutschland	»	Vieh-Versicherungsbank für Deutschland von 1861 auf Gegenseitigkeit in Berlin.
Braunschweig, Braunschweig. Allg. V.V.G.	»	Braunschweigische Allgemeine Vieh-Versicherungs-Gesellschaft a. G. in Braunschweig.
Bremen, Bremer V.V.G.	»	Vieh-Versicherungs-Gesellschaft auf Gegenseitigkeit zu Bremen.
Cöln, Rheinische V.V.G.	»	Rheinische Vieh-Versicherungs-Gesellschaft auf Gegenseitigkeit zu Cöln a. Rhein.
Cöthen, Anhaltische V.V.B.	»	Anhaltische Vieh-Versicherungs-Bank auf Gegenseitigkeit in Cöthen.
Dresden, Sächsische V.V.B.	»	Sächsische Vieh-Versicherungs-Bank in Dresden.
» Vaterländische V.V.G.	»	Vaterländische Vieh-Versicherungs-Gesellschaft zu Dresden.
Erfurt, Erfurter V.V.V.	»	Erfurter Viehversicherungsverein a. G.
Halle, Halensia	»	Halensia, Versicherungsgesellschaft a. G. zu Halle a. S.
Hamburg, Norddeutsche V.V.G.	»	Norddeutsche Vieh-Versicherungs-Gesellschaft auf Gegenseitigkeit zu Hamburg.
Hannover, Schl.V.V. der Viehhändler	»	Schlachtviehversicherung a. G. des Vereins der Viehhändler von Hannover und Umgegend zu Hannover.
Karlsruhe, Badische Pf.V.A.	»	Badische Pferdeversicherungs-Anstalt a. G. zu Karlsruhe.
Lenzen, Lenzener V.V.G.	»	Lenzener Viehversicherungs-Gesellschaft auf Gegenseitigkeit zu Lenzen a. E.
Perleberg, Perleberger V.V.G.	»	Perleberger Viehversicherungs-Gesellschaft auf Gegenseitigkeit zu Perleberg.
Plau, Plauer V.V.G.	»	Vieh-Versicherungs-Gesellschaft auf Gegenseitigkeit zu Plau i. M.
Schönberg, V.V.V. f. d. Fürstent. Ratzeburg	»	Viehversicherungsverein für das Fürstentum Ratzeburg zu Schönberg/Meckl.
Schwaan, Ländl. V.V.V.	»	Ländlicher Vieh-Versicherungs-Verein auf Gegenseitigkeit zu Schwaan.
Schwerin, Schweriner V.V.G.	»	Vieh-Versicherungs-Gesellschaft auf Gegenseitigkeit zu Schwerin i. M.
Sommersdorf, Pferde V.	»	Pferde-Versicherung auf Gegenseitigkeit Sommersdorf und Umgegend.
Speyer, Pfälzischer V.V.V.	»	Pfälzischer Viehversicherungs-Verein auf Gegenseitigkeit zu Speyer.
Stuttgart, Stuttgarter Pf.V.G.	»	Stuttgarter Pferde-Versicherungs-Gesellschaft auf Gegenseitigkeit.

Ülzen, Ülzener V.V.B.	für:	Ülzener Viehversicherungsbank a. G. zu Ülzen.
Wiesbaden, V.V.V. d. Rhein- u. M.-Gaus	»	Vieh-Versicherungs-Verein des Rhein- und Maingaus.
Wittenberge, Prignitzer V.V.G.	»	Prignitzer Viehversicherungs-Gesellschaft auf Gegenseitigkeit zu Wittenberge.

Sonstige Unternehmungen

Altona, Hamburg-Altonaer V.V.G.	für:	Hamburg-Altonaer Vieh-Versicherung (Gesellschaft mit beschränkter Haftung).
Bernburg, Schl.V.V. G. H. Koch & Co.	»	Schlachtviehversicherung von G. H. Koch & Co. in Bernburg.
Breslau, Schlesische Schl.V.V. Julius Priesemuth	»	Schlesische Schlachtvieh-Versicherung, Julius Priesemuth, Breslau.
Cöthen, Anhalt. Tr.V.A. C. Irmer	»	Anhaltische Trichinen-Versicherungs-Anstalt, C. Irmer in Cöthen.
Halle, Ostrauer Schl.V.V. Boerner & Uhlmann	»	Ostrauer Schlachtvieh-Versicherung von G. Boerner & Uhlmann in Halle a. S.
Hamburg, Hamb. Schl.V.V. Gebr. Skriver	»	Hamburger Schlachtvieh-Versicherung, Gebr. Skriver in Hamburg.
Jauer, Allg. D. Schl.V.V.A. Fr. Bohne	»	Allgem. Deutsche Schlachtvieh-Versicherungsanstalt zu Jauer i. Schl., Friedrich Bohne.

Hagelversicherung

Aktiengesellschaften

Berlin, Berliner H.A.G.	für:	Berliner Hagel-Assekuranz-Gesellschaft von 1832.
Cöln, Cölnische H.V.G.	»	Cölnische Hagel-Versicherungs-Gesellschaft.
Elberfeld, Vaterländische H.V.G.	»	Vaterländische Hagel-Versicherungs-Gesellschaft in Elberfeld.
Magdeburg, Magdeb. H.V.G.	»	Magdeburger Hagelversicherungs-Gesellschaft.
Weimar, Union	»	Union, Allgemeine Deutsche Hagel-Versicherungs-Gesellschaft in Weimar.

Gegenseitigkeitsvereine

Berlin, Borussia	für:	Borussia, Hagelversicherungs-Gesellschaft auf Gegenseitigkeit zu Berlin.
» Ceres	»	Ceres, Hagelversicherungs-Gesellschaft auf Gegenseitigkeit in Berlin.
» Deutsche H.V.G. f. Gärtner	»	Deutsche Hagel-Versicherungs-Gesellschaft auf Gegenseitigkeit für Gärtnereien etc. zu Berlin.
» Norddeutsche H.V.G.	»	Norddeutsche Hagel-Versicherungs-Gesellschaft auf Gegenseitigkeit zu Berlin.
» Preußische H.V.G.	»	Preußische Hagel-Versicherungs-Gesellschaft auf Gegenseitigkeit zu Berlin.
Greifswald, Greifsw. H. u. F.V.G.	»	Hagel- und Feuer-Versicherungsgesellschaft auf Gegenseitigkeit zu Greifswald.
Kiel, Schlesw.-Holst.-Lbg. H.V.V.	»	Schleswig-Holstein-Lauenburgischer Hagel-Versicherungs-Verein auf Gegenseitigkeit zu Kiel.
Leipzig, Leipziger G.	»	Gesellschaft zu gegenseitiger Hagelschäden-Vergütung in Leipzig.
Neubrandenburg, Mecklenb. H. u. F.V.G.	»	Mecklenburgische Hagel- und Feuer-Versicherungs-Gesellschaft auf Gegenseitigkeit in Neubrandenburg.
Neustadt, Holsteinischer H.V.V.	»	Hagelversicherungsverein auf Gegenseitigkeit für das nordöstliche Holstein.
Oldenburg, Oldenb. H.V.G.	»	Oldenburgische Hagelversicherungs-Gesellschaft a. G.
Schwedt, Schwedter H. u. F.V.G.	»	Schwedter Hagel- und Feuer-Versicherungs-Gesellschaft auf Gegenseitigkeit.

Tabelle III 1

Umfang der Viehversicherung im Geschäftsjahre 1909

Versicherungsunternehmung Nr.	Sitz	Name	Selbst abgeschlossene Versicherungen	In Rückdeckung übernommene Versicherungen	Gesamtumfang	Davon in Rückdeckung gegeben	Für eigene Rechnung behalten	Gegen feste Prämien abgeschlossene Versicherungen
			ℳ	ℳ	ℳ	ℳ	ℳ	ℳ
		1	2	3	4	5	6	7
		Gegenseitigkeitsvereine						
1	Altenburg	Altenburger V.V.G. [1]	14 259 080	—	14 259 080	34 235	14 224 845	261 675
2	Berlin	Allg. Deutsche V.V.G.	11 977 940	272 120	12 250 060	2 705 590	9 544 470	2 611 620
3	»	Central V.V.V. [2])	78 353 733	70 908	78 424 641	148 099	78 276 542	71 481 455
4	»	Veritas	6 639 520	73 975	6 713 495	153 550	6 559 945	—
5	"	V.V.B. für Deutschland	4 282 265	56 424	4 338 689	72 291	4 266 398	278 764
6	Braunschweig .	Braunschweig. Allg. V.V.G. ..	12 469 420	—	12 469 420	—	12 469 420	653 520
7	Bremen	Bremer V.V.G.	431 620	—	431 620	—	431 620	—
8	Cöln	Rheinische V.V.G.	22 037 212	104 280	22 141 492	229 900	21 911 592	6 167 248
9	Cöthen	Anhaltische V.V.B.	1 398 030	—	1 398 030	—	1 398 030	—
10	Dresden	Sächsische V.V.B.	18 723 400	—	18 723 400	86 060	18 637 340	—
11	»	Vaterländische V.V.G.	11 709 334	49 230	11 758 564	60 850	11 697 714	—
12	Erfurt........	Erfurter V.V.V.	8 510 470	—	8 510 470	—	8 510 470	—
13	Halle	Halensia	20 971 471	660 707	21 632 178	247 331	21 384 847	17 521 193
14	Hamburg	Norddeutsche V.V.G.	11 005 260	—	11 005 260	—	11 005 260	—
15	Hannover	Schl.V.V. der Viehhändler [3]) .	7 200 000	—	7 200 000	—	7 200 000	2 300 000
16	Karlsruhe	Badische Pf.V.A.	21 511 823	195 887	21 707 710	218 020	21 489 690	768 732
17	Lenzen	Lenzener V.V.G.	631 865	—	631 865	—	631 865	—
18	Perleberg	Perleberger V.V.G.	263 654 298	—	263 654 298	993 791	262 660 507	252 646 758
19	Plau	Plauer V.V.G.	4 508 160	—	4 508 160	—	4 508 160	—
20	Schönberg	V.V.V. f. d. Fürstent. Ratzeburg	701 460	—	701 460	—	701 460	—
21	Schwaan	Ländl. V.V.V.	837 245	—	837 245	27 625	809 620	—
22	Schwerin	Schweriner V.V.G.	26 637 608	—	26 637 608	—	26 637 608	15 422 110
23	Sommersdorf .	Pferde V.	3 892 700	—	3 892 700	—	3 892 700	—
24	Speyer	Pfälzischer V.V.V.	2 605 770	241 750	2 847 520	100 760	2 746 760	562 035
25	Stuttgart	Stuttgarter Pf.V.G.	7 695 555	41 550	7 737 105	163 450	7 573 655	41 550
26	Ülzen	Ülzener V.V.B.	14 684 774	—	14 684 774	—	14 684 774	177 000
27	Wiesbaden ...	V.V.V. d. Rhein- u. M.-Gaus .	6 499 615	—	6 499 615	—	6 499 615	—
28	Wittenberge ..	Prignitzer V.V.G.	809 600	—	809 600	—	809 600	—
		Zusammen	**584 639 228**	**1 766 881**	**586 406 059**	**5 241 552**	**581 164 507**	**370 893 660**
		Sonstige Unternehmungen						
29	Altona	Hamburg-Altonaer V.V.G. ...	16 085 320	—	16 085 320	—	16 085 320	16 085 320
30	Bernburg	Schl.V.V. G. H. Koch & Co. ..	4 955 024	—	4 955 024	—	4 955 024	4 955 024
31	Breslau.......	Schlesische Schl.V.V. Julius Priesemuth	53 874 102	—	53 874 102	—	53 874 102	53 874 102
32	Cöthen	Anhalt. Tr.V.A. C. Irmer.....	2 975 000	—	2 975 000	—	2 975 000	2 975 000
33	Halle	Ostrauer Schl.V.V. Boerner & Uhlmann...............	3 535 192	—	3 535 192	—	3 535 192	3 535 192
34	Hamburg	Hamb. Schl.V.V. Gebr. Skriver	29 013 607	—	29 013 607	—	29 013 607	29 013 607
35	Jauer	Allg. D. Schl. V.V.A. Fr. Bohne	7 253 513	—	7 253 513	—	7 253 513	7 253 513
		Zusammen	**117 691 758**	—	**117 691 758**	—	**117 691 758**	**117 691 758**

Anmerkungen zu Tab. III 1: Die Zahlen beziehen sich auf alle im Laufe des Geschäftsjahrs überhaupt in Kraft gewesenen Versicherungen. — [1]) Ohne die Sachschäden-Haftpflichtversicherung.— [2]) Ohne die Sachschädenversicherung in der Fuhrunfallversicherung. — [3]) Vom Verein geschätzte Zahlen.

Tabelle III 2

Viehversicherung — Zerlegung des Geschäfts

Versicherungsunternehmung			Viehlebensversicherung				
Nr.	Sitz	Name	Viehzahl	Versicherungssummen ℳ	Prämien ℳ	Zahl der Schäden ℳ	Betrag der Schäden ℳ
1			2	3	4	5	6
		Gegenseitigkeits					
1	Altenburg	Altenburger V.V.G. [1])	11 667	6 195 050	207 564	664	230 951
2	Berlin	Allg. Deutsche V.V.G.	17 681	9 638 440	416 795	628	299 126
3	»	Central V.V.V. [2])	11 836	6 800 401	101 692	277	99 369
4	»	Veritas	12 985	6 534 440	216 887	359	124 676
5	»	V.V.B. für Deutschland	7 705	4 059 925	171 221	330	110 434
6	Braunschweig	Braunschweig. Allg. V.V.G.	33 022	11 815 900	250 007	950	271 932
7	Bremen	Bremer V.V.G.	996	431 620	20 306	56	20 170
8	Cöln	Rheinische V.V.G.	23 768	15 974 244	610 890	1 682	665 317
9	Cöthen	Anhaltische V.V.B.	3 605	1 398 030	45 855	176	60 458
10	Dresden	Sächsische V.V.B.	21 212	17 267 324	675 990	1 230	611 372
11	»	Vaterländische V.V.G.	12 623	10 984 969	396 305	615	337 642
12	Erfurt	Erfurter V.V.V.	9 572	8 510 470	250 804	530	241 834
13	Halle	Halensia	12 952	4 110 985	182 435	365	71 300
14	Hamburg	Norddeutsche V.V.G.	25 245	11 005 260	520 381	1 509	467 493
15	Hannover	Schl. V.V. der Viehhändler	—	—	—	—	—
16	Karlsruhe	Badische Pf.V.A.	24 610	20 938 978	852 975	1 576	800 393
17	Lenzen	Lenzener V.V.G.	3 214	631 865	21 256	130	21 161
18	Perleberg	Perleberger V.V.G.	149 948	17 410 883	657 115	3 933	521 018
19	Plau	Plauer V.V.G.	5 796	4 508 160	262 588	373	197 377
20	Schönberg	V.V.V. f. d. Fürstent. Ratzeburg	1 656	701 460	17 892	56	16 860
21	Schwaan	Ländl. V.V.V.	1 987	837 245	29 667	132	34 492
22	Schwerin	Schweriner V.V.G.	23 069	11 215 498	405 107	983	314 795
23	Sommersdorf	Pferde V.	3 222	3 892 700	91 146	107	85 063
24	Speyer	Pfälzischer V.V.V.	3 302	2 285 485	103 696	248	115 566
25	Stuttgart	Stuttgarter Pf.V.G.	8 251	7 695 555	309 746	547	271 227
26	Ülzen	Ülzener V.V.B.	23 887	14 507 774	758 128	1 833	713 395
27	Wiesbaden	V.V.V. d. Rhein- u. M.-Gaus	8 892	6 499 615	155 531	323	124 964
28	Wittenberge	Prignitzer V.V.G.	2 155	809 600	35 317	141	39 066
		Zusammen	**464 858**	**206 661 876**	**7 767 296**	**19 753**	**6 868 351**
		Sonstige					
29	Altona	Hamburg-Altonaer V.V.G.	—	—	—	—	—
30	Bernburg	Schl. V.V. G. H. Koch & Co.	—	—	—	—	—
31	Breslau	Schlesische Schl.V.V. Julius Priesemuth	—	—	—	—	—
32	Cöthen	Anhalt. Tr.V.A. C. Irmer	—	—	—	—	—
33	Halle	Ostrauer Schl.V.V. Boerner & Uhlmann	—	—	—	—	—
34	Hamburg	Hamb. Schl.V.V. Gebr. Skriver	—	—	—	—	—
35	Jauer	Allg. D. Schl.V.V. A. Fr. Bohne	—	—	—	—	—
		Zusammen	—	—	—	—	—

Anmerkungen zu Tab. III 2: Alle Zahlen verstehen sich brutto, d. h. einschl. des Anteils der Rückversicherer. — Viehzahl und Versicherungssummen beziehen sich auf alle im Laufe des Geschäftsjahrs überhaupt in Kraft gewesenen Versicherungen. —

im Jahre 1909 nach Versicherungsarten

Schlachtviehversicherung: Vieh-zahl	Schlachtviehversicherung: Versicherungs-summen M	Schlachtviehversicherung: Prämien M	Schlachtviehversicherung: Zahl der Schäden M	Schlachtviehversicherung: Betrag der Schäden M	Sonstige Viehversicherung: Vieh-zahl	Sonstige Viehversicherung: Versicherungs-summen M	Sonstige Viehversicherung: Prämien M	Sonstige Viehversicherung: Zahl der Schäden M	Sonstige Viehversicherung: Betrag der Schäden M	Nr.
7	8	9	10	11	12	13	14	15	16	
vereine										
55 218	8 064 030	112 089	3 075	149 210	—	—	—	—	—	1
—	—	—	—	—	5 047	2 611 620	54 314	215	40 424	2
382 506	68 334 370	576 894	14 786	895 253	39 147	3 289 870	52 487	329	25 136	3
—	—	—	—	—	256	179 055	7 219	1	420	4
—	—	—	—	—	314	278 764	7 039	8	1 708	5
5 446	653 520	1 362	—	—	—	—	—	—	—	6
—	—	—	—	—	—	—	—	—	—	7
2 216	820 490	11 507	115	12 926	6 266	5 346 758	85 841	79	44 995	8
—	—	—	—	—	—	—	—	—	—	9
—	—	—	—	—	2 490	1 456 076	20 332	67	16 043	10
—	—	—	—	—	944	773 595	16 107	11	5 898	11
—	—	—	—	—	—	—	—	—	—	12
110 803	16 112 309	178 184	5 193	247 055	4 685	1 408 884	32 473	213	23 738	13
—	—	—	—	—	—	—	—	—	—	14
20 517	7 200 000	102 555	656	118 970	—	—	—	—	—	15
—	—	—	—	—	1 032	768 732	14 376	14	5 794	16
—	—	—	—	—	—	—	—	—	—	17
1 189 707	211 162 493	2 018 199	67 768	3 027 973	187 176	35 080 922	137 379	2 124	192 485	18
—	—	—	—	—	—	—	—	—	—	19
—	—	—	—	—	—	—	—	—	—	20
—	—	—	—	—	—	—	—	—	—	21
71 613	14 467 665	138 025	6 681	185 345	5 556	954 445	3 990	35	4 393	22
—	—	—	—	—	—	—	—	—	—	23
—		—	—	—	1 330	562 035	16 710	35	7 276	24
—	—	—	—	—	115	41 550	2 179	11	1 951	25
522	78 300	209	—	—	110	98 700	2 709	3	1 350	26
—	—	—	—	—	—	—	—	—	—	27
—	—	—	—	—	—	—	—	—	—	28
1 838 548	**326 893 177**	**3 189 024**	**98 274**	**4 636 782**	**254 468**	**52 851 006**	**453 155**	**3 145**	**371 611**	
Unternehmungen										
72 111	15 356 620	95 951	829	118 819	2 429	728 700	8 502	20	5 380	29
34 557	4 955 024	29 026	1 934	31 572	—	—	—	—	—	30
392 733	49 964 895	475 510	10 408	627 816	13 218	3 909 207	82 806	588	96 678	31
20 876	2 975 000	16 597	303	6 169	—	—	—	—	—	32
34 593	3 535 192	33 915	565	17 343	—	—	—	—	—	33
272 539	28 277 207	180 069	1 882	261 050	2 104	736 400	6 305	25	5 087	34
52 994	7 253 513	55 487	1 518	47 852	—	—	—	—	—	35
880 403	**112 317 451**	**886 555**	**17 439**	**1 110 621**	**17 751**	**5 874 307**	**97 613**	**638**	**107 145**	

Von den Prämien sind die Rabatte usw. nicht abgesetzt. — Die Schäden sind die im Geschäftsjahr entstandenen. — [1]) Ohne die Sachschäden-Haftpflichtversicherung. — [2]) Ohne die Sachschädenversicherung in der Fuhrunfallversicherung.

Noch: Tabelle III 2

Viehversicherung — Zerlegung des Geschäfts im Jahre 1909 nach Versicherungsarten

Versicherungsunternehmung			Zusammen				
Nr.	Sitz	Name	Viehzahl	Versicherungssummen ℳ	Prämien ℳ	Zahl der Schäden ℳ	Betrag der Schäden ℳ
		1	17	18	19	20	21
		Gegenseitigkeitsvereine					
1	Altenburg	Altenburger V.V.G. [1])	66 885	14 259 080	319 653	3 739	380 161
2	Berlin	Allg. Deutsche V.V.G.	22 728	12 250 060	471 109	843	339 550
3	»	Central V.V.V. [2])	433 489	78 424 641	731 073	15 392	1 019 758
4	»	Veritas	13 241	6 713 495	224 106	360	125 096
5	»	V.V.B. für Deutschland	8 019	4 338 689	178 260	338	112 142
6	Braunschweig	Braunschweig. Allg. V.V.G.	38 468	12 469 420	251 369	950	271 932
7	Bremen	Bremer V.V.G.	996	431 620	20 306	56	20 170
8	Cöln	Rheinische V.V.G.	32 250	22 141 492	708 238	1 876	723 238
9	Cöthen	Anhaltische V.V.B.	3 605	1 398 030	45 855	176	60 458
10	Dresden	Sächsische V.V.B.	23 702	18 723 400	696 322	1 297	627 415
11	»	Vaterländische V.V.G.	13 567	11 758 564	412 412	626	343 540
12	Erfurt	Erfurter V.V.V.	9 572	8 510 470	250 804	530	241 834
13	Halle	Halensia	128 440	21 632 178	393 092	5 771	342 093
14	Hamburg	Norddeutsche V.V.G.	25 245	11 005 260	520 381	1 509	467 493
15	Hannover	Schl. V.V. der Viehhändler	20 517	7 200 000	102 555	656	118 970
16	Karlsruhe	Badische Pf.V.A.	25 642	21 707 710	867 351	1 590	806 187
17	Lenzen	Lenzener V.V.G.	3 214	631 865	21 256	130	21 161
18	Perleberg	Perleberger V.V.G.	1 526 831	263 654 298	2 812 693	73 825	3 741 476
19	Plau	Plauer V.V.G.	5 796	4 508 160	262 588	373	197 377
20	Schönberg	V.V.V. f. d. Fürstent. Ratzeburg	1 656	701 460	17 892	56	16 860
21	Schwaan	Ländl. V.V.V.	1 987	837 245	29 667	132	34 492
22	Schwerin	Schweriner V.V.G.	100 238	26 637 608	547 122	7 699	504 533
23	Sommersdorf	Pferde V.	3 222	3 892 700	91 146	107	85 063
24	Speyer	Pfälzischer V.V.V.	4 632	2 847 520	120 406	283	122 842
25	Stuttgart	Stuttgarter Pf.V.G.	8 366	7 737 105	311 925	558	273 178
26	Ülzen	Ülzener V.V.B.	24 519	14 684 774	761 046	1 836	714 745
27	Wiesbaden	V.V.V. d. Rhein- u. M.-Gaus	8 892	6 499 615	155 531	323	124 964
28	Wittenberge	Prignitzer V.V.G.	2 155	809 600	35 317	141	39 966
		Zusammen	**2 557 874**	**586 406 059**	**11 359 475**	**121 172**	**11 876 694**
		Sonstige Unternehmungen					
29	Altona	Hamburg-Altonaer V.V.G.	74 540	16 085 320	104 453	849	124 199
30	Bernburg	Schl. V.V. G. H. Koch & Co.	34 557	4 955 024	29 026	1 934	31 572
31	Breslau	Schlesische Schl.V.V. Julius Priesemuth	405 951	53 874 102	558 316	10 996	724 494
32	Cöthen	Anhalt. Tr.V.A. C. Irmer	20 876	2 975 000	16 597	303	6 169
33	Halle	Ostrauer Schl.V.V. Boerner & Uhlmann	34 593	3 535 192	33 915	565	17 343
34	Hamburg	Hamb. Schl.V.V. Gebr. Skriver	274 643	29 013 607	186 374	1 907	266 137
35	Jauer	Allg. D. Schl.V.V. A. Fr. Bohne	52 994	7 253 513	55 487	1 518	47 852
		Zusammen	**898 154**	**117 691 758**	**984 168**	**18 072**	**1 217 766**

Anmerkung zu Tab. III 2: Siehe Anmerkungen auf S. 192 und 193.

Tabelle III 3

Vergleich des Geschäftsjahrs 1909 mit dem Vorjahre

Versicherungsunternehmung			Versicherungssummen		Prämien (einschl. Nachschüsse)		Betrag der Schäden	
Nr.	Sitz	Name	im Vorjahre ℳ	im Geschäftsjahre ℳ	im Vorjahre ℳ	im Berichtsjahre ℳ	im Vorjahre ℳ	im Berichtsjahre ℳ
	1		2	3	4	5	6	7
		Gegenseitigkeitsvereine						
1	Altenburg	Altenburger V.V.G.	[1])13 833 415	[1])14 259 080	289 623	316 621	349 075	377 847
2	Berlin	Allg. Deutsche V.V.G.	11 728 970	12 250 060	332 455	364 509	271 075	276 146
3	»	Central V.V.V.	[2])73 512 900	[2])78 424 641	765 604	729 365	1 155 109	1 019 197
4	»	Veritas	8 625 350	6 713 495	229 487	190 035	150 560	122 493
5	»	V.V.B. für Deutschland	4 800 840	4 338 689	172 470	163 983	109 696	104 474
6	Braunschweig .	Braunschweig. Allg. V.V.G. ..	12 715 582	12 469 420	254 300	251 369	242 363	271 932
7	Bremen	Bremer V.V.G.	417 525	431 620	16 545	20 306	16 330	20 170
8	Cöln	Rheinische V.V.G.	18 001 351	22 141 492	615 640	686 121	661 427	722 838
9	Cöthen	Anhaltische V.V.B.	1 433 445	1 398 030	59 124	45 855	67 622	60 458
10	Dresden	Sächsische V.V.B.	19 067 128	18 723 400	709 687	692 270	569 782	623 148
11	»	Vaterländische V.V.G.	11 793 620	11 758 564	399 533	407 701	364 666	336 415
12	Erfurt	Erfurter V.V.V.	7 613 690	8 510 470	227 155	250 804	216 334	241 084
13	Halle	Halensia	13 171 102	21 632 178	287 608	384 783	200 618	339 282
14	Hamburg	Norddeutsche V.V.G.	10 872 500	11 005 260	442 781	520 381	381 930	467 260
15	Hannover	Schl.V.V. der Viehhändler....	6 300 000	7 200 000	97 893	102 555	115 453	118 970
16	Karlsruhe	Badische Pf.V.A.	20 956 824	21 707 710	807 144	858 241	662 296	798 509
17	Lenzen	Lenzener V.V.G.	630 728	631 865	20 459	21 256	19 462	21 161
18	Perleberg	Perleberger V.V.G.	240 686 798	263 654 298	2 733 215	2 805 946	3 436 073	3 721 841
19	Plau	Plauer V.V.G.	4 688 700	4 508 160	230 871	262 588	157 573	194 463
20	Schönberg	V.V.V. f. d. Fürstent. Ratzeburg	658 990	701 460	20 182	17 892	20 730	16 860
21	Schwaan	Ländl. V.V.V.	896 038	837 245	28 494	28 888	38 086	33 683
22	Schwerin	Schweriner V.V.G.	26 507 303	26 637 608	499 892	547 122	475 646	504 090
23	Sommersdorf .	Pferde V.	3 872 900	3 892 700	96 478	91 146	99 800	85 063
24	Speyer	Pfälzischer V.V.V.	3 262 344	2 847 520	116 974	115 453	138 121	119 941
25	Stuttgart	Stuttgarter Pf.V.G.	7 519 920	7 737 105	304 071	302 405	247 880	268 333
26	Ülzen	Ülzener V.V.B.	14 195 660	14 684 774	746 892	761 046	710 425	714 745
27	Wiesbaden ...	V.V.V. d. Rhein- u. M.-Gaus .	6 197 225	6 499 615	152 686	155 531	119 364	124 964
28	Wittenberge ..	Prignitzer V.V.G.	778 340	809 600	39 706	35 317	41 178	39 966
		Zusammen	**544 739 188**	**586 406 059**	**10 696 969**	**11 129 489**	**11 038 674**	**11 745 883**
		Sonstige Unternehmungen						
29	Altona	Hamburg-Altonaer V.V.G. ...	15 818 635	16 085 320	108 033	104 453	142 412	124 199
30	Bernburg	Schl.V.V. G. H. Koch & Co. .	3 564 623	4 955 924	23 914	29 026	26 055	31 572
31	Breslau	Schlesische Schl.V.V. Julius Priesemuth	52 049 553	53 874 102	515 650	558 316	603 515	724 494
32	Cöthen	Anhalt. Tr.V.A. C. Irmer.....	3 075 660	2 975 000	16 945	16 597	4 936	6 169
33	Halle	Ostrauer Schl.V.V. Boerner & Uhlmann..............	4 230 500	3 535 192	35 187	33 915	15 327	17 343
34	Hamburg	Hamb. Schl.V.V. Gebr. Skriver	31 670 225	29 013 607	203 658	186 374	343 197	266 137
35	Jauer	Allg. D. Schl.V.V.A. Fr. Bohne	6 849 886	7 253 513	53 587	55 487	45 658	47 852
		Zusammen	**117 259 082**	**117 691 758**	**956 974**	**984 168**	**1 181 100**	**1 217 766**

Anmerkungen zu Tab. III 3: Die Versicherungssummen beziehen sich auf alle im Laufe des Jahres in Kraft gewesenen Versicherungen. — Prämien sind die Vorprämien und die Nachschußprämien, vermindert um die Rückversicherungsprämien, Rabatte sind abgesetzt. — Die Schäden verstehen sich ohne den Anteil der Rückversicherer und ohne Regulierungskosten. — Der Unterschied der Schadenreserve zu Anfang und zu Ende des Jahres ist bei den Schäden verrechnet. — Der Erlös aus verwertetem Vieh ist nicht abgesetzt. — [1]) Ohne die Sachschäden-Haftpflichtversicherung. — [2]) Ohne die Sachschädenversicherung in der Fuhrunfallversicherung.

Tabelle III 4

Gewinn- und Verlust
Ein

Nr.	Sitz	Name	Prämien für eigene Rechnung ℳ	Nebenleistungen der Versicherten: Eintrittsgelder ℳ	Policegebühren ℳ	anderweit ℳ
		1	2	3	4	5
		Gegenseitigkeits				
1	Altenburg	Altenburger V.V.G.	316 621	2 981	—	2 193
2	Berlin	Allg. Deutsche V.V.G.	364 897	7 908	1 644	1 939
3	»	Central V.V.V.	733 968	2 120	3 617	12 535
4	»	Veritas	188 263	4 787	1 878	—
5	»	V.V.B. für Deutschland	167 405	4 747	3 248	—
6	Braunschweig	Braunschweig. Allg. V.V.G.	251 593	2 733	—	345
7	Bremen	Bremer V.V.G.	20 306	558	1 102	2 902
8	Cöln	Rheinische V.V.G.	669 034	13 861	5 106	4 029
9	Cöthen	Anhaltische V.V.B.	46 413	1 500	922	—
10	Dresden	Sächsische V.V.B.	702 603	31 345	14 201	4 301
11	»	Vaterländische V.V.G.	400 163	20 330	7 581	2 177
12	Erfurt	Erfurter V.V.V.	250 804	10 207	8 758	911
13	Halle	Halensia	384 580	4 182	4 299	—
14	Hamburg	Norddeutsche V.V.G.	520 381	3 867	4 599	5 154
15	Hannover	Schl.V.V. der Viehhändler	102 555	20	—	—
16	Karlsruhe	Badische Pf.V.A.	837 495	36 476	2 995	—
17	Lenzen	Lenzener V.V.G.	21 256	558	192	1 313
18	Perleberg	Perleberger V.V.G.	2 806 202	6 718	3 354	—
19	Plau	Plauer V.V.G.	262 588	5 206	1 304	329
20	Schönberg	V.V.V. f. d. Fürstent. Ratzeburg	17 892	—	—	—
21	Schwaan	Ländl. V.V.V.	28 888	475	216	150
22	Schwerin	Schweriner V.V.G.	547 122	20 928	5 727	5 144
23	Sommersdorf	Pferde V.	91 146	950	16	1 530
24	Speyer	Pfälzischer V.V.V.	115 369	4 337	1 949	97
25	Stuttgart	Stuttgarter Pf.V.G.	303 530	5 654	976	809
26	Ülzen	Ülzener V.V.B.	761 046	25 202	—	—
27	Wiesbaden	V.V.V. d. Rhein- u. M.-Gaus	144 155	2 423	1 956	—
28	Wittenberge	Prignitzer V.V.G.	35 317	758	212	2 948
		Zusammen	**11 091 592**	**220 831**	**75 852**	**48 806**
		Sonstige				
29	Altona	Hamburg-Altonaer V.V.G.	104 453	—	—	—
30	Bernburg	Schl.V.V. G. H. Koch & Co.	29 026	—	—	—
31	Breslau	Schlesische Schl.V.V. Julius Priesemuth	549 753	2 208	—	1 682
32	Cöthen	Anhalt. Tr.V.A. C. Irmer	16 597	—	—	—
33	Halle	Ostrauer Schl.V.V. Boerner & Uhlmann	33 915	—	—	—
34	Hamburg	Hamb. Schl.V.V. Gebr. Skriver	186 374	—	—	—
35	Jauer	Allg. D. Schl.V.V.A. Fr. Bohne	55 487	—	—	—
		Zusammen	**975 605**	**2 208**	—	**1 682**

Anmerkungen zu Tab. III 4: Die Gewinn- und Verlustrechnung bezieht sich nur auf den Jahresbetrieb. — Die Überträge sind ausgeschieden, oder, wo nötig, mit dem Unterschiede zwischen dem Bestande zu Anfang und zu Ende des Geschäftsjahrs eingestellt. — Die Prämien für eigene Rechnung, wie sie in Spalte 2 für das Geschäftsjahr eingetragen sind, sind in Tab. III 5 hergeleitet. —

rechnung für 1909

nahmen

Erlös aus verwertetem Vieh	Ertrag und Gewinn aus Kapitalanlagen: Zinsen	Mieten	Kursgewinn	sonstiger Gewinn	Entnahme aus dem Reservefonds	Sonstige Einnahmen	Summe der Jahreseinnahmen	Verlust: überhaupt	nach Abzug des Gewinnvortrags	Nr.
ℳ	ℳ	ℳ	ℳ	ℳ	ℳ	ℳ	ℳ	ℳ	ℳ	
6	7	8	9	10	11	12	13	14	15	
vereine										
112 182	3 891	—	—	—	23 103	3 789	464 760	—	—	1
86 416	8 304	—	—	—	18 015	[1]) 2 576	491 699	—	—	2
418 730	1 723	—	—	—	27 194	48	1 199 935	—	—	3
40 233	440	—	97	—	20 119	—	255 817	—	—	4
23 944	288	—	—	—	12 970	215	212 817	—	—	5
66 400	9 636	650	—	—	—	2 913	334 270	—	—	6
4 034	111	—	—	—	—	60	29 073	—	—	7
143 194	5 531	—	9	—	39 433	—	880 197	—	—	8
16 432	584	—	39	—	7 853	1 674	75 417	—	—	9
113 334	11 583	—	—	—	26 652	1 115	905 134	—	—	10
84 748	23 068	—	170	—	—	3 507	541 744	—	—	11
8 299	12 757	—	—	—	13 843	—	305 579	—	—	12
120 175	3 482	800	—	—	19 949	754	538 221	—	—	13
52 463	5 051	—	—	—	14 067	3 062	608 644	—	—	14
65 941	1 520	—	—	—	—	—	170 036	—	—	15
88 831	17 141	—	289	—	18 430	1 612	1 003 269	—	—	16
2 321	696	—	—	—	438	—	26 774	—	—	17
1 690 918	996	1 923	116	—	58 782	[2]) 1 032	4 570 041	—	—	18
11 789	1 300	—	—	—	—	[3]) 2 272	284 788	—	—	19
1 013	400	—	—	—	—	77	19 382	—	—	20
9 722	855	—	—	—	—	—	40 306	—	—	21
127 290	8 436	190	194	—	—	—	715 031	—	—	22
8 169	1 714	—	—	—	—	[4]) 2 656	106 181	—	—	23
39 812	3 706	—	14	—	—	58	165 342	—	—	24
2 017	6 314	—	—	—	—	—	319 300	848	848	25
105 707	2 484	—	—	—	—	32	894 471	—	—	26
5 006	8 622	—	—	—	—	—	162 162	—	—	27
10 422	407	—	—	—	919	[5]) 1 166	52 149	—	—	28
3 459 542	**141 040**	**3 563**	**928**	—	**301 767**	**28 618**	**15 372 539**	**848**	**848**	
Unternehmungen										
46 530	1 347	—	547	—	—	1 359	154 236	—	—	29
9 331	—	—	—	—	—	—	38 357	—	—	30
363 340	—	—	—	—	—	—	916 983	—	—	31
1 316	—	—	—	—	—	—	17 913	—	—	32
6 395	1 087	—	—	—	—	8	41 405	—	—	33
106 395	—	—	—	—	—	—	292 769	—	—	34
22 855	—	—	—	—	—	20	78 362	—	—	35
556 162	**2 434**	—	**547**	—	—	**1 387**	**1 540 025**	—	—	

Als Zinsen sind die eingenommenen Zinsen eingestellt, die ausgegebenen sind bei den sonstigen Ausgaben verrechnet. — [1]) Darunter 2 546 ℳ Einnahmen aus der Reserve für Nachschußausfälle. — [2]) Darunter 152 ℳ Einnahmen aus der Spezialreserve für Nachschußausfälle. — [3]) Darunter 2 245 ℳ Einnahmen aus der Reserve für Nachschußausfälle. — [4]) Darunter 2 646 ℳ Entnahme aus der Spezialreserve für Entschädigungen. — [5]) Darunter 956 ℳ Einnahmen aus der Nachschußreserve.

Noch: Tabelle III 4

Gewinn- und Verlust
Aus

Versicherungsunternehmung			Schäden für eigene Rechnung	Regulierungskosten	Abschreibungen		
					insgesamt	darunter auf Immobilien	darunter auf Forderungen
Nr.	Sitz	Name	ℳ	ℳ	ℳ	ℳ	ℳ
1			2	3	4	5	6
		Gegenseitigkeits					
1	Altenburg	Altenburger V.V.G.	377 847	3 136	1 010	—	1 010
2	Berlin	Allg. Deutsche V.V.G.	276 146	8 244	24 156	—	23 075
3	»	Central V.V.V.	1 019 197	3 932	870	—	495
4	»	Veritas	122 493	11 040	619	—	—
5	»	V.V.B. für Deutschland	104 474	4 445	7 225	—	7 195
6	Braunschweig	Braunschweig. Allg. V.V.G.	271 932	3 762	495	495	—
7	Bremen	Bremer V.V.G.	20 170	273	217	—	107
8	Cöln	Rheinische V.V.G.	722 838	6 291	2 472	—	1 633
9	Cöthen	Anhaltische V.V.B.	60 458	262	163	—	—
10	Dresden	Sächsische V.V.B.	623 148	5 207	16	—	16
11	»	Vaterländische V.V.G.	336 415	2 550	10 502	—	9 146
12	Erfurt	Erfurter V.V.V.	241 084	658	211	—	41
13	Halle	Halensia	339 282	5 116	16 958	1 691	14 602
14	Hamburg	Norddeutsche V.V.G.	467 260	7 052	1 283	—	1 283
15	Hannover	Schl.V.V. der Viehhändler	118 970	—	—	—	—
16	Karlsruhe	Badische Pf.V.A.	798 509	8 862	1 497	—	673
17	Lenzen	Lenzener V.V.G.	21 161	150	—	—	—
18	Perleberg	Perleberger V.V.G.	3 721 841	168 545	48 174	5 000	40 670
19	Plau	Plauer V.V.G.	194 463	3 179	10 239	—	10 239
20	Schönberg	V.V.V. f. d. Fürstent. Ratzeburg	16 860	—	—	—	—
21	Schwaan	Ländl. V.V.V.	33 683	241	—	—	—
22	Schwerin	Schweriner V.V.G.	504 090	4 878	3 273	2 219	—
23	Sommersdorf	Pferde V.	85 063	5 337	100	—	—
24	Speyer	Pfälzischer V.V.V.	119 941	4 340	—	—	—
25	Stuttgart	Stuttgarter Pf.V.G.	268 333	1 830	300	—	—
26	Ülzen	Ülzener V.V.B.	714 745	3 002	855	—	855
27	Wiesbaden	V.V.V. d. Rhein- u. M.-Gaus	124 964	468	—	—	—
28	Wittenberge	Prignitzer V.V.G.	39 966	734	261	—	261
		Zusammen	**11 745 833**	**263 534**	**180 896**	**9 405**	**111 301**
		Sonstige					
29	Altona	Hamburg-Altonaer V.V.G.	124 199	—	—	—	—
30	Bernburg	Schl.V.V. G. H. Koch & Co.	31 572	—	—	—	—
31	Breslau	Schlesische Schl.V.V. Julius Priesemuth	724 494	—	499	—	—
32	Cöthen	Anhalt. Tr.V.A. C. Irmer	6 169	70	—	—	—
33	Halle	Ostrauer Schl.V.V. Boerner & Uhlmann	17 343	800	—	—	—
34	Hamburg	Hamb. Schl.V.V. Gebr. Skriver	266 137	—	—	—	—
35	Jauer	Allg. D. Schl.V.V. A. Fr. Bohne	47 852	—	—	—	—
		Zusammen	**1 217 766**	**870**	**499**	—	—

Anmerkungen zu Tab. III 4: Siehe Anmerkungen auf S. 196 u. 197. — Die Schäden für eigene Rechnung sind in Tab. III 5 hergeleitet. — Die Verwaltungskosten sind ohne den Anteil, den die Rückversicherer davon vertragsmäßig zu tragen haben, eingestellt. — [1]) Zinsen.

rechnung für 1909

gaben

Verlust aus Kapitalanlagen: Kursverlust	Verlust aus Kapitalanlagen: sonstiger Verlust	Verwaltungskosten: insgesamt	Verwaltungskosten: darunter Bezüge (Provisionen usw.) der Agenten	Steuern und Abgaben	Zuführung zu dem Reservefonds	Zuführung zu sonstigen Rücklagen	Sonstige Ausgaben	Summe der Jahresausgaben	Jahresüberschuß ohne Gewinnvortrag	Jahresüberschuß mit Gewinnvortrag	Nr.
M	M	M	M	M	M	M	M	M	M	M	
7	8	9	10	11	12	13	14	15	16	17	
vereine											
—	—	38 522	—	89	35 438	—	8 565	464 607	153	4 789	1
449	—	164 569	77 131	1 205	10 392	—	6 538	491 699	—	—	2
—	—	142 075	79 081	1 190	28 792	—	3 879	1 199 935	—	—	3
—	—	99 445	22 674	773	16 918	—	4 529	255 817	—	—	4
30	—	85 638	30 981	58	10 947	—	—	212 317	—	—	5
—	—	55 026	24 918	683	—	—	—	331 898	2 372	4 531	6
—	—	5 472	550	26	2 915	—	—	29 073	—	—	7
64	—	99 441	49 903	1 392	45 920	—	1 779	880 197	—	—	8
—	—	10 143	4 229	14	4 377	—	—	75 417	—	—	9
1 627	—	214 081	96 322	1 086	59 969	—	—	905 134	—	—	10
106	—	89 509	38 505	1 630	37 960	31 000	—	509 672	32 072	32 072	11
4 664	—	30 918	15 787	72	27 972	—	—	305 579	—	—	12
54	—	157 564	42 687	1 320	14 269	—	3 658	538 221	—	—	13
434	—	105 471	44 743	2 473	20 968	—	3 703	608 644	—	—	14
—	—	3 975	—	—	11 389	—	—	134 334	35 702	35 758	15
—	—	167 817	95 996	344	24 148	2 018	74	1 003 269	—	—	16
—	—	3 268	612	6	2 189	—	—	26 774	—	—	17
—	—	547 429	255 704	3 262	58 843	11 600	[1]) 10 347	4 570 041	—	—	18
—	—	58 394	31 834	172	11 219	5 804	1 318	284 788	—	—	19
—	—	1 595	—	—	—	—	5	18 460	922	3 032	20
—	—	4 856	2 204	8	475	—	—	39 263	1 043	1 043	21
—	—	172 203	79 352	2 845	—	694	1 861	689 844	25 187	25 187	22
306	—	7 003	—	29	950	—	3 155	101 943	4 238	4 238	23
—	—	27 871	9 510	97	12 628	—	—	164 877	465	465	24
276	—	43 539	16 593	217	5 653	—	—	320 148	—	—	25
—	—	156 375	110 149	330	18 918	—	246	894 471	—	—	26
227	—	22 160	8 241	44	2 423	—	—	150 286	11 876	11 876	27
52	—	7 109	2 174	10	2 756	283	978	52 149	—	—	28
8 289	—	**2 521 468**	**1 139 880**	**19 875**	**468 428**	**51 899**	**50 635**	**15 259 357**	**114 080**	**122 991**	
Unternehmungen											
—	—	5 249	1 188	1 487	—	—	—	130 935	23 301	24 620	29
—	—	3 685	3 035	—	—	—	—	35 257	3 100	3 100	30
—	—	134 753	55 743	—	—	—	—	859 746	57 237	88 909	31
—	—	8 356	3 240	183	—	—	—	14 778	3 135	3 135	32
—	20	19 449	8 649	145	—	—	787	38 544	2 861	2 861	33
—	—	15 881	—	—	—	—	—	282 018	10 751	10 751	34
—	—	24 830	10 460	833	—	—	—	73 515	4 847	4 847	35
—	**20**	**212 203**	**82 315**	**2 648**	—	—	**787**	**1 434 793**	**105 232**	**138 223**	

Tabelle III 5

Erläuterung der in die Gewinn- und Verlustrechnung

Versicherungsunternehmung			Prä		
Nr.	Sitz	Name	Übertrag aus dem Vorjahre M	Vorprämien M	Nachschuß-prämien M
		1	2	3	4
					Gegenseitigkeits
1	Altenburg	Altenburger V.V.G.	—	284 993	30 938
2	Berlin	Allg. Deutsche V.V.G.	139 035	325 126	67 391
3	»	Central V.V.V.	23 898	81 992	21 496
4	»	Veritas	37 642	169 910	26 753
5	»	V.V.B. für Deutschland	39 766	103 018	57 067
6	Braunschweig .	Braunschweig. Allg. V.V.G.	103 944	250 007	—
7	Bremen	Bremer V.V.G.	—	10 433	9 873
8	Cöln	Rheinische V.V.G.	93 182	484 453	108 443
9	Cöthen	Anhaltische V.V.B.	13 576	45 855	—
10	Dresden	Sächsische V.V.B.	227 026	696 322	—
11	»	Vaterländische V.V.G.	156 463	410 618	—
12	Erfurt	Erfurter V.V.V.	—	250 804	—
13	Halle	Halensia	35 159	89 757	91 340
14	Hamburg	Norddeutsche V.V.G.	—	274 185	246 196
15	Hannover	Schl. V.V. der Viehhändler	—	54 805	—
16	Karlsruhe	Badische Pf.V.A.	306 119	852 975	—
17	Lenzen	Lenzener V.V.G.	—	[1]) 21 256	—
18	Perleberg	Perleberger V.V.G.	3 018	156 056	[2]) 382 921
19	Plau	Plauer V.V.G.	—	122 134	140 454
20	Schönberg	V.V.V. f. d. Fürstent. Ratzeburg	—	[1]) 17 892	—
21	Schwaan	Ländl. V.V.V.	—	28 133	1 534
22	Schwerin	Schweriner V.V.G.	—	405 107	—
23	Sommersdorf .	Pferde V.	—	65 141	26 005
24	Speyer	Pfälzischer V.V.V.	43 916	103 592	—
25	Stuttgart	Stuttgarter Pf.V.G.	115 822	308 795	—
26	Ülzen	Ülzener V.V.B.	—	[1]) 758 128	—
27	Wiesbaden ...	V.V.V. d. Rhein- u. M.-Gaus	95 928	155 531	—
28	Wittenberge ..	Prignitzer V.V.G.	—	28 221	7 096
		Zusammen	**1 434 494**	**6 555 239**	**1 217 507**
					Sonstige
29	Altona	Hamburg-Altonaer V.V.G.	—	—	—
30	Bernburg	Schl. V.V. G. H. Koch & Co.	—	—	—
31	Breslau	Schlesische Schl.V.V. Julius Priesemuth	—	—	—
32	Cöthen	Anhalt. Tr.V.A. C. Irmer	—	—	—
33	Halle	Ostrauer Schl.V.V. Boerner & Uhlmann	—	—	—
34	Hamburg	Hamb. Schl.V.V. Gebr. Skriver	—	—	—
35	Jauer	Allg. D. Schl.V.V. A. Fr. Bohne	—	—	—
		Zusammen	—	—	—

Anmerkungen zu Tab. III 5: Von den Prämien sind die Rabatte abgesetzt. — Die meist als Rückversicherungsprämien bezeichneten Prämien für die Versicherung gegen die Nachschußpflicht sind nicht durch die Rechnung geführt. —

eingestellten Prämien und Schäden des Jahres 1909

(Präm)ien				Schäden für eigene Rechnung				
					gezahlt für Schäden			
Feste Prämien	Rückversicherungsprämien	Übertrag auf das folgende Jahr	Prämien für eigene Rechnung	Reserven aus dem Vorjahre	der Vorjahre	des Geschäftsjahrs	zurückgestellt	Nr.
ℳ	ℳ	ℳ	ℳ	ℳ	ℳ	ℳ	ℳ	
5	6	7	8	9	10	11	12	
(...)vereine								
2 555	1 865	—	316 621	5 842	527	376 563	6 599	1
54 314	82 322	138 647	364 897	15 127	15 127	267 838	8 308	2
628 146	2 268	19 296	733 968	24 118	24 118	1 001 905	17 292	3
—	6 628	39 414	188 263	8 867	7 748	105 228	18 384	4
7 039	3 141	36 344	167 405	7 788	682	104 046	7 534	5
1 362	—	103 720	251 593	—	—	271 242	690	6
—	—	—	20 306	1 400	1 400	19 870	300	7
97 347	4 123	110 268	669 034	15 300	14 900	705 458	17 780	8
—	—	13 018	46 413	2 682	2 682	60 458	—	9
—	4 052	216 693	702 603	47 494	41 784	570 113	58 745	10
—	2 917	164 001	400 163	51 713	40 306	296 994	50 828	11
—	—	—	250 804	4 890	4 140	240 334	1 500	12
210 657	6 970	35 363	384 580	14 086	15 526	317 568	20 274	13
—	—	—	520 381	44 268	44 035	359 493	108 000	14
47 750	—	—	102 555	—	—	118 970	—	15
14 376	9 111	326 864	837 495	36 495	36 495	758 971	39 538	16
—	—	—	21 256	—	—	21 161	—	17
2 273 716	6 747	2 762	2 806 202	64 587	44 952	3 683 042	58 434	18
—	—	—	262 588	26 470	23 556	162 477	34 900	19
—	—	—	17 892	—	—	16 860	—	20
—	779	—	28 888	1 360	880	32 230	1 933	21
142 015	—	—	547 122	4 145	3 702	498 648	5 885	22
—	—	—	91 146	3 637	3 637	74 600	10 463	23
16 710	4 849	44 000	115 369	—	—	119 941	—	24
2 179	8 569	114 697	303 530	12 205	12 205	254 308	14 025	25
2 918	—	—	761 046	—	—	714 745	—	26
—	—	107 304	144 155	—	—	124 964	—	27
—	—	—	35 317	—	—	39 966	—	28
3 501 084	**144 341**	**1 472 391**	**11 091 592**	**392 474**	**338 402**	**11 317 993**	**481 412**	
Unternehmungen								
104 453	—	—	104 453	6 687	6 687	123 875	324	29
29 026	—	—	29 026	—	—	31 572	—	30
549 753	—	—	549 753	—	—	724 494	—	31
16 597	—	—	16 597	—	—	6 169	—	32
33 915	—	—	33 915	—	—	17 343	—	33
186 374	—	—	186 374	—	—	266 137	—	34
55 487	—	—	55 487	—	—	47 852	—	35
975 605	—	—	**975 605**	**6 687**	**6 687**	**1 217 442**	**324**	

Die Schäden verstehen sich ohne den Anteil der Rückversicherer und ohne die Regulierungskosten. — [1]) Umlagebeiträge. — [2]) Darunter 187 851 ℳ Ergänzungsprämien.

Tabelle III 6

Bilanz für den Schluß

A k

Versicherungsunternehmung			Verpflichtungen der Garanten	Forderungen	Kassenbestand
Nr.	Sitz	Name	M	M	M
1			2	3	4
					Gegenseitigkeits
1	Altenburg	Altenburger V.V.G.	—	63 354	26 920
2	Berlin	Allg. Deutsche V.V.G.	—	169 772	8 504
3	»	Central V.V.V.	—	93 864	9 507
4	»	Veritas	—	179 493	7 783
5	»	V.V.B. für Deutschland	—	74 745	818
6	Braunschweig .	Braunschweig. Allg. V.V.G.	—	31 358	535
7	Bremen	Bremer V.V.G.	—	12 043	377
8	Cöln	Rheinische V.V.G.	—	132 917	3 580
9	Cöthen	Anhaltische V.V.B.	—	11 057	2 604
10	Dresden	Sächsische V.V.B.	66 000	135 552	6 748
11	»	Vaterländische V.V.G.	—	59 290	3 807
12	Erfurt	Erfurter V.V.V.	—	13 252	471
13	Halle	Halensia	—	139 442	6 515
14	Hamburg	Norddeutsche V.V.G.	—	271 753	3 785
15	Hannover	Schl.V.V. der Viehhändler	—	41 389	1 150
16	Karlsruhe	Badische Pf.V.A.	—	76 644	1 418
17	Lenzen	Lenzener V.V.G.	—	15 826	27
18	Perleberg	Perleberger V.V.G.	—	547 472	15 176
19	Plau	Plauer V.V.G.	—	167 629	5 071
20	Schönberg	V.V.V. f. d. Fürstent. Ratzeburg	—	10 000	3 032
21	Schwaan	Ländl. V.V.V.	—	9 978	463
22	Schwerin	Schweriner V.V.G.	—	31 573	8 584
23	Sommersdorf .	Pferde V.	—	27 604	1 342
24	Speyer	Pfälzischer V.V.V.	—	14 537	6 482
25	Stuttgart	Stuttgarter Pf.V.G.	—	29 317	1 259
26	Ülzen	Ülzener V.V.B.	—	260 021	13 356
27	Wiesbaden ...	V.V.V. d. Rhein- u. M.-Gaus	—	39 796	627
28	Wittenberge ..	Prignitzer V.V.G.	—	12 723	335
		Zusammen	**66 000**	**2 672 401**	**140 276**

Anmerkung zu Tab. III 6: Die Kapitalanlagen und die Forderungen sind in Tab. III 7, die am Jahresschluß im Besitz der Unternehmungen befindlichen Wertpapiere sind in Tab. III 9 erläutert.

des Jahres 1909

t i v a

Kapitalanlagen ℳ	Inventar ℳ	Sonstige Aktiva ℳ	Noch nicht gedeckte Organisations-kosten ℳ	Verlust ℳ	Summe ℳ	Nr.
5	6	7	8	9	10	
vereine						
100 000	—	13 146	—	—	203 420	1
159 694	9 730	—	—	—	347 700	2
22 544	3 378	—	—	—	129 293	3
—	5 000	—	—	—	192 276	4
8 520	264	—	—	—	84 347	5
276 822	—	—	—	—	308 715	6
—	140	—	—	—	12 560	7
76 529	7 548	—	—	—	220 574	8
10 349	1	—	—	—	24 011	9
318 314	—	—	—	—	526 614	10
601 542	—	—	—	—	664 639	11
256 439	1 200	—	—	—	271 362	12
108 411	5 977	—	—	—	260 345	13
118 288	—	—	—	—	393 826	14
—	—	34 608	—	—	77 147	15
439 067	7 414	19 062	—	—	543 605	16
10 770	—	—	—	—	26 623	17
144 525	6 012	—	—	—	713 185	18
27 000	100	—	—	—	199 800	19
—	—	—	—	—	13 032	20
15 850	—	—	—	—	26 291	21
259 362	3 000	—	—	—	302 519	22
34 023	1 529	—	—	—	64 498	23
94 182	—	—	—	—	115 201	24
160 547	729	560	—	848	193 260	25
—	—	—	—	—	273 377	26
220 255	—	—	—	—	260 678	27
5 652	—	—	—	—	18 710	28
3 468 685	**52 022**	**67 376**	—	**848**	**6 467 608**	

Noch: Tabelle III 6

Bilanz für den Schluß

Pas

Nr.	Versicherungsunternehmung: Sitz	Versicherungsunternehmung: Name	Garantie-kapital ℳ	Prämien-überträge ℳ	Schaden-reserve ℳ	Sonstige Überträge ℳ	Hypo-theken ℳ
	1		2	3	4	5	6
		Gegenseitigkeits					
1	Altenburg	Altenburger V.V.G.	—	—	6 599	1 435	—
2	Berlin	Allg. Deutsche V.V.G.	—	138 647	8 308	—	—
3	»	Central V.V.V.	—	19 296	17 292	—	—
4	»	Veritas	—	39 414	18 384	—	—
5	»	V.V.B. für Deutschland	—	36 344	7 534	—	—
6	Braunschweig .	Braunschweig. Allg. V.V.G. ...	—	103 720	690	—	—
7	Bremen	Bremer V.V.G.	—	—	300	—	—
8	Cöln	Rheinische V.V.G.	—	110 268	17 780	—	—
9	Cöthen	Anhaltische V.V.B.	—	13 018	—	—	—
10	Dresden	Sächsische V.V.B.	66 000	216 693	58 745	—	—
11	»	Vaterländische V.V.G.	—	164 001	50 828	—	—
12	Erfurt	Erfurter V.V.V.	—	—	1 500	—	—
13	Halle	Halensia	—	35 363	20 274	—	20 000
14	Hamburg	Norddeutsche V.V.G.	—	—	108 000	—	—
15	Hannover	Schl.V.V. der Viehhändler....	—	—	—	—	—
16	Karlsruhe	Badische Pf.V.A.	—	326 864	39 538	—	—
17	Lenzen	Lenzener V.V.G.	—	—	—	—	—
18	Perleberg	Perleberger V.V.G.	—	2 762	58 434	11 600	70 000
19	Plau	Plauer V.V.G.	—	—	34 900	—	—
20	Schönberg	V.V.V. f. d. Fürstent. Ratzeburg	—	—	—	—	—
21	Schwaan	Ländl. V.V.V.	—	—	1 933	—	—
22	Schwerin	Schweriner V.V.G.	—	—	5 885	—	—
23	Sommersdorf .	Pferde V.	—	—	10 463	—	25 031
24	Speyer	Pfälzischer V.V.V.	—	44 000	—	—	—
25	Stuttgart	Stuttgarter Pf.V.G.	—	114 697	14 025	—	—
26	Ülzen	Ülzener V.V.B.	—	—	—	—	—
27	Wiesbaden ...	V.V.V. d. Rhein- u. M.-Gaus..	—	107 304	—	—	—
28	Wittenberge ..	Prignitzer V.V.G.	—	—	—	—	—
		Zusammen	**66 000**	**1 472 391**	**481 412**	**13 035**	**115 031**

Anmerkungen zu Tab. III 6: Die Prämienüberträge und die Schadenreserve verstehen sich netto, d. h. ohne den Anteil der Rückversicherer. — Unter Kapitalreservefonds ist der in § 262 H.G.B. und § 37 V.A.G. vorgeschriebene Reservefonds zu verstehen. — Die Verteilung des Gewinns ist in Tab. III 8 dargestellt. —

des Jahres 1909

siva

Bar-kautionen	Guthaben anderer Versicherungs-unternehmungen	Sonstige Passiva	Kapital-reserve-fonds	Spezial-reserven	Beamten-fonds	Gewinn: Jahres-überschuß	Gewinn: Vortrag aus dem Vorjahre	Summe	Nr.
ℳ	ℳ	ℳ	ℳ	ℳ	ℳ	ℳ	ℳ	ℳ	
7	8	9	10	11	12	13	14	15	
vereine									
—	—	56 434	134 163	—	—	153	4 636	203 420	1
6 977	2 423	[1] 148 713	42 632	—	—	—	—	347 700	2
925	614	33 465	57 701	—	—	—	—	129 293	3
—	45 999	28 123	60 356	—	—	—	—	192 276	4
—	—	14 500	25 969	—	—	—	—	84 347	5
—	—	22 482	150 000	18 999	8 293	2 372	2 159	308 715	6
—	—	805	11 455	—	—	—	—	12 560	7
—	13 661	—	78 865	—	—	—	—	220 574	8
—	—	—	10 993	—	—	—	—	24 011	9
—	322	—	184 854	—	—	—	—	526 614	10
—	—	715	334 779	67 492	14 752	32 072	—	664 639	11
—	—	1 264	268 598	—	—	—	—	271 362	12
546	41 191	35 881	107 090	—	—	—	—	260 345	13
—	—	[2] 148 000	137 826	—	—	—	—	393 826	14
—	—	—	41 389	—	—	35 702	56	77 147	15
—	—	5 398	153 482	18 323	—	—	—	543 605	16
—	—	—	26 623	—	—	—	—	26 623	17
19 165	—	[3] 316 095	235 129	—	—	—	—	713 185	18
19 000	—	26 795	113 301	5 804	—	—	—	199 800	19
—	—	—	10 000	—	—	922	2 110	13 032	20
—	—	—	23 315	—	—	1 043	—	26 291	21
27 578	—	[4] 108 834	108 759	1 508	24 768	25 187	—	302 519	22
—	—	2 176	22 590	—	—	4 238	—	64 498	23
—	—	632	70 104	—	—	465	—	115 201	24
—	1 169	—	63 369	—	—	—	—	193 260	25
5 450	—	—	267 927	—	—	—	—	273 377	26
—	—	—	141 498	—	—	11 876	—	260 678	27
—	—	1 746	16 681	283	—	—	—	18 710	28
79 641	**105 379**	**952 058**	**2 899 448**	**112 409**	**47 813**	**114 030**	**8 961**	**6 467 608**	

[1]) Darunter 147 089 ℳ Bankvorschüsse und Darlehen. — [2]) Bankvorschüsse. — [3]) Darunter 240 000 ℳ Bankvorschüsse und 57 030 ℳ im voraus vereinnahmte Prämien. — [4]) Vorausbezahlte Prämien.

Tabelle III 7

Die Art der Kapitalanlagen und

Versicherungsunternehmung			Kapitalanlagen							
				davon entfallen auf						
Nr.	Sitz	Name	Insgesamt ℳ	Grundbesitz ℳ	Hypotheken und Grundschulden ℳ	Darlehen an öffentliche Körperschaften ℳ	Darlehen auf Wertpapiere ℳ	Wertpapiere ℳ	Wechsel ℳ	sonstige Anlagen ℳ
1			2	3	4	5	6	7	8	9
		Gegenseitigkeits								
1	Altenburg	Altenburger V.V.G.	100 000	—	—	—	—	100 000	—	—
2	Berlin	Allg. Deutsche V.V.G.	159 694	—	—	—	—	159 694	—	—
3	»	Central V.V.V.	22 544	—	—	—	—	22 544	—	—
4	»	Veritas	—	—	—	—	—	—	—	—
5	»	V.V.B. für Deutschland	8 520	—	—	—	—	8 520	—	—
6	Braunschweig	Braunschweig. Allg. V.V.G.	276 822	32 500	—	—	—	244 322	—	—
7	Bremen	Bremer V.V.G.	—	—	—	—	—	—	—	—
8	Cöln	Rheinische V.V.G.	76 529	—	—	—	—	76 529	—	—
9	Cöthen	Anhaltische V.V.B.	10 349	—	—	—	—	10 349	—	—
10	Dresden	Sächsische V.V.B.	318 314	—	—	—	—	318 314	—	—
11	»	Vaterländische V.V.G.	601 542	—	109 500	—	—	492 042	—	—
12	Erfurt	Erfurter V.V.V.	256 439	—	87 000	—	—	169 439	—	—
13	Halle	Halensia	108 411	55 180	44 000	—	—	9 231	—	—
14	Hamburg	Norddeutsche V.V.G.	118 288	—	—	—	—	118 288	—	—
15	Hannover	Schl.V.V. der Viehhändler	—	—	—	—	—	—	—	—
16	Karlsruhe	Badische Pf.V.A.	439 067	—	268 393	10 814	—	159 860	—	—
17	Lenzen	Lenzener V.V.G.	10 770	—	—	—	—	10 770	—	—
18	Perleberg	Perleberger V.V.G.	144 525	116 770	—	—	—	27 755	—	—
19	Plau	Plauer V.V.G.	27 000	—	12 000	—	—	15 000	—	—
20	Schönberg	V.V.V. f. d. Fürstent. Ratzeburg	—	—	—	—	—	—	—	—
21	Schwaan	Ländl. V.V.V.	15 850	—	15 850	—	—	—	—	—
22	Schwerin	Schweriner V.V.G.	259 362	54 000	—	—	—	205 362	—	—
23	Sommersdorf	Pferde V.	34 023	18 174	—	—	—	15 849	—	—
24	Speyer	Pfälzischer V.V.V.	94 182	—	—	—	—	94 182	—	—
25	Stuttgart	Stuttgarter Pf.V.G.	160 547	—	—	—	—	160 547	—	—
26	Ülzen	Ülzener V.V.B.	—	—	—	—	—	—	—	—
27	Wiesbaden	V.V.V. d. Rhein- u. M.-Gaus	220 255	—	—	—	—	220 255	—	—
28	Wittenberge	Prignitzer V.V.G.	5 652	—	—	—	—	5 652	—	—
		Zusammen	**3 468 685**	**276 624**	**536 743**	**10 814**	—	**2 644 504**	—	—

der Aktivforderungen Ende 1909

vereine

Aktivforderungen: Insgesamt	davon entfallen auf: Rückstände der Versicherten	Ausstände bei Agenten	Guthaben bei Banken	Guthaben bei anderen Versicherungsunternehmungen	rückständige Zinsen und Mieten	sonstige Forderungen	Von 1000 *M* Kapitalanlagen entfallen auf: Grundbesitz	Hypotheken und Grundschulden	Darlehen an öffentliche Körperschaften	Darlehen auf Wertpapiere	Wertpapiere	Wechsel	sonstige Anlagen	Nr.
M	*M*	*M*	*M*	*M*	*M*	*M*	*M*	*M*	*M*	*M*	*M*	*M*	*M*	
10	11	12	13	14	15	16	17	18	19	20	21	22	23	
63 354	36 515	—	829	—	—	26 010	—	—	—	—	1 000	—	—	1
169 772	113 506	2 145	3 251	40 371	992	9 507	—	—	—	—	1 000	—	—	2
93 864	40 397	49 569	2 109	1 789	—	—	—	—	—	—	1 000	—	—	3
179 493	98 977	39 711	—	40 705	—	100	—	—	—	—	—	—	—	4
74 745	74 516	229	—	—	—	—	—	—	—	—	1 000	—	—	5
31 358	—	1 730	28 000	—	1 628	—	117	—	—	—	883	—	—	6
12 043	10 736	1 307	—	—	—	—	—	—	—	—	—	—	—	7
132 917	118 432	12 080	1 434	—	971	—	—	—	—	—	1 000	—	—	8
11 057	7 884	173	3 000	—	—	—	—	—	—	—	1 000	—	—	9
135 552	103 438	12 037	18 065	—	2 012	—	—	—	—	—	1 000	—	—	10
59 290	42 707	2 098	12 042	904	1 539	—	—	182	—	—	818	—	—	11
13 252	324	—	10 782	—	1 679	467	—	339	—	—	661	—	—	12
139 442	126 700	9 784	1 795	826	7	330	509	406	—	—	85	—	—	13
271 753	256 603	7 077	8 073	—	—	—	—	—	—	—	1 000	—	—	14
41 389	—	—	41 389	—	—	—	—	—	—	—	—	—	—	15
76 644	50 829	18 953	—	417	3 918	2 527	—	611	25	—	364	—	—	16
15 826	11 367	209	4 250	—	—	—	—	—	—	—	1 000	—	—	17
547 472	428 738	89 444	24 909	4 381	—	—	808	—	—	—	192	—	—	18
167 629	158 801	8 416	—	—	—	412	—	444	—	—	556	—	—	19
10 000	—	—	10 000	—	—	—	—	—	—	—	—	—	—	20
9 978	374	205	8 814	—	585	—	—	1 000	—	—	—	—	—	21
31 573	5 136	2 621	23 816	—	—	—	208	—	—	—	792	—	—	22
27 604	27 604	—	—	—	—	—	534	—	—	—	466	—	—	23
14 537	6 883	4 197	3 457	—	—	—	—	—	—	—	1 000	—	—	24
29 317	6 376	8 419	13 771	—	757	—	—	—	—	—	1 000	—	—	25
260 021	176 345	3 676	80 000	—	—	—	—	—	—	—	—	—	—	26
39 796	8 836	9 368	19 656	—	1 936	—	—	—	—	—	1 000	—	—	27
12 723	12 348	—	—	—	—	375	—	—	—	—	1 000	—	—	28
2 672 401	**1 924 366**	**283 448**	**319 442**	**89 393**	**16 024**	**39 728**	**80**	**155**	**3**	—	**762**	—	—	

Tabelle III 8 siehe S. 210

Tabelle III 9

Die Art und der Betrag der Ende 1909

Versicherungsunternehmung: Nr.	Sitz	Name	Inländische: Deutsche Reichsanleihen ℳ	Preußische Staatsanleihen ℳ	Sonstige Staatsanleihen ℳ	Staatlich garantierte Anleihen ℳ
		1	2	3	4	5
						Gegenseitigkeits
1	Altenburg	Altenburger V.V.G.	—	—	—	100 000
2	Berlin	Allg. Deutsche V.V.G	38 000	42 000	10 000	10 900
3	»	Central V.V.V.	—	4 000	—	—
4	»	Veritas	—	—	—	—
5	»	V.V.B. für Deutschland	—	10 000	—	—
6	Braunschweig	Braunschweig. Allg. V.V.G.	20 000	25 000	—	211 500
7	Bremen	Bremer V.V.G.	—	—	—	—
8	Cöln	Rheinische V.V.G.	14 700	14 000	—	—
9	Cöthen	Anhaltische V.V.B.	5 000	—	—	—
10	Dresden	Sächsische V.V.B.	108 000	55 000	92 000	—
11	»	Vaterländische V.V.G.	70 000	—	—	—
12	Erfurt	Erfurter V.V.V.	—	65 000	30 000	—
13	Halle	Halensia	1 000	8 600	—	—
14	Hamburg	Norddeutsche V.V.G.	71 700	—	30 000	4 500
15	Hannover	Schl.V.V. der Viehhändler	—	—	—	—
16	Karlsruhe	Badische Pf.V.A.	8 000	—	90 000	—
17	Lenzen	Lenzener V.V.G.	—	5 000	—	—
18	Perleberg	Perleberger V.V.G.	—	—	—	—
19	Plau	Plauer V.V.G.	—	—	—	—
20	Schönberg	V.V.V. f. d. Fürstent. Ratzeburg	—	—	—	—
21	Schwaan	Ländl. V.V.V.	—	—	—	—
22	Schwerin	Schweriner V.V.G.	—	—	—	—
23	Sommersdorf	Pferde V.	—	17 000	—	—
24	Speyer	Pfälzischer V.V.V.	10 000	—	45 000	—
25	Stuttgart	Stuttgarter Pf.V.G.	—	—	38 000	—
26	Ülzen	Ülzener V.V.B.	—	—	—	—
27	Wiesbaden	V.V.V. d. Rhein- u. M.-Gaus	59 500	10 000	—	—
28	Wittenberge	Prignitzer V.V.G.	—	6 000	—	—
		Zusammen	**405 900**	**261 600**	**335 000**	**326 900**

Anmerkung zu Tab. III 9: Zu den Kommunalanleihen sind die Provinzial-, Kreis- und Städte-Anleihen gerechnet.

vorhandenen Wertpapiere (Nennwert)

Wertpapiere					Ausländische Wertpapiere				
	Pfandbriefe und Kommunalobligationen								
Kommunal-anleihen	der Hypotheken-banken	sonstiger Anstalten	Sonstige Schuld-verschrei-bungen	Aktien	Staatliche und kommunale Anleihen	Sonstige Schuld-verschrei-bungen	Aktien	Gesamt-summe	Nr.
ℳ	ℳ	ℳ	ℳ	ℳ	ℳ	ℳ	ℳ	ℳ	
6	7	8	9	10	11	12	13	14	
vereine									
—	—	—	—	—	—	—	—	100 000	1
65 000	—	—	—	—	—	—	—	165 900	2
—	—	24 300	—	—	—	—	—	28 300	3
—	—	—	—	—	—	—	—	—	4
—	—	—	—	—	—	—	—	10 000	5
—	—	—	—	—	—	—	—	256 500	6
—	—	—	—	—	—	—	—	—	7
52 500	—	—	—	—	—	—	—	81 200	8
5 800	—	—	—	—	—	—	—	10 800	9
50 000	—	40 000	—	—	—	—	—	345 000	10
157 000	70 000	210 000	—	—	5 650	—	—	512 650	11
73 900	—	14 000	—	—	—	—	—	182 900	12
—	—	300	—	—	—	—	—	9 900	13
19 800	—	—	—	—	—	—	—	126 000	14
—	—	—	—	—	—	—	—	—	15
—	69 500	—	—	—	6 000	—	—	173 500	16
—	6 000	—	—	—	—	—	—	11 000	17
—	—	33 200	—	—	—	—	—	33 200	18
15 000	—	—	—	—	—	—	—	15 000	19
—	—	—	—	—	—	—	—	—	20
—	—	—	—	—	—	—	—	—	21
134 000	—	75 000	—	—	—	—	—	209 000	22
—	—	—	—	—	—	—	—	17 000	23
10 000	35 000	—	—	—	—	—	—	100 000	24
—	128 000	—	—	—	—	—	—	166 000	25
—	—	—	—	—	—	—	—	—	26
87 000	—	70 000	—	—	—	—	—	226 500	27
—	—	—	—	—	—	—	—	6 000	28
670 000	**308 500**	**466 800**	—	—	**11 650**	—	—	**2 786 350**	

Tabelle III 8

Die Verteilung des Gewinns des Jahres 1909

Versicherungsunternehmung Nr.	Sitz	Name	Gesamtgewinn M	Davon entfallen auf den Kapitalreservefonds M	sonstige Reserven M	den Beamtenfonds M
		1	2	3	4	5
		Gegenseitigkeitsvereine				
1	Altenburg	Altenburger V.V.G.	4 789	—	—	—
6	Braunschweig .	Braunschweig. Allg. V.V.G. ..	4 531	—	—	4 531
11	Dresden	Vaterländische V.V.G.	32 072	15 919	—	—
15	Hannover	Schl. V.V. der Viehhändler...	35 758	—	—	—
20	Schönberg	V.V.V. f. d. Fürstent. Ratzeburg	3 032	922	—	—
21	Schwaan	Ländl. V.V.V.	1 043	1 043	—	—
22	Schwerin	Schweriner V.V.G.	25 187	25 187	—	—
23	Sommersdorf .	Pferde V.	4 238	—	4 238	—
24	Speyer	Pfälzischer V.V.V.	465	465	—	—
27	Wiesbaden ...	V.V.V. d. Rhein- u. M.-Gaus..	11 876	11 876	—	—
		Zusammen	122 991	55 412	4 238	4 531

Versicherungsunternehmung Nr.	Sitz	Name	Davon entfallen auf die Garanten M	Tantiemen M	die Versicherten M	anderweit M	Vortrag auf neue Rechnung M
		1	6	7	8	9	10
		Gegenseitigkeitsvereine					
1	Altenburg	Altenburger V.V.G.	—	—	—	—	4 789
6	Braunschweig .	Braunschweig. Allg. V.V.G. ..	—	—	—	—	—
11	Dresden	Vaterländische V.V.G.	—	—	16 153	—	—
15	Hannover	Schl. V.V. der Viehhändler...	—	3 400	30 708	500	1 150
20	Schönberg	V.V.V. f. d. Fürstent. Ratzeburg	—	—	—	—	2 110
21	Schwaan	Ländl. V.V.V.	—	—	—	—	—
22	Schwerin	Schweriner V.V.G.	—	—	—	—	—
23	Sommersdorf .	Pferde V.	—	—	—	—	—
24	Speyer	Pfälzischer V.V.V.	—	—	—	—	—
27	Wiesbaden ...	V.V.V. d. Rhein- u. M.-Gaus..	—	—	—	—	—
		Zusammen	—	3 400	46 861	500	8 049

Anmerkung zu Tab. III 8: Hier ist der bilanzmäßige Gewinn verteilt.

Tabelle III 10

Umfang der Hagelversicherung im Geschäftsjahre 1909

Nr.	Versicherungsunternehmung: Sitz	Versicherungsunternehmung: Name	Selbst abgeschlossene Versicherungen: Zahl der Versicherungen	Selbst abgeschlossene Versicherungen: Versicherungssummen 1000 ℳ	In Rückdeckung übernommene Versicherungen 1000 ℳ	Gesamtumfang 1000 ℳ	Davon in Rückdeckung gegeben 1000 ℳ	Für eigene Rechnung behalten 1000 ℳ
	1		2	3	4	5	6	7
		Aktiengesellschaften						
1	Berlin	Berliner H.A.G.	21 419	116 420	1 822	118 242	490	117 752
2	Cöln	Cölnische H.V.G.	45 116	265 419	—	265 419	2 584	262 835
3	Elberfeld	Vaterländische H.V.G.	39 399	167 204	11 098	178 302	2 352	175 950
4	Magdeburg	Magdeb. H.V.G.	64 044	319 683	10 769	330 452	10 844	319 608
5	Weimar	Union	38 722	224 606	—	224 606	—	224 606
		Zusammen	**208 700**	**1 093 332**	**23 689**	**1 117 021**	**16 270**	**1 100 751**
		Gegenseitigkeitsvereine						
6	Berlin	Borussia	24 636	88 987	2 703	91 690	2 050	89 640
7	»	Ceres	29 690	87 942	—	87 942	—	87 942
8	»	Deutsche H.V.G. f. Gärtner.	9 223	21 003	—	21 003	—	21 003
9	»	Norddeutsche H.V.G.	171 344	896 992	—	896 992	—	896 992
10	»	Preußische H.V.G.	11 944	70 076	4 883	74 959	2 582	72 377
11	Greifswald	Greifsw. H. u. F.V.G.	3 485	84 645	—	84 645	—	84 645
12	Kiel	Schlesw.-Holst.-Lbg. H.V.V.	1 925	22 105	—	22 105	—	22 105
13	Leipzig	Leipziger G.	17 004	89 633	5 264	94 897	5 769	89 128
14	Neubrandenburg	Mecklenb. H. u. F.V.G. [1]	3 901	97 165	—	97 165	—	97 165
15	Neustadt	Holsteinischer H.V.V.	238	15 582	—	15 582	—	15 582
16	Oldenburg	Oldenb. H.V.G.	14 042	16 444	—	16 444	—	16 444
17	Schwedt	Schwedter H. u. F.V.G.	17 585	302 799	5 648	308 447	8 101	300 346
		Zusammen	**305 017**	**1 793 373**	**18 498**	**1 811 871**	**18 502**	**1 793 369**

Anmerkungen zu Tab. III 10: Die Zahlen beziehen sich auf den Umfang des Geschäfts im Laufe des Jahres. — Gemeinde- und Kollektivversicherungen sind stets nur als eine Versicherung gezählt. — [1]) Die Angaben betreffen einen Zeitraum von 14 Monaten, da die Gesellschaft das bisher vom 1. November bis 31. Oktober laufende Geschäftsjahr auf das Kalenderjahr verlegt hat.

Tabelle III 11

Bewegung in der

Nr.	Sitz	Name	Zahl der Versicherungen im Jahre 1908	Abgang 1908	Zugang 1909	im Jahre 1909
	1		2	3	4	5
			Aktien			
1	Berlin	Berliner H.A.G.	21 334	718	1 165	21 781
2	Cöln	Cölnische H.V.G.	46 556	3 393	1 953	45 116
3	Elberfeld	Vaterländische H.V.G.	47 597	9 446	7 169	45 320
4	Magdeburg	Magdeb. H.V.G.	116 440	44 345	5 744	77 839
5	Weimar	Union	39 828	2 726	1 620	38 722
		Zusammen	**271 755**	**60 628**	**17 651**	**228 778**
			Gegenseitigkeits			
6	Berlin	Borussia	24 097	1 619	3 383	25 861
7	"	Ceres	29 426	3 568	3 832	29 690
8	"	Deutsche H.V.G. f. Gärtner	9 599	376	—	9 223
9	"	Norddeutsche H.V.G	172 784	8 594	7 154	171 344
10	"	Preußische H.V.G.	14 687	1 795	509	13 401
11	Greifswald	Greifsw. H. u. F.V.G.	3 175	180	490	3 485
12	Kiel	Schlesw.-Holst.-Lbg. H.V.V.	1 875	36	86	1 925
13	Leipzig	Leipziger G.	15 750	1 345	2 872	17 277
14	Neubrandenburg	Mecklenb. H. u. F.V.G. [2]	3 782	189	308	3 901
15	Neustadt	Holsteinischer H.V.V.	[3] 233	—	5	238
16	Oldenburg	Oldenb. H.V.G.	12 708	251	1 585	14 042
17	Schwedt	Schwedter H. u. F.V.G.	20 051	2 768	2 369	19 652
		Zusammen	**308 167**	**20 721**	**22 683**	**310 129**

Anmerkungen zu Tab. III 11: Zahl der Versicherungen und Versicherungssummen beziehen sich auf den Gesamtumfang des Geschäfts im Laufe des Jahres. — Gemeinde- und Kollektivversicherungen sind stets nur als eine Versicherung gezählt. — Prämien sind die Vorprämien und die Nachschußprämien des Geschäftsjahrs, vermindert um die ausgegebenen Rückversicherungsprämien. — Die Rabatte sind abgesetzt. — Die Prämien für Versicherung gegen Nachschuß sind ausgeschieden. —

Hagelversicherung 1909

Versicherungssummen im Jahre 1908	Versicherungssummen Abgang 1908	Versicherungssummen Zugang 1909	Versicherungssummen im Jahre 1909	Prämien (einschl. Nachschüsse) im Jahre 1908	Prämien (einschl. Nachschüsse) im Jahre 1909	Zahl der Schäden im Jahre 1908	Zahl der Schäden im Jahre 1909	Betrag der Schäden im Jahre 1908	Betrag der Schäden im Jahre 1909	Nr.
1 000 ℳ	1 000 ℳ	1 000 ℳ	1 000 ℳ	ℳ	ℳ	ℳ	ℳ	ℳ	ℳ	
6	7	8	9	10	11	12	13	14	15	
gesellschaften										
117 732	3 763	4 273	118 242	1 356 283	1 429 921	5 563	1 269	1 073 288	309 596	1
276 154	19 143	8 408	265 419	2 512 713	2 373 640	[1] 10 008	[1] 1 512	2 950 051	599 404	2
190 064	39 774	28 012	178 302	1 533 846	1 504 920	11 322	1 937	1 684 235	259 013	3
363 284	43 911	11 079	330 452	3 557 471	3 169 546	22 485	5 801	3 775 253	724 463	4
236 247	20 357	8 716	224 606	2 313 300	2 164 873	7 320	1 101	2 887 244	423 065	5
1 183 481	**126 948**	**60 488**	**1 117 021**	**11 273 613**	**10 642 900**	**56 698**	**11 620**	**12 370 071**	**2 315 541**	
vereine										
81 506	5 492	15 676	91 690	1 436 976	1 052 723	[1] 5 288	[1] 2 038	1 156 148	722 017	6
84 945	8 843	11 840	87 942	1 565 370	742 590	7 443	2 849	1 251 972	486 840	7
21 649	646	—	21 003	549 589	358 872	2 379	454	553 994	86 936	8
903 218	46 546	40 320	896 992	17 760 111	7 124 884	[1] 37 260	[1] 15 841	15 021 956	5 524 254	9
76 208	9 605	8 356	74 959	1 411 397	665 764	3 740	1 146	1 174 619	456 124	10
77 679	3 542	10 508	84 645	1 622 521	540 617	703	133	1 588 837	311 802	11
21 426	101	780	22 105	181 703	94 119	289	46	222 611	24 641	12
85 283	5 665	15 279	94 897	1 761 168	849 374	3 925	1 379	1 530 095	474 965	13
95 287	5 772	7 650	97 165	1 824 724	521 353	915	132	1 666 963	360 918	14
15 870	491	203	15 582	31 742	3 116	67	3	31 836	1 803	15
14 754	231	1 921	16 444	118 030	82 219	1 455	103	124 512	2 912	16
323 341	25 980	11 086	308 447	7 799 651	2 434 273	5 669	1 702	7 235 434	2 198 580	17
1 801 166	**112 914**	**123 619**	**1 811 871**	**36 062 982**	**14 469 904**	**69 133**	**25 826**	**31 558 977**	**10 651 792**	

Der Betrag der Schäden versteht sich ohne den Anteil der Rückversicherer und ohne Ermittelungskosten, aber einschl. der Änderung der Schadenreserve. — Die Entschädigungsabzüge, vgl. Tab. III 13, sind abgesetzt. — [1]) Schadenanzeigen. — [2]) Siehe Anmerkung [1]) zu Tab. III 10. — [3]) Wie sich neuerdings herausgestellt hat, betreffen die früheren Angaben der Gesellschaft nicht die Zahl der Versicherungen, sondern die Zahl der Teilnehmer.

Tabelle III 12

Gewinn- und Verlust
Ein

Nr.	Sitz	Name	Prämien für eigene Rechnung ℳ	Nebenleistungen der Versicherten: Eintrittsgelder ℳ	Nebenleistungen der Versicherten: Policegebühren ℳ	Nebenleistungen der Versicherten: anderweit ℳ
	1		2	3	4	5
						Aktien
1	Berlin	Berliner H.A.G.	1 430 784	—	13 059	—
2	Cöln	Cölnische H.V.G.	2 373 640	—	15 336	—
3	Elberfeld	Vaterländische H.V.G.	1 504 920	—	17 124	—
4	Magdeburg	Magdeb. H.V.G.	3 169 546	—	23 122	—
5	Weimar	Union	2 164 873	—	22 094	—
		Zusammen	**10 643 763**	—	**90 735**	—
						Gegenseitigkeits
6	Berlin	Borussia	1 052 723	—	9 964	56 324
7	»	Ceres	742 590	—	26 088	66 008
8	»	Deutsche H.V.G. f. Gärtner.	358 872	—	8 954	—
9	»	Norddeutsche H.V.G.	7 124 884	—	131 202	1 193 270
10	»	Preußische H.V.G.	665 764	—	11 764	40 519
11	Greifswald	Greifsw. H. u. F.V.G.	540 617	—	—	—
12	Kiel	Schlesw.-Holst.-Lbg. H.V.V.	94 119	179	80	—
13	Leipzig	Leipziger G.	849 374	—	18 330	41 915
14	Neubrandenburg	Mecklenb. H. u. F.V.G. [4])	521 353	—	—	133 080
15	Neustadt	Holsteinischer H.V.V.	3 116	487	46	58
16	Oldenburg	Oldenb. H.V.G.	82 219	1 781	—	[5]) 19 597
17	Schwedt	Schwedter H. u. F.V.G.	2 434 273	12 325	—	5 079
		Zusammen	**14 469 904**	**14 772**	**206 428**	**1 555 850**

Anmerkungen zu Tab. III 12: Die Gewinn- und Verlustrechnung bezieht sich nur auf den Jahresbetrieb. Die Überträge sind ausgeschieden, oder, wo nötig, mit dem Unterschiede zwischen dem Bestande zu Anfang und zu Ende des Geschäftsjahrs eingestellt. — Die Prämien für eigene Rechnung sind in Tab. III 13 hergeleitet. — Die anderweiten Nebenleistungen bestehen zumeist in satzungsmäßigen Zahlungen zum Reservefonds. — [1]) Darunter 48 429 ℳ von dem vertragsmäßig berechneten Mehrbedarf Badens aus dem Badischen Hagelversicherungsfonds und 10 172 ℳ von dem vertragsmäßig berechneten Mehrbedarf Württembergs aus dem Württembergischen Hagelversicherungsfonds erstattet. —

rechnung für 1909

nahmen

Ertrag und Gewinn aus Kapitalanlagen: Zinsen	Mieten	Kursgewinn	sonstiger Gewinn	Entnahme aus dem Reservefonds	Sonstige Einnahmen	Summe der Jahreseinnahmen	Verlust: überhaupt	Verlust: nach Abzug des Gewinnvortrags	Nr.
ℳ	ℳ	ℳ	ℳ	ℳ	ℳ	ℳ	ℳ	ℳ	
6	7	8	9	10	11	12	13	14	
gesellschaften									
41 744	—	—	—	—	—	1 485 587	—	—	1
29 079	7 510	—	—	—	—	2 425 565	—	—	2
12 932	—	—	—	—	3 902	1 538 878	—	—	3
93 430	—	—	—	—	3 097	3 289 195	—	—	4
275 936	3 000	14 591	—	—	315	2 480 809	—	—	5
453 121	**10 510**	**14 591**	—	—	**7 314**	**11 220 034**	—	—	
vereine									
2 641	—	140	—	26 851	2 394	1 151 037	—	—	6
11 923	—	—	—	114 486	—	961 095	—	—	7
4 702	—	—	—	—	—	372 528	—	—	8
79 704	—	—	—	268 015	[1]) 58 823	8 855 898	—	—	9
5 074	—	—	—	49 902	—	773 023	—	—	10
32 125	594	—	—	—	[2]) 44 861	618 197	—	—	11
1 491	—	—	—	708	23	96 600	—	—	12
8 427	—	—	—	—	[3]) 13 341	931 387	—	—	13
52 055	906	870	—	—	8 424	716 688	—	—	14
2 899	—	—	—	—	—	6 606	—	—	15
2 456	—	—	—	—	—	106 053	—	—	16
41 728	900	1 005	—	340 978	3 414	2 839 702	—	—	17
245 225	**2 400**	**2 015**	—	**800 940**	**131 280**	**17 428 814**	—	—	

[2]) Darunter 16 722 ℳ erstattete Entschädigungen und Beiträge sowie 23 357 ℳ Entnahme aus der Spezialreserve. — [3]) Darunter 12 474 ℳ Überschuß an dem vorausbezahlten Nachschuß der Verbände. — [4]) Die Rechnung umfaßt infolge Verlegung des Geschäftsjahrs auf das Kalenderjahr 14 Monate. — [5]) Beiträge an die Geschäftskassen der Bezirke.

Noch: Tabelle III 12

Gewinn- und Verlust

Aus

Nr.	Versicherungsunternehmung: Sitz	Versicherungsunternehmung: Name	Schäden für eigene Rechnung ℳ	Regulierungskosten ℳ	Abschreibungen insgesamt ℳ	Abschreibungen darunter auf Immobilien ℳ	Abschreibungen darunter auf Forderungen ℳ
		1	2	3	4	5	6
		Aktien					
1	Berlin	Berliner H.A.G.	309 596	43 517	—	—	—
2	Cöln	Cölnische H.V.G.	599 404	99 575	—	—	—
3	Elberfeld	Vaterländische H.V.G.	259 013	46 825	4 291	—	4 291
4	Magdeburg	Magdeb. H.V.G.	724 463	107 172	6 765	—	6 219
5	Weimar	Union	423 065	61 344	—	—	—
		Zusammen	**2 315 541**	**358 433**	**11 056**	—	**10 510**
		Gegenseitigkeits					
6	Berlin	Borussia	722 017	45 286	18 667	—	18 352
7	»	Ceres	486 840	34 435	17 072	—	17 072
8	»	Deutsche H.V.G. f. Gärtner.	86 936	8 110	2 140	—	2 140
9	»	Norddeutsche H.V.G.	5 524 254	282 001	18 746	—	17 863
10	»	Preußische H.V.G.	456 124	39 436	18 830	—	12 870
11	Greifswald	Greifsw. H. u. F.V.G.	311 802	10 872	1 618	557	1 061
12	Kiel	Schlesw.-Holst.-Lbg. H.V.V.	24 641	1 605	—	—	—
13	Leipzig	Leipziger G.	474 965	51 247	15 229	—	14 629
14	Neubrandenburg	Mecklenb. H. u. F.V.G. [2]	360 918	18 718	6 113	1 000	4 866
15	Neustadt	Holsteinischer H.V.V.	1 803	162	—	—	—
16	Oldenburg	Oldenb. H.V.G.	2 912	499	465	—	465
17	Schwedt	Schwedter H. u. F.V.G.	2 198 580	85 624	17 410	1 500	15 910
		Zusammen	**10 651 792**	**577 995**	**116 290**	**3 057**	**105 228**

Anmerkungen zu Tab. III 12: Wie bei den Schäden ist auch bei den Verwaltungskosten der Anteil, den die Rückversicherer zu übernehmen haben, ausgeschieden; es sind nur die eigenen Verwaltungskosten eingestellt. — Von den Regulierungskosten sind die Anteile der entschädigten Versicherten abgesetzt. — Die sonstigen Ausgaben bestehen zumeist in Bankzinsen. —

rechnung für 1909

gaben

Verlust aus Kapitalanlagen: Kursverlust	Verlust aus Kapitalanlagen: sonstiger Verlust	Verwaltungskosten: insgesamt	Verwaltungskosten: darunter Bezüge (Provisionen usw.) der Agenten	Steuern und Abgaben	Zuführung zu dem Reservefonds	Zuführung zu sonstigen Rücklagen	Sonstige Ausgaben	Summe der Jahresausgaben	Jahresüberschuß ohne Gewinnvortrag	Jahresüberschuß mit Gewinnvortrag	Nr.
M	M	M	M	M	M	M	M	M	M	M	
7	8	9	10	11	12	13	14	15	16	17	
gesellschaften											
250	—	289 687	156 900	3 164	—	—	—	646 214	839 373	839 373	1
6 607	—	455 912	243 120	2 993	—	—	—	1 164 491	1 261 074	1 261 074	2
5 908	—	334 009	208 891	2 558	—	—	—	652 604	886 274	886 274	3
8 339	—	724 377	427 375	2 857	—	—	89	1 574 062	1 715 133	1 715 133	4
75	—	398 492	217 571	4 745	—	—	—	887 721	1 593 088	1 593 088	5
21 179	—	**2 202 477**	**1 253 857**	**16 317**	—	—	**89**	**4 925 092**	**6 294 942**	**6 294 942**	
vereine											
—	—	286 043	136 218	1 231	76 224	—	1 569	1 151 037	—	—	6
692	—	319 375	148 690	3 366	98 147	—	1 168	961 095	—	—	7
1 750	—	99 203	60 612	268	—	—	—	198 407	174 121	174 121	8
5 366	—	1 476 388	934 932	5 299	1 540 671	—	3 173	8 855 898	—	—	9
—	—	204 891	82 885	915	42 297	—	10 530	773 023	—	—	10
8 032	—	17 034	—	1 325	210 077	34 358	[1]) 23 079	618 197	—	—	11
—	—	6 831	—	311	—	—	—	33 388	63 212	63 212	12
—	—	277 635	109 705	1 404	79 444	11 031	20 432	931 387	—	—	13
—	—	58 056	34 550	612	201 029	2 749	2 524	650 719	65 969	65 969	14
—	—	1 258	—	204	—	—	—	3 427	3 179	3 179	15
—	—	27 428	24 945	1 419	[3]) 73 330	—	—	106 053	—	[3]) 149	16
712	—	285 527	215 177	1 460	244 384	1 005	[4]) 5 000	2 839 702	—	—	17
16 552	—	**3 059 669**	**1 747 714**	**17 814**	**2 565 603**	**49 143**	**67 475**	**17 122 333**	**306 481**	**306 630**	

[1]) Darunter 9 372 M über Bedarf erhobene, auf das nächste Geschäftsjahr übertragene Umlage und 13 634 M für Neu- und Umbau des Geschäftshauses. — [2]) Die Rechnung umfaßt infolge Verlegung des Geschäftsjahrs auf das Kalenderjahr 14 Monate. — [3]) Dem Reservefonds überwiesen. — [4]) Auf das nächste Geschäftsjahr übertragene, noch nicht feststehende Verwaltungskosten und sonstige Ausgaben für das Geschäftsjahr 1909.

Tabelle III 13

Erläuterung der in die Gewinn- und Verlustrechnung

Versicherungsunternehmung			Prämien					
Nr.	Sitz	Name	Übertrag aus dem Vorjahre ℳ	Vorprämien ℳ	Nachschußprämien ℳ	Rückversicherungsprämien ℳ	Übertrag auf das folgende Jahr ℳ	Prämien für eigene Rechnung ℳ
	1		2	3	4	5	6	7
								Aktien
1	Berlin	Berliner H.A.G.	1 273	1 436 359	—	6 438	410	1 430 784
2	Cöln	Cölnische H.V.G.	—	2 398 453	—	24 813	—	2 373 640
3	Elberfeld	Vaterländische H.V.G.	—	1 529 656	—	24 736	—	1 504 920
4	Magdeburg	Magdeb. H.V.G.	—	3 289 942	—	120 396	—	3 169 546
5	Weimar	Union	—	2 164 873	—	—	—	2 164 873
		Zusammen	**1 273**	**10 819 283**	—	**176 383**	**410**	**10 643 763**
								Gegenseitigkeits
6	Berlin	Borussia	—	597 801	467 867	12 945	—	1 052 723
7	»	Ceres	—	572 127	170 463	—	—	742 590
8	»	Deutsche H.V.G. f. Gärtner	—	358 872	—	—	—	358 872
9	»	Norddeutsche H.V.G.	—	5 937 403	1 187 481	—	—	7 124 884
10	»	Preußische H.V.G.	—	403 930	275 179	13 345	—	665 764
11	Greifswald	Greifsw. H. u. F.V.G.	—	[1]) 540 617	—	—	—	540 617
12	Kiel	Schlesw.-Holst.-Lbg. H.V.V.	—	[1]) 94 119	—	—	—	94 119
13	Leipzig	Leipziger G.	—	607 249	278 907	36 782	—	849 374
14	Neubrandenburg	Mecklenb. H. u. F.V.G. [2])	—	[1]) 521 353	—	—	—	521 353
15	Neustadt	Holsteinischer H.V.V.	—	[1]) 3 116	—	—	—	3 116
16	Oldenburg	Oldenb. H.V.G.	—	[1]) 82 219	—	—	—	82 219
17	Schwedt	Schwedter H. u. F.V.G.	—	2 493 790	—	59 517	—	2 434 273
		Zusammen	—	**12 212 596**	**2 379 897**	**122 589**	—	**14 469 904**

Anmerkungen zu Tab. III 13: Die Prämien für Nachschußversicherung bei Gegenseitigkeitsvereinen sind nicht durch die Rechnung geführt. — Von den Schäden sind die Entschädigungsabzüge abgesetzt. — [1]) Umlage nach Bedarf. — [2]) Die Angaben beziehen sich auf 14 Monate, vgl. Anmerkung [2]) zu Tab. III 12 S. 217.

eingestellten Prämien und Schäden des Jahres 1909

Schäden für eigene Rechnung				Entschädigungsabzüge				Nr.
Reserve aus dem Vorjahre	gezahlt für Schäden der Vorjahre	gezahlt für Schäden des Geschäftsjahrs	zurückgestellt	Insgesamt	davon für Ermittelungskosten	davon für den Reservefonds	davon für sonstige Verwendung	
ℳ	ℳ	ℳ	ℳ	ℳ	ℳ	ℳ	ℳ	
8	9	10	11	12	13	14	15	
gesellschaften								
1 490	—	309 596	1 490	16 091	16 091	—	—	1
—	—	599 404	—	36 466	36 466	—	—	2
2 457	2 396	259 074	—	13 612	13 612	—	—	3
4 600	472	724 591	4 000	34 982	34 982	—	—	4
4 017	—	427 082	—	22 214	22 214	—	—	5
12 564	**2 868**	**2 319 747**	**5 490**	**123 365**	**123 365**	—	—	
vereine								
4 367	4 367	715 945	6 072	59 307	58 356	—	951	6
1 399	—	486 840	1 399	53 865	26 826	27 039	—	7
13	—	86 949	—	3 631	3 631	—	—	8
14 881	8 601	5 523 150	7 384	553 717	238 914	304 212	10 591	9
2 622	2 023	455 973	750	38 407	17 717	—	20 690	10
34 938	37 206	309 534	—	211	—	211	—	11
—	—	24 641	—	—	—	—	—	12
4 778	4 049	474 265	1 429	53 516	26 723	26 793	—	13
801 075	799 807	361 909	277	19 744	—	19 744	—	14
—	—	1 803	—	—	—	—	—	15
—	—	2 912	—	—	—	—	—	16
81 970	75 407	2 138 481	66 662	196 391	64 778	131 613	—	17
946 043	**931 460**	**10 582 402**	**83 973**	**978 789**	**436 945**	**509 612**	**32 232**	

Tabelle III 14

Bilanz für den Schluß

A k

Nr.	Versicherungsunternehmung Sitz	Name	Verpflichtungen der Aktionäre oder Garanten M	Forderungen M	Kassenbestand M
	1		2	3	4
					Aktien
1	Berlin	Berliner H.A.G.	2 400 000	46 826	7 660
2	Cöln	Cölnische H.V.G.	6 000 000	651 512	4 840
3	Elberfeld	Vaterländische H.V.G.	1 600 000	712 434	345
4	Magdeburg	Magdeb. H.V.G.	2 000 000	977 769	90 083
5	Weimar	Union	6 022 800	1 342 782	36 637
		Zusammen	**18 022 800**	**3 731 323**	**139 565**
					Gegenseitigkeits
6	Berlin	Borussia	—	102 419	6 009
7	»	Ceres	—	113 372	4 850
8	»	Deutsche H.V.G. f. Gärtner	—	39 417	6 296
9	»	Norddeutsche H.V.G.	—	970 061	63 884
10	»	Preußische H.V.G.	—	38 239	1 327
11	Greifswald	Greifsw. H. u. F.V.G.	—	607 067	3 404
12	Kiel	Schlesw.-Holst.-Lbg. H.V.V.	—	86 084	308
13	Leipzig	Leipziger G.	—	178 214	3 489
14	Neubrandenburg	Mecklenb. H. u. F.V.G.	—	404 825	10 592
15	Neustadt	Holsteinischer H.V.V.	—	20	663
16	Oldenburg	Oldenb. H.V.G.	—	89 144	—
17	Schwedt	Schwedter H. u. F.V.G.	—	118 930	1 071
		Zusammen	—	**2 747 792**	**101 893**

Anmerkungen zu Tab. III 14: Die Kapitalanlagen und die Forderungen sind in Tab. III 15 erläutert. — Bei den Gegenseitigkeitsvereinen ist der Verlust bereits beim Reservefonds verrechnet. — [1]) Verlustvortrag aus den vorhergehenden Jahren, vermindert um den Gewinn des Berichtsjahrs.

des Jahres 1909

tiva

Kapitalanlagen ℳ 5	Inventar ℳ 6	Sonstige Aktiva ℳ 7	Noch nicht gedeckte Organisationskosten ℳ 8	Verlust ℳ 9	Summe ℳ 10	Nr.
gesellschaften						
1 772 034	—	—	—	—	4 226 520	1
1 200 357	—	—	—	[1]) 1 193 417	9 050 126	2
350 905	—	—	—	[1]) 358 754	3 022 438	3
2 048 339	—	—	—	[1]) 990 184	6 106 375	4
4 925 228	—	—	—	—	12 327 447	5
10 296 863	—	—	—	**2 542 355**	**34 732 906**	
vereine						
59 640	2 841	—	—	—	170 909	6
138 276	—	—	—	—	256 498	7
226 080	—	—	—	—	271 793	8
1 612 859	—	—	—	—	2 646 804	9
105 486	1	—	—	—	145 053	10
859 207	3 273	1 752	—	—	1 474 703	11
15 500	—	—	—	—	101 892	12
35 186	—	—	—	—	216 889	13
1 158 136	1 400	2 820	—	—	1 577 773	14
75 000	—	—	—	—	75 683	15
43 000	—	—	—	—	132 144	16
355 648	—	3 028	—	—	478 677	17
4 684 018	**7 515**	**7 600**	—	—	**7 548 818**	

Noch: Tabelle III 14

Bilanz für den Schluß

Pas

Versicherungsunternehmung Nr.	Sitz	Name	Aktien- oder Garantiekapital ℳ	Prämienüberträge ℳ	Schadenreserve ℳ	Sonstige Überträge ℳ	Hypotheken ℳ
	1		2	3	4	5	6
							Aktien
1	Berlin	Berliner H.A.G.	3 300 000	410	1 490	—	—
2	Cöln	Cölnische H.V.G.	9 000 000	—	—	—	—
3	Elberfeld	Vaterländische H.V.G.	3 000 000	—	—	—	—
4	Magdeburg	Magdeb. H.V.G.	6 000 000	—	4 000	—	—
5	Weimar	Union	7 528 500	—	—	—	—
		Zusammen	**28 528 500**	**410**	**5 490**	—	—
							Gegenseitigkeits
6	Berlin	Borussia	—	—	6 072	—	—
7	»	Ceres	—	—	1 399	—	—
8	»	Deutsche H.V.G. f. Gärtner.	—	—	—	—	—
9	»	Norddeutsche H.V.G.	—	—	7 384	—	—
10	»	Preußische H.V.G.	—	—	750	—	—
11	Greifswald	Greifsw. H. u. F.V.G.	—	—	—	9 372	—
12	Kiel	Schlesw.-Holst.-Lbg. H.V.V.	—	—	—	—	—
13	Leipzig	Leipziger G.	—	—	1 429	—	—
14	Neubrandenburg	Mecklenb. H. u. F.V.G.	—	—	277	—	4 070
15	Neustadt	Holsteinischer H.V.V.	—	—	—	—	—
16	Oldenburg	Oldenb. H.V.G.	—	—	—	—	—
17	Schwedt	Schwedter H. u. F.V.G.	—	—	66 662	5 000	—
		Zusammen	—	—	**83 978**	**14 372**	**4 070**

Anmerkungen zu Tab. III 14: Die Prämienüberträge und die Schadenreserve verstehen sich netto, d. h. ohne den Anteil der Rückversicherer. — Unter Kapitalreservefonds ist der in § 262 H.G.B. und § 37 V.A.G vorgeschriebene Reservefonds zu verstehen. —

des Jahres 1909

siva

Barkautionen	Guthaben anderer Versicherungsunternehmungen	Sonstige Passiva	Kapitalreservefonds	Spezialreserven	Beamtenfonds	Gewinn: Jahresüberschuß	Gewinn: Vortrag aus dem Vorjahre	Summe	Nr.
ℳ	ℳ	ℳ	ℳ	ℳ	ℳ	ℳ	ℳ	ℳ	
7	8	9	10	11	12	13	14	15	
gesellschaften									
—	—	3 674	—	381 573	—	839 373	—	4 226 520	1
—	—	—	—	—	50 126	—	—	9 050 126	2
—	—	[1] 22 438	—	—	—	—	—	3 022 438	3
—	4 000	[2] 93 663	—	4 712	—	—	—	6 106 375	4
—	—	1 020	—	3 204 839	—	1 593 088	—	12 327 447	5
—	**4 000**	**120 795**	—	**3 591 124**	**50 126**	**2 432 461**	—	**34 732 906**	
vereine									
—	—	2 418	162 419	—	—	—	—	170 909	6
—	—	—	255 099	—	—	—	—	256 498	7
—	—	—	97 672	—	—	174 121	—	271 793	8
—	—	89	2 495 680	143 651	—	—	—	2 646 804	9
—	—	[3] 43 368	100 935	—	—	—	—	145 053	10
[4] 790 772	—	6 414	655 402	11 001	1 742	—	—	1 474 703	11
—	—	—	38 680	—	—	63 212	—	101 892	12
20 000	—	2 176	181 580	11 704	—	—	—	216 889	13
[5] 884 120	—	955	601 725	—	20 657	65 969	—	1 577 773	14
—	—	—	72 504	—	—	3 179	—	75 683	15
—	—	—	132 144	—	—	—	—	132 144	16
—	—	195	406 527	293	—	—	—	478 677	17
1 694 892	—	**55 615**	**5 200 367**	**166 649**	**22 399**	**306 481**	—	**7 548 818**	

[1]) Darunter 15 000 ℳ Provisionsguthaben der Agenten. — [2]) Guthaben von Generalagenten. — [3]) Bankguthaben. — [4]) Legegelder. — [5]) Darunter 881 961 ℳ Legegelder.

Tabelle III 15

Die Art der Kapitalanlagen und

Versicherungsunternehmung			Kapitalanlagen							
				davon entfallen auf						
Nr.	Sitz	Name	Insgesamt	Grundbesitz	Hypotheken und Grundschulden	Darlehen an öffentliche Körperschaften	Darlehen auf Wertpapiere	Wertpapiere	Wechsel	sonstige Anlagen
			ℳ	ℳ	ℳ	ℳ	ℳ	ℳ	ℳ	ℳ
	1		2	3	4	5	6	7	8	9
										Aktien
1	Berlin	Berliner H.A.G.	1 772 034	—	—	—	200 000	989 220	582 814	—
2	Cöln	Cölnische H.V.G.	1 200 357	183 600	120 000	—	—	896 757	—	—
3	Elberfeld	Vaterländische H.V.G.	350 905	—	55 000	—	—	295 905	—	—
4	Magdeburg	Magdeb. H.V.G.	2 048 339	—	860 000	—	—	1 188 339	—	—
5	Weimar	Union	4 925 228	125 000	864 622	—	—	3 935 606	—	—
		Zusammen	**10 296 863**	**308 600**	**1 899 622**	—	**200 000**	**7 305 827**	**582 814**	—
										Gegenseitigkeits
6	Berlin	Borussia	59 640	—	—	—	—	59 640	—	—
7	»	Ceres	138 276	—	—	—	—	138 276	—	—
8	»	Deutsche H.V.G. f. Gärtner.	226 080	—	—	—	—	226 080	—	—
9	»	Norddeutsche H.V.G.	1 612 859	—	320 000	—	—	1 292 859	—	—
10	»	Preußische H.V.G.	105 486	—	—	—	—	105 486	—	—
11	Greifswald	Greifsw. H. u. F.V.G.	859 207	36 476	247 440	—	—	574 631	—	660
12	Kiel	Schlesw.-Holst.-Lbg. H.V.V.	15 500	—	—	15 500	—	—	—	—
13	Leipzig	Leipziger G.	35 186	—	—	—	—	35 186	—	—
14	Neubrandenburg	Mecklenb. H. u. F.V.G.	1 158 136	52 800	440 854	—	—	233 828	[2]) 430 654	—
15	Neustadt	Holsteinischer H.V.V.	75 000	—	—	—	—	—	—	75 000
16	Oldenburg	Oldenb. H.V.G.	43 000	—	43 000	—	—	—	—	—
17	Schwedt	Schwedter H. u. F.V.G.	355 648	21 250	—	—	—	334 398	—	—
		Zusammen	**4 684 018**	**110 526**	**1 051 294**	**15 500**	—	**3 000 384**	**430 654**	**75 660**

Anmerkungen zu Tab. III 15: [1]) Vorschuß an die Pensionskasse für die Witwen und Waisen der Beamten. — [2]) Wechsel für gestundete Legegelder.

der Aktivforderungen Ende 1909

Aktivforderungen							Von 1000 M Kapitalanlagen entfallen auf							
Insgesamt	davon entfallen auf													
	Rückstände der Versicherten	Ausstände bei Agenten	Guthaben bei		rückständige Zinsen und Mieten	sonstige Forderungen	Grundbesitz	Hypotheken und Grundschulden	Darlehen an öffentlichen Körperschaften	Darlehen auf Wertpapiere	Wertpapiere	Wechsel	sonstige Anlagen	Nr.
			Banken	anderen Versicherungsunternehmungen										
M	M	M	M	M	M	M	M	M	M	M	M	M	M	
10	11	12	13	14	15	16	17	18	19	20	21	22	23	
gesellschaften														
46 826	—	8 165	29 538	—	5 750	3 373	—	—	—	113	558	329	—	1
651 512	—	31 981	617 118	—	2 413	—	153	100	—	—	747	—	—	2
712 434	—	28 220	6 838	674 409	2 255	712	—	157	—	—	843	—	—	3
977 769	—	627	973 623	—	3 391	128	—	420	—	—	580	—	—	4
1 342 782	309	5 037	1 140 336	—	100 576	[1]) 96 524	25	176	—	—	799	—	—	5
3 731 323	**309**	**74 030**	**2 767 453**	**674 409**	**114 385**	**100 737**	**30**	**184**	—	**19**	**710**	**57**	—	
vereine														
102 419	55 665	4 050	42 134	—	—	570	—	—	—	—	1 000	—	—	6
113 372	19 905	8 361	81 399	—	586	3 121	—	—	—	—	1 000	—	—	7
39 417	1 735	7 410	28 172	—	2 100	—	—	—	—	—	1 000	—	—	8
970 061	113 597	34 756	819 978	—	1 730	—	—	198	—	—	802	—	—	9
38 239	25 435	6 664	—	—	—	6 140	—	—	—	—	1 000	—	—	10
607 067	37 291	—	558 059	5 310	1 625	4 782	42	288	—	—	669	—	1	11
86 084	—	—	86 084	—	—	—	—	—	1 000	—	—	—	—	12
178 214	76 099	3 384	22 053	76 358	320	—	—	—	—	—	1 000	—	—	13
404 825	42 501	7 640	353 771	—	777	136	45	381	—	—	202	372	—	14
20	20	—	—	—	—	—	—	—	—	—	—	—	1 000	15
89 144	—	—	89 144	—	—	—	—	1 000	—	—	—	—	—	16
118 930	40 814	5 109	73 007	—	—	—	60	—	—	—	940	—	—	17
2 747 792	**413 062**	**77 374**	**2 153 801**	**81 668**	**7 138**	**14 749**	**24**	**224**	**3**	—	**641**	**92**	**16**	

Tabelle III 16

Die Verteilung des

Nr.	Sitz	Name	Gesamtgewinn ℳ	den Kapitalreservefonds ℳ	sonstige Reserven ℳ
	1		2	3	4
		Aktien			
1	Berlin	Berliner H.A.G.	830 373	41 969	482 915
2	Cöln	Cölnische H.V.G.	—	—	—
3	Elberfeld	Vaterländische H.V.G.	—	—	—
4	Magdeburg	Magdeb. H.V.G.	—	—	—
5	Weimar	Union	1 593 088	300 000	500 000
		Zusammen	**2 432 461**	**341 969**	**982 915**
		Gegenseitigkeits			
6	Berlin	Borussia	—	—	—
7	»	Ceres	—	—	—
8	»	Deutsche H.V.G. f. Gärtner	174 121	116 081	—
9	»	Norddeutsche H.V.G.	—	—	—
10	»	Preußische H.V.G.	—	—	—
11	Greifswald	Greifsw. H. u. F.V.G.	—	—	—
12	Kiel	Schlesw.-Holst.-Lbg. H.V.V.	63 212	63 212	—
13	Leipzig	Leipziger G.	—	—	—
14	Neubrandenburg	Mecklenb. H. u. F.V.G.	65 969	—	10 000
15	Neustadt	Holsteinischer H.V.V.	3 179	3 179	—
16	Oldenburg	Oldenb. H.V.G.	—	—	—
17	Schwedt	Schwedter H. u. F.V.G.	—	—	—
		Zusammen	**306 481**	**182 472**	**10 000**

Anmerkung zu Tab. III 16: Hier ist der bilanzmäßige Gewinn verteilt.

Gewinns des Jahres 1909

Davon entfallen auf den Beamtenfonds ℳ	die Aktionäre oder Garanten ℳ	Tantiemen ℳ	die Versicherten ℳ	anderweit ℳ	Vortrag auf neue Rechnung ℳ	Nr.
5	6	7	8	9	10	
gesellschaften						
—	270 000	22 580	—	—	21 909	1
—	—	—	—	—	—	2
—	—	—	—	—	—	3
—	—	—	—	—	—	4
125 000	526 995	81 047	—	25 000	35 046	5
125 000	**796 995**	**103 627**	—	**25 000**	**56 955**	
vereine						
—	—	—	—	—	—	6
—	—	—	—	—	—	7
—	—	—	58 040	—	—	8
—	—	—	—	—	—	9
—	—	—	—	—	—	10
—	—	—	—	—	—	11
—	—	—	—	—	—	12
—	—	—	—	—	—	13
5 000	—	—	—	—	50 969	14
—	—	—	—	—	—	15
—	—	—	—	—	—	16
—	—	—	—	—	—	17
5 000	—	—	**58 040**	—	**50 969**	

Tabelle III 17

Die Art und der Betrag der Ende 1909

Versicherungsunternehmung			Inländische			
Nr.	Sitz	Name	Deutsche Reichsanleihen ℳ	Preußische Staatsanleihen ℳ	Sonstige Staatsanleihen ℳ	Staatlich garantierte Anleihen ℳ
1			2	3	4	5
						Aktien
1	Berlin	Berliner H.A.G.	500 000	600 000	—	—
2	Cöln	Cölnische H.V.G.	15 000	900 000	—	—
3	Elberfeld	Vaterländische H.V.G.	100 000	209 900	—	—
4	Magdeburg	Magdeb. H.V.G	462 000	491 500	370 000	—
5	Weimar	Union	50 000	200 000	—	—
		Zusammen	**1 127 000**	**2 401 400**	**370 000**	—
						Gegenseitigkeits
6	Berlin	Borussia	—	70 000	—	—
7	»	Ceres	—	144 200	—	—
8	»	Deutsche H.V.G. f. Gärtner.	—	240 000	—	—
9	»	Norddeutsche H.V.G.	—	350 000	—	259 125
10	»	Preußische H.V.G.	—	11 150	—	—
11	Greifswald	Greifsw. H. u. F.V.G.	—	290 000	—	—
12	Kiel	Schlesw.-Holst.-Lbg. H.V.V.	—	—	—	—
13	Leipzig	Leipziger G.	10 000	—	25 000	—
14	Neubrandenburg	Mecklenb. H. u. F.V.G. [1]	63 200	4 740	61 841	—
15	Neustadt	Holsteinischer H.V.V.	—	—	—	—
16	Oldenburg	Oldenb. H.V.G.	—	—	—	—
17	Schwedt	Schwedter H. u. F.V.G.	—	—	—	—
		Zusammen	**73 200**	**1 110 090**	**86 841**	**259 125**

Anmerkungen zu Tab. III 16: Zu den Kommunalanleihen sind die Provinzial-, Kreis- und Städte-Anleihen gerechnet. —

vorhandenen Wertpapiere (Nennwert)

Wertpapiere					Ausländische Wertpapiere				
	Pfandbriefe und Kommunalobligationen								
Kommunal-anleihen	der Hypotheken-banken	sonstiger Anstalten	Sonstige Schuld-verschrei-bungen	Aktien	Staatliche und kommunale Anleihen	Sonstige Schuld-verschrei-bungen	Aktien	Gesamt-summe	Nr.
ℳ	ℳ	ℳ	ℳ	ℳ	ℳ	ℳ	ℳ	ℳ	
6	7	8	9	10	11	12	13	14	
gesellschaften									
—	—	—	—	—	—	—	—	1 100 000	1
—	—	—	—	—	2 160	—	—	917 160	2
—	—	—	—	—	—	—	—	309 900	3
—	—	—	—	—	—	—	—	1 323 500	4
—	27 600	—	64 000	2 762 200	36 000	—	—	3 139 800	5
—	**27 600**	—	**64 000**	**2 762 200**	**38 160**	—	—	**6 790 360**	
vereine									
—	—	—	—	—	—	—	—	70 000	6
—	—	5 000	—	—	—	—	—	149 200	7
—	—	—	—	—	—	—	—	240 000	8
168 000	—	590 400	—	—	—	—	—	1 367 525	9
—	—	110 500	—	—	—	—	—	121 650	10
27 500	—	319 000	—	—	—	—	—	636 500	11
—	—	—	—	—	—	—	—	—	12
—	—	6 000	—	—	—	—	—	41 000	13
22 278	—	94 294	—	—	—	—	—	246 353	14
—	—	—	—	—	—	—	—	—	15
—	—	—	—	—	—	—	—	—	16
—	—	382 000	—	—	—	—	—	382 000	17
217 778	—	**1 507 194**	—	—	—	—	—	**3 254 228**	

[1]) Es ist angenommen worden, daß sich die von den einzelnen Arten von Wertpapieren vorhandenen Bestände nach demselben Verhältnis auf die Hagelversicherungs- und die Feuerversicherungsabteilung verteilen wie der Gesamtbetrag der Wertpapiere.

Gruppe IV

Feuerversicherung sowie die Versicherung gegen Sturmschäden, Wasserleitungsschäden und Einbruchdiebstahl

In den Tabellen sind für die Namen der Unternehmungen folgende Abkürzungen verwendet:

Deutsche Aktiengesellschaften

Aachen, Aachen-Leipziger V.A.G. für:	Aachen-Leipziger Versicherungs-Aktien-Gesellschaft in Aachen.
» Aachen-Münchener F.V.G. »	Aachener und Münchener Feuer-Versicherungs-Gesellschaft.
Berlin, Allianz »	Allianz, Versicherungs-Aktien-Gesellschaft in Berlin.
» Berlinische F.V.A. »	Berlinische Feuer-Versicherungs-Anstalt.
» Deutsche F.V.A.G. »	Deutsche Feuer-Versicherungs-Aktien-Gesellschaft zu Berlin.
» Industrie V.A.G. »	Industrie, Versicherungs-Aktien-Gesellschaft in Berlin.
» Preußische F.V.A.G. »	Preußische Feuer-Versicherungs-Aktien-Gesellschaft zu Berlin.
» Securitas »	Securitas, Versicherungs-Aktien-Gesellschaft in Berlin.
» Union »	Union, Allgemeine Versicherungs-Aktien-Gesellschaft zu Berlin.
» Victoria »	Victoria, Feuer-Versicherungs-Aktien-Gesellschaft.
Breslau, Schlesische F.V.G. »	Schlesische Feuerversicherungs-Gesellschaft in Breslau.
Cöln, Colonia »	Cölnische Feuer-Versicherungs-Gesellschaft Colonia.
» Cölnische Glas V.A.G. »	Cölnische Glas-Versicherungs-Aktien-Gesellschaft Cöln a. Rhein.
» Cölnische U.V.A.G. »	Cölnische Unfall-Versicherungs-Aktien-Gesellschaft in Cöln a. Rhein.
» Rhenania »	Rhenania, Versicherungs-Aktien-Gesellschaft in Cöln a. Rhein.
Elberfeld, Vaterländische F.V.A.G. »	Vaterländische Feuer-Versicherungs-Aktien-Gesellschaft in Elberfeld.
Erfurt, Thuringia »	Die Versicherungsgesellschaft Thuringia in Erfurt.
Essen, Westdeutsche V.A.B. »	Westdeutsche Versicherungs-Aktien-Bank in Essen.
Frankfurt, Deutscher Phönix »	Deutscher Phönix, Versicherungs-Aktien-Gesellschaft in Frankfurt a. Main.
» Frankf. Transp. U. u. Gl.V.A.G. »	Frankfurter Transport-, Unfall- und Glas-Versicherungs-Aktien-Gesellschaft in Frankfurt a. Main.
» Neptun »	Neptun, Wasserleitungsschäden- und Unfall-Versicherungsgesellschaft in Frankfurt a. Main.
» Providentia »	Providentia, Frankfurter Versicherungs-Gesellschaft in Frankfurt a. Main.
Halle, Mitteldeutsche V.A.G. »	Mitteldeutsche Versicherungs-Aktiengesellschaft in Halle a. S.
Hamburg, Albingia »	Albingia, Versicherungs-Aktiengesellschaft in Hamburg.
» Feuer Ass.Comp. »	Feuer-Assekuranz-Compagnie von 1877 in Hamburg.

Hamburg, Globus V.A.G.	für:	**Globus, Versicherungs-Aktien-Gesellschaft.**
» Hamburg-Bremer F.V.G.	»	**Hamburg-Bremer Feuer-Versicherungs-Gesellschaft in Hamburg.**
» Nord-Deutsche V.G.	»	**Nord-Deutsche Versicherungs-Gesellschaft Hamburg.**
Karlsruhe, Badische F.V.B.	»	**Badische Feuerversicherungs-Bank in Karlsruhe in Baden.**
Leipzig, Leipziger F.V.A.	»	**Leipziger Feuer-Versicherungs-Anstalt in Leipzig.**
Magdeburg, Magdeb. F.V.G.	»	**Magdeburger Feuerversicherungs-Gesellschaft in Magdeburg.**
Mannheim, Mannheimer V.G.	»	**Mannheimer Versicherungsgesellschaft.**
» Oberrheinische V.G.	»	**Oberrheinische Versicherungs-Gesellschaft in Mannheim.**
München, Bayer. V.B.	»	**Bayerische Versicherungs-Bank, Aktien-Gesellschaft, vormals Versicherungs-Anstalten der Bayerischen Hypotheken- und Wechselbank in München.**
M.-Gladbach, Gladbacher F.V.A.G.	»	**Gladbacher Feuerversicherungs-Aktien-Gesellschaft in M.-Gladbach.**
Neuß, Rheinland	»	**Feuerversicherungs-Gesellschaft Rheinland.**
Oldenburg, Oldenb. V.G.	»	**Oldenburger Versicherungs-Gesellschaft.**
Stettin, Preuß. National V.G.	»	**Preußische National-Versicherungs-Gesellschaft zu Stettin.**
Straßburg, Alsatia	»	**Alsatia, Feuerversicherungs-Aktien-Gesellschaft zu Straßburg i. E.**
» Rhein u. Mosel	»	**Feuerversicherungs-Aktien-Gesellschaft Rhein und Mosel zu Straßburg i. E.**
Stuttgart, Stuttg. Mit- u. Rück V.A.G.	»	**Stuttgarter Mit- und Rückversicherungs-Aktiengesellschaft in Stuttgart.**

Deutsche Gegenseitigkeitsvereine

Altona, Altonaer Feuer V.G.	für:	Altonaer Feuer-Versicherungs-Gesellschaft a. G.
Berlin, Vers.V. Dtsch. Eisenb.B.	»	Versicherungsverein Deutscher Eisenbahnbediensteten a. G. in Berlin.
» Feuer V.A. Beamten-Vereine	»	Feuer- und Einbruchdiebstahl-Versicherungsanstalt des Verbandes Deutscher Beamtenvereine a. G. in Berlin.
Brandenburg, Brandenb. F.V.G.	»	Brandenburger Feuer-Versicherungs-Gesellschaft auf Gegenseitigkeit zu Brandenburg a./H.
Dresden, Landwirtsch. F.V.Gen.	»	Landwirtschaftliche Feuerversicherungs-Genossenschaft im Königreich Sachsen zu Dresden.
Düsseldorf, Brandvers.V. D. Werkmeister...	»	Brandversicherungsverein des Deutschen Werkmeister-Verbandes, Versicherungsverein auf Gegenseitigkeit zu Düsseldorf.
Gotha, Gothaer Feuer V.B.	»	Gothaer Feuerversicherungsbank auf Gegenseitigkeit.
Greifswald, Greifsw. H. u. F.V.G.	»	Hagel- und Feuer-Versicherungsgesellschaft auf Gegenseitigkeit zu Greifswald.
Güstrow, Feuer V.V. f. Mecklenb.	»	Feuer-Versicherungs-Verein auf Gegenseitigkeit für Mecklenburg zu Güstrow.
Hannover, Concordia	»	Concordia, Hannoversche Feuer-Versicherungs-Gesellschaft auf Gegenseitigkeit in Hannover.
Kiel, Adelige Brandgilde..................	»	Schleswig-Holsteinische adelige Brandgilde.
» Schwerdtfegersche Brandgilde	»	Schwerdtfegersche Brandgilde auf Gegenseitigkeit zu Kiel.
Leipzig, F.V.Gen. D. Buchdrucker..........	»	Feuerversicherungs-Genossenschaft Deutscher Buchdrucker.
Lübeck, Lübecker F.V.V.	»	Lübecker Feuerversicherungs-Verein von 1826 auf Gegenseitigkeit in Lübeck.
Neubrandenburg, Mecklenb. H. u. F.V.G. ...	»	Mecklenburgische Hagel- und Feuer-Versicherungs-Gesellschaft auf Gegenseitigkeit in Neubrandenburg.
Osnabrück, Mühlenvers.Ges.	»	Mühlen-Versicherungs-Gesellschaft auf Gegenseitigkeit zu Osnabrück.
Rostock, Vaterländische F.V.Soc.	»	Vaterländische Feuer-Versicherungs-Societät zu Rostock auf Gegenseitigkeit.
Schönberg, F.V.G. f. d. Fürstent. Ratzeburg .	»	Feuerversicherungsgesellschaft auf Gegenseitigkeit für das Fürstentum Ratzeburg zu Schönberg (Meckl.).
Schwedt, Schwedter H. u. F.V.G.	»	Schwedter Hagel- und Feuer-Versicherungs-Gesellschaft auf Gegenseitigkeit.
Stuttgart, Württemb. Privat F.V.	»	Württembergische Privatfeuerversicherung auf Gegenseitigkeit in Stuttgart.

Ausländische Unternehmungen

Belgien, Belgische Allg. F.V.G.	für:	Belgische Allgemeine Feuer-Versicherungs-Aktien-Gesellschaft in Brüssel.
Le Lloyd Belge	»	Le Lloyd Belge, Transport- und Feuer-Versicherungs-Gesellschaft in Antwerpen.

Dänemark, Nye Danske	für:	Nye danske Brandforsikrings Selskab in Kopenhagen.
England, Alliance Ass. C. Ltd.	»	Alliance Assurance Company Limited in London.
» Atlas Ass. C. Ltd.	»	Atlas Assurance Company Limited in London.
» Commercial Union	»	Commercial Union Assurance Company Limited in London.
» Liverpool-London-Globe	»	The Liverpool and London and Globe Insurance Company in Liverpool.
» North British-Merc.	»	The North British and Mercantile Insurance Company in London und Edinburg.
» Northern Ass. C. Ltd.	»	The Northern Assurance Company Limited in London-Aberdeen.
» Norwich Union	»	Norwich Union Fire Insurance Society Limited in Norwich.
» Royal Ins. C. Ltd.	»	Royal Insurance Company Limited in Liverpool.
» The Guardian	»	Guardian Assurance Company Limited in London.
» The London-Lancashire	»	The London and Lancashire Fire Insurance Company in Liverpool.
» The Phoenix	»	Phoenix, Assurance Company Limited in London.
» The Royal Exchange	»	The Royal Exchange Assurance in London.
» The Sun	»	The Sun, Insurance Office in London.
» The Yorkshire Ins. C. Ltd.	»	The Yorkshire Insurance Company Limited in York.
Frankreich, Phénix	»	Compagnie Française du Phénix in Paris.
Niederlande, Die Niederlande	»	Die Niederlande, Feuer- und Lebens-Versicherungs-Gesellschaft von 1845 im Haag.
» Nederl. Lloyd	»	Nederlandsche Lloyd (Niederländischer Lloyd, Versicherungs-Aktien-Gesellschaft in Amsterdam).
Österr.-Ungarn, Assic. Generali	»	Assicurazioni Generali in Triest.
» Erste Österr. U.V.G.	»	Erste Österreichische Allgemeine Unfall-Versicherungs-Gesellschaft in Wien.
» Österr. Phönix	»	K. k. privilegierte Versicherungs-Gesellschaft Österreichischer Phönix in Wien.
» Riunione Adriatica	»	K. k. privilegierte Riunione Adriatica di Sicurtà in Triest.
Schweden, Skåne	»	Brand- och Lifförsäkrings-Aktiebolaget Skåne (Feuer- und Lebens-Versicherungs-Aktien-Gesellschaft Skåne in Malmö).
» Svea	»	Brand- och Lifförsäkrings-Aktiebolaget Svea (Feuer- und Lebens-Versicherungs-Aktien-Gesellschaft Svea in Gothenburg).
Schweiz, Basler V.G. g. Feuersch.	»	Basler Versicherungs-Gesellschaft gegen Feuerschaden in Basel.
» Helvetia	»	Helvetia, Schweizerische Feuerversicherungs-Gesellschaft in St. Gallen.
» Schweiz. National V.G.	»	Schweizerische National-Versicherungs-Gesellschaft in Basel.
» Schweiz. U.V.A.G.	»	Schweizerische Unfallversicherungs-Aktiengesellschaft in Winterthur.
» Union Suisse	»	Union Suisse, Allgemeine Versicherungs-Gesellschaft in Genf.
» Zürich	»	Zürich, Allgemeine Unfall- und Haftpflicht-Versicherungs-Aktiengesellschaft in Zürich.

Tabelle IV 1

Deutsche Gesellschaften — Zahl und Betrag der Feuer

Versicherungsunternehmung			Selbst abgeschlossene Ver			
			Bestand Ende 1908		Zu- oder Abnahme (—) 1909	
Nr.	Sitz	Name	Zahl der Versicherungen	Versicherungssummen 1000 ℳ	Zahl der Versicherungen	Versicherungssummen 1000 ℳ
	1		2	3	4	5
						Aktien
1	Aachen	Aachen-Leipziger V.A.G. ..	217 106	1 246 691	19 055	45 352
2	»	Aachen-Münchener F.V.G. .	673 806	11 052 140	29 777	336 477
3	Berlin	Allianz	185 118	1 684 698	7 281	162 619
4	»	Berlinische F.V.A.	342 020	3 751 423	1 223	64 338
5	»	Deutsche F.V.A.G.	171 734	1 388 828	10 813	90 912
6	»	Industrie V.A.G.	23	8 529	32	7 786
7	»	Preußische F.V.A.G.	302 162	1 973 601	7 205	68 554
8	»	Union	253 751	2 827 035	6 435	88 664
9	»	Victoria	486 946	1 754 393	97 707	343 572
10	Breslau.......	Schlesische F.V.G.	305 604	3 719 470	3 163	133 428
11	Cöln	Colonia	302 789	5 773 189	— 1 041	47 209
12	Elberfeld	Vaterländische F.V.A.G. ..	444 111	5 696 793	— 19 639	137 986
13	Erfurt........	Thuringia	472 360	3 821 330	10 358	104 040
14	Essen	Westdeutsche V.A.B.	147 791	2 531 091	3 888	162 503
15	Frankfurt	Deutscher Phönix	395 823	4 659 034	211	101 022
16	»	Providentia	384 045	3 393 690	1 067	58 384
17	Halle	Mitteldeutsche V.A.G.	—	—	186	5 768
18	Hamburg	Albingia	188 598	1 421 255	1 113	39 928
19	»	Feuer Ass. Comp.	16 011	101 137	838	9 267
20	»	Globus V.A.G.	45 550	372 986	14 560	94 821
21	»	Hamburg-Bremer F.V.G. ..	567 365	4 005 344	8 583	162 807
22	»	Nord-Deutsche V.G.	402 527	3 237 731	— 35 461	208 674
23	Karlsruhe	Badische F.V.B.	118 559	628 790	3 974	83 270
24	Leipzig	Leipziger F.V.A.	333 169	5 145 011	7 468	263 639
25	Magdeburg ...	Magdeb. F.V.G.	609 758	8 358 266	1 676	141 124
26	München	Bayer. V.B.	418 456	4 052 178	9 532	201 086
27	M.-Gladbach ..	Gladbacher F.V.A.G.	362 028	¹) 4 455 930	10 211	117 389
28	Neuß	Rheinland	154 816	1 567 289	8 919	91 277
29	Oldenburg	Oldenb. V.G.	155 961	1 162 797	7 804	71 421
30	Stettin	Preuß. National V.G.	425 523	4 399 962	12 812	224 679
31	Straßburg	Alsatia..................	26 723	298 600	— 62	3 119
32	»	Rhein u. Mosel...........	121 183	1 668 179	2 773	74 183
		Zusammen	**9 031 416**	¹) **96 157 390**	**232 461**	**3 745 298**

Gegenseitigkeitsvereine siehe S. 238.

Anmerkungen zu Tab. IV 1: Die Zahlen in den Spalten 2 bis 11 schließen die in Rückdeckung gegebenen Versicherungen ein. —

versicherungen Ende 1908 und Ende 1909 — Gesamtgeschäft

sicherungen		In Rückdeckung übernommene Versicherungen			Gesamt-versicherungs-summen Ende 1909	Davon für eigene Rechnung behalten	Nr.
Bestand Ende 1909		Bestand Ende 1908	Zu- oder Abnahme (—) 1909	Bestand Ende 1909			
Zahl der Ver-sicherungen	Ver-sicherungs-summen 1000 ℳ	Ver-sicherungs-summen 1000 ℳ	Ver-sicherungs-summen 1000 ℳ	Ver-sicherungs-summen 1000 ℳ	1000 ℳ	1000 ℳ	
6	7	8	9	10	11	12	
gesellschaften							
236 161	1 292 043	54 031	565	54 596	1 346 639	787 997	1
703 583	11 388 617	879 488	403 052	1 282 540	12 671 157	7 725 351	2
192 399	1 847 317	668 372	243 948	912 320	2 759 637	1 483 223	3
343 243	3 815 761	90 007	— 7 478	82 529	3 898 290	2 632 026	4
182 547	1 479 740	—	—	—	1 479 740	1 054 416	5
55	16 315	205 445	— 2 938	202 507	218 822	204 730	6
309 367	2 042 155	—	—	—	2 042 155	1 487 941	7
260 186	2 915 699	—	—	—	2 915 699	1 707 019	8
584 653	2 097 965	—	—	—	2 097 965	1 748 479	9
308 767	3 852 898	—	—	—	3 852 898	2 491 466	10
301 748	5 820 398	—	—	—	5 820 398	2 768 338	11
424 472	5 834 779	206 237	819	207 056	6 041 835	3 296 488	12
482 718	3 925 370	474 208	— 41 963	432 245	4 357 615	3 676 256	13
151 679	2 693 594	173 454	30 224	203 678	2 897 272	1 512 298	14
396 034	4 760 056	125 927	— 2 450	123 477	4 883 533	2 949 613	15
385 112	3 452 074	—	—	—	3 452 074	2 494 912	16
186	5 768	—	—	—	5 768	1 995	17
189 711	1 461 183	89 767	— 25 179	64 588	1 525 771	326 153	18
16 849	110 404	160 536	63 934	224 470	334 874	228 080	19
60 110	467 807	669 100	— 31 720	637 380	1 105 187	573 166	20
575 948	4 168 151	235 086	— 3 441	231 645	4 399 796	2 875 956	21
367 066	3 446 405	328 027	— 23 066	304 961	3 751 366	2 209 730	22
122 533	712 060	333 484	— 9 672	323 812	1 035 872	448 113	23
340 637	5 408 650	133 138	220 208	353 346	5 761 996	2 646 150	24
611 434	8 499 390	5 346 371	— 23 470	5 322 901	13 822 291	8 572 107	25
427 988	4 253 264	668 261	11 524	679 785	4 933 049	2 813 280	26
372 239	4 573 319	[1]) 321 775	2 041	323 816	4 897 135	3 183 492	27
163 735	1 658 566	74 104	2 028	76 132	1 734 698	1 188 426	28
163 765	1 234 218	—	—	—	1 234 218	966 143	29
438 335	4 624 641	169 187	69 581	238 768	4 863 409	3 563 432	30
26 661	301 719	386 306	— 1 027	385 279	686 998	582 598	31
123 956	1 742 362	268 470	38 881	307 351	2 049 713	1 402 069	32
9 263 877	**99 902 688**	[1]) **12 060 781**	**914 401**	**12 975 182**	**112 877 870**	**70 601 443**	

Von dem hier dargestellten Gesamtgeschäft ist in der Tabelle IV 2 der inländische Teil besonders nachgewiesen. — [1]) Die in der vorjährigen Statistik gegebenen Zahlen haben sich nachträglich als unrichtig herausgestellt.

Tabelle IV 2

Deutsche Gesellschaften — Zahl und Betrag der Feuer

Versicherungsunternehmung			Selbst abgeschlossene Ver			
			Bestand Ende 1908		Zu- oder Abnahme (—) 1909	
Nr.	Sitz	Name	Zahl der Versicherungen	Versicherungssummen 1000 ℳ	Zahl der Versicherungen	Versicherungssummen 1000 ℳ
	1		2	3	4	5
						Aktien
1	Aachen	Aachen-Leipziger V.A.G.	215 540	1 235 544	18 733	43 139
2	»	Aachen-Münchener F.V.G.	539 516	9 798 661	11 928	197 157
3	Berlin	Allianz	178 275	1 604 382	5 258	129 220
4	»	Berlinische F.V.A.	338 806	3 713 737	1 297	66 318
5	»	Deutsche F.V.A.G.	171 734	1 388 828	10 813	90 912
6	»	Industrie V.A.G.	23	8 529	29	7 070
7	»	Preußische F.V.A.G.	302 162	1 973 601	7 205	68 554
8	»	Union	253 751	2 827 035	6 435	88 664
9	»	Victoria	486 946	1 754 393	97 707	343 572
10	Breslau	Schlesische F.V.G.	297 712	3 614 017	3 196	129 032
11	Cöln	Colonia	302 675	5 768 291	— 927	52 107
12	Elberfeld	Vaterländische F.V.A.G.	434 701	5 573 636	— 19 959	129 036
13	Erfurt	Thuringia	472 360	3 821 330	10 358	104 040
14	Essen	Westdeutsche V.A.B.	147 791	2 531 091	3 888	162 503
15	Frankfurt	Deutscher Phönix	395 823	4 659 034	211	101 022
16	»	Providentia	384 045	3 393 690	1 067	58 384
17	Halle	Mitteldeutsche V.A.G.	—	—	186	5 768
18	Hamburg	Albingia	178 251	1 183 987	267	21 975
19	»	Feuer Ass.Comp.	8 782	43 673	648	10 727
20	»	Globus V.A.G.	37 280	331 467	11 739	77 397
21	»	Hamburg-Bremer F.V.G.	393 858	2 789 346	5 502	179 093
22	»	Nord-Deutsche V.G.	334 664	2 856 236	6 308	126 806
23	Karlsruhe	Badische F.V.B.	118 559	628 790	3 974	83 270
24	Leipzig	Leipziger F.V.A.	301 887	4 671 989	6 187	230 765
25	Magdeburg	Magdeb. F.V.G.	563 815	7 541 967	1 041	138 290
26	München	Bayer. V.B.	413 701	4 001 836	9 472	195 070
27	M.-Gladbach	Gladbacher F.V.A.G.	321 576	[1]) 3 972 726	10 299	60 925
28	Neuß	Rheinland	154 746	1 566 027	8 926	91 343
29	Oldenburg	Oldenb. V.G.	153 046	1 143 961	7 782	71 371
30	Stettin	Preuß. National V.G.	284 930	3 474 692	1 903	111 431
31	Straßburg	Alsatia	26 723	298 600	— 62	3 119
32	»	Rhein u. Mosel	121 022	1 656 687	2 767	73 559
		Zusammen	**8 334 700**	[1]) **89 827 783**	**234 178**	**3 251 639**

Anmerkungen zu Tab. IV 2: Die Zahlen schließen die in Rückdeckung gegebenen Versicherungen ein. — [1]) Die in der vorjährigen Statistik gegebenen Zahlen haben sich nachträglich als unrichtig herausgestellt.

versicherungen Ende 1908 und Ende 1909 — Inländisches Geschäft

sicherungen		In Rückdeckung übernommene Versicherungen			Gesamt-versicherungssummen Ende 1909	Von je 1000 *M* des gesamten Geschäfts kommen auf das inländische	Nr.
Bestand Ende 1909		Bestand Ende 1908	Zu- oder Abnahme (—) 1909	Bestand Ende 1909			
Zahl der Versicherungen	Versicherungssummen 1000 *M*	Versicherungssummen 1000 *M*	Versicherungssummen 1000 *M*	Versicherungssummen 1000 *M*	1000 *M*	*M*	
6	7	8	9	10	11	12	
gesellschaften							
234 273	1 278 683	1 018	— 138	880	1 279 563	950	1
551 444	9 995 818	86 915	28 855	115 770	10 111 588	798	2
183 533	1 733 602	524 247	111 634	635 881	2 369 483	859	3
340 103	3 780 055	31 936	1 415	33 351	3 813 406	978	4
182 547	1 479 740	—	—	—	1 479 740	1 000	5
52	15 599	30 475	— 756	29 719	45 318	207	6
309 367	2 042 155	—	—	—	2 042 155	1 000	7
260 186	2 915 699	—	—	—	2 915 699	1 000	8
584 653	2 097 965	—	—	—	2 097 965	1 000	9
300 908	3 743 049	—	—	—	3 743 049	971	10
301 748	5 820 398	—	—	—	5 820 398	1 000	11
414 742	5 702 672	42 537	— 5 470	37 067	5 739 739	950	12
482 718	3 925 370	7 720	241	7 961	3 933 331	903	13
151 679	2 693 594	7 542	236	7 778	2 701 372	932	14
396 034	4 760 056	926	— 60	866	4 760 922	975	15
385 112	3 452 074	—	—	—	3 452 074	1 000	16
186	5 768	—	—	—	5 768	1 000	17
178 518	1 205 962	12 737	— 7 083	5 654	1 211 616	794	18
9 430	54 400	110 935	51 942	162 877	217 277	649	19
49 019	408 864	60 990	— 884	60 106	468 970	424	20
399 360	2 968 439	35 322	— 4 748	30 574	2 999 013	682	21
340 972	2 983 042	90 487	10 961	101 448	3 084 490	822	22
122 533	712 060	200 531	— 8 759	191 772	903 832	873	23
308 074	4 902 754	—	—	—	4 902 754	851	24
564 856	7 680 257	984	— 198	786	7 681 043	556	25
423 173	4 196 906	59 876	984	60 860	4 257 766	863	26
331 875	4 033 651	[1]) 88 020	4 043	92 063	4 125 714	842	27
163 672	1 657 370	—	—	—	1 657 370	955	28
160 828	1 215 332	—	—	—	1 215 332	985	29
286 833	3 586 123	29 640	— 6 021	23 619	3 609 742	742	30
26 661	301 719	—	—	—	301 719	439	31
123 789	1 730 246	5 929	— 1 892	4 037	1 734 283	846	32
8 568 878	**93 079 422**	[1]) **1 428 767**	**174 302**	**1 603 069**	**94 682 491**	**839**	

Noch: Tabelle IV 1

Deutsche Gesellschaften

Zahl und Betrag der Feuerversicherungen Ende 1908 und Ende 1909 — Gesamtgeschäft

Versicherungsunternehmung			Selbst abgeschlossene Versicherungen						Davon für eigene Rechnung behalten
			Bestand Ende 1908		Zu- oder Abnahme (—) 1909		Bestand Ende 1909		
Nr.	Sitz	Name	Zahl der Versicherungen	Versicherungssummen 1 000 ℳ	Zahl der Versicherungen	Versicherungssummen 1 000 ℳ	Zahl der Versicherungen	Versicherungssummen 1 000 ℳ	1 000 ℳ
		1	2	3	4	5	6	7	8
		Gegenseitigkeitsvereine							
33	Altona	Altonaer Feuer V.G.	141 958	620 480	377	16 513	142 335	636 993	468 704
34	Berlin	Vers.V. Dtsch. Eisenb. B.	251 554	951 726	15 958	72 657	267 512	1 024 383	1 024 383
35	»	Feuer V.A. Beamten-Vereine	6 490	38 865	2 466	12 636	8 956	51 501	34 089
36	Brandenburg	Brandenb. F.V.G.	92 140	365 644	— 96	— 3 931	92 044	361 713	295 471
37	Dresden	Landwirtsch. F.V.Gen.	114 399	960 332	6 798	63 667	121 197	1 023 999	536 797
38	Düsseldorf	Brandvers.V. D. Werkmeister	12 317	52 523	2 162	16 372	14 479	68 895	68 895
39	Gotha	Gothaer Feuer V.B.	413 023	6 535 182	5 249	161 907	418 272	6 697 089	6 283 405
40	Greifswald	Greifsw. H. u. F.V.G.	12 755	447 498	414	14 487	13 169	461 985	461 985
41	Güstrow	Feuer V.V. f. Mecklenb.	9 365	72 681	— 438	938	8 927	73 619	73 619
42	Hannover	Concordia	60 593	356 247	2 721	21 413	63 314	377 660	283 315
43	Kiel	Adelige Brandgilde	12 277	104 232	— 136	2 063	12 141	106 295	106 295
44	»	Schwerdtfegersche Brandgilde	548	104 619	10	— 2 392	558	102 227	102 227
45	Leipzig	F.V.Gen. D. Buchdrucker	1 571	35 477	249	6 883	1 820	42 360	24 333
46	Lübeck	Lübecker F.V.V.	20 912	109 459	2 725	8 006	23 637	117 465	64 164
47	Neubrandenburg	Mecklenb. H. u. F.V.G.[1])	41 872	467 103	1 805	18 961	43 677	486 064	444 937
48	Osnabrück	Mühlenvers.Ges.	1 065	21 093	12	489	1 077	21 582	21 582
49	Rostock	Vaterländische F.V.Soc.	33 285	110 445	549	3 494	33 834	113 939	100 768
50	Schönberg	F.V. G. f. d. Fürstent. Ratzeburg	5 603	61 168	198	4 145	5 801	65 313	65 313
51	Schwedt	Schwedter H. u. F.V.G.	48 545	1 302 988	462	7 860	49 007	1 310 848	1 085 490
52	Stuttgart	Württemb. Privat F.V.	211 873	1 745 468	6 880	115 555	218 753	1 861 023	1 449 266
		Zusammen	**1 492 145**	**14 463 230**	**48 365**	**541 723**	**1 540 510**	**15 004 953**	**12 995 038**
		Davon inländisches Geschäft	[2]) 1 490 519	[2]) 14 412 847	48 309	541 333	1 538 828	14 954 180	12 995 038
		In Rückdeckung übernommen	—	126 193	—	8 256	—	134 449	—

Anmerkungen zu Tab. IV 1: Die Zahlen in den Spalten 2 bis 7 schließen die in Rückdeckung gegebenen Versicherungen ein. — In Rückdeckung übernommene Versicherungen sind nur bei zwei Vereinen (der Mecklenburgischen und der Schwedter H. u. F.V.G.) vorgekommen. — Im Auslande haben sich in der Feuerversicherung nur drei Vereine (der Vers.V. Dtsch. Eisenb.B., die Feuer V.A. Beamten-Vereine und die Gothaer Feuer V.B.) in geringem Umfange betätigt. Ihr ausländisches Geschäft umfaßte Ende 1908 1 626 Policen über 50 383 300 ℳ und Ende 1909 1 682 Policen über 50 773 800 ℳ. — [1]) Die Darstellung bezieht sich infolge Verlegung des Geschäftsjahrs auf das Kalenderjahr auf 14 Monate. — [2]) Die in der vorjährigen Statistik gegebenen Zahlen für das deutsche Geschäft haben sich nachträglich bei einer Gesellschaft als unrichtig herausgestellt.

Noch: Tabelle IV 4 (vgl. S. 242).

Zahl und Betrag der Einbruchdiebstahlversicherungen Ende 1908 und Ende 1909 — Gesamtgeschäft

Gegenseitigkeitsvereine

Nr.	Sitz	Name	2	3	4	5	6	7	8
34	Berlin	Vers.V. Dtsch. Eisenb.B.	3 836	[1]) 26 692	2 173	15 760	6 009	42 452	42 452
35	»	Feuer V.A. Beamten-Vereine	3 111	21 986	1 273	10 266	4 384	32 252	21 158
37	Dresden	Landwirtsch. F.V.Gen.	426	5 384	383	3 847	809	9 231	742
42	Hannover	Concordia	58	453	325	1 802	383	2 255	1 527
		Zusammen	**7 431**	**54 515**	**4 154**	**31 675**	**11 585**	**86 190**	**65 879**

Anmerkungen zu Tab. IV 4: Die Zahlen in den Spalten 2 bis 7 schließen die in Rückdeckung gegebenen Versicherungen ein. — In Rückdeckung übernommene Versicherungen sind nicht vorgekommen. — Im Auslande hat sich nur ein Verein (die Feuer V.A. Beamten-Vereine) in geringem Umfange betätigt. Ihr ausländisches Geschäft umfaßte Ende 1909 nur 1 Police über 11 600 ℳ. — [1]) Die in der vorjährigen Statistik gegebenen Zahlen haben sich nachträglich als unrichtig herausgestellt.

Aktiengesellschaften siehe S. 242.

Tabelle IV 3

Deutsche Gesellschaften
Zahl und Betrag der Sturmschädenversicherungen Ende 1908 und Ende 1909

Versicherungsunternehmung			Selbst abgeschlossene Versicherungen						Davon für eigene Rechnung behalten	Von je 1 000 ℳ des gesamten Geschäfts kommen auf das inländische
			Bestand Ende 1908		Zu- oder Abnahme (—) 1909		Bestand Ende 1909			
Nr.	Sitz	Name	Zahl der Versicherungen	Versicherungssummen 1 000 ℳ	Zahl der Versicherungen	Versicherungssummen 1 000 ℳ	Zahl der Versicherungen	Versicherungssummen 1 000 ℳ	1 000 ℳ	ℳ
1			2	3	4	5	6	7	8	9
		Aktiengesellschaften								
		Gesamtgeschäft								
53	Cöln	Cölnische U.V.A.G.	805	164 380	— 39	— 6 751	766	157 629	14 274	—
54	Stuttgart	Stuttg. Mit- u. Rück V.A.G.	554	39 522	179	6 702	733	46 224	15 408	—
		Zusammen	**1 359**	**203 902**	**140**	**— 49**	**1 499**	**203 853**	**29 682**	—
		Inländisches Geschäft								
53	Cöln	Cölnische U.V.A.G.	798	164 243	— 38	— 6 699	760	157 544	—	999
54	Stuttgart	Stuttg. Mit- u. Rück V.A.G.	554	39 522	179	6 702	733	46 224	—	1 000
		Zusammen	**1 352**	**203 765**	**141**	**3**	**1 493**	**203 768**	—	**1 000**

Anmerkungen zu Tab. IV 3: Die Zahlen in den Spalten 2 bis 7 schließen die in Rückdeckung gegebenen Versicherungen ein. — In Rückdeckung übernommene Versicherungen sind nicht vorgekommen.

Noch: Tabelle IV 3

Deutsche Gesellschaften — Zahl und Betrag der Wasser

Versicherungsunternehmung			Selbst abgeschlossene Ver			
			Bestand Ende 1908		Zu- oder Abnahme (—) 1909	
Nr.	Sitz	Name	Zahl der Versicherungen	Versicherungssummen 1 000 M	Zahl der Versicherungen	Versicherungssummen 1 000 M
	1		2	3	4	5
						Aktien
						Gesamt
2	Aachen	Aachen-Münchener F.V.G.	17 692	1 013 733	2 961	163 986
55	Berlin	Securitas	7 887	147 932	201	214
10	Breslau	Schlesische F.V.G.	1 441	48 921	437	11 575
56	Cöln	Cölnische Glas V.A.G.	1 884	25 355	40	2 805
53	»	Cölnische U.V.A.G.	2 184	109 213	326	11 849
13	Erfurt	Thuringia	2 982	79 837	283	11 865
57	Frankfurt	Frankf. Transp. U. u. Gl.V.A.G.	11 656	640 020	2 611	198 822
58	»	Neptun	22 460	714 379	293	— 17 703
17	Halle	Mitteldeutsche V.A.G.	—	—	5	45
18	Hamburg	Albingia	6 713	181 631	1 366	66 073
22	»	Nord-Deutsche V.G.	4 098	256 798	1 290	107 579
27	M.-Gladbach	Gladbacher F.V.A.G.	1 240	33 474	323	10 481
28	Neuß	Rheinland	480	15 844	412	8 215
30	Stettin	Preuß. National V.G.	4 245	70 914	307	4 804
54	Stuttgart	Stuttg. Mit- u. Rück V.A.G.	4 824	137 505	923	19 468
		Zusammen	**89 786**	**3 475 556**	**11 778**	**600 078**
						Inländisches
2	Aachen	Aachen-Münchener F.V.G.	17 692	1 013 733	2 961	163 986
55	Berlin	Securitas	7 412	134 757	221	666
10	Breslau	Schlesische F.V.G.	1 372	43 277	400	11 773
56	Cöln	Cölnische Glas V.A.G.	1 827	23 053	40	2 734
53	»	Cölnische U.V.A.G.	2 184	109 213	326	11 849
13	Erfurt	Thuringia	2 982	79 837	283	11 865
57	Frankfurt	Frankf. Transp. U. u. Gl.V.A.G.	10 395	568 697	2 130	158 791
58	»	Neptun	22 460	714 379	293	— 17 703
17	Halle	Mitteldeutsche V.A.G.	—	—	5	45
18	Hamburg	Albingia	6 670	180 316	1 368	65 862
22	»	Nord-Deutsche V.G.	4 098	256 798	1 290	107 579
27	M.-Gladbach	Gladbacher F.V.A.G.	1 224	33 200	317	10 422
28	Neuß	Rheinland	480	15 844	412	8 215
30	Stettin	Preuß. National V.G.	4 245	70 914	307	4 804
54	Stuttgart	Stuttg. Mit- u. Rück V.A.G.	4 824	137 505	923	19 468
		Zusammen	**87 865**	**3 381 523**	**11 276**	**560 356**

Anmerkung zu Tab. IV 3: Die Zahlen in den Spalten 2 bis 11 schließen die in Rückdeckung gegebenen Versicherungen ein.

leitungsschädenversicherungen Ende 1908 und Ende 1909

sicherungen		In Rückdeckung übernommene Versicherungen			Gesamtversicherungssummen Ende 1909	Davon für eigene Rechnung behalten	Von je 1000 ℳ des gesamten Geschäfts kommen auf das inländische	Nr.
Bestand Ende 1909		Bestand Ende 1908	Zu- oder Abnahme (—) 1909	Bestand Ende 1909				
Zahl der Versicherungen	Versicherungssummen 1 000 ℳ	Versicherungssummen 1 000 ℳ	Versicherungssummen 1 000 ℳ	Versicherungssummen 1 000 ℳ	1 000 ℳ	1 000 ℳ	ℳ	
6	7	8	9	10	11	12	13	

gesellschaften

geschäft

20 653	1 177 719	—	50	50	1 177 769	785 179	—	2
8 088	148 146	419	213	632	148 778	142 582	—	55
1 878	60 496	—	—	—	60 496	54 793	—	10
1 924	28 160	1 093	1 293	2 386	30 546	27 111	—	56
2 510	121 062	—	—	—	121 062	107 549	—	53
3 265	91 702	915	728	1 643	93 345	87 845	—	13
14 267	838 842	3 884	4 738	8 622	847 464	822 437	—	57
22 753	696 676	—	—	—	696 676	674 478	—	58
5	45	—	—	—	45	25	—	17
8 079	247 704	610	331	941	248 645	229 265	—	18
5 388	364 377	3 555	— 1 027	2 528	366 905	310 225	—	22
1 563	43 955	707	239	946	44 901	38 358	—	27
892	24 059	—	—	—	24 059	22 813	—	28
4 552	75 718	1 466	— 261	1 205	76 923	69 320	—	30
5 747	156 973	69 370	— 6 177	63 193	220 166	173 359	—	54
101 564	**4 075 634**	**82 019**	**127**	**82 146**	**4 157 780**	**3 545 339**	—	

Geschäft

20 653	1 177 719	—	50	50	1 177 769	—	1 000	2
7 633	135 423	290	117	407	135 830	—	913	55
1 772	55 050	—	—	—	55 050	—	910	10
1 867	25 787	504	685	1 189	26 976	—	883	56
2 510	121 062	—	—	—	121 062	—	1 000	53
3 265	91 702	476	675	1 151	92 853	—	995	13
12 525	727 488	2 176	634	2 810	730 298	—	862	57
22 753	696 676	—	—	—	696 676	—	1 000	58
5	45	—	—	—	45	—	1 000	17
8 038	246 178	580	199	779	246 957	—	993	18
5 388	364 377	3 016	— 1 350	1 666	366 043	—	998	22
1 541	43 622	707	239	946	44 568	—	993	27
892	24 059	—	—	—	24 059	—	1 000	28
4 552	75 718	1 186	— 344	842	76 560	—	995	30
5 747	156 973	69 370	— 6 177	63 193	220 166	—	1 000	54
99 141	**3 941 879**	**78 305**	**— 5 272**	**73 033**	**4 014 912**	—	**966**	

Tabelle IV 4

Deutsche Gesellschaften — Zahl und Betrag der Einbruchdiebstahl

Versicherungsunternehmung			Selbst abgeschlossene Ver			
			Bestand Ende 1908		Zu- oder Abnahme (—) 1909	
Nr.	Sitz	Name	Zahl der Versicherungen	Versicherungssummen 1000 ℳ	Zahl der Versicherungen	Versicherungssummen 1000 ℳ
	1		2	3	4	5
						Aktien
2	Aachen	Aachen-Münchener F.V.G.	124 258	1 818 254	9 352	89 274
3	Berlin	Allianz	42 150	1 315 170	854	111 165
4	»	Berlinische F.V.A.	21 583	149 555	4 637	38 408
5	»	Deutsche F.V.A.G.	9 751	82 106	1 317	10 328
55	»	Securitas	1 852	22 958	350	3 571
8	»	Union	12 958	133 294	3 017	25 106
9	»	Victoria	43 333	288 773	8 872	59 174
10	Breslau	Schlesische F.V.G.	8 135	128 170	1 601	26 645
53	Cöln	Cölnische U.V.A.G.	20 591	366 593	344	12 688
11	»	Colonia	12 424	208 136	2 280	37 229
59	»	Rhenania	22 338	206 155	3 994	12 922
12	Elberfeld	Vaterländische F.V.A.G.	6 842	103 720	3 001	38 141
13	Erfurt	Thuringia	30 446	323 815	2 257	29 298
14	Essen	Westdeutsche V.A.B.	1 048	18 872	2 611	34 396
15	Frankfurt	Deutscher Phönix	10 374	129 050	1 198	18 439
57	»	Frankf. Transp. U. u. Gl.V.A.G.	146 520	2 117 730	14 000	198 103
16	»	Providentia	16 032	184 505	3 870	35 009
18	Hamburg	Albingia	33 587	376 920	876	8 746
19	»	Feuer Ass. Comp.	776	5 862	179	1 316
20	»	Globus V.A.G.	3 631	40 799	840	5 744
21	»	Hamburg-Bremer F.V.G.	10 625	106 515	1 698	14 531
22	»	Nord-Deutsche V.G.	10 667	119 040	2 979	30 589
23	Karlsruhe	Badische F.V.B.	2 837	27 985	254	2 937
24	Leipzig	Leipziger F.V.A.	10 366	178 393	2 935	64 492
25	Magdeburg	Magdeb. F.V.G.	33 473	455 528	3 526	40 062
60	Mannheim	Mannheimer V.G.	5 580	110 799	590	10 469
61	»	Oberrheinische V.G.	8 065	115 088	672	8 866
26	München	Bayer. V.B.	10 004	136 535	4 285	62 360
27	M.-Gladbach	Gladbacher F.V.A.G.	4 088	52 063	1 590	21 807
28	Neuß	Rheinland	6 821	66 599	988	8 078
29	Oldenburg	Oldenb. V.G.	9 313	72 626	1 667	11 649
30	Stettin	Preuß. National V.G.	9 090	118 707	1 483	17 955
54	Stuttgart	Stuttg. Mit- u. Rück V.A.G.	18 382	213 875	3 148	48 228
		Zusammen	**707 940**	**9 794 190**	**91 265**	**1 137 725**

Gegenseitigkeits

Anmerkungen zu Tab. IV 4: Die Zahlen in den Spalten 2 bis 11 schließen die in Rückdeckung gegebenen Versicherungen ein. — Von dem hier dargestellten Gesamtgeschäft ist in der Tabelle IV 5 der inländische Teil besonders nachgewiesen.

versicherungen Ende 1908 und Ende 1909 — Gesamtgeschäft

sicherungen		In Rückdeckung übernommene Versicherungen			Gesamtversicherungssummen Ende 1909	Davon für eigene Rechnung behalten	Nr.
Bestand Ende 1909		Bestand Ende 1908	Zu- oder Abnahme (—) 1909	Bestand Ende 1909			
Zahl der Versicherungen	Versicherungssummen 1000 M	Versicherungssummen 1000 M	Versicherungssummen 1000 M	Versicherungssummen 1000 M	1000 M	1000 M	
6	7	8	9	10	11	12	
gesellschaften							
133 610	1 907 528	128 824	— 35 962	92 862	2 000 390	1 170 608	2
43 004	1 426 335	1 212 862	362 236	1 575 098	3 001 433	1 934 421	3
26 220	187 963	6 867	— 3 113	3 754	191 717	122 723	4
11 068	92 434	—	—	—	92 434	81 821	5
2 202	26 529	5 300	1 486	6 786	33 315	21 598	55
15 975	158 400	—	—	—	158 400	121 776	8
52 205	347 947	—	—	—	347 947	307 818	9
9 736	154 815	—	—	—	154 815	129 326	10
20 935	379 281	51 880	21 885	73 765	453 046	327 257	53
14 704	245 365	—	—	—	245 365	175 094	11
26 332	219 077	37 895	2 755	40 650	259 727	188 074	59
9 843	141 861	—	—	—	141 861	79 225	12
32 703	353 113	23 972	7 945	31 917	385 030	351 015	13
3 659	53 268	52	2 142	2 194	55 462	39 103	14
11 572	147 489	16 882	3 086	19 968	167 457	115 797	15
160 520	2 315 833	482 394	75 729	558 123	2 873 956	2 447 602	57
19 902	219 514	—	—	—	219 514	167 545	16
34 463	385 666	12 059	511	12 570	398 236	357 200	18
955	7 178	—	—	—	7 178	4 290	19
4 471	46 543	13 761	— 1 642	12 119	58 662	22 374	20
12 323	121 046	12 876	— 2 119	10 757	131 803	99 882	21
13 646	149 629	8 689	9 178	17 867	167 496	123 218	22
3 091	30 922	—	—	—	30 922	14 007	23
13 301	242 885	—	—	—	242 885	98 826	24
36 999	495 590	46 518	17 473	63 991	559 581	335 894	25
6 170	121 268	117 717	12 045	129 762	251 030	194 564	60
8 737	123 954	53 990	7 909	61 899	185 853	84 675	61
14 289	198 895	64 031	38 655	102 686	301 581	201 315	26
5 678	73 870	16 854	2 037	18 891	92 761	80 025	27
7 809	74 677	524	— 80	444	75 121	61 612	28
10 980	84 275	—	—	—	84 275	79 277	29
10 573	136 662	1 822	745	2 567	139 229	112 601	30
21 530	262 103	56 254	— 40 593	15 661	277 764	226 883	54
799 205	**10 931 915**	**2 372 023**	**482 308**	**2 854 331**	**13 786 246**	**9 877 446**	

vereine siehe S. 238

Tabelle IV 5

Deutsche Gesellschaften — Zahl und Betrag der Einbruchdiebstahl

Versicherungsunternehmung			Selbst abgeschlossene Ver			
			Bestand Ende 1908		Zu- oder Abnahme (—) 1909	
Nr.	Sitz	Name	Zahl der Versicherungen	Versicherungssummen 1000 *M*	Zahl der Versicherungen	Versicherungssummen 1000 *M*
	1		2	3	4	5
						Aktien
2	Aachen	Aachen-Münchener F.V.G.	122 543	1 799 471	9 264	88 232
3	Berlin	Allianz	39 439	944 034	657	56 905
4	»	Berlinische F.V.A.	21 583	149 555	4 637	38 408
5	»	Deutsche F.V.A.G.	9 751	82 106	1 317	10 328
55	»	Securitas	1 852	22 958	350	3 571
8	»	Union	12 958	133 294	3 017	25 106
9	»	Victoria	43 333	288 773	8 872	59 174
10	Breslau	Schlesische F.V.G.	8 115	127 858	1 593	26 552
53	Cöln	Cölnische U.V.A.G.	20 209	354 172	376	12 679
11	»	Colonia	12 423	208 135	2 280	37 229
59	»	Rhenania	14 531	137 604	3 731	14 259
12	Elberfeld	Vaterländische F.V.A.G.	6 523	101 413	2 789	35 873
13	Erfurt	Thuringia	30 446	323 815	2 257	29 298
14	Essen	Westdeutsche V.A.B.	1 048	18 872	2 611	34 396
15	Frankfurt	Deutscher Phönix	10 373	129 000	1 199	18 489
57	»	Frankf. Transp. U. u. Gl.V.A.G.	123 429	1 902 970	11 246	173 345
16	»	Providentia	16 032	184 505	3 870	35 009
18	Hamburg	Albingia	30 396	336 804	644	7 562
19	»	Feuer Ass. Comp.	628	4 614	167	1 160
20	»	Globus V.A.G.	3 457	39 270	841	5 707
21	»	Hamburg-Bremer F.V.G.	10 625	106 515	1 696	14 507
22	»	Nord-Deutsche V.G.	10 141	103 218	2 789	26 501
23	Karlsruhe	Badische F.V.B.	2 837	27 985	254	2 937
24	Leipzig	Leipziger F.V.A.	9 414	169 179	2 578	59 503
25	Magdeburg	Magdeb. F.V.G.	33 473	455 528	3 526	40 062
60	Mannheim	Mannheimer V.G.	3 609	60 983	410	6 610
61	»	Oberrheinische V.G.	7 985	110 559	660	8 147
26	München	Bayer. V.B.	10 003	136 530	4 286	62 365
27	M.-Gladbach	Gladbacher F.V.A.G.	4 065	51 757	1 477	21 047
28	Neuß	Rheinland	6 821	66 599	988	8 078
29	Oldenburg	Oldenb. V.G.	9 313	72 626	1 667	11 649
30	Stettin	Preuß. National V.G.	9 090	118 707	1 483	17 955
54	Stuttgart	Stuttg. Mit- u. Rück V.A. G.	18 382	213 875	3 148	48 228
		Zusammen	**664 827**	**8 983 284**	**86 680**	**1 040 871**

Anmerkung zu Tab. IV 5: Die Zahlen schließen die in Rückdeckung gegebenen Versicherungen ein.

versicherungen Ende 1908 und Ende 1909 — Inländisches Geschäft

…sicherungen		In Rückdeckung übernommene Versicherungen			Gesamt-versicherungs-summen Ende 1909	Von je 1000 *M* des gesamten Geschäfts kommen auf das inländische	Nr.
Bestand Ende 1909		Bestand Ende 1908	Zu- oder Abnahme (—) 1909	Bestand Ende 1909			
Zahl der Versicherungen	Versicherungs-summen 1000 *M*	Versicherungs-summen 1000 *M*	Versicherungs-summen 1000 *M*	Versicherungs-summen 1000 *M*	1000 *M*	*M*	
6	7	8	9	10	11	12	
gesellschaften							
131 807	1 887 703	96 297	— 41 355	54 942	1 942 645	971	2
40 096	1 000 939	827 366	53 210	880 576	1 881 515	627	3
26 220	187 963	6 867	— 3 113	3 754	191 717	1 000	4
11 068	92 434	—	—	—	92 434	1 000	5
2 202	26 529	3 058	740	3 798	30 327	910	55
15 975	158 400	—	—	—	158 400	1 000	8
52 205	347 947	—	—	—	347 947	1 000	9
9 708	154 410	—	—	—	154 410	997	10
20 585	366 851	51 880	21 885	73 765	440 616	973	53
14 703	245 364	—	—	—	245 364	1 000	11
18 262	151 863	24 406	4 170	28 576	180 439	695	59
9 312	137 286	—	—	—	137 286	968	12
32 703	353 113	13 746	6 404	20 150	373 263	969	13
3 659	53 268	52	2 142	2 194	55 462	1 000	14
11 572	147 489	16 882	3 086	19 968	167 457	1 000	15
134 675	2 076 315	252 380	54 011	306 391	2 382 706	829	57
19 902	219 514	—	—	—	219 514	1 000	16
31 040	344 366	5 673	913	6 586	350 952	881	18
795	5 774	—	—	—	5 774	804	19
4 298	44 977	4 450	2 101	6 551	51 528	878	20
12 321	121 022	12 876	— 2 119	10 757	131 779	1 000	21
12 930	129 719	1 930	4 125	6 055	135 774	811	22
3 091	30 922	—	—	—	30 922	1 000	23
11 992	228 682	—	—	—	228 682	942	24
36 999	495 590	5 792	2 206	7 998	503 588	900	25
4 019	67 593	21 283	2 978	24 261	91 854	366	60
8 645	118 706	37 289	2 403	39 692	158 398	852	61
14 289	198 895	44 614	13 242	57 856	256 751	851	26
5 542	72 804	16 854	2 037	18 891	91 695	989	27
7 809	74 677	465	— 80	385	75 062	999	28
10 980	84 275	—	—	—	84 275	1 000	29
10 573	136 662	225	— 19	206	136 868	983	30
21 530	262 103	40 419	— 26 646	13 773	275 876	993	54
751 507	**10 024 155**	**1 484 804**	**102 321**	**1 587 125**	**11 611 280**	**842**	

Tabelle IV 6

Deutsches Geschäft ausländischer Gesellschaften — Zahl und

Nr.	Sitz	Name	Selbst abgeschlossene Ver – Bestand Ende 1908 – Zahl der Versicherungen	Bestand Ende 1908 – Versicherungssummen 1 000 M	Zu- oder Abnahme (–) 1909 – Zahl der Versicherungen	Zu- oder Abnahme (–) 1909 – Versicherungssummen 1 000 M
		1	2	3	4	5
62	Belgien	Belgische Allg. F.V.G.	3 442	52 226	— 1 324	— 13 048
63	»	Le Lloyd Belge	6 154	75 848	322	— 2 235
64	Dänemark	Nye Danske	4 169	29 799	13	1 561
65	England	Alliance Ass. C. Ltd.	5 754	93 770	— 870	— 2 095
66	»	Atlas Ass. C. Ltd.	4 231	48 548	179	4 965
67	»	Commercial Union	284 529	1 821 761	3 601	112 776
68	»	Liverpool-London-Globe	20 660	220 872	— 769	6 581
69	»	North British-Merc.	309 116	2 959 451	4 554	45 548
70	»	Northern Ass. C. Ltd.	3 681	96 988	— 23	1 086
71	»	Norwich Union	4 352	47 965	— 93	500
72	»	Royal Ins. C. Ltd.	13 980	118 182	171	3 134
73	»	The Guardian	1 950	65 361	111	9 056
74	»	The London-Lancashire	6 503	86 172	— 156	1 190
75	»	The Phœnix	188 154	1 454 729	3 346	36 461
76	»	The Royal Exchange	3 947	44 757	293	6 944
77	»	The Sun	12 653	140 137	— 147	5 636
78	»	The Yorkshire Ins. C. Ltd.	71 755	581 765	4 723	46 613
79	Frankreich	Phénix	7 233	45 108	— 940	— 2 661
80	Niederlande	Die Niederlande	4 024	43 264	250	1 769
81	»	Nederl. Lloyd	—	—	249	5 237
82	Österr.-Ungarn	Assic. Generali	33 717	392 048	— 40	— 3 870
83	»	Österr. Phönix	3 510	22 542	— 3 510	— 22 542
84	»	Riunione Adriatica	5 596	52 086	76	4 350
85	Schweden	Skåne	3 002	19 765	471	— 682
86	»	Svea	3 269	38 057	70	— 231
87	Schweiz	Basler V.G. g. Feuersch.	321 583	2 447 222	— 1 124	132 344
88	»	Helvetia	243 686	1 347 302	— 4 384	37 547
		Zusammen	**1 570 650**	**12 345 725**	**5 049**	**415 934**

Anmerkung zu Tab. IV 6: Die Zahlen in den Spalten 2 bis 11 schließen die in Rückdeckung gegebenen Versicherungen ein, beziehen sich aber nur auf das deutsche Geschäft.

Tabelle IV 7

Deutsches Geschäft ausländischer Gesellschaften — Zahl und

Nr.	Sitz	Name	2	3	4	5
64	Dänemark	Nye Danske	136	946	— 5	— 70
75	England	The Phœnix	5 127	49 028	687	5 408
78	»	The Yorkshire Ins. C. Ltd.	643	5 487	— 111	— 402
80	Niederlande	Die Niederlande	1 171	16 936	33	1 414
81	»	Nederl. Lloyd	15 707	235 636	699	280
82	Österr.-Ungarn	Assic. Generali	2 967	37 432	— 187	5 151
89	»	Erste Österr. Allg. U.V.G.	199	2 616	315	7 777
83	»	Österr. Phönix	118	1 940	— 118	— 1 940
87	Schweiz	Basler V.G. g. Feuersch.	—	—	1 873	19 938
90	»	Schweiz. National V.G.	287	4 229	— 18	67
91	»	Schweiz. U.V.A.G.	6 793	76 961	700	8 121
92	»	Union Suisse	—	—	242	2 829
93	»	Zürich	11 377	121 464	1 081	9 993
		Zusammen	**44 525**	**552 675**	**5 191**	**58 566**

Anmerkung zu Tab. IV 7: Die Zahlen in den Spalten 2 bis 11 schließen die in Rückdeckung gegebenen Versicherungen ein, beziehen sich aber nur auf das deutsche Geschäft.

Betrag der Feuerversicherungen Ende 1908 und Ende 1909

sicherungen: Bestand Ende 1909: Zahl der Versicherungen	sicherungen: Bestand Ende 1909: Versicherungssummen 1000 ℳ	In Rückdeckung übernommene Versicherungen: Bestand Ende 1908: Versicherungssummen 1000 ℳ	Zu- oder Abnahme (—) 1908: Versicherungssummen 1000 ℳ	Bestand Ende 1909: Versicherungssummen 1000 ℳ	Gesamtversicherungssummen Ende 1909 1000 ℳ	Davon für eigene Rechnung behalten 1000 ℳ	Von je 1000 ℳ des gesamten Geschäfts kommen auf das deutsche Geschäft ℳ	Nr.
6	7	8	9	10	11	12	13	
2 118	39 178	—	—	—	39 178	39 178	1 000	62
6 476	73 613	19 082	1 980	21 062	94 675	56 154	42	63
4 182	31 360	76 791	— 29 483	47 308	78 668	40 582	96	64
4 884	91 675	—	—	—	91 675	51 213	4	65
4 410	53 513	2 941	— 386	2 555	56 068	47 391	9	66
288 130	1 934 537	52 064	— 895	51 169	1 985 706	1 512 797	85	67
19 891	227 453	6 874	306	7 180	234 633	164 523	14	68
313 670	3 004 999	167 203	14 402	181 605	3 186 604	2 266 741	242	69
3 658	98 074	117 651	790	118 441	216 515	197 966	28	70
4 259	48 465	228 452	3 692	232 144	280 609	208 812	34	71
14 151	121 316	833 764	— 12 973	820 791	942 107	895 914	39	72
2 061	74 417	2 321	710	3 031	77 448	61 403	18	73
6 347	87 362	112 771	3 062	115 833	203 195	166 112	16	74
191 500	1 491 190	14 784	— 871	13 913	1 505 103	1 199 720	131	75
4 240	51 701	—	—	—	51 701	49 342	8	76
12 506	145 773	298	— 25	273	146 046	130 529	10	77
76 478	628 378	65 456	— 11 491	53 965	682 343	382 587	115	78
6 293	42 447	—	—	—	42 447	41 245	3	79
4 274	45 033	—	—	—	45 033	26 648	25	80
249	5 237	—	—	—	5 237	1 912	9	81
33 677	388 178	92 759	1 081	93 840	482 018	327 434	34	82
—	—	—	—	—	—	—	—	83
5 672	56 436	391	— 287	104	56 540	28 892	5	84
3 473	19 083	61 541	— 3 792	57 749	76 832	20 827	80	85
3 339	37 826	377	— 23	354	38 180	27 459	16	86
320 459	2 579 566	93	— 45	48	2 579 614	1 303 995	604	87
239 302	1 384 849	—	—	—	1 384 849	911 500	331	88
1 575 699	**12 761 659**	**1 855 613**	**— 34 248**	**1 821 365**	**14 583 024**	**10 160 876**	**61**	

Betrag der Einbruchdiebstahlversicherungen Ende 1908 und Ende 1909

131	876	—	—	—	876	876	75	64
5 814	54 436	—	—	—	54 436	46 214	489	75
532	5 085	—	—	—	5 085	4 117	66	78
1 204	18 350	—	—	—	18 350	15 169	261	80
16 406	235 916	50 879	— 3 914	46 965	282 881	253 481	356	81
2 780	42 583	—	—	—	42 583	19 162	33	82
514	10 393	—	—	—	10 393	5 707	32	89
—	—	2 136	— 801	1 335	1 335	1 335	6	83
1 873	19 938	981	3 475	4 456	24 394	16 970	183	87
269	4 296	19 320	5 714	25 034	29 330	10 316	274	90
7 493	85 082	577	168	745	85 827	63 298	355	91
242	2 829	—	—	—	2 829	1 031	41	92
12 458	131 457	—	—	—	131 457	119 419	369	93
49 716	**611 241**	**73 893**	**4 642**	**78 535**	**689 776**	**557 095**	**181**	

Tabelle IV 8

Deutsche Gesellschaften — Die Prämien und die

Versicherungsunternehmung			Insgesamt		Inländisches selbst abgeschlossene Versicherungen		
Nr.	Sitz	Name	Prämien ℳ	Schäden ℳ	Prämien ℳ	Schäden Zahl	Schäden Betrag ℳ
1			2	3	4	5	6
							Aktien
1	Aachen	Aachen-Leipziger V.A.G. ..	2 668 690	1 281 336	2 533 008	5 072	1 221 670
2	»	Aachen-Münchener F.V.G. .	25 907 448	14 220 930	13 284 794	16 324	6 821 654
3	Berlin	Allianz	7 861 648	4 450 642	2 742 367	4 842	1 575 992
4	»	Berlinische F.V.A.	5 339 458	2 553 222	4 697 345	9 579	2 146 554
5	»	Deutsche F.V.A.G.	1 974 938	867 365	1 974 938	5 337	867 365
6	»	Industrie V.A.G.	1 273 551	969 813	83 155	11	4 570
7	»	Preußische F.V.A.G.	2 966 272	1 424 731	2 966 272	7 973	1 424 731
8	»	Union	3 698 763	2 234 316	3 698 763	7 201	2 234 316
9	»	Victoria	3 204 947	1 115 632	3 204 947	19 671	1 115 632
10	Breslau	Schlesische F.V.G.	6 785 144	3 652 245	6 619 296	7 277	3 630 239
11	Cöln	Colonia	7 590 051	3 079 946	7 586 505	8 610	3 079 736
12	Elberfeld	Vaterländische F.V.A.G. ..	10 261 394	7 014 569	9 007 811	9 774	6 071 714
13	Erfurt	Thuringia	8 085 672	4 612 743	5 684 901	10 565	2 516 894
14	Essen	Westdeutsche V.A.B.	5 121 040	3 050 779	3 509 007	4 037	2 042 908
15	Frankfurt	Deutscher Phönix	7 396 864	4 357 554	7 213 354	7 665	4 294 622
16	»	Providentia	4 132 636	1 411 483	4 132 636	7 484	1 411 483
17	Halle	Mitteldeutsche V.A.G.	13 862	3 800	13 862	3	3 800
18	Hamburg	Albingia	5 310 187	2 742 189	1 587 901	5 987	952 264
19	»	Feuer Ass. Comp.	1 062 546	681 241	105 897	534	23 635
20	»	Globus V.A.G.	4 729 873	3 053 591	959 353	1 410	437 121
21	»	Hamburg-Bremer F.V.G. ..	12 870 781	6 879 171	4 031 126	12 337	2 216 096
22	»	Nord-Deutsche V.G.	9 106 161	6 911 972	5 316 582	9 659	2 879 507
23	Karlsruhe	Badische F.V.B.	2 701 236	1 639 427	1 022 197	2 181	518 756
24	Leipzig	Leipziger F.V.A.	8 770 173	4 308 072	7 638 006	7 583	3 370 864
25	Magdeburg ...	Magdeb. F.V.G.	28 664 136	19 529 943	16 565 914	11 624	10 920 057
26	München	Bayer. V.B.	7 642 800	3 798 757	5 783 380	7 383	2 678 191
27	M.-Gladbach ..	Gladbacher F.V.A.G.	8 344 924	5 890 371	6 261 098	9 873	4 649 544
28	Neuß	Rheinland	1 975 265	1 084 797	1 854 278	5 209	1 018 926
29	Oldenburg	Oldenb. V.G.	1 616 229	501 717	1 584 452	4 121	482 566
30	Stettin	Preuß. National V.G.	11 337 589	5 832 898	4 499 316	7 570	1 993 500
31	Straßburg	Alsatia	784 368	465 896	427 184	581	172 043
32	»	Rhein u. Mosel	2 913 904	1 167 551	2 466 935	2 906	908 605
		Zusammen	**212 112 550**	**120 788 699**	**139 056 580**	**220 383**	**73 686 465**

Anmerkungen zu Tab. IV 8: Die Prämien und Schäden verstehen sich einschl. des Anteils der Rückversicherer. — Die Prämien sind die Einnahmen aus dem Geschäftsjahr ohne Rücksicht auf die Überträge. — Die Schäden sind die im Geschäftsjahr angemeldeten Schäden ohne Regulierungskosten.

Schäden aus der Feuerversicherung im Jahre 1909

Geschäft		Ausländisches Geschäft					
in Rückdeckung übernommene Versicherungen		selbst abgeschlossene Versicherungen			in Rückdeckung übernommene Versicherungen		
Prämien ℳ	Schäden ℳ	Prämien ℳ	Schäden Zahl	Schäden Betrag ℳ	Prämien ℳ	Schäden ℳ	Nr.
7	8	9	10	11	12	13	
gesellschaften							
2 132	31 191	22 191	88	506	111 359	27 969	1
75 920	23 757	8 207 777	3 985	4 970 524	4 338 957	2 404 995	2
4 348 110	2 460 060	325 529	209	242 232	445 642	172 358	3
124 177	74 062	92 230	98	80 038	425 706	252 568	4
—	—	—	—	—	—	—	5
103 781	97 721	3 314	—	—	1 083 301	867 522	6
—	—	—	—	—	—	—	7
—	—	—	—	—	—	—	8
—	—	—	—	—	—	—	9
—	—	165 848	149	22 006	—	—	10
—	—	3 546	5	210	—	—	11
22 391	13 568	244 793	292	279 403	986 399	649 884	12
3 682	1 315	—	—	—	2 397 089	2 094 534	13
3 545	1 315	—	—	—	1 608 488	1 006 546	14
1 434	—	—	—	—	182 076	62 932	15
—	—	—	—	—	—	—	16
—	—	—	—	—	—	—	17
253 257	179 879	1 328 921	338	585 000	2 140 108	1 025 046	18
405 468	228 379	286 116	298	207 803	265 065	221 424	19
209 974	138 870	204 595	354	236 723	3 355 951	2 240 877	20
35 477	31 796	8 051 325	4 682	4 230 809	752 853	400 470	21
179 125	143 638	2 701 739	844	3 260 561	908 715	628 266	22
1 126 242	722 035	—	—	—	552 797	398 636	23
—	—	738 238	529	614 086	393 929	323 122	24
395	—	2 518 822	926	1 655 323	9 579 005	6 954 563	25
80 240	49 549	127 949	168	95 304	1 651 231	975 713	26
311 784	245 953	655 303	1 028	348 967	1 116 739	645 907	27
—	—	1 488	—	—	119 499	65 871	28
—	—	31 777	169	19 151	—	—	29
24 154	12 090	5 750 756	3 663	3 179 808	1 063 363	647 500	30
—	—	—	—	—	357 184	292 953	31
5 248	4 675	13 773	4	1 946	427 948	252 325	32
7 316 536	**4 459 853**	**31 476 030**	**17 829**	**20 030 400**	**34 263 404**	**22 611 981**	

Noch: Tabelle IV 8

Deutsche Gesellschaften — Die Prämien und die

Versicherungsunternehmung			Insgesamt		Inländisches		
					selbst abgeschlossene Versicherungen		
						Schäden	
Nr.	Sitz	Name	Prämien	Schäden	Prämien	Zahl	Betrag
			ℳ	ℳ	ℳ		ℳ
		1	2	3	4	5	6
					Gegenseitigkeits		
33	Altona	Altonaer Feuer V.G.	956 269	495 686	956 269	3 201	495 686
34	Berlin	Vers.V. Dtsch. Eisenb.B.	405 588	267 290	405 221	3 397	267 212
35	»	Feuer V.A. Beamten-Vereine	36 287	8 210	36 255	331	8 210
36	Brandenburg	Brandenb. F.V.G.	493 800	255 644	493 800	2 734	255 644
37	Dresden	Landwirtsch. F.V.Gen.	1 576 198	923 995	1 576 198	1 110	923 995
38	Düsseldorf	Brandvers.V. D. Werkmeister	60 128	27 055	60 128	206	27 055
39	Gotha	Gothaer Feuer V.B.	22 288 328	3 120 943	22 166 583	13 450	3 117 436
40	Greifswald	Greifsw. H. u. F.V.G.	1 409 635	1 669 763	1 409 635	468	1 669 763
41	Güstrow	Feuer V.V. f. Mecklenb.	226 697	149 254	226 697	155	149 254
42	Hannover	Concordia	650 574	376 151	650 574	585	376 151
43	Kiel	Adelige Brandgilde	379 688	308 987	379 688	52	308 987
44	»	Schwerdtfegersche Brandgilde	340 977	336 995	340 977	42	336 995
45	Leipzig	F.V.Gen. D. Buchdrucker	53 231	7 385	53 231	48	7 385
46	Lübeck	Lübecker F.V.V.	282 865	121 073	282 865	315	121 073
47	Neubrandenburg	Mecklenb. H. u. F.V.G.[1]	1 681 078	1 331 965	1 406 384	1 313	1 115 217
48	Osnabrück	Mühlenvers.Ges.	82 169	70 565	82 169	21	70 565
49	Rostock	Vaterländische F.V.Soc.	226 097	47 309	226 097	985	47 309
50	Schönberg	F.V.G. f.d. Fürstent.Ratzeburg	182 847	86 561	182 847	55	86 561
51	Schwedt	Schwedter H. u. F.V.G.	3 300 532	2 080 869	3 199 250	1 580	2 016 814
52	Stuttgart	Württemb. Privat F.V.	4 527 461	1 251 607	4 527 461	1 232	1 251 607
		Zusammen	**39 160 449**	**12 937 307**	**38 662 329**	**31 280**	**12 652 919**

Anmerkungen zu Tab. IV 8: Siehe Anmerkungen zu Tab. IV 8 S. 248. — [1]) Die Darstellung bezieht sich infolge Verlegung des Geschäftsjahrs auf das Kalenderjahr auf 14 Monate.

Noch: Tabelle IV 10 (vgl. S. 254).

Deutsche Gesellschaften — Die Prämien und die Schäden

Gegenseitigkeits

Nr.	Sitz	Name	Prämien	Schäden	Prämien	Zahl	Betrag
34	Berlin	Vers.V. Dtsch. Eisenb.B.	18 499	4 765	18 499	54	4 765
35	»	Feuer V.A. Beamten-Vereine	24 693	7 809	24 684	60	7 809
37	Dresden	Landw. F.V.Gen.	12 242	1 232	12 242	12	1 232
42	Hannover	Concordia	3 700	6 275	3 700	6	6 275
		Zusammen	**59 134**	**20 081**	**59 125**	**132**	**20 081**

Aktiengesellschaften siehe S. 254/255.

Anmerkung zu Tab. IV 10: Siehe Anmerkungen zu Tab. IV 8 S. 248.

Schäden aus der Feuerversicherung im Jahre 1909

Geschäft		Ausländisches Geschäft					
in Rückdeckung übernommene Versicherungen		selbst abgeschlossene Versicherungen			in Rückdeckung übernommene Versicherungen		Nr.
			Schäden				
Prämien	Schäden	Prämien	Zahl	Betrag	Prämien	Schäden	
ℳ	ℳ	ℳ		ℳ	ℳ	ℳ	
7	8	9	10	11	12	13	

vereine

7	8	9	10	11	12	13	Nr.
—	—	—	—	—	—	—	33
—	—	367	1	78	—	—	34
—	—	32	—	—	—	—	35
—	—	—	—	—	—	—	36
—	—	—	—	—	—	—	37
—	—	—	—	—	—	—	38
—	—	121 745	30	3 507	—	—	39
—	—	—	—	—	—	—	40
—	—	—	—	—	—	—	41
—	—	—	—	—	—	—	42
—	—	—	—	—	—	—	43
—	—	—	—	—	—	—	44
—	—	—	—	—	—	—	45
—	—	—	—	—	—	—	46
274 694	216 748	—	—	—	—	—	47
—	—	—	—	—	—	—	48
—	—	—	—	—	—	—	49
—	—	—	—	—	—	—	50
101 282	64 055	—	—	—	—	—	51
—	—	—	—	—	—	—	52
375 976	**280 803**	**122 144**	**31**	**3 585**	—	—	

aus der Einbruchdiebstahlversicherung im Jahre 1909

vereine

7	8	9	10	11	12	13	Nr.
—	—	—	—	—	—	—	34
—	—	9	—	—	—	—	35
—	—	—	—	—	—	—	37
—	—	—	—	—	—	—	42
—	—	**9**	—	—	—	—	

Tabelle IV 9

Deutsche Gesellschaften — Die Prämien

Nr.	Sitz	Name	Insgesamt: Prämien ℳ	Insgesamt: Schäden ℳ	Inländisches, selbst abgeschlossene Versicherungen: Prämien ℳ	Schäden: Zahl	Schäden: Betrag ℳ
		1	2	3	4	5	6
		Sturmschäden					
		Aktien					
53	Cöln	Cölnische U.V.A.G.	119 722	14 572	119 722	53	14 572
54	Stuttgart	Stuttg. Mit- u. Rück V.A.G.	35 232	6 225	35 232	43	6 225
		Zusammen	**154 954**	**20 797**	**154 954**	**96**	**20 797**
		Wasserleitungsschäden					
		Aktien					
2	Aachen	Aachen-Münchener F.V.G.	386 028	147 007	386 007	5 562	147 007
55	Berlin	Securitas	136 382	52 984	124 949	1 653	48 303
10	Breslau	Schlesische F.V.G.	53 385	17 013	47 891	274	14 699
56	Cöln	Cölnische Glas V.A.G.	48 912	17 458	45 281	708	16 840
53	»	Cölnische U.V.A.G.	63 175	18 866	63 175	382	18 866
13	Erfurt	Thuringia	90 467	44 222	88 436	887	43 386
57	Frankfurt	Frankf. Transp. U. u. Gl.V.A.G.	354 325	157 189	309 254	2 770	142 717
58	»	Neptun	631 705	304 706	631 705	4 035	304 706
17	Halle	Mitteldeutsche V.A.G.	119	—	119	—	—
18	Hamburg	Albingia	192 313	57 003	189 736	1 911	55 423
22	»	Nord-Deutsche V.G.	177 708	52 773	175 248	2 795	52 030
27	M.-Gladbach	Gladbacher F.V.A.G.	55 044	25 712	53 655	732	25 357
28	Neuß	Rheinland	15 985	3 778	15 985	113	3 778
30	Stettin	Preuß. National V.G.	75 642	34 305	75 188	686	34 206
54	Stuttgart	Stuttg. Mit- u. Rück V.A.G.	184 222	60 483	138 124	1 175	43 285
		Zusammen	**2 465 412**	**993 499**	**2 344 753**	**23 683**	**950 608**

Anmerkung zu Tab. IV 9: Siehe Anmerkungen zu Tab. IV 8 S. 248.

und die Schäden im Jahre 1909

Geschäft: in Rückdeckung übernommene Versicherungen — Prämien ℳ	Geschäft: in Rückdeckung übernommene Versicherungen — Schäden ℳ	Ausländisches Geschäft: selbst abgeschlossene Versicherungen — Prämien ℳ	Ausländisches Geschäft: selbst abgeschlossene Versicherungen — Schäden — Zahl	Ausländisches Geschäft: selbst abgeschlossene Versicherungen — Schäden — Betrag ℳ	Ausländisches Geschäft: in Rückdeckung übernommene Versicherungen — Prämien ℳ	Ausländisches Geschäft: in Rückdeckung übernommene Versicherungen — Schäden ℳ	Nr.
7	8	9	10	11	12	13	
versicherung gesellschaften							
—	—	—	—	—	—	—	53
—	—	—	—	—	—	—	54
—	—	—	—	—	—	—	
versicherung gesellschaften							
21	—	—	—	—	—	—	2
465	51	10 876	37	4 612	92	18	55
—	—	5 494	8	2 314	—	—	10
978	165	2 138	2	360	515	93	56
—	—	—	—	—	—	—	53
1 557	716	—	—	—	474	120	13
1 198	665	40 529	248	11 680	3 344	2 127	57
—	—	—	—	—	—	—	58
—	—	—	—	—	—	—	17
1 003	692	1 535	3	888	39	—	18
1 932	611	—	—	—	528	132	22
952	253	437	9	102	—	—	27
—	—	—	—	—	—	—	28
260	68	—	—	—	194	31	30
46 098	17 198	—	—	—	—	—	54
54 464	**20 419**	**61 009**	**307**	**19 956**	**5 186**	**2 521**	

Tabelle IV 10

Deutsche Gesellschaften — Die Prämien und die Schäden

Versicherungsunternehmung			Insgesamt		Inländisches selbst abgeschlossene Versicherungen		
Nr.	Sitz	Name	Prämien ℳ	Schäden ℳ	Prämien ℳ	Schäden Zahl	Schäden Betrag ℳ
1			2	3	4	5	6
		Aktien					
2	Aachen	Aachen-Münchener F.V.G.	1 690 182	283 995	1 616 173	2 480	234 046
3	Berlin	Allianz	2 019 960	1 283 702	759 732	779	139 461
4	»	Berlinische F.V.A.	219 844	53 787	214 953	351	51 103
5	»	Deutsche F.V.A.G.	100 318	20 083	100 318	267	20 083
55	»	Securitas	35 705	9 135	32 482	72	8 847
8	»	Union	139 405	45 220	139 405	347	45 220
9	»	Victoria	417 322	102 368	417 322	934	102 368
10	Breslau	Schlesische F.V.G.	152 401	49 533	152 118	197	49 533
53	Cöln	Cölnische U.V.A.G.	443 269	83 101	341 317	590	74 129
11	»	Colonia	210 315	29 394	210 312	309	29 394
59	»	Rhenania	323 194	188 807	189 259	364	72 170
12	Elberfeld	Vaterländische F.V.A.G.	169 376	138 949	162 789	135	128 913
13	Erfurt	Thuringia	568 132	118 770	519 512	950	115 195
14	Essen	Westdeutsche V.A.B.	111 404	6 164	106 653	60	6 120
15	Frankfurt	Deutscher Phönix	166 588	18 849	144 785	201	17 280
57	»	Frankf. Transp. U. u. Gl.V.A.G.	1 905 308	656 207	1 365 241	2 220	407 933
16	»	Providentia	187 235	55 783	187 235	404	55 783
18	Hamburg	Albingia	543 430	446 111	457 433	1 291	416 923
19	»	Feuer Ass.Comp.	11 592	1 994	10 101	19	1 882
20	»	Globus V.A.G.	75 885	103 319	63 695	123	99 815
21	»	Hamburg-Bremer F.V.G.	134 279	32 805	129 029	292	32 293
22	»	Nord-Deutsche V.G.	190 093	55 204	156 301	374	48 914
23	Karlsruhe	Badische F.V.B.	32 773	6 352	32 773	75	6 352
24	Leipzig	Leipziger F.V.A.	204 094	44 765	190 200	189	41 984
25	Magdeburg	Magdeb. F.V.G.	485 394	115 421	433 221	671	102 571
60	Mannheim	Mannheimer V.G.	181 820	52 379	62 846	118	14 919
61	»	Oberrheinische V.G.	193 099	63 621	154 146	344	46 322
26	München	Bayer. V.B.	292 012	72 769	223 588	203	65 706
27	M.-Gladbach	Gladbacher F.V.A.G.	101 795	63 121	91 901	195	62 940
28	Neuß	Rheinland	83 471	19 922	83 298	154	19 904
29	Oldenburg	Oldenb. V.G.	78 244	13 734	78 244	175	13 734
30	Stettin	Preuß. National V.G.	150 506	48 736	145 682	204	45 406
54	Stuttgart	Stuttg. Mit- u. Rück V.A.G.	354 038	114 227	346 347	716	99 733
		Zusammen	**11 972 483**	**4 398 327**	**9 318 411**	**15 803**	**2 676 976**

Gegenseitigkeitsvereine siehe S. 250.

Anmerkung zu Tab. IV 10: Siehe Anmerkungen zu Tab. IV 8 S. 248.

aus der Einbruchdiebstahlversicherung im Jahre 1909

Geschäft		Ausländisches Geschäft					
in Rückdeckung übernommene Versicherungen		selbst abgeschlossene Versicherungen			in Rückdeckung übernommene Versicherungen		Nr.
Prämien	Schäden	Prämien	Schäden: Zahl	Schäden: Betrag	Prämien	Schäden	
M	M	M		M	M	M	
7	8	9	10	11	12	13	
gesellschaften							
44 296	46 315	11 083	4	1 408	18 630	2 226	2
324 596	82 310	173 892	36	915 339	761 740	146 592	3
4 891	2 684	—	—	—	—	—	4
—	—	—	—	—	—	—	5
1 819	135	—	—	—	1 404	153	55
—	—	—	—	—	—	—	8
—	—	—	—	—	—	—	9
—	—	283	—	—	—	—	10
93 535	8 908	8 417	3	64	—	—	53
—	—	3	—	—	—	—	11
35 443	23 717	83 524	110	87 315	14 968	5 605	59
—	—	6 587	18	10 036	—	—	12
39 359	3 414	—	—	—	9 261	161	13
4 751	44	—	—	—	—	—	14
21 803	1 569	—	—	—	—	—	15
230 853	63 648	216 597	182	123 545	92 617	61 081	57
—	—	—	—	—	—	—	16
13 875	6 004	61 344	92	12 945	10 778	10 239	18
—	—	1 491	2	112	—	—	19
5 972	2 083	1 595	3	179	4 623	1 242	20
5 179	512	71	—	—	—	—	21
9 796	258	14 787	8	4 736	9 209	1 296	22
—	—	—	—	—	—	—	23
—	—	13 894	17	2 781	—	—	24
11 670	1 346	—	—	—	40 503	11 504	25
12 947	17 641	48 008	57	10 285	58 019	9 534	60
20 147	10 051	9 045	13	3 080	9 761	4 168	61
42 981	4 753	—	—	—	25 443	2 310	26
8 579	101	1 315	1	80	—	—	27
147	18	—	—	—	26	—	28
—	—	—	—	—	—	—	29
165	—	—	—	—	4 659	3 330	30
5 132	10 905	—	—	—	2 559	3 589	54
937 936	**286 416**	**651 936**	**546**	**1 171 905**	**1 064 200**	**263 030**	

Tabelle IV 11

Deutsches Geschäft ausländischer Gesellschaften — Die Prämien

Versicherungsunternehmung			Insgesamt	
Nr.	Sitz	Name	Prämien ℳ	Schäden ℳ
		1	2	3
62	Belgien	Belgische Allg. F.V.G.	23 459	10 445
63	»	Le Lloyd Belge	166 250	107 577
64	Dänemark	Nye Danske	108 980	110 416
65	England	Alliance Ass. C. Ltd.	318 016	134 772
66	»	Atlas Ass. C. Ltd.	188 099	24 959
67	»	Commercial Union	2 971 070	1 440 311
68	»	Liverpool-London-Globe	504 278	254 893
69	»	North British-Merc.	5 627 021	3 561 401
70	»	Northern Ass. C. Ltd.	875 946	955 849
71	»	Norwich Union	934 363	526 742
72	»	Royal Ins. C. Ltd.	1 860 406	1 007 604
73	»	The Guardian	405 564	119 654
74	»	The London-Lancashire	554 729	229 345
75	»	The Phœnix	2 419 415	942 224
76	»	The Royal Exchange	180 314	36 628
77	»	The Sun	337 872	64 582
78	»	The Yorkshire Ins. C. Ltd.	1 032 740	496 374
79	Frankreich	Phénix	67 579	18 969
80	Niederlande	Die Niederlande	93 525	80 498
81	»	Nederl. Lloyd	13 488	12
82	Österr.-Ungarn	Assic. Generali	942 731	681 257
83	»	Österr. Phönix	— 38 475	—
84	»	Riunione Adriatica	124 376	51 874
85	Schweden	Skåne	243 282	172 534
86	»	Svea	146 306	99 027
87	Schweiz	Basler V.G. g. Feuersch.	4 846 611	2 911 852
88	»	Helvetia	2 248 013	1 357 338
		Zusammen	**27 195 958**	**15 397 137**

Anmerkungen zu Tab. IV 11: Die Angaben beziehen sich lediglich auf das deutsche Geschäft. — Die Prämien und Schäden verstehen sich einschl. des Anteils der Rückversicherer. —

Tabelle IV 12

Deutsches Geschäft ausländischer Gesellschaften — Die Prämien

64	Dänemark	Nye Danske	1 471	2 285
75	England	The Phœnix	63 324	16 279
78	»	The Yorkshire Ins. C. Ltd.	7 152	8 654
80	Niederlande	Die Niederlande	17 184	7 511
81	»	Nederl. Lloyd	268 105	69 499
82	Österr.-Ungarn	Assic. Generali	37 510	3 033
89	»	Erste Österr. Allg. U.V.G.	19 358	2 032
83	»	Österr. Phönix	2 331	12
87	Schweiz	Basler V.G. g. Feuersch.	36 524	4 938
90	»	Schweiz. National V.G.	15 836	6 198
91	»	Schweiz. U.V.A.G.	123 030	45 862
92	»	Union Suisse	8 141	7 283
93	»	Zürich	161 212	52 284
		Zusammen	**761 178**	**225 870**

Anmerkung zu Tab. IV 12: Siehe Anmerkungen zu Tab. IV 11, oben.

und die Schäden aus der Feuerversicherung im Jahre 1909

Selbst abgeschlossene Versicherungen			In Rückdeckung übernommene Versicherungen		Nr.
Prämien	Schäden		Prämien	Schäden	
	Zahl	Betrag			
ℳ		ℳ	ℳ	ℳ	
4	5	6	7	8	
23 459	42	10 445	—	—	62
113 369	112	71 078	52 881	36 499	63
60 054	192	38 473	48 926	71 943	64
318 016	347	134 772	—	—	65
183 053	344	24 427	5 046	532	66
2 912 178	12 090	1 409 797	58 892	30 514	67
491 918	722	238 014	12 360	16 879	68
5 366 747	7 240	3 426 810	260 274	134 591	69
332 549	121	579 481	543 397	376 368	70
149 252	273	40 142	785 111	486 600	71
252 544	446	103 019	1 607 862	904 585	72
396 701	100	119 381	8 863	273	73
252 405	484	58 832	302 324	170 513	74
2 406 790	5 455	933 201	12 625	9 023	75
180 314	271	36 628	—	—	76
336 832	798	64 565	1 040	17	77
999 315	1 580	483 097	33 425	13 277	78
67 579	50	18 969	—	—	79
93 525	184	80 498	—	—	80
13 488	1	12	—	—	81
755 050	593	562 184	187 681	119 073	82
— 38 475	—	—	—	—	83
124 202	288	51 874	174	—	84
56 517	141	35 319	186 765	137 215	85
145 808	156	99 027	498	—	86
4 846 472	6 837	2 911 852	139	—	87
2 248 013	3 553	1 357 338	—	—	88
23 087 675	**42 420**	**12 889 235**	**4 108 283**	**2 507 902**	

Die Prämien sind die Einnahmen aus dem Geschäftsjahr ohne Rücksicht auf die Überträge. — Die Schäden sind die im Geschäftsjahr angemeldeten Schäden ohne Regulierungskosten.

und die Schäden aus der Einbruchdiebstahlversicherung im Jahre 1909

1 471	11	2 285	—	—	64
63 324	152	16 279	—	—	75
7 152	22	8 654	—	—	78
17 184	42	7 511	—	—	80
234 887	535	62 011	33 218	7 488	81
37 510	60	3 033	—	—	82
19 358	18	2 032	—	—	89
1 892	1	8	439	4	83
34 584	35	4 649	1 940	289	87
4 743	4	605	11 093	5 593	90
120 833	341	45 080	2 197	782	91
8 141	5	7 283	—	—	92
161 212	398	52 284	—	—	93
712 291	**1 624**	**211 714**	**48 887**	**14 156**	

Tabelle IV 13

Deutsche Gesellschaften — Die Betriebseinnahmen und Betriebs

Versicherungsunternehmung: Nr.	Sitz	Name	Betriebseinnahmen: Prämien für eigene Rechnung ℳ	Nebenleistungen der Versicherten: Eintrittsgelder ℳ	Policegebühren ℳ	anderweit ℳ	Ersparnis aus der Schadenreserve des Vorjahrs ℳ	Abnahme der Prämienüberträge ℳ	Summe der Betriebseinnahmen ℳ
		1	2	3	4	5	6	7	8
									Aktien
1	Aachen	Aachen-Leipziger V.A.G.	1 254 779	—	—	1 339	14 380	—	1 270 498
2	»	Aachen-Münchener F.V.G.	14 215 834	—	61 510	2 829	85 221	—	14 365 394
3	Berlin	Allianz	5 664 344	—	17 093	312	215 771	—	5 897 520
4	»	Berlinische F.V.A.	3 134 143	—	19 814	—	23 279	—	3 177 236
5	»	Deutsche F.V.A.G.	1 269 202	—	26 388	827	—	—	1 296 417
6	»	Industrie V.A.G.	1 200 074	—	—	—	25 152	—	1 225 226
7	»	Preußische F.V.A.G.	1 756 330	—	—	2 400	12 179	—	1 770 909
8	»	Union	1 748 415	—	17 338	—	30 813	—	1 796 566
9	»	Victoria	2 692 253	—	201 207	3 569	94 084	—	2 991 113
10	Breslau	Schlesische F.V.G.	4 090 225	—	69 190	—	231 188	—	4 390 603
11	Cöln	Colonia	3 388 293	—	21 675	—	32 097	—	3 442 065
12	Elberfeld	Vaterländische F.V.A.G.	5 307 877	—	50 500	—	434 745	—	5 793 122
13	Erfurt	Thuringia	4 877 621	—	43 117	—	465 356	—	5 386 094
14	Essen	Westdeutsche V.A.B.	2 537 272	—	52 115	673	58 707	21 448	2 670 215
15	Frankfurt	Deutscher Phönix	3 791 058	—	77 409	2 756	36 831	—	3 908 054
16	»	Providentia	2 472 851	—	75 387	—	24 183	—	2 572 421
17	Halle	Mitteldeutsche V.A.G.	4 117	—	187	155	—	—	4 459
18	Hamburg	Albingia	1 803 970	—	5 654	—	34 414	282 757	2 126 804
19	»	Feuer Ass. Comp.	612 095	—	3 137	—	1 522	—	616 754
20	»	Globus V.A.G.	2 695 290	—	21 715	753	46 593	—	2 764 351
21	»	Hamburg-Bremer F.V.G.	6 309 805	—	75 339	3 786	137 042	410 000	6 935 972
22	»	Nord-Deutsche V.G.	3 702 599	—	77 598	—	—	—	3 780 197
23	Karlsruhe	Badische F.V.B.	1 493 815	—	1 325	517	24 673	—	1 520 330
24	Leipzig	Leipziger F.V.A.	3 338 819	—	70 721	—	141 576	—	3 551 116
25	Magdeburg	Magdeb. F.V.G.	14 998 029	—	133 236	—	603 600	113 159	15 848 024
26	München	Bayer. V.B.	4 278 153	—	59 453	—	277 324	—	4 614 930
27	M.-Gladbach	Gladbacher F.V.A.G.	4 520 417	—	50 707	1 796	102 461	—	4 675 381
28	Neuß	Rheinland	1 122 658	—	56 971	32 956	50 511	—	1 263 096
29	Oldenburg	Oldenb. V.G.	1 111 355	—	23 930	683	1 677	—	1 137 645
30	Stettin	Preuß. National V.G.	8 115 145	—	23 024	—	127 411	—	8 265 580
31	Straßburg	Alsatia	647 558	—	7 430	120	55 884	—	710 992
32	»	Rhein u. Mosel	2 009 898	—	36 138	771	64 849	—	2 111 656
		Zusammen	**116 164 303**	—	**1 879 308**	**56 242**	**3 453 523**	**827 364**	**121 880 740**

Anmerkungen zu Tab. IV 13: Die Prämien sind die Jahreseinnahme nach Abzug der Ristorni und der verausgabten Rückversicherungsprämien. —

ausgaben und der Betriebsgewinn der Feuerversicherung des Jahres 1909

Betriebsausgaben								Verwaltungskosten und Steuern	Betriebsgewinn oder -verlust (—)	Nr.
Schäden des Geschäftsjahrs		Leistungen zu gemeinnützigen Zwecken		Zuschuß zur Schadenreserve des Vorjahrs	Zunahme der Prämienüberträge	Summe der Betriebsausgaben				
gezahlt	zurückgestellt	gesetzlich	freiwillig							
ℳ	ℳ	ℳ	ℳ	ℳ	ℳ	ℳ		ℳ	ℳ	
9	10	11	12	13	14	15		16	17	

gesellschaften

9	10	11	12	13	14	15	16	17	Nr.
480 716	106 840	19 505	2 206	—	10 880	620 147	386 666	263 685	1
5 799 403	1 764 563	80 694	505 652	—	368 710	8 519 022	4 370 031	1 476 341	2
2 455 298	838 247	28 162	5 085	—	542 196	3 868 988	1 857 503	171 029	3
1 280 986	194 080	39 252	7 100	—	62 782	1 584 200	890 125	702 911	4
443 492	118 086	12 126	1 166	—	50 000	624 870	610 703	60 844	5
485 573	274 269	—	—	—	8 960	768 802	395 220	61 204	6
713 709	157 722	14 277	1 675	—	14 007	901 390	541 706	327 813	7
753 110	140 947	28 494	2 710	—	21 000	946 261	625 176	225 129	8
596 358	276 665	28 898	491	—	595 530	1 497 942	1 161 517	331 654	9
1 465 414	688 060	53 995	4 229	—	78 658	2 290 356	1 279 017	821 230	10
1 153 089	200 000	63 022	26 516	—	—	1 442 627	939 092	1 060 346	11
2 335 603	988 580	52 096	9 696	—	314 817	3 700 792	1 508 622	583 708	12
1 983 778	782 572	65 435	6 899	—	189 185	3 027 869	1 552 510	805 715	13
1 220 175	173 000	20 990	1 693	—	—	1 415 858	931 478	322 879	14
1 666 298	276 418	72 207	4 455	—	81 899	2 101 277	1 192 799	613 978	15
697 500	90 604	74 923	3 530	—	46 233	912 790	996 924	662 707	16
—	967	—	—	—	2 908	3 875	80 029	— 79 445	17
996 401	265 480	8 610	22	—	—	1 270 513	750 678	105 613	18
314 804	91 270	1 978	—	—	9 085	417 137	195 916	3 701	19
1 367 462	286 616	5 138	10	—	1 210	1 660 436	937 245	166 670	20
3 029 259	552 047	27 414	3 556	—	—	3 612 276	2 565 771	757 925	21
1 677 161	430 974	31 425	9 039	36 164	86 626	2 271 389	1 297 894	210 914	22
657 013	255 073	7 366	40	—	2 600	922 092	600 141	— 1 903	23
1 172 562	336 850	130 134	5 519	—	107 794	1 752 859	758 348	1 039 909	24
7 999 535	2 371 635	155 710	81 341	—	—	10 608 221	3 585 058	1 654 745	25
1 496 302	566 169	105 599	7 139	—	161 007	2 336 216	1 602 409	676 305	26
2 357 652	504 565	43 891	24 624	—	24 641	2 955 373	1 350 094	369 914	27
437 876	143 449	2 483	4 119	—	31 873	619 800	547 528	95 768	28
282 560	46 635	11 585	1 450	—	72 244	414 474	506 878	216 293	29
3 062 793	788 188	46 485	3 014	—	851 085	4 751 565	3 050 425	463 590	30
300 529	103 229	—	1 962	—	28 077	433 797	235 056	42 139	31
602 450	253 203	440	11 122	—	160 000	1 027 215	752 039	332 402	32
49 284 861	**14 067 008**	**1 232 334**	**736 060**	**36 164**	**3 924 007**	**69 280 429**	**38 054 598**	**14 545 713**	

Die Ausgaben und die Verwaltungskosten verstehen sich netto, d. h. ohne den Anteil der Rückversicherer. — Als Schäden sind die im Geschäftsjahr entstandenen Schäden einschl. der Schadenermittelungskosten eingestellt.

Noch: Tabelle IV 13

Deutsche Gesellschaften — Die Betriebseinnahmen und Betriebs

Versicherungsunternehmung			Betriebseinnahmen						
			Prämien für eigene Rechnung		Nebenleistungen der Versicherten			Ersparnis aus der Schadenreserve des Vorjahrs	Abnahme der Prämienüberträge
Nr.	Sitz	Name	Jahreseinnahmen M	darunter Nachschußprämien M	Eintrittsgelder M	Policegebühren M	anderweit M	M	M
1			2	3	4	5	6	7	8
									Gegenseitigkeits
33	Altona	Altonaer Feuer V.G.	676 035	—	—	23 863	—	52 624	—
34	Berlin	Vers.V. Dtsch. Eisenb.B.	405 588	—	23 373	—	10 985	1 000	—
35	»	Feuer V.A. Beamten-Vereine	24 202	—	2 234	—	2 108	—	—
36	Brandenburg	Brandenb. F.V.G.	402 966	—	—	33 220	8 003	11 130	—
37	Dresden	Landwirtsch. F.V.Gen.	711 893	—	—	62 099	553	806	—
38	Düsseldorf	Brandvers.V. D. Werkmeister	60 128	—	5 059	—	216	—	—
39	Gotha	Gothaer Feuer V.B.	21 664 603	—	—	—	—	32 965	—
40	Greifswald	Greifsw. H. u. F.V.G.	1 406 225	—	—	—	—	—	68 948
41	Güstrow	Feuer V.V. f. Mecklenb.	226 697	—	—	4 147	773	—	—
42	Hannover	Concordia	499 028	—	—	10 164	1 012	1 150	—
43	Kiel	Adelige Brandgilde	379 035	—	—	—	—	—	—
44	»	Schwerdtfegersche Brandgilde	340 977	—	150	—	—	—	—
45	Leipzig	F.V.Gen. D. Buchdrucker	32 169	—	—	271	—	—	—
46	Lübeck	Lübecker F.V.V.	153 214	—	—	16 845	1 923	2 630	—
47	Neubrandenburg	Mecklenb. H. u. F.V.G.[1])	1 570 894	—	—	—	1 165	30 113	—
48	Osnabrück	Mühlenvers.Ges.	82 169	—	773	591	[2]) 12 277	7 324	—
49	Rostock	Vaterländische F.V.Soc.	198 269	—	—	—	8 595	5 146	—
50	Schönberg	F.V.G. f. d. Fürstent. Ratzeburg	182 847	—	—	—	4 435	—	—
51	Schwedt	Schwedter H. u. F.V.G.	2 779 853	—	—	1 334	162	13 912	39 857
52	Stuttgart	Württemb. Privat F.V.	4 002 633	—	—	77 821	—	757	—
		Zusammen	**35 799 425**	—	**31 589**	**230 355**	**52 207**	**159 557**	**108 805**

Anmerkungen zu Tab. IV 13: Siehe Anmerkungen zu Tab. IV 13 S. 258 u. 259. — [1]) Die Darstellung bezieht sich infolge Verlegung des Geschäftsjahrs auf das Kalenderjahr auf 14 Monate. — [2]) Darunter 9 661 M Beiträge zum Reservefonds.

Noch: Tabelle IV 15

Deutsche Gesellschaften — Die Betriebseinnahmen und Betriebsausgaben

1			2	3	4	5	6	7	8
									Gegenseitigkeits
34	Berlin	Vers.V. Dtsch. Eisenb.B.	18 499	—	226	—	1 830	—	—
35	»	Feuer V.A. Beamten-Vereine	16 290	—	1 520	—	1 434	349	—
37	Dresden	Landwirtsch. F.V.Gen.	2 278	—	—	787	—	—	—
42	Hannover	Concordia	2 596	—	—	362	—	—	—
		Zusammen	**39 663**	—	**1 746**	**1 149**	**3 264**	**349**	—

Aktiengesellschaften siehe S. 264 u. 265.

Anmerkung zu Tab. IV 15: Siehe Anmerkungen zu Tab. IV 13 S. 258 u. 259.

ausgaben und der Betriebsgewinn der Feuerversicherung des Jahres 1909

Summe der Betriebseinnahmen	Betriebsausgaben: Schäden des Geschäftsjahrs: gezahlt	Betriebsausgaben: Schäden des Geschäftsjahrs: zurückgestellt	Betriebsausgaben: Leistungen zu gemeinnützigen Zwecken: gesetzlich	Betriebsausgaben: Leistungen zu gemeinnützigen Zwecken: freiwillig	Betriebsausgaben: Zuschuß zur Schadenreserve des Vorjahrs	Betriebsausgaben: Zunahme der Prämienüberträge	Betriebsausgaben: Summe der Betriebsausgaben	Verwaltungskosten und Steuern	Betriebsgewinn oder -verlust (—)	Nr.
ℳ	ℳ	ℳ	ℳ	ℳ	ℳ	ℳ	ℳ	ℳ	ℳ	
9	10	11	12	13	14	15	16	17	18	
vereine										
752 522	282 788	53 761	8 459	1 162	—	1 059	347 229	337 630	67 663	33
440 946	263 667	15 413	1 370	—	—	—	280 450	74 064	86 432	34
28 544	4 432	1 460	30	—	23	7 892	13 837	11 105	3 602	35
455 319	134 657	47 869	2 131	1 105	—	39 149	224 911	194 342	36 066	36
775 351	337 945	36 525	33 839	4 110	—	41 014	453 433	191 008	130 910	37
65 403	25 465	1 754	617	—	—	—	27 836	11 509	26 058	38
21 697 568	2 254 873	575 000	85 626	19 615	—	222 926	3 158 040	2 781 679	15 757 849	39
1 475 173	1 681 533	1 079	199	5 670	—	—	1 688 481	93 901	— 307 209	40
231 617	149 124	2 299	1 277	130	—	—	152 830	30 102	48 685	41
511 354	240 136	27 127	189	7 169	—	7 177	281 798	170 790	58 766	42
379 035	296 155	12 832	414	65	—	—	309 466	29 276	40 293	43
341 127	244 722	93 532	—	353	10	—	338 617	10 708	— 8 198	44
32 440	5 170	214	1 874	—	—	1 334	8 592	9 057	14 791	45
174 612	40 483	16 736	602	220	—	—	58 041	115 482	1 089	46
1 602 172	1 139 561	140 159	2 462	2 974	—	9 804	1 294 960	282 568	24 644	47
103 134	47 386	24 179	165	50	—	—	71 780	21 794	9 560	48
212 010	34 641	5 100	3 091	30	—	3 236	46 098	102 406	63 506	49
187 282	74 829	12 409	4 390	282	—	—	91 910	18 479	76 893	50
2 835 118	1 606 752	127 331	607	353	—	—	1 735 043	428 679	671 396	51
4 081 211	712 972	133 626	32 229	1 279		84 883	964 989	653 766	2 462 456	52
36 381 938	**9 577 291**	**1 328 405**	**179 571**	**44 567**	**33**	**418 474**	**11 548 341**	**5 568 345**	**19 265 252**	

und der Betriebsgewinn der Einbruchdiebstahlversicherung des Jahres 1909

Summe der Betriebseinnahmen	Betriebsausgaben: Schäden des Geschäftsjahrs: gezahlt	Betriebsausgaben: Schäden des Geschäftsjahrs: zurückgestellt	Betriebsausgaben: Leistungen zu gemeinnützigen Zwecken: gesetzlich	Betriebsausgaben: Leistungen zu gemeinnützigen Zwecken: freiwillig	Betriebsausgaben: Zuschuß zur Schadenreserve des Vorjahrs	Betriebsausgaben: Zunahme der Prämienüberträge	Betriebsausgaben: Summe der Betriebsausgaben	Verwaltungskosten und Steuern	Betriebsgewinn oder -verlust (—)	Nr.
vereine										
20 555	4 073	704	—	—	—	—	4 777	1 683	14 095	34
19 593	4 624	740	20	—	—	4 704	10 088	7 556	1 949	35
3 065	167	72	—	—	—	923	1 162	1 304	599	37
2 958	433	1 860	—	—	—	3 038	5 331	2 010	— 4 383	42
46 171	**9 297**	**3 376**	**20**	—	—	**8 665**	**21 358**	**12 553**	**12 260**	

Tabelle IV 14

Deutsche Gesellschaften — Die Betriebseinnahmen und

Nr.	Sitz	Name	Betriebseinnahmen: Prämien für eigene Rechnung ℳ	Nebenleistungen der Versicherten: Eintrittsgelder ℳ	Nebenleistungen der Versicherten: Policegebühren ℳ	Nebenleistungen der Versicherten: anderweit ℳ	Ersparnis aus der Schadenreserve des Vorjahrs ℳ
		1	2	3	4	5	6
		Sturmschäden					
		Aktien					
53	Cöln	Cölnische U.V.A.G.	13 477	—	60	—	—
54	Stuttgart	Stuttg. Mit- u. Rück V.A.G.[1])	21 506	—	57	—	27
		Zusammen	**34 983**	—	**117**	—	**27**
		Wasserleitungs					
		Aktien					
2	Aachen	Aachen-Münchener F.V.G.	257 352	—	5 272	—	—
55	Berlin	Securitas	128 838	—	1 254	25	803
10	Breslau	Schlesische F.V.G.	44 239	—	335	—	—
56	Cöln	Cölnische Glas V.A.G.	39 208	—	305	—	2 396
53	»	Cölnische U.V.A.G.	52 978	—	884	—	1 014
13	Erfurt	Thuringia	78 053	—	571	—	9 999
57	Frankfurt	Frankf. Transp. U. u. Gl.V.A.G.	330 674	—	5 387	—	23 968
58	»	Neptun	614 818	—	2 695	—	57 887
17	Halle	Mitteldeutsche V.A.G.	68	—	2	—	—
18	Hamburg	Albingia	171 752	—	2 282	—	1 512
22	»	Nord-Deutsche V.G.	140 984	—	1 514	—	564
27	M.-Gladbach	Gladbacher F.V.A.G.	48 902	—	680	—	390
28	Neuß	Rheinland	14 398	—	500	417	640
30	Stettin	Preuß. National V.G.	63 155	—	1 272	—	3 646
54	Stuttgart	Stuttg. Mit- u. Rück V.A.G.[1])	172 503	—	33	—	464
		Zusammen	**2 157 922**	—	**22 986**	**442**	**103 283**

Anmerkungen zu Tab. IV 14: Siehe Anmerkungen zu Tab. IV 13 S. 258 u. 259. — [1]) Einschl. Garantieleistung.

Betriebsausgaben und der Betriebsgewinn des Jahres 1909

Abnahme der Prämienüberträge ℳ	Summe der Betriebseinnahmen ℳ	Betriebsausgaben: Schäden des Geschäftsjahrs: gezahlt ℳ	Schäden des Geschäftsjahrs: zurückgestellt ℳ	Zuschuß zur Schadenreserve des Vorjahrs ℳ	Zunahme der Prämienüberträge ℳ	Summe der Betriebsausgaben ℳ	Verwaltungskosten und Steuern ℳ	Betriebsgewinn oder -verlust (—) ℳ	Nr.
7	8	9	10	11	12	13	14	15	
versicherung									
gesellschaften									
706	14 243	1 873	—	—	—	1 873	— 3 640	16 010	53
—	21 590	2 239	940	—	290	3 469	6 689	11 432	54
706	**35 833**	**4 112**	**940**	—	**290**	**5 342**	**3 049**	**27 442**	
schädenversicherung									
gesellschaften									
—	262 624	95 353	7 422	841	22 325	125 941	129 009	7 674	2
—	130 920	55 303	4 278	—	3 478	63 059	61 140	6 721	55
—	44 574	11 095	2 700	173	4 578	18 546	12 671	13 357	10
1 500	43 409	11 776	3 956	—	—	15 732	8 728	18 949	56
—	54 876	17 167	1 614	—	11 641	30 422	16 398	8 056	53
—	88 623	26 501	12 478	—	4 940	43 919	29 926	14 778	13
—	360 029	103 375	49 203	—	32 000	184 578	133 333	42 118	57
—	675 400	239 078	79 510	—	17 192	335 780	249 064	90 556	58
—	70	—	—	—	27	27	698	— 655	17
—	175 546	49 925	4 896	—	24 500	79 321	74 621	21 604	18
—	143 062	39 031	4 707	—	33 745	77 483	56 055	9 524	22
—	49 972	21 218	1 490	—	12 117	34 825	19 076	— 3 929	27
—	15 955	3 876	190	—	5 564	9 630	5 212	1 113	28
305	68 378	23 237	8 676	—	—	31 913	33 091	3 374	30
1 557	174 557	44 495	3 446	—	—	47 941	58 371	68 245	54
3 362	**2 287 995**	**741 430**	**184 566**	**1 014**	**172 107**	**1 099 117**	**887 393**	**301 485**	

Tabelle IV 15

Deutsche Gesellschaften — Die Betriebseinnahmen und Betriebsausgaben

Versicherungsunternehmung			Betriebseinnahmen				
			Prämien für eigene Rechnung	Nebenleistungen der Versicherten			Ersparnis aus der Schadenreserve des Vorjahrs
Nr.	Sitz	Name		Eintrittsgelder	Policegebühren	anderweit	
			ℳ	ℳ	ℳ	ℳ	ℳ
		1	2	3	4	5	6
							Aktien
2	Aachen	Aachen-Münchener F.V.G.	1 065 463	—	26 471	—	43 247
3	Berlin	Allianz	1 147 043	—	14 491	—	862 810
4	»	Berlinische F.V.A.	127 108	—	5 341	—	—
5	»	Deutsche F.V.A.G.	85 470	—	1 717	—	—
55	»	Securitas	23 344	—	835	4	267
8	»	Union	106 769	—	2 801	—	6 667
9	»	Victoria	370 939	—	22 818	—	27 633
10	Breslau	Schlesische F.V.G.	134 549	—	3 332	—	—
53	Cöln	Cölnische U.V.A.G.	329 979	—	3 831	—	1 032
11	»	Colonia	168 040	—	1 715	—	1 922
59	»	Rhenania	210 371	—	3 404	—	39 490
12	Elberfeld	Vaterländische F.V.A.G.	97 592	—	2 113	—	5 408
13	Erfurt	Thuringia	422 708	—	7 092	—	20 990
14	Essen	Westdeutsche V.A.B.	68 827	—	4 036	—	—
15	Frankfurt	Deutscher Phönix	124 920	—	1 733	—	853
57	»	Frankf. Transp. U. u. Gl.V.A.G.	1 534 723	—	32 919	—	117 990
16	»	Providentia	138 649	—	6 380	—	220
18	Hamburg	Albingia	417 067	—	5 459	—	42 566
19	»	Feuer Ass. Comp.	6 163	—	249	—	1
20	»	Globus V.A.G.	34 728	—	1 425	—	123
21	»	Hamburg-Bremer F.V.G.	101 841	—	2 828	—	1 819
22	»	Nord-Deutsche V.G.	141 108	—	5 216	—	2 767
23	Karlsruhe	Badische F.V.B.	14 858	—	62	—	2 815
24	Leipzig	Leipziger F.V.A.	88 708	—	5 009	—	369
25	Magdeburg	Magdeb. F.V.G.	314 285	—	12 615	—	2 240
60	Mannheim	Mannheimer V.G.	134 161	—	1 805	—	5 287
61	»	Oberrheinische V.G.	91 094	—	3 985	—	—
26	München	Bayer. V.B.	186 123	—	5 559	—	6 524
27	M.-Gladbach	Gladbacher F.V.A.G.	82 372	—	1 486	—	700
28	Neuß	Rheinland	53 593	—	3 087	1 314	3 697
29	Oldenburg	Oldenb. V.G.	70 524	—	2 798	—	1 547
30	Stettin	Preuß. National V.G.	120 172	—	4 568	—	6 563
54	Stuttgart	Stuttg. Mit- u. Rück V.A.G.[1]	388 678	—	319	—	8 330
		Zusammen	**8 401 969**	—	**197 499**	**1 318**	**1 213 877**

Gegenseitigkeitsvereine siehe S. 260 u. 261.

Anmerkungen zu Tab. IV 15: Siehe Anmerkungen zu Tab. IV 13 S. 258 u. 259. — [1]) Einschl. Garantieleistung.

und der Betriebsgewinn der Einbruchdiebstahlversicherung des Jahres 1909

		Betriebsausgaben							
Abnahme der Prämienüberträge	Summe der Betriebseinnahmen	Schäden des Geschäftsjahrs: gezahlt	Schäden des Geschäftsjahrs: zurückgestellt	Zuschuß zur Schadenreserve des Vorjahrs	Zunahme der Prämienüberträge	Summe der Betriebsausgaben	Verwaltungskosten und Steuern	Betriebsgewinn oder -verlust (—)	Nr.
ℳ	ℳ	ℳ	ℳ	ℳ	ℳ	ℳ	ℳ	ℳ	
7	8	9	10	11	12	13	14	15	
gesellschaften									
—	1 135 181	156 156	35 831	—	7 477	199 464	300 538	635 179	2
—	2 024 344	150 904	988 233	—	222 847	1 361 984	496 422	165 938	3
—	132 449	30 386	3 700	1 399	17 057	52 542	31 503	48 404	4
—	87 187	15 455	5 650	—	10 000	31 105	35 531	20 551	5
—	24 450	6 109	569	—	1 297	7 975	10 441	6 034	55
—	116 237	24 409	11 076	—	7 000	42 485	38 161	35 591	8
—	421 390	55 416	37 228	—	96 014	188 658	160 180	72 552	9
—	137 881	39 135	11 821	34	20 423	71 413	31 273	35 195	10
—	334 842	50 818	20 423	—	31 170	102 411	96 298	136 133	53
—	171 677	25 111	2 000	—	30 969	58 080	60 564	53 033	11
—	253 265	54 788	67 826	—	40 000	162 614	90 263	388	59
—	105 113	13 155	38 534	—	32 825	84 514	23 143	— 2 544	12
—	450 790	70 922	38 737	—	23 112	132 771	163 169	154 850	13
—	72 863	4 368	90	—	18 808	23 266	49 631	— 34	14
—	127 506	14 540	1 462	—	20 130	36 132	38 249	53 125	15
—	1 685 632	323 142	234 808	—	80 000	637 950	685 957	361 725	57
—	145 249	36 502	3 596	—	23 439	63 537	44 816	36 896	16
—	465 092	189 022	97 463	—	25 000	311 485	151 395	2 212	18
—	6 413	1 305	21	—	586	1 912	2 278	2 223	19
—	36 276	15 898	3 700	—	3 388	22 986	17 758	— 4 468	20
—	106 488	23 625	5 749	—	10 000	39 374	27 610	39 504	21
—	149 091	29 706	7 430	—	23 878	61 014	62 537	25 540	22
—	17 735	2 879	427	—	400	3 706	9 292	4 737	23
—	94 086	12 249	10 540	—	28 974	51 763	18 656	23 667	24
—	329 140	50 802	29 274	—	28 213	108 289	122 109	98 742	25
—	141 253	32 361	12 000	—	12 695	57 056	68 804	15 393	60
—	95 079	24 531	8 642	32	13 834	47 039	43 231	4 809	61
—	198 206	14 982	38 044	—	62 203	115 229	62 223	20 754	26
—	84 558	25 601	2 346	—	16 493	44 440	28 550	11 568	27
1 341	63 032	8 726	4 918	—	—	13 644	27 278	22 110	28
—	74 869	9 072	3 000	—	14 793	26 865	20 014	27 990	29
—	131 303	20 663	23 853	—	11 895	56 411	60 345	14 547	30
—	397 327	75 415	22 372	—	42 824	140 611	185 055	71 661	54
1 341	**9 816 004**	**1 608 153**	**1 771 363**	**1 465**	**977 744**	**4 358 725**	**3 263 274**	**2 194 005**	

Tabelle IV 16

Deutsche Gesellschaften — Das Ergebnis der Vermögensverwaltung im Jahre 1909

Versicherungsunternehmung			Zinsen	Mieten	Kursgewinn	Sonstiger Gewinn	Kursverlust	Sonstiger Verlust	Reiner Ertrag
Nr.	Sitz	Name	M	M	M	M	M	M	M
1			2	3	4	5	6	7	8
		Aktiengesellschaften							
1	Aachen	Aachen-Leipziger V.A.G.	58 684	6 500	—	—	3 085	—	62 099
2	»	Aachen-Münchener F.V.G.	775 896	128 364	5 020	10 392	—	—	919 672
3	Berlin	Allianz	Bei Gruppe II (Tabelle II 5) enthalten						
4	»	Berlinische F.V.A.	231 432	8 262	—	—	—	—	239 694
5	»	Deutsche F.V.A.G.	69 979	11 892	—	—	370	—	81 501
6	»	Industrie V.A.G.	45 260	—	11 400	—	—	—	56 660
7	»	Preußische F.V.A.G.	185 496	21	—	—	—	—	185 517
8	»	Union	76 946	55 459	928	—	—	—	133 333
9	»	Victoria	254 626	—	—	19 392	—	—	274 018
10	Breslau	Schlesische F.V.G.	463 369	41 558	8 648	10 270	—	—	523 845
11	Cöln	Colonia	555 760	12 644	70	7 165	35 124	—	540 515
12	Elberfeld	Vaterländische F.V.A.G.	532 158	26 592	1 172	—	18 028	—	541 894
13	Erfurt	Thuringia[1]	362 099	57 673	8 045	5 385	14 336	—	418 866
14	Essen	Westdeutsche V.A.B.	134 355	9 000	252	4 063	—	—	147 670
15	Frankfurt	Deutscher Phönix	324 556	62 854	1 053	—	5 664	—	382 799
58	»	Neptun	80 511	9 618	—	—	2 845	—	87 284
16	»	Providentia	Bei Gruppe I (Tabelle I 29) enthalten						
17	Halle	Mitteldeutsche V.A.G.	18 758	—	—	800	200	—	19 358
18	Hamburg	Albingia	151 350	—	—	—	9 106	8 373	133 871
19	»	Feuer Ass. Comp.	19 066	—	90	—	1 205	671	17 280
20	»	Globus V.A.G.	45 431	44 130	—	1 095	1 271	—	89 385
21	»	Hamburg-Bremer F.V.G.	421 244	69 340	11 089	—	53 573	126 258	321 842
22	»	Nord-Deutsche V.G.	415 603	39 525	129 411	—	—	—	584 539
23	Karlsruhe	Badische F.V.B.	46 922	9 000	—	—	270	—	55 652
24	Leipzig	Leipziger F.V.A.	573 746	20 656	3 259	—	—	985	596 676
25	Magdeburg	Magdeb. F.V.G.	790 400	70 996	—	2 850	258	34 454	829 534
26	München	Bayer. V.B.[1]	392 510	8 744	13 430	40	7 880	—	406 844
27	M.-Gladbach	Gladbacher F.V.A.G.	233 145	3 318	361	—	—	—	236 824
28	Neuß	Rheinland	156 280	10 000	—	—	—	—	166 280
29	Oldenburg	Oldenb. V.G.	174 685	4 000	600	—	4 150	—	175 135
30	Stettin	Preuß. National V.G.	414 837	45 591	—	—	9 046	—	451 382
31	Straßburg	Alsatia	32 510	45 616	1 171	44 493	3 817	—	119 973
32	»	Rhein u. Mosel	230 383	56 044	2 120	42	36 835	—	251 754
54	Stuttgart	Stuttg. Mit- u. Rück V. A.G.	116 954	43 000	—	4 563	103	480	163 934
		Zusammen	**8 384 951**	**900 397**	**198 119**	**110 550**	**207 166**	**171 221**	**9 215 630**

Anmerkungen zu Tab. IV 16: Es ist das Ergebnis der gesamten Vermögensverwaltung, nicht nur das Ergebnis der Verwaltung der Kapitalanlagen im engern Sinne dargestellt. — [1]) Soweit das Ergebnis nicht bereits in Tab. I 29 für die Lebensversicherung nachgewiesen ist.

Noch: Tabelle IV 16

Deutsche Gesellschaften — Das Ergebnis der Vermögensverwaltung im Jahre 1909

Versicherungsunternehmung			Zinsen	Mieten	Kursgewinn	Sonstiger Gewinn	Kursverlust	Sonstiger Verlust	Reiner Ertrag
Nr.	Sitz	Name	ℳ	ℳ	ℳ	ℳ	ℳ	ℳ	ℳ
	1		2	3	4	5	6	7	8
		Gegenseitigkeitsvereine							
33	Altona	Altonaer Feuer V.G.	48 694	16 861	225	—	74	—	65 706
34	Berlin	Vers.V. Dtsch. Eisenb.B.	64 225	—	56	230	2 232	—	62 279
35	»	Feuer V.A. Beamten-Vereine	15 077	—	—	—	322	—	14 755
36	Brandenburg	Brandenb. F.V.G.	44 242	—	66	—	—	—	44 308
37	Dresden	Landwirtsch. F.V.Gen.	58 118	68 706	299	—	—	—	127 123
38	Düsseldorf	Brandvers.V. D. Werkmeister.	20 139	—	—	—	1 913	—	18 226
39	Gotha	Gothaer Feuer V.B.	1 178 449	15 248	—	—	—	—	1 193 697
40	Greifswald	Greifsw. H. u. F.V.G.	85 059	3 620	—	—	15 468	—	73 211
41	Güstrow	Feuer V.V. f. Mecklenb.	4 199	—	—	—	—	—	4 199
42	Hannover	Concordia	111 821	3 400	164	—	109	—	115 276
43	Kiel	Adelige Brandgilde	15 204	—	—	—	—	—	15 204
44	»	Schwerdtfegersche Brandgilde.	—	—	—	—	—	—	—
45	Leipzig	F.V.Gen. D. Buchdrucker	9 018	—	—	—	36	—	8 982
46	Lübeck	Lübecker F.V.V.	19 040	4 000	4 244	—	—	—	27 284
47	Neubrandenburg	Mecklenb. H. u. F.V.G.[1])	73 406	3 169	1 884	—	—	—	78 459
48	Osnabrück	Mühlenvers.Ges.	7 253	1 200	—	—	140	—	8 313
49	Rostock	Vaterländische F.V.Soc.	21 885	—	—	—	—	—	21 885
50	Schönberg	F.V.G. f.d. Fürstent. Ratzeburg	10 294	—	—	—	—	—	10 294
51	Schwedt	Schwedter H. u. F.V.G.	135 734	2 700	2 583	—	10 942	—	130 075
52	Stuttgart	Württemb. Privat F.V.	776 292	46 298	6 276	—	866	—	828 000
		Zusammen	**2 698 149**	**165 202**	**15 797**	**230**	**32 102**	—	**2 847 276**

Anmerkungen zu Tab. IV 16: Es ist das Ergebnis der gesamten Vermögensverwaltung, nicht nur das Ergebnis der Verwaltung der Kapitalanlagen im engern Sinne dargestellt. — [1]) Die Rechnung umfaßt infolge Verlegung des Geschäftsjahrs auf das Kalenderjahr 14 Monate.

Tabelle IV 17

Gesamtgeschäft ausländischer Gesellschaften — Die Betriebseinnahmen

Versicherungsunternehmung			Betriebseinnahmen				
			Prämien für eigene Rechnung	Nebenleistungen der Versicherten			Ersparnis aus der Schadenreserve des Vorjahrs
Nr.	Sitz	Name		Eintrittsgelder	Policegebühren	anderweit	
			ℳ	ℳ	ℳ	ℳ	ℳ
1			2	3	4	5	6
62	Belgien	Belgische Allg. F.V.G.	3 921 980	—	—	—	—
63	»	Le Lloyd Belge	2 341 766	—	2 323	—	267 714
64	Dänemark	Nye Danske	1 041 154	—	5 858	—	8 016
65	England	Alliance Ass. C. Ltd.	26 347 285	—	60 997	10 677	436 455
66	»	Atlas Ass. C. Ltd.	20 906 680	—	1 884	—	—
67	»	Commercial Union	60 273 953	—	29 274	—	—
68	»	Liverpool-London-Globe	53 269 025	—	—	—	—
69	»	North British-Merc.	43 853 306	—	91 066	1 536	—
70	»	Northern Ass. C. Ltd.	24 574 047	—	5 389	—	127 640
71	»	Norwich Union	21 532 720	—	—	—	223 943
72	»	Royal Ins. C. Ltd.	75 616 588	—	—	—	—
73	»	The Guardian	11 096 993	—	—	—	—
74	»	The London-Lancashire	29 611 531	—	—	—	—
75	»	The Phœnix	28 287 552	—	61 038	—	215 648
76	»	The Royal Exchange	15 392 413	42 539	—	—	119 733
77	»	The Sun	29 558 680	—	—	—	175 540
78	»	The Yorkshire Ins. C. Ltd.	5 525 189	—	—	—	18 189
79	Frankreich	Phénix	9 842 101	—	98 106	—	21 682
80	Niederlande ..	Die Niederlande	2 815 896	—	15 637	—	476 016
81	» ..	Nederl. Lloyd	1 279 040	—	296	—	230 210
82	Österr.-Ungarn	Assic. Generali	14 862 625	—	[3]) 1 671 142	—	278 981
83	»	Österr. Phönix	5 843 655	—	207 851	—	—
84	»	Riunione Adriatica	12 190 522	—	1 248 556	—	43 271
85	Schweden	Skåne	1 136 573	—	2 369	—	—
86	»	Svea	5 373 018	—	5 157	—	302 434
87	Schweiz	Basler V.G. g. Feuersch.	3 494 531	—	21 422	5 277	—
88	»	Helvetia	3 012 109	—	49 277	—	262 938

Anmerkungen zu Tab. IV 17: Die Prämien sind die Jahreseinnahmen nach Abzug der Ristorni und der verausgabten Rückversicherungsprämien. — Die Ausgaben verstehen sich netto, d. h. ohne den Anteil der Rückversicherer. —

Tabelle IV 18

Gesamtgeschäft ausländischer Gesellschaften — Die Betriebseinnahmen

64	Dänemark	Nye Danske	—	—	135	—	—
75	England	The Phœnix	137 700	—	2 724	—	2 101
78	»	The Yorkshire Ins. C. Ltd.	106 656	—	—	—	—
80	Niederlande ..	Die Niederlande	67 223	—	915	—	—
81	» ..	Nederl. Lloyd	535 452	—	5 294	—	12 452
82	Österr.-Ungarn	Assic. Generali	540 549	—	[1]) 75 029	—	47 141
89	»	Erste Österr. Allg. U.V.G.	202 495	—	4 848	—	5 223
83	»	Österr. Phönix	77 111	—	5 732	—	2 737
87	Schweiz	Basler V.G. g. Feuersch.	94 232	—	2 438	116	3 845
90	»	Schweiz. National V.G.	36 216	—	950	—	255
91	»	Schweiz. U.V.A.G.	179 546	—	3 687	—	4 829
92	»	Union Suisse	38 770	—	—	—	—
93	»	Zürich	355 185	—	7 847	—	4 645

Anmerkungen zu Tab. IV 18: Siehe Anmerkungen zu Tab. IV 17, oben. — [1]) Einschl. Stempelgebühren.

und Betriebsausgaben aus der Feuerversicherung im Jahre 1909

		Betriebsausgaben							
Abnahme der Prämienüberträge	Summe der Betriebseinnahmen	Schäden des Geschäftsjahrs: gezahlt	Schäden des Geschäftsjahrs: zurückgestellt	Leistungen zu gemeinnützigen Zwecken: gesetzlich	Leistungen zu gemeinnützigen Zwecken: freiwillig	Zuschuß zur Schadenreserve des Vorjahrs	Zunahme der Prämienüberträge	Summe der Betriebsausgaben	Nr.
M	M	M	M	M	M	M	M	M	
7	8	9	10	11	12	13	14	15	
—	3 921 980	[1]) 1 626 122	[1]) 611 251	—	—	—	129 779	2 367 152	62
—	2 611 803	1 099 912	473 783	—	1 782	—	40 000	1 615 477	63
28 150	1 083 178	466 293	146 831	—	120	—	—	613 244	64
61 420	26 916 834	9 019 126	1 910 748	273 426	—	—	—	11 203 300	65
—	20 908 564	8 930 863	1 427 470	nicht besonders nachgewiesen		—	178 628	10 536 961	66
—	60 303 227	23 836 405	4 525 540	329 096	34 309	289 280	8 805 181	37 819 811	67
—	53 269 025	22 983 764	3 163 316	102 320	[2])	—	1 640 037	27 889 437	68
—	43 945 908	18 238 901	3 685 239	87 750	219 646	—	686 872	22 918 408	69
5 449	24 712 525	10 338 776	2 061 767	356 648	[2])	—	—	12 757 191	70
6 679	21 763 342	10 645 666	1 369 173	—	—	—	—	12 014 839	71
5 692 940	81 309 528	35 815 657	1 278 172	135 885	12 324	—	—	37 242 038	72
—	11 096 993	4 644 797	1 195 827	—	—	—	94 000	5 934 624	73
—	29 611 531	13 838 171	1 035 209	127 846	[2])	—	100 000	15 101 226	74
—	28 564 238	13 106 136	1 475 736	155 922	10 779	—	—	14 748 573	75
—	15 554 685	6 365 010	2 104 339	—	—	—	200 000	8 669 349	76
—	29 734 220	11 467 960	2 303 680	151 420	—	—	217 460	14 140 520	77
—	5 543 378	2 481 628	303 030	26 237	2 171	—	98 880	2 911 946	78
—	9 961 889	4 368 530	159 280	12 420	14 554	—	—	4 554 784	79
—	3 307 549	1 203 503	796 392	—	2 041	—	92 021	2 093 957	80
—	1 509 546	1 016 357	210 792	—	—	—	33 573	1 260 722	81
—	16 812 748	7 480 796	2 010 850	140 711	—	—	405 122	10 037 479	82
1 399	6 052 905	3 227 333	709 880	30 770	—	54 426	—	4 022 409	83
—	13 482 349	6 533 860	1 181 476	—	—	—	575 771	8 291 107	84
—	1 138 942	478 799	84 459	275	—	3 102	76 439	643 074	85
—	5 680 609	2 512 168	718 015	—	—	—	185 000	3 415 183	86
—	3 521 230	1 348 385	298 747	59 644	3 164	53 381	65 464	1 828 785	87
—	3 324 324	1 127 918	690 934	55 664	3 565	—	3 408	1 881 489	88

Als Schäden sind die im Geschäftsjahr entstandenen Schäden einschl. der Schadenermittelungskosten eingestellt. — [1]) Einschl. der Schäden aus den Vorjahren. — [2]) In Spalte 11 enthalten. — [3]) Einschl. Stempelgebühren und Feuerwehrsteuer.

und Betriebsausgaben aus der Einbruchdiebstahlversicherung im Jahre 1909

—	135	—	—	—	—	—	—	—	64
—	142 525	51 336	7 378	—	—	—	11 047	69 761	75
—	106 656	42 351	4 550	—	—	628	5 700	53 229	78
—	68 138	22 932	2 664	—	—	73	2 728	28 397	80
—	553 198	117 428	35 466	—	—	—	29 500	182 394	81
—	662 719	106 043	110 342	—	—	—	70 290	286 675	82
—	212 566	35 255	24 271	—	—	—	16 368	75 894	89
—	85 580	14 233	2 003	—	—	—	2 913	19 149	83
—	100 631	11 840	4 637	—	—	—	22 627	39 104	87
—	37 421	8 516	10 640	—	—	—	2 800	21 956	90
—	188 062	67 001	5 962	—	—	—	15 736	88 699	91
—	38 770	13 470	411	—	—	24	5 800	19 705	92
—	367 677	68 468	30 699	—	—	—	62 064	161 231	93

Tabelle IV 19

Deutsche Gesellschaften — Bilanz

A k

Versicherungsunternehmung Nr.	Sitz	Name	Verpflichtungen der Aktionäre ℳ	Forderungen ℳ	Kassenbestand ℳ
		1	2	3	4
					Aktien
1	Aachen	Aachen-Leipziger V.A.G.	2 400 000	687 333	23 369
2	»	Aachen-Münchener F.V.G.	7 200 000	8 931 335	238 350
3	Berlin	Allianz	Bei Gruppe II (Tabelle II 6) enthalten		
4	»	Berlinische F.V.A.	5 625 000	935 552	9 110
5	»	Deutsche F.V.A.G.	2 400 000	534 022	30 756
6	»	Industrie V.A.G.	3 000 000	1 085 487	537
7	»	Preußische F.V.A.G.	2 400 000	259 386	20 514
8	»	Union	3 600 000	303 568	57 535
9	»	Victoria	2 250 000	756 168	10 471
10	Breslau	Schlesische F.V.G.	7 200 000	4 114 918	46 047
11	Cöln	Colonia	7 200 000	2 988 792	49 421
12	Elberfeld	Vaterländische F.V.A.G.	4 800 000	2 685 175	13 523
13	Erfurt	Thuringia	7 200 000	4 262 039	57 062
14	Essen	Westdeutsche V.A.B.	4 800 000	1 618 676	103 214
15	Frankfurt	Deutscher Phönix	7 542 850	802 762	312 396
58	»	Neptun	1 500 000	298 105	20 506
16	»	Providentia	Bei Gruppe I (Tabelle I 38) enthalten		
17	Halle	Mitteldeutsche V.A.G.	2 250 000	146 473	350
18	Hamburg	Albingia	4 500 000	5 177 364	13 363
19	»	Feuer Ass. Comp.	1 280 000	276 240	1 337
20	»	Globus V.A.G.	3 000 000	3 063 996	7 491
21	»	Hamburg-Bremer F.V.G.	3 531 000	2 314 866	28 882
22	»	Nord-Deutsche V.G.	9 375 000	6 478 405	15 050
23	Karlsruhe	Badische F.V.B.	3 000 000	1 219 116	12 276
24	Leipzig	Leipziger F.V.A.	—	1 892 324	17 666
25	Magdeburg	Magdeb. F.V.G.	12 000 000	6 377 258	28 387
26	München	Bayer. V.B.	Bei Gruppe I (Tabelle I 38) enthalten		
27	M.-Gladbach	Gladbacher F.V.A.G.	4 800 000	1 641 404	35 986
28	Neuß	Rheinland	7 200 000	736 575	3 270
29	Oldenburg	Oldenb. V.G.	2 400 000	643 445	42 063
30	Stettin	Preuß. National V.G.	6 750 000	2 811 672	192 885
31	Straßburg	Alsatia	1 500 000	238 379	302
32	»	Rhein u. Mosel	3 600 000	1 404 983	8 346
54	Stuttgart	Stuttg. Mit- u. Rück V.A.G.	7 418 500	186 499	20 770
		Zusammen	**141 722 350**	**64 872 317**	**1 421 235**

Anmerkungen zu Tab. IV 19: Die Kapitalanlagen und die Forderungen sind in Tab. IV 20 erläutert. —
[1]) Darunter 1 092 478 ℳ gestundete Prämien der Lebensversicherungs-Abteilung und 589 000 ℳ Hypothekendarlehen des Beamtenpensionsfonds.

für den Schluß des Jahres 1909

tiva

Kapitalanlagen ℳ 5	Inventar ℳ 6	Sonstige Aktiva ℳ 7	Noch nicht gedeckte Organisationskosten ℳ 8	Verlust ℳ 9	Summe ℳ 10	Nr.
gesellschaften						
1 527 841	—	17 157	—	—	4 655 700	1
23 996 677	—	—	—	—	40 366 362	2
Bei Gruppe II (Tabelle II 6) enthalten						3
6 926 965	—	—	—	—	13 496 627	4
2 962 391	—	1 598	—	—	5 928 767	5
916 900	—	—	—	—	5 002 924	6
5 362 328	—	—	—	—	8 042 228	7
3 615 774	100	100	—	—	7 577 077	8
6 522 000	—	—	—	—	9 538 639	9
11 459 399	—	—	—	—	22 820 364	10
14 690 890	—	—	—	—	24 929 103	11
14 421 006	—	—	—	—	21 919 704	12
65 414 341	1	[1]) 1 737 064	—	—	78 670 507	13
3 150 788	—	604	—	—	9 673 282	14
9 934 823	—	—	—	—	18 592 831	15
2 281 920	1	85 334	—	—	4 185 866	58
Bei Gruppe I (Tabelle I 38) enthalten						16
813 975	13 314	—	—	—	3 224 112	17
3 558 363	—	4 469	—	—	13 253 559	18
603 837	1	—	—	—	2 161 415	19
3 029 937	10	1 244	—	—	9 102 678	20
10 173 018	1	—	—	—	16 047 767	21
11 832 083	25 000	16 388	—	—	27 741 926	22
1 119 280	—	—	—	—	5 350 672	23
15 544 289	—	—	—	—	17 454 279	24
19 864 867	—	—	—	—	38 270 512	25
Bei Gruppe I (Tabelle I 38) enthalten						26
5 969 189	—	—	—	—	12 446 579	27
3 845 129	16 000	4 051	—	—	11 805 025	28
4 282 093	—	1 978	—	—	7 369 579	29
15 167 441	—	—	—	—	24 921 998	30
1 695 552	—	—	—	—	3 434 233	31
6 379 700	—	—	—	—	11 393 029	32
3 982 585	100	7 059	—	—	11 615 513	54
281 045 881	**54 528**	**1 877 046**	—	—	**490 992 857**	

Noch: Tabelle IV 19

Deutsche Gesellschaften — Bilanz

A k

Nr.	Sitz	Name	Verpflichtungen der Garanten ℳ	Forderungen ℳ	Kassenbestand ℳ
	1		2	3	4
		Gegenseitigkeits			
33	Altona	Altonaer Feuer V.G.	—	175 542	5 595
34	Berlin	Vers.V. Dtsch. Eisenb.B.	—	4 770	730
35	„	Feuer V.A. Beamten-Vereine	—	20 346	156
36	Brandenburg	Brandenb. F.V.G.	—	102 421	9 785
37	Dresden	Landwirtsch. F.V.Gen.	—	312 629	4 741
38	Düsseldorf	Brandvers.V. D. Werkmeister	—	15 017	1
39	Gotha	Gothaer Feuer V.B.	—	1 998 864	79 321
40	Greifswald	Greifsw. H.u. F.V.G.[1])	—	380 005	20 741
41	Güstrow	Feuer V.V. f. Mecklenb.	—	121 143	2 034
42	Hannover	Concordia	—	245 315	3 405
43	Kiel	Adelige Brandgilde	—	163 930	[3]) 306 269
44	„	Schwerdtfegersche Brandgilde	—	111 755	1 046
45	Leipzig	F.V.Gen. D. Buchdrucker	825 000	9 797	1 789
46	Lübeck	Lübecker F.V.V.	723 750	58 564	3 043
47	Neubrandenburg	Mecklenb. H. u. F.V.G.	—	798 441	10 716
48	Osnabrück	Mühlenvers.Ges.	136 000	—	50 410
49	Rostock	Vaterländische F.V.Soc.	—	30 637	2 871
50	Schönberg	F.V.G. f. d. Fürstent. Ratzeburg	—	94 939	336
51	Schwedt	Schwedter H. u. F.V.G.	—	1 793 418	11 980
52	Stuttgart	Württemb. Privat F.V.	—	444 369	17 177
		Zusammen	**1 684 750**	**6 881 902**	**532 146**

Anmerkungen zu Tab. IV 19: Die Kapitalanlagen und die Forderungen sind in Tab. IV 20 erläutert. — [1]) Einschl. Baulastversicherung. — [2]) Einschl. Guthaben bei Banken. — [3]) Darunter 428 657 ℳ Wertpapiere des Beamtenpensionsfonds. — [4]) Vermögen des Beamtenpensionsfonds.

für den Schluß des Jahres 1909

tiva

vereine

Kapitalanlagen ℳ 5	Inventar ℳ 6	Sonstige Aktiva ℳ 7	Noch nicht gedeckte Organisations-kosten ℳ 8	Verlust ℳ 9	Summe ℳ 10	Nr.
1 520 672	1	—	—	—	1 701 810	33
1 718 880	—	—	—	—	1 724 380	34
371 391	3 985	—	—	—	395 878	35
1 166 815	—	—	—	—	1 279 021	36
2 790 677	—	4 476	—	—	3 112 523	37
517 775	—	—	—	—	532 793	38
28 891 486	—	—	—	—	30 969 671	39
2 149 909	17 595	4 487	—	24 520	2 597 257	40
116 000	—	—	—	—	239 177	41
2 478 525	—	—	—	—	2 727 245	42
—	—	—	—	—	470 199	43
—	—	—	—	1 063	113 864	44
241 000	1 750	—	—	—	1 079 336	45
571 545	1 033	—	—	13 396	1 371 331	46
1 723 575	7 000	18 488	—	—	2 558 220	47
189 315	300	—	—	—	376 025	48
554 545	—	—	—	—	588 053	49
298 663	—	—	—	—	393 938	50
2 694 398	—	[3]) 440 529	—	—	4 940 325	51
20 307 961	32 000	[4]) 583 691	—	—	21 385 198	52
68 303 132	**63 664**	**1 051 671**	—	**38 979**	**78 556 244**	

Noch: Tabelle IV 19

Deutsche Gesellschaften — Bilanz

Pas

Versicherungsunternehmung Nr.	Sitz	Name	Aktienkapital ℳ	Prämienüberträge ℳ	Schadenreserve ℳ	Sonstige Überträge ℳ
		1	2	3	4	5
						Aktien
1	Aachen	Aachen-Leipziger V.A.G.	3 000 000	623 600	167 094	—
2	»	Aachen-Münchener F.V.G.	9 000 000	10 443 934	1 995 580	—
3	Berlin	Allianz	Bei	Gruppe II (Tabelle II 6) enthalten		
4	»	Berlinische F.V.A.	7 500 000	2 254 959	213 340	—
5	»	Deutsche F.V.A.G.	3 000 000	960 000	207 760	—
6	»	Industrie V.A.G.	4 000 000	487 978	317 513	—
7	»	Preußische F.V.A.G.	3 000 000	1 405 064	394 936	—
8	»	Union	4 500 000	1 260 000	192 529	—
9	»	Victoria	3 000 000	4 337 929	338 616	—
10	Breslau	Schlesische F.V.G.	9 000 000	5 963 234	1 194 061	—
11	Cöln	Colonia	9 000 000	3 220 423	221 000	—
12	Elberfeld	Vaterländische F.V.A.G.	6 000 000	4 051 743	1 449 471	—
13	Erfurt	Thuringia	9 000 000	4) 55 404 036	1 642 430	—
14	Essen	Westdeutsche V.A.B.	6 000 000	1 303 050	459 678	—
15	Frankfurt	Deutscher Phönix	9 428 580	3 648 748	303 625	—
58	»	Neptun	2 000 000	804 160	335 332	—
16	»	Providentia	Bei	Gruppe I (Tabelle I 38) enthalten		
17	Halle	Mitteldeutsche V.A.G.	3 000 000	2 935	967	—
18	Hamburg	Albingia	6 000 000	2 390 299	993 967	—
19	»	Feuer Ass. Comp.	1 480 000	294 614	106 007	—
20	»	Globus V.A.G.	4 000 000	1 930 708	2 108 069	—
21	»	Hamburg-Bremer F.V.G.	6 000 500	3 950 000	865 340	—
22	»	Nord-Deutsche V.G.	12 500 000	4 697 742	3 569 571	—
23	Karlsruhe	Badische F.V.B.	4 000 000	604 000	307 511	—
24	Leipzig	Leipziger F.V.A.	6 000 000	4 386 003	351 390	—
25	Magdeburg	Magdeb. F.V.G.	15 000 000	8 685 089	2 726 994	—
26	München	Bayer. V.B.	Bei	Gruppe I (Tabelle I 38) enthalten		
27	M.-Gladbach	Gladbacher F.V.A.G.	6 000 000	3 239 833	594 611	—
28	Neuß	Rheinland	9 000 000	1 203 976	369 916	—
29	Oldenburg	Oldenb. V.G.	3 000 000	1 628 330	60 000	—
30	Stettin	Preuß. National V.G.	9 000 000	8 858 921	1 729 103	—
31	Straßburg	Alsatia	2 000 000	9) 660 000	131 443	—
32	»	Rhein u. Mosel	6 000 000	1 820 000	544 488	—
54	Stuttgart	Stuttg. Mit- u. Rück V.A.G.	10 000 000	600 908	165 204	—
		Zusammen	**190 409 080**	**141 122 216**	**24 057 546**	—

Anmerkungen zu Tab. IV 19: Die Prämienüberträge und Schadenreserven verstehen sich netto, d. h. ohne den Anteil der Rückversicherer. — Unter Kapitalreservefonds ist der in § 262 H.G.B. und § 37 V.A.G. vorgesehene Reservefonds zu verstehen. — In den Gewinn ist der Gewinnvortrag des Vorjahrs eingeschlossen. — Die Verteilung des Gewinns ist in Tab. IV 21 nachgewiesen. — Unter den sonstigen Passiven (Sp. 9) sind allgemein die Guthaben der Generalagenten und Agenten eingestellt. — [1]) Darunter 365 863 ℳ Fonds für gemeinnützige Zwecke, 2 710 815 ℳ Guthaben von Banken und 1 193 665 ℳ Guthaben der Pensionskasse. —

für den Schluß des Jahres 1909

siva

gesellschaften

Hypotheken ℳ	Barkautionen ℳ	Guthaben anderer Versicherungsunternehmungen ℳ	Sonstige Passiva ℳ	Kapitalreservefonds ℳ	Spezialreserven ℳ	Beamtenfonds ℳ	Gewinn ℳ	Summe ℳ	Nr.
6	7	8	9	10	11	12	13	14	
—	—	128 339	32 321	320 000	—	14 157	370 189	4 655 700	1
550 000	—	2 575 745	¹) 4 341 886	900 000	7 000 000	²)	3 559 217	40 366 362	2
Bei Gruppe II (Tabelle II 6) enthalten									3
—	—	239 213	36 188	1 246 105	650 000	355 343	1 001 479	13 496 627	4
500 000	500	49 818	180	660 000	165 332	200 000	185 177	5 928 767	5
—	—	6 122	3 240	4 937	48 474	—	134 660	5 002 924	6
280 000	—	98 174	95	600 000	1 680 000	—	583 959	8 042 228	7
100 000	—	12 147	11 270	450 000	650 000	²)	401 131	7 577 077	8
—	—	71 721	—	350 000	650 000	84 634	705 739	9 538 639	9
12 500	—	223 611	³) 33 140	900 000	3 005 463	711 224	1 777 131	22 820 364	10
—	—	706 710	33 121	4 000 000	5 064 990	787 208	1 895 651	24 929 103	11
—	—	1 514 567	10 973	3 000 000	3 884 415	901 430	1 107 105	21 919 704	12
—	—	340 822	⁵) 689 920	900 000	8 629 105	²)	2 064 194	78 670 507	13
—	8 090	688 591	68 324	350 000	85 000	251 444	459 105	9 673 282	14
515 000	—	207 817	47 276	942 858	2 461 890	²)	1 037 037	18 592 831	15
—	—	15 434	1 563	200 000	518 490	33 757	277 130	4 185 866	58
Bei Gruppe I (Tabelle I 38) enthalten									16
—	—	7 345	33 948	—	178 917	—	—	3 224 112	17
—	—	3 134 969	57 432	300 000	—	—	376 892	13 253 559	18
—	—	161 753	52 537	38 257	—	—	28 247	2 161 415	19
600 000	—	58 145	⁶) 58 244	203 369	—	²)	144 143	9 102 678	20
—		2 970 661	8 275	600 050	600 000	²)	1 052 941	16 047 767	21
81 000	—	1 764 938	1 691 223	1 679 684	815 181	117 587	825 000	27 741 926	22
—	100	289 301	44 346	40 000	—	²)	65 414	5 350 672	23
—	—	526 661	8 309	3 000 000	323 716	1 122 395	1 735 805	17 454 279	24
40 000	547 231	598 046	⁷) 319 327	3 017 790	5 219 900	²)	2 116 135	38 270 512	25
Bei Gruppe I (Tabelle I 38) enthalten									26
—	—	205 558	⁸) 61 522	600 000	1 130 000	²)	615 055	12 446 579	27
—	—	57 071	30 019	540 000	147 722	143 000	313 321	11 805 025	28
—	—	70 727	1 155	1 000 000	950 000	240 824	418 543	7 369 579	29
—	39 300	638 435	12 222	900 000	2 708 312	²)	1 035 705	24 921 998	30
—	—	124 234	15 146	200 000	153 806	—	149 604	3 434 233	31
—	—	131 619	66 719	600 000	1 305 000	313 881	611 322	11 393 029	32
—	—	80 501	7 500	303 284	158 361	—	299 755	11 615 513	54
2 678 500	**595 221**	**17 698 795**	**7 777 421**	**27 846 334**	**48 184 074**	**5 276 884**	**25 346 786**	**490 992 857**	

²) Für die Beamten der Anstalt besteht eine selbständige Pensions- bezw. Sterbekasse. — ³) Darunter 29 453 ℳ in das Rechnungsjahr gehörende, aber erst 1910 verausgabte Beträge. — ⁴) Darunter 48 389 551 ℳ Prämienreserve der Lebensversicherungs-Abteilung und der Unfall- und Haftpflichtversicherungs-Abteilung. — ⁵) Darunter 61 827 ℳ Guthaben Dritter und 626 833 ℳ Guthaben der Pensionskasse. — ⁶) Darunter 41 968 ℳ Provisionen. — ⁷) Darunter 154 253 ℳ noch zu zahlende gesetzliche Abgaben und 81 003 ℳ Guthaben der Pensionskasse. — ⁸) Darunter 61 072 ℳ Guthaben der Pensionskasse. — ⁹) Darunter 100 000 ℳ Leibrentenreserve.

Noch: Tabelle IV 19

Deutsche Gesellschaften — Bilanz

Pas

Nr.	Sitz	Name	Garantie-kapital ℳ	Prämien-überträge ℳ	Schaden-reserve ℳ	Sonstige Überträge ℳ
	1		2	3	4	5
						Gegenseitigkeits
33	Altona	Altonaer Feuer V.G.	—	338 018	57 788	—
34	Berlin	Vers.V. Dtsch. Eisenb.B.	—	—	16 117	—
35	»	Feuer V.A. Beamten-Vereine	319 000	47 737	2 200	—
36	Brandenburg	Brandenb. F.V.G.	—	294 849	85 141	—
37	Dresden	Landwirtsch. F.V.Gen.	—	737 084	37 255	—
38	Düsseldorf	Brandvers.V. D. Werkmeister.	429 180	—	1 754	—
39	Gotha	Gothaer Feuer V.B.	—	12 508 827	600 000	—
40	Greifswald	Greifsw. H. u. F.V.G.[4])	—	140 072	18 423	—
41	Güstrow	Feuer V.V. f. Mecklenb.	—	—	2 299	—
42	Hannover	Concordia	—	42 154	28 986	—
43	Kiel	Adelige Brandgilde	162 381	—	16 292	—
44	»	Schwerdtfegersche Brandgilde.	—	93 532	—	—
45	Leipzig	F.V.Gen. D. Buchdrucker	1 000 000	15 763	214	—
46	Lübeck	Lübecker F.V.V.	967 000	54 000	16 747	—
47	Neubrandenburg	Mecklenb. H. u. F.V.G.	—	246 173	158 035	—
48	Osnabrück	Mühlenvers.Ges.	136 000	—	29 917	—
49	Rostock	Vaterländische F.V.Soc.	—	139 236	5 100	—
50	Schönberg	F.V.G. f. d. Fürstent.Ratzeburg	—	—	12 652	—
51	Schwedt	Schwedter H. u. F.V.G.	—	1 302 922	128 461	10 000
52	Stuttgart	Württemb. Privat F.V.	—	1 773 215	137 546	—
		Zusammen	**3 013 561**	**17 733 582**	**1 354 927**	**10 000**

Anmerkungen zu Tab. IV 19: Siehe Anmerkungen zu Tab. IV 19 S. 274. — [1]) Darunter 92 972 ℳ noch nicht abgehobene Dividende. — [2]) Der Beamtenfonds ist selbständiges Vermögen und erscheint daher nicht in der Bilanz. — [3]) Noch nicht abgehobene Überschußanteile der Versicherten aus früheren Jahren. —

für den Schluß des Jahres 1909

siva

vereine

Hypotheken ℳ	Barkautionen ℳ	Guthaben anderer Versicherungsunternehmungen ℳ	Sonstige Passiva ℳ	Kapitalreservefonds ℳ	Spezialreserven ℳ	Beamtenfonds ℳ	Gewinn ℳ	Summe ℳ	Nr.
6	7	8	9	10	11	12	13	14	
—	—	8 015	10 360	1 130 501	—	56 243	100 885	1 701 810	33
—	—	—	116 115	1 390 446	—	28 000	173 702	1 724 380	34
—	—	1 452	10 189	8 000	—	—	7 300	395 878	35
—	—	—	15 630	584 929	115 115	135 191	48 166	1 279 021	36
91 000	—	20 194	1) 97 637	1 020 000	843 238	2)	266 115	3 112 523	37
—	—	—	2 634	78 573	—	—	20 652	532 793	38
—	—	—	3) 426 327	—	—	2)	17 434 517	30 969 671	39
—	5) 1024429	—	11 369	1 358 359	40 198	4 407	—	2 597 257	40
—	5) 17 366	—	2 174	118 372	—	49 115	49 851	239 177	41
—	—	230	1 720	2 050 000	317 195	103 350	183 610	2 727 245	42
—	—	—	—	163 735	—	—	127 791	470 199	43
—	—	—	20 332	—	—	—	—	113 864	44
—	—	3 115	2 871	40 085	—	788	16 500	1 079 336	45
—	1 069	5 387	4 186	322 942	—	—	—	1 371 331	46
14 230	6) 731 064	—	6 296	1 276 615	75 000	41 315	9 492	2 558 220	47
32 000	—	—	—	164 000	14 000	—	108	376 025	48
—	—	—	—	300 000	47 434	—	96 283	588 053	49
—	—	—	—	188 663	112 568	—	80 055	393 938	50
—	—	13 843	7) 123 951	2 215 964	43 343	429 100	672 741	4 940 325	51
—	—	282 029	1 773	13 926 403	1 385 750	583 691	3 294 791	21 385 198	52
137 230	**1 773 928**	**334 265**	**853 564**	**26 337 587**	**2 993 841**	**1 431 200**	**22 582 559**	**78 556 244**	

4) Einschl. Baulastversicherung. — 5) Lagegelder. — 6) Darunter 720 271 ℳ Legegelder. — 7) Darunter 52 041 ℳ nicht abgehobene Dividende.

Tabelle IV 20

Deutsche Gesellschaften — Die Art der Kapital

Nr.	Sitz	Name	Kapitalanlagen: Insgesamt ℳ	davon entfallen auf: Grundbesitz ℳ	Hypotheken und Grundschulden ℳ	Darlehen an öffentliche Korperschaften ℳ	Darlehen auf Wertpapiere ℳ	Wertpapiere ℳ	Wechsel ℳ	sonstige Anlagen ℳ
		1	2	3	4	5	6	7	8	9
										Aktien
1	Aachen	Aachen-Leipziger V.A.G. .	1 527 841	96 000	402 800	—	—	1 029 041	—	—
2	»	Aachen-Münchener F.V.G.	23 996 677	4 356 206	6 855 337	—	—	11 901 121	874 421	9 592
3	Berlin	Allianz	Bei Gruppe II (Tabelle II 7) enthalten							
4	»	Berlinische F.V.A.	6 926 965	680 496	3 134 200	—	—	3 002 269	110 000	—
5	»	Deutsche F.V.A.G.	2 962 391	1 081 000	723 000	—	—	1 158 391	—	—
6	»	Industrie V.A.G.	916 900	—	610 000	—	—	306 900	—	—
7	»	Preußische F.V.A.G.	5 362 328	511 075	3 129 600	—	—	1 721 653	—	—
8	»	Union	3 615 774	1 559 094	607 500	—	—	1 449 180	—	—
9	»	Victoria	6 522 000	—	6 522 000	—	—	—	—	—
10	Breslau	Schlesische F.V.G.	11 459 399	915 000	9 216 120	—	—	1 328 279	—	—
11	Cöln	Colonia	14 690 890	639 216	5 738 000	—	—	8 149 840	—	163 834
12	Elberfeld....	Vaterländische F.V.A.G. ..	14 421 006	817 819	10 437 430	—	—	3 165 757	—	—
13	Erfurt	Thuringia	65 414 341	2 713 038	54 301 969	—	4 750	3 789 170	13 911	²)4591503
14	Essen.......	Westdeutsche V.A.B.	3 150 788	185 000	2 408 500	—	—	557 288	—	—
15	Frankfurt ..	Deutscher Phönix	9 934 823	1 460 959	5 896 500	—	—	1 807 364	770 000	—
58	» ..	Neptun	2 281 920	196 710	1 238 000	—	—	716 990	130 000	³) 220
16	» ..	Providentia	Bei Gruppe I (Tabelle I 39) enthalten							
17	Halle	Mitteldeutsche V.A.G.	813 975	—	—	—	—	404 050	409 925	—
18	Hamburg ...	Albingia	3 558 363	—	2 304 500	—	300 000	825 283	120 000	³) 8 580
19	» ...	Feuer Ass. Comp.	603 837	—	121 500	—	—	373 513	108 824	—
20	» ...	Globus V.A.G.	3 029 937	1 945 752	—	—	—	804 777	279 408	—
21	» ...	Hamburg-Bremer F.V.G. .	10 173 018	950 000	120 000	—	—	9 103 018	—	—
22	» ...	Nord-Deutsche V.G.	11 832 083	3 100 000	1 731 500	—	312 000	6 311 211	108 822	268 550
23	Karlsruhe ..	Badische F.V.B.	1 119 280	148 000	889 500	—	—	81 780	—	—
24	Leipzig	Leipziger F.V.A.	15 544 289	300 000	12 043 500	—	—	2 607 359	593 430	—
25	Magdeburg .	Magdeb. F.V.G.	19 864 867	2 288 917	6 032 000	—	—	11 504 265	39 685	—
26	München ...	Bayer. V.B.	Bei Gruppe I (Tabelle I 39) enthalten							
27	M.-Gladbach	Gladbacher F.V.A.G.	5 969 189	349 308	1 828 000	—	—	3 791 881	—	—
28	Neuß	Rheinland	3 845 129	233 000	3 275 587	—	—	117 478	147 064	72 000
29	Oldenburg ..	Oldenb. V.G.	4 282 093	60 000	2 578 118	—	—	1 643 975	—	—
30	Stettin......	Preuß. National V.G.	15 167 441	1 357 500	4 021 025	—	—	9 690 600	—	³) 98 316
31	Straßburg ..	Alsatia	1 695 552	894 552	102 000	—	—	699 000	—	—
32	» ..	Rhein u. Mosel	6 379 700	1 200 000	1 174 200	—	—	4 005 500	—	—
54	Stuttgart ...	Stuttg. Mit- u. Rück V.A.G.	3 982 585	700 000	3 185 050	—	3 000	76 403	18 132	—
		Zusammen	**281 045 381**	**28 738 642**	**150 627 436**	—	**619 750**	**92 123 336**	**3 723 622**	**5 212 598**

Anmerkungen zu Tab. IV 20: Ein bedeutet, daß die beobachteten Fälle weniger als $^1/_2$ ‰ ausmachen. —
¹) Saldi verschiedener Abrechnungen. —

nlagen und der Aktivforderungen Ende 1909

Aktivforderungen: Insgesamt ℳ	davon entfallen auf: Rückstände der Versicherten ℳ	Ausstände bei Agenten ℳ	Guthaben bei Bankhäusern ℳ	Guthaben bei anderen Versicherungsunternehmungen ℳ	rückständige Zinsen und Mieten ℳ	sonstige Forderungen ℳ	Von 1000 ℳ Kapitalanlagen entfallen auf: Grundbesitz ℳ	Hypotheken und Grundschulden ℳ	Darlehen an öffentliche Körperschaften ℳ	Darlehen auf Wertpapiere ℳ	Wertpapiere ℳ	Wechsel ℳ	sonstige Anlagen ℳ	Nr.
10	11	12	13	14	15	16	17	18	19	20	21	22	23	
esellschaften														
687 333	—	232 471	384 658	59 759	10 445	—	63	264	—	—	673	—	—	1
8 931 335	—	2 196 625	5 448 327	734 910	196 246[1])	355227	182	286	—	—	496	36	.	2
Bei Gruppe II (Tabelle II 7) enthalten														3
935 552	57 206	364 692	441 557	69 881	2 216	—	98	453	—	—	433	16	—	4
534 022	—	255 842	269 808	1 498	6 874	—	365	244	—	—	391	—	—	5
1 085 487	2 566	1 663	243 245	829 593	6 709	1 711	—	665	—	—	335	—	—	6
259 386	—	113 945	144 001	1 440	—	—	95	584	—	—	321	—	—	7
303 568	—	157 655	113 514	15 084	9 626	7 689	431	168	—	—	401	—	—	8
756 168	—	415 265	268 465	10 775	61 663	—	—	1 000	—	—	—	—	—	9
4 114 918	—	921 230	2 761 406	394 362	25 975	11 945	80	804	—	—	116	—	—	10
2 988 792	—	854 647	2 029 428	5 466	98 429 [1])	822	43	391	—	—	555	—	11	11
2 685 175	—	908 378	1 398 236	285 305	93 256	—	57	724	—	—	219	—	—	12
4 262 039	—	1 713 101	1 805 290	32 921	710 727	—	42	830	—	.	58	.	70	13
1 618 676	—	393 175	467 487	726 012	19 412	12 590	59	764	—	—	177	—	—	14
802 762	—	675 756	—	58 853	68 153	—	147	594	—	—	182	77	—	15
298 105	—	165 182	116 380	1 457	15 086	—	· 86	543	—	—	314	57	.	58
Bei Gruppe I (Tabelle I 39) enthalten														16
146 473	—	3 469	139 837	—	3 167	—	—	—	—	—	496	504	—	17
5 177 364	35 058	1 220 676	1 612 542	2 262 086	47 002	—	—	648	—	84	232	34	2	18
276 240	39 954	65 070	72 556	95 193	3 467	—	—	. 201	—	—	619	180	—	19
3 063 996	518 932	494 258	89 235	1 957 592	3 979	—	642	—	—	—	266	92	—	20
2 314 866	—	1 555 776	419 441	206 297	133 352	—	93	12	—	—	895	—	—	21
6 478 405	1 917 657	1 735 911	650 478	1 187 134	120 475[4])	866750	262	147	—	26	533	9	23	22
1 219 116	—	128 668	107 968	967 745	14 735	—	132	795	—	—	73	—	—	23
1 892 324	—	1 109 607	647 026	—	. 135 691	—	19	775	—	—	168	38	—	24
6 377 258	—	1 289 205	2 811 101	2 188 418	85 508	3 026	115	304	—	—	579	2	—	25
Bei Gruppe I (Tabelle I 39) enthalten														26
1 641 404	—	693 569	732 555	199 861	12 749	2 670	59	306	—	—	635	—	—	27
736 575	—	222 445	456 549	9 556	48 025	—	61	852	—	—	30	38	19	28
643 445	—	165 911	443 667	1 218	32 649	—	14	602	—	—	384	—	—	29
2 811 672	—	2 122 692	616 725	1 676	67 379	3 200	90	265	—	—	639	—	6	30
238 379	2 491	44 705	97 573	64 684	18 127	10 799	528	60	—	—	412	—	—	31
1 404 983	22 236	230 168	847 090	211 127	72 673	21 689	188	184	—	—	628	—	—	32
186 499	1 141	99 395	29 356	30 854	25 753	—	176	800	—	1	19	4	—	54
4 872 317	**2 597 241**	**20 551 152**	**25 665 501**	**12 610 757**	**2 149 548**	**1 298 118**	**102**	**536**	—	**2**	**328**	**13**	**19**	

[2]) Darunter 4 579 224 ℳ Vorauszahlungen und Darlehen auf Lebensversicherungs- und 1 848 ℳ Darlehen auf Unfallversicherungspolicen. — [3]) Vorauszahlungen und Darlehen auf Policen mit Prämienrückgewähr. — [4]) Guthaben bei Versicherten.

Noch: Tabelle IV 20

Deutsche Gesellschaften — Die Art der Kapital

Versicherungsunternehmung			Kapitalanlagen							
			Insgesamt	davon entfallen auf						
Nr.	Sitz	Name		Grundbesitz	Hypotheken und Grundschulden	Darlehen an öffentliche Körperschaften	Darlehen auf Wertpapiere	Wertpapiere	Wechsel	sonstige Anlagen
			ℳ	ℳ	ℳ	ℳ	ℳ	ℳ	ℳ	ℳ
	1		2	3	4	5	6	7	8	9
										Gegenseitigkeits
33	Altona	Altonaer Feuer V.G.	1 520 672	234 000	526 400	—	—	760 272	—	—
34	Berlin	Vers.V. Dtsch. Eisenb.B.	1 718 880	—	484 150	—	—	1 234 730	—	—
35	»	Feuer V.A. Beamten-Vereine	371 391	—	325 000	—	—	46 391	—	—
36	Brandenburg	Brandenb. F.V.G.	1 166 815	—	492 000	—	—	674 815	—	—
37	Dresden	Landwirtsch. F.V.Gen.	2 790 677	1 400 000	1 038 000	—	—	352 677	—	—
38	Düsseldorf	Brandvers.V. D. Werkmeister	517 775	—	—	300 000	—	217 775	—	—
39	Gotha	Gothaer Feuer V.B.	28 891 486	330 000	11 138 643	6 336 783	100 000	10 225 950	—	[2])760 110
40	Greifswald	Greifsw. H. u. F.V.G.[3])	2 149 909	124 561	528 300	—	—	1 492 708	—	4 340
41	Güstrow	Feuer V.V. f. Mecklenb.	116 000	—	83 000	—	—	33 000	—	—
42	Hannover	Concordia	2 478 525	72 000	2 111 200	—	—	295 325	—	—
43	Kiel	Adelige Brandgilde	—	—	—	—	—	—	—	—
44	»	Schwerdtfegersche Brandgilde	—	—	—	—	—	—	—	—
45	Leipzig	F.V.Gen. D. Buchdrucker	241 000	—	85 000	—	—	156 000	—	—
46	Lübeck	Lübecker F.V.V.	571 545	129 853	209 900	—	—	231 792	—	—
47	Neubrandenburg	Mecklenb. H. u. F.V.G.	1 723 575	184 800	954 255	—	—	506 134	78 386	—
48	Osnabrück	Mühlenvers.Ges.	189 315	40 000	32 000	—	—	117 315	—	—
49	Rostock	Vaterländische F.V.Soc.	554 545	—	490 425	—	—	64 120	—	—
50	Schönberg	F.V.G. f. d. Fürstent. Ratzeburg	298 663	—	13 200	—	—	—	—	[6])285 46
51	Schwedt	Schwedter H. u. F.V.G.	2 694 398	63 750	625 000	85 000	—	1 920 648	—	—
52	Stuttgart	Württemb. Privat F.V.	20 307 961	788 000	12 618 930	—	—	6 901 031	—	—
		Zusammen	**68 303 132**	**3 366 964**	**31 755 403**	**6 721 783**	**100 000**	**25 230 683**	**78 386**	**1 049 91**

Anmerkungen zu Tab. IV 20: [1]) Einschl. Sparkassenguthaben. — [2]) Darlehen an die Ruhrtalsperren-Ges., G. m. b. H. — [3]) Einschl. Baulastversicherung. — [4]) Vorgeschossene Entschädigungen, Regulierungskosten und Verwaltungskosten. — [5]) Darunter 509 565 ℳ Beitragsumlage. — [6]) Sparkasseneinlagen.

anlagen und der Aktivforderungen Ende 1909

Aktivforderungen							Von 1000 ℳ Kapitalanlagen entfallen auf							Nr.
	davon entfallen auf													
			Guthaben bei											
Insgesamt	Rückstände der Versicherten	Ausstände bei Agenten	Bankhäusern	anderen Versicherungsunternehmungen	rückständige Zinsen und Mieten	sonstige Forderungen	Grundbesitz	Hypotheken und Grundschulden	Darlehen an öffentliche Körperschaften	Darlehen auf Wertpapiere	Wertpapiere	Wechsel	sonstige Anlagen	
ℳ	ℳ	ℳ	ℳ	ℳ	ℳ	ℳ	ℳ	ℳ	ℳ	ℳ	ℳ	ℳ	ℳ	
10	11	12	13	14	15	16	17	18	19	20	21	22	23	

vereine

175 542	606	92 281	67 987	702	13 966	—	154	346	—	—	500	—	—	33
4 770	775	—	—	—	3 995	—	—	282	—	—	718	—	—	34
20 346	365	—	[1]) 8 294	1 474	3 530	6 683	—	875	—	—	125	—	—	35
102 421	—	40 330	58 000	—	4 091	—	—	422	—	—	578	—	—	36
312 629	2 202	72 823	[1]) 157 080	71 409	9 115	—	502	372	—	—	126	—	—	37
15 017	—	—	[1]) 14 304	—	509	204	—	—	579	—	421	—	—	38
1 998 864		233 437	1 536 370	18 812	210 245	—	11	386	219	4	354	—	26	39
380 005	31 395	—	90 795	—	7 097	[4])250 718	58	246	—	—	694	—	2	40
121 143	120 351	—	—	—	792	—	—	716	—	—	284	—	—	41
245 315	—	10 802	[1]) 145 965	25 274	22 567	40 707	29	852	—	—	119	—	—	42
163 930	195	—	[1]) 163 735	—	—	—	—	—	—	—	—	—	—	43
111 755	111 755	—	—	—	—	—	—	—	—	—	—	—	—	44
9 797	811	397	7 460	83	1 046	—	—	353	—	—	647	—	—	45
58 564	—	29 764	26 000	—	2 800	—	227	367	—	—	406	—	—	46
798 441	39 351	38 199	195 000	13 962	1 682	[5])510 247	107	554	—	—	294	45	—	47
—	—	—	—	—	—	—	211	169	—	—	620	—	—	48
30 637	—	25 588	2 168	2 881	—	—	—	884	—	—	116	—	—	49
94 939	149	—	94 790	—	—	—	—	44	—	—	—	—	956	50
1 793 418	3 523	255 101	1 461 512	43 418	4 000	25 864	24	232	31	—	713	—	—	51
444 369	742	101 958	76 933	32 561	232 175	—	39	621	—	—	340	—	—	52
6 881 902	**312 220**	**900 680**	**4 106 393**	**210 576**	**517 610**	**834 423**	**49**	**465**	**99**	**2**	**369**	**1**	**15**	

Tabelle IV 21

Deutsche Gesellschaften — Die

Versicherungsunternehmung			Gesamtgewinn		
Nr.	Sitz	Name		den Kapitalreservefonds	sonstige Reserven
			M	M	M
		1	2	3	4
					Aktien
1	Aachen	Aachen-Leipziger V.A.G.	370 189	280 000	—
2	»	Aachen-Münchener F.V.G.	3 559 217	—	300 000
3	Berlin	Allianz	Bei Gruppe II (Tabelle II 8) enthalten		
4	»	Berlinische F.V.A.	1 001 479	—	353 000
5	»	Deutsche F.V.A.G.	185 177	—	60 000
6	»	Industrie V.A.G.	134 660	5 873	26 318
7	»	Preußische F.V.A.G.	583 959	—	205 000
8	»	Union	401 131	—	—
9	»	Victoria	705 739	100 000	140 000
10	Breslau	Schlesische F.V.G.	1 777 131	—	368 000
11	Cöln	Colonia	1 895 651	—	—
12	Elberfeld	Vaterländische F.V.A.G.	1 107 105	—	250 000
13	Erfurt	Thuringia	2 064 194	—	700 000
14	Essen	Westdeutsche V.A.B.	459 105	200 000	15 000
15	Frankfurt	Deutscher Phönix	1 037 037	—	15 310
58	»	Neptun	277 130	—	50 000
16	»	Providentia	Bei Gruppe I (Tabelle I 41) enthalten		
17	Halle	Mitteldeutsche V.A.G.	—	—	—
18	Hamburg	Albingia	376 892	200 000	—
19	»	Feuer Ass. Comp.	28 247	6 779	—
20	»	Globus V.A.G.	144 143	56 631	—
21	»	Hamburg-Bremer F.V.G.	1 052 941	99 950	700 000
22	»	Nord-Deutsche V.G.	825 000	156 500	100 000
23	Karlsruhe	Badische F.V.B.	65 414	5 000	—
24	Leipzig	Leipziger F.V.A.	1 735 805	—	300 000
25	Magdeburg	Magdeb. F.V.G.	2 116 135	105 807	321 428
26	München	Bayer. V.B.	Bei Gruppe I (Tabelle I 41) enthalten		
27	M.-Gladbach	Gladbacher F.V.A.G.	615 055	—	200 000
28	Neuß	Rheinland	313 321	—	83 989
29	Oldenburg	Oldenb. V.G.	418 543	—	100 000
30	Stettin	Preuß. National V.G.	1 035 705	—	22 500
31	Straßburg	Alsatia	149 604	—	14 494
32	»	Rhein u. Mosel	611 322	—	80 000
54	Stuttgart	Stuttg. Mit- u. Rück V.A.G.	299 755	14 988	9 449
		Zusammen	**25 346 786**	**1 231 528**	**4 414 488**

Anmerkungen zu Tab. IV 21: Hier ist der bilanzmäßige Gewinn verteilt. — In Spalte 9 sind vielfach Gratifikationen an die Beamten enthalten. — [1]) Darunter an den gemeinnützigen Fonds 580 346 M und Abschreibung auf Grundstücke 157 206 M. — [2]) Extra-, Risiko-, Reserve- und Organisationsfonds. — [3]) Darunter 250 000 M zur außerordentlichen Verstärkung der Prämienreserven. —

Verteilung des Gewinns des Jahres 1909

gesellschaften

Davon entfallen auf: den Beamtenfonds ℳ	die Aktionäre ℳ	Tantiemen ℳ	die Versicherten ℳ	anderweit ℳ	Vortrag auf neue Rechnung ℳ	Nr.
5	6	7	8	9	10	
10 000	36 000	20 075	—	5 000	19 114	1
100 000	1 800 000	325 685	—	[1]) 737 552	295 980	2
Bei Gruppe II (Tabelle II 8) enthalten						3
15 000	550 000	58 081	—	—	25 398	4
20 000	60 000	5 510	—	39 667	—	5
—	70 000	9 750	—	950	21 769	6
30 000	180 000	36 349	—	41 180	91 430	7
25 000	150 000	66 068	—	153 094	6 969	8
40 000	125 000	5 911	—	[2]) 250 000	44 828	9
30 000	780 000	198 152	—	[3]) 385 000	15 979	10
50 000	1 350 000	142 015	—	50 000	303 636	11
80 000	660 000	73 835	—	—	43 270	12
—	1 080 000	185 833	[4])	10 000	88 361	13
10 556	48 000	32 130	—	145 710	7 709	14
40 000	880 000	101 727	—	—	—	15
16 243	140 000	51 692	—	—	19 195	58
Bei Gruppe I (Tabelle I 41) enthalten						16
—	—	—	—	—	—	17
20 000	90 000	—	—	—	66 892	18
—	12 000	4 411	—	—	5 057	19
—	60 000	17 752	—	—	9 760	20
30 000	158 785	6 001	—	—	58 205	21
18 050	375 000	159 390	—	—	16 060	22
—	40 000	3 694	—	—	16 720	23
100 000	1 050 000	116 102	—	—	169 703	24
—	1 500 000	188 900	—	—	—	25
Bei Gruppe I (Tabelle I 41) enthalten						26
20 000	300 000	37 274	—	50 000	7 781	27
—	198 000	31 332	—	—	—	28
15 232	250 000	18 957	—	15 000	19 354	29
—	562 500	61 250	—	[5]) 389 455	—	30
—	84 662	14 494	—	—	35 954	31
21 399	360 000	71 331	—	—	78 592	32
—	253 084	21 083	—	1 151	—	54
691 480	**13 203 031**	**2 064 784**	—	**2 273 759**	**1 467 716**	

[4]) Den Versicherten der Lebensversicherungsabteilung sind 963 242 ℳ Gewinn überwiesen worden; dieser Betrag ist in der Bilanz jedoch schon verrechnet. — [5]) Darunter 299 455 ℳ zur Verstärkung der Prämienüberträge in der Feuer-, Unfall-, Einbruchdiebstahl-, Wasserleitungsschäden- und der Haftpflichtversicherung.

Noch: Tabelle IV 21

Deutsche Gesellschaften — Die

Nr.	Sitz	Name	Gesamtgewinn ℳ	den Kapitalreservefonds ℳ	sonstige Reserven ℳ
	1		2	3	4
					Gegenseitigkeits
33	Altona	Altonaer Feuer V.G.	100 885	12 611	32 611
34	Berlin	Vers.V. Dtsch. Eisenb.B.	173 702	160 702	—
35	»	Feuer V.A. Beamten-Vereine	7 300	7 300	—
36	Brandenburg	Brandenb. F.V.G.	48 166	—	20 000
37	Dresden	Landwirtsch. F.V.Gen.	266 115	20 000	37 922
38	Düsseldorf	Brandvers.V. D. Werkmeister	20 652	20 652	—
39	Gotha	Gothaer Feuer V.B.	17 434 517	—	—
40	Greifswald	Greifsw. H.u. F.V.G.	—	—	—
41	Güstrow	Feuer V.V. f. Mecklenb.	49 851	19 494	23 632
42	Hannover	Concordia	183 610	100 000	54 805
43	Kiel	Adelige Brandgilde	127 791	—	—
44	»	Schwerdtfegersche Brandgilde	—	—	—
45	Leipzig	F.V.Gen. D. Buchdrucker	16 500	16 500	—
46	Lübeck	Lübecker F.V.V.	—	—	—
47	Neubrandenburg	Mecklenb. H. u. F.V.G.	9 492	—	9 000
48	Osnabrück	Mühlenvers.Ges.	108	—	—
49	Rostock	Vaterländische F.V.Soc.	96 283	—	8 000
50	Schönberg	F.V.G. f. d. Fürstent. Ratzeburg	80 055	—	80 055
51	Schwedt	Schwedter H. u. F.V.G.	672 741	33 637	5 335
52	Stuttgart	Württemb. Privat F.V.	3 294 791	346 667	298 769
		Zusammen	**22 582 559**	**737 563**	**570 129**

Anmerkungen zu Tab. IV 21: Hier ist der bilanzmäßige Gewinn verteilt. — [1]) Zur Verstärkung der Schadenreserve.

Verteilung des Gewinns des Jahres 1909

Davon entfallen auf: den Beamtenfonds ℳ	die Garanten ℳ	Tantiemen ℳ	die Versicherten ℳ	anderweit ℳ	Vortrag auf neue Rechnung ℳ	Nr.
5	6	7	8	9	10	

vereine

15 663	—	—	—	[1]) 40 000	—	33
3 000	—	—	—	—	10 000	34
—	—	—	—	—	—	35
28 166	—	—	—	—	—	36
20 000	—	3 193	185 000	—	—	37
—	—	—	—	—	—	38
200 000	—	—	17 088 914	—	145 603	39
—	—	—	—	—	—	40
6 725	—	—	—	—	—	41
11 650	—	—	—	—	17 155	42
—	—	—	—	—	127 791	43
—	—	—	—	—	—	44
—	—	—	—	—	—	45
—	—	—	—	—	—	46
—	—	—	—	—	492	47
—	—	—	—	—	108	48
—	—	2 555	85 153	—	575	49
—	—	—	—	—	—	50
—	—	—	633 769	—	—	51
—	—	—	2 649 355	—	—	52
285 204	—	**5 748**	**20 642 191**	**40 000**	**301 724**	

Tabelle IV 22

Deutsche Gesellschaften — Die Art und der Betrag

Versicherungsunternehmung			Inländische			
Nr.	Sitz	Name	Deutsche Reichsanleihen ℳ	Preußische Staatsanleihen ℳ	Sonstige Staatsanleihen ℳ	Staatlich garantierte Anleihen ℳ
		1	2	3	4	5
						Aktien
1	Aachen	Aachen-Leipziger V.A.G. ..	330 000	420 300	465 000	—
2	»	Aachen-Münchener F.V.G..	750 000	901 000	80 300	—
3	Berlin	Allianz	Bei Gruppe II (Tabelle II 9) enthalten			
4	»	Berlinische F.V.A.	600 000	1 705 000	—	36 300
5	»	Deutsche F.V.A.G.	—	752 000	148 000	—
6	»	Industrie V.A.G.	300 000	—	—	—
7	»	Preußische F.V.A.G.	322 000	610 000	—	—
8	»	Union	—	57 500	342 400	—
9	»	Victoria	—	—	—	—
10	Breslau	Schlesische F.V.G.	—	1 006 200	—	—
11	Cöln	Colonia	1 269 000	5 553 000	873 400	137 400
12	Elberfeld	Vaterländische F.V.A.G. ..	256 500	696 100	1 020 000	279 000
13	Erfurt	Thuringia	697 000	615 000	408 000	445 500
14	Essen	Westdeutsche V.A.B.	200 000	300 000	—	—
15	Frankfurt	Deutscher Phönix	550 000	600 000	300 000	—
58	»	Neptun	—	720 000	—	—
16	»	Providentia	Bei Gruppe I (Tabelle I 42) enthalten			
17	Halle	Mitteldeutsche V.A.G.	—	—	—	—
18	Hamburg	Albingia	56 500	80 000	—	—
19	»	Feuer Ass. Comp.	—	225 000	80 000	—
20	»	Globus V.A.G.	150 000	—	393 500	—
21	»	Hamburg-Bremer F.V.G. ..	186 000	400 000	829 700	—
22	»	Nord-Deutsche V.G.	787 000	717 550	2 142 000	—
23	Karlsruhe	Badische F.V.B.	—	30 000	60 000	—
24	Leipzig	Leipziger F.V.A.	200 000	733 500	637 000	30 000
25	Magdeburg ...	Magdeb. F.V.G.	4 920 000	5 590 500	1 000 000	41 400
26	München	Bayer. V.B.	Bei Gruppe I (Tabelle I 42) enthalten			
27	M.-Gladbach ..	Gladbacher F.V.A.G.	1 589 500	1 944 000	231 300	95 400
28	Neuß	Rheinland	59 800	52 000	30 000	—
29	Oldenburg	Oldenb. V.G.	100 000	400 000	350 000	799 875
30	Stettin	Preuß. National V.G.	100 000	3 374 000	—	—
31	Straßburg	Alsatia	43 300	296 700	75 000	—
32	»	Rhein u. Mosel	275 000	700 000	1 043 500	—
54	Stuttgart	Stuttg. Mit- u. Rück V.A.G.	—	—	—	—
		Zusammen	**13 741 600**	**28 479 350**	**10 509 100**	**1 864 875**

Anmerkung zu Tab. IV 22: Zu den Kommunalanleihen sind die Provinzial-, Kreis- und Städte-Anleihen gerechnet.

der Ende 1909 vorhandenen Wertpapiere (Nennwert)

Wertpapiere					Ausländische Wertpapiere				
Kommunalanleihen	Pfandbriefe und Kommunalobligationen der Hypothekenbanken	Pfandbriefe und Kommunalobligationen sonstiger Anstalten	Sonstige Schuldverschreibungen	Aktien	Staatliche und kommunale Anleihen	Sonstige Schuldverschreibungen	Aktien	Gesamtsummen	Nr.
M	M	M	M	M	M	M	M	M	
6	7	8	9	10	11	12	13	14	
gesellschaften									
—	—	—	—	—	—	—	—	1 215 300	1
—	2 201 500	—	—	150 000	5 233 507	3 422 093	—	12 738 400	2
Bei Gruppe II (Tabelle II 9) enthalten									3
90 000	—	713 300	—	—	—	—	—	3 144 600	4
96 000	—	255 000	—	—	—	—	—	1 251 000	5
—	—	—	—	—	—	—	—	300 000	6
95 100	—	972 900	—	—	—	—	—	2 000 000	7
515 500	300 200	373 400	—	—	—	—	—	1 589 000	8
—	—	—	—	—	—	—	—	—	9
—	—	365 000	—	5 000	—	—	—	1 376 200	10
680 000	407 000	—	—	—	—	—	—	8 919 800	11
285 000	300 000	709 000	—	—	—	—	—	3 545 600	12
799 400	131 200	996 000	20 000	—	20 900	—	—	4 133 000	13
43 500	102 600	—	—	—	—	—	—	646 100	14
178 000	332 600	—	1 400	408	—	—	—	1 962 408	15
50 000	—	—	—	—	—	—	—	770 000	58
Bei Gruppe I (Tabelle I 42) enthalten									16
300 000	50 000	50 000	—	—	—	—	—	400 000	17
—	100 000	—	—	—	658 440	—	—	894 940	18
20 000	40 000	—	—	—	29 025	—	—	394 025	19
—	—	—	—	54 000	250 000	—	—	847 500	20
371 500	—	—	—	18 000	2 146 650	5 394 000	—	9 345 850	21
394 500	638 500	—	184 000	2 500	1 653 578	251 000	—	6 770 628	22
—	—	—	—	—	—	—	—	90 000	23
310 200	300 000	220 500	—	—	378 440	—	—	2 809 640	24
700 000	—	—	—	—	321 816	—	408 000	12 981 716	25
Bei Gruppe I (Tabelle I 42) enthalten									26
254 500	—	—	—	—	—	—	—	4 114 700	27
—	—	—	—	—	—	—	—	141 800	28
—	50 000	—	—	—	—	—	—	1 699 875	29
—	—	—	—	—	5 082 890	1 675 800	—	10 232 690	30
94 600	146 600	—	—	40 000	—	—	—	696 200	31
698 500	861 700	—	112 800	190 500	260 400	—	—	4 142 400	32
—	81 500	—	—	—	—	—	—	81 500	54
5 976 300	**6 043 400**	**4 655 100**	**318 200**	**460 408**	**16 035 646**	**10 742 893**	**408 000**	**99 234 872**	

Noch: Tabelle IV 22

Deutsche Gesellschaften — Die Art und der Betrag

Versicherungsunternehmung			Inländische			
Nr.	Sitz	Name	Deutsche Reichs-anleihen ℳ	Preußische Staats-anleihen ℳ	Sonstige Staats-anleihen ℳ	Staatlich garantierte Anleihen ℳ
	1		2	3	4	5
						Gegenseitigkeits
33	Altona	Altonaer Feuer V.G.	55 500	127 000	180 900	73 200
34	Berlin	Vers.V. Dtsch. Eisenb.B.	19 000	343 000	130 000	180 900
35	»	Feuer V.A. Beamten-Vereine	20 000	500	—	—
36	Brandenburg	Brandenb. F.V.G.	15 000	161 000	105 000	—
37	Dresden	Landwirtsch. F.V.Gen.	7 200	700	28 500	—
38	Düsseldorf	Brandvers.V. D. Werkmeister.	—	—	—	—
39	Gotha	Gothaer Feuer V.B.	1 379 500	1 445 700	903 300	1 367 850
40	Greifswald	Greifsw. H. u. F.V.G.	345 000	77 000	50 000	—
41	Güstrow	Feuer V.V. f. Mecklenb.	—	—	—	—
42	Hannover	Concordia	54 000	40 000	—	—
43	Kiel	Adelige Brandgilde	—	—	—	—
44	»	Schwerdtfegersche Brandgilde.	—	—	—	—
45	Leipzig	F.V.Gen. D. Buchdrucker	26 000	7 600	24 900	—
46	Lübeck	Lübecker F.V.V.	—	20 000	—	36 000
47	Neubrandenburg	Mecklenb. H. u. F.V.G.	136 800	10 260	133 859	—
48	Osnabrück	Mühlenvers.Ges.	—	5 000	60 000	—
49	Rostock	Vaterländische F.V.Soc.	—	—	—	—
50	Schönberg	F.V.G. f. d. Fürstent. Ratzeburg	—	—	—	—
51	Schwedt	Schwedter H. u. F.V.G.	—	—	—	—
52	Stuttgart	Württemb. Privat F.V.	560 000	481 500	3 428 714	—
		Zusammen	**2 618 000**	**2 719 260**	**5 045 173**	**1 657 950**

Anmerkung zu Tab. IV 22: Zu den Kommunalanleihen sind die Provinzial-, Kreis- und Städte-Anleihen gerechnet.

der Ende 1909 vorhandenen Wertpapiere (Nennwert)

Wertpapiere					Ausländische Wertpapiere			Gesamtsumme	Nr.
	Pfandbriefe und Kommunalobligationen								
Kommunalanleihen	der Hypothekenbanken	sonstiger Anstalten	Sonstige Schuldverschreibungen	Aktien	Staatliche und kommunale Anleihen	Sonstige Schuldverschreibungen	Aktien		
ℳ	ℳ	ℳ	ℳ	ℳ	ℳ	ℳ	ℳ	ℳ	
6	7	8	9	10	11	12	13	14	
vereine									
296 400	—	85 000	—	—	—	—	—	818 000	33
336 400	—	244 600	69 000	—	—	—	—	1 322 900	34
10 000	—	20 000	—	—	—	—	—	50 500	35
147 500	60 000	231 000	—	—	—	—	—	719 500	36
—	10 000	321 475	—	2 700	—	—	—	370 575	37
84 000	119 000	33 000	—	—	—	—	—	236 000	38
6 128 700	—	367 200	—	—	—	—	—	11 592 250	39
—	—	1 214 500	—	—	—	—	—	1 686 500	40
—	—	33 000	—	—	—	—	—	33 000	41
158 700	—	63 500	—	—	—	—	—	316 200	42
—	—	—	—	—	—	—	—	—	43
—	—	—	—	—	—	—	—	—	44
55 800	51 500	—	—	—	—	—	—	165 800	45
177 300	—	—	—	—	—	—	—	233 300	46
48 222	—	204 106	—	—	—	—	—	533 247	47
54 000	—	8 000	—	—	—	—	—	127 000	48
66 000	—	—	—	—	—	—	—	66 000	49
—	—	—	—	—	—	—	—	—	50
400 000	—	1 644 200	—	—	—	—	—	2 044 200	51
525 300	1 612 000	5 000	2 000	—	583 800	511 700	—	7 710 014	52
8 488 322	**1 852 500**	**4 474 581**	**71 000**	**2 700**	**583 800**	**511 700**	—	**28 024 986**	

Tabelle IV 23

Ausländische im Deutschen Reiche arbeitende
Bilanz für den Schluß
A k

Versicherungsunternehmung Nr.	Sitz	Name	Verpflichtungen der Aktionäre M	Forderungen M	Kassenbestand M
		1	2	3	4
62	Belgien	Belgische Allg. F.V.G.	2 704 417	234 582	[1]) 949 955
63	»	Le Lloyd Belge	3 840 000	741 523	3 887
64	Dänemark	Nye Danske	4 050 000	742 766	18 273
65	England	Alliance Ass. C. Ltd.	89 000 000	16 653 866	144 863
66	»	Atlas Ass. C. Ltd.	38 720 000	8 820 151	212 807
67	»	Commercial Union	53 100 000	21 998 469	7 812 191
68	»	Liverpool-London-Globe	—	28 317 170	768 909
69	»	North British-Merc.	41 250 000	14 637 635	36 254
70	»	Northern Ass. C. Ltd.	54 000 000	10 000 958	43 833
71	»	Norwich Union	19 360 000	8 190 717	2 392
72	»	Royal Ins. C. Ltd.	50 059 560	27 735 100	43 403
73	»	The Guardian	20 000 000	9 651 793	11 957
74	»	The London-Lancashire	47 542 500	11 348 944	—
75	»	The Phœnix	49 366 368	7 559 246	4 098
76	»	The Royal Exchange	—	11 038 741	1 467 345
77	»	The Sun	45 600 000	10 400 000	21 860
78	»	The Yorkshire Ins. C. Ltd.	10 018 260	5 673 843	46 479
79	Frankreich	Phénix	—	2 666 201	176 765
80	Niederlande	Die Niederlande	5 573 333	963 226	2 923
81	»	Nederl. Lloyd	5 984 000	1 228 965	83 194
82	Österr.-Ungarn	Assic. Generali	Bei Gruppe I (Tabelle I 47) enthalten		
83	»	Österr. Phönix	—	6 650 430	405 279
84	»	Riunione Adriatica	4 067 797	11 921 826	415 988
85	Schweden	Skåne	12 150 000	1 574 142	352 956
86	»	Svea	7 777 778	4 314 009	24 920
87	Schweiz	Basler V.G. g. Feuersch.	6 400 000	1 987 797	75 768
88	»	Helvetia	6 400 000	2 088 493	12 222
89	»	Schweiz. National V.G.	Bei Gruppe II (Tabelle II 14) enthalten		
90	»	Schweiz. U.V.A.G.			
91	»	Zürich			

Anmerkungen zu Tab. IV 23: Die Kapitalanlagen und die Forderungen sind in Tab. IV 24 erläutert. — [1]) Einschl. Guthaben bei Banken. — [2]) Darunter 80 261 945 *M* Aktiva der Lebensversicherungs-Abteilung, 12 308 633 *M* Aktiva des West of England-, 75 701 355 *M* Aktiva des Hand-in-Hand- und 77 707 788 *M* Aktiva des Union-Lebensversicherungs-Fonds. — [3]) Darunter 11 527 117 *M* Lebenszinsen, Renten und Anwartschaften. —

Gesellschaften — Gesamtgeschäft des Jahres 1909

tiva

Kapitalanlagen	Inventar	Sonstige Aktiva	Noch nicht gedeckte Organisationskosten	Verlust	Summe	Nr.
ℳ	ℳ	ℳ	ℳ	ℳ	ℳ	
5	6	7	8	9	10	
6 252 369	—	814 423	—	—	10 955 746	62
3 413 981	1	—	—	—	7 999 392	63
2 296 872	9 000	—	—	—	7 116 911	64
340 020 069	—	200 878	—	—	446 019 676	65
61 063 186	—	625 161	—	—	109 441 305	66
103 881 285	—	²) 246 032 811	—	—	432 824 756	67
191 404 451	57 631	³) 12 220 902	—	—	232 769 063	68
91 336 433	—	—	—	—	147 260 322	69
144 141 621	—	1 272 799	—	—	209 459 211	70
32 997 031	—	—	—	—	60 550 140	71
343 480 241	—	⁴) 9 715 342	—	—	431 033 646	72
120 408 943	7 295	112 938	—	—	150 192 926	73
53 545 691	—	633 900	—	—	113 071 035	74
38 526 624	—	870 477	—	—	96 326 813	75
102 023 921	—	6 925	—	—	114 536 932	76
55 424 100	—	—	—	—	111 445 960	77
48 539 662	—	⁵) 1 022 741	—	—	65 300 985	78
26 579 384	8 000	485 653	—	—	29 916 003	79
7 852 734	—	106 217	—	—	14 498 433	80
2 799 282	—	691 483	—	—	10 786 924	81
		Bei Gruppe I (Tabelle I 47) enthalten				82
3 489 911	27 809	⁶) 721 804	—	—	11 295 233	83
12 900 536	—	⁷) 687 328	—	—	29 993 475	84
21 803 176	16 875	—	—	—	35 897 149	85
46 542 260	11 111	7 478	—	—	58 677 556	86
7 615 834	4 976	—	—	—	16 084 375	87
10 798 168	—	—	—	—	19 298 883	88
		Bei Gruppe II (Tabelle II 14) enthalten				89
						90
						91

⁴) Im voraus gezahlte Dividende bezw. Obligationszinsen. — ⁵) Aktiva der Great Britain Mutual Life Assurance Society. — ⁶) Darunter 692 332 ℳ Depots als Garantien und Kautionen. — ⁷) Laufende Rechnung der Lebensversicherungs-Abteilung.

Noch: Tabelle IV 23

Ausländische im Deutschen Reiche arbeitende
Bilanz für den Schluß
Pas

Nr.	Sitz	Name	Aktien-kapital ℳ	Prämien-überträge ℳ	Schaden-reserve ℳ	Sonstige Überträge ℳ
		1	2	3	4	5
62	Belgien	Belgische Allg. F.V.G.	3 385 600	2 196 309	611 251	—
63	»	Le Lloyd Belge	4 800 000	1 260 838	602 170	—
64	Dänemark	Nye Danske	4 500 000	520 577	245 717	—
65	England	Alliance Ass. C. Ltd.	109 000 000	[1] 314 937 128	6 327 111	—
66	»	Atlas Ass. C. Ltd.	44 000 000	[2] 55 359 383	2 155 833	—
67	»	Commercial Union	59 000 000	78 845 026	9 195 911	—
68	»	Liverpool-London-Globe	4 912 800	[4] 154 876 599	5 032 948	—
69	»	North British-Merc.	65 500 000	17 541 322	4 461 691	—
70	»	Northern Ass. C. Ltd.	60 000 000	[5] 113 956 763	3 679 432	—
71	»	Norwich Union	33 600 000	9 742 834	4 067 194	—
72	»	Royal Ins. C. Ltd.	75 769 600	[6] 247 496 538	4 658 750	—
73	»	The Guardian	40 000 000	[7] 99 419 590	2 846 714	—
74	»	The London-Lancashire	52 825 000	18 680 514	4 928 881	—
75	»	The Phœnix	56 308 692	13 738 243	2 146 380	—
76	»	The Royal Exchange	13 784 398	[9] 89 295 609	3 706 484	—
77	»	The Sun	48 000 000	12 468 000	3 065 840	—
78	»	The Yorkshire Ins. C. Ltd.	11 531 400	[10] 38 220 324	1 045 758	—
79	Frankreich	Phénix	3 200 000	4 862 041	317 376	—
80	Niederlande ..	Die Niederlande	6 666 667	3 324 163	887 734	—
81	» ..	Nederl. Lloyd	6 800 000	1 322 878	597 663	—
82	Österr.-Ungarn	Assic. Generali	Bei Gruppe I (Tabelle I 47) enthalten			
83	»	Österr. Phönix	3 825 000	2 502 785	1 031 636	27 283
84	»	Riunione Adriatica	6 779 661	8 757 709	2 027 617	—
85	Schweden	Skåne	13 500 000	[12] 18 097 862	187 931	—
86	»	Svea	11 111 111	[13] 38 033 652	1 173 243	56 708
87	Schweiz	Basler V.G. g. Feuersch.	8 000 000	2 512 135	844 308	—
88	»	Helvetia	8 000 000	1 615 672	1 943 446	160 000
89	»	Schweiz. National V.G.	Bei Gruppe II (Tabelle II 14) enthalten			
90	»	Schweiz. U.V.A.G.				
91	»	Zürich				

Anmerkungen zu Tab. IV 23: Bei den Prämienüberträgen sind durchweg auch die Prämienreserven der Lebens- bezw. Unfallversicherung verrechnet. Unter den sonstigen Passiven (Sp. 9) sind allgemein die Guthaben der Generalagenten und Agenten eingestellt. — [1]) Darunter 249 071 347 ℳ Reserven der Lebensversicherungsabteilung, 8 379 835 ℳ Reserven der Transportversicherungsabteilung, 124 950 ℳ Reserven der Unfallversicherungsabteilung, 10 726 836 ℳ Reserven der Kapitalanlagen-Versicherungsabteilung, 1 758 776 ℳ Reserven der Haftpflichtversicherungsabteilung und 2 875 384 ℳ Reserven des Generalkontos. — [2]) Darunter 39 023 215 ℳ Reserven der Lebensversicherungsabteilung, 95 489 ℳ Reserven der Haftpflichtabteilung und 1 163 532 ℳ Reserven der Pachtzinsabteilung. — [3]) Darunter 12 308 633 ℳ Passiva des West of England-, 75 701 355 ℳ Passiva des Hand-in-Hand-, 77 707 788 ℳ Passiva des Union-Lebensversicherungsfonds und 80 261 945 ℳ Passiva der Lebensversicherungsabteilung. — [4]) Darunter 97 792 599 ℳ Reserven der Lebensversicherungsabteilung und 33 084 000 ℳ Globe 6 % Rentenfonds. —

Gesellschaften — Gesamtgeschäft des Jahres 1909

siva

Hypotheken	Barkautionen	Guthaben anderer Versicherungsunternehmungen	Sonstige Passiva	Kapitalreservefonds	Spezialreserven	Beamtenfonds	Gewinn	Summe	Nr.
ℳ	ℳ	ℳ	ℳ	ℳ	ℳ	ℳ	ℳ	ℳ	
6	7	8	9	10	11	12	13	14	
—	814 423	176 712	4 036	2 927 644	360 000	—	479 771	10 955 746	62
—	15 885	130 938	64 466	628 595	19 036	221 464	256 000	7 999 392	63
108 241	2 000	367 998	7 797	900 000	242 228	—	222 353	7 116 911	64
—	—	1 480 720	839 488	—	—	—	13 435 229	446 019 676	65
—	—	1 243 788	738 658	149 253	335 570	—	5 458 820	109 441 305	66
120 000	—	6 077 699	[3]) 271 821 808	—	1 822 719	2 392 102	3 549 491	432 824 756	67
—	—	4 171 150	738 710	33 090 900	8 498 128	—	21 447 828	232 769 063	68
—	—	3 262 756	1 416 756	31 000 000	—	2 834 517	21 243 280	147 260 322	69
—	—	1 104 711	1 326 247	20 000 000	1 909 232	2 447 039	5 035 787	209 459 211	70
—	—	—	268 771	11 000 000	—	771 341	1 100 000	60 550 140	71
—	—	8 013 081	8 715 494	32 000 000	553 594	1 624 154	52 202 435	431 033 646	72
—	32 687	1 875 135	1 822 043	300 000	600 000	—	3 296 757	150 192 926	73
—	—	4 852 319	[8]) 5 351 809	15 000 000	—	1 200 000	10 232 512	113 071 035	74
—	—	—	636 698	—	14 833 809	—	8 662 991	96 326 813	75
—	111 000	—	228 263	—	736 884	1 298 703	5 375 591	114 536 932	76
—	—	1 286 280	981 660	—	34 306 300	949 260	10 388 620	111 445 960	77
—	—	1 200 768	[11]) 1 516 101	—	7 694 110	123 869	3 968 655	65 300 985	78
—	—	255 599	2 399 375	6 759 159	8 560 000	—	3 562 453	29 916 003	79
—	833	256 641	498 818	2 255 138	251 165	—	357 274	14 498 433	80
—	—	9 892	751 630	459 000	623 635	—	222 226	10 786 924	81
Bei Gruppe I (Tabelle I 47) enthalten									82
—	—	421 949	1 472 746	—	467 305	1 190 708	355 821	11 295 233	83
—	—	2 051 541	866 093	3 389 831	2 306 636	2 461 072	1 353 315	29 993 475	84
417 223	—	656 595	259 026	1 462 500	348 245	294 811	672 956	35 897 149	85
—	4 444	1 920 759	[14]) 1 427 690	1 111 111	2 091 994	234 410	1 512 434	58 677 556	86
—	—	477 275	1 600	2 209 600	1 230 360	—	809 097	16 084 375	87
142 000	65 360	759 398	126 220	3 689 333	1 592 330	520 937	684 187	19 298 883	88
Bei Gruppe II (Tabelle II 14) enthalten									89, 90, 91

[5]) Darunter 100 856 266 ℳ Reserven der Lebensversicherungsabteilung und 813 474 ℳ Reserven der Unfallversicherungsabteilung. — [6]) Darunter 198 401 094 ℳ Reserven der Lebens- und Rentenversicherungen und 3 095 444 ℳ Reserven der Haftpflicht-, Unfall- und anderer Versicherungen. — [7]) Darunter 66 397 348 ℳ Reserven der Lebensversicherungsabteilung und 15 219 793 ℳ Reserven der Westminster Lebensversicherungsabteilung. — [8]) Darunter 5 178 025 ℳ Saldi ausländischer Agenturen und sonstiger Gläubiger. — [9]) Darunter 62 293 980 ℳ Lebensversicherungsfonds, 4 045 345 ℳ Transportversicherungsfonds, 14 691 904 ℳ Rentenversicherungsfonds und 2 040 380 ℳ Unfallversicherungsfonds. — [10]) Darunter 34 905 581 ℳ Reserven der Lebensversicherungs- und Rentenfondsabteilung. — [11]) Darunter 1 022 741 ℳ Passiva der Great Britain Mutual Life Assurance Society. — [12]) Darunter 16 908 532 ℳ Reserven der Lebensversicherungsabteilung. — [13]) Darunter 33 405 635 ℳ Reserven der Lebensversicherungsabteilung. — [14]) Darunter ' 173 828 ℳ Konto der mit Gewinnanteil Versicherten.

Tabelle IV 24

Ausländische im Deutschen Reiche arbeitende
Die Art der Kapitalanlagen und

Versicherungsunternehmung			Kapitalanlagen				
			Insgesamt	davon entfallen auf			
Nr.	Sitz	Name		Grundbesitz	Hypotheken und Grundschulden	Darlehen auf Wertpapiere	Wertpapiere
			ℳ	ℳ	ℳ	ℳ	ℳ
1			2	3	4	5	6
62	Belgien	Belgische Allg. F.V.G.	6 252 369	104 000	—	—	6 148 369
63	»	Le Lloyd Belge	3 413 981	256 000	—	294 400	2 863 181
64	Dänemark	Nye Danske	2 296 872	392 510	1 336 781	—	567 581
65	England	Alliance Ass. C. Ltd.	340 020 069	24 364 612	69 460 332	12 217 027	197 946 628
66	»	Atlas Ass. C. Ltd.	61 063 186	3 330 953	9 302 740	1 637 600	43 467 909
67	»	Commercial Union	103 881 285	19 004 346	2 381 971	1 425 608	80 253 810
68	»	Liverpool-London-Globe	191 404 451	25 459 405	24 048 723	221 175	133 997 531
69	»	North British-Merc.	91 336 433	14 668 072	108 268	—	76 494 650
70	»	Northern Ass. C. Ltd.	144 141 621	14 104 233	5 326 671	1 910 397	117 829 426
71	»	Norwich Union	32 997 031	2 864 143	497 600	—	29 369 070
72	»	Royal Ins. C. Ltd.	343 480 241	59 794 121	42 923 510	[5]) 15 872 459	210 199 689
73	»	The Guardian	120 408 943	5 641 751	31 828 854	—	72 549 502
74	»	The London-Lancashire	53 545 691	9 738 000	1 236 675	—	42 247 227
75	»	The Phœnix	38 526 624	7 852 612	988 632	—	29 571 697
76	»	The Royal Exchange	102 023 921	9 331 394	15 447 775	—	62 328 313
77	»	The Sun	55 424 100	19 648 880	2 978 100	5 260	32 791 860
78	»	The Yorkshire Ins. C. Ltd.	48 539 662	4 620 966	19 782 590	2 529 445	21 565 352
79	Frankreich	Phénix	26 579 384	3 511 263	—	—	23 064 809
80	Niederlande	Die Niederlande	7 852 734	1 677 571	929 208	—	5 217 504
81	»	Nederl. Lloyd	2 799 282	—	285 373	1 875 100	638 809
83	Österr.-Ungarn	Österr. Phönix	3 489 911	213 889	—	—	3 276 022
84	»	Riunione Adriatica	12 900 536	1 229 706	—	53 047	11 071 580
85	Schweden	Skåne	21 803 176	1 926 000	12 529 772	3 223 157	4 124 247
86	»	Svea	46 542 260	1 995 222	24 453 638	—	[10]) 11 155 514
87	Schweiz	Basler V.G. g. Feuersch.	7 615 834	1 533 349	3 160 700	—	2 682 293
88	»	Helvetia	10 798 168	320 000	3 507 122	—	6 617 117

Anmerkungen zu Tab. IV 24: [1]) Darunter 15 269 600 ℳ Darlehen auf Lebensversicherungspolicen. — [2]) Darunter 3 037 741 ℳ Darlehen auf Lebensversicherungspolicen. — [3]) Darunter 3 187 333 ℳ Darlehen auf Lebensversicherungspolicen. — [4]) Vorauszahlungen und Darlehen auf Policen. — [5]) Darunter Darlehen an Staats- und Gemeindeverwaltungen. — [6]) Darunter 10 539 351 ℳ Darlehen auf Lebensversicherungspolicen. —

Gesellschaften — Gesamtgeschäft der Aktivforderungen Ende 1909

		Aktivforderungen							
			davon entfallen auf						
					Guthaben bei				
Wechsel	sonstige Anlagen	Insgesamt	Rückstände der Versicherten	Ausstände bei Agenten	Bankhäusern	anderen Versicherungsunternehmungen	rückständige Zinsen und Mieten	sonstige Forderungen	Nr.
M	M	M	M	M	M	M	M	M	
7	8	9	10	11	12	13	14	15	
—	—	234 582	—	234 200	im Kassenbestand enthalten	—	—	382	62
409	—	741 523	—	210 496	99 859	174 064	44 519	212 585	63
—	—	742 766	—	32 701	224 165	482 442	3 458	—	64
337 412	1) 35 694 058	16 653 866	648 516	8 267 540	3 110 023	546 811	4 080 976	—	65
84 464	2) 3 239 520	8 820 151	423 835	5 254 236	2 303 969	64 051	741 943	32 117	66
815 550	—	21 998 469	1 688 554	13 914 826	2 441 411	3 648 923	304 755	—	67
559 043	3) 7 118 574	28 317 170	5 723 349	9 528 867	10 334 842	913 939	1 571 063	245 110	68
65 443	—	14 637 635	1 246 147	8 913 653	3 928 413	—	446 483	102 939	69
560 041	4) 4 410 853	10 000 958	—	5 676 220	2 306 482	553 324	1 464 932	—	70
266 218	—	8 190 717	—	2 793 952	3 485 439	—	382 720	1 528 606	71
1 403 116	6) 13 287 346	27 735 100	463 422	15 161 424	7 785 631	1 423 240	2 773 344	128 039	72
236 937	7) 10 151 899	9 651 793	420 871	3 521 579	2 318 907	1 250 420	1 561 739	578 277	73
323 789	—	11 348 944	40 657	4 725 275	6 044 442	—	538 570	—	74
113 683	—	7 559 246	—	5 047 513	2 276 647	—	235 086	—	75
70 454	8) 14 845 985	11 038 741	3 034 574	3 801 831	3 313 037	—	889 299	—	76
—	—	10 400 000	817 340	5 572 040	3 674 920	128 440	—	207 260	77
41 309	—	5 673 843	112 890	3 506 153	816 170	930 745	305 912	1 973	78
3 312	—	2 666 201	437 872	1 300 528	926 691	—	1 110	—	79
3 834	9) 24 617	963 226	—	382 227	—	530 648	50 351	—	80
—	—	1 228 965	161 655	528 259	227 397	308 780	2 874	—	81
—	—	6 650 430	—	1 036 680	1 481 130	3 799 404	49 383	283 833	83
546 203	—	11 921 826	—	1 864 997	7 746 857	1 902 590	62 585	344 797	84
—	—	1 574 142	164 417	58 725	504 456	620 201	173 030	53 313	85
—	8 937 886	4 314 009	203 674	1 351 382	1 290 530	960 570	466 067	41 786	86
239 492	—	1 987 797	—	746 273	1 185 025	2 087	54 412	—	87
353 929	—	2 088 493	—	594 412	1 196 450	144 019	153 612	—	88

7) Darunter 4 383 371 M Darlehen auf Lebensversicherungspolicen. — 8) Darlehen auf Lebensversicherungspolicen. — 9) Darunter 20 470 M Darlehen auf Lebensversicherungspolicen. — 10) Darunter 5 612 515 M Darlehen auf Lebensversicherungspolicen.

Gruppe V

Sonstige verschiedene Versicherungszweige

In den Tabellen sind für die Namen der Unternehmungen folgende Abkürzungen verwendet:

Glas-, Kautions-, Garantie-, Kredit-, Maschinen-, Baulast-, Wertgegenstände- und Veruntreuungsversicherung

Deutsche Aktiengesellschaften

Aachen, Aachen-Leipziger V. A.G.	für:	Aachen-Leipziger Versicherungs-Aktien-Gesellschaft in Aachen.
Berlin, Allg. Spiegelglas V. G.	»	Allgemeine Spiegelglas-Versicherungs-Gesellschaft in Berlin.
» Allianz	»	Allianz, Versicherungs-Aktien-Gesellschaft in Berlin.
» Berl. Spiegelglas V. A.G.	»	Berlinische Spiegelglas-Versicherungs-Aktien-Gesellschaft zu Berlin.
» Deutscher Lloyd	»	Deutscher Lloyd, Transport-Versicherungs-Aktien-Gesellschaft in Berlin.
» Union	»	Union, Allgemeine Versicherungs-Aktien-Gesellschaft zu Berlin.
Breslau, Schlesische F.V. G.	»	Schlesische Feuerversicherungs-Gesellschaft in Breslau.
Cöln, Cölnische Glas V. A.G.	»	Cölnische Glas-Versicherungs-Aktien-Gesellschaft Cöln a. Rhein.
» Cölnische U.V. A.G.	»	Cölnische Unfall-Versicherungs-Aktien-Gesellschaft in Cöln a. Rhein.
» Vaterländische Glas V.A.G.	»	Vaterländische Glas-Versicherungs-Aktien-Gesellschaft Cöln a. Rhein.
Erfurt, Thuringia	»	Die Versicherungsgesellschaft Thuringia in Erfurt.
Frankfurt, Frankf. Transp. U. u. Gl.V. A.G.	»	Frankfurter Transport-, Unfall- und Glas-Versicherungs-Aktien-Gesellschaft in Frankfurt a. Main.
Halle, Glas V. A.G. Halensia	»	Glas-Versicherungs-Aktien-Gesellschaft »Halensia« zu Halle a. S.
Hamburg, Globus V. A.G.	»	Globus, Versicherungs-Aktien-Gesellschaft.
» Hammonia	»	Aktien-Gesellschaft »Hammonia«, Glas-Versicherungs-Gesellschaft des Verbandes von Glaser-Innungen Deutschlands.
Mannheim, Mannheimer V.G.	»	Mannheimer Versicherungsgesellschaft.
» Oberrheinische V.G.	»	Oberrheinische Versicherungs-Gesellschaft in Mannheim.
M.-Gladbach, Gladbacher F.V. A.G.	»	Gladbacher Feuerversicherungs-Aktien-Gesellschaft in M.-Gladbach.
Neuß, Rheinland	»	Feuerversicherungs-Gesellschaft Rheinland.
Oldenburg, Oldenb. V.G.	»	Oldenburger Versicherungs-Gesellschaft.
Stuttgart, Stuttg. Mit- u. Rück V. A.G.	»	Stuttgarter Mit- und Rückversicherungs-Aktiengesellschaft in Stuttgart.

Deutsche Gegenseitigkeitsvereine

Brandenburg, Brandenb. Spiegelglas V.G. ... für: Brandenburger Spiegelglas-Versicherungs-Gesellschaft a. G. zu Brandenburg a./H.

Bremen, Bremer Spiegelglas V.G. .... » Bremer Spiegelglas-Versicherungs-Gesellschaft auf Gegenseitigkeit zu Bremen.

Greifswald, Greifsw. H. u. F.V.G. .... » Hagel- und Feuer-Versicherungsgesellschaft auf Gegenseitigkeit zu Greifswald.

Rostock, Rostocker Spiegelglas V.V. .... » Rostocker Spiegelglas-Versicherungs-Verein auf Gegenseitigkeit zu Rostock.

Ausländische Unternehmungen

Belgien, La Garantie Belge .... für: La Garantie Belge, unter der Firma Billen & Cie., Spiegelglas-Versicherungs-Gesellschaft in Brüssel.

England, National Plate Glass .... » The National Provincial Plate Glass Insurance Co. Ltd. in London.

Österr.-Ungarn, Assic. Generali .... » Assicurazioni Generali in Triest.

» Österr. Phönix .... » K. k. privilegierte Versicherungs-Gesellschaft Österreichischer Phönix in Wien.

Schweiz, Schweiz. National V.G. .... » Schweizerische National-Versicherungs-Gesellschaft in Basel.

» Union Suisse .... » Union Suisse, Compagnie générale d'Assurances.

Kaskoversicherung

Alsleben, Schiffs V.V. .... für: Schiffsversicherungs-Verein zu Alsleben, eingetragene Genossenschaft mit unbeschränkter Haftpflicht.

Barßel, Union V.V. .... » Union, Versicherungsverein auf Gegenseitigkeit in Barßel.

Barth, V.V. f. deutsche Küstenschiffe ...... » Versicherungs-Verein für deutsche Küstenschiffe auf Gegenseitigkeit zu Barth.

Bremen, Bremer Schiffer Komp. .... » Bremer Schiffer-Kompakt.

Büsum, Büsumer V.K. f. Fischereifahrz. .... » Büsumer Versicherungskasse für Fischereifahrzeuge.

Charlottenburg, Berolina .... » »Berolina« Versicherungs-Verein auf Gegenseitigkeit in Charlottenburg.

Coblenz-Neuendorf, Harmonie .... » Schiffs-Versicherungs-Gesellschaft »Harmonie« a. G. zu Coblenz-Neuendorf.

Cranz, Assek.V. v. Küstenfahr. .... » Assekuranz-Verein von Küstenfahrern in Cranz a. d. Elbe.

Cuxhaven, Niederelb. Schiffer Komp. .... » Niederelbischer Schiffer-Kompakt in Cuxhaven.

Dömitz, Dömitzer Flußfahrz. V.G. .... » Dömitzer Flußfahrzeug-Versicherungs-Gesellschaft.

Elmshorn, Schiffergilde Einigkeit .... » Schiffer-Gilde »Einigkeit« zu Elmshorn.

Fürstenberg, Stromfahrz.V.V. .... » Stromfahrzeug-Versicherungs-Verein a. G. zu Fürstenberg i. Meckl.

Fürstenwalde, Einigkeit .... » »Einigkeit« Schiffs-Versicherungsverein auf Gegenseitigkeit zu Fürstenwalde (Spree).

Geestemünde, Kasse z. V. v. Fischerfahrz. .. » Kasse zur Versicherung von Fischerfahrzeugen a. d. Unterweser.

Hamburg, V. d. Schutenbesitzer von 1889... » Verein der Schutenbesitzer von 1889.

Hamb.-Finkenwärder, V. K. f. Fischereifahrz. der Nordsee .... » Versicherungskasse für Fischereifahrzeuge der Nordsee (Unterelbe-Versicherungskasse).

Haßmersheim, Schiffs V.V. .... » Schiffsversicherungsverein Haßmersheim.

Homberg, Rheinfahrt.................... » Kasko-Versicherungs-Gesellschaft »Rheinfahrt« Versicherungsverein auf Gegenseitigkeit Homberg-Niederrhein.

Kienitz, Stromfahrz.V.V. Zerpenschleuse ... » Stromfahrzeug-Versicherungs-Verein auf Gegenseitigkeit zu Zerpenschleuse.

Lauenburg, Lauenburger Schiffs V.V. ...... » Lauenburger Schiffsversicherungs-Verein.

Magdeburg, Allg. D. Flußfahrz.V.G. .... » Allgemeine Deutsche Flußfahrzeug-Versicherungs-Gesellschaft auf Gegenseitigkeit zu Magdeburg.

Mannheim, Jus et Justitia .... » »Jus et Justitia« Kasko-Versicherungs-Gesellschaft auf Gegenseitigkeit.

Mülheim, Vater Rhein	für:	Schiffer-Hülfs-Gesellschaft »Vater Rhein« Kasko-Versicherungs-Gesellschaft auf Gegenseitigkeit Mülheim a. d. Ruhr.
Neckar-Steinach, Schiffs V.Gen.	»	Schiffsversicherungs-Genossenschaft, eingetragene Genossenschaft mit unbeschränkter Haftpflicht zu Neckar-Steinach.
Neuharlingersiel, Kasse z. V. v. Fischerfahrz.	»	Kasse zur Versicherung von Fischerfahrzeugen in Ostfriesland zu Neuharlingersiel.
Nienburg, Schiffs V.V.	»	Schiffsversicherungs-Verein zu Nienburg (Saale), eingetragene Genossenschaft mit unbeschränkter Nachschußpflicht.
Oldenburg, Oldenb. Schiffer Komp.	»	Oldenburger Schiffer-Kompakt.
Pritzerbe, Pritzerber Kahn V.G.	»	Pritzerber Kahnversicherungs-Gesellschaft auf Gegenseitigkeit zu Pritzerbe a. H.
Riesa, Allg. Fluß V.G.	»	Allgemeine Fluß-Versicherungs-Gesellschaft zu Riesa.
Ruhrort, Germania	»	Schiffer-Hülfsgesellschaft »Germania« zu Ruhrort.
Sachsenhausen, Flußfahrzeug V.V.	»	Flußfahrzeug-Versicherungs-Verein auf Gegenseitigkeit zu Sachsenhausen (Mark).
Schulau, Assek. V. v. Küstenfahr.	»	Assekuranz-Verein von Küstenfahrern in Schulau.
Ückermünde, Binnenfahrz. V.V.	»	Binnenfahrzeug-Versicherungs-Verein auf Gegenseitigkeit zu Ückermünde.
Uetersen, Schiffergilde Emanuel	»	Schiffergilde Emanuel in Uetersen.
Warsingsfehn, Kleiner Schiffer Komp.	»	Kleiner Schiffer-Kompakt Versicherungsverein auf Gegenseitigkeit in Warsingsfehn.
Westrhauderfehn, Komp. Germania	»	Kompakt Germania V. a. G. zu Westrhauderfehn.

Rückversicherung

Aachen, Aachener Rück V.G.	für:	Aachener Rückversicherungs-Gesellschaft in Aachen.
Berlin, Deutsche Rück- u. Mit V.G.	»	Deutsche Rück- und Mitversicherungs-Gesellschaft in Berlin.
» Deutsche Transp.V.G.	»	Deutsche Transport-Versicherungs-Gesellschaft in Berlin.
Bremen, Deutsche V.G.	»	Deutsche Versicherungs-Gesellschaft in Bremen.
Cöln, Cölnische Rück V.G.	»	Cölnische Rückversicherungs-Gesellschaft in Cöln.
» Colonia	»	Rückversicherungs-Aktien-Gesellschaft Colonia in Cöln.
» Minerva	»	Minerva, Retrozessions- und Rückversicherungs-Gesellschaft zu Cöln.
Frankfurt, Europa	»	Rückversicherungs-Gesellschaft »Europa« in Frankfurt a. M.
» Frankf. Rück V.G.	»	Frankfurter Rückversicherungs-Gesellschaft in Frankfurt a. M.
» Frankf. Transp. U. u. Gl.V.A.G.	»	Frankfurter Transport-, Unfall- und Glas-Versicherungs-Aktien-Gesellschaft in Frankfurt a. M.
» Frankona	»	Frankona, Rück- und Mitversicherungs-Aktien-Gesellschaft in Frankfurt a. M.
» Preußische Rück V.A.G.	»	Preußische Rückversicherungs-Aktien-Gesellschaft in Frankfurt a. M.
» Providentia	»	Rückversicherungs-Aktien-Gesellschaft Providentia in Frankfurt a.M.
Hamburg, Hamburg-Bremer Rück V.A.G.	»	Hamburg-Bremer Rückversicherungs-Aktiengesellschaft in Hamburg.
» Neue Fünfte Ass. Comp.	»	Neue Fünfte Assekuranz-Compagnie in Hamburg.
» Nord-West-Deutsche V.G.	»	Nord-West-Deutsche Versicherungs-Gesellschaft in Hamburg.
» V.G. Hamburg	»	Versicherungs-Gesellschaft Hamburg in Hamburg.
» V.G. von 1873	»	Versicherungs-Gesellschaft von 1873 in Hamburg.
Leipzig, Leipziger Rück V.A.	»	Leipziger Rückversicherungs-Anstalt, Aktien-Gesellschaft in Leipzig.
Magdeburg, Magdeb. Rück V.A.G.	»	Magdeburger Rückversicherungs-Aktien-Gesellschaft in Magdeburg.
Mannheim, Oberrheinische V.G.	»	Oberrheinische Versicherungs-Gesellschaft in Mannheim.
München, Münchener Rück V.G.	»	Münchener Rückversicherungs-Gesellschaft in München.
» Süddeutsche Rück V.A.G.	»	Süddeutsche Rückversicherungs-Aktien-Gesellschaft in München.
M.-Gladbach, Gladbacher Rück V.A.G.	»	Gladbacher Rückversicherungs-Aktien-Gesellschaft in M.-Gladbach.
» Rheinisch-Westf. Lloyd	»	Rheinisch-Westfälischer Lloyd Transport-Versicherungs-Aktien-Gesellschaft in M.-Gladbach.
» Rheinisch-Westf. Rück V.A.G.	»	Rheinisch-Westfälische Rückversicherungs-Aktien-Gesellschaft in M.-Gladbach.
Stettin, Stettiner Rück V.A.G.	»	Stettiner Rückversicherungs-Aktien-Gesellschaft zu Stettin.
Stuttgart, Stuttg. Mit- u. Rück V.A.G.	»	Stuttgarter Mit- und Rückversicherungs-Aktiengesellschaft in Stuttgart.

Tabelle V 1

Deutsche Gesellschaften — Zahl und Betrag der Glas

Versicherungsunternehmung			Selbst abgeschlossene Ver			
			Bestand Ende 1908		Zu- oder Abnahme (—) 1909	
Nr.	Sitz	Name	Zahl der Versicherungen	Versicherungssummen ℳ	Zahl der Versicherungen	Versicherungssummen ℳ
		1	2	3	4	5
						Aktien
1	Aachen	Aachen-Leipziger V.A.G.	9 732	3 753 061	548	699 309
2	Berlin	Allg. Spiegelglas V.G.	28 267	13 689 300	— 165	34 461
3	»	Berl. Spiegelglas V.A.G.	17 835	10 554 052	— 136	213 942
4	»	Deutscher Lloyd [1])	2 613	Nicht anzugeben	167	Nicht anzugeben
5	»	Union	29 543	14 433 671	1 821	1 852 884
6	Breslau	Schlesische F.V.G.	23 924	10 607 960	28	— 46 000
7	Cöln	Cölnische Glas V.A.G.	54 388	30 644 336	2 677	1 985 024
8	»	Cölnische U.V.A.G.	12 895	7 581 285	— 32	138 914
9	»	Vaterländische Glas V.A.G.	8 235	7 772 748	862	1 166 825
10	Erfurt	Thuringia	16 497	8 900 466	1 627	779 633
11	Frankfurt	Frankf. Transp. U. u. Gl.V.A.G. ..	56 006	33 810 868	1 115	769 732
12	Halle	Glas V.A.G. Halensia	4 071	2 640 823	2 089	902 907
13	Hamburg	Hammonia	142 046	80 236 881	4 685	3 780 964
14	Mannheim	Mannheimer V.G.	1 669	881 169	[2]) 4 357	[2]) 2 603 955
15	»	Oberrheinische V.G.	17 691	10 095 231	514	50 262
16	M.-Gladbach ..	Gladbacher F.V.A.G.	21 530	7 854 270	2 593	500 324
17	Neuß	Rheinland	5 668	1 976 005	495	196 822
18	Oldenburg	Oldenb. V.G.	8 899	3 823 905	117	63 381
19	Stuttgart	Stuttg. Mit- u. Rück V.A.G.	3 845	1 916 781	760	349 954
		Zusammen	**465 354**	***251 172 812***	**24 122**	***16 043 293***
						Gegenseitigkeits
20	Brandenburg .	Brandenb. Spiegelglas V.G.	48 732	26 602 618	1 325	625 898
21	Bremen	Bremer Spiegelglas V.G.	22 695	11 571 229	185	234 338
22	Rostock	Rostocker Spiegelglas V.V.	3 994	2 381 789	— 3 994	— 2 381 789
		Zusammen	**75 421**	**40 555 636**	**— 2 484**	**— 1 521 553**

Anmerkungen zu Tab. V 1: Die Zahlen in den Spalten 2—11 schließen die in Rückdeckung gegebenen Versicherungen ein. — Von dem hier dargestellten Gesamtgeschäft ist in der Tabelle V 2 der inländische Teil besonders nachgewiesen. — [1]) Die Versicherungssummen können nicht angegeben werden, weil nicht der in Mark ausgedrückte Wert einer Scheibe versichert und im Schadenfalle vergütet wird, sondern die Entschädigung in der Weise erfolgt, daß für eine beschädigte Scheibe eine Scheibe von gleicher Größe und Beschaffenheit geliefert wird. —

versicherungen Ende 1908 und Ende 1909 — Gesamtgeschäft

sicherungen		In Rückdeckung übernommene Versicherungen			Gesamtversicherungssummen Ende 1909	Davon für eigene Rechnung behalten	Nr.
Bestand Ende 1909		Bestand Ende 1908	Zu- oder Abnahme (—) 1909	Bestand Ende 1909			
Zahl der Versicherungen	Versicherungssummen	Versicherungssummen	Versicherungssummen	Versicherungssummen			
	M	M	M	M	M	M	
6	7	8	9	10	11	12	

gesellschaften

10 280	4 452 370	—	—	—	4 452 370	4 452 370	1
28 102	13 723 761	—	—	—	13 723 761	13 723 761	2
17 699	10 767 994	—	—	—	10 767 994	10 767 994	3
2 780			Nicht anzugeben			Der ganze Bestand	4
31 364	16 286 555	—	—	—	16 286 555	16 286 555	5
23 952	10 561 960	16 732	— 15 700	1 032	10 562 992	10 562 992	6
57 065	32 629 360	46 925	11 401	58 326	32 687 686	32 274 269	7
12 863	7 720 199	—	—	—	7 720 199	7 508 801	8
9 097	8 939 573	—	—	—	8 939 573	8 205 055	9
18 124	9 680 099	1 727	—	1 727	9 681 826	8 308 965	10
57 121	34 580 600	9 888	— 288	9 600	34 590 200	34 332 462	11
6 160	3 543 730	—	—	—	3 543 730	3 543 730	12
146 731	84 017 845	—	—	—	84 017 845	84 017 845	13
²) 6 026	²) 3 485 124	—	—	—	²) 3 485 124	²) 3 483 922	14
18 205	10 145 493	—	—	—	10 145 493	5 753 351	15
24 123	8 354 594	—	—	—	8 354 594	8 354 594	16
6 163	2 172 827	—	—	—	2 172 827	2 172 212	17
9 016	3 887 286	—	—	—	3 887 286	3 887 286	18
4 605	2 266 735	—	8 987	8 987	2 275 722	2 266 700	19
489 476	***267 216 105***	***75 272***	***4 400***	***79 672***	***267 295 777***	***259 902 864***	

vereine

50 057	27 228 516	—	—	—	27 228 516	27 228 516	20
22 880	11 805 567	—	—	—	11 805 567	11 805 567	21
³) —	³) —	—	—	—	—	—	22
72 937	**39 034 083**	—	—	—	**39 034 083**	**39 034 083**	

²) Einschl. des vom Rostocker Spiegelglas V.V. im Berichtsjahre übernommenen Bestandes. — ³) Der Bestand am Ende des Jahres ist bei der Mannheimer V.G. nachgewiesen, die das Geschäft des Rostocker Spiegelglas V.V. übernommen hat und deren Geschäftsjahr bis 30. Juni 1910 läuft.

Tabelle V 2

Deutsche Gesellschaften — Zahl und Betrag der Glas

Versicherungsunternehmung			Selbst abgeschlossene Ver			
			Bestand Ende 1908		Zu- oder Abnahme (—) 1909	
Nr.	Sitz	Name	Zahl der Versicherungen	Versicherungssummen ℳ	Zahl der Versicherungen	Versicherungssummen ℳ
		1	2	3	4	5
		Aktien				
1	Aachen	Aachen-Leipziger V.A.G.	9 664	3 742 839	503	692 388
2	Berlin	Allg. Spiegelglas V.G.	25 600	12 404 454	— 293	— 9 036
3	»	Berl. Spiegelglas V.A.G.	17 835	10 554 052	— 136	213 942
4	»	Deutscher Lloyd [1])	2 515	Nicht anzugeben	123	Nicht anzugeben
5	»	Union	29 543	14 433 671	1 821	1 852 884
6	Breslau	Schlesische F.V.G.	19 998	8 706 030	350	171 652
7	Cöln	Cölnische Glas V.A.G.	47 690	27 054 760	1 928	1 623 744
8	»	Cölnische U.V.A.G.	12 522	7 415 169	— 57	128 885
9	»	Vaterländische Glas V.A.G.	8 220	7 766 622	798	1 118 957
10	Erfurt	Thuringia	16 497	8 900 466	1 627	779 633
11	Frankfurt	Frankf. Transp. U. u. Gl.V.A.G.	51 209	31 040 432	843	600 685
12	Halle	Glas V.A.G. Halensia	4 071	2 640 823	2 089	902 907
13	Hamburg	Hammonia	140 669	79 716 241	1 469	701 331
14	Mannheim	Mannheimer V.G.	1 331	590 364	[2]) 4 281	[2]) 2 505 899
15	»	Oberrheinische V.G.	16 649	9 389 680	438	81 496
16	M.-Gladbach	Gladbacher F.V.A.G.	18 313	6 979 394	3 371	510 482
17	Neuß	Rheinland	5 668	1 976 005	495	196 822
18	Oldenburg	Oldenb. V.G.	8 899	3 823 905	117	63 381
19	Stuttgart	Stuttg. Mit- u. Rück V.A.G.	3 845	1 916 781	760	349 954
		Zusammen	**440 738**	***239 051 688***	**20 527**	***12 486 006***
		Gegenseitigkeits				
20	Brandenburg	Brandenb. Spiegelglas V.G.	40 620	20 389 306	1 218	484 406
21	Bremen	Bremer Spiegelglas V.G.	21 779	11 151 522	150	218 552
22	Rostock	Rostocker Spiegelglas V.V.	3 993	2 379 539	— 3 993	— 2 379 539
		Zusammen	**66 392**	**33 920 367**	**— 2 625**	**— 1 676 581**

Anmerkungen zu Tab. V 2: Die Zahlen schließen die in Rückdeckung gegebenen Versicherungen ein. — [1]) Die Versicherungssummen können nicht angegeben werden, weil nicht der in Mark ausgedrückte Wert einer Scheibe versichert und im Schadenfalle vergütet wird, sondern die Entschädigung in der Weise erfolgt, daß für eine beschädigte Scheibe eine Scheibe von gleicher Größe und Beschaffenheit geliefert wird. —

versicherungen Ende 1908 und Ende 1909 — Inländisches Geschäft

sicherungen		In Rückdeckung übernommene Versicherungen			Gesamtversicherungssummen Ende 1909	Von je 1 000 ℳ des gesamten Geschäfts kommen auf das inländische	Nr.
Bestand Ende 1909		Bestand Ende 1908	Zu- oder Abnahme (—) 1909	Bestand Ende 1909			
Zahl der Versicherungen	Versicherungssummen ℳ	Versicherungssummen ℳ	Versicherungssummen ℳ	Versicherungssummen ℳ	ℳ	ℳ	
6	7	8	9	10	11	12	
gesellschaften							
10 167	4 435 227	—	—	—	4 435 227	996	1
25 307	12 395 418	—	—	—	12 395 418	903	2
17 699	10 767 994	—	—	—	10 767 994	1 000	3
2 638	Nicht anzugeben						4
31 364	16 286 555	—	—	—	16 286 555	1 000	5
20 348	8 877 682	—	—	—	8 877 682	840	6
49 618	28 678 504	—	—	—	28 678 504	877	7
12 465	7 544 054	—	—	—	7 544 054	977	8
9 018	8 885 579	—	—	—	8 885 579	994	9
18 124	9 680 099	1 727	—	1 727	9 681 826	1 000	10
52 052	31 641 117	5 228	454	5 682	31 646 799	915	11
6 160	3 543 730	—	—	—	3 543 730	1 000	12
142 138	80 417 572	—	—	—	80 417 572	957	13
[2] 5 612	[2] 3 096 263	—	—	—	[2] 3 096 263	[2] 888	14
17 087	9 471 176	—	—	—	9 471 176	934	15
21 684	7 489 876	—	—	—	7 489 876	896	16
6 163	2 172 827	—	—	—	2 172 827	1 000	17
9 016	3 887 286	—	—	—	3 887 286	1 000	18
4 605	2 266 735	—	8 987	8 987	2 275 722	1 000	19
461 265	***251 537 694***	***6 955***	***9 441***	***16 396***	***251 554 090***	***941***	
vereine							
41 838	20 873 712	—	—	—	20 873 712	767	20
21 929	11 370 074	—	—	—	11 370 074	963	21
[3] —	[3] —	—	—	—	—	—	22
63 767	**32 243 786**	—	—	—	**32 243 786**	**826**	

[2]) Einschl. des vom Rostocker Spiegelglas V.V. im Berichtsjahre übernommenen Bestandes. — [3]) Siehe Anmerkung [3]) zu Tab. V1 S. 301.

Tabelle V 3

Deutsches Geschäft ausländischer Gesellschaften — Zahl und

Versicherungsunternehmung			Selbst abgeschlossene Ver			
			Bestand Ende 1908		Zu- oder Abnahme (–) 1909	
Nr.	Sitz	Name	Zahl der Versicherungen	Versicherungssummen ℳ	Zahl der Versicherungen	Versicherungssummen ℳ
		1	2	3	4	5
23	Belgien	La Garantie Belge	1 917	Nicht anzugeben	44	Nicht anzugeben
24	England	National Plate Glass	8 434	5 950 758	— 108	— 48 474
25	Österr.-Ungarn	Assic. Generali	724	170 299	— 6	— 12 341
26	»	Österr. Phönix [1])	108	148 507	— 108	— 148 507
27	Schweiz	Schweiz. National V.G.	900	385 594	— 1	838
28	»	Union Suisse	129	126 731	23	12 044
		Zusammen	**12 212**	***6 781 889***	— **156**	— ***196 440***

Anmerkungen zu Tab. V 3: Die Zahlen in den Spalten 2 bis 11 schließen die in Rückdeckung gegebenen Versicherungen ein, beziehen sich aber nur auf das deutsche Geschäft. — [1]) Der Geschäftsbetrieb im Deutschen Reiche wurde aufgegeben.

Tabelle V 5

Deutsches Geschäft ausländischer Gesellschaften — Die Prämien

Versicherungsunternehmung			Insgesamt		
			Prämien	Schäden	
Nr.	Sitz	Name	ℳ	Zahl	Betrag ℳ
		1	2	3	4
23	Belgien	La Garantie Belge	26 053	198	14 661
24	England	National Plate Glass	149 765	1 744	111 501
25	Österr.-Ungarn	Assic. Generali	5 233	43	2 087
26	»	Österr. Phönix [1])	—	36	452
27	Schweiz	Schweiz. National-V.G.	10 026	85	3 019
28	»	Union Suisse	2 216	45	1 323
		Zusammen	**193 293**	**2 151**	**133 043**

Anmerkungen zu Tab. V 5: Die Angaben beziehen sich lediglich auf das deutsche Geschäft. — Die Prämien und Schäden verstehen sich einschl. des Anteils der Rückversicherer. — Die Prämien sind die Einnahmen aus dem Geschäftsjahr ohne Rücksicht auf die Überträge. — Die Schäden sind die im Geschäftsjahr angemeldeten Schäden ohne Regulierungskosten. — [1]) Der Geschäftsbetrieb im Deutschen Reiche wurde aufgegeben.

Betrag der Glasversicherungen Ende 1908 und Ende 1909

sicherungen: Bestand Ende 1909: Zahl der Versicherungen	sicherungen: Bestand Ende 1909: Versicherungssummen ℳ	In Rückdeckung übernommene Versicherungen: Bestand Ende 1908: Versicherungssummen ℳ	In Rückdeckung übernommene Versicherungen: Zu- oder Abnahme(—) 1909: Versicherungssummen ℳ	In Rückdeckung übernommene Versicherungen: Bestand Ende 1909: Versicherungssummen ℳ	Gesamtversicherungssummen Ende 1909 ℳ	Davon für eigene Rechnung behalten ℳ	Von je 1 000 ℳ des gesamten Geschäfts kommen auf das deutsche ℳ	Nr.
6	7	8	9	10	11	12	13	
1 961	Nicht anzugeben	—	—	—	Nicht anzugeben	Der ganze Bestand	?	23
8 326	5 902 284	—	—	—	5 902 284	5 902 284	?	24
718	157 958	—	—	—	157 958	157 958	30	25
—	—	—	—	—	—	—	—	26
899	386 432	—	—	—	386 432	193 216	219	27
152	138 775	—	—	—	138 775	138 775	30	28
12 056	***6 585 449***	—	—	—	***6 585 449***	***6 392 233***	***58***	

und die Schäden aus der Glasversicherung im Jahre 1909

Selbst abgeschlossene Versicherungen: Prämien ℳ	Selbst abgeschlossene Versicherungen: Schäden: Zahl	Selbst abgeschlossene Versicherungen: Schäden: Betrag ℳ	Versicherungsunternehmung: Nr.	Versicherungsunternehmung: Sitz	Versicherungsunternehmung: Name
5	6	7	1		
26 053	198	14 661	23	Belgien	La Garantie Belge
149 765	1 744	111 501	24	England	National Plate Glass
5 233	43	2 087	25	Österr.-Ungarn	Assic. Generali
—	36	452	26	»	Österr. Phönix [1])
10 026	85	3 019	27	Schweiz	Schweiz. National V.G.
2 216	45	1 323	28	»	Union Suisse
193 293	**2 151**	**133 043**		**Zusammen**	

Tabelle V 4

Deutsche Gesellschaften — Die Prämien und die

Versicherungsunternehmung			Insgesamt		Inländisches		
					Selbst abgeschlossene Versicherungen		
Nr.	Sitz	Name	Prämien ℳ	Schäden ℳ	Prämien ℳ	Schäden Zahl	Schäden Betrag ℳ
		1	2	3	4	5	6
							Aktien
1	Aachen ……	Aachen-Leipziger V.A.G. ………	160 215	86 123	159 594	1 659	85 958
2	Berlin …….	Allg. Spiegelglas V.G. …………	360 118	208 874	327 740	3 780	196 098
3	» …….	Berl. Spiegelglas V.A.G. ………	331 182	217 631	331 182	7 759	217 631
4	» …….	Deutscher Lloyd …………	67 644	40 181	57 345	870	35 748
5	» …….	Union ……………………	280 236	168 615	280 236	6 043	168 615
6	Breslau…….	Schlesische F.V.G. …………	284 607	189 207	249 240	2 867	163 916
7	Cöln ………	Cölnische Glas V.A.G. ………	872 687	537 082	777 028	9 584	487 190
8	» ………	Cölnische U.V.A.G. …………	227 787	91 560	222 011	2 096	88 416
9	» ………	Vaterländische Glas V.A.G. …..	232 503	114 624	231 327	2 494	114 136
10	Erfurt……..	Thuringia ………………	296 560	180 382	296 560	3 127	180 242
11	Frankfurt ….	Frankf. Transp. U. u. Gl.V.A.G. ..	851 473	595 216	786 378	8 810	547 002
12	Halle ……..	Glas V.A.G. Halensia ………	106 109	47 287	106 109	1 064	47 287
13	Hamburg ….	Hammonia ………………	2 160 929	1 414 565	1 987 875	30 609	1 320 033
14	Mannheim ….	Mannheimer V.G. …………	85 514	36 387	73 965	573	32 139
15	» ….	Oberrheinische V.G. ………	273 843	156 388	254 927	3 018	142 021
16	M.-Gladbach ..	Gladbacher F.V.A.G. ………	259 044	149 142	232 585	2 118	136 505
17	Neuß ……..	Rheinland ………………	73 594	35 541	73 594	824	35 541
18	Oldenburg ….	Oldenb. V.G. ……………	114 434	50 402	114 434	1 120	50 402
19	Stuttgart …..	Stuttg. Mit- u. Rück V.A.G. …..	88 493	37 814	88 152	801	37 814
		Zusammen ….	**7 126 972**	**4 357 021**	**6 650 282**	**89 216**	**4 086 694**
							Gegenseitigkeits
20	Brandenburg .	Brandenb. Spiegelglas V.G. ……	705 276	391 416	560 320	7 788	324 478
21	Bremen ……	Bremer Spiegelglas V.G. …….	303 628	162 848	293 694	3 862	157 982
22	Rostock ……	Rostocker Spiegelglas V.V. ……	57 305	39 182	57 261	627	39 148
		Zusammen ….	**1 066 209**	**593 446**	**911 275**	**12 277**	**521 608**

Anmerkungen zu Tab. V 4: Die Prämien und Schäden verstehen sich einschl. des Anteils der Rückversicherer.— Die Prämien sind die Einnahmen aus dem Geschäftsjahr ohne Rücksicht auf die Überträge. — Die Schäden sind die im Geschäftsjahr angemeldeten Schäden ohne Regulierungskosten. —

Schäden aus der Glasversicherung im Jahre 1909

Geschäft		Ausländisches Geschäft					
In Rückdeckung übernommene Versicherungen		Selbst abgeschlossene Versicherungen			In Rückdeckung übernommene Versicherungen		
			Schäden				
Prämien	Schäden	Prämien	Zahl	Betrag	Prämien	Schäden	Nr.
ℳ	ℳ	ℳ		ℳ	ℳ	ℳ	
7	8	9	10	11	12	13	

gesellschaften

7	8	9	10	11	12	13	Nr.
—	—	621	8	165	—	—	1
—	—	32 378	293	12 776	—	—	2
—	—	—	—	—	—	—	3
—	—	5 594	12	1 773	4 705	2 660	4
—	—	—	—	—	—	—	5
—	—	35 259	403	25 038	108	253	6
—	—	93 769	1 209	48 968	1 890	924	7
—	—	5 776	36	3 144	—	—	8
—	—	1 176	3	488	—	—	9
—	140	—	—	—	—	—	10
71	—	64 833	598	48 043	191	171	11
—	—	—	—	—	—	—	12
—	—	173 054	8 111	94 532	—	—	13
—	—	11 549	99	4 248	—	—	14
—	—	18 916	284	14 367	—	—	15
—	—	26 459	224	12 637	—	—	16
—	—	—	—	—	—	—	17
—	—	—	—	—	—	—	18
341	—	—	—	—	—	—	19
412	**140**	**469 384**	**11 280**	**266 179**	**6 894**	**4 008**	

vereine

7	8	9	10	11	12	13	Nr.
—	—	144 956	3 991	66 938	—	—	20
—	—	9 934	70	4 866	—	—	21
—	—	44	2	34	—	—	22
—	—	**154 934**	**4 063**	**71 838**	—	—	

Tabelle V 6

Deutsche Gesellschaften — Die Betriebseinnahmen und Betriebs

Versicherungsunternehmung			Betriebseinnahmen					
			Prämien für eigene Rechnung	Nebenleistungen der Versicherten			Ersparnis aus der Schadenreserve des Vorjahrs	Abnahme der Prämienüberträge
Nr.	Sitz	Name		Eintrittsgelder	Policegebühren	anderweit		
			ℳ	ℳ	ℳ	ℳ	ℳ	ℳ
	1		2	3	4	5	6	7
								Aktien
1	Aachen	Aachen-Leipziger V.A.G.	160 215	—	—	—	557	—
2	Berlin	Allg. Spiegelglas V.G.	360 080	—	7 131	—	5 177	—
3	»	Berl. Spiegelglas V.A.G.	331 182	—	11 636	—	11 993	—
4	»	Deutscher Lloyd	67 644	—	429	—	8 138	—
5	»	Union	280 236	—	2 860	—	5 960	—
6	Breslau.......	Schlesische F.V.G.	284 607	—	2 801	—	1 887	—
7	Cöln	Cölnische Glas V.A.G.	865 741	—	3 270	—	12 730	—
8	»	Cölnische U.V.A.G.	222 674	—	2 156	—	2 552	—
9	»	Vaterländische Glas V.A.G.	211 934	—	4 080	—	—	—
10	Erfurt........	Thuringia	242 189	—	2 386	—	10 993	—
11	Frankfurt	Frankf. Transp. U. u. Gl.V.A.G. .	851 436	—	16 141	—	7 753	—
12	Halle	Glas V.A.G. Halensia	106 109	—	2 984	—	4 320	—
13	Hamburg	Hammonia	2 160 929	—	43 502	22 346	60 000	—
14	Mannheim	Mannheimer V.G.	85 514	—	1 023	—	7 522	—
15	»	Oberrheinische V.G.	219 925	—	5 357	—	882	—
16	M.-Gladbach ..	Gladbacher F.V.A.G.	259 044	—	3 744	—	1 762	—
17	Neuß	Rheinland	73 557	—	2 030	10	2 017	—
18	Oldenburg	Oldenb. V.G.	114 434	—	1 760	—	583	—
19	Stuttgart	Stuttg. Mit- u. Rück V.A.G.	[1]) 114 038	—	36	—	899	—
		Zusammen	**7 011 488**	—	**113 826**	**22 856**	**145 725**	—
								Gegenseitigkeits
20	Brandenburg .	Brandenb. Spiegelglas V.G.	705 276	—	16 389	—	16 023	—
21	Bremen	Bremer Spiegelglas V.G.	303 628	1 011	7 898	—	5 541	—
22	Rostock	Rostocker Spiegelglas V.V.......	57 305	305	1 048	—	1 021	—
		Zusammen	**1 066 209**	**1 316**	**25 335**	—	**22 585**	—

Anmerkungen zu Tab. V 6: Die Prämien sind die Jahreseinnahmen nach Abzug der Ristorni und der verausgabten Rückversicherungsprämien. — Die Angaben verstehen sich netto, d. h. ohne den Anteil der Rückversicherer; auch sind, weil Gleichförmigkeit sonst nicht zu erzielen war, die Schadenerstattungen abgesetzt worden. —

ausgaben und der Betriebsgewinn der Glasversicherung des Jahres 1909

Erlös aus Bruchglas	Summe der Betriebseinnahmen	Betriebsausgaben: Schäden des Geschäftsjahrs: gezahlt	Betriebsausgaben: Schäden des Geschäftsjahrs: zurückgestellt	Betriebsausgaben: Zuschuß zur Schadenreserve des Vorjahrs	Betriebsausgaben: Zunahme der Prämienüberträge	Betriebsausgaben: Summe der Betriebsausgaben	Verwaltungskosten und Steuern	Betriebsgewinn oder verlust (—)	Nr.
ℳ	ℳ	ℳ	ℳ	ℳ	ℳ	ℳ	ℳ	ℳ	
8	9	10	11	12	13	14	15	16	
gesellschaften									
—	160 772	72 218	14 565	—	9 968	96 751	49 723	14 298	1
—	372 388	173 701	35 012	—	7 487	216 200	128 428	27 760	2
—	354 811	195 224	22 407	—	12 783	230 414	109 967	14 430	3
—	76 211	30 381	9 800	—	—	40 181	18 164	17 866	4
—	289 056	150 465	19 342	—	7 000	176 807	90 882	21 367	5
18 204	307 499	162 937	27 603	—	7 305	197 845	64 469	45 185	6
—	881 741	476 508	59 258	—	70 800	606 566	246 888	28 287	7
—	227 382	76 331	12 371	—	22 884	111 586	69 116	46 680	8
—	216 014	97 016	10 157	—	22 779	129 952	78 534	7 528	9
—	255 568	119 273	21 633	—	8 602	149 508	82 835	23 225	10
65 110	940 440	472 581	115 362	—	30 000	617 943	228 292	94 205	11
—	113 413	33 875	47 393	—	8 134	89 402	64 799	—40 788	12
—	2 286 777	1 186 601	181 631	—	160 594	1 528 826	638 107	119 844	13
3 119	97 178	29 323	7 400	—	13 121	49 844	44 393	2 941	14
—	226 164	94 474	13 523	—	37 634	145 631	85 638	— 5 105	15
20 124	284 674	138 115	11 204	—	26 339	175 658	79 879	29 137	16
—	77 614	32 081	3 725	—	4 031	39 837	23 697	14 080	17
—	116 777	43 947	6 654	—	11 811	62 412	28 899	25 466	18
—	114 973	32 617	7 295	—	13 997	53 909	40 587	20 477	19
106 557	**7 399 452**	**3 617 668**	**626 335**	—	**475 269**	**4 719 272**	**2 173 297**	**506 883**	
vereine									
—	737 688	346 674	44 742	—	19 051	410 467	281 836	45 385	20
—	318 078	135 537	31 456	—	19 021	186 014	106 051	26 013	21
—	59 679	31 442	7 900	—	1 899	41 241	18 306	132	22
—	**1 115 445**	**513 653**	**84 098**	—	**39 971**	**637 722**	**406 193**	**71 530**	

[1]) Einschl. Garantieleistung.

Tabelle V 7 siehe S. 314

Tabelle V 8

Deutsche Gesellschaften — Bilanz

A k

Nr.	Sitz	Name	Verpflichtungen der Aktionäre oder Garanten ℳ	Forderungen ℳ	Kassenbestand ℳ
	1		2	3	4
					Aktien
1	Aachen	Aachen-Leipziger V.A.G.	Bei Gruppe IV (Tabelle IV 19) enthalten		
2	Berlin	Allg. Spiegelglas V.G.	225 000	90 042	2 554
3	»	Berl. Spiegelglas V.A.G.	9 600	49 737	2 024
4	»	Deutscher Lloyd	2 400 000	1 176 725	44 342
5	»	Union	Bei Gruppe IV (Tabelle IV 19) enthalten		
6	Breslau	Schlesische F.V.G.	Bei Gruppe IV (Tabelle IV 19) enthalten		
7	Cöln	Cölnische Glas V.A.G.	225 000	243 677	5 987
8	»	Cölnische U.V.A.G.	Bei Gruppe II (Tabelle II 6) enthalten		
9	»	Vaterländische Glas V.A.G.	225 000	94 664	16 909
10	Erfurt	Thuringia	Bei Gruppe IV (Tabelle IV 19) enthalten		
11	Frankfurt	Frankf. Transp. U. u. Gl.V.A.G.	Bei Gruppe II (Tabelle II 6) enthalten		
12	Halle	Glas V.A.G. Halensia	75 000	57 877	7 165
13	Hamburg	Hammonia	281 250	601 486	6 875
14	Mannheim	Mannheimer V.G.	Bei Gruppe II (Tabelle II 6) enthalten		
15	»	Oberrheinische V.G.	Bei Gruppe II (Tabelle II 6) enthalten		
16	M.-Gladbach	Gladbacher F.V.A.G.	Bei Gruppe IV (Tabelle IV 19) enthalten		
17	Neuß	Rheinland	Bei Gruppe IV (Tabelle IV 19) enthalten		
18	Oldenburg	Oldenb. V.G.	Bei Gruppe IV (Tabelle IV 19) enthalten		
19	Stuttgart	Stuttg. Mit- u. Rück V.A.G.	Bei Gruppe IV (Tabelle IV 19) enthalten		
		Zusammen	**3 440 850**	**2 314 208**	**85 856**
					Gegenseitigkeits
20	Brandenburg	Brandenb. Spiegelglas V.G.	—	103 667	23 487
21	Bremen	Bremer Spiegelglas V.G.	—	45 409	5 159
22	Rostock	Rostocker Spiegelglas V.V.	—	3 392	780
		Zusammen	—	**152 468**	**29 426**

Anmerkungen zu Tab. V 8: Die Kapitalanlagen und die Forderungen sind in Tab. V 9 erläutert. — Die sonstigen Aktiven bestehen in Glasbeständen.

für den Schluß des Jahres 1909

tiva

Kapitalanlagen ℳ 5	Inventar ℳ 6	Sonstige Aktiva ℳ 7	Noch nicht gedeckte Organisationskosten ℳ 8	Verlust ℳ 9	Summe ℳ 10	Nr.

gesellschaften

Kapitalanlagen	Inventar	Sonstige Aktiva	Noch nicht gedeckte Organisationskosten	Verlust	Summe	Nr.
Bei Gruppe IV (Tabelle IV 19) enthalten						1
509 756	—	1 395	—	—	828 747	2
325 981	3 500	—	—	—	390 842	3
2 693 621	—	—	—	—	6 314 688	4
Bei Gruppe IV (Tabelle IV 19) enthalten						5
						6
1 219 711	1	10 000	—	—	1 704 376	7
Bei Gruppe II (Tabelle II 6) enthalten						8
127 278	1	2 900	—	—	466 752	9
Bei Gruppe IV (Tabelle IV 19) enthalten						10
Bei Gruppe II (Tabelle II 6) enthalten						11
28 000	513	—	—	—	168 555	12
2 837 661	10	7 000	—	—	3 734 282	13
Bei Gruppe II (Tabelle II 6) enthalten						14
						15
Bei Gruppe IV (Tabelle IV 19) enthalten						16
						17
						18
						19
7 742 008	**4 025**	**21 295**	—	—	**13 608 242**	

vereine

Kapitalanlagen	Inventar	Sonstige Aktiva	Noch nicht gedeckte Organisationskosten	Verlust	Summe	Nr.
981 513	—	—	—	—	1 108 667	20
711 792	1	—	—	—	762 361	21
80 795	563	285	—	—	85 815	22
1 774 100	**564**	**285**	—	—	**1 956 843**	

Noch: Tabelle V 8

Deutsche Gesellschaften — Bilanz

Pas

Nr.	Sitz	Name	Aktien- oder Garantie-kapital ℳ	Prämien-überträge ℳ	Schaden-reserve ℳ	Sonstige Überträge ℳ
		1	2	3	4	5
						Aktien
1	Aachen	Aachen-Leipziger V.A.G.	Bei Gruppe IV (Tabelle IV 19) enthalten			
2	Berlin	Allg. Spiegelglas V.G.	300 000	287 561	65 000	—
3	»	Berl. Spiegelglas V.A.G.	12 000	273 279	45 233	—
4	»	Deutscher Lloyd	3 000 000	580 000 [1])	720 000	30 000
5	»	Union	Bei Gruppe IV (Tabelle IV 19) enthalten			
6	Breslau	Schlesische F.V.G.	Bei Gruppe IV (Tabelle IV 19) enthalten			
7	Cöln	Cölnische Glas V.A.G.	300 000	1 010 800	130 000	—
8	»	Cölnische U.V.A.G.	Bei Gruppe II (Tabelle II 6) enthalten			
9	»	Vaterländische Glas V.A.G.	300 000	111 188	11 043	—
10	Erfurt	Thuringia	Bei Gruppe IV (Tabelle IV 19) enthalten			
11	Frankfurt	Frankf. Transp. U. u. Gl.V.A.G.	Bei Gruppe II (Tabelle II 6) enthalten			
12	Halle	Glas V.A.G. Halensia	100 000	50 402	14 048	—
13	Hamburg	Hammonia	450 000	2 065 135	415 061	—
14	Mannheim	Mannheimer V.G.	Bei Gruppe II (Tabelle II 6) enthalten			
15	»	Oberrheinische V.G.	Bei Gruppe II (Tabelle II 6) enthalten			
16	M.-Gladbach	Gladbacher F.V.A.G.	Bei Gruppe IV (Tabelle IV 19) enthalten			
17	Neuß	Rheinland	Bei Gruppe IV (Tabelle IV 19) enthalten			
18	Oldenburg	Oldenb. V.G.	Bei Gruppe IV (Tabelle IV 19) enthalten			
19	Stuttgart	Stuttg. Mit- u. Rück V.A.G.	Bei Gruppe IV (Tabelle IV 19) enthalten			
		Zusammen	**4 462 000**	**4 378 365**	**1 400 385**	**30 000**
						Gegenseitigkeits
20	Brandenburg	Brandenb. Spiegelglas V.G.	—	573 876	62 438	10 000
21	Bremen	Bremer Spiegelglas V.G.	—	370 618	57 143	143 546
22	Rostock	Rostocker Spiegelglas V.V.	—	28 953	11 800	—
		Zusammen	—	**973 447**	**131 381**	**153 546**

Anmerkungen zu Tab. V 8: Die Prämienüberträge und die Schadenreserve verstehen sich netto, d. h. ohne den Anteil der Rückversicherer. — Unter Kapitalreservefonds ist der in § 262 H.G.B. und § 37 V.A.G. vorgesehene Reservefonds zu verstehen. — In den Gewinn ist der Gewinnvortrag des Vorjahrs eingeschlossen. — Die Verteilung des Gewinns ist in Tab. V 10 nachgewiesen. —

für den Schluß des Jahres 1909

siva

gesellschaften

Hypotheken ℳ 6	Barkautionen ℳ 7	Guthaben anderer Versicherungsunternehmungen ℳ 8	Sonstige Passiva ℳ 9	Kapitalreservefonds ℳ 10	Spezialreserven ℳ 11	Beamtenfonds ℳ 12	Gewinn ℳ 13	Summe ℳ 14	Nr.
Bei Gruppe IV (Tabelle IV 19) enthalten									1
—	—	—	6 247	60 000	50 000	—	59 939	828 747	2
—	—	—	13 705	14 300	4 500	3 000	24 825	390 842	3
—	—	113 172	43 547	300 000	892 800	305 273	329 896	6 314 688	4
Bei Gruppe IV (Tabelle IV 19) enthalten									5, 6
—	—	3 635	2 625	110 000	50 000	—	97 316	1 704 376	7
Bei Gruppe II (Tabelle II 6) enthalten									8
—	—	4 683	1 004	24 000	—	—	14 834	466 752	9
Bei Gruppe IV (Tabelle IV 19) enthalten									10
Bei Gruppe II (Tabelle II 6) enthalten									11
—	—	—	154	1 085	—	—	2 866	168 555	12
57 000	—	—	²) 107 896	162 922	265 000	³)	211 268	3 734 282	13
Bei Gruppe II (Tabelle II 6) enthalten									14, 15
Bei Gruppe IV (Tabelle IV 19) enthalten									16, 17, 18, 19
57 000	—	**121 490**	**175 178**	**672 307**	**1 262 300**	**308 273**	**740 944**	**13 608 242**	

vereine

Hypotheken ℳ 6	Barkautionen ℳ 7	Guthaben anderer Versicherungsunternehmungen ℳ 8	Sonstige Passiva ℳ 9	Kapitalreservefonds ℳ 10	Spezialreserven ℳ 11	Beamtenfonds ℳ 12	Gewinn ℳ 13	Summe ℳ 14	Nr.
—	10 000	—	3 243	256 320	113 668	—	79 122	1 108 667	20
—	—	—	14 918	113 980	12 500	—	49 656	762 361	21
—	—	—	7 758	33 814	—	—	3 490	85 815	22
—	**10 000**	—	**25 919**	**404 114**	**126 168**	—	**132 268**	**1 956 843**	

¹) Darunter 710 000 ℳ Schadenreserve der Transportversicherung. — ²) Darunter 39 633 ℳ noch zu zahlende Provision, 16 972 ℳ Forderungen von Glasern für ausgeführte Arbeiten und 46 836 ℳ Guthaben auswärtiger Agenturen.— ³) Für die Beamten der Anstalt besteht eine selbständige Pensionskasse.

Tabelle V 7

Deutsche Gesellschaften — Das Ergebnis der Vermögensverwaltung im Jahre 1909

Nr.	Versicherungsunternehmung Sitz	Versicherungsunternehmung Name	Zinsen	Mieten	Kursgewinn	Sonstiger Gewinn	Kursverlust	Sonstiger Verlust	Reiner Ertrag
			ℳ	ℳ	ℳ	ℳ	ℳ	ℳ	ℳ
		1	2	3	4	5	6	7	8
		Aktiengesellschaften							
1	Aachen	Aachen-Leipziger V.A.G.	Bei Gruppe IV (Tabelle IV 16) enthalten						
2	Berlin	Allg. Spiegelglas V.G.	20 594	—	800	—	697	—	20 697
3	»	Berl. Spiegelglas V.A.G.	13 782	—	177	—	—	—	13 959
4	»	Deutscher Lloyd	81 133	32 025	—	—	655	—	112 503
5	»	Union	Bei Gruppe IV (Tabelle IV 16) enthalten						
6	Breslau	Schlesische F.V.G.	Bei Gruppe IV (Tabelle IV 16) enthalten						
7	Cöln	Cölnische Glas V.A.G.	47 390	5 000	—	—	—	—	52 390
8	»	Cölnische U.V.A.G.	Bei Gruppe II (Tabelle II 5) enthalten						
9	»	Vaterländische Glas V.A.G.	6 562	—	—	—	27	—	6 535
10	Erfurt	Thuringia	Bei Gruppe IV (Tabelle IV 16) enthalten						
11	Frankfurt	Frankf. Transp. U. u. Gl.V.A.G.	Bei Gruppe II (Tabelle II 5) enthalten						
12	Halle	Glas V.A.G. Halensia	3 008	—	—	—	—	—	3 008
13	Hamburg	Hammonia	117 811	4 078	—	—	—	—	121 889
14	Mannheim	Mannheimer V.G.	Bei Gruppe II (Tabelle II 5) enthalten						
15	»	Oberrheinische V.G.	Bei Gruppe II (Tabelle II 5) enthalten						
16	M.-Gladbach	Gladbacher F.V.A.G.	Bei Gruppe IV (Tabelle IV 16) enthalten						
17	Neuß	Rheinland	Bei Gruppe IV (Tabelle IV 16) enthalten						
18	Oldenburg	Oldenb. V.G.	Bei Gruppe IV (Tabelle IV 16) enthalten						
19	Stuttgart	Stuttg. Mit- u. Rück V.A.G.	Bei Gruppe IV (Tabelle IV 16) enthalten						
		Zusammen	**290 280**	**41 103**	**977**	—	**1 379**	—	**330 981**
		Gegenseitigkeitsvereine							
20	Brandenburg	Brandenb. Spiegelglas V.G.	39 622	—	55	244	130	—	39 791
21	Bremen	Bremer Spiegelglas V.G.	27 045	3 650	—	—	—	—	30 695
22	Rostock	Rostocker Spiegelglas V.V.	3 180	—	268	—	—	—	3 448
		Zusammen	**69 847**	**3 650**	**323**	**244**	**130**	—	**73 934**

Tabelle V 8 siehe Seite 310 bis 313.

Tabelle V 9 siehe S. 316 u. 317

Tabelle V 10

Deutsche Gesellschaften — Die Verteilung des Gewinns des Jahres 1909

Nr.	Versicherungsunternehmung: Sitz	Versicherungsunternehmung: Name	Gesamtgewinn ℳ	Davon entfallen auf: den Kapitalreservefonds ℳ	sonstige Reserven ℳ	den Beamtenfonds ℳ
	1		2	3	4	5
		Aktiengesellschaften				
2	Berlin	Allg. Spiegelglas V.G.	59 939	—	—	—
3	»	Berl. Spiegelglas V.A.G.	24 825	—	—	—
4	»	Deutscher Lloyd	329 896	—	30 000	—
7	Cöln	Cölnische Glas V.A.G.	97 316	10 000	13 800	—
9	»	Vaterländische Glas V.A.G.	14 834	5 000	—	—
12	Halle	Glas V.A.G. Halensia	2 866	716	—	—
13	Hamburg	Hammonia	211 267	10 563	48 888	9 613
		Zusammen	**740 943**	**26 279**	**92 688**	**9 613**
		Gegenseitigkeitsvereine				
20	Brandenburg	Brandenb. Spiegelglas V.G.	79 122	19 781	19 780	19 781
21	Bremen	Bremer Spiegelglas V.G.	49 656	1 242	—	—
22	Rostock	Rostocker Spiegelglas V.V.	3 490	698	—	—
		Zusammen	**132 268**	**21 721**	**19 780**	**19 781**

Nr.	Versicherungsunternehmung: Sitz	Versicherungsunternehmung: Name	Davon entfallen auf: die Aktionäre oder Garanten ℳ	Tantiemen ℳ	die Versicherten ℳ	anderweit ℳ	Vortrag auf neue Rechnung ℳ
	1		6	7	8	9	10
		Aktiengesellschaften					
2	Berlin	Allg. Spiegelglas V.G.	37 500	6 450	—	—	15 989
3	»	Berl. Spiegelglas V.A.G.	21 120	3 705	—	—	—
4	»	Deutscher Lloyd	200 000	61 617	—	—	38 279
7	Cöln	Cölnische Glas V.A.G.	41 250	21 468	—	10 798	—
9	»	Vaterländische Glas V.A.G.	9 000	—	—	—	834
12	Halle	Glas V.A.G Halensia	1 000	—	—	—	1 150
13	Hamburg	Hammonia	33 750	38 453	—	70 000	—
		Zusammen	**343 620**	**131 693**	—	**80 798**	**56 252**
		Gegenseitigkeitsvereine					
20	Brandenburg	Brandenb. Spiegelglas V.G.	—	19 780	—	—	—
21	Bremen	Bremer Spiegelglas V.G.	—	19 862	28 552	—	—
22	Rostock	Rostocker Spiegelglas V.V.	—	335	—	—	2 457
		Zusammen	—	**39 977**	**28 552**	—	**2 457**

Anmerkung zu Tab. V 10: Hier ist der bilanzmäßige Gewinn verteilt.

Tabelle V 9

Deutsche Gesellschaften — Die Art der Kapital

Nr.	Sitz	Name	Insgesamt ℳ	Grundbesitz ℳ	Hypotheken und Grundschulden ℳ	Darlehen an öffentliche Körperschaften ℳ	Darlehen auf Wertpapiere ℳ	Wertpapiere ℳ	Wechsel ℳ
			Kapitalanlagen	Davon entfallen auf					
	1		2	3	4	5	6	7	8
									Aktien
2	Berlin	Allg. Spiegelglas V.G.	509 756	—	304 000	—	—	205 756	—
3	»	Berl. Spiegelglas V.A.G.	325 981	—	291 800	—	—	34 181	—
4	»	Deutscher Lloyd	2 693 621	600 000	1 827 000	—	—	264 924	1 697
7	Cöln	Cölnische Glas V.A.G.	1 219 711	193 000	1 020 400	—	—	6 311	—
9	»	Vaterländische Glas V.A.G.	127 278	—	90 500	—	—	36 778	—
12	Halle	Glas V.A.G. Halensia	28 000	—	28 000	—	—	—	—
13	Hamburg	Hammonia	2 837 661	292 203	2 328 414	—	15 353	201 691	—
		Zusammen	**7 742 008**	**1 085 203**	**5 890 114**	—	**15 353**	**749 641**	**1 697**
									Gegenseitigkeits
20	Brandenburg	Brandenb. Spiegelglas V.G.	981 513	—	764 950	—	—	216 563	—
21	Bremen	Bremer Spiegelglas V.G.	711 792	39 000	499 600	—	—	173 192	—
22	Rostock	Rostocker Spiegelglas V.V.	80 795	—	2 750	—	—	78 045	—
		Zusammen	**1 774 100**	**39 000**	**1 267 300**	—	—	**467 800**	—

Anmerkung zu Tab. V 9: Ein . bedeutet, daß die beobachteten Fälle weniger als $^1/_2$ ‰ ausmachen.

Tabelle V 10 siehe Seite 315.

Tabelle V 11

Deutsche Gesellschaften — Die Art und der Betrag

Nr.	Sitz	Name	Deutsche Reichsanleihen ℳ	Preußische Staatsanleihen ℳ	Sonstige Staatsanleihen ℳ	Staatlich garantierte Anleihen ℳ
			Inländische			
	1		2	3	4	5
						Aktien
2	Berlin	Allg. Spiegelglas V.G.	5 000	136 500	80 000	—
3	»	Berl. Spiegelglas V.A.G.	10 000	10 000	—	—
4	»	Deutscher Lloyd	46 000	140 800	—	—
7	Cöln	Cölnische Glas V.A.G.	—	6 700	—	—
9	»	Vaterländische Glas V.A.G.	3 000	—	—	10 000
12	Halle	Glas V.A.G. Halensia	—	—	—	—
13	Hamburg	Hammonia	—	800	—	—
		Zusammen	**64 000**	**294 800**	**80 000**	**10 000**
						Gegenseitigkeits
20	Brandenburg	Brandenb. Spiegelglas V.G.	2 000	80 000	—	15 000
21	Bremen	Bremer Spiegelglas V.G.	13 700	25 600	33 800	10 000
22	Rostock	Rostocker Spiegelglas V.V.	1 100	11 000	33 700	6 000
		Zusammen	**16 800**	**116 600**	**67 500**	**31 000**

Anmerkung zu Tab. V 11: Zu den Kommunalanleihen sind die Provinzial-, Kreis- und Städte-Anleihen gerechnet.

anlagen und der Aktivforderungen Ende 1909

Aktivforderungen: Insgesamt	Davon entfallen auf: Rückstände der Versicherten	Ausstände bei Agenten	Guthaben bei Bankhäusern	Guthaben bei anderen Versicherungsunternehmungen	rückständige Zinsen und Mieten	sonstige Forderungen	Von 1000 ℳ Kapitalanlagen entfallen auf: Grundbesitz	Hypotheken und Grundschulden	Darlehen an öffentliche Körperschaften	Darlehen auf Wertpapiere	Wertpapiere	Wechsel	Nr.
ℳ	ℳ	ℳ	ℳ	ℳ	ℳ	ℳ	ℳ	ℳ	ℳ	ℳ	ℳ	ℳ	
9	10	11	12	13	14	15	16	17	18	19	20	21	
gesellschaften													
90 042	—	31 732	54 908	55	3 318	29	—	596	—	—	404	—	2
49 737	4 242	15 467	29 795	—	233	—	—	895	—	—	105	—	3
1 176 725	3 911	330 813	735 653	104 815	1 533	—	223	678	—	—	98	1	4
243 677	—	66 775	176 843	—	59	—	158	837	—	—	5	—	7
94 664	—	37 276	41 098	—	290	16 000	—	711	—	—	289	—	9
57 877	1 695	17 682	—	38 500	—	—	—	1 000	—	—	—	—	12
601 486	17 352	61 914	478 310	—	29 414	14 496	103	821	—	5	71	—	13
2 314 208	**27 200**	**561 659**	**1 516 607**	**143 370**	**34 847**	**30 525**	**140**	**761**	—	**2**	**97**		
vereine													
103 667	—	49 854	53 189	—	624	—	—	779	—	—	221	—	20
45 409	—	22 426	17 130	—	5 853	—	55	702	—	—	243	—	21
3 392	—	—	3 392	—	—	—	—	34	—	—	966	—	22
152 468	—	**72 280**	**73 711**	—	**6 477**	—	**22**	**714**	—	—	**264**	—	

der Ende 1909 vorhandenen Wertpapiere (Nennwert)

Wertpapiere: Kommunalanleihen	Pfandbriefe und Kommunalobligationen der Hypothekenbanken	Pfandbriefe und Kommunalobligationen sonstiger Anstalten	Sonstige Schuldverschreibungen	Aktien	Ausländische Wertpapiere: Staatliche und kommunale Anleihen	Sonstige Schuldverschreibungen	Aktien	Gesamtsumme	Nr.
ℳ	ℳ	ℳ	ℳ	ℳ	ℳ	ℳ	ℳ	ℳ	
6	7	8	9	10	11	12	13	14	
gesellschaften									
—	—	—	—	—	9 040	800	—	231 340	2
18 000	—	—	—	—	—	—	—	38 000	3
—	30 000	—	—	18 750	48 000	—	—	283 550	4
—	—	—	—	—	—	—	—	6 700	7
14 500	9 000	—	—	—	—	—	—	36 500	9
—	—	—	—	—	—	—	—	—	12
—	—	—	—	—	206 400	—	—	207 200	13
32 500	**39 000**	—	—	**18 750**	**263 440**	**800**	—	**803 290**	
vereine									
11 700	—	32 700	—	—	86 000	—	—	227 400	20
6 000	64 000	—	29 500	—	1 600	—	—	184 200	21
26 500	3 800	—	—	—	—	—	—	82 100	22
44 200	**67 800**	**32 700**	**29 500**	—	**87 600**	—	—	**493 700**	

Tabelle V 12

Deutsche Gesellschaften — Zahl und Betrag der Kautions- und Garantie-

Versicherungsunternehmung			Selbst abgeschlossene Ver			
			Bestand Ende 1908		Zu- oder Abnahme (—) 1909	
Nr.	Sitz	Name	Zahl der Versicherungen	Versicherungssummen M	Zahl der Versicherungen	Versicherungssummen M
	1		2	3	4	5
					Kautions- und Garantie	
						Gesamt
3	Berlin	Allianz [1])	1 102	48 606 694	— 8	23 154 694
53	Cöln	Cölnische U.V.A.G.	352	2 525 380	— 23	485 645
54	Stuttgart	Stuttg. Mit- u. Rück V.A.G.	—	—	4	14 000
		Zusammen	**1 454**	**51 132 074**	**— 27**	**23 654 339**
						Inländisches
3	Berlin	Allianz [1])	964	25 576 343	7	25 542 872
53	Cöln	Cölnische U.V.A.G.	306	2 425 125	19	558 700
54	Stuttgart	Stuttg. Mit- u. Rück V.A.G.	—	—	4	14 000
		Zusammen	**1 270**	**28 001 468**	**30**	**26 115 572**
						Kredit
						Gesamt
20	Hamburg	Globus V.A.G.	**261**	**34 673 473**	**— 210**	**— 32 934 743**
						Inländisches
20	Hamburg	Globus V.A.G.	**259**	**34 653 473**	**— 208**	**— 32 914 743**

Anmerkungen zu Tab. V 12: Die Zahlen in den Spalten 2 bis 11 schließen die in Rückdeckung gegebenen Versicherungen ein. — [1]) Einschl. Kreditversicherung.

versicherungen und der Kreditversicherung Ende 1908 und Ende 1909

sicherungen: Bestand Ende 1909: Zahl der Versicherungen	sicherungen: Bestand Ende 1909: Versicherungssummen ℳ	In Rückdeckung übernommene Versicherungen: Bestand Ende 1908: Versicherungssummen ℳ	In Rückdeckung übernommene Versicherungen: Zu- oder Abnahme (—) 1909: Versicherungssummen ℳ	In Rückdeckung übernommene Versicherungen: Bestand Ende 1909: Versicherungssummen ℳ	Gesamtversicherungssummen Ende 1909 ℳ	Davon für eigene Rechnung behalten ℳ	Von je 1000 ℳ des gesamten Geschäfts kommen auf das inländische ℳ	Nr.
6	7	8	9	10	11	12	13	
versicherung								
geschäft								
1 094	71 761 388	23 896 420	7 626 832	31 523 252	103 284 640	55 887 948		3
329	3 011 025	—	4 000	4 000	3 015 025	940 409		53
4	14 000	—	—	—	14 000	2 800		54
1 427	**74 786 413**	**23 896 420**	**7 630 832**	**31 527 252**	**106 313 665**	**56 831 157**		
Geschäft								
971	51 119 215	18 138 112	8 376 611	26 514 723	77 633 938		752	3
325	2 983 825	—	4 000	4 000	2 987 825		991	53
4	14 000	—	—	—	14 000		1 000	54
1 300	**54 117 040**	**18 138 112**	**8 380 611**	**26 518 723**	**80 635 763**		**758**	
versicherung								
geschäft								
51	**1 738 730**	**552 480**	**90 160**	**642 640**	**2 381 370**	**990 386**		20
Geschäft								
51	**1 738 730**	—	—	—	**1 738 730**		**730**	20

Noch: Tabelle V 12

Deutsche Gesellschaften — Zahl und Betrag der Maschinenversicherungen, der Baulastversicherung,

Versicherungsunternehmung			Selbst abgeschlossene Ver			
			Bestand Ende 1908		Zu- oder Abnahme (—) 1909	
Nr.	Sitz	Name	Zahl der Versicherungen	Versicherungssummen M	Zahl der Versicherungen	Versicherungssummen M
1			2	3	4	5
						Maschinen
						Gesamt
3	Berlin	Allianz	1 332	136 707 697	21	12 025 393
53	Cöln	Cölnische U.V.A.G.	74	7 160 134	— 2	— 852 879
54	Stuttgart	Stuttg. Mit- u. Rück V.A.G. ..	359	25 225 070	104	8 132 459
		Zusammen	**1 765**	**169 092 901**	**123**	**19 304 973**
						Inländisches
3	Berlin	Allianz	1 268	133 560 283	25	12 113 544
53	Cöln	Cölnische U.V.A.G.	74	7 160 134	— 2	— 852 879
54	Stuttgart	Stuttg. Mit- u. Rück V.A.G. ..	359	25 225 070	104	8 132 459
		Zusammen	**1 701**	**165 945 487**	**127**	**19 393 124**
						Baulast
						Gesamt
40	Greifswald ...	Greifsw. H. u. F.V.G.	**189**	**3 893 500**	**13**	**489 300**
						Wertgegenstände
						Gesamt
54	Stuttgart	Stuttg. Mit- u. Rück V.A.G. ..	**47**	**799 246**	**25**	**430 575**
						Veruntreuungs
						Gesamt
54	Stuttgart	Stuttg. Mit- u. Rück V.A.G. ..	—	—	**10**	**128 000**
						Inländisches
54	Stuttgart	Stuttg. Mit- u. Rück V.A.G. ..	—	—	**10**	**128 000**

Anmerkung zu Tab. V 12: Die Zahlen in den Spalten 2 bis 11 schließen die in Rückdeckung gegebenen Versicherungen ein.

der Wertgegenständeversicherung und der Veruntreuungsversicherung Ende 1908 und Ende 1909

sicherungen		In Rückdeckung übernommene Versicherungen			Gesamtversicherungssummen Ende 1909	Davon für eigene Rechnung behalten	Von je 1 000 ℳ des gesamten Geschäfts kommen auf das inländische	Nr
Bestand Ende 1909		Bestand Ende 1908	Zu- oder Abnahme (—) 1909	Bestand Ende 1909				
Zahl der Versicherungen	Versicherungssummen ℳ	Versicherungssummen ℳ	Versicherungssummen ℳ	Versicherungssummen ℳ	ℳ	ℳ	ℳ	
6	7	8	9	10	11	12	13	
versicherung								
geschäft								
1 353	148 733 090	—	—	—	148 733 090	22 419 546		3
72	6 307 255	—	—	—	6 307 255	745 568		53
463	33 357 529	—	—	—	33 357 529	12 066 767		54
1 888	**188 397 874**	—	—	—	**188 397 874**	**35 281 881**		
Geschäft								
1 293	145 673 827	—	—	—	145 673 827		979	3
72	6 307 255	—	—	—	6 307 255		1 000	53
463	33 357 529	—	—	—	33 357 529		1 000	54
1 828	**185 338 611**	—	—	—	**185 338 611**		**984**	
versicherung								
geschäft								
202	**4 382 800**	—	—	—	**4 382 800**	**4 382 800**	**1 000**	40
versicherung								
geschäft								
72	**1 229 821**	—	—	—	**1 229 821**	**481 460**	**1 000**	54
versicherung								
geschäft								
10	**128 000**	—	**289 465**	**289 465**	**417 465**	**176 421**		54
Geschäft								
10	**128 000**	—	**248 261**	**248 261**	**376 261**		**901**	54

Tabelle V 13

Deutsche Gesellschaften — Die Prämien und die Schäden aus der Kautions- und Baulastversicherung, der Wertgegenständeversicherung

Versicherungsunternehmung			Insgesamt		Inländisches		
					Selbst abgeschlossene Versicherungen		
Nr.	Sitz	Name	Prämien ℳ	Schäden ℳ	Prämien ℳ	Schäden Zahl	Schäden Betrag ℳ
		1	2	3	4	5	6
					Kautions- und Garantie		
3	Berlin	Allianz [1])	491 180	438 903	87 403	22	47 368
53	Cöln	Cölnische U.V.A.G.	66 364	20 388	65 698	16	20 202
54	Stuttgart	Stuttg. Mit- u. Rück V.A.G.	605	—	605	—	—
		Zusammen	**558 149**	**459 291**	**153 706**	**38**	**67 570**
					Kredit		
20	Hamburg	Globus V.A.G.	**191 556**	**437 293**	**158 469**	**83**	**409 203**
					Maschinen		
3	Berlin	Allianz	315 205	203 411	307 852	569	200 513
53	Cöln	Cölnische U.V.A.G.	12 386	4 857	12 386	10	4 857
54	Stuttgart	Stuttg. Mit- u. Rück V.A.G.	86 338	43 089	86 338	151	43 089
		Zusammen	**413 929**	**251 357**	**406 576**	**730**	**248 459**
					Baulast		
40	Greifswald	Greifsw. H. u. F.V.G.	**28 306**	**44 119**	**28 306**	**14**	**44 119**
					Wertgegenstände		
54	Stuttgart	Stuttg. Mit- u. Rück V.A.G.	**6 959**	**798**	**6 959**	**9**	**798**
					Veruntreuungs		
54	Stuttgart	Stuttg. Mit- u. Rück V.A.G.	**7 556**	**21 609**	**3 377**	—	—

Anmerkungen zu Tab. V 13: Die Prämien und Schäden verstehen sich einschl. des Anteils der Rückversicherer. — Die Prämien sind die Einnahmen aus dem Geschäftsjahr ohne Rücksicht auf die Überträge. — Die Schäden sind die im Geschäftsjahr angemeldeten Schäden ohne Regulierungskosten. — [1]) Einschl. Kreditversicherung.

Garantieversicherung, der Kreditversicherung, der Maschinenversicherung, der und der Veruntreuungsversicherung im Jahre 1909

Geschäft: In Rückdeckung übernommene Versicherungen: Prämien M	Geschäft: In Rückdeckung übernommene Versicherungen: Schäden M	Ausländisches Geschäft: Selbst abgeschlossene Versicherungen: Prämien M	Ausländisches Geschäft: Selbst abgeschlossene Versicherungen: Schäden: Zahl	Ausländisches Geschäft: Selbst abgeschlossene Versicherungen: Schäden: Betrag M	Ausländisches Geschäft: In Rückdeckung übernommene Versicherungen: Prämien M	Ausländisches Geschäft: In Rückdeckung übernommene Versicherungen: Schäden M	Nr.
7	8	9	10	11	12	13	
versicherung							
302 097	167 242	48 616	8	172 258	53 064	52 035	3
150	—	516	1	186	—	—	53
—	—	—	—	—	—	—	54
302 247	**167 242**	**49 132**	**9**	**172 444**	**53 064**	**52 035**	
versicherung							
—	—	—	—	—	**33 087**	**28 090**	20
versicherung							
—	—	7 353	18	2 898	—	—	3
—	—	—	—	—	—	—	53
—	—	—	—	—	—	—	54
—	—	**7 353**	**18**	**2 898**	—	—	
versicherung							
—	—	—	—	—	—	—	40
versicherung							
—	—	—	—	—	—	—	54
versicherung							
3 877	**19 359**	—	—	—	**302**	**2 250**	54

Tabelle V 14

Deutsche Gesellschaften — Die Betriebseinnahmen und Betriebsausgaben und der Betriebs versicherung, der Baulastversicherung, der Wertgegenstände

Versicherungsunternehmung			Betriebseinnahmen						
			Prämien für eigene Rechnung	Nebenleistungen der Versicherten			Ersparnis aus der Schadenreserve des Vorjahrs	Abnahme der Prämienüberträge	Summe der Betriebseinnahmen
Nr.	Sitz	Name		Eintrittsgelder	Policegebühren	anderweit			
			M	M	M	M	M	M	M
		1	2	3	4	5	6	7	8
									Kautions- und Garantie
3	Berlin	Allianz [1])	262 962	—	641	—	160 167	—	423 770
53	Cöln	Cölnische U.V.A.G.	20 088	—	446	—	—	—	20 534
54	Stuttgart	Stuttg. Mit- u. Rück V.A.G.[2]).	491	—	6	—	—	—	497
		Zusammen	**283 541**	—	**1 093**	—	**160 167**	—	**444 801**
									Kredit
20	Hamburg	Globus V.A.G.	**64 366**	—	**3**	—	**5 559**	**24 288**	**94 216**
									Maschinen
3	Berlin	Allianz	58 914	—	911	—	567	—	60 392
53	Cöln	Cölnische U.V.A.G.	2 079	—	29	—	234	4 178	6 520
54	Stuttgart	Stuttg. Mit- u. Rück V.A.G.[2]).	59 141	—	34	—	—	—	59 175
		Zusammen	**120 134**	—	**974**	—	**801**	**4 178**	**126 087**
									Baulast
40	Greifswald	Greifsw. H. u. F.V.G.	**28 306**	—	—	—	—	—	**28 306**
									Wertgegenstände
54	Stuttgart	Stuttg. Mit- u. Rück V.A.G.[2]).	**3 504**	—	—	—	**105**	**828**	**4 437**
									Veruntreuungs
54	Stuttgart	Stuttg. Mit- u. Rück V.A.G.[2]).	**8 154**	—	**4**	—	—	—	**8 158**

Anmerkungen zu Tab. V 14: Die Prämien sind die Jahreseinnahme nach Abzug der Ristorni und der verausgabten Rückversicherungsprämien. — Die Ausgaben verstehen sich netto, d. h. ohne den Anteil der Rückversicherer. — [1]) Einschl. Kreditversicherung. — [2]) Einschl. Garantieleistung.

gewinn der Kautions- und Garantieversicherung, der Kreditversicherung, der Maschinenversicherung und der Veruntreuungsversicherung des Jahres 1909

Betriebsausgaben							Verwaltungskosten und Steuern	Betriebsgewinn oder -verlust (—)	Nr.
Schäden des Geschäftsjahrs		Leistungen zu gemeinnützigen Zwecken		Zuschuß zur Schadenreserve des Vorjahrs	Zunahme der Prämienüberträge	Summe der Betriebsausgaben			
gezahlt	zurückgestellt	gesetzlich	freiwillig						
ℳ	ℳ	ℳ	ℳ	ℳ	ℳ	ℳ	ℳ	ℳ	
9	10	11	12	13	14	15	16	17	
versicherung									
100 033	216 235	—	—	—	38 523	354 791	51 856	17 123	3
2 721	5 994	—	—	713	3 656	13 084	2 624	4 826	53
—	—	—	—	—	510	510	341	— 354	54
102 754	**222 229**	—	—	**713**	**42 689**	**368 385**	**54 821**	**21 595**	
versicherung									
42 097	**60 550**	—	—	—	—	**102 647**	**24 230**	— **32 661**	20
versicherung									
26 737	6 800	—	—	—	9 390	42 927	16 881	584	3
230	247	—	—	—	—	477	1 583	4 460	53
9 915	10 794	—	—	591	6 716	28 016	11 940	19 210	54
36 882	**17 841**	—	—	**591**	**16 106**	**71 420**	**30 404**	**24 263**	
versicherung									
35 106	**9 746**	—	—	—	**572**	**45 424**	**779**	— **17 897**	40
versicherung									
394	**35**	—	—	—	—	**429**	**2 253**	**1 755**	54
versicherung									
—	**11 288**	—	—	—	**4 223**	**15 511**	**3 256**	— **10 609**	54

Tabelle V 15

Kaskoversicherung — Zahl und Betrag der

Versicherungsunternehmung			Zahl der ver	
			Ende 1908	
Nr.	Sitz	Name	Zahl	Summen ℳ
1			2	3
1	Alsleben	Schiffs V.V.	473	8 467 830
2	Barßel	Union V.V.	108	177 540
3	Barth	V.V. f. deutsche Küstenschiffe	108	746 165
4	Bremen	Bremer Schiffer Komp.	59	236 100
5	Büsum	Büsumer V.K. f. Fischereifahrz.	—	—
6	Charlottenburg	Berolina	126	3 133 200
7	Coblenz-Neuendorf	Harmonie	212	11 292 100
8	Cranz	Assek.V. v. Küstenfahr.	100	516 025
9	Cuxhaven	Niederelb. Schiffer Komp.	30	65 600
10	Dömitz	Dömitzer Flußfahrz.V.G.	94	725 200
11	Elmshorn	Schiffergilde Einigkeit	—	—
12	Fürstenberg	Stromfahrz.V.V.	140	740 025
13	Fürstenwalde	Einigkeit	538	2 794 400
14	Geestemünde	Kasse z. V. v. Fischerfahrz.	12	28 767
15	Hamburg	V. d. Schutenbesitzer von 1889	1 387	4 619 420
16	Hamb.-Finkenwärder	V.K. f. Fischereifahrz. der Nordsee	119	879 939
17	Haßmersheim	Schiffs V.V.	89	1 134 500
18	Homberg	Rheinfahrt	49	1 788 500
19	Kienitz	Stromfahrz.V.V. Zerpenschleuse	701	4 481 400
20	Lauenburg	Lauenburger Schiffs V.V.	79	987 710
21	Magdeburg	Allg. D. Flußfahrz.V.G.	306	2 473 700
22	Mannheim	Jus et Justitia	160	6 971 693
23	Mülheim	Vater Rhein	77	2 868 490
24	Neckar-Steinach	Schiffs V.Gen.	51	223 300
25	Neuharlingersiel	Kasse z. V. v. Fischerfahrz.	28	52 747
26	Nienburg	Schiffs V.V.	113	1 191 332
27	Oldenburg	Oldenb. Schiffer Komp.	25	79 400
28	Pritzerbe	Pritzerber Kahn V.G.	567	6 693 570
29	Riesa	Allg. Fluß V.G.	299	3 940 730
30	Ruhrort	Germania	146	6 824 000
31	Sachsenhausen	Flußfahrz.V.V.	1 265	5 470 880
32	Schulau	Assek.V. v. Küstenfahr.	100	538 397
33	Ückermünde	Binnenfahrz.V.V.	666	3 037 670
34	Uetersen	Schiffergilde Emanuel	103	640 750
35	Warsingsfehn	Kleiner Schiffer Komp.	84	124 290
36	Westrhauderfehn	Komp. Germania	132	326 340
		Zusammen	**8 546**	**84 271 710**

Versicherungen Ende 1908 und Ende 1909

sicherten Fahrzeuge				Versicherungsunternehmung		
Zu- oder Abnahme (–) 1909		Ende 1909				
Zahl	Summen ℳ	Zahl	Summen ℳ	Nr.	Sitz	Name
4	5	6	7		1	
20	1 062 090	493	9 529 920	1	Alsleben	Schiffs V.V.
— 2	— 8 810	106	168 730	2	Barßel	Union V.V.
— 5	33 185	103	779 350	3	Barth	V.V. f. deutsche Küstenschiffe
— 1	— 12 500	58	223 600	4	Bremen	Bremer Schiffer Komp.
42	106 130	42	106 130	5	Büsum	Büsumer V.K. f. Fischereifahrz.
17	299 000	143	3 432 200	6	Charlottenburg	Berolina
8	— 217 800	220	11 074 300	7	Coblenz-Neuendorf	Harmonie
42	140 678	142	656 703	8	Cranz	Assek.V. v. Küstenfahr.
— 2	— 5 000	28	60 600	9	Cuxhaven	Niederelb. Schiffer Komp.
— 1	32 750	93	757 950	10	Dömitz	Dömitzer Flußfahrz.V.G.
72	321 400	72	321 400	11	Elmshorn	Schiffergilde Einigkeit
2	40 380	142	780 405	12	Fürstenberg	Stromfahrz.V.V.
— 20	35 600	518	2 830 000	13	Fürstenwalde	Einigkeit
—	— 83	12	28 684	14	Geestemünde	Kasse z. V. v. Fischerfahrz.
131	614 240	1 518	5 233 660	15	Hamburg	V. d. Schutenbesitzer von 1889
— 17	— 134 713	102	745 226	16	Hamb.-Finkenwärder	V.K. f. Fischereifahrz. der Nordsee
— 4	8 000	85	1 142 500	17	Haßmersheim	Schiffs V.V.
12	608 000	61	2 396 500	18	Homberg	Rheinfahrt
— 1	167 400	700	4 648 800	19	Kienitz	Stromfahrz.V.V. Zerpenschleuse
— 2	44 480	77	1 032 190	20	Lauenburg	Lauenburger Schiffs V.V.
— 24	— 171 630	282	2 302 070	21	Magdeburg	Allg. D. Flußfahrz.V.G.
13	876 863	173	7 848 556	22	Mannheim	Jus et Justitia
11	623 750	88	3 492 240	23	Mülheim	Vater Rhein
— 1	11 100	50	234 400	24	Neckar-Steinach	Schiffs V.Gen.
4	27 421	32	80 168	25	Neuharlingersiel	Kasse z. V. v. Fischerfahrz.
9	103 912	122	1 295 244	26	Nienburg	Schiffs V.V.
—	— 3 900	25	75 500	27	Oldenburg	Oldenb. Schiffer Komp.
14	543 210	581	7 236 780	28	Pritzerbe	Pritzerber Kahn V.G.
2	128 970	301	4 069 700	29	Riesa	Allg. Fluß V.G.
12	798 000	158	7 622 000	30	Ruhrort	Germania
15	376 160	1 280	5 847 040	31	Sachsenhausen	Flußfahrz. V.V.
45	152 699	145	691 096	32	Schulau	Assek.V. v. Küstenfahr.
— 15	44 940	651	3 082 610	33	Ückermünde	Binnenfahrz.V.V.
— 13	45 100	90	685 850	34	Uetersen	Schiffergilde Emanuel
— 4	4 360	80	128 650	35	Warsingsfehn	Kleiner Schiffer Komp.
— 7	— 7 980	125	318 360	36	Westrhauderfehn	Komp. Germania
352	**6 687 402**	**8 898**	**90 959 112**		**Zusammen**	

Tabelle V 16

Kaskoversicherung — Gewinn-

Ein

Nr.	Versicherungsunternehmung: Sitz	Versicherungsunternehmung: Name	Prämien	Nachschüsse	Eintrittsgelder einschl. Aufnahme- und Erhöhungskosten	Policegebühren und sonstige Nebenleistungen der Mitglieder	Havarieanteile
			M	M	M	M	M
	1		2	3	4	5	6
1	Alsleben	Schiffs V.V.	93 729	—	1 135	20 133	16 517
2	Barßel	Union V.V.	3 142	—	—	—	—
3	Barth	V.V. f. deutsche Küstenschiffe	25 321	—	—	—	1 182
4	Bremen	Bremer Schiffer Komp.	2 536	—	91	—	148
5	Büsum	Büsumer V.K. f. Fischereifahrz.	1 401	—	—	—	—
6	Charlottenburg	Berolina	47 655	—	438	175	—
7	Coblenz-Neuendorf	Harmonie	101 158	—	—	—	—
8	Cranz	Assek.V. v. Küstenfahr.	16 725	—	2 089	250	—
9	Cuxhaven	Niederelb. Schiffer Komp.	626	—	33	—	—
10	Dömitz	Dömitzer Flußfahrz.V.G.	7 428	—	443	—	1 760
11	Elmshorn	Schiffergilde Einigkeit			Nicht anzugeben		
12	Fürstenberg	Stromfahrz.V.V.	7 503	—	660	29	637
13	Fürstenwalde	Einigkeit	34 493	—	2 609	358	1 476
14	Geestemünde	Kasse z. V. v. Fischerfahrz.	290	—	—	—	—
15	Hamburg	V. d. Schutenbesitzer von 1889	47 285	—	450	249	—
16	Hamb.-Finkenwärder	V.K. f. Fischereifahrz. der Nordsee	20 864	—	77	—	—
17	Haßmersheim	Schiffs V.V.	17 618	—	2 214	—	337
18	Homberg	Rheinfahrt	22 211	—	683	—	—
19	Kienitz	Stromfahrz.V.V. Zerpenschleuse	44 951	—	2 740	546	4 785
20	Lauenburg	Lauenburger Schiffs V.V.	9 853	—	472	2	—
21	Magdeburg	Allg. D. Flußfahrz.V.G.	37 663	—	144	375	6 694
22	Mannheim	Jus et Justitia	70 672	—	—	—	—
23	Mülheim	Vater Rhein	5 147	—	132	—	—
24	Neckar-Steinach	Schiffs V.Gen.	4 503	—	—	—	—
25	Neuharlingersiel	Kasse z. V. v. Fischerfahrz.	674	—	261	—	—
26	Nienburg	Schiffs V.V.	11 831	—	207	—	—
27	Oldenburg	Oldenb. Schiffer Komp.	937	—	—	—	—
28	Pritzerbe	Pritzerber Kahn V.G.	85 870	—	1 805	175	934
29	Riesa	Allg. Fluß V.G.	83 964	—	2 206	141	5 546
30	Ruhrort	Germania	47 947	—	22 436	—	—
31	Sachsenhausen	Flußfahrz. V.V.	75 592	—	7 259	1 039	12 426
32	Schulau	Assek.V. v. Küstenfahr.	17 475	—	2 188	—	—
33	Ückermünde	Binnenfahrz.V.V.	23 398	—	1 469	—	7 188
34	Uetersen	Schiffergilde Emanuel	17 454	—	—	—	9 427
35	Warsingsfehn	Kleiner Schiffer Komp.	4 343	—	50	—	—
36	Westrhauderfehn	Komp. Germania	11 224	—	—	—	—
		Zusammen (ohne Nr. 11)	**1 003 483**	—	**52 291**	**23 472**	**69 057**

Anmerkungen zu Tab. V 16: [1]) Der Verlust ist aus dem Gewinnvortrag (vgl. Sp. 12 der Ausgaben) gedeckt worden. — [2]) Reichszuschuß. — [3]) Darunter 35 701 M rückvergütete Schäden- und Prozeßkosten. — [4]) Rückzahlungen. — [5]) Darunter 1 500 M vom Reich. — [6]) Abhebungen von Sparkassen. —

und Verlustrechnung für 1909

nahmen

Schadenersatzleistungen und für Haftpflichtansprüche	Erlös aus Wracks usw.	Ertrag und Gewinn aus Kapitalanlagen	Ersparnis aus der Schadenreserve des Vorjahrs	Entnahme aus		Sonstige Einnahmen	Summe der Jahreseinnahmen	Verlust		Nr.
				dem Grundkapital	sonstigen Rücklagen			überhaupt	nach Abzug des Gewinnvortrags	
M	M	M	M	M	M	M	M	M	M	
7	8	9	10	11	12	13	14	15	16	
—	—	11 127	—	—	—	1 400	144 041	—	—	1
—	—	—	—	—	—	—	3 142	42	42	2
—	1 333	134	—	—	—	8 629	36 599	[1]) 84	—	3
—	—	544	—	—	—	—	3 319	—	—	4
—	—	319	—	—	—	[2]) 8 000	9 720	—	—	5
—	—	1 450	99	—	—	811	50 628	5 047	5 047	6
—	—	26 161	30 340	—	—	[3]) 36 001	193 660	—	—	7
—	—	629	—	—	—	605	20 298	[1]) 21 394	—	8
—	—	213	—	—	—	90	962	—	—	9
—	—	1 265	168	—	—	—	11 064	—	—	10
		Nicht anzugeben					6 505	4 185	4 185	11
—	702	709	1 343	89	—	—	11 672	1 000	1 000	12
—	286	2 100	—	622	—	1 212	43 156	19 351	19 351	13
—	—	348	—	—	—	1 026	1 664	—	—	14
—	—	1 943	—	—	—	[4]) 29 292	79 219	—	—	15
—	—	4 164	—	—	—	[5]) 4 770	29 875	—	—	16
—	—	3 315	—	—	—	[6]) 17 000	40 484	—	—	17
—	—	2 376	—	—	—	746	26 016	—	—	18
—	258	4 841	3 215	832	—	220	62 388	—	—	19
—	—	2 197	1 772	—	—	—	14 296	—	—	20
—	—	1 590	—	—	—	961	47 427	26 823	26 823	21
—	—	16 829	—	—	—	—	87 501	—	—	22
—	—	7 100	—	—	—	—	12 379	17 450	17 450	23
—	—	184	—	—	—	137	4 824	—	—	24
—	—	454	—	—	—	3	1 392	—	—	25
—	—	583	—	—	—	[7]) 11 674	24 295	[1]) 256	—	26
—	—	73	—	—	—	—	1 010	—	—	27
10 305	1 047	10 432	30 255	—	—	1 680	142 503	—	—	28
—	—	5 825	5 327	—	—	641	103 650	—	—	29
—	—	17 751	—	—	—	[8]) 37 487	125 621	[1]) 844	—	30
—	—	8 866	3 492	—	—	449	109 123	7 000	7 000	31
—	—	304	—	—	—	[9]) 16 795	36 762	[1]) 151	—	32
—	—	2 213	340	—	—	35	34 643	[1]) 7 621	—	33
—	—	25	—	—	—	[10]) 12 425	39 331	—	—	34
—	—	77	—	—	—	65	4 535	—	—	35
—	134	140	—	—	—	4 134	15 632	—	—	36
10 305	**3 760**	**136 281**	**76 351**	**1 543**	—	**196 288**	**1 572 831**	**107 063**	**76 713**	

[7]) Darunter 8 500 M Abhebung vom Vereinsvermögen. — [8]) Darunter 1 000 M Schlepplohn fürs Boot, 17 608 M Kapitalanlagen und 18 788 M rückvergütete Schäden. — [9]) Darunter 13 281 M Entnahme aus dem Vermögen. — [10]) Darunter 11 425 M Kapitalanlagen.

Noch: Tabelle V 16

Kaskoversicherung — Gewinn-

Aus

Versicherungsunternehmung Nr.	Sitz	Name	Rückversicherungsprämien ℳ	Schäden des Geschäftsjahrs ℳ	Abgangsvergütungen ℳ	Zuschuß zur Schadenreserve des Vorjahrs ℳ
		1	2	3	4	5
1	Alsleben	Schiffs V.V.	—	89 430	8 714	2 048
2	Barßel	Union V.V.	—	2 388	—	—
3	Barth	V.V. f. deutsche Küstenschiffe	—	26 744	—	—
4	Bremen	Bremer Schiffer Komp.	—	2 278	—	—
5	Büsum	Büsumer V.K. f. Fischereifahrz.	—	848	—	—
6	Charlottenburg	Berolina	2 534	41 202	—	—
7	Coblenz-Neuendorf	Harmonie	—	154 256	—	—
8	Cranz	Assek.V. v. Küstenfahr.	—	23 822	—	—
9	Cuxhaven	Niederelb. Schiffer Komp.	—	443	—	—
10	Dömitz	Dömitzer Flußfahrz.V.G.	—	5 264	—	—
11	Elmshorn	Schiffergilde Einigkeit		Nicht anzugeben		
12	Fürstenberg	Stromfahrz.V.V.	—	9 612	—	—
13	Fürstenwalde	Einigkeit	—	49 965	—	62
14	Geestemünde	Kasse z. V. v. Fischerfahrz.	—	229	—	—
15	Hamburg	V. d. Schutenbesitzer von 1889	—	57 047	—	—
16	Hamb.-Finkenwärder	V.K. f. Fischereifahrz. der Nordsee	—	16 158	—	—
17	Haßmersheim	Schiffs V.V.	—	24 715	1 049	—
18	Homberg	Rheinfahrt	2 398	13 575	—	—
19	Kienitz	Stromfahrz.V.V. Zerpenschleuse	—	50 089	812	—
20	Lauenburg	Lauenburger Schiffs V.V.	—	4 874	—	—
21	Magdeburg	Allg. D. Flußfahrz.V.G.	—	62 490	—	1 816
22	Mannheim	Jus et Justitia	9 852	61 216	—	—
23	Mülheim	Vater Rhein	175	19 146	—	—
24	Neckar-Steinach	Schiffs V.Gen.	—	3 558	—	—
25	Neuharlingersiel	Kasse z. V. v. Fischerfahrz.	—	242	—	—
26	Nienburg	Schiffs V.V.	—	11 216	—	—
27	Oldenburg	Oldenb. Schiffer Komp.	—	484	—	—
28	Pritzerbe	Pritzerber Kahn V.G.	—	116 603	—	—
29	Riesa	Allg. Fluß V.G.	—	79 332	364	—
30	Ruhrort	Germania	4 001	59 852	3 379	—
31	Sachsenhausen	Flußfahrz. V.V.	—	93 262	314	—
32	Schulau	Assek.V. v. Küstenfahr.	—	23 284	—	—
33	Ückermünde	Binnenfahrz.V.V.	—	24 242	570	—
34	Uetersen	Schiffergilde Emanuel	—	20 530	—	—
35	Warsingsfehn	Kleiner Schiffer Komp.	—	2 057	—	—
36	Westrhauderfehn	Komp. Germania	—	11 061	—	—
		Zusammen (ohne Nr. 11)	**18 960**	**1 161 514**	**15 202**	**3 926**

Anmerkungen zu Tab. V 16: [1]) Darunter 11 303 ℳ zum Reservefonds und 6 474 ℳ den Versicherten gezahlte Zinsen für Geschäftsanteile und Kautionen. — [2]) Darunter 3 945 ℳ zum Reservefonds. — [3]) Aus diesem Vortrag ist der Verlust des Geschäftsjahres (vgl. Sp. 15 der Einnahmen) gedeckt worden. — [4]) Darunter 2 199 ℳ zum Reservefonds. — [5]) Darunter 13 449 ℳ Kapitalanlagen. —

und Verlustrechnung für 1909

gaben

Überweisungen an das Grundkapital	Abschreibungen und Verlust aus Kapitalanlagen	Verwaltungskosten	Sonstige Ausgaben	Summe der Jahresausgaben	Jahresüberschuß	Vortrag aus dem Überschusse des Vorjahrs	Gesamtüberschuß am Ende des Geschäftsjahrs	Nr.
ℳ	ℳ	ℳ	ℳ	ℳ	ℳ	ℳ	ℳ	
6	7	8	9	10	11	12	13	
—	255	14 336	1) 29 258	144 041	—	—	—	1
—	—	782	14	3 184	—	—	—	2
—	—	2 598	2) 7 341	36 683	—	3) 4 807	4 723	3
—	—	550	—	2 828	491	—	—	4
—	—	—	—	848	8 872	665	9 537	5
—	221	8 569	4) 3 149	55 675	—	—	—	6
—	1 100	18 485	735	174 576	19 084	—	19 084	7
—	—	4 125	5) 13 745	41 692	—	3) 21 943	549	8
—	—	429	90	962	—	—	—	9
—	—	769	6) 5 031	11 064	—	—	—	10
Nicht anzugeben				10 690	—	—	—	11
695	—	1 624	7) 741	12 672	—	—	—	12
2 423	—	5 340	8) 4 717	62 507	—	—	—	13
—	—	172	1 225	1 626	38	33	71	14
—	—	11 528	7) 10 644	79 219	—	—	—	15
—	—	2 787	—	18 945	10 930	—	10 930	16
—	—	976	6) 11 315	38 055	2 429	7 027	9 456	17
—	—	5 035	—	21 008	5 008	—	5 008	18
2 506	—	6 233	7) 2 748	62 388	—	—	—	19
—	—	1 358	7) 3 654	9 886	4 410	—	4 410	20
—	266	8 716	7) 962	74 250	—	—	—	21
—	683	5 909	563	78 223	9 278	—	9 278	22
132	7 769	2 337	270	29 829	—	—	—	23
—	26	625	45	4 254	570	—	570	24
—	—	315	804	1 361	31	311	342	25
—	—	1 160	9) 12 175	24 551	—	274	18	26
—	—	333	—	817	193	2 478	2 671	27
—	120	8 371	46	125 140	17 363	—	17 363	28
1 038	328	10 198	7) 12 280	103 540	110	—	110	29
—	—	12 847	10) 46 386	126 465	—	3) 931	87	30
4 765	40	12 166	11) 5 576	116 123	—	—	—	31
—	—	3 400	10 229	36 913	—	3) 969	818	32
—	—	3 792	12) 13 660	42 264	—	3) 7 621	—	33
—	—	3 140	13) 15 661	39 331	—	—	—	34
—	—	996	14) 1 106	4 159	376	2 462	2 838	35
—	—	745	15) 1 835	13 641	1 991	1 368	3 359	36
11 559	**10 808**	**160 746**	**216 005**	**1 598 720**	**81 174**	**50 889**	**101 222**	

6) Neue Kapitalanlagen. — 7) Zum Reservefonds. — 8) Darunter 4 348 ℳ zum Reservefonds. — 9) Darunter 8 600 ℳ Zuführung zum Vereinsvermögen. — 10) Darunter 46 340 ℳ Kapitalanlagen. — 11) Darunter 5 215 ℳ zum Reservefonds. — 12) Darunter 13 623 ℳ zum Reservefonds. — 13) Darunter 14 025 ℳ Kapitalanlagen. — 14) Darunter 1 048 ℳ zum Reservefonds. — 15) Darunter 1 200 ℳ zum Reservefonds.

Tabelle V 17

Kaskoversicherung — Vermögens

Nr.	Sitz	Name	Ende 1908 ℳ	Zu- oder Abnahme (—) 1909 ℳ
	1		2	3
1	Alsleben	Schiffs V.V.	349 447	17 581
2	Barßel	Union V.V.	—	—
3	Barth	V.V. f. deutsche Küstenschiffe	4 807	— 84
4	Bremen	Bremer Schiffer Komp.	13 497	491
5	Büsum	Büsumer V.K. f. Fischereifahrz.	—	9 537
6	Charlottenburg	Berolina	108 879	— 1 890
7	Coblenz-Neuendorf	Harmonie	674 359	53 747
8	Cranz	Assek.V. v. Küstenfahr.	21 943	— 7 945
9	Cuxhaven	Niederelb. Schiffer Komp.	3 295	— 52
10	Dömitz	Dömitzer Flußfahrz.V.G.	35 345	5 031
11	Elmshorn	Schiffergilde Einigkeit	26 946	— 4 185
12	Fürstenberg	Stromfahrz.V.V.	21 231	— 871
13	Fürstenwalde	Einigkeit	71 411	164
14	Geestemünde	Kasse z. V. v. Fischerfahrz.	10 613	— 780
15	Hamburg	V. d. Schutenbesitzer von 1889	55 317	12 145
16	Hamb.-Finkenwärder	V.K. f. Fischereifahrz. der Nordsee	129 371	10 930
17	Haßmersheim	Schiffs V.V.	⁴) 117 176	— 4 500
18	Homberg	Rheinfahrt	185 176	42 831
19	Kienitz	Stromfahrz.V.V. Zerpenschleuse	124 867	3 076
20	Lauenburg	Lauenburger Schiffs V.V.	59 563	8 564
21	Magdeburg	Allg. D. Flußfahrz.V.G.	58 393	— 8 448
22	Mannheim	Jus et Justitia	446 860	59 750
23	Mülheim	Vater Rhein	188 270	18 223
24	Neckar-Steinach	Schiffs V.Gen.	3 611	610
25	Neuharlingersiel	Kasse z. V. v. Fischerfahrz.	15 265	835
26	Nienburg	Schiffs V.V.	26 994	210
27	Oldenburg	Oldenb. Schiffer Komp.	2 477	194
28	Pritzerbe	Pritzerber Kahn V.G.	257 682	26 567
29	Riesa	Allg. Fluß V.G.	159 067	16 057
30	Ruhrort	Germania	⁸) 436 719	52 179
31	Sachsenhausen	Flußfahrz.V.V.	154 865	3 459
32	Schulau	Assek.V. v. Küstenfahr.	13 079	— 6 627
33	Ückermünde	Binnenfahrz.V.V.	¹¹) 61 212	3 029
34	Uetersen	Schiffergilde Emanuel	2 620	14 025
35	Warsingsfehn	Kleiner Schiffer Komp.	2 962	1 438
36	Westrhauderfehn	Komp. Germania	1 368	1 991
		Zusammen	**3 844 687**	**327 282**

Anmerkungen zu Tab. V 17: Die in Spalte 9 eingestellten Beträge sind zumeist Kontokorrent- und Bankguthaben, Inventar, rückständige Prämien und Zinsen. — ¹) Darunter 93 307 ℳ Umlagebeiträge für 1909. — ²) Darunter 67 500 ℳ Wechsel der Garanten. — ³) Darunter 85 845 ℳ Wechsel der Garanten. — ⁴) Einschl. 7 000 ℳ unerledigter Verpflichtungen. — ⁵) Darunter 111 800 ℳ Wechsel der Garanten. —

übersicht für das Geschäftsjahr 1909

	bestand	Von dem Vermögensbestand entfallen auf						
	Ende 1909 M	Sparkassen-einlagen M	Wertpapiere M	Hypotheken M	Barbestand M		anderweite Anlagen und Guthaben M	Nr.
	4	5	6	7	8		9	
	367 028	—	223 000	33 000	922	[1]	110 106	1
	—	—	—	—	—		—	2
	4 723	—	—	—	4 723		—	3
	13 988	6 924	—	—	64		7 000	4
	9 537	—	—	—	9 537		—	5
	106 989	—	32 675	—	102	[2]	74 212	6
	728 106	—	627 725	—	27	[3]	100 354	7
	13 998	13 449	—	—	549		—	8
	3 243	3 243	—	—	—		—	9
	40 376	40 141	—	—	235		—	10
	22 761	15 482	—	—	299		6 980	11
	20 360	17 140	2 350	—	870		—	12
	71 575	69 983	—	—	—		1 592	13
	9 833	9 762	—	—	71		—	14
	67 462	62 962	—	—	—		4 500	15
	140 301	139 077	—	—	1 224		—	16
[4]	112 676	81 538	8 000	—	9 456		13 682	17
	228 007	46 126	—	—	2 508	[5]	179 373	18
	127 943	28 000	29 835	69 200	908		—	19
	68 127	68 127	—	—	—		—	20
	49 945	—	—	25 400	3 263		21 282	21
	506 610	—	371 172	—	1 040	[6]	134 398	22
	206 493	—	120 486	—	7 032	[7]	78 975	23
	4 221	—	—	—	11		4 210	24
	16 100	15 758	—	—	342		—	25
	27 204	15 572	—	—	18		11 614	26
	2 671	2 587	—	—	84		—	27
	284 249	62 580	211 488	1 200	7 647		1 334	28
	175 124	—	121 030	49 000	447		4 647	29
[9]	488 898	—	333 469	19 000	87	[10]	136 342	30
	158 324	—	71 895	83 000	1 611		1 818	31
	6 452	5 634	—	—	818		—	32
[11]	64 241	18 824	39 817	—	—		5 600	33
	16 645	16 645	—	—	—		—	34
	4 400	1 562	—	—	2 838		—	35
	3 359	1 200	—	—	2 159		—	36
	4 171 969	**742 816**	**2 192 942**	**279 800**	**58 892**		**898 019**	

[6]) Darunter 80 256 M gestundete Einkaufsgelder. — [7]) Darunter 27 932 M gestundete Einkaufsgelder. — [8]) Einschl. 10 000 M unerledigter Verpflichtungen. — [9]) Einschl. 6 000 M unerledigter Verpflichtungen. — [10]) Darunter 120 416 M Einstandrückstände. — [11]) Darunter 5 000 M unerledigter Verpflichtungen.

Tabelle V 18

Rückversicherung — Gewinn-

E i n

Versicherungsunternehmung			Prämien	Ertrag und Gewinn aus Kapitalanlagen		
Nr.	Sitz	Name		Mieten	Kursgewinn	Zinsen und sonstiger Gewinn
			ℳ	ℳ	ℳ	ℳ
1			2	3	4	5
1	Aachen	Aachener Rück V.G.	7 307 213	—	12 385	835 774
2	Berlin	Deutsche Rück- u. Mit V.G.	2 327 423	24 448	16 984	71 297
3	»	Deutsche Transp.V.G.	2 327 423	48 896	16 985	67 066
4	Bremen	Deutsche V.G.	1 933 511	—	—	55 646
5	Cöln	Cölnische Rück V.G.	13 518 260	16 250	16 318	1 366 093
6	»	Colonia	1 605 106	—	—	116 099
7	»	Minerva	6 125 510	—	391	278 832
8	Frankfurt	Europa	5 640 155	31 000	39 598	174 539
9	»	Frankf. Rück V.G.	1 725 497	—	894	238 594
10	»	Frankf. Transp. U. u. Gl.V.A.G.[6])	2 439 653	—	—	57 697
11	»	Frankona	6 516 085	—	6 039	257 940
12	»	Preußische Rück V.A.G.	1 036 589	—	270	21 101
13	»	Providentia	538 082	—	—	70 358
14	Hamburg	Hamburg-Bremer Rück V.A.G.	1 685 710	—	10 091	181 018
15	»	Neue Fünfte Ass. Comp.	1 986 157	—	—	25 700
16	»	Nord-West-Deutsche V.G.	4 440 623	—	—	102 799
17	»	V.G. Hamburg	7 675 719	—	3 308	193 029
18	»	V.G. von 1873	2 362 821	—	—	17 991
19	Leipzig	Leipziger Rück V.A.	529 572	—	5	25 390
20	Magdeburg	Magdeb. Rück V.A.G.	4 240 462	—	80	272 572
21	Mannheim	Oberrheinische V.G.[6])	2 195 621	—	—	38 090
22	München	Münchener Rück V.G.	104 313 250	—	—	5 492 025
23	»	Süddeutsche Rück V.A.G.	12 730 295	—	51 340	268 836
24	M.-Gladbach	Gladbacher Rück V.A.G.	9 159 618	—	—	203 913
25	»	Rheinisch-Westf. Lloyd	2 386 456	9 000	4 285	80 480
26	»	Rheinisch-Westf. Rück V.A.G.	6 106 899	—	10 271	219 809
27	Stettin	Stettiner Rück V.A.G.	1 192 499	—	—	65 368
28	Stuttgart	Stuttg. Mit- u. Rück V.A.G.[5])	6 827	—	—	—
		Zusammen	**214 053 036**	**129 594**	**180 244**	**10 798 056**

Anmerkungen zu Tab. V 18: Die Anteile der Retrozessionäre sind überall abgesetzt. — Die Prämien und die Prämienreserven sind in Tab. V 19 erläutert. — [1]) Darunter 105 000 ℳ Agio auf neue Aktien. — [2]) 300 000 ℳ Agio auf neue Aktien. — [3]) Darunter 3 306 833 ℳ Agio auf neue Aktien. —

und Verlustrechnung für 1909

nahmen

Abnahme der: Schaden-reserve	Abnahme der: Prämien-reserve und Prämien-überträge	Abnahme der: sonstigen Reserven	Sonstige Einnahmen	Summe der Jahres-einnahmen	Verlust: überhaupt	Verlust: nach Abzug des Gewinn-vortrags	Nr.
ℳ	ℳ	ℳ	ℳ	ℳ	ℳ	ℳ	
6	7	8	9	10	11	12	
—	—	—	—	8 155 372	—	—	1
—	—	—	4 519	2 444 671	—	—	2
—	—	—	4 308	2 464 678	—	—	3
—	—	—	—	1 989 157	—	—	4
—	—	—	1 587	14 918 508	—	—	5
—	—	—	363	1 721 568	—	—	6
—	—	—	741	6 405 474	—	—	7
—	—	—	[1]) 106 476	5 982 768	—	—	8
—	—	—	105	1 965 090	—	—	9
—	—	—	—	2 497 350	—	—	10
—	—	—	633	6 780 697	—	—	11
—	—	—	—	1 057 960	34 684	31 109	12
—	3 673	—	354	612 467	—	—	13
—	—	—	—	1 876 819	—	—	14
—	248 210	—	—	2 260 067	—	—	15
—	—	—	—	4 543 422	—	—	16
—	—	—	[2]) 300 000	8 172 056	—	—	17
—	223 293	—	—	2 604 105	—	—	18
6 990	—	—	—	561 957	—	—	19
96 618	—	—	6 311	4 616 043	—	—	20
—	15 482	—	—	2 249 193	—	—	21
—	—	—	[3]) 3 313 834	113 119 109	—	—	22
54 735	231 505	—	513	13 337 224	—	—	23
—	62 212	—	162	9 425 905	—	—	24
—	76 317	—	1 449	2 557 987	—	—	25
—	—	—	[4]) 228 190	6 565 169	—	—	26
—	—	—	—	1 257 867	—	—	27
—	—	—	—	6 827	—	—	28
158 343	**860 692**	—	**3 969 545**	**230 149 510**	**34 684**	**31 109**	

[4]) Darunter 227 216 ℳ zurückgenommene Retrozessionsprämienreserve der Feuerversicherung. — [5]) Hier ist nur das Lebensrückversicherungsgeschäft nachgewiesen. — [6]) Hier ist nur das Feuerrückversicherungsgeschäft nachgewiesen.

Noch: Tabelle V 18

Rückversicherung — Gewinn-

Aus

Nr.	Sitz	Name	Zahlungen aus Versicherungsfällen ℳ	Zahlungen für Rückkäufe ℳ	Verlust aus Kapitalanlagen: Kursverlust ℳ	Verlust aus Kapitalanlagen: Sonstiger Verlust ℳ	Zu: Schadenreserve ℳ
		1	2	3	4	5	6
1	Aachen	Aachener Rück V.G.	3 229 404	152 498	—	—	67 583
2	Berlin	Deutsche Rück- u. Mit V.G.	1 427 292	—	—	—	252 132
3	»	Deutsche Transp.V.G.	1 425 289	—	—	—	239 334
4	Bremen	Deutsche V.G.	1 321 886	—	999	—	159 176
5	Cöln	Cölnische Rück V.G.	6 297 581	309 040	41 752	—	588 192
6	»	Colonia	726 636	—	7 882	—	57 000
7	»	Minerva	3 008 704	54 620	7 960	—	84 897
8	Frankfurt	Europa	2 462 377	12 783	—	—	536 690
9	»	Frankf. Rück V.G.	1 164 424	52 339	2 700	—	14 598
10	»	Frankf. Transp. U. u. Gl.V.A.G.[4])	1 382 268	—	—	—	55 000
11	»	Frankona	3 808 502	4 746	—	—	166 732
12	»	Preußische Rück V.A.G.	482 276	1 194	—	600	128 169
13	»	Providentia	209 256	—	80	—	1 551
14	Hamburg	Hamburg-Bremer Rück V.A.G.	552 828	33 369	3 339	—	39 789
15	»	Neue Fünfte Ass. Comp.	1 395 074	—	—	—	459 907
16	»	Nord-West-Deutsche V.G.	2 680 587	—	903	—	163 523
17	»	V.G. Hamburg	4 164 214	822	361	—	128 909
18	»	V.G. von 1873	1 764 729	—	—	—	376 157
19	Leipzig	Leipziger Rück V.A.	207 695	—	550	—	—
20	Magdeburg	Magdeb. Rück V.A.G.	2 905 023	—	—	—	—
21	Mannheim	Oberrheinische V.G.[4])	1 413 979	—	—	—	19 621
22	München	Münchener Rück V.G.	58 437 531	813 880	273 786	—	2 189 209
23	»	Süddeutsche Rück V.A.G.	8 437 032	43 423	—	—	—
24	M.-Gladbach	Gladbacher Rück V.A.G.	6 775 912	—	651	—	102 980
25	»	Rheinisch-Westf. Lloyd	1 517 651	—	5 849	—	135 515
26	»	Rheinisch-Westf. Rück V.A.G.	3 510 528	22 539	12 832	—	165 795
27	Stettin	Stettiner Rück V.A.G.	660 047	—	—	—	27 652
28	Stuttgart	Stuttg. Mit- u. Rück V.A.G.[2])	—	—	—	—	—
		Zusammen	**121 368 725**	**1 501 253**	**359 644**	**600**	**6 160 111**

Anmerkungen zu Tab. V 18: Die Anteile der Retrozessionäre sind überall abgesetzt. — Die Schäden und die Schadenreserven sind in Tab. V 19 erläutert. — Die Zahlungen aus Versicherungsfällen verstehen sich einschl. der Schadenermittelungskosten. — [1]) Zuweisungen an den gesetzlichen Reservefonds (Agio auf neue Aktien) nach Abzug der Abnahme der Vorsichtsreserve für Lebensversicherungen, vgl. Anm. [1]) S. 334. — [2]) Zuweisungen an den gesetzlichen Reservefonds (Agio auf neue Aktien) vgl. Anm. [2]) und [3]) S. 334. —

und Verlustrechnung für 1909

gaben

nahme der		Abschreibungen			Steuern	Verwaltungskosten	Sonstige Ausgaben	Summe der Jahresausgaben	Gewinn		Nr.
Prämienreserve und Prämienüberträge	sonstigen Reserven	insgesamt	darunter auf Immobilien	darunter auf Forderungen					ohne Gewinnvortrag	mit Gewinnvortrag	
M	M	M	M	M	M	M	M	M	M	M	
7	8	9	10	11	12	13	14	15	16	17	
1 725 668	—	—	—	—	16 463	1 704 481	—	6 896 097	1 259 275	1 285 097	1
48 678	5 000	20 814	1 046	18 963	13 580	522 175	—	2 289 671	155 000	155 000	2
48 678	—	22 160	2 092	19 263	20 018	519 199	—	2 274 678	190 000	190 000	3
138 712	—	—	—	—	14 577	260 766	—	1 896 116	93 041	93 041	4
3 058 196	—	26 250	26 250	—	53 114	3 199 020	—	13 573 145	1 345 363	1 722 661	5
7 700	—	—	—	—	37 171	401 434	—	1 237 823	483 745	656 321	6
1 114 973	—	—	—	—	15 209	1 532 891	—	5 819 254	586 220	729 278	7
750 004	1) 94 130	15 197	—	—	7 280	1 948 607	—	5 827 068	155 700	161 658	8
141 791	—	—	—	—	21 850	342 481	—	1 740 183	224 907	224 907	9
160 000	—	—	—	—	—	695 289	—	2 292 557	204 793	204 793	10
254 208	—	—	—	—	44 206	1 965 670	—	6 244 064	536 633	635 744	11
178 929	774	—	—	—	2 250	298 452	—	1 092 644	—	—	12
—	—	—	—	—	18 331	154 297	—	383 515	228 952	256 284	13
495 124	—	1 844	—	—	5 574	598 636	—	1 730 563	146 316	169 963	14
—	—	—	—	—	2 689	302 427	—	2 160 097	99 970	99 970	15
377 397	—	723	—	723	8 283	1 162 006	—	4 393 422	150 000	150 000	16
777 036	3) 300 000	—	—	—	34 700	2 195 312	19 393	7 620 747	551 309	582 236	17
—	—	—	—	—	3 183	402 891	—	2 546 960	57 145	62 428	18
158 389	—	—	—	—	1 019	155 072	—	522 725	39 232	39 422	19
31 559	62 275	—	—	—	58 424	1 053 231	9 649	4 120 161	495 882	495 882	20
—	—	—	—	—	—	613 281	—	2 046 881	202 312	202 312	21
11 077 591	4) 3 306 833	—	—	—	257 517	31 474 171	—	107 830 518	5 288 591	6 283 198	22
—	—	—	—	—	2 039	3 902 547	5) 601 906	12 986 947	350 277	365 088	23
—	—	—	—	—	5 137	2 360 371	—	9 245 051	180 854	185 031	24
—	—	4 000	4 000	—	13 150	556 709	6) 227 216	2 460 090	97 897	136 409	25
738 153	—	—	—	—	25 120	1 742 029	—	6 216 996	348 173	385 563	26
131 529	—	—	—	—	11 085	333 854	—	1 164 167	93 700	93 700	27
3 698	—	—	—	—	—	2 694	—	6 392	435	435	28
21 418 013	**3 769 012**	**90 988**	**33 388**	**38 949**	**691 969**	**60 399 993**	**858 164**	**216 618 472**	**13 565 722**	**15 566 421**	

3) Hier ist nur das Lebensrückversicherungsgeschäft nachgewiesen. — 4) Hier ist nur das Feuerrückversicherungsgeschäft nachgewiesen. — 5) Nämlich 452 277 M verausgabte Prämienreserve an Retrozessionäre der Lebensversicherung und 149 629 M verausgabte Prämienüberträge an Retrozessionäre der Feuerversicherung. — 6) Zurückgegebene Retrozessionsprämienreserven der Feuerversicherung.

Tabelle V 19

Erläuterungen zu der Gewinn-

Versicherungsunternehmung			Prämien im ganzen	Retro-zessions-prämien	Prämien für eigene Rechnung	Prämien am Vorjahrs
Nr.	Sitz	Name	ℳ	ℳ	ℳ	ℳ
	1		2	3	4	5
						Lebens
1	Aachen	Aachener Rück V.G.	3 360 965	915 060	2 445 905	10 673 752
2	Berlin	Deutsche Rück- u. Mit V.G.	29 127	24 896	4 231	14 509
3	»	Deutsche Transp.V.G.	19 418	15 187	4 231	14 509
5	Cöln	Cölnische Rück V.G.	7 737 424	2 617 151	5 120 273	23 357 730
7	»	Minerva	1 952 456	837 489	1 114 967	2 946 667
8	Frankfurt	Europa	533 844	207 330	326 514	771 297
9	»	Frankf. Rück V.G.	524 399	94 229	430 170	2 872 361
11	»	Frankona	224 357	45 405	178 952	296 528
12	»	Preußische Rück V.A.G.	30 086	—	30 086	26 717
14	Hamburg	Hamburg-Bremer Rück V.A.G.	895 221	238 901	656 320	2 761 000
17	»	V.G: Hamburg	289 261	9 153	280 108	—
22	München	Münchener Rück V.G.	18 903 993	1 659 608	17 244 385	61 673 095
23	»	Süddeutsche Rück V.A.G.	842 069	266 898	575 171	826 096
25	M.-Gladbach	Rheinisch-Westf. Lloyd	55 618	—	55 618	112 000
26	»	Rheinisch-Westf. Rück V.A.G.	472 248	125 873	346 375	2 163 400
28	Stuttgart	Stuttg. Mit- u. Rück V.A.G.	10 900	4 073	6 827	—
		Zusammen	**35 881 386**	**7 061 253**	**28 820 133**	**108 509 661**

und Verlustrechnung für 1909

reserve und -überträge für eigene Rechnung		Für eigene Rechnung geleistete		Schadenreserve für eigene Rechnung			Nr.
Schlusse des				am Schlusse des			
Berichtsjahrs	Zu- oder Abnahme (—)	Zahlungen aus Versicherungsfällen	Zahlungen für Rückkäufe	Vorjahrs	Berichtsjahrs	Zu- oder Abnahme (—)	
ℳ	ℳ	ℳ	ℳ	ℳ	ℳ	ℳ	
6	7	8	9	10	11	12	
versicherung							
12 367 783	1 694 031	653 456	152 498	117 731	85 652	— 32 079	1
17 759	3 250	7 938	—	2 000	—	— 2 000	2
17 759	3 250	7 938	—	2 000	—	— 2 000	3
26 327 973	2 970 243	1 661 512	309 040	211 292	388 283	176 991	5
3 756 326	809 659	215 137	54 620	46 659	79 319	32 660	7
957 040	185 743	114 018	12 783	38 603	70 744	32 141	8
2 969 479	97 118	293 259	52 339	14 140	27 270	13 130	9
407 088	110 560	20 870	4 746	13 923	22 929	9 006	11
41 412	14 695	7 382	1 194	8 000	8 000	—	12
3 158 500	397 500	231 732	33 369	45 451	29 690	— 15 761	14
241 300	241 300	3 252	207	—	4 000	4 000	17
69 389 917	7 716 822	6 090 995	809 535	642 930	796 411	153 481	22
560 328	— 265 768	74 311	43 423	37 437	33 200	— 4 237	23
145 483	33 483	12 999	—	3 600	6 000	2 400	25
2 317 553	154 153	176 824	22 539	5 000	13 000	8 000	26
3 698	3 698	—	—	—	—	—	28
122 679 398	**14 169 737**	**9 571 623**	**1 496 298**	**1 188 766**	**1 564 498**	**875 782**	

Noch: Tabelle V 19

Erläuterungen zu der Gewinn-

Versicherungsunternehmung			Prämien im ganzen	Retrozessionsprämien	Prämien für eigene Rechnung	Prämien am
Nr.	Sitz	Name				Vorjahrs
			M	M	M	M
		1	2	3	4	5
						Unfall- und Haftpflicht
1	Aachen	Aachener Rück V.G.	339 431	19 098	320 333	536 644
2	Berlin	Deutsche Rück- u. Mit V.G.	3 584	2 390	1 194	1 019
3	»	Deutsche Transp.V.G.	2 389	1 195	1 194	1 019
5	Cöln	Cölnische Rück V.G.	2 034 990	1 020 409	1 014 581	1 241 633
7	»	Minerva	1 097 202	321 742	775 460	443 434
8	Frankfurt	Europa	529 232	169 873	359 359	164 837
10	»	Frankf. Transp. U. u. Gl.V.A.G...	Bei Gruppe II (Tabelle II 3) enthalten			
11	»	Frankona	764 772	39 487	725 285	372 783
12	»	Preußische Rück V.A.G.	83 849	14 551	69 298	31 255
14	Hamburg	Hamburg-Bremer Rück V.A.G. ..	1 055 775	173 617	882 158	402 907
17	»	V.G. Hamburg	267 899	10 116	257 783	67 397
21	Mannheim	Oberrheinische V.G.	Bei Gruppe II (Tabelle II 3) enthalten			
22	München	Münchener Rück V.G.	16 211 398	980 427	15 230 971	7 536 831
23	»	Süddeutsche Rück V.A.G.	1 518 483	230 993	1 287 490	749 293
25	M.-Gladbach ..	Rheinisch-Westf. Lloyd	83 621	—	83 621	35 964
26	» ..	Rheinisch-Westf. Rück V.A.G. ..	639 342	251 360	387 982	157 717
28	Stuttgart	Stuttg. Mit- u. Rück V.A.G.	Bei Gruppe II (Tabelle II 3) enthalten			
		Zusammen	**24 631 967**	**8 285 258**	**21 396 709**	**11 742 738**

und Verlustrechnung für 1909

reserve und -überträge für eigene Rechnung: Schlusse des Berichtsjahrs	reserve und -überträge für eigene Rechnung: Zu- oder Abnahme (—)	Für eigene Rechnung geleistete Zahlungen aus Versicherungsfällen	Für eigene Rechnung geleistete Zahlungen für Rückkäufe	Schadenreserve für eigene Rechnung am Schlusse des Vorjahrs	Schadenreserve für eigene Rechnung am Schlusse des Berichtsjahrs	Schadenreserve für eigene Rechnung: Zu- oder Abnahme (—)	Nr.
M	M	M	M	M	M	M	
6	7	8	9	10	11	12	
versicherung							
466 234	— 70 410	296 749	—	310 457	261 256	— 49 201	1
597	— 422	385	—	1 150	2 142	992	2
597	— 422	385	—	1 150	2 142	992	3
1 066 448	— 175 185	604 627	—	523 377	523 794	417	5
710 964	267 530	241 448	—	341 758	349 195	7 437	7
215 616	50 779	154 077	—	165 230	173 485	8 255	8
		Bei Gruppe II (Tabelle II 3) enthalten					10
392 632	19 849	369 869	—	483 588	554 317	70 729	11
34 649	3 394	27 014	—	12 764	20 108	7 344	12
488 531	85 624	240 684	—	481 360	535 137	53 777	14
129 855	62 458	50 305	615	62 346	76 506	14 160	17
		Bei Gruppe II (Tabelle II 3) enthalten					21
8 897 814	1 360 983	6 625 125	4 345	6 458 597	7 292 632	834 035	22
754 100	4 807	840 777	—	691 321	664 678	— 26 643	23
36 118	154	39 304	—	25 832	45 243	19 411	25
177 820	20 103	153 395	—	291 773	324 400	32 627	26
		Bei Gruppe II (Tabelle II 3) enthalten					28
13 371 975	**1 629 242**	**9 644 144**	**4 960**	**9 850 703**	**10 825 035**	**974 332**	

Noch: Tabelle V 19

Erläuterungen zu der Gewinn-

Nr.	Sitz	Name	Prämien im ganzen ℳ	Retrozessionsprämien ℳ
		1	2	3
				Hagel
22	München	Münchener Rück V.G.	4 522 062	—
23	»	Süddeutsche Rück V.A.G	127 287	—
		Zusammen	**4 649 349**	—
				Feuer
1	Aachen	Aachener Rück V.G.	3 937 989	58 422
2	Berlin	Deutsche Rück- u. Mit V.G.	3 194 315	2 148 801
3	»	Deutsche Transp.V.G.	2 147 762	1 102 248
4	Bremen	Deutsche V.G.	404 379	153 769
5	Cöln	Cölnische Rück V.G.	18 716 064	12 025 237
6	»	Colonia	1 605 106	—
7	»	Minerva	5 415 951	1 789 754
8	Frankfurt	Europa	7 833 514	2 926 457
9	»	Frankf. Rück V.G.	1 470 734	346 962
10	»	Frankf. Transp. U. u. Gl.V.A.G.	3 228 732	789 079
11	»	Frankona	6 795 186	1 800 487
12	»	Preußische Rück V.A.G.	1 428 791	509 148
13	»	Providentia	338 884	—
15	Hamburg	Neue Fünfte Ass. Comp.	427 562	—
16	»	Nord-West-Deutsche V.G.	2 373 254	966 049
17	»	V.G. Hamburg	23 552 503	17 321 224
18	»	V.G. von 1873	855 941	427 585
19	Leipzig	Leipziger Rück V.A.	495 809	—
20	Magdeburg	Magdeb. Rück V.A.G.	4 105 768	—
21	Mannheim	Oberrheinische V.G.	7 487 549	5 291 928
22	München	Münchener Rück V.G.	85 797 548	33 923 650
23	»	Süddeutsche Rück V.A.G.	12 282 855	2 827 852
24	M.-Gladbach	Gladbacher Rück V.A.G.	11 900 090	3 977 404
25	»	Rheinisch-Westf. Lloyd	490 812	—
26	»	Rheinisch-Westf. Rück V.A.G.	6 838 564	2 253 330
27	Stettin	Stettiner Rück V.A.G.	2 024 625	832 126
		Zusammen	**215 150 278**	**91 471 512**

Anmerkung zu Tab. V 19: Die Zahlungen aus Versicherungsfällen verstehen sich einschl. der Schadenermittelungskosten.

und Verlustrechnung für 1909

versicherung

Prämien für eigene Rechnung ℳ	Prämienreserve und -überträge für eigene Rechnung am Schlusse des Berichtsjahrs ℳ	Für eigene Rechnung geleistete Zahlungen aus Versicherungsfällen ℳ	Schadenreserve für eigene Rechnung am Schlusse des Vorjahrs ℳ	Schadenreserve für eigene Rechnung am Schlusse des Berichtsjahrs ℳ	Schadenreserve für eigene Rechnung Zu- oder Abnahme (–) ℳ	Nr.
4	5	6	7	8	9	
4 522 062	—	2 838 462	75 254	1 009 224	933 970	22
127 287	—	121 785	—	—	—	23
4 649 349	—	**2 960 247**	**75 254**	**1 009 224**	**933 970**	

versicherung

Prämien für eigene Rechnung ℳ	Prämienreserve und -überträge für eigene Rechnung am Schlusse des Berichtsjahrs ℳ	Für eigene Rechnung geleistete Zahlungen aus Versicherungsfällen ℳ	Schadenreserve für eigene Rechnung am Schlusse des Vorjahrs ℳ	Schadenreserve für eigene Rechnung am Schlusse des Berichtsjahrs ℳ	Schadenreserve für eigene Rechnung Zu- oder Abnahme (–) ℳ	Nr.
3 879 567	2 386 367	2 135 943	569 438	735 327	165 889	1
1 045 514	522 757	646 304	159 210	268 258	109 048	2
1 045 514	522 757	646 304	159 210	268 258	109 048	3
250 601	77 947	101 737	—	23 868	23 868	4
6 690 827	3 293 401	3 638 990	1 061 776	1 426 239	364 463	5
1 605 106	1 099 647	726 636	216 000	273 000	57 000	6
3 626 197	1 836 408	2 177 971	654 744	658 168	3 424	7
4 907 057	2 166 458	2 168 595	446 222	945 000	498 778	8
1 123 772	838 229	759 621	163 630	133 275	— 30 355	9
2 439 653	975 000	1 382 268	500 000	555 000	55 000	10
4 994 699	2 230 928	3 152 542	1 164 822	1 234 180	69 358	11
919 643	350 635	446 608	74 512	194 055	119 543	12
338 884	338 884	132 836	50 075	43 417	— 6 658	13
427 562	162 636	236 398	34 254	33 429	— 825	15
1 407 205	611 945	776 838	165 473	200 955	35 482	16
6 231 279	2 439 222	3 300 539	842 028	995 652	153 624	17
428 356	162 635	260 257	65 963	45 322	— 20 641	18
495 809	444 820	204 369	38 410	28 720	— 9 690	19
4 105 768	2 204 363	2 881 676	949 853	843 434	— 106 419	20
2 195 621	936 754	1 413 979	417 817	437 438	19 621	21
51 873 898	21 998 806	33 449 436	12 614 692	12 294 057	— 320 635	22
9 455 003	3 996 181	6 383 107	1 911 074	1 837 499	— 73 575	23
7 922 686	3 169 074	5 639 866	1 644 387	1 755 162	110 775	24
490 812	206 000	234 996	67 000	36 000	— 31 000	25
4 585 234	2 000 000	2 653 001	410 000	475 000	65 000	26
1 192 499	858 600	660 047	170 000	197 652	27 652	27
123 678 766	**55 830 454**	**76 210 864**	**24 550 590**	**25 938 365**	**1 387 775**	

Noch: Tabelle V 19

Erläuterungen zu der Gewinn-

Nr.	Sitz	Name	Prämien im ganzen ℳ	Retrozessionsprämien ℳ
		1	2	3
				Transport
2	Berlin	Deutsche Rück- u. Mit V.G.	4 593 448	3 323 860
3	»	Deutsche Transp.V.G.	4 709 234	3 439 646
4	Bremen	Deutsche V.G.	2 018 664	335 754
5	Cöln	Cölnische Rück V.G.	1 122 467	683 751
7	»	Minerva	438 716	—
8	Frankfurt	Europa	4 946	157
9	»	Frankf. Rück V.G.	146 580	—
11	»	Frankona	381 523	81 479
13	»	Providentia	247 612	48 414
15	Hamburg	Neue Fünfte Ass. Comp.	1 856 010	297 415
16	»	Nord-West-Deutsche V.G.	7 502 832	4 469 414
17	»	V.G. Hamburg	1 802 829	948 993
18	»	V.G. von 1873	2 338 371	403 906
22	München	Münchener Rück V.G.	34 580 413	25 258 444
23	»	Süddeutsche Rück V.A.G.	1 809 692	603 382
24	M.-Gladbach	Gladbacher Rück V.A.G.	1 319 491	82 559
25	»	Rheinisch-Westf. Lloyd	2 926 696	1 191 412
26	»	Rheinisch-Westf. Rück V.A.G.	773 012	153 246
		Zusammen	**68 572 536**	**41 321 832**

Anmerkung zu Tab. V 19: Die Zahlungen aus Versicherungsfällen verstehen sich einschl. der Schadenermittelungskosten.

und Verlustrechnung für 1909

Prämien für eigene Rechnung	Prämienreserve und Prämienüberträge für eigene Rechnung am Schlusse des Berichtsjahrs	Für eigene Rechnung geleistete Zahlungen aus Versicherungsfällen	Schadenreserve für eigene Rechnung am Schlusse des Vorjahrs	Schadenreserve für eigene Rechnung am Schlusse des Berichtsjahrs	Schadenreserve für eigene Rechnung Zu- oder Abnahme (–)	Nr.
M	M	M	M	M	M	
4	5	6	7	8	9	
versicherung						
1 269 588	325 000	771 245	584 630	723 261	138 631	2
1 269 588	325 000	769 242	670 165	795 998	125 833	3
1 682 910	370 765	1 220 149	528 000	663 308	135 308	4
438 716	126 000	342 086	220 000	250 000	30 000	5
438 716	126 000	342 086	220 000	250 000	30 000	7
4 789	1 197	11 518	16 686	13 844	— 2 842	8
146 580	43 974	108 675	48 000	78 927	30 927	9
300 044	52 277	220 474	100 050	113 471	13 421	11
199 198	68 000	76 420	56 575	64 784	8 209	13
1 558 595	529 380	1 158 676	188 649	649 381	460 732	15
3 033 418	1 047 285	1 903 749	1 105 090	1 233 131	128 041	16
853 836	253 659	786 008	408 712	344 679	— 64 033	17
1 934 465	592 100	1 504 472	305 577	702 375	396 798	18
9 321 969	2 211 935	6 611 784	2 970 466	3 689 915	719 449	22
1 206 310	235 969	991 486	306 262	357 072	50 810	23
1 236 932	344 610	1 136 046	281 652	273 857	— 7 795	24
1 735 284	310 000	1 222 643	321 705	455 520	133 815	25
619 766	110 000	441 986	121 857	174 652	52 795	26
27 250 704	**7 073 151**	**19 618 745**	**8 454 076**	**10 834 175**	**2 380 099**	

Noch: Tabelle V 19

Rückversicherung — Erläuterungen zu der

Nr.	Sitz	Name	Prämien im ganzen ℳ	Retrozessionsprämien ℳ
		1	2	3
			Sonstige Sach	
1	Aachen	Aachener Rück V.G.	661 408	—
2	Berlin	Deutsche Rück- u. Mit V.G.	17 272	10 376
3	»	Deutsche Transp.V.G.	16 499	9 603
5	Cöln	Cölnische Rück V.G.	440 530	186 667
7	»	Minerva	174 515	4 345
8	Frankfurt	Europa	67 460	25 024
9	»	Frankf. Rück V.G.	30 444	5 469
10	»	Frankf. Transp. U. u. Gl.V.A.G.	Bei Gruppe IV u. V (Tab. IV 14 u. 15 bezw. V 6) enthalten	
11	»	Frankona	333 283	16 178
12	»	Preußische Rück V.A.G.	17 562	—
14	Hamburg	Hamburg-Bremer Rück V.A.G.	185 435	38 203
17	»	V.G. Hamburg	68 891	16 178
19	Leipzig	Leipziger Rück V.A.	33 763	—
20	Magdeburg	Magdeb. Rück V.A.G.	134 694	—
21	Mannheim	Oberrheinische V.G.	Bei Gruppe IV u. V (Tabelle IV 15 bezw. V 6) enthalten	
22	München	Münchener Rück V.G.	6 616 316	496 351
23	»	Süddeutsche Rück V.A.G.	98 500	19 466
25	M.-Gladbach	Rheinisch-Westf. Lloyd	21 121	—
26	»	Rheinisch-Westf. Rück V.A.G.	210 313	42 771
28	Stuttgart	Stuttg. Mit- u. Rück V.A.G.	Bei Gruppe IV u. V (Tab. IV 14 u. 15 bezw. V 6 u. 11) enthalten	
		Zusammen	**9 128 006**	**870 631**

Anmerkung zu Tab. V 19: Die Zahlungen aus Versicherungsfällen verstehen sich einschl. der Schadenermittelungskosten.

Gewinn- und Verlustrechnung für 1909

versicherung

Prämien für eigene Rechnung ℳ	Prämienreserve und Prämienüberträge für eigene Rechnung am Schlusse des Berichtsjahrs ℳ	Für eigene Rechnung geleistete Zahlungen aus Versicherungsfällen ℳ	Schadenreserve für eigene Rechnung am Schlusse des Vorjahrs ℳ	Schadenreserve für eigene Rechnung am Schlusse des Berichtsjahrs ℳ	Schadenreserve für eigene Rechnung Zu- oder Abnahme (—) ℳ	Nr.
4	5	6	7	8	9	
661 408	562 194	143 256	40 434	23 408	— 17 026	1
6 896	3 449	1 420	400	5 861	5 461	2
6 896	3 449	1 420	400	5 861	5 461	3
253 863	186 674	50 366	18 628	34 949	16 321	5
170 170	124 450	32 062	11 925	23 301	11 376	7
42 436	31 826	14 169	4 892	5 250	358	8
24 975	21 297	2 869	289	1 185	896	9
Bei Gruppe IV u. V (Tabellen IV 14 u. 15 bezw. V 6) enthalten						10.
317 105	187 855	44 747	8 809	13 027	4 218	11
17 562	10 537	1 272	154	1 436	1 282	12
147 232	76 000	80 412	9 395	11 168	1 773	14
52 713	34 263	24 110	6 763	27 921	21 158	17
33 763	25 800	3 326	40	2 740	2 700	19
134 694	122 582	23 347	2 754	12 555	9 801	20
Bei Gruppe IV u. V (Tabelle IV. 15 bezw. V 6) enthalten						21
6 119 965	4 162 300	2 821 729	2 173 941	2 042 850	— 131 091	22
79 034	58 423	25 566	14 532	13 442	— 1 090	23
21 121	13 082	7 709	1 168	12 057	10 889	25
167 542	92 180	85 322	18 227	25 600	7 373	26
Bei Gruppe IV u. V (Tabellen IV 14 u. 15 bezw. V 6 u. 14) enthalten						28
8 257 375	**5 716 361**	**3 363 102**	**2 312 751**	**2 262 611**	— **50 140**	

Tabelle V 20

Rückversicherung — Bilanz für

A k

Nr.	Sitz	Name	Verpflichtungen der Aktionäre ℳ	Kapitalanlagen ℳ
		1	2	3
1	Aachen	Aachener Rück V.G.	5 400 000	15 204 049
2	Berlin	Deutsche Rück- u. Mit V.G.	2 250 000	1 984 862
3	»	Deutsche Transp.V.G.	600 000	2 346 579
4	Bremen	Deutsche V.G.	1 889 227	1 604 910
5	Cöln	Cölnische Rück V.G.	7 200 000	23 645 997
6	»	Colonia	2 400 000	2 821 112
7	»	Minerva	1 800 000	5 210 082
8	Frankfurt	Europa	3 000 000	4 224 824
9	»	Frankf. Rück V.G.	9 257 160	5 999 876
10	»	Frankf. Transp. U. u. Gl.V.A.G.	Bei Gruppe II (Tabelle II 6) enthalten	
11	»	Frankona	3 750 000	5 168 240
12	»	Preußische Rück V.A.G.	750 000	406 700
13	»	Providentia	1 600 000	1 872 950
14	Hamburg	Hamburg-Bremer Rück V.A.G.	1 500 000	2 164 555
15	»	Neue Fünfte Ass. Comp.	1 500 000	447 600
16	»	Nord-West-Deutsche V.G.	2 250 000	2 930 303
17	»	V.G. Hamburg	3 000 000	4 992 852
18	»	V.G. von 1873	750 000	662 000
19	Leipzig	Leipziger Rück V.A.	750 000	652 600
20	Magdeburg	Magdeb. Rück V.A.G.	—	6 362 715
21	Mannheim	Oberrheinische V.G.	Bei Gruppe II (Tabelle II 6) enthalten	
22	München	Münchener Rück V.G.	18 750 000	45 685 776
23	»	Süddeutsche Rück V.A.G.	2 750 000	5 274 955
24	M.-Gladbach	Gladbacher Rück V.A.G.	2 400 000	3 205 999
25	»	Rheinisch-Westf. Lloyd	4 500 900	1 806 540
26	»	Rheinisch-Westf. Rück V.A.G.	2 160 000	3 172 662
27	Stettin	Stettiner Rück V.A.G.	1 350 000	1 693 650
28	Stuttgart	Stuttg. Mit- u. Rück V.A.G.	Bei Gruppe IV (Tabelle IV 19) enthalten	
		Zusammen	**81 557 287**	**149 542 388**

Anmerkung zu Tab. V 20: Die Kapitalanlagen und die Forderungen sind in Tab. V 21 erläutert.

den Schluß des Jahres 1909

tiva

Forderungen ℳ 4	Kassenbestand ℳ 5	Inventar und Drucksachen ℳ 6	Sonstige Aktiva ℳ 7	Verlust ℳ 8	Summe ℳ 9	Nr.
4 150 443	10 522	—	—	—	24 765 014	1
1 237 704	9 271	1	—	—	5 481 838	2
1 569 216	11 274	1	—	—	4 527 070	3
873 245	238	1	51 250	—	4 418 871	4
7 247 165	65 281	—	—	—	38 158 443	5
661 548	202	—	—	—	5 882 862	6
2 544 798	17 921	—	—	—	9 572 801	7
2 315 559	11 404	1	—	—	9 551 788	8
182 278	3 658	—	—	—	15 442 972	9
Bei Gruppe II (Tabelle II 6) enthalten						10
2 825 312	1 171	—	—	—	11 744 723	11
574 387	1 234	—	—	31 109	1 763 430	12
56 219	23 712	—	—	—	3 552 881	13
434 258	4 474	1 000	—	—	4 104 287	14
763 850	425	—	—	—	2 711 875	15
2 970 723	2 481	—	—	—	8 153 507	16
4 663 807	5 659	—	—	—	12 662 318	17
697 078	1 019	—	550 000	—	2 660 097	18
137 327	1 875	—	—	—	1 541 802	19
1 387 423	777	—	—	—	7 750 915	20
Bei Gruppe II (Tabelle II 6) enthalten						21
52 154 132	—	—	—	—	116 589 908	22
6 930 922	1 414	1	—	—	14 957 292	23
4 688 354	9 488	—	—	—	10 303 841	24
1 174 268	7 225	—	—	—	7 488 933	25
2 807 152	5 872	—	—	—	8 145 686	26
482 622	1 669	—	—	—	3 527 941	27
Bei Gruppe IV (Tabelle IV 19) enthalten						28
103 529 790	**198 266**	**1 005**	**601 250**	**31 109**	**335 461 095**	

Noch: Tabelle V 20

Rückversicherung — Bilanz für

Pas

Nr.	Sitz	Name	Aktienkapital ℳ	Kapitalreservefonds ℳ	Prämienreserve und Prämienüberträge ℳ	Schadenreserve ℳ
		1	2	3	4	5
1	Aachen	Aachener Rück V.G.	7 200 000	1 223 250	13 306 666	1 105 643
2	Berlin	Deutsche Rück- u. Mit V.G.	3 000 000	300 000	869 562	999 522
3	»	Deutsche Transp.V.G.	1 200 000	300 000	869 562	1 072 259
4	Bremen	Deutsche V.G.	2 361 530	472 303	448 712	687 176
5	Cöln	Cölnische Rück V.G.	9 000 000	1 000 000	18 003 045	2 623 265
6	»	Colonia	3 000 000	600 000	1 099 647	273 000
7	»	Minerva	2 400 000	600 000	4 295 411	1 359 983
8	Frankfurt	Europa	4 000 000	184 000	2 601 876	1 208 323
9	»	Frankf. Rück V.G.	10 285 680	604 761	3 722 447	240 657
10	»	Frankf. Transp. U. u. Gl.V.A.G.	Bei Gruppe II (Tabelle II 6) enthalten			
11	»	Frankona	5 000 000	500 000	2 972 839	1 937 924
12	»	Preußische Rück V.A.G.	1 000 000	7 000	398 060	223 599
13	»	Providentia	2 000 000	200 000	406 884	108 201
14	Hamburg	Hamburg-Bremer Rück V.A.G.	2 000 000	80 000	997 051	575 995
15	»	Neue Fünfte Ass. Comp.	1 500 000	19 400	321 263	682 810
16	»	Nord-West-Deutsche V.G.	3 000 000	178 707	1 659 230	1 434 086
17	»	V.G. Hamburg	4 600 000	1 300 000	3 016 602	1 448 758
18	»	V.G. von 1873	937 500	35 000	463 800	747 697
19	Leipzig	Leipziger Rück V.A.	1 000 000	—	470 620	31 460
20	Magdeburg	Magdeb. Rück V.A.G.	1 500 000	900 000	2 326 945	855 989
21	Mannheim	Oberrheinische V.G.	Bei Gruppe II (Tabelle II 6) enthalten			
22	München	Münchener Rück V G.	25 000 000	13 306 833	29 868 597	27 125 089
23	»	Süddeutsche Rück V.A.G.	4 000 000	32 733	4 763 518	2 905 891
24	M.-Gladbach	Gladbacher Rück V.A.G.	3 000 000	300 000	3 513 684	2 029 019
25	»	Rheinisch-Westf. Lloyd	5 001 000	641 840	710 683	554 820
26	»	Rheinisch-Westf. Rück V.A.G.	2 400 000	700 000	2 711 143	1 012 652
27	Stettin	Stettiner Rück V.A.G.	1 800 000	285 000	858 600	197 652
28	Stuttgart	Stuttg. Mit- u. Rück V.A.G.	Bei Gruppe IV (Tabelle IV 19) enthalten			
		Zusammen	**106 185 710**	**23 770 827**	**100 676 447**	**51 441 470**

Anmerkungen zu Tab. V 20: Unter Kapitalreservefonds ist der in § 262 H. G. B. vorgesehene Reservefonds zu verstehen. — Als Prämienreserve und Prämienüberträge sind die in Tab. V 22 erläuterten, in der Verwahrung und Verwaltung der berichtenden Gesellschaft befindlichen Beträge eingestellt. —

den Schluß des Jahres 1909

s i v a

Sonstige Reserven	Guthaben anderer Versicherungsunternehmungen	Barkautionen	Hypotheken	Beamtenfonds	Sonstige Passiva	Gewinn: Jahresüberschuß	Gewinn: Vortrag aus dem Vorjahre	Summe	Nr.
ℳ	ℳ	ℳ	ℳ	ℳ	ℳ	ℳ	ℳ	ℳ	
6	7	8	9	10	11	12	13	14	
450 000	193 430	—	—	—	928	1 259 275	25 822	24 765 014	1
32 482	14 373	—	16 000	—	94 899	155 000	—	5 481 838	2
336 183	400 417	—	32 000	—	126 649	190 000	—	4 527 070	3
231 728	73 131	—	—	—	51 250	93 041	—	4 418 871	4
1 800 000	3 462 694	—	—	546 178	600	1 345 363	377 298	38 158 443	5
253 174	—	—	—	—	720	483 745	172 576	5 882 862	6
—	188 129	—	—	—	—	586 220	143 058	9 572 801	7
166 000	966 681	—	225 000	—	38 250	155 700	5 958	9 551 788	8
328 542	32 338	—	—	—	3 640	224 907	—	15 442 972	9
Bei Gruppe II (Tabelle II 6) enthalten									10
50 000	463 791	—	—	90 614	93 811	536 633	99 111	11 744 723	11
16 774	117 431	—	—	—	566	—	—	1 763 430	12
570 000	7 362	—	—	—	4 150	228 952	27 332	3 552 881	13
—	280 878	—	—	—	400	146 316	23 647	4 104 287	14
—	87 877	—	—	—	555	99 970	—	2 711 875	15
201 935	619 891	—	—	23 696	[1]) 885 962	150 000	—	8 153 507	16
200 000	1 379 072	—	—	—	[2]) 135 650	551 309	30 927	12 662 318	17
—	408 107	—	—	—	5 565	57 145	5 283	2 660 097	18
300	—	—	—	—	—	39 232	190	1 541 802	19
1 619 135	45 462	—	—	—	7 502	495 882	—	7 750 915	20
Bei Gruppe II (Tabelle II 6) enthalten									21
12 250 000	2 755 111	—	—	—	1 080	5 288 591	994 607	116 589 908	22
200 000	2 594 412	—	37 000	58 560	90	350 277	14 811	14 957 292	23
200 000	1 075 352	—	—	—	755	180 854	4 177	10 303 841	24
62 273	378 512	3 000	—	—	396	97 897	38 512	7 488 933	25
450 000	486 184	—	—	—	144	348 173	37 390	8 145 686	26
—	247 665	—	—	45 000	324	93 700	—	3 527 941	27
Bei Gruppe IV (Tabelle IV 19) enthalten									28
19 418 526	**16 278 300**	**3 000**	**310 000**	**764 048**	**1 453 886**	**13 158 182**	**2 000 699**	**335 461 095**	

Unter Schadenreserve wird die für eigene Rechnung zurückgestellte Schadenreserve verstanden. — Die Verteilung des Gewinns ist in Tab. V 23 dargestellt. — [1]) Darunter 743 482 ℳ später fällige Rückversicherungsprämien. — [2]) Darunter 81 305 ℳ Guthaben der Agenten.

Tabelle V 21

Rückversicherung — Die Art der Kapitalanlalagen

Nr.	Sitz	Name	Kappital Insgesamt ℳ	d davon Grundbesitz ℳ	Hypotheken ℳ	Darlehehen an öffeñent-liche Körprper-schafteten ℳ
		1	2	3	4	5
1	Aachen	Aachener Rück V.G.	15 204 049	—	3 612 116	—
2	Berlin	Deutsche Rück- u. Mit V.G.	1 984 862	510 860	732 000	—
3	»	Deutsche Transp.V.G.	2 346 579	1 021 720	788 000	—
4	Bremen	Deutsche V.G.	1 604 910	—	764 500	—
5	Cöln	Cölnische Rück V.G.	23 645 997	493 000	11 108 333	—
6	»	Colonia	2 821 112	—	1 185 500	—
7	»	Minerva	5 210 082	—	2 920 000	—
8	Frankfurt	Europa	4 224 824	479 423	1 156 000	—
9	»	Frankf. Rück V.G.	5 999 876	—	4 120 000	—
10	»	Frankf. Transp. U. u. Gl.V.A.G.	Bei Gruppe II (Tabelle II 7) enthalten			
11	»	Frankona	5 168 240	—	3 708 280	—
12	»	Preußische Rück V.A.G.	406 700	—	—	—
13	»	Providentia	1 872 950	—	881 500	—
14	Hamburg	Hamburg-Bremer Rück V.A.G.	2 164 555	—	1 166 500	—
15	»	Neue Fünfte Ass. Comp.	447 600	—	100 000	—
16	»	Nord-West-Deutsche V.G.	2 930 303	—	447 500	—
17	»	V.G. Hamburg	4 992 852	—	1 165 000	—
18	»	V.G. von 1873	662 000	—	495 000	—
19	Leipzig	Leipziger Rück V.A.	652 600	—	516 000	—
20	Magdeburg	Magdeb. Rück V.A.G.	6 362 715	—	2 551 700	—
21	Mannheim	Oberrheinische V.G.	Bei Gruppe II (Tabelle II 7) enthalten			
22	München	Münchener Rück V.G.	45 685 776	—	1 229 100	—
23	»	Süddeutsche Rück V.A.G.	5 274 955	76 195	—	—
24	M.-Gladbach	Gladbacher Rück V.A.G.	3 205 999	—	817 500	—
25	»	Rheinisch-Westf. Lloyd	1 806 540	64 000	—	—
26	»	Rheinisch-Westf. Rück V.A.G.	3 172 662	—	—	—
27	Stettin	Stettiner Rück V.A.G.	1 693 650	—	589 700	—
28	Stuttgart	Stuttg. Mit- u. Rück V.A.G.	Bei Gruppe IV (Tabelle IV 20) enthalten			
		Zusammen	**149 542 388**	**2 645 198**	**40 054 229**	—

und der Aktivforderungen Ende 1909

...anlagen				Aktivforderungen			
...entfallen auf				Insgesamt	davon entfallen auf		Nr.
					Guthaben bei		
...Darlehen auf Wertpapiere	Wertpapiere	Wechsel	sonstige Anlagen		Bankhäusern usw.	Versicherungsunternehmungen	
M	M	M	M	M	M	M	
6	7	8	9	10	11	12	
—	11 591 933	—	—	4 150 443	1 481 205	2 313 218	1
—	742 002	—	—	1 237 704	599 417	276 808	2
—	536 859	—	—	1 569 216	632 450	303 793	3
—	749 361	91 049	—	873 245	91 302	514 441	4
—	12 044 664	—	—	7 247 165	1 689 920	4 906 723	5
—	1 635 612	—	—	661 548	261 716	377 804	6
—	2 290 082	—	—	2 544 798	227 966	2 196 483	7
—	2 589 401	—	—	2 315 559	791 217	1 508 215	8
—	1 382 876	497 000	—	182 278	—	131 101	9
Bei Gruppe II (Tabelle II 7) enthalten							10
—	1 459 960	—	—	2 825 312	878 319	1 839 877	11
—	406 700	—	—	574 387	261 938	309 949	12
—	886 450	105 000	—	56 219	—	53 493	13
—	998 055	—	—	434 258	201 877	161 742	14
60 000	247 600	40 000	—	763 850	81 588	634 388	15
230 000	1 878 479	374 324	—	2 970 723	300 396	453 990	16
250 000	3 577 852	—	—	4 663 807	1 323 086	2 935 883	17
—	167 000	—	—	697 078	27 930	406 884	18
—	136 600	—	—	137 327	78 086	55 207	19
—	3 811 015	—	—	1 387 423	1 148 745	188 847	20
Bei Gruppe II (Tabelle II 7) enthalten							21
—	44 456 676	—	—	52 154 132	9 624 695	40 403 649	22
—	5 198 760	—	—	6 930 922	1 053 469	5 839 431	23
—	2 388 499	—	—	4 688 354	357 943	4 321 362	24
—	1 742 540	—	—	1 174 268	620 014	34 160	25
—	3 172 662	—	—	2 807 152	686 030	2 084 982	26
—	1 103 950	—	—	482 622	—	478 935	27
Bei Gruppe IV (Tabelle IV 20) enthalten							28
540 000	**105 195 588**	**1 107 378**	—	**103 529 790**	**22 419 309**	**72 731 365**	

Noch: Tabelle V 21

Rückversicherung — Die Art der Kapitalanlageen

Versicherungsunternehmung			Aktivforderungen davon entfallen auf			
Nr.	Sitz	Name	gestundete Prämien ℳ	Zinsen und Mieten ℳ	Guthaben bei Agenten und Versicherten ℳ	sonstige Forderungeen ℳ
		1	13	14	15	16
1	Aachen	Aachener Rück V.G.	115 498	240 522	—	—
2	Berlin	Deutsche Rück- u. Mit V.G.	—	—	361 479	—
3	»	Deutsche Transp.V.G.	—	—	632 973	—
4	Bremen	Deutsche V.G.	—	—	267 502	—
5	Cöln	Cölnische Rück V.G.	388 465	262 057	—	—
6	»	Colonia	—	22 028	—	—
7	»	Minerva	58 378	61 971	—	—
8	Frankfurt	Europa	—	16 127	—	—
9	»	Frankf. Rück V.G.	20 421	30 756	—	—
10	»	Frankf. Transp. U. u. Gl.V.A.G.	Bei Gruppe II (Tabelle II 7) enthalten			
11	»	Frankona	6 362	8 749	92 005	—
12	»	Preußische Rück V.A.G.	—	2 500	—	—
13	»	Providentia	—	2 726	—	—
14	Hamburg	Hamburg-Bremer Rück V.A.G.	51 002	19 637	—	—
15	»	Neue Fünfte Ass. Comp.	—	—	47 874	—
16	»	Nord-West-Deutsche V.G.	1 171 287	23 185	1 021 865	—
17	»	V.G. Hamburg	2 824	38 290	363 724	—
18	»	V.G. von 1873	—	1 594	260 670	—
19	Leipzig	Leipziger Rück V.A.	—	4 034	—	—
20	Magdeburg	Magdeb. Rück V.A.G.	—	49 831	—	—
21	Mannheim	Oberrheinische V.G.	Bei Gruppe II (Tabelle II 7) enthalten			
22	München	Münchener Rück V.G.	1 453 061	629 363	43 364	—
23	»	Süddeutsche Rück V.A.G.	7 650	30 372	—	—
24	M.-Gladbach	Gladbacher Rück V.A.G.	—	9 049	—	—
25	»	Rheinisch-Westf. Lloyd	—	13 809	506 285	—
26	»	Rheinisch-Westf. Rück V.A.G.	—	14 463	21 677	—
27	Stettin	Stettiner Rück V.A.G.	—	3 687	—	—
28	Stuttgart	Stuttg. Mit- u. Rück V.A.G.	Bei Gruppe IV (Tabelle IV 20) enthalten			
		Zusammen	3 274 948	1 484 750	3 619 418	—

und der Aktivforderungen Ende 1909

Von 1000 M Kapitalanlagen entfallen auf							
Grundbesitz M	Hypotheken M	Darlehen an öffentliche Körperschaften M	Darlehen auf Wertpapiere M	Wertpapiere M	Wechsel M	sonstige Anlagen M	Nr.
17	18	19	20	21	22	23	
—	238	—	—	762	—	—	1
257	369	—	—	374	—	—	2
435	336	—	—	229	—	—	3
—	476	—	—	467	57	—	4
21	470	—	—	509	—	—	5
—	420	—	—	580	—	—	6
—	560	—	—	440	—	—	7
113	274	—	—	613	—	—	8
—	687	—	—	230	83	—	9
Bei Gruppe II (Tabelle II 7) enthalten							10
—	718	—	—	282	—	—	11
—	—	—	—	1 000	—	—	12
—	471	—	—	473	56	—	13
—	539	—	—	461	—	—	14
—	223	—	134	553	90	—	15
—	153	—	78	641	128	—	16
—	233	—	50	717	—	—	17
—	748	—	—	252	—	—	18
—	791	—	—	209	—	—	19
—	401	—	—	599	—	—	20
Bei Gruppe II (Tabelle II 7) enthalten							21
—	27	—	—	973	—	—	22
14	—	—	—	986	—	—	23
—	255	—	—	745	—	—	24
35	—	—	—	965	—	—	25
—	—	—	—	1 000	—	—	26
—	348	—	—	652	—	—	27
Bei Gruppe IV (Tabelle IV. 20) enthalten							28
18	**268**	—	**4**	**703**	**7**	—	

Tabelle V 22

Rückversicherung — Ableitung der Prämienreserven und Prämien

Versicherungsunternehmung			Prämienreserven und Prämien	
Nr.	Sitz	Name	Lebensversicherung ℳ	Unfall- und Haftpflichtversicherung ℳ
	1		2	3
1	Aachen	Aachener Rück V.G.	12 367 783	466 234
2	Berlin	Deutsche Rück- u. Mit V.G.	17 759	597
3	»	Deutsche Transp.V.G.	17 759	597
4	Bremen	Deutsche V.G.	—	—
5	Cöln	Cölnische Rück V.G.	26 327 973	1 066 448
6	»	Colonia	—	—
7	»	Minerva	3 756 326	710 964
8	Frankfurt	Europa	957 040	215 616
9	»	Frankf. Rück V.G.	2 969 479	—
11	»	Frankona	407 088	392 632
12	»	Preußische Rück V.A.G.	41 412	34 649
13	»	Providentia	—	—
14	Hamburg	Hamburg-Bremer Rück V.A.G.	3 158 500	488 531
15	»	Neue Fünfte Ass. Comp.	—	—
16	»	Nord-West-Deutsche V.G.	—	—
17	»	V.G. Hamburg	241 300	129 855
18	»	V.G. von 1873	—	—
19	Leipzig	Leipziger Rück V.A.	—	—
20	Magdeburg	Magdeb. Rück V.A.G.	—	—
22	München	Münchener Rück V.G.	69 389 917	8 897 814
23	»	Süddeutsche Rück V.A.G.	560 328	754 100
24	M.-Gladbach	Gladbacher Rück V.A.G.	—	—
25	»	Rheinisch-Westf. Lloyd	145 483	36 118
26	»	Rheinisch-Westf. Rück V.A.G.	2 317 553	177 820
27	Stettin	Stettiner Rück V.A.G.	—	—
		Zusammen	**122 675 700**	**13 371 975**

überträge in eigener Verwahrung und Verwaltung Ende 1909

überträge für eigene Rechnung		Prämienreserven und Prämienüberträge in Händen der Zedenten	Prämienreserven und Prämienüberträge für eigene Rechnung in eigener Hand	Guthaben der Retrozessionäre für einbehaltene Prämienreserven	Prämienreserven und Prämienüberträge in eigener Verwahrung und Verwaltung	Nr.
Sachversicherung	Zusammen					
ℳ	ℳ	ℳ	ℳ	ℳ	ℳ	
4	5	6	7	8	9	
2 948 561	15 782 578	3 254 031	12 528 547	778 119	13 306 666	1
851 206	869 562	—	869 562	—	869 562	2
851 206	869 562	—	869 562	—	869 562	3
448 712	448 712	—	448 712	—	448 712	4
3 606 075	31 000 496	13 578 091	17 422 405	580 640	18 003 045	5
1 099 647	1 099 647	—	1 099 647	—	1 099 647	6
2 086 858	6 554 148	2 439 741	4 114 407	181 004	4 295 411	7
2 199 481	3 372 137	1 053 308	2 318 829	283 047	2 601 876	8
903 500	3 872 979	199 728	3 673 251	49 196	3 722 447	9
2 471 060	3 270 780	346 902	2 923 878	48 961	2 972 839	11
361 172	437 233	39 173	398 060	—	398 060	12
406 884	406 884	—	406 884	—	406 884	13
76 000	3 723 031	3 494 599	228 432	768 619	997 051	14
692 016	692 016	370 753	321 263	—	321 263	15
1 659 230	1 659 230	—	1 659 230	—	1 659 230	16
2 727 144	3 098 299	8 480 683	— 5 382 384	8 398 986	3 016 602	17
754 735	754 735	401 458	353 277	110 523	463 800	18
470 620	470 620	—	470 620	—	470 620	19
2 326 945	2 326 945	—	2 326 945	—	2 326 945	20
28 373 041	106 660 772	81 357 165	25 303 607	4 564 990	29 868 597	22
4 290 573	5 605 001	3 169 337	2 435 664	2 327 854	4 763 518	23
3 513 684	3 513 684	—	3 513 684	—	3 513 684	24
529 082	710 683	—	710 683	—	710 683	25
2 202 180	4 697 553	1 986 410	2 711 143	—	2 711 143	26
858 600	858 600	—	858 600	—	858 600	27
66 708 212	**202 755 887**	**120 171 879**	**82 584 508**	**18 091 939**	**100 676 447**	

Tabelle V 23

Rückversicherung — Die Verteilung

Nr.	Versicherungsunternehmung: Sitz	Versicherungsunternehmung: Name	Gesamtgewinn ℳ	den Kapitalreservefonds ℳ
		1	2	3
1	Aachen	Aachener Rück V.G.	1 285 097	—
2	Berlin	Deutsche Rück- u. Mit V.G.	155 000	—
3	»	Deutsche Transp.V.G.	190 000	—
4	Bremen	Deutsche V.G.	93 041	—
5	Cöln	Cölnische Rück V.G.	1 722 661	—
6	»	Colonia	656 321	—
7	»	Minerva	729 278	—
8	Frankfurt	Europa	161 658	16 000
9	»	Frankf. Rück V.G.	224 907	11 246
10	»	Frankf. Transp. U. u. Gl.V.A.G.	Bei Gruppe II (Tabelle II 8) enthalten	
11	»	Frankona	635 744	—
12	»	Preußische Rück V.A.G.	—	—
13	»	Providentia	256 284	—
14	Hamburg	Hamburg-Bremer Rück V.A.G.	169 963	10 000
15	»	Neue Fünfte Ass. Comp.	99 970	10 600
16	»	Nord-West-Deutsche V.G.	150 000	28 500
17	»	V.G. Hamburg	582 236	30 000
18	»	V.G. von 1873	62 428	10 000
19	Leipzig	Leipziger Rück V.A.	39 422	3 942
20	Magdeburg	Magdeb. Rück V.A.G.	495 882	—
21	Mannheim	Oberrheinische V.G.	Bei Gruppe II (Tabelle II 8) enthalten	
22	München	Münchener Rück V.G.	6 283 198	—
23	»	Süddeutsche Rück V.A.G.	365 088	35 028
24	M.-Gladbach	Gladbacher Rück V.A.G.	185 031	—
25	»	Rheinisch-Westf. Lloyd	136 409	14 685
26	»	Rheinisch-Westf. Rück V.A.G.	385 563	150 000
27	Stettin	Stettiner Rück V.A.G.	93 700	15 000
28	Stuttgart	Stuttg. Mit- u. Rück V.A.G.	Bei Gruppe IV (Tabelle IV 21) enthalten	
		Zusammen	**15 158 881**	**335 001**

Anmerkung zu Tab. V 23: Hier ist der bilanzmäßige Gewinn verteilt.

des Gewinns des Jahres 1909

Davon entfallen auf						
sonstige Reserven	den Beamtenfonds	die Aktionäre	Tantiemen	anderweit	Vortrag auf neue Rechnung	Nr.
M	M	M	M	M	M	
4	5	6	7	8	9	
400 000	—	720 000	99 451	—	65 646	1
30 333	3 000	112 500	9 167	—	—	2
56 333	3 000	120 000	10 667	—	—	3
—	—	88 875	4 166	—	—	4
200 000	50 000	720 000	122 955	20 000	609 706	5
50 000	—	240 000	74 437	—	291 884	6
300 000	—	180 000	35 125	10 000	204 153	7
37 500	—	70 000	21 000	11 923	5 235	8
7 165	5 000	180 000	21 496	—	—	9
Bei Gruppe II (Tabelle II 8) enthalten						10
52 500	20 000	300 000	52 396	25 000	185 848	11
—	—	—	—	—	—	12
30 000	—	150 000	29 949	—	46 335	13
50 000	—	50 000	19 947	—	40 016	14
—	—	85 000	—	4 000	370	15
40 000	4 600	60 000	16 900	—	—	16
—	—	138 000	13 800	—	400 436	17
—	—	37 500	6 740	4 000	4 188	18
20 000	—	12 500	1 646	—	1 334	19
150 000	—	300 000	45 882	—	—	20
Bei Gruppe II (Tabelle II 8) enthalten						21
2 750 000	—	1 968 750	164 519	120 000	1 279 929	22
200 000	10 000	100 000	—	—	20 060	23
100 000	10 000	60 000	5 180	—	9 851	24
10 000	—	60 012	18 726	—	32 986	25
70 000	—	96 000	30 731	—	38 832	26
—	5 000	67 500	6 200	—	—	27
Bei Gruppe IV (Tabelle IV 21) enthalten						28
4 553 831	**110 600**	**5 916 637**	**811 080**	**194 923**	**3 236 809**	

Berichtigungen

Zur Versicherungs-Statistik für 1908

Seite 9*: Zeile 6 v. u. lies 2 035 800 statt 2 039 450, 9 681 642 statt 9 683 789, 96 453 statt 100 103, 4,97 statt 5,16, 507 370 statt 509 517, 5,53 statt 5,55 und 4 756 statt 4 748.

Seite 10*: Zeile 16 v. o. lies 5,53 statt 5,55, Zeile 19 v. o. lies 4,97 statt 5,16 und Zeile 23 v. o. lies 4 756 statt 4 748.

Seite 11*: Zeile 2 v. u. lies **12 061,12** statt **12 063,27** und **11 165,39** statt **11 167,54**.

Seite 12*: Zeile 3 v. o. lies **12 155,27** statt **12 157,42**.

Seite 20*: In der Tabelle, Spalten 2 und 3 Zeile 1 lies 4 446 095 statt 4 448 242 und 9 681 642 statt 9 683 789.

Seite 24*: In der Tabelle, Spalte 1908 lies bei Volksversicherung: 321 statt 401 und 672 statt 703.

Seite 52*: Zeile 5 v. o. lies 96 157 statt 96 192, Zeile 7 v. o. lies 110 620 statt 110 655, Zeile 16 v. o. lies 10 647 statt 10 651, Zeile 18 v. o. lies 9 085 statt 9 134, Zeile 19 v. o. lies 10 512 statt 10 515, Zeile 21 v. o. lies 12 061 statt 12 095, Zeile 23 v. o. lies 108 218 statt 108 287, Zeile 28 v. o. lies 11,1 statt 11,2, Zeile 32 v. o. lies 67 786 statt 67 795, Zeile 34 v. o. lies 80 497 statt 80 506, Zeile 6 v. u. lies 89 828 statt 89 829, Zeile 5 v. u. lies 6 330 statt 6 363, Zeile 2 v. u. lies 1 429 statt 1 438 und Zeile 1 v. u. lies 10 632 statt 10 657.

Seite 53*: Zeile 2 v. o. lies 91 257 statt 91 267, Zeile 3 v. o. lies 16 962 statt 17 020, Zeile 11 v. o. lies 1 626 statt 1 624.

Seite 54*: Zeile 6 v. o. lies 55 statt 75.

Seite 26: Bei Nr. 50 Sterbekasse D. Werkmeister, Spalten 7 und 8 lies 1 000 statt Strich. — In der Summe lies **998** und **999** statt **634** und **655**. — In der letzten Zeile der Anmerkungen lies 92 statt 89.

Seite 27: Anmerkung ³) ist zu streichen.

Seite 35: Tab. I 18 bei Nr. 73 Allianz, Spalte 5 lies Strich statt 236, Spalte 6 lies Strich statt 242 und in der Zeile »Zusammen« in Spalte 5 lies **321** statt **401** und in Spalte 6 lies **672** statt **703**.

Seite 94: Bei Nr. 35 Karlsruher L.V., Spalte 2 lies 22 640 643 statt 22 640 673 und in der Zeile »Zusammen« **186 896 035** statt **186 896 065**.

Seiten 232 und 233: Bei Nr. 26 Gladbacher F.V.A.G., Spalte 5 lies 104 773 statt 139 691, Spalte 7 lies 4 455 930 statt 4 490 848, Spalte 9 lies 59 581 statt 93 691, Spalte 10 lies 321 775 statt 355 885, Spalte 11 lies 4 777 705 statt 4 846 733 und Spalte 12 lies 3 119 034 statt 3 127 955. — Die Spaltensummen sind entsprechend zu ändern.

Seiten 234 und 235: Bei Nr. 26 Gladbacher F.V.A.G., Spalte 5 lies 119 558 statt 120 549, Spalte 7 lies 3 972 726 statt 3 973 717, Spalte 9 lies 546 statt 9 581, Spalte 10 lies 88 020 statt 97 055, Spalte 11 lies 4 060 746 statt 4 070 772 und Spalte 12 lies 850 statt 840. — Die Spaltensummen sind entsprechend zu ändern.

Berlin, gedruckt in der Reichsdruckerei.
411. 11. IV.

FSC
www.fsc.org
MIX
Papier | Fördert gute Waldnutzung
FSC® C083411

Kolibri 360 GmbH
Ferdinand-Jühlke-Straße 7
99095 Erfurt, Deutschland
produktsicherheit@kolibri360.de